Oliver Tietze

Strategische Positionierung in der Automobilbranche

GABLER EDITION WISSENSCHAFT
Strategisches Kompetenz-Management
Herausgegeben von
Univ.-Prof. Dr. Klaus Bellmann,
Universität Mainz
Univ.-Prof. Dr. Jörg Freiling (geschäftsführend),
Universität Bremen
Univ.-Prof. Dr. Hans Georg Gemünden,
Technische Universität Berlin
Univ.-Prof. Dr. Peter Hammann,
Universität Bochum
Univ.-Prof. Dipl.-Ing. Dr. Hans H. Hinterhuber,
Universität Innsbruck
Univ.-Prof. Dr. Dr. h.c. Günter Specht,
Technische Universität Darmstadt
Univ.-Prof. Dr. Erich Zahn,
Universität Stuttgart

Der Resource-based View und – in enger Verbindung dazu – das Management von (Kern-)Kompetenzen haben in den vergangenen Jahren die Unternehmensführung nachhaltig beeinflusst. Wissenschaft und Praxis beteiligen sich gleichermaßen an Fragen der ressourcenorientierten Unternehmensführung und des Knowledge Managements. Die Schriftenreihe greift diese Entwicklung auf und schafft ein Forum für wissenschaftliche Beiträge und Diskussionen.

Oliver Tietze

Strategische Positionierung in der Automobilbranche

Der Einsatz von virtueller Produktentwicklung und Wertschöpfungsnetzwerken

Mit einem Geleitwort von Prof. Dr. Dr. h.c. Günter Specht

Deutscher Universitäts-Verlag

Bibliografische Information Der Deutschen Bibliothek
Die Deutsche Bibliothek verzeichnet diese Publikation in der Deutschen
Nationalbibliografie; detaillierte bibliografische Daten sind im Internet über
<http://dnb.ddb.de> abrufbar.

Dissertation Techn. Universität Darmstadt, 2003

D 17

1. Auflage Oktober 2003

Alle Rechte vorbehalten
© Deutscher Universitäts-Verlag/GWV Fachverlage GmbH, Wiesbaden 2003

Lektorat: Brigitte Siegel / Stefanie Loyal

Der Deutsche Universitäts-Verlag ist ein Unternehmen der
Fachverlagsgruppe BertelsmannSpringer.
www.duv.de

Das Werk einschließlich aller seiner Teile ist urheberrechtlich geschützt. Jede Verwertung außerhalb der engen Grenzen des Urheberrechtsgesetzes ist ohne Zustimmung des Verlags unzulässig und strafbar. Das gilt insbesondere für Vervielfältigungen, Übersetzungen, Mikroverfilmungen und die Einspeicherung und Verarbeitung in elektronischen Systemen.

Die Wiedergabe von Gebrauchsnamen, Handelsnamen, Warenbezeichnungen usw. in diesem Werk berechtigt auch ohne besondere Kennzeichnung nicht zu der Annahme, dass solche Namen im Sinne der Warenzeichen- und Markenschutz-Gesetzgebung als frei zu betrachten wären und daher von jedermann benutzt werden dürften.

Umschlaggestaltung: Regine Zimmer, Dipl.-Designerin, Frankfurt/Main
Druck und Buchbinder: Rosch-Buch, Scheßlitz
Gedruckt auf säurefreiem und chlorfrei gebleichtem Papier
Printed in Germany

ISBN 3-8244-7972-9

Geleitwort

Wissenschaft hat nicht nur eine fundierende und eine kritische Funktion, sondern auch eine utopische Funktion. Wissenschaft hat das Bestehende zu reflektieren, und sie muss sich mit zukünftigen Welten auseinandersetzen. Die Wissenschaft nutzt ihre Kompetenzen nur unzureichend, wenn sie sich auf die Theorieentwicklung und die Formulierung praktisch relevanter Ziel-Mittel-Aussagen beschränkt. Erst wenn die Wissenschaft einen Beitrag zur Entwicklung von Zielen, Werten und Modellen möglicher Welten leistet, kann sie ihren Ansprüchen voll gerecht werden. Vor allem entgeht die Wissenschaft damit dem vielfach erhobenen Vorwurf, sie würde mit ihren Ideen der Praxis hinterherlaufen und die kreative Aufgabe den Praktikern überlassen.

Die Arbeit von Tietze wird dem umfassenden Anspruch einer Realwissenschaft voll gerecht. Im Blick auf die fundierende Funktion ist sie primär im Entdeckungszusammenhang anzusiedeln. Sie bietet neben detaillierten Beschreibungen zur aktuellen Automobilentwicklung einen faszinierenden und anregenden Ausblick auf zukünftige Wertschöpfungsstrukturen der Automobilindustrie.

Wer sich über vorhandene und wettbewerbsstrategisch erforderliche Kompetenzen der Automobilhersteller in der Automobilentwicklung informieren will, der wird durch die Arbeit von Tietze in einer Weise informiert, die auf solides Insiderwissen schließen lässt. Automobilunternehmen müssen nach Tietze zwei strategische Stoßrichtungen im Auge haben, wenn sie dem verschärften Wettbewerb gewachsen sein wollen, nämlich zum einen die durchgängig virtuelle bzw. digitalisierte Automobilentwicklung und zum zweiten die Fokussierung auf Kernkompetenzen unter veränderten Wertschöpfungsbedingungen in Partnerschaften.

Die Erfolgspotenziale moderner Informations- und Kommunikationstechnologien werden in der Automobilentwicklung nach Ansicht von Tietze nicht voll genutzt. Durch eine stärkere Nutzung dieser Technologien können bei veränderten Wertschöpfungsnetzwerken die Effektivität und die Effizienz der Automobilentwicklung deutlich gesteigert werden. Wenn die Automobilunternehmen ihre Systemkompetenz in der Automobilentwicklung nicht verlieren wollen, dann müssen sie bei wachsenden Entwicklungsanteilen der Zulieferindustrie ihre Kompetenzprofile verändern.

Die Arbeit des Verfassers ist ein zentraler Beitrag zur Analyse von Erfolgswirkungen von Informations- und Kommunikationstechnologien in der Automobilentwicklung, und die Arbeit ist zugleich ein wichtiger Beitrag zur Entwicklung neuer Kompetenzprofile in Netzwerken von Entwicklungspartnern. Wegen der Vorreiterrolle dieser Branche sind die Erkenntnisse für andere Branchen zumindest bedenkenswert.

Der ausgewählte kompetenzbasierte Ansatz hat sich als nützlicher theoretischer und konzeptioneller Bezugsrahmen herausgestellt. An der Einschätzung des Nutzens einer vollständigen Anwendung der Informations- und Kommunikationstechnologien in der Automobilentwicklung wird sich der Leser gelegentlich reiben. Dennoch wird er nicht an einer Auseinandersetzung mit den Ideen von Tietze vorbeikommen, wenn er eigene Antworten auf die gestellten Fragen formulieren will.

Prof. Dr. Dr. h.c. Günter Specht

Vorwort

Die vorliegende Arbeit entstand im Zeitraum April 2001 bis Juli 2002 im Rahmen einer von meinem Arbeitgeber, McKinsey & Company, Inc., unterstützten beruflichen Freistellung. Sie wurde im April 2003 vom Fachbereich Rechts- und Wirtschaftswissenschaften der Technischen Universität Darmstadt als Dissertation angenommen.

Bei der Erstellung dieser Arbeit haben mich zahlreiche Personen unterstützt, denen ich im Folgenden herzlich danken möchte.

An erster Stelle gilt mein Dank meinem akademischen Lehrer, Herrn Prof. Dr. Günter Specht, für die stets konstruktive und proaktive Förderung des Dissertationsvorhabens. Als Grundlage für das Gelingen der Arbeit gewährte er mir sehr große Gestaltungsfreiheit und gab viele wertvolle Anregungen. Herrn Prof. Dr. Horst Geschka danke ich für die Übernahme des Korreferats und dem gezeigten Interesse an meiner Arbeit.

Ebenfalls möchte ich allen den Kollegen bei McKinsey & Company, Inc. danken, die durch fruchtbare Diskussionen, Denkanstöße und kritische Anmerkungen maßgeblich zum Entstehen dieser Arbeit beigetragen haben. Hervorzuheben ist hier die Zusammenarbeit mit Robert Mathis.

Ganz besonderer Dank für die vielfältige Unterstützung im Entstehungsprozess dieser Arbeit gebührt schließlich meinen Eltern und meiner Frau Claudia.

Oliver Tietze

Inhaltsverzeichnis

Geleitwort	V
Vorwort	VII
Inhaltsverzeichnis	IX
Abbildungsverzeichnis	XVII
Tabellenverzeichnis	XXI
Abkürzungsverzeichnis	XXIII

1 Gegenstand und methodologische Grundlagen der Untersuchung 1

    1.1 Einleitung 1

    1.2 Vorüberlegungen: Aufbau überlegener Stärken in einzelnen Funktionsbereichen zur Erzielung strategischer Wettbewerbsvorteile 2

        1.2.1 Zusammenhang zwischen strategischen Zielen, Markterfolgen, Erfolgspotenzialen und Erfolgsfaktoren 2

        1.2.2 Zweckmäßigkeit des Aufbaus überlegener Stärken in einzelnen Funktionsbereichen zur Erzielung strategischer Wettbewerbsvorteile aus Sicht der Automobilhersteller 4

    1.3 Problemstellung, forschungsleitende Fragen und Zielsetzung der Arbeit 5

        1.3.1 Problemstellung 5

        1.3.2 Forschungsleitende Fragen 9

        1.3.3 Zielsetzung der Arbeit 11

    1.4 Forschungsbedarf 12

    1.5 Begriffliche Grundlegung 17

        1.5.1 Strategie und strategisches Management 17

        1.5.2 Automobilindustrie, -hersteller und -zulieferer 18

        1.5.3 Produkt- und Prozessentwicklung 19

    1.6 Forschungskonzeption und Forschungsprozess 23

        1.6.1 Forschungskonzeption 23

        1.6.2 Forschungsprozess 27

    1.7 Aufbau der Arbeit 27

2 Theoretische und konzeptionelle Grundüberlegungen zum Strategischen Kompetenzmanagement in der Automobilentwicklung 30

    2.1 Einleitung 30

2.2 Erklärung von Wettbewerbsvorteilen durch richtungsweisende Forschungskonzeptionen im strategischen Management 30

    2.2.1 Marktorientierte Forschungskonzeption: Der „Market-based View" (MBV) 31

    2.2.2 Ressourcenorientierte Forschungskonzeption: Der „Resource-based View" (RBV) 33

    2.2.3 Weiterentwicklungen des „Resource-based View" 36

        2.2.3.1 „Competence-based View" (CBV) 36
        2.2.3.2 Strategisches Kompetenzmanagement 40

2.3 Verortung der Arbeit in den analysierten Forschungskonzeptionen 43

    2.3.1 Positionierung der Arbeit in den Forschungskonzeptionen 44

    2.3.2 Beitrag der Arbeit zur Weiterentwicklung des Strategischen Kompetenzmanagements 45

2.4 Dekomposition des Automobilentwicklungsprozesses in seine konstituierenden Aktivitäten und Hauptmeilensteine 48

    2.4.1 Vorbemerkungen: Notwendigkeit der Erarbeitung eines anforderungsadäquaten Automobilentwicklungsprozesses 48

    2.4.2 Aktivitäten und Hauptmeilensteine in der Fahrzeugentwicklungsphase bis zum Serienanlauf 50

        2.4.2.1 Überblick 50
        2.4.2.2 Strategiephase 51
        2.4.2.3 Technologiephase 52
        2.4.2.4 Entwicklungs-, Erprobungs- und Integrationsphase 54
        2.4.2.5 Phasenübergreifende prozessuale Unterstützungsleistungen 54
        2.4.2.6 Umfang der Entwicklungstätigkeiten für unterschiedliche Fahrzeugprojekte 55

    2.4.3 Aktivitäten und Hauptmeilensteine in der Anlaufphase 56

        2.4.3.1 Vorserie 56
        2.4.3.2 Nullserie 56
        2.4.3.3 Produktionshochlauf 57

    2.4.4 Aktivitäten und Hauptmeilensteine in der Phase der Produktionsprozess- und Betriebsmittelentwicklung 57

3 Strategische Herausforderungen in der Automobilentwicklung: Analyse relevanter Veränderungstreiber und ihrer Wirkungen auf die geforderten Eigenschaften eines Automobils 59

3.1 Einleitung 59

3.2 Veränderungstreiber in der globalen Umwelt 60

    3.2.1 Soziokultureller Einflussbereich 60

        3.2.1.1 Individualisierung des Konsumentenverhaltens 61
        3.2.1.2 Flexibilisierung der Lebensgestaltung 61

3.2.1.3 Zunehmende „Convenience-Orientierung" der Konsumenten 62
3.2.1.4 Erhöhtes Anspruchsniveau der Konsumenten 63

3.2.2 Technologischer Einflussbereich: Fortschritte im Bereich der Halbleitertechnologie und der elektrischen Aufbau- und Verbindungstechnik 63

3.2.3 Politisch-rechtlicher Einflussbereich: Reduzierung der zulässigen Emissionsgrenzwerte 65

3.2.4 Ökonomischer Einflussbereich: Wachsende Ansprüche der globalisierten Kapitalmärkte 66

3.3 **Brancheninterne Veränderungstreiber** **67**

3.3.1 Marktsättigung in den Kernmärkten der Triade 68

3.3.1.1 Beschreibung der Veränderungstreiber 68
3.3.1.2 Exkurs: Branchenkonsolidierung 70

3.3.2 Strukturelle Überkapazitäten 71

3.4 **Zukünftige Anforderungen an das Automobil: Wirkungsanalyse der Veränderungstreiber** **73**

3.4.1 Anforderungsdimension 1: Erhöhung der Fahrzeuginnovativität 74

3.4.1.1 Erhöhung des Basisinnovationsniveaus der Fahrzeuge 74
3.4.1.2 Beschleunigte Diffusion von mechatronischen Systemen und IuK in die Fahrzeuge 76
3.4.1.3 Kontinuierliche Integration nicht-mechatronischer Innovationen 81

3.4.2 Anforderungsdimension 2: Erhöhung der Fahrzeugintegrität 82

3.4.2.1 Benutzerfreundliche Ausgestaltung des Bedien- und Anzeigenkonzepts im Fahrzeuginnenraum 83
3.4.2.2 Hohe Marken- und Zeitstilkongruenz im Fahrzeugdesign 83

3.4.3 Anforderungsdimension 3: Erhöhung der Varietät im Fahrzeugportfolio 85

3.4.3.1 Präferenzadäquate Individualisierung des Modellportfolios 86
3.4.3.2 Qualitative und quantitative Erweiterung der Sonderausstattungsangebote 89

3.4.4 Anforderungsdimension 4: Weiterentwicklung der plattformbasierten modularen Fahrzeugarchitektur 89

3.4.5 Anforderungsdimension 5: Beschleunigung der Fahrzeug-Innovationszyklen 93

3.4.6 Anforderungsdimension 6: Kundennutzenneutrale Reduzierung des aktuellen Kostenniveaus 94

3.4.7 Exkurs: Ergänzung des Fahrzeugangebots um selbstvermarktete „Off-board"-Mobilitätsdienste 95

3.4.8 Zusammenfassung 96

3.5 **Vom Automobil der Zukunft zur Automobilentwicklung der Zukunft: Ableitung strategischer Stossrichtungen** **98**

3.5.1 Implikationen der multidimensional steigenden Anforderungen an ein Fahrzeug auf den Automobilentwicklungsprozess 98

3.5.2 Systematisierung der strategischen Handlungsbedarfe und Ableitung strategischer Stoßrichtungen ... 98

3.5.3 Kurzbeschreibung der strategischen Stoßrichtungen ... 100

    3.5.3.1 Stoßrichtung 1 (Dimension Technologieeinsatz): Weiterentwicklung der bestehenden Kompetenzbasis durch Einsatz einer durchgängig virtuellen Automobilentwicklung ... 100

    3.5.3.2 Stoßrichtung 2 (Dimension Kernkompetenzfokussierung): Wechsel auf neue Kompetenzbasen durch Herausbildung neuer distinkter Kernkompetenzprofile in kooperativen Entwicklungspartnerschaften ... 101

    3.5.3.3 Stoßrichtung 3 (Dimension Prozessoptimierung): Mobilisierung und Optimierung der bestehenden Kompetenzbasis durch Ausschöpfung der prozessualen Kompetenzen in der Automobilentwicklung ... 102

3.6 **Weiteres Vorgehen** ... **104**

4 Strategische Stossrichtung 1: Weiterentwicklung der bestehenden Kompetenzbasis durch Einsatz einer durchgängig virtuellen Automobilentwicklung ... 105

4.1 **Einleitung** ... **105**

4.2 **Grundlagenschaffung: Verständnis der Produktentwicklung als komplexes Informations- und Kommunikationssystem** ... **106**

    4.2.1 Begriffsklärung ... 106

        4.2.1.1 Information ... 106
        4.2.1.2 Kommunikation ... 108
        4.2.1.3 Informations- und Kommunikationstechnologien (IuK) ... 109
        4.2.1.4 Durchgängig virtuelle Produktentwicklung ... 110

    4.2.2 Bedeutungsanalyse ... 113

        4.2.2.1 Bedeutung von Informationen für die Produktentwicklung ... 113
        4.2.2.2 Bedeutung der Kommunikation für die Produktentwicklung ... 114
        4.2.2.3 Grundlegende Bedeutung der Informations- und Kommunikationstechnologien (IuK) für die Produktentwicklung ... 114
        4.2.2.4 Grundlegende Bedeutung einer durchgängig virtuellen Automobilentwicklung ... 116

4.3 **Idealtypisches Gesamtmodell und technologische Kernbestandteile einer durchgängig virtuellen Automobilentwicklung (DvA)** ... **117**

    4.3.1 Überblick: Technologieeinsatz im idealtypischen Gesamtmodell einer durchgängig virtuellen Automobilentwicklung ... 118

    4.3.2 Reifegradmodell zur Bewertung des aktuellen Leistungsniveaus der technologischen Kernbestandteile einer durchgängig virtuellen Automobilentwicklung ... 121

4.3.3 Idealtypisches und aktuelles Leistungsniveau der technologischen
Kernbestandteile einer durchgängig virtuellen Automobilentwicklung............ 122
- 4.3.3.1 Rechnerbasierte Stylingsysteme... 123
- 4.3.3.2 Geometrische Modellierungssysteme... 124
- 4.3.3.3 Numerische Berechnungssysteme.. 130
- 4.3.3.4 Systeme zur Betriebsmittelentwicklung... 133
- 4.3.3.5 Wissensbasierte Systeme für die Entwicklung von Bauteilen............ 134
- 4.3.3.6 Virtual Reality-Systeme und Anwendungen...................................... 138
  - 4.3.3.6.1 Virtual Reality.. 139
  - 4.3.3.6.2 Digital Mock-Up... 139
  - 4.3.3.6.3 Digital Manufacturing... 145
  - 4.3.3.6.4 Augmented Reality.. 146
- 4.3.3.7 Engineering Data Management-Systeme... 147

4.3.4 Gesamtbeurteilung des aktuell erreichten Umsetzungsstands des
idealtypischen Modells einer durchgängig virtuellen Automobilentwicklung.... 156

4.4 Erfolgsbeiträge des idealtypischen Gesamtmodells zur Erhöhung des Leistungsniveaus in der Automobilentwicklung... 160

4.4.1 Überblick: Erfolgsbeiträge der technologischen Kernbestandteile einer DvA
zur Erhöhung des Leistungsniveaus in der Fahrzeugentwicklung..................... 161

4.4.2 Erfolgsbeiträge in der Anforderungsdimension 1: Erhöhung der
Fahrzeuginnovativität.. 162
- 4.4.2.1 Steigerung der Marktnähe: Frühzeitige Integration der Kunden in
den Entwicklungsprozess im Rahmen virtueller Car Clinics............... 162
- 4.4.2.2 Verbesserung der Technologiebasis: Unterstützung der Tätigkeiten
in der Vorentwicklung und der Fahrzeugentwicklung......................... 164

4.4.3 Erfolgsbeiträge in der Anforderungsdimension 2: Erhöhung der
Fahrzeugintegrität.. 166
- 4.4.3.1 Frühzeitige Einbeziehung von Produktions-Know-how...................... 166
- 4.4.3.2 Beibehaltung der gestalterischen Freiheitsgrade über die
Technologiephase hinaus.. 167
- 4.4.3.3 Modellübergreifende Nutzung bereits erprobter Bauteile................... 167
- 4.4.3.4 Automatisierte Rückmeldungen von Fehlern in ausgelieferten
Fahrzeugen.. 168

4.4.4 Erfolgsbeiträge in den Anforderungsdimensionen 3 und 4: Erhöhung der
Varietät im Fahrzeugportfolio und Weiterentwicklung der plattformbasierten
modularen Fahrzeugarchitektur... 169
- 4.4.4.1 Aufbau eines Pools ausgetesteter funktionsfähiger
Bauteilkombinationen... 169
- 4.4.4.2 Aufbau eines Pools ausgetesteter funktionsfähiger
Gesamtfahrzeugarchitekturen... 170
- 4.4.4.3 Parallele Entwicklung mehrerer Modelle einer Baureihe.................... 170

4.4.5 Erfolgsbeiträge in den Anforderungsdimensionen 5 und 6: Erhöhung der
Entwicklungseffizienz... 171
- 4.4.5.1 Reduzierung des für die Erstellung der digitalen Produktmodelle
notwendigen Modellierungsaufwands.. 171

      4.4.5.2 Reduzierung der Varianten- und Teilevielfalt 173
      4.4.5.3 Reduzierung des Änderungsaufwands 173
      4.4.5.4 Beschleunigung der Problemlösungszyklen 176
      4.4.5.5 Effizienzsteigerung im Prototypenbau 177
      4.4.5.6 Implementierung produkt- und prozessmodellbasierter
                 Controllingsysteme 178

  4.4.6 Zusammenfassung 181

4.5 **Den Technologieeinsatz flankierende Umsetzungserfordernisse zur Ausschöpfung der Erfolgsbeiträge einer durchgängig virtuellen Automobilentwicklung 182**

  4.5.1 Ablauforganisatorische Umsetzungserfordernisse 183

      4.5.1.1 Stärkere Formalisierung der Entwicklungsprozesse bei höherem
                 Verbindlichkeitsgrad 184
      4.5.1.2 Gezielte Anreicherung des Informationsgehalts der Modelle um
                 Daten aus der Nutzungsphase 185
      4.5.1.3 Anpassung der Entscheidungsprozeduren an die Verwendung
                 virtueller Modelle als Freigabeinstrumente 186
      4.5.1.4 Verankerung eines kontinuierlichen Verbesserungsprozesses in der
                 Prozessarchitektur 186

  4.5.2 Aufbauorganisatorische Umsetzungserfordernisse 187

      4.5.2.1 Bündelung der Querschnittsaufgaben zur Verwaltung und Pflege
                 der Produkt- und Prozessmodelldaten 187
      4.5.2.2 Ausrichtung der modularen Produktentwicklungsorganisation nach
                 Fahrzeugeigenschaften 188

  4.5.3 Mitarbeiterbezogene Umsetzungserfordernisse 191

      4.5.3.1 Weiterqualifizierung der Mitarbeiter 191
      4.5.3.2 Erhöhung des Vertrauens in die virtuellen Ergebnisse 192
      4.5.3.3 Wandel in der Arbeitsphilosophie 192

4.6 **Resümee und Ausblick 193**

5 **Strategische Stossrichtung 2: Wechsel auf neue Kompetenzbasen durch Herausbildung distinkter Kernkompetenzprofile in kooperativen Entwicklungspartnerschaften 195**

5.1 **Einleitung 195**

5.2 **Grundlagenschaffung: Entwicklungskooperationen in der Automobilindustrie ... 196**

  5.2.1 Begriff und Inhalt der Entwicklungskooperation 196

  5.2.2 Systematisierung von Kooperationsformen im Funktionsbereich der
          Produktentwicklung 197

      5.2.2.1 Bilaterale und multilaterale Entwicklungskooperationen 197
      5.2.2.2 Vertikale, horizontale und diagonale Kooperationen 198

5.2.3 Grundlegende Voraussetzungen für eine erfolgreiche Umsetzung des Kooperationspartnerkonzepts ... 199

    5.2.3.1 Zielkongruenz zwischen den Partnern ... 199
    5.2.3.2 Vorgehenskompatibilität ... 199
    5.2.3.3 Einsatz von Technologien der DvA ... 199
    5.2.3.4 Konzeptionierung und Einsatz einer modularen Fahrzeugarchitektur ... 200
    5.2.3.5 Partnerschaftliche Grundhaltung ... 200

5.3 **Status Quo und signifikante Veränderungstendenzen in den Entwicklungskooperationen in der Automobilindustrie** ... **200**

  5.3.1 Vertikale Entwicklungskooperationen mit Zulieferern ... 201

    5.3.1.1 Übernahme größerer Entwicklungsumfänge durch die Zulieferer ... 201
    5.3.1.2 Veränderungen in der Zuliefererstruktur ... 202
    5.3.1.3 Übergang von adversativ geprägten Hersteller-Zulieferer-Beziehungen zu dialogorientierten, gesamtnutzenoptimierenden Kooperationen ... 205

  5.3.2 Horizontale herstellerübergreifende Entwicklungskooperationen ... 207

  5.3.3 Entwicklungsnetzwerke ... 208

5.4 **Implikationen der Veränderungstendenzen: Kompetenzbasierte Entwicklungsnetzwerke als zukünftige Form der Leistungserstellung in der Automobilentwicklung** ... **209**

  5.4.1 Verschärfende Wettbewerbsintensität als auslösendes Element zur Herausbildung kompetenzbasierter Entwicklungsnetzwerke ... 210

  5.4.2 Unternehmensübergreifender Einsatz der Technologien der DvA als „Enabler" zur Realisierung der Kooperationsform der kompetenzbasierten Entwicklungsnetzwerke ... 214

    5.4.2.1 Augestaltete Zukunftsvision: Entwicklung eines Automobils im Jahr 2010 ... 215
    5.4.2.2 Relevanz der Technologien der DvA ... 217
        5.4.2.2.1 Die Technologien als konstituierendes Element von Entwicklungsnetzwerken ... 218
        5.4.2.2.2 Die Technologien als Bestandteil der Kernkompetenzen der Entwicklungspartner ... 219
        5.4.2.2.3 Die Technologien als Mittel zur Beibehaltung der Kontrolle über das Wertschöpfungsnetz ... 219

  5.4.3 Leitgedanken bei der Ausgestaltung konkreter Kompetenzprofile aus Sicht der Automobilhersteller ... 220

    5.4.3.1 Bewahrung der Integrität des Fahrzeugportfolios ... 220
    5.4.3.2 Anreicherung der Kompetenzprofile durch „Co-branding" ... 221
    5.4.3.3 Begrenzung der durch externe Abhängigkeit bedingten Risiken ... 221
    5.4.3.4 Dynamische Entwicklung der Kompetenzprofile ... 222

5.5 **Distinkte entwicklungsspezifische Kompetenzprofile für Automobilhersteller** ... **224**

  5.5.1 Aktuelles Kompetenzprofil der Automobilhersteller ... 224

5.5.2 Das Kompetenzprofil des „Markenintegrators" als Zielzustand einer evolutorischen Weiterentwicklung der aktuellen Kompetenzbasis..................... 227

5.5.3 Weitere Kompetenzprofile als alternative Weiterentwicklungsoptionen........... 231

    5.5.3.1 „Fahrzeugarchitekt".. 231

    5.5.3.2 „Produktionsspezialist".. 232

5.6 Resümee und Ausblick.. 234

6 Schlussbetrachtung.. 236

Literaturverzeichnis   **241**

Abbildungsverzeichnis

Abb. 1: Zukünftige Bedeutung der Wertschöpfungsstufen. 9

Abb. 2: Forschungsleitende Hauptfragestellung. 10

Abb. 3: Forschungsleitende Teilfragen. 11

Abb. 4: Projektstruktur iViP (Quelle: http://ivip.ipk.fhg.de (20.06.2001, S. 5)). 14

Abb. 5: Inhaltliche Schwerpunkte der Veröffentlichungen im Themengebiet „kooperative Wertschöpfungspartnerschaften". 16

Abb. 6: Die Automobilindustrie als Marktverbund. 18

Abb. 7: Stufenmodell der Produkt- und Prozessentwicklung. 21

Abb. 8: Aufbau der Arbeit. 29

Abb. 9: Klassifikation unternehmensspezifischer Ressourcen. 35

Abb. 10: Merkmale und Evolutionsstufen der richtungsweisenden Forschungskonzeptionen im strategischen Management. 43

Abb. 11: Kongruenz der Problemstellung und Zielsetzung der Arbeit mit den Merkmalen des Strategischen Kompetenzmanagements. 44

Abb. 12: Beitrag der Arbeit, referenziert am Prozessmodell des strategischen Managements. 46

Abb. 13: Beispiele für die Einteilung der Hauptphasen automobiler Produktentwicklungsprozesse, referenziert am Stufenmodell der Produkt- und Prozessentwicklung. 49

Abb. 14: Idealtypischer Prozess der Fahrzeugentwicklung. 51

Abb. 15: Inhalt der Strategiephase in der Fahrzeugentwicklung. 52

Abb. 16: Inhalt der Technologiephase in der Fahrzeugentwicklung. 53

Abb. 17: Inhalt der Entwicklungs-, Erprobungs- und Integrationsphase in der Fahrzeugentwicklung. 54

Abb. 18: Umfang der Entwicklungstätigkeiten für unterschiedliche Fahrzeugprojekte. 55

Abb. 19: Idealtypischer Prozess der Produktionsprozess- und Betriebsmittelentwicklung in der Automobilindustrie. 57

Abb. 20: Die Sinus-Milieus in Deutschland 2002. 62

Abb. 21: Evolutionsmodell der Mechatronik. 64

Abb. 22: Vorteile mechatronischer Systeme im Automobil. 64

Abb. 23: Emissionsgrenzwerte nach der Euro III- und Euro IV-Abgasnorm. 65

Abb. 24: EBIT-Margen der Hersteller im intra- und interindustriellen Vergleich. 67

Abb. 25: Prognose der weltweiten PKW-Absatzmarktentwicklung im Zeitraum 2001 bis 2006. 69

XVII

Abb. 26: Konsolidierung bei den Automobilherstellern. 71

Abb. 27: Inflationsbereinigte Preisentwicklung bei Fahrzeugen am Beispiel des deutschen Markts. 72

Abb. 28: Fahrzeugbezogene Wirkungsanalyse der identifizierten Veränderungstreiber. 73

Abb. 29: Technisch-funktionale Konvergenz der Fahrzeuge. 75

Abb. 30: Mechatronisch und IuK-geprägte Innovationen im Automobil der Zukunft (Serienreife in ca. 5 - 8 Jahre). 78

Abb. 31: Struktur des Technologiefelds der Mechatronik im Automobil. (Quelle: Heinrichs / Kaelber (Zukunftswerkstatt Automobil, 2000), S. 48). 79

Abb. 32: Ausgewählte technologische Innovationen in den Bereichen Antriebskonzepte und Werkstoffe. 81

Abb. 33: Regionale Unterschiede in den automobilen Produktkonzepten und deren Entsprechung in segmentspezifischen Absatzvolumen. 88

Abb. 34: Entwicklung des Plattformeinsatzes in der Automobilindustrie. 90

Abb. 35: „Dimensionen des Wandels": Veränderungen beim Automobil in der Zukunft. 97

Abb. 36: Abhängigkeiten zwischen den fahrzeugbezogenen Anforderungsdimensionen. 97

Abb. 37: Grundlegende strategische Anforderungen an die Fahrzeugentwicklung. 99

Abb. 38: Entscheidende strategische Stoßrichtungen einer wettbewerbsorientierten Automobilentwicklung. 100

Abb. 39: Beispiele umgesetzter Maßnahmen von OEMs zur Mobilisierung und Optimierung der vorhandenen Kompetenzbasis. 103

Abb. 40: Merkmalsgruppen zur Strukturierung des Entwicklungswissens. 108

Abb. 41: Funktionalitäten von Telekooperationssystemen. 110

Abb. 42: Evolutionsphasen der Produktentwicklung. 111

Abb. 43: Dimensionen einer durchgängig virtuellen Automobilentwicklung. 118

Abb. 44: Das idealtypische technologische Gesamtmodell einer durchgängig virtuellen Fahrzeugentwicklung. 119

Abb. 45: Bewertung des aktuellen Leistungsniveaus von CAS-Systemen in der Fahrzeugentwicklung. 124

Abb. 46: Bewertung des aktuellen Leistungsniveaus von 3D-CAD-Systemen in der Fahrzeugentwicklung. 130

Abb. 47: Bewertung des aktuellen Leistungsniveaus der CAE-Systeme in der Fahrzeugentwicklung. 132

Abb. 48: Bewertung des aktuellen Leistungsniveaus von wissensbasierten Systemen in der Fahrzeugentwicklung. 137

Abb. 49: Beispielhafte DMU-Anwendungen in den Bereichen „Geometrie und Struktur" sowie „Funktionen Gesamtfahrzeug". 142

Abb. 50: Bewertung des aktuellen Leistungsniveaus von DMU-Systemen in der Fahrzeugentwicklung. 144

Abb. 51: Intra- und interorganisationale Vernetzungsebenen einer durchgängig virtuellen Automobilentwicklung. 148

Abb. 52: Referenzarchitektur von EDM-Systemen. 149

Abb. 53: Bewertung des aktuellen Leistungsniveaus von EDM-Systemen in der Fahrzeugentwicklung (Auswahl). 153

Abb. 54: Funktionsschwerpunkte der neuen PDM-Systemgeneration (Quelle: Eigene Darstellung in Anlehnung an Abramovici / Sieg (Entwicklungsperspektiven von PDM-Systemen, 2001), S. 72f.). 155

Abb. 55: Aktuell erreichter Umsetzungsstand des idealtypischen Modells einer DvA. 158

Abb. 56: Beispielhafte Erfolgsbeiträge der Technologien der DvA zur Erhöhung des Leistungsniveaus in der Fahrzeugentwicklung. 161

Abb. 57: Durch Einsatz virtueller Prototypen erzielbare Einsparpotenziale. 178

Abb. 58: Prozess zur Beurteilung der Produkt- und Prozessreife im Projekt. 179

Abb. 59: Optimierungselemente eines „Input-orientierten" Controllingsystems. 181

Abb. 60: Zusammenfassung der identifizierten Erfolgsbeiträge der DvA. 182

Abb. 61: Eigenschaftsorientierte Produktentwicklungsorganisation. 189

Abb. 62: Wertschöpfungsverteilung zwischen Zulieferern und OEMs. 201

Abb. 63: Anzahl der Direktzulieferer der deutschen Automobilhersteller. 202

Abb. 64: Geschäftsmodelle für Zulieferer und relevante Erfolgsfaktoren. 204

Abb. 65: Ausgewählte horizontale Kooperationen zwischen Automobilherstellern. 207

Abb. 66: Treibende Faktoren zur Herausbildung kompetenzbasierter Entwicklungsnetzwerke in der Fahrzeugentwicklung. 210

Abb. 67: Beispielhafter Einsatz von Entwicklungspartnern im Automobilentwicklungsprozess. 216

Abb. 68: Aktueller Abdeckungsgrad der Kompetenzbausteine durch die OEMs. 226

Abb. 69: Definition der Tätigkeitsanteile. 227

Abb. 70: Kompetenzprofil eines automobilen Markenintegrators. 228

Abb. 71: Kompetenzprofil eines „Fahrzeugarchitekten". 232

Abb. 72: Kompetenzprofil eines „Produktionsspezialisten". 233

Abb. 73: Zukünftiges Produktionssystem eines Produktionsspezialisten. 234

Tabellenverzeichnis

Tab. 1: Hauptkategorien zur Fahrzeugbeschreibung im Lasten-/Pflichtenheft 52

Tab. 2: Ausgewählte Definitionen des Begriffs „Virtuelle Produktentwicklung" und sinnverwandter Begriffe 112

Tab. 3: Verwendete Reifegradsystematik zur Beurteilung des aktuellen Leistungsniveaus der Technologien 122

Tab. 4: Ausgewählte Definitionen des Begriffs „Digital Mock-Up" und sinnverwandter Begriffe 141

Tab. 5: Entwicklungen in den Hersteller-Zulieferer-Beziehungen in der Automobilindustrie 206

Abkürzungsverzeichnis

2D	zweidimensional
3D	dreidimensional
Abb.	Abbildung
ABS	Antiblockiersystem
ADAC	Allgemeiner Deutscher Automobil Club
AG	Aktiengesellschaft
ANICA	Analysis of access interfaces of various CAx-Systems
ANX	Automotive Network Exchange
AR	Augmented Reality
ASC	Accelerated Solution Center
ATZ	Automobiltechnische Zeitschrift
Aufl.	Auflage
Bd.	Band
BMBF	Bundesministerium für Bildung und Forschung
BM-DMU	Betriebsmittel Digital Mock-Up
BMW	Bayerische Motorenwerke
BSC	Balanced Scorecard
bspw.	beispielsweise
bzgl.	bezüglich
ca.	circa
CAD	Computer-Aided Design
CAID	Computer-Aided Industrial-Design
CAM	Computer-Aided Manufacturing
CAN	Controller Area Network
CAS	Computer-Aided Styling
CAx	Computer-Aided x (x ist Platzhalter für „Design" etc.)
CBSM	Competence-based Strategic Management
COP	Carry-over-parts
CoSMoS	Concurrent Systematic Product Modeling System
COV	Cross-Over-Vehicle
CSCW	Computer Supported Cooperative Work
DBMS	Datenbank-Management-System
DfX	Design for X

D.h.	das heißt
Diss.	Dissertation
DMF	Digital Manufacturing
DMU	Digital Mock-Up
Dt. Univ.-Verlag	Deutscher Universitätsverlag
DVD	Digital Versatile Disc
DvA	Durchgängig virtuelle Automobilentwicklung
e.V.	eingetragener Verein
EBIT	Earnings before interest and taxes
EBOK	Engineering Book of Knowledge
ECO	Engineering Change Order
EDM	Engineering Data Management
EDMS	Engineering Data Management Systeme
E-Mail	Electronic Mail
EMV	Elektromagnetische Verträglichkeit
ENX	European Network Exchange
erg.	ergänzt
ERP	Enterprise Resource Planning
erw.	erweitert
ESP	Elektronisches Stabilitätsprogramm
et al.	und andere
etc.	et cetera
EUR	Euro
exkl.	exklusive
F&E	Forschung und Entwicklung
f.	folgende
F-DMU	Fahrzeug Digital Mock-Up
FFP	Fahrzeugprofilplanung
FMEA	Failure Mode and Effect Analysis
GEN	Global Engineering Network
ggf.	gegebenenfalls
GM	General Motors
GmbH	Gesellschaft mit beschränkter Haftung
HiL	Hardware in the Loop
HNI	Heinrich-Nixdorf Institut

Hrsg.	Herausgeber
IAO	Institut für Arbeitsorganisation
IAT	Institut für Arbeit und Technik
i.d.R.	in der Regel
i.e.S.	im engeren Sinn
IFA	Institut für Automobilwirtschaft
IGD	Institut für grafische Datenverarbeitung
i.H.v.	in Höhe von
inkl.	inklusive
IPA	Institut für Produktionstechnik und Automatisierung
iPOT	Integration von Personen, Organisation und Technologie
i.S.v.	im Sinne von
IuK	Informations- und Kommunikationstechnologien
iViP	Integrierte virtuelle Produktenstehung
Jg.	Jahrgang
Jh.	Jahrhundert
JIT	Just in time
KBE	Knowledge based engineering
Kap.	Kapitel
km/h	Kilometer pro Stunde
KVP	Kontinuierlicher Verbesserungsprozess
kW	Kilowatt
Mass.	Massachusetts
M.a.W.	Mit anderen Worten
MBV	Market-based View
MDS	Mercedes-Benz Development System
Mio.	Millionen
MIT	Massachusetts Institute of Technology
MKS	Mehrkörpersimulation
MPV	Multi-Purpose-Vehicle
Mrd.	Milliarden
MTZ	Motortechnische Zeitschrift
NAFTA	North American federal trade association
NC	Numerical Control
No.	Number

Nr.	Nummer
o.S.	ohne Seitenangabe
od.	oder
OEM	Original Equipment Manufacturer
o.g.	oben genannt
o.V.	ohne Verfasser
PDM	Product Data od. Produktdaten Management
Pkw	Personenkraftwagen
PMU	Physical Mock-Up
PPE	Produkt- und Prozessentwicklung
PPS	Production planning systems
PTZ	Produktionstechnisches Zentrum Berlin
QFD	Quality function deployment
RBV	Resource-based View
RP	Rapid Prototyping
RPD	Rapid Product Development
S.	Seite
SAE	Society of Automotive Engineers
SE	Simultaneous Engineering
SFB	Sonderforschungsbereich
sog.	sogenannter
SS	Sommersemester
SUV	Sport-Utility-Vehicle
Tab.	Tabelle
TDM	Tausend Deutsche Mark
TQM	Total Quality Management
TU	Technische Universität
u.a.	unter anderem
ULEV	Ultra Low Emission Vehicle.
u.U.	unter Umständen
V	Volt
VDA	Verband der Automobilindustrie
VDI	Verein Deutscher Ingenieure
Vgl.	vergleiche
Vol.	Volume

VMU	Virtual Mock-Up
VP	Virtual Prototype od. Virtual Protyping
VPC	Vehicle-Plattform-Center
VPN	Virtual Private Network
VR	Virtual Reality
VW	Volkswagen
Wis.	Wisconsin
WEFA	Wharton Economic Forecasting Associates
WS	Wissensbasierte Systeme
z.B.	zum Beispiel
zs.	zusammen
z.T.	zum Teil
z.Zt.	zur Zeit

1 Gegenstand und methodologische Grundlagen der Untersuchung

1.1 Einleitung

Seit nunmehr 106 Jahren bemühen sich die Automobilhersteller mit ihren Fahrzeugen, den stetig zunehmenden und sich individualisierenden Mobilitätsbedarf zu befriedigen und der zunehmenden Extensität und Intensität der Kundenanforderungen gerecht zu werden.[1] Dass sie dabei durchaus Erfolg hatten, zeigt nicht nur die Vielzahl an grundlegenden Verbesserungen in allen technischen Teilgebieten,[2] sondern auch das beachtenswerte ökonomische Gewicht der Automobilindustrie: Im Jahr 2000 wurden weltweit bei einem Bestand von 500 Mio. Automobilen 56 Mio. Fahrzeuge neu produziert, welches einem Umsatzäquivalent von 2.450 Mrd. EUR und damit einem Anteil von über 7% am weltweiten Bruttosozialprodukt entspricht.[3]

Richtet man den Blick in die Zukunft, so werden auch im neuen Jahrhundert die Automobilhersteller versuchen, alles an einem Fahrzeug und seiner Technologie Faszinierende in einzigartige Produkte münden zu lassen, damit die Menschen auch dann die Vorstellung von einem idealen Transportmittel in erster Linie mit der eines modernen Automobils verknüpfen;[4] Ein Ziel, dass sich im Motto des bedeutensten internationalen Ereignisses für die Automobilentwicklung[5] im Jahre 2000, dem SAE Weltkongress in Detroit, wiederspiegelt: „Adding value to life through technology and advanced mobility."

Nach übereinstimmenden Aussagen von Unternehmensvertretern und Wissenschaftlern wird jedoch die Zielerreichung schwieriger werden, da sich die Wettbewerbsintensität nicht moderat-evolutorisch weiterentwickeln, sondern aufgrund des erreichten hohen Reifegrads der Branche durch eine schnelle Abfolge fortdauernder Diskontinuitäten progressiv an Schärfe zunehmen wird. Durch diese Situation der Wettbewerbsintensivierung werden die Unter-

---

[1] Extensität meint, dass die Ansprüche an das Automobil im Zeitablauf immer vielfältiger geworden sind. Intensität bedeutet, dass das Niveau der Kundenwünsche im jeweiligen Anforderungsfeld gestiegen ist. Wichtig zu erwähnen ist dabei, dass es im Zeitablauf zu einer Anforderungsakkumulation kam, da ältere Anforderungen an das Automobil i.d.R. ihre Bedeutung behielten. Vgl. Braess / Seiffert (Hrsg.) (Kraftfahrzeugtechnik, 2000), S. 6 sowie Diez (Automobilmarketing, 2001), S. 210f.

[2] Bspw. konnten die Hersteller Verbesserungen bzgl. der Langlebigkeit (verzinkte Karosserie und verbesserte Korrosionssicherheit), der höheren Anmutungs- und Lebensdauerqualität, der größeren Verwindungssteifigkeit, der Ergonomie oder des Schwingungsverhaltens und des Geräuschniveaus im Fahrzeuginnenraum erzielen. Vgl. z.B. Braess / Seiffert (Hrsg.) (Kraftfahrzeugtechnik, 2000), S. 11.

[3] Die Angaben beziehen sich auf Personenkraftwagen und kleine Nutzfahrzeuge, wobei erstere mit 39 Mio. produzierten Einheiten ca. 70% der Weltproduktion ausmachten. Vgl. Standard & Poor's (Hrsg.) (World car industry forecast report, 2001), S. 30f. und VDA (Hrsg.) (Jahresbericht 2001, 2001), S. 16f. Das weltweite Bruttosozialprodukt betrug im Jahr 2000 33.518 Mrd. Euro. Vgl. WEFA (World Market Monitor, 2002).

[4] Maßgeblich getrieben von dem geringen Massenmotorisierungsgrad einiger großer und vieler kleiner Länder, gehen Absatzprognosen von über 62 Mio. verkauften Fahrzeugen im Jahr 2005 aus. Vgl. Standard & Poor's (Hrsg.) (World car industry forecast report, 2001), S. 32.

[5] Fortan werden die Begriffe „Automobilentwicklung" und „Fahrzeugentwicklung" synonym verwendet.

nehmen erheblichen Veränderungseinflüssen unterworfen sein, auf die die Verantwortlichen Antworten in Form zukunftsgerichteter Strategien und Maßnahmen finden müssen.

Vor dem Hintergrund dieser neuen bzw. verschärften Anforderungen werden in der vorliegenden Arbeit aus der Perspektive der Automobilhersteller relevante wettbewerbliche Veränderungstreiber analysiert, mögliche fahrzeugbezogene Zukunftsszenarien ausgearbeitet sowie fahrzeugentwicklungsbezogene Stoßrichtungen ausgearbeitet, die einen signifikanten Beitrag zum Aufbau und zur Sicherung zukünftiger strategischer Wettbewerbsvorteile leisten können.

In einer sich immer schneller und dynamischer verändernden Umwelt mit immer kürzeren Produktlebenszyklen ist diese vorausschauende Perspektive von großer Bedeutung:[6] Sie erlaubt Chancen und Risiken frühzeitig wahrzunehmen, alternative Entscheidungen zu evaluieren und erfolgsversprechende Strategien zu formulieren. In diesem Sinn wird der handlungsorientierte Aufriss möglicher Zukunftsszenarien letztlich zur Grundvoraussetzung für Unternehmen, um sich strategische Wettbewerbsvorteile[7] erarbeiten und so ihre Überlebensfähigkeit zumindest temporär sichern zu können.

1.2 Vorüberlegungen: Aufbau überlegener Stärken in einzelnen Funktionsberechen zur Erzielung strategischer Wettbewerbsvorteile

1.2.1 Zusammenhang zwischen strategischen Zielen, Markterfolgen, Erfolgspotenzialen und Erfolgsfaktoren

In einem wettbewerbsintensiven Umfeld ist die Sicherung der langfristigen Überlebensfähigkeit oberstes strategisches Ziel sämtlicher ökonomisch-erfolgsorientierter und damit kompetitiv operierender Unternehmen („*Existenzsicherungsziel*").[8] Doch welche prinzipiellen Handlungsmöglichkeiten zur Erreichung dieses Ziels stehen den Unternehmen zur Verfügung? Zur Beantwortung dieser zur späteren Ableitung einer fokussierten Problemstellung zentralen Ausgangsfrage wird zunächst der Zusammenhang zwischen strategischen Zielen, Markterfolgen, Erfolgspotenzialen und Erfolgsfaktoren in hierarchisch-sachlogischer Weise aufgezeigt.[9]

Die abstrakte Zielgröße der Existenzsicherung lässt sich in einem ersten Schritt durch die Zielgröße „Erzielung eines langfristigen Erfolgs" konkretisieren. Bezogen auf die Automobilhersteller rücken damit die *Markterfolge* der Automobile und die damit verbundenen monetären Erfolgsmaßstäbe des Gewinns, der Kapitalrendite oder des Shareholder Value in den Vor-

---

[6] Dies gilt trotz der Einschränkung, dass die Ableitung von Zukunftsperspektiven letztlich nur hypothesengetrieben vorgenommen werden kann.

[7] Unter einem strategischen Wettbewerbsvorteil soll eine im Vergleich zum Wettbewerb überlegene Leistung verstanden werden, die drei Kriterien erfüllt: (a) Sie betrifft ein für die Kunden wichtiges Leistungsmerkmal, (b) der Vorteil wird vom Kunden tatsächlich wahrgenommen und als solcher empfunden und (c) der Vorteil ist dauerhaft, d.h. er darf von der Konkurrenz nicht sofort nachgeahmt werden können. Vgl. Simon (Management strategischer Wettbewerbsvorteile, 1988), S. 464f.

[8] Vgl. Welge / Al-Laham (Strategisches Management, 2001), S. 121 und die dort angegebene Literatur. Zu möglichen Zielen von Unternehmen vgl. Ulrich / Fluri (Management, 1992), S. 97. Zur Kategorisierung und Priorisierung von Unternehmenszielen auf Basis empirischer Ergebnisse vgl. Macharzina (Unternehmensführung, 1999), S. 172f.

[9] Zu den folgenden Abschnitten vgl. auch Welge / Al-Laham (Strategisches Management, 2001), S. 121 - 128.

dergrund. Des Weiteren lenkt diese Perspektivenverlagerung das Hauptaugenmerk auf Steuerungsgrößen zur Beeinflussung des Markterfolgs. In der Literatur wird dazu auf die Konzepte der Erfolgspotenziale und strategischen Erfolgsfaktoren verwiesen.

Nach Gälweiler versteht man unter *Erfolgspotenzialen* „das gesamte Gefüge aller jeweils produkt- und marktspezifischen, erfolgsrelevanten Voraussetzungen, die spätestens dann bestehen müssen, wenn es um die Erfolgsrealisierung geht."[10] Eine Konkretisierung der Erfolgspotenziale nimmt Breid vor, der zwischen dem externen Produkt-Markt- und den internen humanen, technischen, informationellen, strukturellen und finanziellen Potenzialen unterscheidet.[11] Zu deren Entstehung führt Ohms aus, dass unternehmerische Aktivitäten hinsichtlich Produkten, Märkten und Ressourcen so kombiniert werden müssen, dass ein Unternehmen eine vorteilhafte Position im Wettbewerb erhält.[12]

Bei konsequenter Weiterverfolgung des dargestellten hierarchisch-sachlogischen Zielzusammenhangs folgt daraus, dass ein Unternehmen Markterfolge erzielen kann, sofern es im Vergleich zur Konkurrenz über kostengünstigere und/oder leistungsstärkere Ausprägungen der Erfolgspotenziale verfügt.[13] Dadurch kann es sich einen strategischen Wettbewerbsvorteil verschaffen und somit langfristig überdurchschnittlichen Erfolg erwirtschaften.[14]

Durch diesen „Voraussetzungs-Charakter" der Erfolgspotenziale erhält für Unternehmen deren aktive Steuerung eine zentrale Bedeutung. Aufgrund ihres generischen Charakters können sie jedoch lediglich strukturierende Hinweise auf potentiell wettbewerbsdifferenzierende Gestaltungsfelder geben. Die konkreten Bedingungen und Maßnahmen für eine erfolgsbezogene Steuerung bleiben unklar. Dazu sind Erkenntnisse über Faktoren notwendig, die wesentlichen Einfluss auf die jeweiligen Erfolgspotenziale besitzen. Hier setzt das Konzept der strategischen Erfolgsfaktoren an, welches versucht, die Potenziale zu operationalisieren und damit steuerbar zu machen.

In Anlehnung an Fischer sollen alle Faktoren, von denen angenommen wird, dass sie den Grad des unternehmerischen Erfolgs direkt beeinflussen als *strategische Erfolgsfaktoren* bezeichnet werden.[15] Diese können in Unternehmen unter Beachtung dynamischer Umfeldbe-

---

[10] Gälweiler (Strategische Unternehmensführung, 1990), S. 26.

[11] Vgl. Breid (Erfolgspotentialrechnung, 1994), S. 37.

[12] Vgl. Ohms (Management des Produktentstehungsprozesses, 2000), S. 10f.

[13] Die zeitpunktbezogene Verfügung über kostengünstigere oder leistungsstärkere Ausprägungen der Erfolgspotenziale umfasst in der dynamischen Betrachtungsweise die Prozesse des Aufbaus, der Erhaltung und der Nutzung der Erfolgspotenziale.

[14] Erfolgspotenziale werden in diesem Zusammenhang auch als Barrieren oder Isolationsmechanismen gegenüber vollkommener Konkurrenz beteichnet. Vgl. Bain (Barriers to new competition, 1956), zitiert in: Proff (Ressourcenorientierte Wettbewerbsvorteile, 2000), S. 139.

[15] Vgl. Fischer (Strategische Erfolgsfaktoren, 1993), S. 18. Der strategische Charakter ist zunächst unabhängig davon, ob die Erfolgsfaktoren von den Unternehmen unmittelbar beeinflussbar sind (z.B. Organisationsstrukturen, Qualifikation der Mitarbeiter etc.) oder ob sie durch ihre Umweltbezogenheit nicht im unmittelbaren Beeinflussungsbereich eines Unternehmens liegen (z.B. gesamtwirtschaftliche Entwicklung, Konzentrationen auf den Beschaffungsmärkten, Arbeitsgesetzgebung etc.). Bezugnehmend auf die Prämisse der Steuerbarkeit, sollte jedoch - unter ständiger Beachtung der umweltbezogenen Erfolgsfaktoren - der Fokus eines Unternehmens auf der Gestaltung der beeinflussbaren Erfolgsfaktoren liegen.

dingungen zu Wettbewerbsvorteilen aktiviert werden und damit unmittelbar zum Markterfolg und zur Existenzsicherung beitragen.

1.2.2 Zweckmäßigkeit des Aufbaus überlegener Stärken in einzelnen Funktionsbereichen zur Erzielung strategischer Wettbewerbsvorteile aus Sicht der Automobilhersteller

Zur Identifikation konkreter Erfolgsfaktoren erfolgt in dieser Arbeit eine wertbezogene Betrachtungsweise eines Unternehmens als ein Konglomerat wertschöpfender Funktionsbereiche. Dies erfordert eine genaue Überprüfung, inwieweit die jeweiligen internen Funktionsbereiche eine Quelle von Wettbewerbsvorteilen darstellen können. Da einerseits die Kunden durch den Kauf von Automobilen den Markterfolg eines Automobilherstellers bestimmen, andererseits die Befriedigung der Kundenbedürfnisse primär über Produkteigenschaften erfolgt, die im Rahmen des automobilen Wertschöpfungsprozesses durch die einzelnen Funktionsbereiche sukzessive ausgearbeitet werden, erscheint dies ein geeignetes Vorgehen zu sein.[16] Ob die Zweckmäßigkeit des Vorgehens auch einer profunderen Hinterfragung standhält, wird im Weiteren untersucht.

Nach Emans ist der Aufbau überlegener Stärken in einzelnen Funktionsbereichen immer dann eine weiter zu verfolgende Option zur Stärkung der Wettbewerbsposition, sofern diese Funktionen in einer Branche besondere Hebelwirkungen zur Differenzierung oder Kostenführerschaft gegenüber dem Wettbewerb bieten.[17] Zur Prüfung der Relevanz dieses Gedankens für die Automobilhersteller bieten einleitend zwei aktuelle Expertenmeinungen einen erkenntnisschaffenden Einstieg:[18]

- Nach Feige / Crooker wird „der Kampf um zukünftige weltweite Marktanteile .. schon in Kürze an zwei Fronten ausgefochten werden: (a) An der Schnittstelle zum Kunden und (b) im Umfeld der Produktentwicklung. Dem Produktentwicklungsprozess kommt hierbei

---

[16] Im Zuge des verstärkten Ausbaus strategischen Denkens werden die den Funktionsbereichen inhärenten strategischen Potenziale erst in jüngerer Zeit stärker berücksichtigt. Vgl. Welge / Al-Laham (Strategisches Management, 2001), S. 403.
In einem dynamischen Wettbewerb, in dem Unternehmen sich umfangreichen Forderungen nach Flexibilität, Agilität und strategischer Interaktionsfähigkeit gegenüber sehen, ist generell davon auszugehen, dass die Hebelwirkung weniger in der Struktur- als vielmehr in der Prozessdimension verankert ist. Die stärkere Betonung des Prozessfokus im Rahmen einer Neuausrichtung intra- und interorganisatorischer Wertketten wird damit begründet, dass sich die Kompetenz zur Implementierung dynamischer Unternehmensstrategien unmittelbar im Niveau der Wertschöpfungsaktivitäten manifestiert. Insofern erhält „die Strukturdimension Mittelcharakter, indem sie das Korsett für eine operativ exzellente Abwicklung der Geschäftsprozesse bildet." Rasche (Resource-Based-View, 2000), S. 109.
Die Zweckmäßigkeit des Ansatzes wird auch von der Argumentation von Krüger / Homp unterstrichen. Die Autoren argumentieren, dass Wettbewerbsvorteile grundsätzlich vom Kunden wahrnehmbar sein müssen und daher - aus Kundensicht - primär als Ergebnis des Wertschöpfungsprozesses sichtbar werden, z.B. in der Qualität der Endprodukte oder dem Kundenservice. Die Quellen der Wettbewerbsvorteile liegen daher in den spezifischen Ressourcen, Routinen und Fähigkeiten in den vorgelagerten Wertschöpfungsstufen. Vgl. Krüger / Homp (Kernkompetenzmanagement, 1997), S. 29.

[17] Vgl. Emans (Strategische Planung, 1988), S. 126f. Bei Vorhandensein der Fähigkeit zur Differenzierung spricht Emans auch von „strategischen Funktionen". Ein Vergleich mit den von Porter vorgestellten generellen Wettbewerbsstrategien der Differenzierung, der umfassenden Kostenführerschaft und der Konzentration auf Schwerpunkte (vgl. Porter (Wettbewerbsstrategie, 1999), S. 70 - 78) zeigt, dass es sich bei dem Ansatz von Emans um den Spezialfall einer funktionenbezogenen Fokussierung innerhalb einer Branche handelt.

[18] Ähnlich wie die nachfolgenden Aussagen auch: Accenture GmbH (Hrsg.) (Auto 2010, 2000), Branstad / Williams / Rodewig (Challenges facing the global automotive industry, 1999), PriceWaterhouseCoopers (Hrsg.) (Second automotive century, 2000) und Wolters et al. (Hrsg.) (Die Zukunft der Automobilindustrie, 1999).

höchste Bedeutung zu, da mit seinem Ergebnis die Überlebensfähigkeit von Fahrzeugherstellern zukünftig in weitaus höherem Maß als bisher verknüpft sein wird."[19]

- Ähnlich prognostiziert Diez, dass der Automobilhersteller der Zukunft Blaupausenproduzent und Markenmanager sein wird: „... für eine Alleinstellung im Markt ist .. eine für den Kunden erkennbare Markenidentität auf der Basis eigenständiger und unverwechselbarer Produkte, eine hohe Vertriebseffizienz unter Einschluss der elektronischen Medien sowie die Erschließung und Ausschöpfung sämtlicher Umsatz- und Ertragspotenziale entlang des gesamten Produktlebenszyklus notwendig. ... Die Neupositionierung besteht darin, dass in Zukunft die Produktentwicklung sowie Vertrieb und Marketing entscheidende Bedeutung für die Wettbewerbfähigkeit von Automobilherstellern bekommen werden."[20]

Diese zwei beispielhaften Aussagen vermitteln das Bild einer Wettbewerbsarena, in der zwei Glieder der automobilwirtschaftlichen Wertschöpfungskette zu Kristallisationspunkten zukünftiger Wettbewerbsfähigkeit werden: Zum einen der der Produktion vorgelagerte Bereich der Produktentwicklung sowie zum anderen der der Produktion nachgelagerte Bereich des Kunden- und Markenmanagements. Beiden Funktionen wird die „Fähigkeit" attestiert, eine wettbewerbsentscheidende Hebelwirkung freisetzen zu können, verbunden mit Möglichkeiten zur gesamtunternehmerischen Wachstums- und Profitabilitätssteigerung.

Soweit entsprechen diese ersten Ergebnisse den oben formulierten Anforderungen an wettbewerbsstrategisch bedeutsame Funktionen. Da jedoch die Autoren nur vage Begründungen für die ausgewiesene Zentralität der beiden Bereiche im zukünftigen Wettbewerb aufführen, stellt sich die Frage nach der Prognosegenauigkeit und dem Aussagegehalt der Aussagen. Durch Anwendung einer wertschöpfungsstufen-orientierten Analyse wird daher im nächsten Kapitel ein Erklärungsmuster erarbeitet, welches plausible Gründe für den dargestellten Bedeutungszuwachs der beiden Funktionen aufzeigt.

1.3 Problemstellung, forschungsleitende Fragen und Zielsetzung der Arbeit

1.3.1 Problemstellung

Den Einstieg in die Problemstellung bildet die Analyse des wettbewerbsdifferenzierenden Potenzials der drei wesentlichen am automobilen Wertschöpfungsprozess beteiligten Funktionen: (a) Fahrzeugentwicklung, (b) Produktion und (c) Kunden- und Markenmanagement.[21]

1. Wettbewerbsdifferenzierendes Potenzial der Automobilentwicklung

Durch den hohen Reifegrad der Automobilbranche sehen sich die Unternehmen einem ausgeprägten Käufermarkt gegenüber: Vor dem Hintergrund einer zunehmenden Differenzierung

---

[19] Feige / Crooker (Erfolgsfaktoren im Produktentstehungsprozess, 1999), S. 41.
[20] Diez (Autokonjunktur am Wendepunkt, 2000), S. 15f.
[21] In der gewählten Einteilung wird die Funktion des Einkaufs als Unterstützungsfunktion für die Fahrzeugentwicklung und die Produktion aufgefasst.

der Nachfrage sowie steigender Qualitätsanforderungen der Kunden sind die Hersteller gezwungen, in immer kürzeren Zeitabständen technologisch innovative Fahrzeuge mit einer kundenoptimalen Funktionalität und einem marktgerechten Preis anzubieten. Aufgrund der Anforderungskumulation zeichnet sich dabei ab, dass Automobilhersteller zukünftig nur noch dann Wettbewerbsvorteile erzielen können, sofern es ihnen gelingt, in allen drei Zieldimensionen (Fahrzeugqualität, Fahrzeugkosten und Modellwechselzyklen) gleichzeitig Alleinstellungsmerkmale aufzubauen (vgl. dazu ausführlich Kap. 3.4 und 3.5).

Da die Marktakzeptanz eines Fahrzeugmodells ursächlich durch die Ergebnisse der Tätigkeiten in der Entwicklung beeinflusst wird, nimmt folglich deren Bedeutung analog der Intensität des Käufermarkts zu. Die Automobilentwicklung

- beeinflusst durch Auslegung der technischen Leistungsmerkmale sowie der Gestaltung der Fahrzeugarchitektur und des -designs maßgeblich die *Fahrzeugqualität*;
- determiniert über die Auslegung des Automobils die *Fahrzeugkosten* zu 60 - 80%, obwohl ihr Anteil an den gesamten Produktkosten nur ca. 4 - 8% beträgt;[22]
- hat durch die Schnelligkeit der Problemlösungszyklen im Entwicklungsprozess einen maßgeblichen Einfluss auf die Dauer von *Modellwechselzyklen*.

Folgerichtig ist davon auszugehen, dass das wettbewerbsdifferenzierende Potenzial der Automobilentwicklung in einem zunehmend wettbewerbsintensiven Käufermarkt insgesamt steigen wird.[23]

2. Wettbewerbsdifferenzierendes Potenzial der Produktion

Im Verlauf der letzten Dekade stand die material- und informationsflusstechnische Vernetzung der Produktionsbereiche und die Automatisierung der Prozesse im Zentrum der Rationalisierungsbestrebungen in der Automobilindustrie.[24] Kernbestandteile des „Lean Manufacturing", wie z.B. Gruppenarbeitsstrukturen, standardisierte Methoden und Prozesse, präventives Qualitätsmanagement, Pull Produktion, Fließfertigung oder kontinuierliche Verbesserungsprozesse sind daher in vielen Unternehmen etabliert oder befinden sich zumindest in einer späten Umsetzungsphase.[25]

---

[22] Vgl. Bullinger et al. (Rapid Product Development, 1996), S. 60.
[23] Vgl. dazu auch die folgenden Zitate: „Alle Maßnahmen, die eine Verbesserung der Konkurrenzfähigkeit des Unternehmens zum Ziel haben, sind nur dann sinnvoll, wenn sie im Kern die Produktentwicklung betreffen." Krause / Spur (Das virtuelle Produkt, 1997), S. 46. „Improved product development performance has, and will be, perhaps the most important driver of improved automotive capital efficiency, return on investment and cash flow going forward." Merlis / Sylvester / Newton (Breakthroughs in E-Engineering, 2000), S. 36. „More and more firms are finding that their competitiveness, indeed their very survival, is determined by the speed and effectiveness of their pd programs. To that effect, there is a number of examples and case studies that have been published and attest to the importance of product development and its effects on quality and pricing capabilities." Koufteros / Vonderembse / Doll (Concurrent engineering, 2001), S. 97f.
[24] Vgl. z.B. Boyer (Hrsg.) (Productive models in the automobile industry, 1998) und Womack / Jones / Ross (Die zweite Revolution in der Autoindustrie, 1994).
[25] Vgl. dazu das von Mercedes-Benz entwickelte Regelwerk für die Produktion MPS (Mercedes-Benz Produktions-System), beschrieben in: o.V. (Mercedes-Benz SL, 2001), S. 40 - 42.

Um das Leistungsniveau der Produktion weiter zu steigern und das Investitionsrisiko in Produktionsanlagen zu reduzieren, verfolgen die Hersteller z.zt. zuzüglich zur Optimierung der existierenden Produktionsprozesse[26] diverse weitere Strategien, die einen maßgeblichen Einfluss auf das wettbewerbsdifferenzierende Potenzial der Produktion ausüben. Dabei handelt es sich mit abnehmendem Realisierungsgrad um:

- die Duplizierung von bereits optimierten Produktionssystemen („Transplants"),
- die Fremdvergabe ganzer Produktionsumfänge an Zulieferunternehmen,
- die Flexibilisierung des Produktionssystems durch modulare Fabrikstrukturen mit standardisierten Schnittstellen („Modulare Fabrik") und
- das gemeinsame Betreiben von Produktionswerken mit anderen Herstellern oder Lieferanten bzw. Dienstleistern („Kooperative Fabrik").[27]

In der Konsequenz führen die Ansätze dazu, dass es in absehbarer Zukunft zu einer weitgehenden Konvergenz der Produktionssysteme und somit letztlich zu einer auf hohem Niveau befindlichen strategischen Patt-Situation kommen wird: Durch die Äquivalenz der Systeme werden sich in Zukunft über einen kosteneffizienten Produktionsprozess und eine hohe Fertigungsqualität kaum noch dauerhafte strategische Wettbewerbsvorteile im Markt realisieren lassen, da produktionsbezogene Alleinstellungsmerkmale einer hohen Erosionsgeschwindigkeit unterliegen werden.[28]

In Bezug auf das Potenzial als wettbewerbsdifferenzierende Einflussgröße wird dementsprechend die Produktion relativ zur Fahrzeugentwicklung an Bedeutung verlieren.

3. Wettbewerbsdifferenzierendes Potenzial des Kunden- und Markenmanagements

Bei einem Vergleich des heutigen Fahrzeugangebots mit dem vor einigen Jahren fallen zwei Unterschiede besonders auf: Zum einen ist es zu einer beschleunigten Homogenisierung der technisch-funktionalen Basiseigenschaften, wie z.B. der Beschleunigung oder dem Verbrauch, gekommen. Zum anderen weist die Angebotsvielfalt heute ein weit größeres Spektrum auf.[29] Beide Entwicklung führen dazu, dass Kunden ihre Kaufentscheidung vermehrt auf die Integrationsleistungen auf den oberen „Fahrzeug-Aggregationsebenen" stützen, zu denen insb. das Markenimage und das Markenerlebnis zu zählen sind. Da diese Eigenschaften primär die emotionalen Bedürfnisse ansprechen, gewinnt deren Befriedigung analog an Bedeutung.

---

[26] So wird insbesondere der Einsatz neuer Fertigungsverfahren vorbereitet. Vgl. Boston Consulting Group (Neue Fertigungsverfahren, 2001), S. 159 zu neuen Fertigungsverfahren, den erwarteten Qualitäts- und Kostenverbesserungen sowie den prognostizierten Realisierungszeiträumen.

[27] Vgl. BMBF (Hrsg.) (Forschung für die Produktion von morgen, 2002), Jopp (Auf dem Weg zur „atmenden Fabrik", 2002) und Westkämper (Wandlungsfähigkeit und Fabrikstrukturen, 2002).

[28] Vgl. Diez (Autokonjunktur am Wendepunkt, 2000), S. 16f.

[29] Vgl. Kap. 3.4.1 und 3.4.3.

Als wirkungsvoller Differenzierungsansatz in der emotionalen Nutzendimension gilt ein markenkonformes Management der kunden- bzw. absatzmarktorientierten Prozesse. Die zentralen Anforderungen bestehen darin:

- durch eine exzellente Produkt- und Markenpositionierung eine Alleinstellung im Wettbewerb zu realisieren,
- ein Kundenbeziehungsmanagement über den gesamten Markenerfahrungsprozess von der Aufmerksamkeitsschaffung über die Kaufentscheidung bis hin zur Loyalitätsbildung zu realisieren,
- die Organisation an einer möglichst konsistenten und effektiven Markenumsetzung auszurichten und
- sich auf die für die Marke wesentlichen Aktivitäten zu fokussieren, jedoch gleichzeitig konsequent Kompetenzpartner einzubinden.[30]

Durch dieses Maßnahmenpaket können Automobilhersteller sowohl Effekte in Hinblick auf die Kundenbindung als auch die Preisbereitschaft erzielen, welches einen subszanziellen Beitrag zur Stärkung ihrer Wettbewerbsposition leistet. Insgesamt ist damit das wettbewerbsdifferenzierende Potenzial des Kunden- und Markenmanagements als ähnlich groß wie das der Fahrzeugentwicklung einzuschätzen.

4. Fazit

Aus der zukunftsbezogenen Bedeutungsanalyse der drei wesentlichen Funktionen in der automobilen Wertschöpfungskette lässt sich die anfangs aufgeworfene Frage nach deren Hebelwirkungen zur Generierung von Wettbewerbsvorteilen beantworten. Die Ausführungen haben gezeigt, dass die Hersteller in Zukunft gezielt in die Bereiche Automobilentwicklung sowie Kunden- und Markenmanagement investieren müssen, um tragfähige strategische Wettbewerbsvorteile aufbauen zu können. Während eine operativ optimierte Produktion zur notwendigen Voraussetzung zählen wird, wird die Leistungsfähigkeit in den beiden erstgenannten Funktionsbereichen über die Differenzierung vom Wettbewerb und damit die Zukunftsfähigkeit der Automobilhersteller entscheiden. Die damit geschaffene Argumentationsbasis lässt es somit auch gerechtfertigt erscheinen, einen funktionenbezogenen Untersuchungsansatz zur Ermittlung der wettbewerbsentscheidenden Erfolgsfaktoren anzuwenden.

Abb. 1 fasst die Ergebnisse zusammen und verweist darüber hinaus auf die wichtigsten Differenzierungs- und Profitabilitätspotenziale je Funktion.

---

[30] Vgl. Branstad / Williams / Rodewig (Challenges facing the global automotive industry, 1999), S. 6 - 8, Diez (Autokonjunktur am Wendepunkt, 2000), S. 16f., Mathis (Management markenorientierter Unternehmen, 2002) und Weiß (Digitale Revolution, 2001), S. 61 - 63.

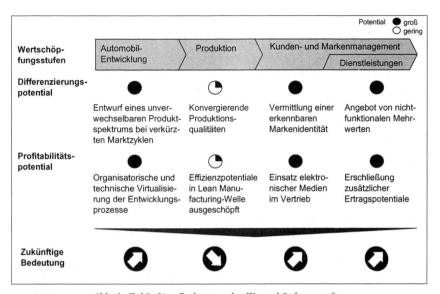

Abb. 1: *Zukünftige Bedeutung der Wertschöpfungsstufen.*

Im Interesse einer fokussierten Analyse wird im Weiteren die Wertschöpfungsstufe der Automobilentwicklung detailliert analysiert.[31] Durch die Auswahl des Untersuchungsgegenstands ist eine weitergehende Konkretisierung der dieser Arbeit zugrunde liegenden Problemstellung in Form forschungsleitender Fragen möglich.

1.3.2 Forschungsleitende Fragen

Wenn, wie gezeigt, der Automobilentwicklung eine wettbewerbsentscheidende Bedeutung zukommt, muss diese erfolgsorientiert an den sich ändernden Rahmenbedingungen ausgerichtet werden. Vor diesem Hintergrund orientiert sich der Inhalt der vorliegenden Arbeit an der in Abb. 2 aufgeführten forschungsleitenden Hauptfragestellung.

Zur Identifizierung relevanter Kompetenzbereiche hilft das Ergebnis der Analyse aktueller wettbewerbsstrategisch ausgerichteter Diskussionen zur Zukunft der Fahrzeugentwicklung weiter. Demnach werden zwei strategische Stoßrichtungen besonders hohe Bedeutungen zum Aufbau von Wettbewerbsvorteilen zugesprochen:[32]

1. **Strategische Stoßrichtung 1 (Einsatz von Informations- und Kommunikationstechnologien):** Implementierung der durchgängig virtuellen Automobilentwicklung - hier ver-

---

[31] An dieser Stelle sei noch auf das Abhängigkeitsverhältnis der Tätigkeiten im Bereich des Kunden- und Markenmanagements von den Ergebnissen der Automobilentwicklung hingewiesen: Erstere können nur dann erfolgreich gestaltet werden, wenn die Fahrzeuge über ein ausreichendes Leistungsniveau verfügen (Produktentwicklung als „Wertschöpfungsquelle"). Eine detaillierte Bedeutungsanalyse wesentlicher Bereiche des Kunden- und Markenmanagements in der Automobilindustrie ist Gegenstand der Dissertation von Mathis. Vgl. Mathis (Management markenorientierter Unternehmen, 2002).

[32] Vgl. Kap. 3.5.

standen als der durchgängige Einsatz modernster Informations- und Kommunikationstechnologien zur Optimierung aufgaben- und prozessbezogener Tätigkeiten in der Entwicklung[33] - und

2. **Strategische Stoßrichtung 2 (Kernkompetenzfokussierung):** Wechsel auf neue Kompetenzbasen durch Herausbildung neuer distinkter Kernkompetenzprofile in kooperativen Entwicklungspartnerschaften.[34]

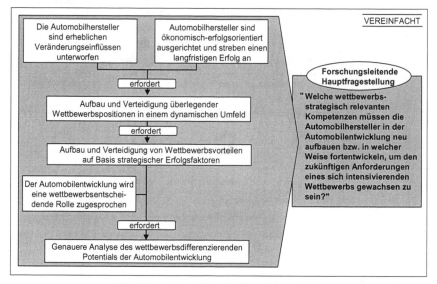

Abb. 2: Forschungsleitende Hauptfragestellung.

Der detaillierten Analyse der beiden Stoßrichtungen nimmt sich der Verfasser in der vorliegenden Arbeit an, wobei der Schwerpunkt der Ausarbeitungen auf dem Technologieeinsatz liegt.[35] Die in Abb. 3 dargestellte Aufteilung der forschungsleitenden Hauptfragestellung in ihre einzelnen Bestandteile präzisiert die Eckpfeiler des Inhalts der Arbeit.

---

[33] Vgl. dazu im Detail Kap. 4.
[34] Vgl. dazu im Detail Kap. 5.
[35] Wohlwissend, dass die Priorisierung nicht empirisch gestützt durch eine Befragung durchgeführt worden ist, scheint die Auswertung der umfangreichen Fachliteratur in diesem Fall jedoch ein ausreichender Indikator für die besondere Bedeutung der beiden Stoßrichtungen zu sein. Diese Einschätzung beruht insbesondere auf der Tatsache, dass neben den beiden genannten Themen andere strategische Gestaltungsfelder zur zukünftigen Ausrichtung der Produktentwicklung von den Unternehmensvertretern entweder überhaupt nicht genannt oder aber stets mit niedrigerer relativer Priorität versehen worden sind.

1. Welche **Veränderungstreiber** mit Auswirkungen auf die zukünftig geforderten Fahrzeugeigenschaften existieren in der globalen Umwelt und in der Automobilbranche selbst? Welche Implikationen ergeben sich daraus für die Fahrzeugentwicklung?

2. Einsatz von Informations- und Kommunikationstechnologien
   a) Wie sieht ein **idealtypisches Gesamtmodell einer durchgängig virtuellen Automobilentwicklung** aus?
   b) Welche **Erfolgsbeiträge** leistet dieses zur Leistungssteigerung in der Fahrzeugentwicklung?
   c) Welchen **Umsetzungsstand** haben die Automobilhersteller aktuell erreicht und wo besteht noch Handlungsbedarf?

3. Kernkompetenzfokussierung
   a) Zu welchen in sich geschlossenen **"Aktivitätenclustern"** können die Tätigkeiten in der Fahrzeugentwicklung verdichtet werden?
   b) Welche Aktivitätencluster gewinnen in Zukunft an Bedeutung und auf welche sollten sich die Automobilhersteller dementsprechend zukünftig konzentrieren und Kompetenzen weiterentwickeln bzw. aufbauen (**"Kernkompetenzprofile"**)?

Abb. 3: Forschungsleitende Teilfragen.

1.3.3 Zielsetzung der Arbeit

Die Arbeit soll einen Beitrag leisten, die Frage nach Möglichkeiten zur Sicherstellung der Wettbewerbsfähigkeit der Automobilhersteller aus einer produktentwicklungsbezogenen, kompetenzbasierten Perspektive zu erklären. Sie soll helfen, den ökonomischen Wandel als Grundproblem allen Wirtschaftens für den konkreten Anwendungsfall der Fahrzeugentwicklung fassbar zu machen und durch Entwicklung von Erklärungs- und Gestaltungsansätzen konstruktiv nutzen zu können.

Bei aller Bedeutung der theoretischen Fundierung geht es jedoch auch und gerade darum, eine praxisbezogene, anwendungsorientierte Perspektive zu entwickeln. Den Entscheidungsträgern im Management der Automobilhersteller sollen Orientierungshilfen aufgezeigt werden, Entwicklungsmöglichkeiten und Handlungsoptionen in dem sich vollziehenden Wandel zu erkennen und durch Ausgestaltung unternehmensspezifischer Strategien für sich nutzbar zu machen - eine der ureigensten Anforderungen an das Management.[36] Insofern wird mit der Dissertation das übergeordnete Ziel verfolgt, *strategisch-zukunftsorientierte kompetenzbezogene Gestaltungsoptionen für die Fahrzeugentwicklung aus Sicht der Automobilhersteller zu erarbeiten, um dadurch einen Beitrag zur Erhöhung des Erfolgsgrads unternehmensindividuell gewählter Strategien zu leisten.*

Aufgrund der weitgehenden Unkenntnis über unternehmensindividuelle strategische Ziele und konkrete Unternehmenssituation dürfen jedoch weder der aufzuzeigende idealtypische

---

[36] Vgl. Picot / Reichwald / Wigand (Grenzenlose Unternehmung, 2001), S. 19.

Technologieeinsatz noch die abzuleitenden Kernkompetenzprofile als universell gültige Handlungsanweisungen für das Management im Sinn von Patentrezepten gedeutet werden. Zur Formulierung von Handlungsanweisungen ist vielmehr der Wechsel von der neutralen branchenspezifischen Beobachterperspektive in die unternehmensspezifische Teilnehmerperspektive erforderlich. Erst durch Berücksichtigung der konkreten Ausgangssituation kann eine Feinkalibrierung möglicher Handlungsoptionen durchgeführt werden, woran sich die Formulierung von Handlungsanweisungen anschließen kann. Dies liegt im Aufgabenbereich des Managements und damit außerhalb des Bearbeitungsfelds dieser Arbeit.

1.4 Forschungsbedarf

Die Ableitung des Forschungsbedarfs erfolgt entlang der beiden identifizierten strategischen Stoßrichtungen. Ziel dieses Kapitels ist es dabei nicht, eine detaillierte wissenschaftliche Bewertung und Klassifizierung aller bisherigen Forschungsarbeiten zu leisten. Vielmehr sollen die in der Vergangenheit schwerpunktmäßig behandelten Teilaspekte durch Aufführen relevanter Literaturquellen verdeutlicht werden, um so ein besseres Verständnis für die Einordnung der vorliegenden Arbeit in die wissenschaftliche Diskussion zu erzielen.

1. Strategische Stoßrichtung 1: Implementierung der durchgängig virtuellen Automobilentwicklung

Seit langem sind Entwicklungsprozesse Gegenstand regen wissenschaftlichen Interesses. Neben der strukturell-inhaltlichen Analyse von Entwicklungsprozessen liegt ein wesentlicher Schwerpunkt in der Erforschung und Ausgestaltung von Erfolgsfaktoren.[37]

Mit Mittelpunkt einer Vielzahl von Arbeiten im Rahmen der Erfolgsfaktorenforschung stehen die in der Fahrzeugentwicklung einsetzbaren Informations- und Kommunikationstechnologien.[38] Nachdem von allen Automobilherstellern in den letzten Jahren erheblich in die

---

[37] Vgl. z.B. Ambrosy (Integrierte Produktentwicklung, 1997), Aoshima (Knowledge transfer across generations, 1996), Brown / Eisenhardt (Product development, 1995), Brüning (DMU im Produktentwicklungsprozess bei Audi, 1998), Clark / Fujimoto (Automobilentwicklung, 1992), Cusumano / Nobeoka (Multi-project management, 1998), Demers (Dynamische Planung und Steuerung, 2000), Diez (Plattform-Strategien, 1999), Dudenhöffer (Outsourcing und Plattform-Strategien, 1997), Fujimoto (Information asset map, 1993), Fujimoto (Capability-building competition in auto industry, 2000), Fujimoto / Thomke (Product development performance, 2000), Göpfert (Modulare Produktentwicklung, 1998), Grafmüller (Prozeßmanagement in der Automobilindustrie, 2000), Grässler (Mass customization, 2000), Hauser et al. (Erfolgsfaktoren, 1998), Hirschbach / Heidingsfelder (Integration des Kunden in die Fahrzeugentwicklung, 1996), Kidd (New product development, 1997), Nobeoka / Cusumano (Survey of automobile development projects, 1995), Peren / Hergeth (Hrsg.) (Customizing in der Weltautomobilindustrie, 1996), Piller (Mass Customization, 2001), Schaaf (Marktorientiertes Entwicklungsmanagement, 1999), Schernikau (Mechatronikgerechte Organisationen, 2001), Smith / Hickmann (Hrsg.) (Vehicle Systems Integration, 2000) und Specht / Beckmann / Amelingmeyer (F&E-Management, 2002), S. 29 - 34.

[38] Eine Übersicht vermitteln z.B.: Abeln (CAD-Referenzmodell, 1995), Anderl / Encarnaçao / Rix (Hrsg.) (Tele-CAD, 1998), Euroforum (Hrsg.) (Informationstechnologie in der Automobilindustrie, 1998), Euroforum (Hrsg.) (Virtuelle Produktentstehung im Automobilbau, 2001), Eversheim / Luczak (Hrsg.) (Telekooperation, 1999), Krause / Spur (Das virtuelle Produkt, 1997), Reichwald et al. (Telekooperation, 2000), VDI-Gesellschaft Fahrzeug- und Verkehrstechnik (Hrsg.) (Virtuelle Produktentstehung, 1999), VDI-Gesellschaft (Hrsg.) (Produkte entwickeln im realen Umfeld, 2000).
Einzelaspekte werden bspw. in folgenden Quellen vertiefend dargestellt: Abramovici (EDM/PDM-Einführungsstrategien, 1999), Balasubramanian / Winterstein (Digitale Fahrzeugentwicklung, 1998), Bock (Rapid styling validation, 2000), Bullinger / Bröcker / Wagner (Verteilte Produktentwicklung, 1999), Fraile (Virtuelle Fahrzeugentwicklung, 2000), Katzenbach (Future Engineering Environment, 1999), Koytek / Gaube (Digital Mockup im Entwicklungsverbund, 1999), Krause

Technologien der virtuellen Produktentwicklung investiert wurde, werden zusätzlich zur Beschreibung der Technologiefunktionalität in zunehmendem Maß Aspekte des aktuellen Umsetzungsgrads, des erzielten Nutzens sowie Möglichkeiten zu Steigerung der Erfolgsbeiträge der Technologien untersucht. Die Beschreibung konkreter kommerzieller und prototypischer Anwendungen in der Praxis runden das Bild ab.

In diesem Zusammenhang ist insbesondere auf das vom BMBF geförderte Projekt „integrierte Virtuelle Produktentstehung" (iViP) zu verweisen, an dem insgesamt 53 Unternehmen (Endprodukthersteller, Zulieferer und Dienstleistungsunternehmen) aus den Bereichen Automobilbau, Schienenfahrzeugbau und Maschinenbau sowie Software-Unternehmen, Telekommunikations-Provider und interdisziplinäre Forschungseinrichtungen teilnahmen.[39] Ziel des Mitte 1998 gestarteten und Mitte 2002 beendeten Vorhabens war unter intensiver Einbindung von Industrieunternehmen „die Entwicklung und industrielle Einführung von High-Tech Softwareprodukten für die vollständige Virtuelle Produktentstehung auf der Basis virtueller Produkte und durchgängiger, integrierter Prozesse."[40] Dadurch sollten in bisher nicht gekanntem Ausmaß die informationstechnische Durchgängigkeit und branchenübergreifende Vernetzung aller Einzelaufgaben zu integrierten Prozessflüssen erzielt und gleichzeitig über Validierungstests die Verwendbarkeit der Software-Prototypen in der industriellen Praxis sichergestellt werden. Die Funktionalität der Software-Systeme liegt damit weit oberhalb der von heute kommerziell verfügbaren Systemen. Die konkreten Projektinhalte sind anhand der in Abb. 4 dargestellten Projektstruktur ablesbar.

Stellvertretend zeigt das iViP-Projekt, welche hohe Relevanz und Aktualität die Implementierung einer durchgängig virtuellen Entwicklung branchenübergreifend hat und in welche Richtungen die derzeitigen Forschungsanstrengungen gehen. In dieser sich ausweitenden Forschungslandschaft haben sich im Verlauf der Literaturrecherche zwei wichtige Bereiche herauskristallisiert, die bisher noch nicht detaillierter betrachtet worden, für Automobilhersteller jedoch äußerst bedeutsam sind. Der erste Bereich betrifft die *Ausgestaltung eines idealtypischen Gesamtmodells einer durchgängig virtuellen Entwicklung für den konkreten Anwendungsfall der Automobilentwicklung sowie insbesondere die Beurteilung der potentiellen Erfolgsbeiträge eines solchen technologischen Zukunftsszenarios für die Automobilhersteller*: Zwar wurden bisher eine Vielzahl von Technologien im Rahmen von Einzeluntersuchungen eingehend hinsichtlich ihrer Funktionalität und Leistungsfähigkeit beschrieben bzw. im iViP-Projekt zumindest branchenübergreifend technologische Komponenten für ein Gesamtmodell erarbeitet und in Anwendungsszenarien eingesetzt, jedoch existiert weder eine in die Zukunft

---

/ Heimann / Raupach (Hrsg.) (Tools and workflows for product development, 1998), o.V. (CAD-Systeme für die Automobilindustrie, 2000), Stark / Lichtenthäler (CAx-Technology to drive digital prototypes, 2000), Thomke / Nimgade (Digital auto project, 1999) und Wolff (E-Visionen in der Automobilindustrie, 2001).

[39] Als Automobilhersteller waren BMW, Mercedes-Benz und Volkswagen beteiligt.

[40] Entnommen aus der iViP-Informationsbroschüre, online unter: *http://ivip.ipk.fhg.de/* (20.06.2001). Für weitere Details vgl. ebenda, Krause / Tang / Ahle (Integrierte Virtuelle Produktentstehung, 1999), S. 77 - 101 und Krause / Tang / Ahle (iViP - Fortschrittsbericht II, 2002).

gerichtete Ableitung eines integrierten, entwicklungsprozessübergreifenden Technologieeinsatzes in der Automobilentwicklung noch wurde bisher - und hier ist der größere Forschungsbedarf auszumachen - eine strukturierte Beurteilung der Erfolgsbeiträge anhand der wettbewerbsinduzierten Anforderungen vorgenommen. M.a.W. fehlt es an der Ausarbeitung eines branchenspezifischen Gesamtkonzepts, welches den Brückenschlag zwischen wettbewerbsinduzierten Anforderungen und den zukünftigen Möglichkeiten der IuK in Form einer strukturierten Bewertung der potentiellen Erfolgsbeiträge der IuK für die Automobilhersteller verwirklicht.

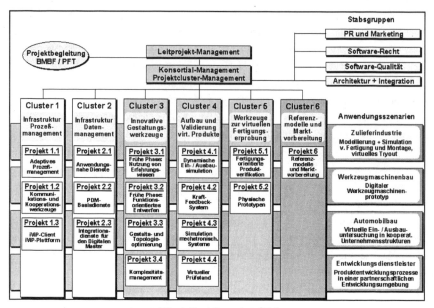

Abb. 4: Projektstruktur iViP
(Quelle: http://ivip.ipk.fhg.de (20.06.2001, S. 5)).

Der zweite bisher nur ansatzweise erörterte Themenbereich betrifft die Untersuchung relevanter Aspekte des Managements einer durchgängig virtuellen Automobilentwicklung. Damit sind Fragestellungen gemeint, die sich mit den Besonderheiten in der Ausgestaltung und Steuerung virtueller Entwicklungsprozesse beschäftigen, bspw. welche aufbau- und ablauforganisatorischen sowie mitarbeiterbezogenen Voraussetzungen zur Ausschöpfung der potentiellen Erfolgsbeiträge des Technologieeinsatzes zu schaffen sind. Die in diesem Themenbereich ausgemachten wissenschaftlichen Lücken sind nicht zuletzt darauf zurückzuführen, dass es sich hier um Fragestellungen handelt, die eine hohe Abhängigkeit von dem - wie gezeigt - bisher ebenfalls wenig behandelten Thema der Ausgestaltung eines Gesamtmodells einer durchgängig virtuellen Automobilentwicklung aufweisen und als Resultierende insofern erst einen Aufsetzpunkt zur Referenzierung von Managementaspekten benötigen. Aufgegriffen werden die aufgezeigten Forschungsbedarfe schwerpunktmäßig in Kap. 3 und 4.

2. Strategische Stoßrichtung 2: Wechsel auf neue Kompetenzbasen durch Herausbildung neuer distinkter Kernkompetenzprofile in kooperativen Entwicklungspartnerschaften

Da die Neuausrichtung der Wertschöpfungsstrukturen ihren Ursprung im sich ändernden Wettbewerb findet und sich in ihrem Wandel an den zukünftigen Erfordernissen des Wettbewerbs zu orientieren hat, haben grundlegende Arbeiten im Themengebiet „Wettbewerbsstrategien" eine große Bedeutung für die vorliegende Arbeit.[41] Für das spezielle Themenfeld der kooperativen Wertschöpfungspartnerschaften nehmen darüber hinaus vor allem Erörterungen zu effektivitäts- und effizienzorientierten Gestaltungsoptionen von Kooperationen sowie die damit eng verbundenen Make-or-Buy-Entscheidungen eine hervorgehobene Rolle ein. Hierzu existiert eine Fülle auch empirischer Untersuchungen aus den Bereichen der Innovationsforschung, der Theorie der Unternehmung, der Organisationsforschung und der Wirtschaftsgeschichte.[42]

Fasst man die inhaltlichen Schwerpunkte der Veröffentlichungen grob zusammen, so ergibt sich das in Abb. 5 dargestellte Bild. Die Mehrzahl der Autoren beschäftigt sich mit grundlegenden (branchenunabhängigen) Fragestellungen zur Ausgestaltung und zum Management von Kooperationen. Weitere Schwerpunkte stellen Ausführungen zu wettbewerblichen Veränderungstreibern in der Automobilindustrie sowie zu der daraus resultierenden Notwendigkeit einer strategischen wertschöpfungsorientierten Neuausrichtung für *Automobilzulieferunternehmen* dar.[43] Demgegenüber wurden weiterführende Überlegungen zur notwendigen Neuausrichtung der Automobilentwicklung aus Sicht der *Automobilhersteller* bisher nur ansatzweise angestellt:[44] Während in Bezug auf die unterschiedlichen Geschäftsmodelle

---

[41] Vgl. z.B. Corsten (Wettbewerbsstrategie, 1998), Hammann / Freiling (Hrsg.) (Ressourcen- und Kompetenzperspektive, 2000), Kirsch (Strategisches Management, 1997), Porter (Wettbewerbsstrategie, 1999), Porter (Wettbewerb und Strategie, 1999), Proff (Hrsg.) (Strategien für die Automobilindustrie, 1998) oder Welge / Al-Laham (Strategisches Management, 1999). Die Bedeutung des Themas Wettbewerbsstrategien spiegelt sich auch in der Anzahl der jährlich neuerscheinenden Veröffentlichungen wieder. Der Weg in die Zukunft wird dabei oft durch Verknüpfung theoretischer Erkenntnisse mit praxisnahen Fallstudien vorgezeichnet.

[42] Vgl. z.B. Pfaffmann (Kompetenzbasiertes Management, 2001), S. 9 und die dort angegebene Literatur sowie Agthe (Supplier integration in automotive networks, 2001), Dyer (Extended enterprise supplier networks, 2000), Heinze (Virtuell-flexibles Zuliefermodell, 1997), Jürgens (Hrsg.) (Product development and production networks, 2000), Monczka (New product development, 2000), Sydow (Hrsg.) (Netzwerkorganisationen, 1999), Sydow / Windeler (Hrsg.) (Steuerung von Netzwerken, 2001), Wertz (Lieferanten-Produzenten-Beziehungen, 2000), Wildemann (Entwicklungsstrategien für Zulieferunternehmen, 1996), Wildemann (Unternehmungsnetzwerke in der Zulieferindustrie, 1998).

[43] Vgl. z.B. Freudenberg (Branchenstruktur Zulieferer, 2000), Heinze (Virtuell-flexibles Zuliefermodell, 1997), IKA / McKinsey & Company (Hrsg.) (Wachstumsstrategien in der Auto-Zulieferindustrie, 1999), Männel (Netzwerke in der Zulieferindustrie, 1996), Pfannschmidt / Beinke (Entwicklungspartnerschaft aus Zulieferersicht, 1997), PriceWaterhouseCoopers (Hrsg.) (The global supplier report, 2001), Weiss (Management von Zuliefernetzwerken, 1999), Wildemann (Entwicklungsstrategien für Zulieferunternehmen, 1996) und Wildemann (Unternehmungsnetzwerke in der Zulieferindustrie, 1998).

[44] Auffällig ist hier die Dominanz der Veröffentlichungen von Unternehmensberatungen, vgl. z.B. Accenture GmbH (Hrsg.) (Auto 2010, 2000), Branstad / Williams / Rodewig (Challenges facing the global automotive industry, 1999), Dannenberg / Kalmbach (Automobiltechnologie 2010, 2001), Ernst & Young (Hrsg.) (Automotive product design and development

für Zulieferunternehmen mittlerweile eine hohe Inhaltsdichte und Transparenz erreicht ist, wurde die Frage, inwieweit sich Automobilhersteller zukünftig - unter Berücksichtigung der Möglichkeiten, Leistungen von Wertschöpfungspartner zu beziehen und unter Beurteilung etwaiger Differenzierungs- und Kostenvorteile -entlang der entwicklungsspezifischen Wertschöpfungskette repositionieren sollten, bisher kaum aufgegriffen. Es existiert weder eine integrierte Betrachtung der auf die Automobilentwicklung wirkenden Veränderungstreiber sowie der daraus resultierenden Implikationen für die Vorteilhaftigkeit alternativer Wertschöpfungsstrukturen noch wurden Schlussfolgerungen für die in Zukunft notwendigen, konsequent auf strategisch wichtige Kernbereiche fokussierten Kompetenzprofile der Automobilhersteller abgeleitet noch existieren Aussagen zu möglichen Evolutionsstufen und Transformationspfaden. Infolgedessen gibt es auch kaum Angaben zur Relevanz möglicher Kompetenztypen für die in unterschiedlichen Segmenten positionierten Automobilhersteller. Diese aufgezeigten Forschungsbedarfe werden schwerpunktmäßig in den Kap. 3 und 5 aufgegriffen.

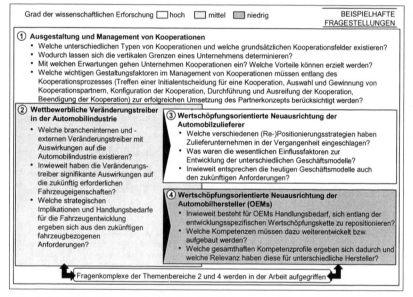

Abb. 5: *Inhaltliche Schwerpunkte der Veröffentlichungen im Themengebiet „kooperative Wertschöpfungspartnerschaften".*

---

delphi, 1998), IKA / McKinsey & Company (Hrsg.) (Wachstumsstrategien in der Auto-Zulieferindustrie, 1999), Merlis / Sylvester / Newton (Breakthroughs in E-Engineering, 2000), PriceWaterhouseCoopers (Hrsg.) (Second automotive century, 2000), PriceWaterhouseCoopers (Hrsg.) (Automotive sector insights, 2001), PriceWaterhouseCoopers (Hrsg) (Collaborative value chain participation, 2001) und Wolters et al. (Hrsg.) (Die Zukunft der Automobilindustrie, 1999).
Für weitere Einzelaspekte einer Industrieperspektive vgl. z.B. Diez (Autokonjunktur am Wendepunkt, 2000), Dudenhöffer (Konzentrationsprozesse in der Automobilindustrie, 2001), Feige (Systemintegratoren, 1998), Fine et al. (Perspectives of automobile industry, 1997), Meinig / Mallad (Hrsg.) (Strukturwandel mitgestalten, 1997), o.V. (Neue Strategien der Automobilhersteller, 2001 und Proff / Proff (Hrsg.) (Strategien für die Automobilindustrie, 1998).

1.5 Begriffliche Grundlegung

Nachfolgend werden diejenigen Begriffe definiert, die grundlegend für alle weiteren Ausführungen sind. Detailerörterungen zu thematisch spezifischen Begriffen, wie z.b. „durchgängig virtuelle Produktentwicklung" erfolgen in den jeweiligen Hauptkapiteln.

1.5.1 Strategie und strategisches Management

Die Zielsetzung der Arbeit verdeutlicht deren strategische Ausrichtung. Damit wird eine definitorische Abgrenzung wesentlicher Begrifflichkeiten im Themenfeld des strategischen Managements notwendig.

In Anlehnung an das klassische Strategieverständnis[45] soll eine *Strategie* definiert werden als *die grundsätzliche Umschreibung, Charakterisierung und/oder Kennzeichnung langfristiger Verhaltensweisen, mit denen ein Unternehmen im Beziehungsfeld Unternehmen - Umwelt versucht, seine langfristigen Ziele zu verwirklichen.*[46] Die Zielverwirklichung ist i.d.R. mit der Intention verbunden, die Wettbewerbsposition zu verbessern oder zumindest zu halten. Dies erfordert u.a. Entscheidungen darüber, in welcher Domäne oder in welchen Domänen (Branchen, Märkte) ein Unternehmen tätig sein soll und welche Handlungsweisen und Ressourcenverwendungen zu wählen sind.[47] Die operationale Umsetzung der Entscheidungen erfolgt durch konkrete Maßnahmenbündel.

Strategisches Management soll definiert werden als *der Prozess zur Steuerung und Koordination der langfristigen Evolution eines Unternehmens, in dessen Mittelpunkt die Formulierung und Umsetzung von Strategien zum Aufbau, zur Pflege und zur Ausbeutung von Erfolgspotenzialen steht.*[48] Der hervorgehobene Prozesscharakter dokumentiert dabei die anzustrebende, koordinierte und sachlogische Abfolge der vielfältigen Aktivitäten im Rahmen der Strategieformulierung und -umsetzung.[49] Die Herausforderung für das strategische Management in diesem Prozess besteht insb. darin, aus heutiger Sicht mit den gegenwärtig verfügbaren Informationen ex-ante die Qualität strategischer Entscheidungen zu verbessern.

---

[45] Eine Gegenposition zum klassischen Strategieverständnis bildet der Ansatz von Mintzberg. Mintzberg kritisiert die im klassischen Strategieverständnis unterstellte Rationalitätsprämisse einer Strategie. Diese besagt, dass eine Strategie stets das Ergebnis formaler, rationaler Planungen ist. Für Mintzberg sind Strategien hingegen nicht zwingend das Ergebnis formaler rationaler Planungen. Auf Basis empirischer Fallstudien identifizierte er z.B. auch Strategien, die zwar realisiert, aber nicht beabsichtigt waren und somit eher einen Zufälligkeitscharakter trugen. Vgl. zusammenfassend Welge / Al-Laham (Strategisches Management, 2001), S. 16f. und dort angegebene Literatur.

[46] Diese Definition versucht, aus den zahllosen existierenden Strategiedefinitionen den gemeinsamen Kern herauszuschälen. Für einzelne Definitionen vgl. z.B. Chandler (Strategy and structure, 1962), S. 23, Corsten (Wettbewerbsstrategie, 1998), S. 3f., Hinterhuber (Wettbewerbsstrategie, 1990), S. 49 - 53, Barney (Competitive advantage, 1997), S. 10 - 13 oder Macharzina (Unternehmensführung, 1999), S. 197f.

[47] Dass die Unternehmungsstrategie von entscheidender Bedeutung für den Unternehmenserfolg ist, zeigen die Ergebnisse der PIMS-Studie. Demnach lassen sich zu etwa 70% die Unterschiede zwischen erfolgreichen und erfolglosen Geschäften, gemessen als Varianz in der Rentabilität, durch strategische Faktoren erklären. Nur etwa 30% sind auf die operative Effizienz zurückzuführen. Vgl. Heyder / Werther (Das PIMS Konzept, 1996), S. 7.

[48] Vgl. z.B. Bleicher (Das Konzept integriertes Management, 2001), S. 75 und Welge / Al-Laham (Strategisches Management, 2001), S. 19.

[49] Vgl. Hümmer (Strategisches Management, 2001), S. 26 und Welge / Al-Laham (Strategisches Management, 2001), S. 19. „Management" in seiner umfassenden Sichtweise befasst sich mit Planung, Organisation, Führung und Kontrolle betriebswirtschaftlich relevanter Vorgänge. Vgl. Brockhoff (Forschung und Entwicklung, 1999), S. 70.

1.5.2 Automobilindustrie, -hersteller und -zulieferer

Gemäß dem Verband der Automobilindustrie (VDA) werden unter der *Automobilindustrie* „die Hersteller von Kraftwagen und deren Motoren, Sattelzugmaschinen, Anhängern, Aufbauten, Kraftfahrzeugteilen und -zubehör" verstanden.[50] Entlang der automobilen Wertschöpfungskette können dabei die Produktion der Fahrzeuge, die der Produktion vorgelagerten sog. „Upstream-Prozesse" sowie sämtliche der Produktion nachgelagerten sog. „Downstream-Prozesse" unterschieden werden (vgl. Abb. 6). Da jeder Teil in der Wertschöpfungskette einen eigenständigen Markt verkörpert (z.b. Markt für Neuwagen, Markt für Finanzdienstleistungen etc.), spricht Diez auch von der Automobilindustrie als „Marktverbund".[51]

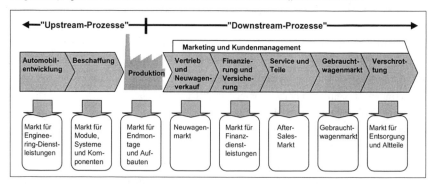

Abb. 6: *Die Automobilindustrie als Marktverbund.*
(Quelle: Diez (Automobilmarketing, 2001), S. 26).

An der Fahrzeugentwicklung als hier ausgewähltem Untersuchungsgegenstand sind im Wesentlichen zwei Gruppen von Unternehmen beteiligt: zum einen die Automobilhersteller, synonym auch „Original Equipment Manufacturer" (OEM), Pkw- oder Fahrzeughersteller genannt, zum anderen die Automobilzulieferer.

Automobilhersteller sind wirtschaftliche Einheiten, die eigenhergestellte oder fremdbezogene Komponenten, Systeme und Module zu dem Endprodukt Fahrzeug kombinieren und dieses am Markt Endverbrauchern anbieten.[52] Zur Differenzierung der Automobilhersteller existieren verschiedene Segmentierungsansätze, wobei bis dato die Unterscheidung nach vertikaler Markengrundpositionierung auf Basis der preislichen Hoch- oder Niedrigpositionierung ein weithin gebräuchlicher Ansatz ist. Demnach werden Luxus- (z.B. Ferrari, Rolls-Royce), Premium- (z.B. BMW, Mercedes-Benz), Volumen- (z.B. Ford, Opel, Volkswagen) und Low-Cost-Marken (z.B. Hyundai, Skoda) unterschieden.[53]

---

[50] VDA (Hrsg.) (Kraftverkehrswirtschaft 2000, 2000), S. 6.
[51] Vgl. Diez (Automobilmarketing, 2001), S. 25 - 29.
[52] Vgl. Wolters (Modul- und Systembeschaffung, 1995), S. 6f.
[53] Eine Detailübersicht zu sämtlichen Segmenten inkl. Beispielfahrzeugen bietet: Standard & Poor's (Hrsg.) (World car industry forecast report, 2001), S. 426 - 429.

Unter dem Begriff *Zulieferer* werden Unternehmen subsumiert, die im Rahmen zwischenbetrieblicher Arbeitsteilung industrielle Vorprodukte und ggf. zugehörige Dienstleistungen für ein in der Wertschöpfungskette nachgelagertes Unternehmen erbringen. Im Fall der Automobilindustrie versorgt der Zulieferer den Fahrzeughersteller mit Leistungen, die wichtige Bestandteile des Gesamtfahrzeuges darstellen, aber vom Hersteller nicht selbst erbracht werden. Erst durch die Integration dieser Zulieferprodukte in das Fahrzeug kann dieses seine ihm zugedachte Gesamtfunktion erfüllen. Durch die Komplexität des Automobils liefern Zulieferunternehmen jedoch nicht nur direkt an die Automobilhersteller, sondern häufig existieren hierarchische Zuliefernetzwerke, in denen Zulieferunternehmen einer niedrigeren Wertschöpfungsstufe für Zulieferunternehmen einer höheren Wertschöpfungsstufe Leistungen erbringen.

Wolters strukturiert die große Bandbreite unterschiedlicher Typen von Zulieferunternehmen anhand von zwei Faktoren: (1) nach der Art der Zusammenarbeit mit dem Fahrzeughersteller und (2) nach ihrer Position in der Wertschöpfungskette.[54] Nach *Art der Zusammenarbeit* werden drei Zuliefertypen unterschieden: (a) Der Entwicklungslieferant, der in Eigenverantwortlichkeit gemäß bestimmter Rahmenvorgaben Teile und Baugruppen entwickelt, am Beschaffungsumfang des Fahrzeugherstellers nach Serienanlauf allerdings nicht beteiligt ist; (b) Der Produktionslieferant, der die Produkte nach strengen konstruktiven und fertigungstechnischen Vorgaben ohne eigenen Entwicklungsanteil fertigt;[55] (c) Der kombinierte Entwicklungs- und Produktionslieferant, der Zulieferumfänge zumindest teilweise selbst entwickelt und für die Serie produziert.

Nach der Position in der Wertschöpfungskette werden ebenfalls drei Zuliefertypen unterschieden: (a) Dem Fahrzeughersteller direkt vorgelagerte Lieferanten der ersten Ebene, sog. „First-Tier-Lieferanten" und Lieferunternehmen nachfolgender Lieferebenen, sogenannte Vor- oder Sublieferanten. In Abhängigkeit von der Lieferebene werden sie entsprechend als (b) „Second-Tier-Lieferanten", (c) „Third-Tier-Lieferanten" u.s.w. bezeichnet.

1.5.3 Produkt- und Prozessentwicklung

Die Notwendigkeit der Definition des Begriffs „Produkt- und Prozessentwicklung" (PPE) ergibt sich aus dem Umstand, dass je nach Sichtweise und Berücksichtigung der Verflechtungen innerhalb der PPE die Reichweite der einzuschließenden Tätigkeiten, Prozesse und Bereiche erheblich variiert.[56]

---

[54] Vgl. Wolters (Modul- und Systembeschaffung, 1995), S. 6f. und die dort angegebene Literatur. Des Weiteren vgl. Reeg (Liefer- und Leistungsbeziehungen, 1998), S. 28.
Bei der Kategorisierung handelt es sich um die Darstellung des Status quo. Mögliche zukünftige Abgrenzungen werden im Kap. 5 thematisiert.

[55] Diese Zuliefertypen bieten dem Fahrzeughersteller den Vorteil, dass dieser seine Kapazitäten flexibel den Nachfrageschwankungen anpassen kann. Erweiterte Produktionslieferanten lediglich temporär die Kapazitäten des Fahrzeugherstellers, und bilden dadurch eine Kapazitätsreserve, werden sie auch als „Unterlieferant" oder „verlängerte Werkbank" bezeichnet.

[56] Weder in der Praxis noch in der ingenieurwissenschaftlichen und betriebswirtschaftlichen Literatur konnte sich bisher eine einheitliche Behandlung des Begriffs der PPE durchsetzen. Die definitorische Divergenz beruht nicht zuletzt auf der Tatsache, dass sich die PPE als ein heterogenes Konstrukt von Einzelmodellen darstellt, das aus den verschiedenen

Die PPE ist der organisatorische Rahmen, in dem ausgehend von antizipierten oder konkreten Kundenbedürfnissen, Produktideen generiert und in serienreife Produkte transformiert werden und in dem die Interaktion zwischen Automobilhersteller und -zulieferer stattfindet. Die Transformation soll dabei möglichst unter Anwendung der methodischen Verfahren der Konstruktionslehre sowie unter Berücksichtigung der stofflichen, technologischen, wirtschaftlichen, gesetzlichen sowie umwelt- und menschenbezogenen Randbedingungen und Restriktionen erfolgen.[57]

In der PPE werden maßgeblich die Produkteigenschaften hinsichtlich Funktionserfüllung, Sicherheit, Ergonomie, Fertigung, Transport, Gebrauch, Instandhaltung und Entsorgung bzw. Recycling bestimmt,[58] wobei unter Produkten hier in einer weiten Auffassung Leistungsbündel verstanden werden sollen, die mehrfache materielle und auch immaterielle Komponenten enthalten können.[59] Über die eigentlichen Produkte hinaus stellen die Dokumentationen über das Produkt (Produktmodell, Berechnungen, Schaltpläne, Stücklisten etc.), über dessen Produktionsprozess (Werkzeug-Zeichnungen, Prozesspläne, Arbeitspläne) sowie über Vertriebs- oder auch Logistikprozesse weitere Resultate dar. Erst in ihrer Kombination bilden sie das integrierte Ergebnis der PPE.

Eingebettet in den Gesamtprozess der Forschung und Entwicklung (F&E) mit den zeitlich vorlaufenden Phasen der Grundlagenforschung, der Technologieentwicklung und der Vorentwicklung,[60] jedoch exklusive der Serienproduktherstellung,[61] lässt sich die PPE weiter in ihre Einzelelemente untergliedern. Hierzu sind von verschiedenen Autoren Vorgehensweisen und Ablaufpläne mit unterschiedlichen Detaillierungsgraden entwickelt worden, die weitgehend branchenunabhängig die erforderlichen Hauptarbeitsphasen verknüpfen. Da sich die Vorgehensweisen in ihrer Grobstruktur ähneln, soll stellvertretend das in Abb. 7 dargestellte Stufenmodell von Specht / Beckmann / Amelingmeyer die wesentliche Inhalte verdeutlichen.[62]

Sichtweisen, Untersuchungsgebieten und Interessen der Prozessbeteiligten (Modell aus Sicht von Kunden, Fertigung, Marketing, Controlling, Umweltschutz etc.) hervorgeht. Vgl. Bullinger / Wißler / Wörner (RPD, 1996), S. 67.

[57] Vgl. Ehrlenspiel (Integrierte Produktentwicklung, 1995), S. 166 sowie Pahl / Beitz (Konstruktionslehre, 1997), S. 1.

[58] Eine Auswahl an Gestaltungsrichtlinien („Design for X" (DfX)) und Restriktionen mit Literaturangaben findet sich bei: Ehrlenspiel (Integrierte Produktentwicklung, 1995), S. 281f.

[59] Bei Vorliegen solcher Leistungsbündel ist oftmals nicht exakt zwischen dem Sachgut und den ihm zugeordneten Dienstleistungen oder auch einer Dienstleistung in Verbindung mit Werkstoffen (z.B. Reparatur) zu differenzieren. Vgl. Krause / Spur (Das virtuelle Produkt, 1997), S. 2.

[60] Vgl. Specht / Beckmann / Amelingmeyer (F&E-Management, 2002), S. 14 - 16.

[61] Die begriffliche Zusammenfassung der Produktentwicklung mit der sich anschließenden Fertigung und Montage (Serienproduktherstellung) erfolgt häufig unter der Bezeichnung „Produktentstehung".

[62] Weitere Beispiele: Gausemeier differenziert zwischen den Bereichen Produktplanung, Produktmarketing, Entwicklung, Konstruktion, Arbeitsplanung, Fertigungsmittelkonstruktion und Fertigungsmittelbau. Vgl. Gausemeier / Brexel / Humbert (Integrierte Ingenieursysteme, 1996), S. 119. Krause / Spur unterscheiden zwischen der Produktplanung, der Produktkonstruktion einschließlich Produktionsvorbereitung und der Produkterprobung. Vgl. Krause / Spur (Das virtuelle Produkt, 1997), S. 10 - 19. Die VDI-Richtlinie 2222 unterteilt in sieben Arbeitsabschnitte: (1) Klären und präzisieren der Aufgabenstellung, (2) Ermitteln von Funktionen und deren Strukturen, (3) Suchen nach Lösungsprinzipien und deren Strukturen, (4) Gliedern in realisierbare Module, (5) Gestalten der maßgebenden Module, (6) Gestalten des gesamten Produkts, (7) Ausarbeiten der Ausführungs- und Nutzungsdaten. Vgl. VDI (VDI-Richtlinie 2222, 1997).

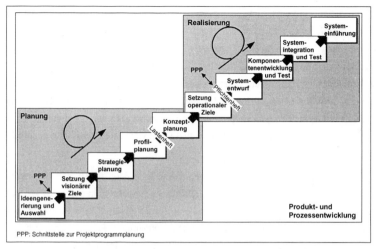

Abb. 7: Stufenmodell der Produkt- und Prozessentwicklung.
(Quelle: Specht / Beckmann / Amelingmeyer (F&E-Management, 2002), S. 148).

Allen Modellen gemeinsam ist

- die verknüpfte Betrachtung der Produkt- mit der Prozessentwicklung,[63]
- die Betonung der Wechselwirkungen zwischen den produktrealisierenden Bereichen der Fertigung und Montage und den produktplanenden und -konzipierenden Entwicklungsbereichen,[64]
- die Orientierung an den generellen Konkretisierungsstufen einer Entwicklung, beginnend mit der Identifikation von Kundenbedürfnissen und der Ideengenerierung als Input und abschließend mit der serienreifen Produktlösung als Output,
- die im- oder explizite Unterteilung in eine Planungs- und eine Realisierungs- und Erprobungsphase,[65]

---

[63] Die Notwendigkeit zur gemeinsamen Betrachtung ergibt sich nicht zuletzt aus wettbewerbstheoretischen Gründen. Wird ein neuer Markt mit Produktinnovationen eröffnet, so können zunächst Wettbewerbsvorteile durch nutzensteigernde Veränderung der Produkte erzielt werden. Die Anzahl der Wettbewerber steigt. Werden die Produkte stärker standardisiert, so führt dies zu einer stärkeren Verlagerung auf den Preiswettbewerb. Dafür müssen die Grundlagen durch Rationalisierung im Produktentwicklungs- und Produktionsprozess, einschließlich der zur Herstellung der Produkte notwendigen Prozesstechnologien (Maschinen und Werkzeuge) sowie der Steuerungs-, Informations- und Kommunikationstechnologien gelegt werden. Vgl. Brockhoff (Forschung und Entwicklung, 1999), S. 203.

[64] Der Entwicklungsprozess erzeugt in den beteiligten Funktionsbereichen ein informatorisches Abbild des Produkts, das andere betriebliche Funktionen ihrerseits nutzen und verändern. Diese Veränderungen haben wiederum Rückwirkungen auf den Produktentwurf zur Folge.

[65] „Die Produktplanung umfasst alle Aufgaben, die marktbezogen zu einer Festlegung des Gestaltungsrahmens für ein herzustellendes Produkt gehören und die zur Abwicklung der Produktentwicklung organisatorisch erforderlich sind. In dieser Phase geschieht die gedankliche Vorwegnahme und Systemkonfiguration des angestrebten Produktverhaltens." Krause / Spur (Das virtuelle Produkt, 1997), S. 10. Auf Basis dieses Modells der Produkteigenschaften ist deren Umwandlung in ein Modell stofflich-geometrisch gestalteter Produktfunktionen unter funktionalen, geometrischen, strukturellen und technologischen Gesichtspunkten und in Verbindung mit einer gezielten Produktionsvorbereitung Gegenstand der Realisierungsphase. Vgl. Krause / Spur (Das virtuelle Produkt, 1997), S. 12 - 16.

- die Zuordnung konkreter Ziele, Aufgaben, Aktivitäten und geforderter Arbeitsergebnisse zu den Phasen,
- die Forderung weitestgehender funktions- und aktivitätenübergreifender Integration und paralleler Durchführung der Aktivitäten in iterativen Problem-Lösungszyklen, sowie
- die Steuerung der Entwicklungsleistung durch die Orientierung an den drei wesentlichen Effizienz- und Effektivitätskriterien (a) hohe Produkt- und Prozessqualität, (b) niedrige Durchlaufzeit sowie (c) niedrige Produkt- und Prozesskosten und entsprechendem Einsatz der Steuerungsinstrumente Lastenheft (Qualität), Meilensteinplan (Durchlaufzeit) und Entwicklungsbudget (Kosten)[66]. [67]

Die Umsetzung der o.g. Forderung nach weitestgehender funktions- und aktivitätenübergreifender Integration und paralleler Durchführung der Aktivitäten in iterativen Problem-Lösungszyklen wird oft auch als Rahmenstrategie für die gesamte PPE angesehen und unter der Bezeichnung „Simultaneous Engineering" (SE) subsumiert. Fortgeschrittene Evolutionsstufen dieser Strategie finden sich z.B. in dem am Fraunhofer-Institut IAO entwickelten Konzept des „Rapid Product Development" von Bullinger[68] oder dem Konzept der „Integrierten Produkt- und Prozessentwicklung" von Specht / Beckmann / Amelingmeyer wieder[69]. Rapid Product Development bezeichnet den „dynamischen Prozess einer iterativ-evolutionären Produktentwicklung, die durch den abgestimmten Einsatz sowohl physischer als auch virtueller Prototypen und leistungsfähiger IuK gekennzeichnet ist."[70] Die Verwirklichung der Leitidee der integrierten PPE beinhaltet über die Elemente des Simultaneous Engineering Gedankens hinaus, „die Integration von Funktionen und Aktivitäten ... durch ein produktgenerationen-

---

[66] Vgl. Diez (Automobilmarketing, 2001), S. 142f. Die Komplexität produktspezifischer Interdependenzen kann für die Steuerung des Produktentwicklungsprozesses auch eine Ausrichtung auf teilweise divergierende Optimierungsgrößen bedeuten und stellt so für die Planungsphase eine große Herausforderung dar. Vgl. Krause / Spur (Das virtuelle Produkt, 1997), S. 4.

[67] Die aufgeführten Charakteristika treffen, wenn auch mit unterschiedlicher Gewichtung, auf alle Typen von Entwicklungsaufgaben zu. Unterschieden wird zwischen Neu-, Anpassungs-, Variantenkonstruktion und Konstruktion mit festem Prinzip, je nachdem, ob es sich um ausgesprochen schöpferisch-geistige oder aber um vorwiegend repetitive Problemlösungsleistungen handelt.

[68] Vgl. Bullinger / Wißler / Wörner (RPD, 1996), Bullinger et al. (Ganzheitliches Produktentwicklungskonzept, 1996) und Pfohl / Schimpf (Steuerung von Produktentwicklungen, 1999).

[69] Vgl. Specht / Beckmann / Amelingmeyer (F&E-Management, 2002), S. 123 - 197. Das in Abb. 7 dargestellte Stufenmodell entspricht den mit diesem Konzept verbundenen Anforderungen.

[70] Bullinger / Wißler / Wörner (RPD, 1996), S. 67f. Die Autoren sehen in ihrem Konzept eine Weiterentwicklung des SE-Ansatzes bzgl. des Faktors Integration, indem es eine dem menschlichen Problemlösungsverhalten entsprechende Vorgehensweise methodisch und technisch unterstützt. Das Konzept setzt anstelle einer vollständigen Vorausplanung auf einen schrittweisen, der Situation und den Bedürfnissen angepassten Entwicklungsablauf. Während für SE „die Möglichkeit der vorherigen Bestimmung von Prozessen und Arbeitsinhalten sowie ein vollständiges Wissen um Prozesszusammenhänge" erforderlich, aber in der Regel nicht gegeben ist, „setzt RPD auf eine evolutionär-iterative Vorgehensweise, die sich in zweierlei Hinsicht zeigt. Zum einen werden bereits in frühen Phasen der Entwicklung vielfältige Lösungsalternativen und -varianten untersucht. Zum anderen erfolgt eine kontinuierliche Weiterentwicklung mittels zahlreicher kurzer Iterationszyklen verbunden mit einem stetigen Abgleich und einer entsprechenden Anpassung des Entwicklungsvorhabens an sich ändernde Rahmenbedingungen." Bullinger et al. (Rapid Product Development, 1996), S. 63.

und damit prozessübergreifendes Integrationsmanagement."[71] Als wesentliches Integrationsinstrument tritt in diesem Zusammenhang die Projektprogrammplanung hervor.

Abschließend sei noch darauf hingewiesen, dass wegen der Vielzahl der Einflussgrößen auf den Produkt- und Prozessentwicklungsprozess - die Birkhofer in die Kategorien „Produktvielfalt", „Aufgabenvielfalt", „Ergebnisvielfalt" und „Tätigkeitsvielfalt" einteilt[72] - es „*die*" PPE letztlich nicht geben kann. Der sich daraus ergebenen Notwendigkeit, einen für die vorliegende Arbeit gültigen und durchgängig referenzierbaren Entwicklungsprozess der Automobilindustrie zu beschreiben, wird in Kap. 2.4 nachgekommen. Des Weiteren soll fortan zur Vereinfachung unter dem Begriff Produktentwicklung sowohl die Produkt- als auch die Prozessentwicklung subsumiert werden. Sollte bei der Erarbeitung von Ergebnissen eine für das Verständnis und die Gültigkeit von Aussagen notwendige Unterscheidung wichtig sein, wird diese selbstverständlich vorgenommen.

1.6 Forschungskonzeption und Forschungsprozess

1.6.1 Forschungskonzeption

Der Arbeit liegt ein Verständnis von Betriebswirtschaftslehre als anwendungsorientierte Wissenschaft zugrunde.[73] Deren primäres Erkenntnisziel ist die Ermöglichung eines wissenschaftlich fundierten Handelns in der Praxis. Dies soll durch Bereitstellung konkreter Problemlösungshilfsmittel in Form von Methoden, Instrumenten oder Modellen sowie durch die Ableitung von bedingten Gestaltungsempfehlungen zur Bearbeitung unternehmenspraktischer Problemstellungen gewährleistet werden.[74]

Ein Vergleich mit dem konkreten pragmatischen[75] Erkenntnisziel der vorliegenden Untersuchung - der Ableitung strategisch-zukunftsorientierter kompetenzbezogener Gestaltungsoptionen für die Fahrzeugentwicklung aus Sicht der Automobilhersteller - zeigt die deutliche Übereinstimmung mit der Ausrichtung anwendungsorientierter Wissenschaften auf. Damit schließt sich jedoch unmittelbar die Frage nach der wissenschaftstheoretischen Fundierung an, auf der die Ableitung der Ge-staltungsoptionen basieren soll.

---

[71] Vgl. Specht / Beckmann / Amelingmeyer (F&E-Management, 2002), S. 146.
[72] Vgl. Birkhofer (Höhere Konstruktionslehre, 1994), S. KP1 - KP4. Bezogen auf das Produkt können z.b. der Produkttyp, der Werkstoff, der Neuheitsgrad, die Komplexität, die Variantenvielfalt, der materielle Wert und die zu erwartenden Stückzahlen und Losgrößen des Produkts den Entwicklungsprozess beeinflussen.
[73] Vgl. ausführlich Ulrich (Management, 1984).
[74] Vgl. Ulrich (Management, 1984), S. 10 - 14. Die Gestaltung des natürlichen und sozialen Geschehens ist demnach primäres erkenntnisleitendes Interesse, der Praxis das für eine Lösung von Managementproblemen relevante Wissen zur Verfügung zu stellen, ist primäres Ziel. Vgl. Ulrich / Krieg / Malik (Praxisbezug der BWL, 1976), S. 135. Für die Art der Fragestellung bietet sich insgesamt ein entscheidungsorientierter Forschungsansatz an. Dieser versucht, „die Phänomene und Tatbestände der Praxis aus der Perspektive betrieblicher Entscheidungen zu systematisieren, zu erklären und zu gestalten." Heinen (Industriebetriebslehre, 1975), S. 12.
[75] Zur Abgrenzung zwischen essentialistischen, theoretischen, pragmatischen und normativen Wissenschaftszielen vgl. Chmielewicz (Forschungskonzeptionen, 1994), S. 8 - 18. Zum pragmatischen Wissenschaftsziel vgl. auch Kubicek (Empirische Organisationsforschung, 1975), S. 13 - 16.

Eine Möglichkeit bestünde im Aufbau eines konsistenten Systems bewährter Hypothesen von hoher Allgemeinheit und Präzision, folglich einer Theorie im Sinne des kritischen Rationalismus.[76] Angesichts der Zukunftsbezogenheit sowohl des im Rahmen dieser Arbeit zu erarbeitenden Gesamtmodells der durchgängig virtuellen Fahrzeugentwicklung als auch der abzuleitenden Kompetenzprofile sowie der hohen Komplexität menschlichen Verhaltens scheint die Anwendung dieses Erklärungsansatzes für die vorliegende Forschungssituation jedoch unzweckmäßig zu sein. Dazu im Einzelnen:

Ein empirisch geprüftes Hypothesensystem würde erlauben, nachträglich (ex-post) eine Analyse und Bewertung zur Wettbewerbsrelevanz von Technologien und Kompetenzprofilen vornehmen zu können. Hingegen weist der Ansatz für die Pro-blemstellung dieser Arbeit - die vorausschauende (ex-ante) Ausgestaltung des Technologieeinsatzes und konkreter wettbewerbsrelevanter Kompetenzprofile - nur eine geringe handlungsleitende Wirkung auf. Solange die zukünftige Entwicklung der Determinanten und Spielregeln des Wettbewerbs sowie der Unternehmen aufgrund der prinzipiellen Unsicherheit und Dynamik der Umweltentwicklung ungewiss ist, ist davon auszugehen, dass Faktoren wie Glück oder Zufall immer eine Rolle spielen werden und es folglich keine Garantien dafür gibt, dass die in der Vergangenheit relevanten Erfolgsfaktoren auch die Basis für zukünftige Wettbewerbsvorteile darstellen werden.[77] So hilfreich eine weitere empirische Fundierung der Erfolgsfaktoren für die Präzisierung von Erklärungszusammenhängen und Gestaltungsempfehlungen auch sein mag, so würden jedoch selbst umfangreiche Studien nichts an der prinzipiellen Unbestimmtheit der zukünftigen Entwicklung ändern.

Und selbst der Aussagegehalt von ex-post Erklärungen scheint nur begrenzt zu sein, denn wie in Kap. 1.4 beschrieben wurde, ist die Operationalisierung strategischer Handlungsoptionen durch Erarbeitung von Kompetenzprofilen für den Anwendungsfall der Fahrzeugentwicklung in ihrer Gesamtheit ein komplexes Problem, welches bislang weder in theoretischen noch in empirischen Beiträgen hinreichend untersucht und strukturiert worden ist.[78] Vergegenwärtigt man sich, dass es in der Automobilindustrie - als eine ausgewiesen komplexe Industrie - dutzende potentieller Erfolgsfaktoren gibt, die in komplizierten Wirkungsrelationen zueinander und zu den Erfolgspotenzialen stehen, ist die Identifikation, Analyse und Bewertung sämt-

---

[76] Vgl. Popper (Logik der Forschung, 1989), S. 31 - 46 zum Theorieverständnis, S. 85 - 87 zur Allgemeinheit und Präzision, S. 198 - 225 zur Bewährung. Vgl. auch Schanz (Betriebswirtschaftslehre, 1979), S. 28 - 38. Zum Verständnis des Begriffs „Hypothesen" vgl. Chmielewicz (Forschungskonzeptionen), S.119 - 122.

[77] Empirische Daten kennzeichnen somit lediglich die Historie. Vgl. Heene / Sanchez (Hrsg.) (Competence-based strategic management, 1997), S. 5 und S. 23f. sowie Jacobson (Austrian School of Strategy, 1992), S. 792f. Während für die empirischen Grundlagenwissenschaften die bestehende Realität das eigentliche Untersuchungsobjekt darstellt, ist die Realität für die angewandten Wissenschaften lediglich Ausgangspunkt für die Ableitung von Gestaltungsempfehlungen für mögliche zukünftige Realitäten. Vgl. Ulrich (Management, 1984), S. 6.

[78] Vgl. Kapitel 1.4. Hier wurde gezeigt, dass weder das Themenfeld der kompetenzbasierten Wertschöpfungsnetzwerke noch das Themenfeld der durchgängig virtuellen Produktentwicklung wissenschaftlich fundiert und umfangreich untersucht worden sind.

licher für die Automobilhersteller zur Erzielung von Markterfolgen relevanten Erfolgsfaktoren ein kaum leistbares Vorhaben.[79]

Insgesamt kann damit die Existenz bewährter, allgemein anerkannter theoretischer Erkenntnisse angezweifelt werden. Aus diesem Grund erfordert das Erkenntnisinteresse der Arbeit auch den weitgehenden Verzicht auf die empirische Überprüfung der bisher existierenden Theorie zugunsten einer an der Wissenserweiterung und -anwendung orientierten, gedanklich und sprachlich argumentativen Strukturierung der Thematik.

Zusätzlich zur fehlenden Unterstützung der angestrebten Zukunftsperspektive ist auch die Anwendbarkeit der dem kritischen Rationalismus zugrundeliegenden Annahme, dass Kulturphänomene wie das menschlichen Verhalten in Unternehmen ebenso wie Naturphänomene analog Naturgesetzen mit Hilfe raum-zeit-unabhängiger Gesetzesaussagen (sog. nomologischer Hypothesen) erklärt werden können[80], in Frage zu stellen. Menschliches Verhalten ist immer im Kontext komplexer sozialer Systeme zu betrachten, wobei die Komplexität noch dadurch erhöht wird, dass Menschen als Bestandteil dieser Systeme eine hohe Verhaltensvarietät aufweisen. Demzufolge sind komplexe soziale Systeme, zu denen die personalintensiven Entwicklungsorganisationen der Automobilhersteller zu zählen sind, nicht im Sinne raum-zeit-unabhängiger Naturgesetze vollständig beschreibbar und Evolutionspfade sowie künftige Zielzustände nicht umfassend vorhersagbar.[81] Dies gilt umso mehr in einem von Unsicherheit und Dynamik geprägten Unternehmensumfeld.[82]

Resümierend kann also festgestellt werden, dass ein konsistentes System bewährter Hypothesen von hoher Allgemeinheit und Präzision unter den genannten Bedingungen nicht zu erwarten ist und deshalb von der Anwendung des Forschungsansatzes des kritischen Rationalismus in seiner ursprünglichen Version abgesehen werden soll. Jedoch haben die Ausführungen dazu beigetragen, grundlegende Anforderungen an die Charakteristika eines adäquaten Forschungsansatzes zu identifizieren. In dessen Fokus muss die Verminderung der aufgezeigten theoretischen und konzeptionellen Lücken stehen. Da der aus Sicht des kritischen Rationalismus vorwissenschaftliche Prozess der Hypothesen- und Modellentwicklung diese Lücken-

---

[79] Die Ableitung hinreichend genauer Antworten würde die Untersuchung aller Erfolgsfaktoren erfordern, die mittel- oder unmittelbar einen Einfluss auf die Effizienz und Effektivität der Leistungserbringung haben und somit positiv auf das „magische Dreieck" Qualität, Durchlaufzeit und Kosten sowie die Kundenorientierung wirken. Durch die Komplexität wären jedoch genaue, analytisch nachvollziehbare Aussagen bzgl. der Wirkungsintensität der Erfolgsfaktoren zur Generierung von Wettbewerbspotenzialen kaum zu erwarten. Darüber hinaus würde allein der empirisch gestützte Aufbau eines adäquaten Modells für die Automobilindustrie den Rahmen einer Dissertation bei weitem sprengen. Stellvertretend für andere umfangreiche Untersuchungen sei dazu an dieser Stelle auf die empirische PIMS-Studie (Profit Impact of Market Strategies) verwiesen, dessen Ziel es ist, die für den strategischen Erfolg von Geschäftseinheiten maßgeblichen Erfolgsfaktoren zu isolieren und deren Einfluss auf die Höhe von ROI und Cash-flow zu prognostizieren. Nach einer mehrjährigen Pilot- und Ausbauphase wird das Projekt seit 1975 von einem eigenständigen Institut betreut. Vgl. zur PIMS-Studie zusammenfassend Welge / Al-Laham (Strategisches Management, 2001), S. 147 - 163.

[80] Vgl. Popper (Logik der Forschung, 1984), S. XXV und Steinmann / Scherer (Wissenschaftstheorie, 1992), S. 940 - 943.

[81] Vgl. Ulrich (Management, 1984), S. 8. Die Durchführung von Experimenten und Simulationen zur Prüfung möglicher Hypothesen scheidet damit ebenfalls als Untersuchungsmethode aus.

[82] Insofern distanziert sich der Autor bewusst vom „Vulgärpragmatismus" eines bedingungslosen Glaubens an das praktisch Machbare, indem die Komplexität als Basis jedes Praxiszusammenhangs und daraus folgend die Grenzen des menschlichen Handelns anerkannt werden. Vgl. Ulrich (Unternehmungslehre, 1968), S. 9.

schließung als wesentliches Ziel hat, soll dieser Ansatz aufgegriffen werden und daran das dieser Arbeit zugrunde gelegte heuristische Forschungsdesign anknüpfen.

In einem heuristischen Forschungsdesign tritt an die Stelle falsifizierbarer Theorien die „konzeptionelle Forschung" zur problemorientierten Erfassung und Beschreibung komplexer Phänomene und zur Entwicklung geeigneter begrifflicher und methodischer Erklärungsmodelle.[83] Auf Basis empirisch unterstützt abgeleiteter, logisch-konsistenter Argumentationsketten[84] wird mit Hilfe von Erklärungsmodellen versucht, die komplexen Zusammenhänge der wirtschaftlichen Realität so weit zu vereinfachen - ohne sie zu verfremden -, so dass am Modell Erkenntnisse zu Grundzusammenhängen und Prozessen transparent abgeleitet werden können, die in Unternehmen durch die Vielzahl von internen und externen Einflüssen i.d.R. weitgehend verdeckt sind. Die Modelle stellen somit ein Hilfskonstrukt dar, um sich die wirtschaftliche Realität sowie auch mögliche zukünftige Welten „heranzutasten" (Prognosemodelle als Sonderform der Erklärungsmodelle) und sich dadurch gleichfalls ein klares Verständnis über das konkrete Forschungsgebiet und -problem zu verschaffen.[85]

Übertragen auf die spezifische forschungsleitende Hauptfragestellung und die Zielsetzung der vorliegenden Arbeit steht folgerichtig die empirisch gestützte Entwicklung eines Prognosemodells zu den zukünftig wettbewerbsstrategisch relevanten Kompetenzen in der Automobilentwicklung aus Sicht der Automobilhersteller im Mittelpunkt des Forschungsansatzes. Die dazu notwendige Konkretisierung der relevanten Einflussgrößen (Erklärungsvariablen) erfolgt dabei über die detaillierte Analyse von branchenexternen und -internen Veränderungstreibern und ihrer Wirkungen auf die zukünftig geforderten Eigenschaften eines Automobils.

Entlang der verschiedenen Anforderungsdimensionen wird anschließend analog den in Kap. 1.3.2 aufgezeigten strategischen Stoßrichtungen untersucht, welcher Handlungsbedarf besteht, (a) mittelfristig die bestehende Kompetenzbasis durch Einsatz einer durchgängig virtuellen Automobilentwicklung weiterzuentwickeln und (b) mittel- bis langfristig durch Herausbildung neuer distinkter Kernkompetenzprofile in kooperativen Entwicklungspartnerschaften auf neue Kompetenzbasen zu wechseln. Auf Grundlage der zu erarbeitenden Erkenntnisse werden sodann Handlungsalternativen miteinander verglichen und konkrete Gestaltungshinweise gegeben.[86]

Hinsichtlich der erzielbaren Lösungsqualität muss konstatiert werden, dass mit diesem Forschungsansatz nicht das Auffinden einer optimalen Lösung, sondern „nur" eine Verbesse-

---

[83] Vgl. Ulrich (Management, 1984), S. 21.
[84] Im Rahmen der Hypothesen- und Modellentwicklung im heuristischen Forschungsansatz steht die empirisch gestützte Entwicklung neuer oder die Verbesserung bestehender Erklärungsmodelle und eben nicht deren empirische Überprüfung im Mittelpunkt des Vorgehens.
[85] Berthel / Herzhoff / Schmitz führen dazu weiter aus: Zweck ist, „ ... Begriffe zweckmäßig zu definieren, Tatsachenmaterial und damit angemessene Daten zu sammeln und Ideen über mögliche Beziehungen zu entwickeln." Berthel / Herzhoff / Schmitz (Strategische Unternehmensführung, 1990), S. 9.
[86] Vgl. Ulrich (Management-Philosophie, 1981), S. 11.

rung gegenüber der Ausgangslösung sichergestellt werden kann.[87] Darin wird im Gegensatz zum kritischen Rationalismus jedoch ein Erkenntnisfortschritt gesehen.[88]

1.6.2 Forschungsprozess

Der Forschungsprozess ist als systematischer, iterativer Lernprozess angelegt. Den Ausgangspunkt bildete ein fundiertes theoretisches Vorverständnis, das durch eine Literaturanalyse und frühere Forschungsarbeiten des Verfassers erarbeitet und durch eigenes Erfahrungswissen ergänzt wurde.[89] Sowohl vorhandene empirische Ergebnisse als auch Erkenntnisse auf Ebene theoretischer und konzeptioneller Ansätze zum Management der Produktentwicklung bildeten die Basis des Vorverständnisses. Eine erste Synthese der Ergebnisse erfolgte anschließend durch die Identifikation relevanter Fragen und die Strukturierung des Problems. Dies führte zu einem vertieften Problemverständnis und folglich zu einer stärkeren Differenzierung und Fokussierung des theoretischen Vorverständnisses.

In mehreren Iterationsschleifen wurde dieses fortan durch weitere gezielte Literaturrecherchen und telefonische Experteninterviews[90] zu einem umfassenden Pro-blemverständnis ausgebaut und es wurden sukzessive mögliche Lösungsansätze erarbeitet. Bei der Ausgestaltung der Ergebnisse war die Berücksichtigung empirischer Informationen und aktueller Aussagen von Unternehmensvertretern stets ein wichtiges Element.[91] In diesem Sinn war der Forschungsprozess durch die Einbeziehung und Ausbalancierung von einerseits theoretischwissenschaftlichen und andererseits pragmatisch-anwendungsorientierten Ansätzen gekennzeichnet.[92] Diese Vorgehensweise stellte sicher, dass die verwendeten theoretischen Ansätze der Problemstellung angemessen sind. Das Ergebnis des Forschungsprozesses wird in der vorliegenden Arbeit dokumentiert.

1.7 Aufbau der Arbeit

Der Aufbau der Arbeit, wie er auf der nächsten Seite in Abb. 8 dargestellt ist, orientiert sich an den bisherigen Überlegungen. Zu Beginn der weiteren Ausführungen stehen im Mittelpunkt des *Kap. 2* theoretische und konzeptionelle Grundüberlegungen zum strategischen Kompetenzmanagement in der Automobilentwicklung. Gegenstand des *Kap. 3* ist die Ableitung der strategischen Herausforderungen in der Automobilentwicklung. Dazu werden rele-

---

[87] Ulrich führt weiter aus, dass ebenso wenig als Ergebnis „Theorien nach dem klassischen Verständnis der Wissenschaftstheorie, sondern nur „Quasi-Theorien" erwartet werden dürfen." Ulrich (Unternehmungslehre, 1968), S. 15.
[88] So z.B. Berthel / Herzhoff / Schmitz (Strategische Unternehmensführung, 1990), S. 9
[89] Im Rahmen zweier Studienarbeiten hat sich der Autor intensiv mit der Ausgestaltung von Produktentwicklungsprozessen beschäftigt. Vgl. Tietze (Standardized model for the innovation process, 1997) und Tietze (Auswirkungen der Informatisierung, 1997). Darüber hinaus kann der Verfasser auf eigene Erfahrungen als Unternehmensberater bei der effizienz- und effektivitätssteigernden Konzeption automobiler Produktentwicklungsprozesse zurückgreifen.
[90] Die Grundlage für alle Interviews war ein strukturierter Interview-Leitfaden.
[91] In frühen Forschungsphasen haben die empirischen Ergebnisse mögliche Problemfelder aufgezeigt, in späteren Phasen dienten sie primär zur Evaluierung möglicher Lösungsansätze.
[92] Vgl. auch Kubicek (Empirische Forschung, 1977) und Tomczak (Forschungsmethoden, 1992), S. 83f.

vante Veränderungstreiber extrahiert und analysiert sowie ihre Wirkungen auf das Fahrzeugangebot herausgearbeitet. Die Erörterung strategischer Lösungsansätze zur Begegnung der Herausforderungen ist Inhalt der Kap. 4 und 5. Während *Kap. 4* den Einsatz der durchgängig virtuellen Automobilentwicklung thematisiert, steht im Mittelpunkt des *Kap. 5* die Ableitung distinkter entwicklungsspezifischer Kernkompetenzprofile für Automobilhersteller. Das sechste Kapitel schließt die Arbeit mit einer Schlussbetrachtung ab.

In Bezug auf den industrieteilnehmerbezogenen Untersuchungsumfang sei an dieser Stelle vermerkt, dass sich die folgenden Ausführungen primär auf Volumenhersteller beziehen und somit für Anbieter von Nischenfahrzeugen (z.B. Porsche) nur eine begrenzte Gültigkeit besitzen. An den Stellen, an denen die Unterschiede offensichtlich sind, wird darauf hingewiesen. Ansonsten wird im Rahmen der Erkenntnisgewinnung im Interesse einer Fokussierung auf eine durchgängige Separierung verzichtet.

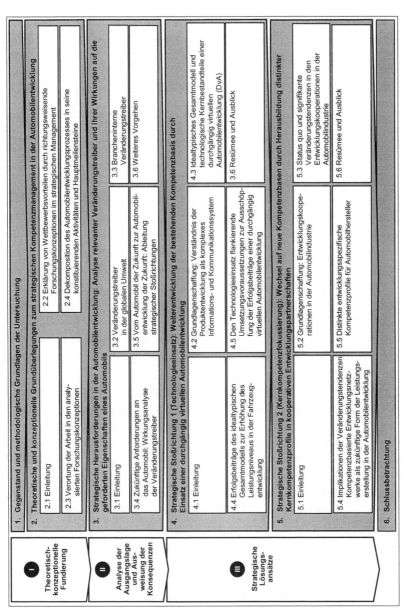

Abb. 8: Aufbau der Arbeit.

2 Theoretische und konzeptionelle Grundüberlegungen zum Strategischen Kompetenzmanagement in der Automobilentwicklung

2.1 Einleitung

Zwei der Kerngedanken des Kap. 1 waren, dass (1) Erfolgsfaktoren in Unternehmen zu strategischen Wettbewerbsvorteilen aktiviert werden können und (2) für OEMs wettbewerbsentscheidende Erfolgsfaktoren eng mit der Weiterentwicklung bzw. dem Aufbau von Kompetenzen in der Produktentwicklung verknüpft sind. Auf Basis der Erfolgsfaktoren-Argumentation wurden dann die strategischen Stoßrichtungen der Implementierung der durchgängig virtuellen Fahrzeugentwicklung und der Ausbildung distinkter Kernkompetenzprofile in kooperativen Entwicklungspartnerschaften als inhaltliche Schwerpunkte für die vorliegende Arbeit festgelegt.

Vor dem Hintergrund der Bedeutung der „Wettbewerbsvorteile-Thematik" für die vorliegende Arbeit, sollen aufbauend auf dieser Fokussierung in diesem Kapitel wichtige theoretische und konzeptionelle Grundüberlegungen zum Strategischen Kompetenzmanagement in der Automobilentwicklung erörtert werden. Dies erlaubt, dass die spätere problemspezifische Ausgestaltung der produktentwicklungsspezifischen Kompetenzen auf wissenschaftlich fundierten Erkenntnissen aufbauen kann. Insofern übernimmt dieses Kapitel die Brückenfunktion zwischen der in dieser Arbeit gleichzeitig angestrebten theoretischen Fundierung und pragmatischen Ausrichtung.

Da das Konzept des Strategischen Kompetenzmanagements primär aus der Synthese der markt- und ressourcenorientierten Forschungskonzeptionen im strategischen Management entstanden ist, werden die Aussagen und Argumentationsmuster der beiden Sichtweisen zur Erklärung von Wettbewerbsvorteilen im *Kap. 2.2* erörtert. Auf Grundlage dieser Erkenntnisse erfolgt in *Kap. 2.3* eine Prüfung der Relevanz der Forschungsrichtungen für die Arbeit sowie die Formulierung des Beitrags der Arbeit zur Weiterentwicklung der Forschung. Der Übergang zum anwendungsorientierten Teil wird in *Kap. 2.4* vorgenommen, in dem der automobile Produktentwicklungsprozess in seine konstituierenden Aktivitäten und Hauptmeilensteine fragmentiert wird. Die Summe der Aktivitäten ist dabei gleichzusetzen mit einer Art „Modellierungsmasse", aus der sich - vereinfacht ausgedrückt - durch innovative Kombination die zukünftig relevanten Kompetenzprofile ableiten lassen.

2.2 Erklärung von Wettbewerbsvorteilen durch richtungsweisende Forschungskonzeptionen im strategischen Management

Alle Forschungskonzeptionen im strategischen Management sind gleichermaßen von der Beantwortung der Frage geleitet, auf welche Art und Weise Unternehmen möglichst dauerhafte

Wettbewerbsvorteile erzielen können. Die verwendeten Erklärungsansätze sind jedoch unterschiedlicher Natur.

Im Mittelpunkt der wissenschaftlichen Diskussionen zu den (Ur-)Quellen von Wettbewerbsvorteilen und den Strategien zu deren Generierung und Erhaltung standen in der Vergangenheit die beiden traditionellen, mikroökonomisch begründeten Forschungsrichtungen, der sog. „Market-based View" (MBV) und der sog. „Resource-based View" (RBV).[93] Die Grundgedanken dieser Ansätze werden nachfolgend rekapituliert, wobei nicht deren ausführliche Darstellung, sondern die prägnante Rekonstruktion der konzeptionellen Kernaussagen sowie Erläuterungen zum Grad der Komplementarität der Erklärungsansätze im Mittelpunkt stehen.[94] Über Begriffsdefinitionen und -abgrenzungen hinaus wird dazu ein die Erkenntnisse synthetisierender Bezugsrahmen erarbeitet, der u.a. die mit den Forschungskonzeptionen verbundenen Grundannahmen, das Verständnis von Wettbewerb und die Quelle von Wettbewerbsvorteilen vergleichend strukturiert.

2.2.1 Marktorientierte Forschungskonzeption: Der „Market-based View" (MBV)

Die Forschungsrichtung des „Market-based View" (MBV) rückt die Bedingungen in der externen Unternehmensumwelt in den Mittelpunkt der Betrachtungen zur Erklärung von Wettbewerbsvorteilen. Analysiert man die Aussagen des MBV, so werden die Ursachen dauerhafter, strategiebedingter Wettbewerbsvorteile primär über externe Marktgegebenheiten und das Verhalten von Unternehmen in diesem Umfeld zu erklären versucht.[95] „Unterschiede im Unternehmenserfolg sind danach vornehmlich auf die Generierung und proprietäre Ausbeutung exogener Absatzmarkt- bzw. Branchenfriktionen zurückzuführen."[96]

Für Unternehmen bedeutet diese marktorientierte Sichtweise, dass sie relative Vorteile gegenüber Konkurrenten erzielen können, sofern sie über monopolartige Wettbewerbspositionen in bestimmten Produkt-Markt-Kombinationen in möglichst attraktiven Branchen verfügen. Die Schaffung monopolartiger Bedingungen muss dabei durch den Aufbau von Markteintrittsbarrieren oder die Erreichung einzigartiger Differenzierungs- oder Kostenpositionen verfolgt werden,[97] die es Unternehmen ermöglichen, „Marktunvollkommenheiten zu

---

[93] Vgl. Zahn / Foschiani / Tilebein (Wissen und Strategiekompetenz, 2000), S. 49.

[94] Die Gründe für die Fokussierung liegen zum einen in der bereits hinlänglichen Bekanntheit der Ansätze und zum anderen in der Tatsache, dass eine Detaillierung kaum zusätzliche Erkenntnisse für die in der Arbeit behandelte Problemstellung liefern würde.

[95] Diese Sichtweise wird vor allem von Bain, Porter und Schmalensee vertreten. Vgl. Bain (Barriers to new competition, 1956), Porter (Wettbewerbsstrategie, 1999), Porter (Wettbewerbsvorteile, 2000) und Schmalensee (Do markets differ much?, 1985). Die theoretischen Wurzeln des MBV liegen in dem von Mason und Bain erarbeiteten sog. „Structure-Conduct-Performance"-Paradigma, welches auf der Hypothese beruht, dass der ökonomische Erfolg eines Unternehmens entscheidend von den Charakteristika seiner Wettbewerbsumwelt determiniert wird. Demnach beeinflusst die Branchenstruktur („Structure") das Marktverhalten („Conduct") der Unternehmen in einer Branche, und dieses wiederum determiniert das Marktergebnis („Performance") der Unternehmen. Vgl. Bain (Industrial Organization, 1968).

[96] Rasche (Resource-Based-View, 2000), S. 71.

[97] Die Erzielung relativer Wettbewerbsvorteile beruht gemäß Porter auf einer gelungenen Differenzierungs-, Kostenführerschafts- oder Nischenbildungsstrategie. Diese entstehen im Fall der Differenzierung aufgrund einer Abschirmung gegenüber den fünf Triebkräften des Branchenwettbewerbs (Lieferanten, neue Anbieter, Abnehmer, Substitutionsprodukte,

schaffen, auszuschöpfen oder zu bewahren und damit zu verhindern, dass ihre Profite durch den Wettbewerb wieder „wegkonkurriert" werden."[98] Als grundlegende Aktivitäten einer umfassenden Marktorientierung gelten die Gewinnung, die innerbetriebliche Distribution und die Nutzung von Marktinformationen.[99]

Die dieser Forschungsrichtung zugrunde liegenden *Annahmen* fassen Zahn / Foschiani / Tilebein wie folgt zusammen:[100]

- Die Ausstattung von Unternehmen in Bezug auf ihre strategisch relevanten Ressourcen ist ähnlich;
- Eine dauerhafte Ressourcenheterogenität einer Branche oder eines Teilbereichs (strategische Gruppe) ist aufgrund der ausgebildeten Mobilität der Unternehmensressourcen nicht möglich;
- Die wettbewerbsbestimmenden Aktivitäten von Unternehmen richten sich gemäß ihrer von außen nach innen gerichteten Perspektive primär nach dem von der Umwelt auf sie ausgeübten Druck;
- Die Wettbewerbsverhältnisse, in denen sich Unternehmen bewegen, sind relativ stabil und vergleichsweise unkompliziert.

Nicht zuletzt aufgrund der Tatsache, dass der MBV durchaus plausible Erklärungen für den Erfolg von Unternehmen lieferte, wurde er zum weitverbreitetsten Strategiemodell der achtziger Jahre. Die dominante Stellung wurde dadurch bestärkt, dass die analog entwickelten Analysewerkzeuge einen hohen pragmatischen Nutzen aufwiesen. Mit den Porterschen Konzepten der fünf Kräfte des Branchenwettbewerbs[101] und der Wertkette[102] sowie dem Marktanteils-/Marktwachstums-Portfolio der Unternehmensberatung Boston Consulting Group[103] ließen und lassen sich immer noch wertvolle Erkenntnisse ableiten.

Allerdings bietet die Forschungskonzeption des MBV auch einige *Ansatzpunkte zur Kritik*, die sich prägnant an den soeben aufgeführten Annahmen referenzieren lassen. Zum einen wird die unifokale, marktbezogene Begründung von Wettbewerbsvorteilen angefochten, die auf der Annahme weitgehend identischer Ressourcenausstattungen der Unternehmen basiert. Hauptkritikpunkt ist diesbezüglich die relative Vernachlässigung der potentiellen Hebelwirkungen der unternehmensinternen Ressourcen gegenüber den Tätigkeiten zur Anpassung an

---

Wettbewerber). Eine überlegene Kostenposition führt zu relativen Wettbewerbsvorteilen, da der Geschäftsbereich sich einen preispolitischen Handlungsspielraum verschafft, der die Abhängigkeit von Lieferanten und Kunden reduziert. Wettbewerbsvorteile durch Nischenbildung entstehen durch die Konzentration aller Aktivitäten auf ein sehr eng abgegrenztes Produkt-Markt-Feld und das Ausnutzen von Spezialisierungsvorteilen. Vgl. Porter (Wettbewerbsstrategie, 1999), S. 70 - 78.

[98] Hümmer (Strategisches Management, 2001), S. 112. Im MBV erwirtschaften Unternehmen demzufolge Monopolrenten. Vgl. Teece / Pisano / Shuen (Dynamic capabilities and strategic management, 1997), S. 511.

[99] Vgl. Kohli / Laworski (Market orientation, 1990).

[100] Vgl. Zahn / Foschiani / Tilebein (Wissen und Strategiekompetenz, 2000), S. 49 und die dort angegebene Literatur.

[101] Vgl. Porter (Wettbewerbsstrategie, 1999), S. 33 - 69.

[102] Vgl. Porter (Wettbewerbsvorteile, 2000), S. 63 - 86.

[103] Vgl. zusammenfassend Wöhe (Einführung in die BWL, 1996), S. 146 - 151.

die externe Unternehmensumwelt. Es mangelt an Hinweisen dafür, welche konkreten Voraussetzungen innerhalb eines Unternehmens gegeben sein müssen, damit Wettbewerbsvorteile überhaupt erst entstehen können.[104] Zum anderen wird die Annahme einer relativ stabilen, zumindest eingeschränkt vorhersehbaren Umweltentwicklung und die dadurch hervorgerufene nur geringe Berücksichtigung dynamischer Umfeldbedingungen kritisiert.[105]

In der Auseinandersetzung mit diesen Kritikpunkten kam es seit Mitte der achtziger Jahre zu einer Renaissance[106] des Resource-based View, einer Sichtweise, die Wettbewerbsvorteile weniger mit überlegenen Produkt-Markt-Positionen als vielmehr mit nach Art und Qualität überlegenen Ressourcenausstattungen von Unternehmen erklärt.

2.2.2 Ressourcenorientierte Forschungskonzeption: Der „Resource-based View" (RBV)

Unter dem Terminus „Resource-based View" (RBV) lassen sich sämtliche Strömungen, Ansätze und Modelle der Strategielehre zusammenfassen, die versuchen, die Entstehung und Bewahrung langfristig überdurchschnittlicher Renditen primär über die Präsenz, den intelligenten Einsatz und die Verteidigung einzigartiger Ressourcen bzw. Bündel von Ressourcen und deren Beziehungen untereinander zu erklären.[107] In Anlehnung an Barney sollen dabei unter Ressourcen „all assets, capabilities, organizational processes, firm attributes, information, knowledge etc. controlled by a firm that enable the firm to conceive of and implement strategies that improve its efficiency and effectiveness ..."[108] verstanden werden.[109]

---

[104] Dieser Kritikpunkt wird vornehmlich von den Vertretern der sog. „Chicago School" innerhalb der Forschungsrichtung des „Resource-based View" geäußert. Vgl. hierzu stellvertretend Grant (Resource-based theory of competitive advantage, 1991).

[105] Diese Annahme wird vornehmlich von den Vertretern der sog. „Austrian School" kritisiert. Als wohl exponiertester und in letzter Zeit immer stärker beachteter Vertreter dieser Kritik kann D'Aveni und seine von ihm dargestellte Überlebensstrategie im sog. „Hyperwettbewerb" angesehen werden. Vgl. dazu D'Aveni (Hyperwettbewerb, 1995) und D'Aveni (Strategic supremacy, 1999). Zu den allgemeinen theoretischen Wurzeln und Kernaussagen der „Austrian School" vgl. zusammenfassend Hümmer (Strategisches Management, 2001), S. 40 - 43.

[106] Mit „Renaissance" des Ansatzes ist gemeint, dass wesentliche theoretische Grundlagen - jedoch keine konkreten Gestaltungsempfehlungen zum strategischen Ressourcenmanagement - bereits im Jahr 1959 durch Penrose erarbeitet worden sind, die aufkeimende breite Diskussion des ressourcenorientierten Ansatzes ab dem Jahre 1990 allerdings erst auf den Erfolg der eher populärwissenschaftlichen Publikationen von Hamel / Prahalad zurückzuführen ist. Vgl. Hamel / Prahalad (Core competence of the corporation, 1990) und Hamel / Prahalad (Competing for the future, 1996).

[107] Bedeutende Vertreter des RBV sind Barney, Penrose, Peteraf, Teece und Wernerfelt. Letzterer war zugleich auch dessen Namensgeber. Vgl. z.B. Barney (Firm resources and sustained competitive advantage, 1991), Barney (Competitive advantage, 1997), Penrose (The theory of the growth of the firm, 1959), Peteraf (Cornerstones of competitive advantage, 1993), Teece (Economic theory of the multiproduct firm, 1982), Wernerfelt (Resource-based view of the firm, 1984) und Wernerfelt (The resource-based view of the firm, 1995). Einen Überblick über die Entwicklungsphasen des RBV im Zeitraum 1950 bis heute vermittelt Freiling (Strategisches Kompetenzmanagement, 2000), S. 20 - 33.

[108] Barney (Firm resources and sustained competitive advantage, 1991), S. 101.

[109] In der Literatur wird der Ressourcenbegriff recht uneinheitlich verwendet. Dies beruht nicht zuletzt darauf, dass der RBV aus zahlreichen Einzelbeiträgen entstanden ist. Für andere Definitionen vgl. z.B. zusammenfassend Hümmer (Strategisches Management, 2001), S. 52f. und Welge / Al-Laham (Strategisches Management, 2001), S. 254 sowie die dort jeweils angegebenen Quellen.

In Ergänzung[110] zu der dem MBV inhärenten absatzmarktorientierten Außen-perspektive tritt hier die eher beschaffungsmarktorientierte Binnenperspektive. Eine in diesem Zusammenhang häufig alternativ gebrauchte Formulierung ist die, dass die „Branchenstruktur-Firmenverhalten-Firmenergebnis-Hypothese" um die „Ressourcen-Firmenverhalten-Firmenergebnis-Hypothese" ergänzt wird.[111] Letztere besagt, dass die im Unternehmen vorhandenen Ressourcen dessen Marktverhalten in einer Branche beeinflussen und dieses wiederum das am Markt erzielbare Ergebnis des Unternehmens determiniert. Gleichzeitig ist mit dieser Argumentation verbunden, dass Unternehmen nicht als ein primär durch technische Zusammenhänge bestimmtes Gebilde mit eindeutigen Input-/Output-Beziehungen betrachtet, sondern sie als Bündel einzigartiger Ressourcen interpretiert werden.[112] Eine von Knaese vorgenommene Klassifikation unternehmensspezifischer Ressourcen zeigt Abb. 9.

Die *konstituierende Prämisse der Forschungskonzeption*, ohne die nach Ansicht von deren Vertretern keine dauerhaften Wettbewerbsvorteile möglich sind, besteht in der Annahme der Existenz einer Heterogenität zwischen den Ressourcenausstattung der Unternehmen.[113] Gründe für die asymmetrische Ausstattung werden zum einen in der historisch-individuellen Entwicklung jedes Unternehmens und zum anderen in der Unvollkommenheit bzw. Nicht-Existenz der Faktormärkte gesehen. Dazu im Einzelnen:

Die *Entwicklung eines Unternehmens ist* durch eine Vielzahl von Faktoren beeinflusst und findet daher i.d.R. entlang individueller Trajektorien statt.[114] Beim Durchlaufen dieser Trajektorien unterliegen Ressourcen, durch Art und Umfang ihrer Nutzung bedingt, bestimmten Veränderungen[115] und weisen pfadabhängig eine im Zeitablauf zunehmend höhere unternehmensspezifische Komponente auf. Diese schlägt sich in einem unterschiedlichen Leistungspotenzial nieder und ist nur beschränkt durch Transfer- und Diffusionsprozesse abbaubar.[116]

---

[110] In der Unternehmenspraxis und der Literatur hat sich die Meinung durchgesetzt, dass die beiden Forschungsansätze keinesfalls inkommensurabel sind, sondern im Gegenteil zueinander in einem komplementären Verhältnis stehen. Demnach lässt sich ein Unternehmenserfolg nur dann begründen und verteidigen, wenn ein Unternehmen über überlegene Ressourcen verfügt, die gleichzeitig einen wettbewerbsdifferenzierenden Kundennutzen in attraktiven Produkt-Markt-Kombinationen stiften. In Abhängigkeit der spezifischen Umwelt- und Unternehmenssituation kann entweder die markt- oder die ressourcenorientierte Sichtweise größere Bedeutung erlangen, welches einen situationsbedingten Perspektivenwechsel erfordert. Ohne jegliche Verknüpfung der Außen- mit der Binnenperspektive bleiben jedoch die mit den Ressourcen verbundenen Stärken eines Unternehmens i.d.R. nutzlos. Vgl. Bamberger / Wrona (Ressourcenansatz im strategischen Management, 1996), S. 391, Barney (Firm resources and sustained competitive advantage, 1991), S. 100, Collis / Montgomery (Wettbewerbsstärke durch hervorragende Resourcen, 1996), S. 48, Rasche (Wettbewerbsvorteile durch Kernkompetenzen, 1994), S. 413 und Wernerfelt (Resource-based view of the firm, 1984), S. 171.

[111] So sinngemäß formuliert von Welge / Al-Laham (Strategisches Management, 2001), S. 254 und Rasche / Wolfrum (Ressourcenorientierte Unternehmensführung, 1994), S. 502.

[112] Vgl. Freiling (Strategisches Kompetenzmanagement, 2000), S. 15f.

[113] Vgl. Barney (Firm resources and sustained competitive advantage, 1991), S. 103 - 105 und Peteraf (Cornerstones of competitive advantage, 1993), S. 180f.

[114] In Bezug auf die Faktoren werden z.B. (a) exogen wirkende Größen aus der Unternehmensumwelt und deren Wechselwirkungen untereinander, (b) Reihen von zum Teil irreversiblen Entscheidungen im Unternehmen oder (c) unternehmensspezifisch variierende Lern- und Innovationsraten genannt.

[115] So schon Penrose (The theory of the growth of the firm, 1959), S. 3, der zusätzlich feststellt, dass Ressourcen in bestimmter, nicht vollständig vorhersagbarer Weise zusammenwirken.

[116] Vgl. Freiling (Strategisches Kompetenzmanagement, 2000), S. 16.

Dieser Argumentation folgend, beruht die Einzigartigkeit und Unterscheidbarkeit von Unternehmen im Wettbewerb letztendlich auf deren unterschiedlichen Ressourcen.[117]

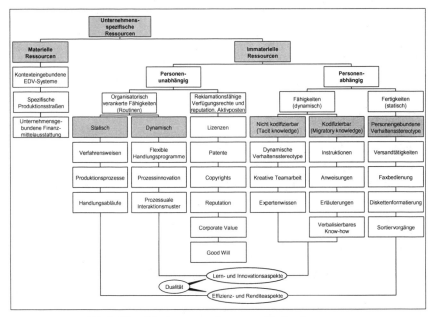

Abb. 9: *Klassifikation unternehmensspezifischer Ressourcen.*
(Quelle: Eigene Darstellung in Anlehnung an: Knaese (Kernkompetenzen im strategischen Management, 1996), S. 17).

Bezüglich der Annahme der *Unvollkommenheit bzw. Nicht-Existenz von Faktormärkten* vertreten die Fürsprecher des RBV die Ansicht, dass Wettbewerbsvorteile von Unternehmen nur dann entstehen können, wenn zwischen Käufer und Verkäufer eine Erwartungsdivergenz bzgl. des Werts der Ressourcen besteht.[118] Auf vollkommenen Faktormärkten mit frei handelbaren Ressourcen würde nämlich - so die Begründung weiter - deren Preis exakt den zukünftig erwarteten Gewinnen entsprechen. Unter diesen Bedingungen wäre die Entstehung von Wettbewerbsvorteilen von vornherein ausgeschlossen. Es gäbe keine „unterbewerteten" Ressourcen, aus denen überdurchschnittliche Renditen erzielt werden könnten. Unvollkommene oder ineffiziente Faktormärkte stellen in der Argumentationslogik des RBV demnach eine notwendige Voraussetzung für die prinzipielle strategische Relevanz von Ressourcen dar.

---

[117] Vgl. ebenda.
[118] Zur Prämisse unvollkommener bzw. nicht-existierender Faktormärkte vgl. z.B. Grant (Resource-based theory of competitive advantage, 1991), S. 126, Knyphausen (Ressourcenorientierte Ansatz in der Kontroverse, 1993), Peteraf (Cornerstones of competitive advantage, 1993), S. 185, Rasche (Wettbewerbsvorteile durch Kernkompetenzen, 1994), S. 58 - 61 und Welge / Al-Laham (Strategisches Management, 2001), S. 258.
Eine Erwartungsdivergenz kann z.B. durch (a) Informationsasymmetrien, (b) die Konstellation, dass ein Unternehmen Synergiepotenziale nutzen kann, die anderen nicht offen stehen oder (c) das Fehlen korrespondierender Faktormärkte für sehr spezifische Ressourcen entstehen.

Eine *zweite Prämisse der Forschungskonzeption* betrifft die „Ausstattung" der Ressourcen mit erfolgs- sprich renditegenerierenden Merkmalen, um diese in den Rang strategisch bedeutsamer Ressourcen heben zu können.[119] Stellvertretend wird die Merkmalskategorisierung von Hümmer vorgestellt, der vier Merkmale differenziert:[120]

1. Werthaltigkeit: Ressourcen stiften einen einzigartigen Kundennutzen oder aber steigern signifikant die Effektivität und Effizienz im Unternehmen;
2. Knappheit: Nicht alle Konkurrenten haben uneingeschränkten Zugriff auf die gleichen Ressourcen. Ansonsten könnten bestehende Wettbewerbsvorteile umgehend „wegkonkurriert" werden;
3. Nachhaltigkeit: Um dauerhaft einen Nutzen stiften zu können, dürfen Ressourcen (a) nicht imitierbar sein, (b) nicht substituierbar sein, (c) nur einer geringen Entwertung unterliegen und (d) nur schwer transferierbar sein;[121]
4. Aneigenbarkeit: Unternehmen sind in der Lage, sich die aus dem Wettbewerbsvorteil resultierenden monetären Rückflüsse auch anzueignen.

Die *Kritik* am RBV konzentriert sich auf zwei Bereiche: Zum einen werden die implizit unterstellten dauerhaft stabilen Marktverhältnisse und die darauf basierende quasi-statische deskriptive Perspektive zunehmend in Frage gestellt. Zum anderen kontrastiert die Fokussierung auf singuläre Ressourcen als Quelle von Wettbewerbsvorteilen in steigendem Maß mit der wettbewerblichen Realität. Insbesondere diese beiden Kritikfelder bildeten die Ausgangsbasis für konzeptionelle Weiterentwicklungen des RBV.

2.2.3 Weiterentwicklungen des „Resource-based View"

2.2.3.1 „Competence-based View" (CBV)

Abgeleitet aus der allgemeinen, stärker wissenschaftlich ausgerichteten Ressourcenperspektive begann Anfang der 90er Jahre die Phase des sog. „Competence-based View" (CBV).[122] Charakteristika dieses zu großen Teilen auf den anwendungsorientierten Arbeiten von Hamel / Prahalad basierenden Ansatzes sind:[123]

---

[119] Vgl. dazu ausführlich Barney (Firm resources and sustained competitive advantage, 1991), Rasche (Wettbewerbsvorteile durch Kernkompetenzen, 1996), S. 55 - 59 und Thiele (Kernkompetenzorientierte Unternehmensstrukturen, 1997), S. 46 - 54. Zusammenfassend vgl. z.B. Hümmer (Strategisches Management, 2001), S. 56 - 67, Proff (Ressourcenorientierte Wettbewerbsvorteile, 2000), S. 144 - 153, Welge / Al-Laham (Strategisches Management, 2001), S. 259 - 261 oder Zahn / Foschiani / Tilebein (Wissen und Strategiekompetenz, 2000), S. 50f.

[120] Vgl. Hümmer (Strategisches Management, 2001), S. 56 - 67.

[121] Zu den vier Anforderungen vgl. auch: Bamberger / Wrona (Der Ressourcenansatz, 1996), S. 135 - 142 und Grant (Resource-based theory of competitive advantage, 1991), S. 123 - 127.

[122] Eine andere begriffliche Abgrenzung nimmt Ghemawat vor, der zwischen (a) dem „pure Resource-based View" und (b) dem Kernkompetenzansatz unterscheidet. Vgl. Ghemawat (Strategy and the business landscape, 1999), S. 120. Eine Einteilung in die beiden Strömungen „Structural School" und „Process School" - letztere entspricht weitgehend dem Kernkompetenzansatz - nimmt Schulze vor. Vgl. Schulze (Two schools of thought in resource-based theory, 1994).

[123] Vgl. Freiling (Strategisches Kompetenzmanagement, 2000), S. 27f. und die dort angegebene Literatur, Hamel / Prahalad (Core competence of the corporation, 1990), Hamel / Prahalad (Competing for the future, 1996) sowie Henselek (Konfigurationseigenschaften und -management, 2000), S. 475.

- Betonung der Notwendigkeit, Ressourcen nicht nur bereitzustellen und zu veredeln, sondern sie durch Aktivitäten konkreten marktlichen Verwertungsmöglichkeiten zuzuführen;
- Thematisierung des Prozesses zur Entwicklung von Ressourcen bzw. Kompetenzen aufgrund der Annahmen sich dynamisch verändernder Marktbedingungen und prinzipieller Entwertbarkeit von Kompetenzen. Damit einhergehend war die zu diesem Zeitpunkt weitgehend neuartige, integrierte Betrachtung der unternehmensindividuellen Vergangenheitsentwicklung mit den gegenwärtigen Handlungsmöglichkeiten und den zukünftigen Handlungsoptionen;[124]
- Eingrenzung der Betrachtungsperspektive auf Kernkompetenzen als einen Teilbereich unternehmensspezifischer Ressourcen.

Durch ihre besondere Relevanz für die vorliegende Arbeit sollen der im Vergleich zur allgemeinen Ressourcenperspektive neue Ansatz der Ressourcenentwicklung sowie der vollzogene Übergang von der Ressourcen- zur Kompetenzperspektive und dessen inhaltliche Zusammenfassung im sog. „Kernkompetenzansatz" detaillierter betrachtet werden.

1. Permanente, pfadabhängige Weiterentwicklung der Ressourcenbasis

In einem sich intensivierenden und dynamisch entwickelnden Wettbewerb erwies sich - so die Aussagen der Vertreter des CBV - die Anwendung einer statisch-deskriptive Perspektive zur dauerhaften Festigung von Wettbewerbsvorteilen als nicht mehr tragbar. In einem solchen Wettbewerbsumfeld können die dynamischen Änderungen, denen das Aufgabensystem eines Unternehmens unterworfen ist, zu einer hohen Volatilität der benötigten Ressourcen führen. Die Volatilität hat zur Folge, dass die Überlegenheit unternehmensspezifischer Ressourcen einer ständigen Erosion ausgesetzt ist.[125] Garantien oder absolut wirksame Schutzmechanismen für die Dauerhaftigkeit von Wettbewerbsvorteilen existieren demnach nicht. Verhaltensweisen, die nach Bewahrung bestehender Wettbewerbsvorteile oder der optimalen Ausrichtung des Unternehmens auf relativ stabile Umfeldbedingungen streben, geraten in diesem Umfeld zu einer reinen Defensivstrategie, die Konkurrenten nur noch mehr Zeit gibt, aufzuholen bzw. eine ohnehin schon vorteilhafte Wettbewerbsposition auszubauen.

Zur Erzielung eines nachhaltigen Erfolgs bedarf es seitens der Unternehmen vielmehr einer dauerhaften Abstimmung von Umfelddynamik und ressourcenorientierten Wettbewerbsvorteilen.[126] Mit der Kenntnis, dass durch den Wandel der Umfeldbedingungen, und damit des Aufgabensystems, eine Entwertung von Wettbewerbsvorteilen jederzeit möglich ist, müssen Unternehmen ihre Ressourcenbasis ständig hinterfragen und überprüfen. In der Konsequenz

---

[124] Zur dynamischen Betrachtungsweise von Strategie vgl. auch Abell (Competing today while preparing for tomorrow, 1999), S. 75f.

[125] Rasche bemerkt dazu: „Transaktionsspezifische Ressourcen unterliegen aufgrund der Hyteresewirkung der ihnen zugrundeliegenden Investitionen unter volatilen Rahmenbedingungen einer omnipräsenten Substitutionsgefahr respektive einem hohen Erosionsrisiko." Rasche (Resource-based View, 2000), S. 72.

[126] Vgl. Proff (Ressourcenorientierte Wettbewerbsvorteile, 2000), S. 148 und Zahn / Foschiani / Tilebein (Wissen und Strategiekompetenz, 2000), S. 51.

müssen sich - so die Forderung im CBV - Unternehmen in einen Zustand dynamischer Ressourcenentwicklung versetzen.[127] Ein Konservieren aktuell vorhandener Kompetenzen ist nur in den wenigsten Fällen eine vielversprechende Option.

2. Übergang von der Ressourcen- zur Kompetenzperspektive: Kernkompetenzansatz

Die Perspektivenverschiebung von der Nutzung der vorhandenen hin zur Weiterentwicklung der Ressourcenbasis ging einher mit der Adaption des Erklärungsmusters nachhaltiger Wettbewerbsvorteile und übernormaler Renditen im sog. „Kernkompetenzansatz".[128]

Ausgangspunkt des Ansatzes ist die Überlegung, dass dauerhafte Wettbewerbsvorteile nur in den seltensten Fällen auf singuläre Ressourcen zurückzuführen sind, sondern sich erst durch intelligente Kombination verschiedenster Ressourcen zu Kompetenzen erzielen lassen. Diese integrative Betrachtungsweise manifestiert sich z.b. in der Aussage, dass „durch geschickte Ausnutzung von Komplementär- und Selbstverstärkungseffekten „ausgereizte" Einzelressourcen in einen wertschaffenden Kontext eingegliedert werden und aus ihrer systemischen Interaktion unterei-nander Erfolgspotenziale entstehen können."[129] Insofern ist zunächst festzuhalten, dass ein wesentliches *Abgrenzungskriterium zwischen Ressourcen und Kompetenzen* ihr Aggregationsgrad ist. Auf niedriger Aggregationsstufe stehen die Ressourcen des Unternehmens, die auf höherer Aggregationsstufe zu Kompetenzen zusammengefasst werden.

In Anlehnung an Rasche sollen *Kompetenzen* hier definiert werden als komplexe und dynamische Interaktionsmuster (Kombinationen) aus personengebundenen Fähigkeiten, organisatorischen Routinen und materiellen Aktiva:[130]

- Während die Ressourcenkategorie der *Fähigkeiten* ein Sammelbegriff für die personengebundene Wissensbasis des Unternehmens darstellt (bspw. spezifisches Know-how, Expertenwissen, personengebundene Erfahrung etc.),

- sind *organisatorische Routinen* personenunabhängige immaterielle Ressourcen, die ähnlich einem „organisatorischen Wissensspeicher" die im Zeitablauf akkumulierten Erfahrungen

---

[127] Vgl. Zahn / Foschiani / Tilebein (Wissen und Strategiekompetenz, 2000), S. 51 und S. 56.

[128] Zu den Forschungsschwerpunkten im Kernkompetenzansatz stellt Homp fest: „In den letzten Jahren haben sich zahlreiche Arbeiten aus Theorie und Praxis mit der Thematik „Kernkompetenzen" auseinandergesetzt. Die Schwerpunkte der wissenschaftlichen Bemühungen waren vor allem geprägt durch die Zuordnung der Kernkompetenzen zum RBV und der Identifikation von Kernkompetenzen durch die Aufstellung von Definitionen und Definitionsmerkmalen sowie Identifikationskriterien. In einer zweiten Forschungswelle steht nun zunehmend der Aufbau von Kernkompetenzen im Vordergrund." Homp (Aufbau von Kernkompetenzen, 2000), S. 168.

[129] Rasche (Resource-Based-View, 2000), S. 101f.

[130] Vgl. Rasche (Wettbewerbsvorteile durch Kernkompetenzen, 1994), S. 143 und S. 149. Rühli geht davon aus, dass sich grundsätzlich alle materiellen und immateriellen Aktiva zu Kernkompetenzen entwickeln lassen. Vgl. Rühli (Ressourcenmanagement, 1995), S. 96. Da Ressourcen für sich genommen jedoch selten produktiv sind, führt erst die Kombination aus materiellen Aktiva, Fähigkeiten und Routinen zu unternehmungsspezifischen Kernkompetenzen. Zu der Vielzahl z.T. sehr heterogener Definitions- und Abgrenzungsversuche der Termini „Fähigkeiten", „Kompetenzen" und „Ressourcen" im deutschen Sprachraum und der Termini „Skills", „Assets", „Capabilities" oder „Core-Competencies" im englischen Sprachraum vgl. Welge / Al-Laham (Strategisches Management, 2001), S. 50f. und S. 261. Eine Diskussion des Begriffs „Kompetenz" nimmt auch vor: Thiele (Kernkompetenzorientierte Unternehmensstrukturen, 1997), S. 67 - 71.

der Organisationsmitglieder umfassen.[131] Diese Routinen zeigen „sich in kollektiven Regeln, Verfahrensweisen und Interpretationsmustern oder in Elementen der Unternehmungskultur."[132]

- Zu den *materiellen Aktiva* zählen bspw. Produktionsmittel oder EDV-Systeme.

In dieser Arbeit werden die Kategorien der materiellen Aktiva und der Fähigkeiten durch Ableitung eines idealtypischen Modells der durchgängig virtuellen Entwicklung (materielle Aktiva) und der zukünftig notwendigen Kompetenzprofile (Fähigkeiten) aufgegriffen.

Eine eindeutige, allgemein akzeptierte Abgrenzung des Begriffs *„Kernkompetenzen"* vom Begriff der Kompetenzen existiert in der Literatur bisher nicht. Allenfalls lassen sich charakteristische Merkmale von Kernkompetenzen aufzeigen, die sich nach vergleichender Analyse der zahlreich existierenden Kriterienkataloge auf die fünf Merkmale (1) herausragende strategische Relevanz, (2) Nutzenstiftung am Markt, (3) Ausbaufähigkeit und Anwendbarkeit auf einer Vielzahl von Märkten, (4) Differenzierung von den Wettbewerbern[133] sowie (5) Nachhaltigkeit des Kompetenzvorsprungs verdichten lassen.[134] Eine Präzisierung, was Kernkompetenzen konkret sein können, muss im Aufgabenkontext und situativ erfolgen.[135] Da es keine universell gültige, „ultimative" Quelle von Wettbewerbsvorteilen gibt, muss die Ursache von Wettbewerbsvorteilen jeweils in Abhängigkeit von Zeit und Branchenkontext definiert und damit letztlich in Abhängigkeit von der spezifischen Situation jedes Unternehmens betrachtet werden.

Ungeachtet der nicht möglichen pauschalen Präzisierung von Kernkompetenzen, war es der CBV, der die Erkenntnis begründete, dass die Fähigkeit des Managements, isoliert betrachtet geringwertige Ressourcen auf innovative Weise zu wettbewerbsdifferenzierenden

---

[131] Zur detaillierten Unterteilung vgl. die Abb. 9 auf S. 35 in diesem Kapitel. Ritter / Gemünden weisen in diesem Zusammenhang darauf hin, dass neben der „Wissenskompetenz" auch die „Handlungskompetenz" - hier verstanden als die Erfüllung von Aufgaben - bedeutsam ist. Nur wenn ein Unternehmen in der Lage ist, sein Wissen auch produktiv umzusetzen, können Wettbewerbsvorteile erzielt werden. Vgl. Ritter / Gemünden (Wirkung von Technologie- und Netzwerk-Kompetenz, 2000), S. 340f.

[132] Mit zunehmender Umfelddynamik gewannen insb. organisationale Fähigkeiten wie „organisationales Lernen" und „Management von Wissen und Kompetenzen" an strategischer Bedeutung. Spender / Grant sprechen hier auch vom Konzept der Kernkompetenzen als zentrales Verbindungsglied zwischen dem klassischen Ressourcenansatz und Theorien des organisationalen Lernens und der aktuellen Wissensdiskussion. Vgl. Spender / Grant (Knowledge and the firm, 1996). Welge / Al-Laham (Strategisches Management, 2001), S. 50 zeigen durch Auswahl typischer Definitionen des Begriffs Kernkompetenzen die konzeptionelle Nähe zu Ansätzen des organisatorischen Wissens und des organisatorischen Lernens auf. In Abhängigkeit der Umfelddynamik unterscheidet Sanchez zwischen „Verbesserungslernen" in einem stabilen Umfeld, „Veränderungslernen" in einem sich schrittweise verändernden Umfeld und „Prozesslernen" in einem sich radikal verändernden Umfeld. Vgl. Sanchez (Managing articulated knowledge, 1997).

[133] Eine Kernkompetenz stellt damit keine Basiskompetenz einer gesamten Branche dar. Vgl. Barney (Competitive advantage, 1997), S. 145.

[134] Vgl. Hümmer (Strategisches Management, 2001), S. 86 - 91 sowie die dort angegebene Literatur.

[135] Ein Vorschlag zur Einordnung von Kernkompetenzen in die Wertkette ist von Krüger / Homp vorgelegt worden. Um Wettbewerbsvorteile zu erlangen, muss ein Unternehmen Vorteile im „Input" und/oder „Throughput" bzw. in den externen Kopplungen haben. Eine Detaillierung der Vorteilskategorien erfolgt in: Krüger / Homp (Kernkompetenzmanagement, 1997), S. 29 - 35. Ritter / Gemünden nehmen eine Kategorisierung von Kompetenzen in die beiden Bereiche Netzwerk- und Technologiekompetenz vor. Vgl. Ritter / Gemünden (Wirkung von Technologie- und Netzwerk-Kompetenz, 2000), S. 341 - 347.

Kernkompetenzen zu bündeln, ein erfolgsentscheidender Faktor ist.[136] Ausschlaggebend für die Erzielung überdurchschnittlicher Renten ist demnach nicht allein der möglicherweise auf Glück, Zufall oder „Vererbung" basierende Besitz des Ressourcenpotenzials, sondern die schöpferische Managementleistung.[137]

Ein offener Aspekt blieb hingegen die Zusammenführung dieser neuartigen Kompetenzperspektive mit anderen Strömungen der traditionellen strategischen Managementtheorie,[138] dem Aufsetzpunkt der nachfolgenden Phase des sog. „Strategischen Kompetenzmanagements".

2.2.3.2 Strategisches Kompetenzmanagement

Ende der 90er Jahre setzte die Weiterentwicklung der Kernkompetenzperspektive zum Strategischen Kompetenzmanagement, auch „Competence-based Strategic Management" (CSBM) genannt, ein. Die auf die richtungsweisenden Arbeiten von Heene und Sanchez[139] zurückzuführende Ausrichtung ressourcenorientierter Forschung nimmt sich der genannten Forschungslücke der Verzahnung an und versucht, einen ganzheitlichen Bezugsrahmen des strategischen Managements zu erarbeiten.[140] Handlungsleitend ist, die bis zur Entwicklungsstufe des Kernkompetenzansatzes gesammelten Erkenntnisse zum ressourcenorientierten Management als gedankliches Fundament aufzunehmen und gezielt mit Erkenntnissen aus anderen Themenfelder der Management- und Organisationsforschung zu verknüpfen. Zusätzlich zur holistischen Ausrichtung ist die Schwerpunktverlagerung dieses Ansatzes durch drei weitere Merkmale geprägt:[141]

1. Dynamische Weiterentwicklung der Kompetenzbasis

Die im Kernkompetenzansatz begonnene Akzentuierung einer dynamischen, zukunftsorientierten Betrachtung des Wettbewerbs wird in der Phase des CBSM durch einen vollständigen Übergang zu einer zeitraumbezogenen Betrachtung der Ressourcen- und Kompetenzenmobilisation komplettiert. Heene / Sanchez differenzieren dabei zwischen

- der qualitativen Veränderung im Ressourcengefüge durch Verbesserung der bestehenden Kompetenzbasis,

---

[136] Vgl. Zahn / Foschiani / Tilebein (Wissen und Strategiekompetenz, 2000), S. 53.

[137] Insofern kann man auch von einem permanenten Unternehmertum sprechen, in dem kontinuierliches Lernen über den Aufbau und die Weiterentwicklung der Kompetenzbasis sowie die kreative Suche nach neuen Handlungsoptionen zur zentralen Aufgabe des Managements wird. Vgl. Heene / Sanchez (Competence-based strategic management, 1997), S. 9 und Schulze (Two schools of thought in resource-based theory, 1994), S. 139. Mit zunehmender Umweltdynamik ist davon auszugehen, dass sich ein Großteil der Managementleistungen weg von der Absatzmarktebene hin zur Ebene der Koordination der Kernkompetenzen verschiebt. Rasche begründet dies mit deren höherer Hebelwirkung im Vergleich zur traditionellen Marktorientierung. Vgl. Rasche (Resource-Based-View, 1994), S. 80f.

[138] Vgl. Freiling (Strategisches Kompetenzmanagement, 2000), S. 30.

[139] Vgl. Heene / Sanchez / Thomas (Hrsg.) (Dynamics of competence-based competition, 1996), Heene / Sanchez (Hrsg.) (Competence-based strategic management, 1997) und Heene / Sanchez (Reinventing strategic management, 1997).

[140] Vgl. Freiling (Strategisches Kompetenzmanagement, 2000), S. 30f.

[141] Auch für die folgenden Ausführungen vgl. Heene / Sanchez (Reinventing strategic management, 1997), S. 307 - 311 und Heene / Sanchez (Competence-based strategic management, 1997), S. 12 - 15.

- dem Wechsel auf neue, erfolgsversprechende Kompetenzbasen („competence building") sowie
- der Übertragung vorhandener Kompetenzen jenseits ihrer Kernnutzung auf neue Produkt-/ Marktfelder, ohne dass exorbitante Rüstkosten entstehen („competence leveraging").[142]

Mit dieser Vervollständigung der Dynamikkomponente werden endgültig nicht nur Markt- und Wettbewerbsbedingungen, sondern auch Kompetenzen selbst als Gegenstand dynamischer Veränderungsprozesse betrachtet[143] und die Fähigkeit zur wettbewerbsadäquaten Anpassung der Kompetenzbasis zum zentralen Eckpfeiler der Wettbewerbsfähigkeit auserkoren[144].

Ein wichtiger Gedanke zur Entwertung kompetenzbasierter Wettbewerbsvorteile auf dynamischen Endproduktmärkten schließt die Erläuterungen zur Weiterentwicklung der Kompetenzbasis ab: Sofern auf Ebene des Endproduktmarkts ausgeprägter Wettbewerb existiert, bedeutet dies keinesfalls automatisch auch die Existenz entsprechend intensiven Wettbewerbs auf der Ebene der Kompetenzen. Veränderungen im Endproduktmarkt müssen nicht unmittelbar zu einer Entwertung der den Wettbewerbsvorteilen zugrunde liegenden Kompetenzen führen.[145] Zum einen besteht die Möglichkeit, durch Neukonfiguration der vorhandenen Kompetenzbasis den geänderten Anforderungen moderat-reaktiv zu begegnen.[146] Zum anderen können Kompetenzen aber auch präventiv aufgebaut werden. Dies ist immer dann möglich, wenn auf Endproduktmärkten noch große Unsicherheit bezüglich der künftigen Entwicklung herrscht, jedoch bereits hohe Transparenz bezüglich der für die Erzielung von Wettbewerbsvorteilen benötigten Kompetenzen existiert.[147] Insb. in reiferen Branchen, zu denen die Automobilindustrie zu zählen ist,[148] können Unternehmen durch einen derartigen, frühzeitigen Aufbau strategisch relevanter Kompetenzen rechtzeitig die entsprechenden Kompetenzfelder

---

[142] Vgl. Heene / Sanchez / Thomas (Hrsg.) (Dynamics of competence-based competition, 1996), S. 8 - 11.

[143] Vgl. Hümmer (Strategisches Management, 2001), S. 183.

[144] Teece / Pisano / Shuen definieren in diesem Zusammenhang „dynamic capabilities" als „the firm´s ability to integrate, build, and reconfigure internal and external competences to address rapidly changing environments. Dynamic capabilities thus reflect an organization´s ability to achieve new and innovative forms of competitive advantage given path dependencies and market positions." Zu ihren konstituierenden Bestandteilen führen sie aus: „Hence organizational processes, shaped by the firm´s asset positions and molded by its evolutionary and co-evolutionary paths, explain the essence of the firm´s dynamic capabilities and its competitive advantage." Teece / Pisano / Shuen (Dynamic capabilities and strategic management, 1997), S. 516 und S. 518.
Die Fähigkeit, immer wieder aufs Neue strategische Visionen von denjenigen Kompetenzen zu entwickeln, die in der Zukunft benötigt werden, deren produktiver Einsatz im Unternehmen und deren Erneuerung in permanenten Lernprozessen wird auch als Strategiekompetenz bezeichnet. Vgl. Zahn / Foschiani / Tilebein (Wissen und Strategiekompetenz, 2000), S. 63f.

[145] Eine weitere anzutreffende Facette zum Wettbewerb auf unterschiedlichen Ebenen ist die Simultaneität von Kooperation und Wettbewerb zwischen den Wertketten unmittelbarer Konkurrenten. So kann z.B. die Produktentwicklung durch gemeinsame Plattformkonzepte oder Technologie Joint-Ventures sehr kooperativ ausgerichtet sein, während die Endprodukte aggressiv gegeneinander vermarktet werden. Vgl. Rasche (Resource-Based-View, 2000), S. 76.

[146] Vgl. Hamel / Heene (Hrsg.) (Competence-based competition, 1994), S. 92.

[147] Vgl. Beinhocker (Robust adaptive strategies, 1999), S. 96 und Heene / Sanchez (Competence-based strategic management, 1997), S. 26f. In beiden Quellen wird betont, dass die Klarheit über die benötigten Kompetenzen häufig vorhanden ist.

[148] Vgl. Kap. 3.3.

besetzen und sich dadurch auf Entwicklungen auf den Endproduktmärkten präventiv vorbereiten.[149]

2. Verständnis von Unternehmen als „offene Systeme"

Erstmals in der ressourcenorientierten Forschung werden Unternehmen im CBSM-Ansatz explizit als „offene Systeme" betrachtet, die permanent mit ihrer Umwelt interagieren und regelmäßig mit dieser Ressourcen austauschen. Durch die Verschiebung der Unternehmensgrenzen werden die unternehmerischen Handlungsspielräume massiv ausgeweitet und die „firm-specific resources" um die „firm-addressable resources" erweitert.[150] Neben der Beschaffung von Ressourcen über Faktormärkte und dem Eigenaufbau wird der Ressourcen- und Kompetenzaufbau mittels Unternehmenskooperationen und -akquisitionen damit zur dritten strategischen Option,[151] womit „auch eine zu starke Fokussierung des RBV auf die Innenverhältnisse von Unternehmungen endgültig aufgegeben [wird]."[152]

Eines der wesentlichen Ziele dieser Form externer Beschaffung vorwiegend komplementärer Ressourcen liegt in der Erhöhung der externen Varietät bei gleichzeitiger Reduktion der internen Wertschöpfungskomplexität. Für die Wettbewerbspositionierung indifferente Aktivitäten werden an den Markt oder ein strategisches Netzwerk delegiert, um dadurch eine unproduktive Ressourcenbindung zu verhindern.[153] In der Unternehmensführung wird dadurch eine Abkehr von der Fokussierung auf Tätigkeiten zur internen Wertschöpfungskontrolle hin zu Tätigkeiten im Rahmen organisationsübergreifender Prozessabläufe notwendig.

3. Kognitive Elemente im Entscheidungsverhalten von Entscheidungsträgern

Das dritte kennzeichnende Merkmal des CBSM ist die Berücksichtigung kognitiver Elemente als Quelle von Wettbewerbsvorteilen. Neben der Anpassung an exogene Veränderungen der Marktgegebenheiten werden auch endogene Ursachen, wie z.B. organisatorische und verhaltenswissenschaftliche Aspekte, als Determinanten unternehmerischen Handelns anerkannt und thematisiert. Unter Beibehaltung der Annahme der Zielorientierung im ökonomischen Handeln wird die These formuliert, dass insb. die unterschiedlichen Verhaltensweisen von

---

[149] Vgl. Sanchez (A strategic options perspective, 1993), S. 255f. Klein / Edge / Kass vertreten sogar die Ansicht, dass sich mit zunehmender Marktdynamisierung und der damit verbundenen Marktzykluskontraktion die Beständigkeit wettbewerbsrelevanter Kompetenzen verlängert: „As product life-cycles become shorter, skill life-cycles are becoming longer." Klein / Edge / Kass (Skill-based competition, 1991), S. 1.

[150] Vgl. Heene / Sanchez / Thomas (Hrsg.) (Dynamics of competence-based competition, 1996), S. 7.

[151] Vgl. zu den Optionen und den mit ihrer Wahl verbundenen Chancen und Risiken zusammenfassend Hümmer (Strategisches Management, 2001), S. 262 - 269. Er gelangt zu dem Ergebnis, dass „in der Unternehmenspraxis .. die Frage der Wahl der Methode des Ressourcenaufbaus .. in erster Linie eine Frage der intelligenten Verknüpfung verfügbarer Ressourcen aus Faktormärkten, Unternehmenskooperationen und unternehmensinternen Lernprozessen" ist. Ebenda, S. 269.

[152] Freiling (Strategisches Kompetenzmanagement, 2000), S. 32. Analog stellt Freiling an anderer Stelle fest, dass man „in Einklang mit zahlreichen Veröffentlichungen, den RBV letztlich als einen Ansatz einordnen [muss], der um einen Ausgleich zwischen „inside-in"- und „outside-in"-Orientierung bemüht ist. ... [Er verharrt] keinesfalls auf den Innenbeziehungen einer Unternehmung , sondern [ist] vielmehr geeignet, die Rolle der Unternehmung im Kontext der organisationalen Umwelt zu verstehen." Ebenda, S. 18. Homp sieht denn auch in der auf Kernkompetenzen begründeten, unverwechselbaren Kerneigenschaft eines Produkts das konzeptionelle Bindeglied des RBV mit dem MBV. Vgl. Homp (Aufbau von Kernkompetenzen, 2000), S. 169.

[153] Vgl. Rasche (Wettbewerbsvorteile durch Kernkompetenzen, 1994), S. 339 - 343.

Entscheidungsträgern in der Koordination und Anwendung von Ressourcen eine Ergebnisvarietät und damit ggf. Wettbewerbsvorteile begründen können.[154]

Sicherlich ließen sich noch eine ganze Reihe weiterer Aspekte detaillieren und diskutieren, dafür sei jedoch auf weiterführende Quellen verwiesen.[155] Anstatt dessen fasst Abb. 10 die Erkenntnisse abschließend zusammen.

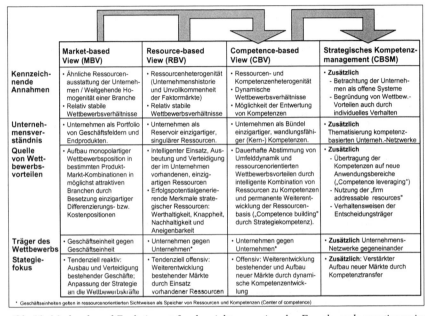

Abb. 10: *Merkmale und Evolutionsstufen der richtungsweisenden Forschungskonzeptionen im strategischen Management.*[156]

2.3 Verortung der Arbeit in den analysierten Forschungskonzeptionen

Mit dem in Abb. 10 dargestellten Bezugsrahmen ist die informatorische Grundlage geschaffen, an der die Verortung der Arbeit in den Forschungskonzeptionen anknüpft. Die Verortung erfolgt dabei über die Beantwortung der Fragen, wo sich die vorliegende Arbeit im erstellten

---

[154] Vgl. Heene / Sanchez (Reinventing strategic management, 1997), S. 314.

[155] Für die Aktivitätsfelder des Kompetenzaufbaus und den Prozess der Kompetenzentwicklung inkl. operationaler Gestaltungsempfehlungen vgl. z.B. Homp (Aufbau von Kernkompetenzen, 2000), S. 170 - 186, Hümmer (Strategisches Management, 2001), S. 249 - 264, Welge / Al-Laham (Strategisches Management, 2001), S. 262 - 275. Zu den Ebenen individueller und kollektiver Lernprozesse im Rahmen der Kompetenzentwicklung („Single-Loop-Learning", „Double-Loop-Learning", „Deutero-Learning", „Context-Based-Learning", „Paradim-based-Learning") vgl. Mildenberger (Kompetenzentwicklung in Produktionsnetzwerken, 2000), S. 395 - 397. Zur konzeptionellen Kritik am RBV vgl. Hümmer (Strategisches Management, 2001), S. 92 - 97 und Rasche (Wettbewerbsvorteile durch Kernkompetenzen, 1994), S. 399.

[156] Für weitere Kategorien (z.B. Planungshorizont, Rolle der Geschäftseinheiten, Aufgaben des Top Managements) vgl. auch Krüger / Homp (Kernkompetenzmanagement, 1997), S. 63.

Bezugsrahmen positioniert (*Kap. 2.3.1*) und welchen konkreten Beitrag sie entsprechend ihrer Positionierung zur Weiterentwicklung der Konzeptionen leistet (*Kap. 2.3.2*).

2.3.1 Positionierung der Arbeit in den Forschungskonzeptionen

Der Vergleich der Argumentationslogik im Kap. 1 zur Problemstellung und Zielsetzung der Arbeit mit den Merkmalen der Forschungsrichtungen zeigt eine sehr hohe Übereinstimmung mit den Charakteristika des Strategischen Kompetenzmanagements auf (vgl. Abb. 11).

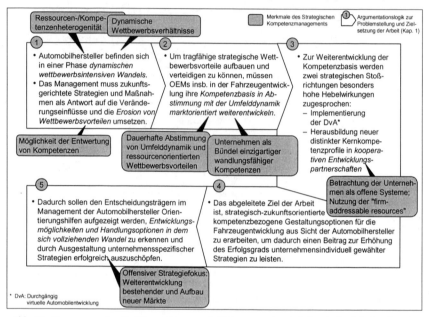

Abb. 11: *Kongruenz der Problemstellung und Zielsetzung der Arbeit mit den Merkmalen des Strategischen Kompetenzmanagements.*

Der Arbeit liegen die Annahmen der Ressourcen- bzw. Kompetenzenheterogenität, eines dynamischen Wettbewerbs und der prinzipiellen Entwertbarkeit von Kompetenzen zugrunde, ohne die Notwendigkeit zur marktorientierten Weiterentwicklung der die Unternehmen kennzeichnenden Kompetenzbasis zu vernachlässigen. Es wird davon ausgegangen, dass der zukünftige Wettbewerb zwischen Unternehmen maßgeblich durch die Kompetenzpotenziale in der Fahrzeugentwicklung geprägt sein wird und sich als Folge des zunehmend dynamischeren Wettbewerbs kompetenzbasierte Wertschöpfungsnetzwerke etablieren werden. Durch Erarbeitung distinkter Kompetenzprofile in der Automobilentwicklung und dem Aufzeigen einer idealtypischen Umsetzung der durchgängig virtuellen Fahrzeugentwicklung werden den OEMs Gestaltungsoptionen aufgezeigt, die in ihrer Wirkung dem in die Zukunft gerichteten offensiven Strategiefokus Rechnung tragen.

Bis auf die Grundannahme, dass individuelle Verhaltensweisen von Entscheidungsträgern Quelle von Wettbewerbsvorteilen sein können,[157] sind somit alle charakterisierenden Merkmale des Strategischen Kompetenzmanagement-Konzepts explizit in der Arbeit vertreten. Da sich das kognitive Element im Entscheidungsverhalten von Managern jedoch weitgehend einer gestaltungsbezogenen Prognose entzieht, gleichfalls aber als beeinflussend anerkannt und damit implizit in der Arbeit berücksichtigt wird, kann die Arbeit im Konzept des CBSM positioniert werden.

2.3.2 Beitrag der Arbeit zur Weiterentwicklung des Strategischen Kompetenzmanagements

Durch ihre primär theoretisch-wissenschaftliche Prägung endet der Nutzen der Forschungskonzeption des Strategischen Kompetenzmanagements für die Praxis zumeist an der Stelle, an der es um konkrete inhaltliche Aussagen geht, welche Ressourcen bzw. Kompetenzen zukünftig strategisch relevant sein werden und deshalb mit höchster Priorität aufgebaut und weiterentwickelt werden sollten. Anhand umfangreicher Kriterienkataloge werden zwar wichtige Anforderungen an erfolgspotenzialgenerierende Ressourcen formuliert, *spezifische Empfehlungen zu deren Art und Ausprägungen fehlen jedoch*. Dass die Formulierung spezifischer Empfehlungen aber auch nicht in das originäre Aufgabengebiet der Forschungsansätze fallen kann, wurde bereits in Kap. 2.2.3.1 anhand der Notwendigkeit erläutert, einen situativen Ansatz anzuwenden. Dort hieß es, dass es keine universell gültige, „ultimative" Quelle von Wettbewerbsvorteilen geben kann, sondern die Ursachen von diesen in Form der notwendigen Kompetenzbasis jeweils in Abhängigkeit von Zeit, Branchenkontext und der spezifischen Unternehmenssituation definiert werden muss.

An dieser Stelle setzt der Beitrag der vorliegenden Arbeit an, welcher mit Hilfe eines von Welge / Al-Laham konzipierten Prozessmodells konkretisiert werden soll, das die Aufgaben des strategischen Managements in Form von Phasen, Zielen und Aktivitätenbündeln systematisiert (vgl. Abb. 12).

---

[157] Vgl. Kap. 2.2.3.2, Nr. 3: Kognitive Elemente im Entscheidungsverhalten von Entscheidungsträgern.

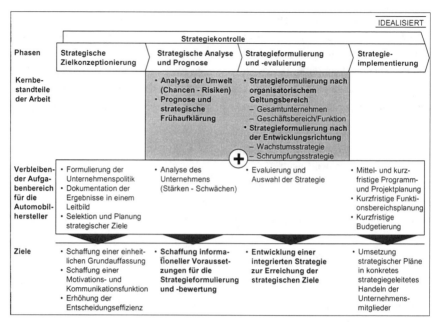

Abb. 12: Beitrag der Arbeit, referenziert am Prozessmodell des strategischen Managements.
(Quelle: Eigene Darstellung in Anlehnung an: Welge / Al-Laham (Strategisches Management, 2001), S. 96).[158]

Damit das Management eines Unternehmens eine fundierte zukunftsweisende Strategie implementieren kann, sind zunächst die vier weiteren konstituierenden Elemente des strategischen Managements zu durchlaufen: (1) die strategische Zielkonzeptionierung, (2) die strategische Analyse und Prognose, (3) die Strategieformulierung und -evaluierung sowie zu diesen parallel verlaufend (4) die Strategiekontrolle. Durch sukzessive Bearbeitung der diesen Phasen zugeordneten Aufgaben wird über die Schaffung informationeller Voraussetzungen zur Strategieformulierung und -evaluierung und der Entwicklung einer integrierten Strategie zur Verwirklichung strategischer Ziele letztlich ein konkretes strategiegeleitetes Handeln der Unternehmensmitglieder ermöglicht.

Zur Schaffung der informationellen Voraussetzungen müssen Unternehmen dabei immer die zwei grundlegenden Aufgabenstellungen der Umwelt- und der Unternehmensanalyse bewältigen. Durch die Umweltanalyse („Orientierung nach außen") gilt es, durch permanente Interaktion mit der Umwelt, Chancen und Risiken zu erkennen und zu bewerten. Durch die

---

[158] Der konzeptionelle Rahmen für die Abbildung ist auf S. 96 der genannten Literaturquelle zu finden. Die dargestellten Aufgaben und Ziele beruhen auf einer Zusammenfassung der in den sich anschließenden Kapiteln erläuterten Details (S. 101 - 617). Obwohl die Abbildung einen strikt sequentiellen Ablauf der Phasen und Aktivitäten suggeriert, ist anzumerken, dass der strategische Managementprozess als iterativer Prozess zu verstehen ist. Er ist sowohl durch Rückkopplungsschleifen als auch durch Überlappungen gekennzeichnet.

Unternehmensanalyse ("Orientierung nach innen") müssen die Unternehmen ihre gesamte Organisation, d.h. ihre Strukturen, Prozesse, Kultur etc. an den durch die Umweltbedingungen geprägten Anforderungen ausrichten. Aus dem skizzierten Aufgabenspektrum übernimmt die vorliegende Arbeit die in der Abb. 12 schattiert hinterlegen Aufgaben:[159]

1. Strategische Analyse und Prognose

Mit der Untersuchung relevanter Veränderungstreiber in der Automobilindustrie in Kap. 3 erfolgt die Umweltanalyse mit einem Chancen-Risiko-Profil als Ergebnis. An selbiger Stelle wird durch die Ableitung resultierender Anforderungen an das Fahrzeug und den Entwicklungsprozess eine wichtige Komponente der Prognose und strategischen Frühaufklärung wahrgenommen.

2. Strategieformulierung und -bewertung

Im Rahmen der Ableitung strategisch-zukunftsorientierter Gestaltungsoptionen für die Automobilentwicklung in den Kap. 4 (Technologieeinsatz) und 5 (distinkte Kernkompetenzprofile) leistet die Arbeit einen Beitrag zur Strategieformulierung. Es werden Handlungsoptionen erarbeitet, an denen sich jeder Automobilhersteller durch Abgleich mit den selbstgesetzten Zielen und den jeweiligen Ausgangsbedingungen orientieren kann.

Insgesamt ist damit festzuhalten, dass die Arbeit
- unter Anwendung theoretisch-wissenschaftlicher Grundlagen,
- in Abhängigkeit des situativen Branchenkontexts der Automobilindustrie,
- für den Anwendungsfall der Automobilentwicklung,
- die Ausgestaltung unternehmensspezifischer Strategien durch konkrete Aussagen zu und Ausgestaltung von zukünftig strategisch relevanten Ressourcen bzw. Kompetenzen unterstützt.

Für den Beitrag der Arbeit zur Forschungskonzeption des Strategischen Kompetenzmanagements bedeutet dies weiter, dass
- für die Unternehmenspraxis der Nutzen der Forschungskonzeption erhöht und
- für die *Forschungsgemeinde* die *Diskussionsbasis* zum recht jungen Forschungsgebiet des Strategischen Kompetenzmanagements *praxisbezogen verbreitert* wird.

Das Ende des Kapitels markiert zugleich den Abschluss der primär theoretisch-wissenschaftlichen Bearbeitung des Themas. Mit Beginn des folgenden Kapitels wechselt der Fokus auf die Anwendung der Erkenntnisse auf das Gebiet der automobilen Entwicklung.

---

[159] Außerhalb des Betrachtungsumfangs der Arbeit sind hingegen neben der strategischen Zielkonzeptionierung und der Strategieimplementierung auch die unternehmensspezifischen Stärken-Schwächen-Analysen sowie die Bewertung und Auswahl einer Strategie. Um diese Aufgaben wahrnehmen zu können, wären detailliertere Informationen hinsichtlich unternehmensindividueller Ziele, betriebswirtschaftlicher Ausgangspositionen sowie Bewertungsmaßstäbe erforderlich, die allerdings aus Vertraulichkeitsgründen nicht vorliegen. Aus der strategischen Zielkonzeptionierung wird vereinfachend das betriebswirtschaftliche Oberziel der Verbesserung oder zumindest der Sicherung der aktuellen Wettbewerbsposition als Eingangsgröße für die sich anschließenden Phasen verwendet.

2.4 Dekomposition des Automobilentwicklungsprozesses in seine konstituierenden Aktivitäten und Hauptmeilensteine

Zur Ableitung anforderungsadäquater Kompetenzprofile in den Dimensionen Technologieeinsatz und Kernkompetenzfokussierung, stellt ein detailliertes Verständnis über die Aktivitäten in der Automobilentwicklung eine notwendige Voraussetzung dar. Die Aktivitäten bilden die Referenzobjekte („Modellierungsmasse") für die Ausgestaltung der Profile. Um bei der Vielzahl der durchzuführenden Tätigkeiten im Rahmen der komplexen Aufgabe „Entwicklung eines Fahrzeugs" den Überblick zu behalten, wird dazu in diesem Kapitel ein die Besonderheiten der Automobilentwicklung wiederspiegelndes detailliertes Phasenschema erarbeitet.[160] In diesem erfolgt die strukturierte Dekomposition des Prozesses in seine konstituierenden Kernaktivitäten und Meilensteine.

Nach einleitenden Vorbemerkungen zur Notwendigkeit der Erarbeitung eines idealtypischen automobilspezifischen Entwicklungsprozesses in *Kap. 2.4.1*, orientiert sich die Grundstruktur des Kapitels an den drei Elementen des Prozesses: der Fahrzeugentwicklung bis zum Serienanlauf (*Kap. 2.4.2*), dem Serienanlauf selbst (*Kap. 2.4.3*) sowie der Produktionsprozess - und Betriebsmittelentwicklung (*Kap. 2.4.4*).

2.4.1 Vorbemerkungen: Notwendigkeit der Erarbeitung eines anforderungsadäquaten Automobilentwicklungsprozesses

Im Rahmen der Literaturanalyse wurde eine Vielzahl unterschiedlicher Modelle automobiler Produktentwicklungsprozesse identifiziert (vgl. Abb. 13). Obwohl sich dabei zwar elementare prozessuale Hauptphasen finden ließen, stellte sich bei der detaillierteren Analyse heraus, dass die Heterogenität der Komponentenmodelle zunahm und zugleich deren Genauigkeitsgrad erheblich abnahm oder aber komponentenspezifische Schwerpunkte gesetzt wurden, welche die erforderliche gesamthafte Prozessbetrachtung zu weit in den Hintergrund rückten.[161]

Bedingt durch die unzureichende Spezifität und Aussagekraft der in der Literatur vorhandenen Ansätze ergibt sich die Notwendigkeit der Erarbeitung eines anforderungsadäquaten Modells. Dazu wurden die in der Literatur fehlenden Angaben zu Modellinhalten und -strukturen gezielt durch Erkenntnisse aus Interviews mit Gesprächspartner bei den Automobilherstellern ergänzt. In der Akkumulation der Informationen konnte so ein umfassender Wissensstand mit ausreichender Detailtiefe erreicht werden, um ein Komponentenmodell abzuleiten. Der Startpunkt des Modells ist gekennzeichnet durch fahrzeugprojektbezogene Strategieüberlegungen. Zeitlich davor liegende fahrzeugprojektungebundene Vorentwicklungstätigkeiten sollen hier nicht vertieft behandelt werden.

---

[160] Wie in Kap. 1.5.3 angedeutet, ermöglichen generalisierte Phasenmodelle von Entwicklungsprozessen nur sehr eingeschränkt, auf branchen- oder gar unternehmensspezifische Besonderheiten einzugehen.

[161] Da Entwicklungstätigkeiten als wettbewerbsbestimmend und damit hoch vertraulich gelten, sei an dieser Stelle darauf hingewiesen, dass nicht von allen Unternehmen publizierte, frei zugängliche Details zu den aktuellen Strukturen und Inhalten der Entwicklungsprozesse existieren. Aus diesem Grund konnten als Informationsbasis nur die Veröffentlichungen genutzt werden, die im Rahmen der Literaturrecherche inkl. direkter Ansprache der Unternehmen ausfindig gemacht wurden.

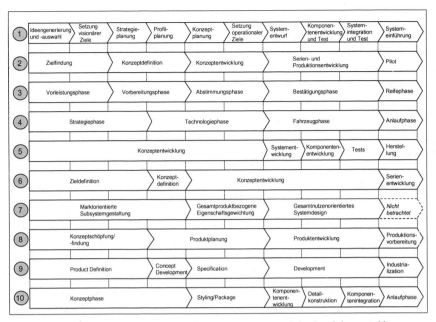

Abb. 13: *Beispiele für die Einteilung der Hauptphasen automobiler Produktentwicklungsprozesse, referenziert am Stufenmodell der Produkt- und Prozessentwicklung.*[162]

---

[162] Die in der Abbildung aufgeführten und durchnummerierten Phasenmodelle stammen aus folgenden Quellen (in Klammern [] erfolgt eine Kurzbeschreibung des Inhalts): (1) Specht / Beckmann / Amelingmeyer (F&E-Management, 2002), S. 148; (2) Thomke / Nimgade (Digital auto project, 1999), S. 8 - 11 und S. 19 - 21 [Evolution des Entwicklungsprozesses bei BMW in den Zeiträumen (a) Anfang der 70er bis Ende der 80er Jahre, (b) Anfang der 90er bis Ende der 90er Jahre, (c) ab Ende der 90er Jahre]; (3) Lange (Prozessorientierung beim Qualitätsmanagement, 2001), S. 25 - 27 [Entwicklungsprozess bei BMW inkl. der Hauptaktivitäten im Rahmen der Produkt- und Prozessentwicklung bei den Lieferanten]; (4) o.V. (Baustellen, 2000), S. 64 [Entwicklungsprozess von DaimlerChrysler, Geschäftsfeld Pkw; Dargestellt sind Entwicklungsphasen, Meilensteine sowie wesentliche Elemente der Lieferanteneinbindung]; (5) Pfaffmann (Kompetenzbasiertes Management, 2001), S. 66 - 69 und S. 238f. [Stichwortartige Grobcharakterisierung der Entwicklungsprozesse von BMW, Chrysler, Ford, General Motors, Mercedes-Benz, Toyota und Volkswagen; Darüber hinaus Zuordnung wesentlicher markt-, produkt- und prozessentwicklungsorientierter Aufgaben zu den einzelnen Phasen eines idealtypischen Produktentwicklungsprozesses]; (6) und (7) Schaaf (Marktorientiertes Entwicklungsmanagement, 1999), S. 23 - 37 [Idealtypischer Produktentwicklungsprozess, abgeleitet aus verfügbaren Quellen in der Sekundärliteratur] und S. 107 - 136 [Selbstentwickeltes Phasenmodell mit Fokus auf durchgängiger Kundennutzenorientierung und Kostenminimierung]; (8) Clark / Fujimoto (Automobilentwicklung, 1992), S. 36 - 38 und S. 114 - 125 [Unternehmensübergreifender, idealtypischer Entwicklungsprozess, abgeleitet auf Basis einer Befragung von 20 verschiedenen Automobilherstellern Ende der 80er Jahre]; (9) Baake / Haußmann (Optimising distributed product development, 1999), S. 297 [Entwicklungsprozess von DaimlerChrysler, Geschäftsfeld Nutzfahrzeuge; Darstellungsschwerpunkt ist der prozesskonforme Einsatz von EDM- und DMU-Systemen]; (10) Wangenheim (Serienanlauf komplexer Produkte, 1998), S. 18 - 24 [Grobes idealtypisches Modell eines automobilen Entwicklungsprozesses mit Schwerpunkt auf der Phase des Serienanlaufs]. Weitere Beispiele sind zu finden bei: Braess / Seiffert (Hrsg.) (Kraftfahrzeugtechnik, 2000), S. 86 - 94 und S. 608 - 620 [(a) Vergleichende Darstellung des „klassischen" manuellen mit dem digitalen Design-Prozess; (b) Beschreibung des Prozesses zur Festlegung des Fahrzeugkonzepts und des Fahrzeug-Packages; (c) Vorstellung eines idealtypischen Gesamtentwicklungsprozesses am Beispiel der Entwicklung von Verbrennungsmotoren], Gentner (Kennzahlensystem, 1994), S. 49 - 62 [Entwicklungsprozess von Ford, Porsche und Toyota; Darüber hinaus, Ableitung eines 14-stufigen Phasenschemas für Pkw-Entwicklungsvorhaben mit dem Ziel der Messbarmachung der Entwicklungsergebnisse] sowie Binkowski et al. (Telekooperation in der Entwicklung Fahrwerk, 1998), S. 522f., Crabb (The virtual engineer, 1998), S. 65 - 86 und S. 154 - 162, Döllner / Kellner / Tegel (Computer-supported techniques, 1999), S. 68 und Watanabe (Customizing der Toyota Motor Corporation, 1996), S. 75f.

In Bezug auf den Detaillierungs- und Realitätsgrad des Komponentenmodells ist anzumerken, dass es die durch ausgeprägte Interdependenzen und Multikollinearitäten gekennzeichneten Fahrzeugentwicklungsprozesse - eine Vielzahl von Komponenten, Systemen und Modulen müssen zu einem ausgewogenen Fahrzeug zusammengefügt werden - nur idealtypisch wiederspiegeln kann. Gleichwohl liegt in der Konzentration der Darstellung auf die Kerntätigkeiten und -beziehungen sowie die Hauptmeilensteine aber auch die Chance, ein umfassendes Verständnis für die im Rahmen dieser Arbeit wichtigen Aspekte automobiler Entwicklungsprozesse zu schaffen und somit eine transparente Ableitung und Referenzierung von Gestaltungsoptionen zu ermöglichen.

2.4.2 Aktivitäten und Hauptmeilensteine in der Fahrzeugentwicklungsphase bis zum Serienanlauf

2.4.2.1 Überblick

Abb. 14 stellt anhand der Phasen, der wesentlichen „Aktivitätencluster" und der Hauptmeilensteine[163] einen idealtypischen Prozess der Fahrzeugentwicklung bis zum Serienanlauf dar. Als die drei Hauptphasen im Fahrzeugentwicklungsprozess können genannt werden:[164]

1. Eine **Strategiephase** zur marktorientierten Fahrzeugdefinition. Den Abschluss bildet die Erstellung eines Fahrzeugsteckbriefs („vorläufiges Lastenheft"), in dem sämtliche fahrzeugbezogenen Zielvereinbarungen festgelegt sind.
2. Eine **Technologiephase** zur Ausgestaltung des Fahrzeugkonzepts als Keimzelle der technischen Entwicklung. Am Ende dieser Phase liegen die Pflichtenhefte auf Bauteileebene vor und die Funktionsbestätigungen sind erteilt.
3. Eine **Entwicklungs-, Erprobungs- und Integrationsphase**, die mit der simulations- und testbasierten Freigabe des Gesamtfahrzeugs und damit der Freigabe sämtlicher Komponenten, Systeme und Module den Übergang zur Anlaufphase darstellt.

---

[163] Andere häufig verwendete Begriffe in der Automobilindustrie sind „Gateways", „Quality Gates" oder „Synchronisationspunkte".

[164] Durch den modularen, hierarchischen Aufbau eines Fahrzeugs (vgl. Kap. 3.4.4) wird der Gesamtentwicklungsumfang i.d.R. in mehrere Hauptgruppen aufgeteilt, z.B. (a) Gesamtfahrzeug, (b) Antriebe, (c) Karosserie, (d) Fahrwerk und (e) Elektrik/Elektronik. Vgl. Gentner (Kennzahlensystem, 1994), S. 46 und die dort angegebenen Literaturquellen. Von der Erarbeitung hauptgruppenspezifischer Phasenmodelle wird jedoch abgesehen, da sich die grundlegenden Entwicklungsabläufe nur im Detail unterscheiden und sie sich generell gut in der Darstellung des idealtypischen Prozesses der Fahrzeugentwicklung wiederfinden.

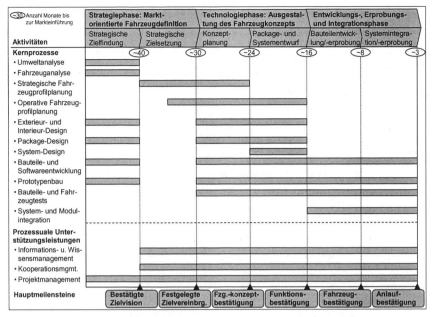

Abb. 14: Idealtypischer Prozess der Fahrzeugentwicklung.[165]

2.4.2.2 Strategiephase

Die Strategiephase setzt sich aus zwei Elementen zusammen: (1) der strategischen Zielfindung und (2) der strategischen Zielsetzung. Während die Aufgabe der strategische Zielfindung darin besteht, sämtliche Informationen zusammenzutragen und aufzubereiten, die im Rahmen der sich anschließenden Fahrzeugprofilplanung als Entscheidungsgrundlage notwendig sind, ist Kernbestandteil der strategischen Zielsetzung die Fahrzeugprofilplanung (FPP). In dieser werden sämtliche Zielvorgaben erarbeitet und vorläufig fixiert, die der fahrzeugstrategischen Zielrichtung zugrunde liegen (vgl. auch Tab. 1).

Kategorie	Ausprägungen / Beispiele
Fahrzeugklasse	Utility/CityCar, untere und obere Mittelklasse, Oberklasse, Multi-Purpose-Vehicle (MPV), Vans, Sports Utility vehicle (SUV)
Fahrzeugvarianten	Stufenhecklimousine 3-türig, Kombilimousine 5-türig, Cabrio 3-türig
Aggregatezuordnung	Motorisierungsprogramm, Getriebeangebot

---

[165] Unter „*Fahrzeug-Package*" versteht man die Darstellung der vorgesehenen technischen Bauteile nach Lage und räumlicher Ausdehnung sowie Innenraumverhältnissen. Es repräsentiert über die gesamte Entwicklungszeit die „Zentrale" der technischen Information. Es dient neben dem Abgleich des Stylings mit der Technik vor allem als Datengrundlage für die traditionellen Entwicklungsbereiche Karosserie, Fahrwerk, Antrieb und Elektrik sowie deren Schnittstellenabstimmung. Vgl. Braess / Seiffert (Hrsg.) (Kraftfahrzeugtechnik, 2000), S. 92 - 94.

Fahrzeug- hauptabmessungen - *Fortsetzung* -	Exterieurdaten: Radstand, Länge, Breite, Höhe, Spurweiten Interieurdaten: Längen-, Breiten-, Höhenmaße der Sitzanlagen, Nutzvolumina Technische Beschreibungen: Karosseriebauart, Variantenkonzept, Motorversionen, Ausstattung, z.b. Leistungs- und Ländervarianten Getriebetypen: Drehmomentklassen, Automatikgetriebe Fahrwerk: Achsen, Räder und Reifen, Lenkung, Regelsysteme Technische Ausstattung, z.B. Klimatisierung, elektronische Ausstattung
Technische Daten	Gewichte, Zuladungen, Anhängelasten, Fahrleistungen, Verbrauchs- und Abgaszielwerte

Tab. 1: Hauptkategorien zur Fahrzeugbeschreibung im Lasten-/Pflichtenheft.[166]

Die einzelnen Aktivitäten und Meilensteininhalte der Strategiephase zeigt Abb. 15.

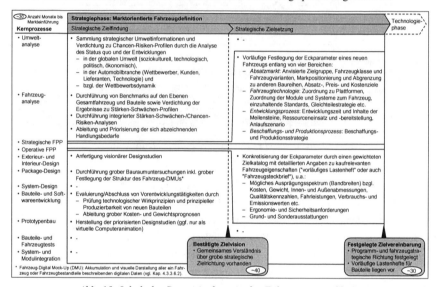

Abb. 15: Inhalt der Strategiephase in der Fahrzeugentwicklung.

2.4.2.3 Technologiephase

Der Beginn der Technologiephase markiert den Übergang von der planungsgetriebenen Strategiephase zur realisierenden eigentlichen Fahrzeugentwicklung. Damit am Ende dieser Phase die Pflichtenhefte auf Bauteileebene vorliegen und die Funktionsbestätigungen gegeben wer-

---

[166] Vgl. Braess / Seiffert (Hrsg.) (Kraftfahrzeugtechnik, 2000), S. 92 und Standard & Poor's (Hrsg.) (World car industry forecast report, 2001), S. 426 - 429. Während der Definitionsphase der Fahrzeuggrundlagen ist zu unterscheiden, ob es sich um eine grundsätzliche Fahrzeugneuentwicklung oder um den Nachfolger eines bestehenden Fahrzeugs handelt. Der Schwerpunkt bei einem Neufahrzeug liegt in der optimalen Platzierung des Fahrzeugs in dem prognostizierten Wettbewerbsumfeld. Bei einem Nachfolgemodell stehen demgegenüber eine konsequente Fahrzeugweiterentwicklung, eine Beseitigung eventueller Schwachstellen oder aber eine Präzisierung der Übernahmekomponenten (COP-Teile: Carry-Over-Parts) aus dem Vorgängerfahrzeug im Mittelpunkt.

den können, sind diverse Tätigkeiten im Rahmen der (a) Konzeptplanung und des (b) Package- und Systementwurfs durchzuführen.[167]

Mit der Konzeptplanung werden insb. zwei Ziele verfolgt. Zum einen sollen möglichst genaue Lastenheften für Komponenten, Systeme und Module erstellt und zum anderen die interne und externe Konsistenz aller Bauteile gewährleistet werden (Konzepttauglichkeit).[168] Mit der Phase des Package- und Systementwurfs verlagert sich der Schwerpunkt der Entwicklungstätigkeiten stärker auf die physischen und informatorischen Systemgrenzen eines Fahrzeugs. Die erzielten Ergebnisse werden daran gemessen, ob für sämtliche Bauteile vollständige Pflichtenhefte erstellt worden sind, so dass dadurch die Zielvorgaben abschließend „eingefroren" werden können und ob die Systemgrenzen des Fahrzeugs so klar gezogen worden sind, dass in der folgenden Phase der Entwicklung, Erprobung und Integration die einzelnen Bauteile zunächst weitgehend unabhängig voneinander konstruiert werden können. Die in der Technologiephase durchzuführenden Tätigkeiten stellt Abb. 16 dar.

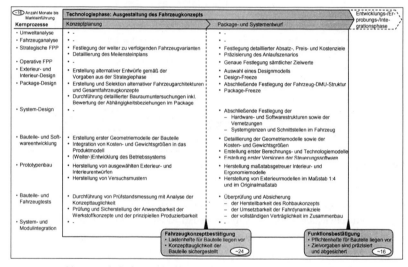

Abb. 16: Inhalt der Technologiephase in der Fahrzeugentwicklung.

---

[167] Ein neues Fahrzeug entsteht grundsätzlich von innen nach außen. Im Ablauf der Konzeptausgestaltung stehen dementsprechend Innenraumstudien mit Raum- und Ergonomieuntersuchungen am Anfang. Etwas zeitversetzt erfolgen die Ausarbeitungen im Bereich des Aggregats, z.B. Anordnungen des Motors, des Getriebes, der Nebenaggregate, der Vorderachse und des Lenkstrangs, sowie die konstruktive Berücksichtigung von Sicherheitsmerkmalen durch Karosseriestrukturen und Crash-Deformationszonen. Die sich anschließenden Konzeptarbeiten im Unterbodenbereich haben Getriebe- und Antriebsstrang, Abgasanlagen-, Leitungs- und Karosseriestrukturentwürfe zum Schwerpunkt. Im Hintergrundergen stehen Layouts für Karosseriestrukturen und Hinterachse sowie Tank-, Abgasanlagen- und Gepäckraumoptimierungen im Vordergrund. Vgl. Braess / Seiffert (Hrsg.) (Kraftfahrzeugtechnik, 2000), S. 93f. und Ziebart (Fortschritte im Produktentstehungsprozess, 1998), S. 4.

[168] *Interne Konsistenz* bezeichnet die Verträglichkeit von Spezifikationen und Komponentenauswahl mit dem Styling und Layout. *Externe Konsistenz* umfasst die Übereinstimmung der strategischen Produktpläne mit dem Fahrzeugkonzept, d.h., die Spezifikationen, die Komponentenauswahl, das Styling und das Layout harmonieren mit der durch die marktorientierte Fahrzeugdefinition vorgegebenen fahrzeugstrategischen Richtung. Vgl. Clark / Fujimoto (Automobilentwicklung, 1992), S. 114f.

2.4.2.4 Entwicklungs-, Erprobungs- und Integrationsphase

Wie die Phasenbezeichnung bereits suggeriert, werden hier die einzelnen Fahrzeugkomponenten „ausentwickelt", erprobt und zu einem fahrfertigen Prototyp inte-griert. Unterschieden wird zwischen (a) der Bauteilentwicklungs- und Erprobungsphase und (b) der Systemintegrations- und Erprobungsphase, in denen die in Abb. 17 aufgeführten Tätigkeiten durchgeführt werden.

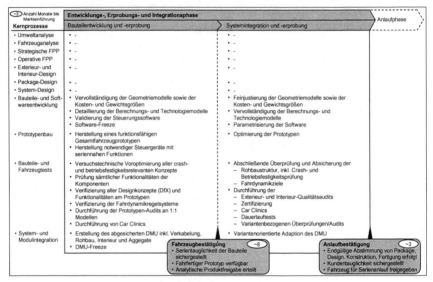

Abb. 17: Inhalt der Entwicklungs-, Erprobungs- und Integrationsphase in der Fahrzeugentwicklung.

2.4.2.5 Phasenübergreifende prozessuale Unterstützungsleistungen

Über die Kernentwicklungstätigkeiten hinaus bedarf es für den effektivitäts- und effizienzoptimierten Ablauf der Entwicklungsprozesse zusätzlich diverser prozessualer Unterstützungsleistungen. Neben den typischen Projektmanagementaufgaben, wie z.b. der Aktivitäten- und Meilensteinplanung, der Festlegung der Aufgaben, Kompetenzen und Verantwortlichkeiten sowie der Projektorganisation, wurden dabei zwei weitere Bereiche als besonders bedeutsam identifiziert: (a) das Reifegradmanagement sowie (b) das vertikale und horizontale Kooperationsmanagement.

Über ein professionelles *Reifegradmanagement* können die jeweiligen Entwicklungsstände der Bauteile sowie der Projektfortschritt insgesamt zu jeder Zeit transparent nachvollzogen werden. Durch Abgleich mit definierten Soll-Zuständen sind die Verantwortlichen frühzeitig über etwaige Abweichungen informiert und können unmittelbar Gegenmaßnahmen einleiten.

Die inhaltlichen Schwerpunkte des *vertikalen Kooperationsmanagements*[169] verteilen sich u.a. auf

- die Festlegung des Beschaffungsmarketings für Innovationen (Strategiephase),
- die Einbindung der Lieferanten in den Entwicklungsprozess (Technologiephase) sowie
- die Anwendung eines Lieferantencontrollings (Entwicklungs-, Erprobungs- und Integrationsphase).

Über das *horizontale Kooperationsmanagement* erfolgt insb. die Verhandlung und Durchführung von Gemeinschaftsentwicklungen mit anderen OEMs.[170]

2.4.2.6 Umfang der Entwicklungstätigkeiten für unterschiedliche Fahrzeugprojekte

Bei den bisherigen Ausführungen zum Inhalt der Entwicklungsphasen wurde implizit unterstellt, dass die Tätigkeiten in ihrer Gesamtheit durchgeführt werden müssen. Allerdings gibt es auch Fahrzeugprojekte mit geringerem Entwicklungsumfang, bei denen nur bestimmte Tätigkeitsblöcke relevant sind. Für diese unterschiedlichen Fahrzeugprojekte stellt Abb. 18 konzeptionell die notwendigen Aufgabenumfänge dar.

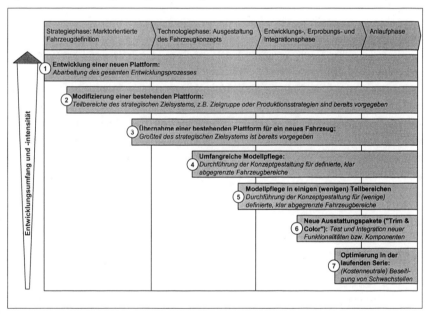

Abb. 18: Umfang der Entwicklungstätigkeiten für unterschiedliche Fahrzeugprojekte.[171]

---

[169] Vgl. auch Kap. 5.2.2.2 und Kap. 5.3.1.
[170] Vgl. auch Kap. 5.2.2.2 und Kap. 5.3.2.
[171] Die Kategorisierung der Fahrzeugprojekte wurde entnommen aus: Oberhausen (Ford Product Development System, 1997), S. 127. Die Zuordnung zu den Entwicklungsphasen wurde mittels vergleichender Analysen vorgenommen.

2.4.3 Aktivitäten und Hauptmeilensteine in der Anlaufphase

Nach Freigabe des Fahrzeugs für den Serienanlauf am Ende der Entwicklungs-, Erprobungs- und Integrationsphase sind dem erfolgreichen Erreichen der Produktion auf Kammlinienniveau[172] drei Stufen vorgeschaltet: die Vorserie, die Nullserie und der Produktionshochlauf.[173] Übergeordnetes Ziel aller Phasen ist, eine möglichst schnelle Verfügbarkeit eines qualitativ hochwertigen Fahrzeugs im Markt zu erreichen, um insb. die bei neuen Produkten höheren Preisbereitschaften der Käufer abzuschöpfen und so für einen raschen Rückfluss der Investitionen zu sorgen.[174]

2.4.3.1 Vorserie

Die Erprobung der Anlauftauglichkeit ist Inhalt der Vorserie, in der Prototypen in kleineren Stückzahlen unter seriennahen Bedingungen produziert werden. Mit diesen aus Serienmaterial gefertigten Kleinserien werden Montageabläufe und Prüfmittel getestet und abgestimmt sowie Mitarbeiter bereits mit den neuen Fahrzeugen vertraut gemacht. Die Vorserie dient damit sowohl der Problemfrüherkennung als auch der frühzeitigen Akzeptanzschaffung bei den Mitarbeitern.[175]

2.4.3.2 Nullserie

Die Herstellung aller Komponenten, auch der fremdbezogenen Teile, aus der laufenden Serienproduktion mit Serienwerkzeugen stellt den Unterschied der Nullserie zur Vorserie dar. Folgerichtig werden in der Nullserie die durch die Erkenntnisse der Vorserie bereits optimierten Fertigungs- und Montageprozesse sowie Prüfmittel nochmals im Detail getestet und abgestimmt. Die Nullserie dient damit zur endgültigen Integration von Produkt- und Prozessentwicklung. Des Weiteren findet eine Schulung ausgewählter Mitarbeiter am neuen Fahrzeug statt, die beim späteren Produktionshochlauf eine Trainer- und Multiplikatorfunktion übernehmen sollen.[176]

Eine *Fahrzeugplattform* fasst diejenigen Komponenten, Schnittstellen und Funktionen zusammen, die innerhalb einer Fahrzeugfamilie vereinheitlichbar und zeitlich stabil sind. Darunter fallen i.d.R. die Bodengruppe, der Antriebsstrang und die Achsen. Vgl. Kap. 3.4.4.

[172] Unter der Kammlinie ist die angestrebte maximale Produktionsmenge der Fahrzeuge zu verstehen.

[173] Für eine Darstellung synonym verwendeter Begriffe und Möglichkeiten unterschiedlicher Strukturierung der Phasen vgl. Wangenheim (Serienanlauf komplexer Produkte, 1998), S. 25. Des Weiteren werden die Charakteristika von Anlaufprozessen in der Automobilindustrie z.B. erörtert bei: Scherer (Gestaltung des Serienanlaufs, 1998), Schick / Binder (Problemmanagement im Serienanlauf, 1998) und Wangenheim (Integrationsbedarf im Serienanlauf, 1998).

[174] Vgl. Diez (Automobilmarketing, 2001), S. .150f. Für die folgenden Ausführungen vgl. auch: Scherer (Gestaltung des Serienanlaufs, 1998), S. 96 - 99 und Wangenheim (Serienanlauf komplexer Produkte, 1998), S. 19 - 26.

[175] Vgl. Wangenheim (Serienanlauf komplexer Produkte, 1998), S. 19 und S. 25f.

[176] Der Übergang auf Serienwerkzeuge bereits vor dem eigentlichen Produktionsstart ist notwendig, weil Einzelteile und Baugruppen durch den Übergang von Modell- auf Serienwerkzeuge ihre Eigenschaften ändern können und dadurch ihre Funktion im Gesamtfahrzeug beeinträchtigt werden kann. Vgl. Wangenheim (Serienanlauf komplexer Produkte, 1998), S. 26 - 28. Zu unterschiedlichen Produktionsumgebungen im Rahmen der Vorserienproduktion vgl. Clark / Fujimoto (Automobilentwicklung, 1992), S. 190 - 192.

2.4.3.3 Produktionshochlauf

Nach Beseitigung aller Schwachstellen erfolgt am Ende der Nullserie die Serienfreigabe, die den Beginn des Produktionshochlaufs einleitet. Dies ist gleichbedeutend mit dem Beginn der Produktion der ersten kundenfähigen Fahrzeuge.[177] Das Ende des Produktionshochlaufs und damit der Start der Serienproduktion ist erreicht, wenn die angestrebte Normalproduktivität als Kenngröße für die Anzahl fehlerfrei produzierter Fahrzeuge in einer bestimmten Zeitspanne ohne zusätzlichen Bedarf an Arbeitskräften und Material erreicht worden ist (Kammlinie).

2.4.4 Aktivitäten und Hauptmeilensteine in der Phase der Produktionsprozess- und Betriebsmittelentwicklung

Die Entwicklung eines neuen Fahrzeugs erfordert i.d.R. auch die Entwicklung neuer Produktionsprozesse und Betriebsmittel, wobei unter Produktionsprozessen sowohl die Teilefertigungs- als auch die Endmontageabläufe verstanden werden sollen. Die Entwicklung der Betriebsmittel umfasst einerseits die Werkzeuge, mit denen die einzelnen Fahrzeugbestandteile vor der Montage produziert werden und andererseits die Anlagen und Maschinen, die zur Fertigung und Montage eingesetzt werden. Die zum erarbeiteten idealtypischen Fahrzeugentwicklungsprozess analogen Phasen, Tätigkeiten und Meilensteine in der Produktionsprozess- und Betriebsmittelentwicklung stellt Abb. 19 dar.

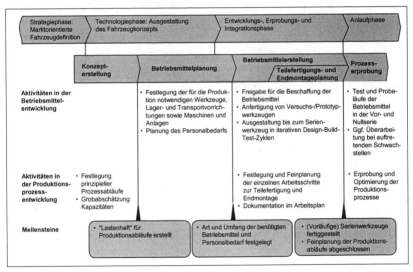

Abb. 19: Idealtypischer Prozess der Produktionsprozess- und Betriebsmittelentwicklung in der Automobilindustrie.

---

[177] Für diesen Zeitpunkt findet in der Automobilindustrie auch der Begriff „Job No. 1" Anwendung, der die Herstellung des ersten kundenfähigen Fahrzeugs im Rohbau markiert. Zu Gestaltungsvarianten für die Produktionsumstellungen von einem Vorgängermodell auf das neue Modell (Serienanlauf in einem neuen Werk, radikaler Wechsel, gleitender Übergang) vgl. Clark / Fujimoto (Automobilentwicklung, 1992), S. 193 - 195.

In den nun folgenden vier Kapiteln wird häufig auf die dargestellten Aktivitäten und Hauptmeilensteine eines Automobilentwicklungsprozesses Bezug genommen. Durch die hier gewählte sehr detaillierte und systematische Darstellung wurde versucht, die Bezugnahme zu erleichtern und den Grad der Transparenzschaffung zu erhöhen.

3 Strategische Herausforderungen in der Automobilentwicklung: Analyse relevanter Veränderungstreiber und ihrer Wirkungen auf die geforderten Eigenschaften eines Automobils

3.1 Einleitung

Ein Zwischenfazit aus den Ergebnissen der Kap. 1 und 2 lautet, dass die Automobilhersteller zum Aufbau und zur Verteidigung strategischer Wettbewerbsvorteile ihre Kompetenzbasis in der Fahrzeugentwicklung kontinuierlich in Abstimmung mit der Umfelddynamik marktorientiert weiterentwickeln müssen. Damit ist thematisiert, welche grundlegende strategische Ausrichtung die Hersteller zur Erfolgssicherung einnehmen müssen.

Offen bleibt hingegen die für eine zielgerichtete Weiterentwicklung der Kompetenzbasis notwendige Detaillierung der strategischen Grundausrichtung in ihre konstituierenden Einzelelemente. Dazu sind Zwischenschritte zu absolvieren, die sich aus dem im Kap. 2.3.2 vorgestellten idealtypischen Prozess des strategischen Managements ableiten lassen. Demnach müssen zunächst eine strategische Umfeldanalyse und Prognose durchgeführt werden:[178] Ausgehend von möglichst vollständigen, sicheren und genauen Informationen über das betriebliche Umfeld (*Umfeldanalyse*) wird durch eine integrierte, systematische und vorausschauende Betrachtung das Zustandekommen und die Konturen zukünftiger Wettbewerbssituationen aufgezeigt (*Prognose*).

Eine fundierte Auseinandersetzung mit den Veränderungspotenzialen und ihren Triebkräften sowie die möglichst genaue Kenntnis über denkbare zukünftige Situationen ist für die vorliegende Arbeit dabei insofern von besonderer Bedeutung, als sich zur langfristigen Erfolgssicherung die Ausgestaltung der Kompetenzprofile notwendigerweise an diesen Zukunftsbildern zu orientieren hat.

Mit den beiden Schritten der Umfeldanalyse und Prognose ist gleichfalls grob der Inhalt des vorliegenden dritten Kapitels umrissen. Die Kap. 3.2 und 3.3 beschreiben zunächst alle für die Automobilentwicklung relevanten Veränderungstreiber, wobei *Kap. 3.2* den Einflussbereich der globalen Umwelt und *Kap. 3.3* die branchheninternen Veränderungstreiber zum Untersuchungsgegenstand haben.[179] Durch diesen Systematisierungsansatz wird die Vielzahl

---

[178] Bei der begrifflichen Bestimmung des „strategischen Managements" wurde darauf hingewiesen, dass die Umweltbezogenheit integraler Bestandteil jeder Strategie ist.
[179] Die Strukturierung aller relevanten Veränderungstreiber in die beiden Einflussbereiche (a) „globale Umwelt" und (b) „Branche" entspricht der Verknüpfung des „Five-Forces-Modells" von Porter (das Modell strukturiert sämtliche auf Unternehmen wirkende Triebkräfte innerhalb einer Branche und im Branchenumfeld) mit einer Analyse des globalen Umfelds. Durch diesen Ansatz wird sichergestellt, dass alle grundsätzlich in Frage kommenden Einflussbereiche berücksichtigt werden.
Die in den beiden Kapiteln dargestellten Veränderungstreiber sind dabei diejenigen, die sich im Lauf der durchgeführten Recherchen und interviewgestützten Bewertungsprozesse als strategisch relevant herausgestellt haben. Die Zusammenstellung einer vollständigen Übersicht zu sämtlichen Veränderungstreibern wäre zwar möglich, würde jedoch den Blick

der Einzelaspekte strukturiert und in einen kohärenten Rahmen integriert. In *Kap. 3.4* erfolgt der Übergang von der Umfeldanalyse zur Prognose durch eine Analyse der Veränderungstreiber in Bezug auf deren Wirkungen auf zukünftig erforderliche Fahrzeugeigenschaften. *Kap. 3.5* diskutiert die sich aus den fahrzeugbezogenen Anforderungen ergebenden strategischen Implikationen und Handlungsbedarfe für die Fahrzeugentwicklung, bevor in *Kap. 3.6* die Ausführungen mit Erläuterungen zum weiteren Vorgehen abgeschlossen werden.[180]

3.2 Veränderungstreiber in der globalen Umwelt

Den Ausarbeitungen dieses Kapitels liegt die Fragestellung zugrunde, welche Trends und Veränderungen in der globalen Umwelt der Automobilhersteller erkennbar sind, die (1) den strategischen Handlungsspielraum *aller* Unternehmen beeinflussen und (2) das Potenzial besitzen, eine prägende Wirkung auf die Aktivitäten in der Automobilentwicklung zu entfalten. Da die globale Umwelt im Gegensatz zur direkten Wettbewerbsumwelt von den OEMs nicht oder nur rudimentär kontrolliert und beeinflusst werden kann, fungiert sie als Datenrahmen, an den sich die Unternehmen anzupassen haben.

Zur Strukturierung der Veränderungstreiber wird auf die häufig verwendete Untergliederung der globalen Umwelt in (a) soziokulturelle, (b) technologische, (c) politisch-rechtliche und (d) ökonomische Einflussbereiche zurückgegriffen.[181]

3.2.1 Soziokultureller Einflussbereich

Am Ende der zahlreichen Wertschöpfungsprozesse, die das Auto bis zu seiner Auslieferung durchläuft, steht der Kunde. Da sein Nachfrageverhalten die Charakteristika der Automobile sowie die Tätigkeitsschwerpunkte in der Entwicklung maßgeblich beeinflusst - in einem Käufermarkt wie der Automobilbranche bestimmt der Kunde Vielfalt und Qualität der Produkte[182] -, widmet sich dieses Kapitel zunächst dem mehrdimensionalen Wandel im soziokulturellen Umweltsegment. Dieses Segment beinhaltet die Veränderungstreiber, die einen Zusammenhang zu gesellschaftlichen Werten und Einstellungen sowie zu Lebensstilen aufweisen.[183] Zur fokussierten und überschneidungsfreien Darstellung wird das weite Spektrum der identifizierten Trendaussagen entlang von vier Hauptveränderungstreibern dargestellt.[184]

---

auf die wesentlichen Schlüssel-Veränderungstreiber verstellen. Dementsprechend wird hier in der Ergebnisdarstellung einem „Fokussierungsansatz" im Vergleich zu einem „Vollständigkeitsansatz" der Vorrang eingeräumt.

[180] Die Begriffe „Veränderungstreiber" und „Einflussfaktor" werden im Folgenden synonym verwendet.

[181] Vgl. Einteilung in: Welge / Al-Laham (Strategisches Management, 2001), S. 185.

[182] „Nicht der anonyme Markt urteilt über Qualität und Güte von Produkten und Leistungen. Allein der Kunde entscheidet über Erfolg und Misserfolg eines Produkts. Der Kunde ist der Protagonist. Er steht im Mittelpunkt aller unternehmerischen Aktivitäten und Entscheidungen. Der Kunde bestimmt damit die Existenz von Herstellern und Zulieferern." Peren / Hergeth (Hrsg.) (Customizing in der Weltautomobilindustrie, 1996), S. 9 (Vorwort).

[183] Da die Veränderung von Werten und Einstellungen nicht zuletzt auch von der Demographie einer Bevölkerung abhängig ist, werden soziodemographische Veränderungen ebenfalls dem soziokulturellen Umweltsegment zugeordnet. Hier existieren zwar ebenfalls Veränderungstendenzen mit Relevanz für die Fahrzeugentwicklung - die Kundenstruktur in den etablierten Märkten wird zunehmend von Singles und Zweipersonenhaushalten, älteren Personen und weiblichen Führerscheinbesitzern geprägt -, da diese jedoch eine vergleichsweise geringe Wirkungskraft aufweisen, sollen sie hier nicht

3.2.1.1 Individualisierung des Konsumentenverhaltens

Ein erster Veränderungstreiber ist in der Individualisierung des Konsumentenverhaltens zu sehen, welche sich in einer wachsenden Pluralisierung von Lebensstilen manifestiert.[185] Entsprechende wirtschaftliche Möglichkeiten vorausgesetzt, sind die Ausprägungen, das eigene Leben und seinen Lebensstil individuell zu gestalten weitaus vielfältiger geworden, als dass dies noch vor einigen Jahren der Fall war.[186]

Zwei aus Sicht der Automobilhersteller wesentliche Konsequenzen dieser Entwicklung sind, dass sie sich (1) Kunden gegenüber sehen, deren Anforderungen immer individueller und damit undeutlicher werden und sie sich infolgedessen dessen (2) mit einer weiter voranschreitenden Fragmentierung der Marktsegmente auseinander setzen müssen. Die Hauptsegmente von Menschengruppen mit ähnlichen Lebensauffassungen und Lebensweisen am Beispiel von Deutschland verdeutlicht der in Abb. 20 dargestellte Milieu-Ansatz des Sinus-Instituts.

3.2.1.2 Flexibilisierung der Lebensgestaltung

Ein zweiter Veränderungstreiber betrifft die auf eine Werteverschiebung von den Pflicht- und Akzeptanzwerten hin zu Selbstverwirklichungswerten beruhende Flexibilisierung der Lebensgestaltung. Diese äußert sich in der häufigen Navigation zwischen den unterschiedlichen Konstellationen der jeweils favorisierten Lebensgestaltung: „Auf der Suche nach sich selbst gewinnt die Abwechslung für den Konsumenten einen eigenen originären Nutzen."[187] Vielfältiger gewordene Verkehrsbedürfnisse können in diesem Zusammenhang auch als Ausdruck individuell flexibler Zeit- und Ortsbestimmung angesehen werden.[188]

---

weiter detailliert werden. Details zu diesen Veränderungen sind zu finden bei: Diez (Automobilmarketing, 2001), S. 108f. sowie Eurostat (Kennzahlen zur Bevölkerungsentwicklung in Europa, 2002).

[184] Die „Ökologie-Orientierung" wird zuweilen als fünfte Säule des sich ändernden Kundenverhaltens genannt. Ob dieser in Bezug auf Automobile jedoch noch den Rang eines Schlüsselfaktors zugeschrieben werden kann, wird zunehmend bezweifelt. Aktuell scheint das Automobil in der öffentlichen Wahrnehmung jedenfalls nicht mehr so „vehement und leidenschaftlich als ökologischer Risikofaktor betrachtet zu werden, wie dies noch vor einigen Jahren der Fall war". Heinrichs / Kaelber (Zukunftswerkstatt Automobil, 2000), o.S. (Kapitel „Ökologie"). Eine gute Ökologiebilanz eines Fahrzeugs ist mittlerweile eher eine Basis- denn eine Leistungsanforderung und verkörpert daher auch primär einen Hygienefaktor. Vgl. Diez (Automobilmarketing, 2001), S. 114.

[185] Vgl. Diez (Automobilmarketing, 2001), S. 110f.

[186] Im Vergleich zu früher sind diese Lebenswelten auch mittlerweile nahezu alle gesellschaftlich akzeptiert und tragfähig geworden. Vgl. Heinrichs / Kaelber (Zukunftswerkstatt Automobil, 2000), o.S. (Kapitel „Lebenswelten").

[187] Diez (Automobilmarketing, 2001), S. 110f. Dieses Phänomen wird auch als „Variety-Seeking-Verhalten" bezeichnet.

[188] Vgl. Heinrichs / Kaelber (Zukunftswerkstatt Automobil, 2000), o.S. (Kapitel „Lebenswelten").

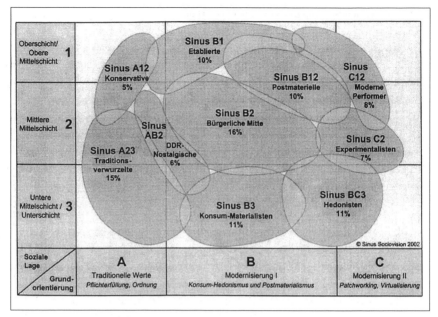

*Abb. 20: Die Sinus-Milieus in Deutschland 2002.
(Quelle: Sinus Sociovision (Hrsg.) (Sinus-Milieus 2002, 2002) S. 11).*

Relevante Implikationen dieses Veränderungstreibers bestehen darin, dass Unternehmen sich (a) auf den sog. „hybriden Verbraucher" einstellen müssen - ein Konsumententyp, der situativ in unterschiedlichen Konsumbereichen z.T. zwischen extremen Preis- und Qualitätsklassen wechselt[189] - und sie sich (b) mit einer abnehmenden Halbwertszeit von Moden und Trends konfrontiert sehen[190]. Beide Implikationen führen letztlich dazu, dass die Prognose des Kundenverhaltens zunehmend komplizierter wird und insb. die zeitliche Validität der Prognosen einem hohen Erosionsrisiko unterworfen ist.

3.2.1.3 Zunehmende „Convenience-Orientierung" der Konsumenten

Unter „Convenience-Orientierung" wird das Streben der Konsumenten nach Bequemlichkeit und Vereinfachung verstanden.[191] So sind potentielle Kunden nicht mehr bereit auf Annehmlichkeiten in bestimmten Lebensfeldern zu verzichten, sofern sie sich in anderen Lebensbereichen daran gewöhnt haben.

Für Automobile hat die Convenience-Orientierung dabei eine hervorstehende Bedeutung, weil die im Auto verbrachte Zeit beständig zunimmt und das Automobil ein sehr dynamisches

---

[189] Vgl. Esch / Wicke (Markenmanagement, 2000), S. 26 und Meffert (Marketing, 1998), S. 102. Das hybride Element im Konsumentenverhalten wird auch als „Multioptionalität" bezeichnet.

[190] Als weiterer Haupttreiber für die Abfolge schnelllebiger Trends und Modeerscheinungen gilt die Emotionalisierung von Lebenswelten.

[191] Vgl. Diez (Automobilmarketing, 2001), S. 112f.

Anwendungsgebiet diverser „Convenience-Innovationen" ist. Zu diesen zählen insb. Entertainment- und Office-Anwendungen und -Dienste sowie „Off-board"-Mobilitätsdienste (z.B. Verkehrsleit-, Maut- oder Zugangssysteme wie das Parkraum-Management).[192]

3.2.1.4 Erhöhtes Anspruchsniveau der Konsumenten

Der vierte Trend im Konsumentenverhalten manifestiert sich in der zunehmenden Sophistifizierung und Vervielfachung der Kundenwünsche und -anforderungen. Dadurch, dass viele Märkte heutzutage einem Käufermarkt entsprechen, fordern die Kunden von einem Produkt eine ausgesprochen ausgewogene Balance nutzenbeeinflussender Merkmale und geben sich nicht mehr mit Angeboten zufrieden, die lediglich entlang ausgewählter Nutzendimensionen optimiert sind. Da Konsumenten bei der Wahl eines Produkts i.d.R. zwischen verschiedenen Anbieter wechseln können, ist ein hoher Übereinstimmungsgrad zwischen Kundenanforderungen und Produktmerkmalen weniger eine Frage der Produktexistenz als vielmehr der Intensität des Suchprozesses.

3.2.2 Technologischer Einflussbereich: Fortschritte im Bereich der Halbleitertechnologie und der elektrischen Aufbau- und Verbindungstechnik

Die technologischen Fortschritte im Bereich der Halbleitertechnologie sowie der elektrischen Aufbau- und Verbindungstechnik haben dazu geführt, dass sich der Innovationswettlauf bei technologieintensiven Produkten auf den Bereich der Mechatronik verschoben hat. Eine Vielzahl vorwiegend mechanisch geprägter Komponenten wurde und wird durch sog. „mechatronische Systeme" substituiert oder zumindest ergänzt, die sich durch eine funktionale[193] und räumliche Integration von Technologien aus den Bereichen der Mechanik, der Elektrik, der Mikroelektronik[194] und der Informations- und Softwaretechnik auszeichnen (vgl. Abb. 21).[195]

Durch die Verlagerung von „Intelligenz" in Form softwaregesteuerter Elektronik in die Systeme, die Anwendung von Methoden der Regelung, Überwachung und Optimierung von Informationsprozessen sowie die Integration von Einzelmodulen zu Zentralmodulen und deren Vernetzung über Bussysteme versprechen sich die Unternehmen erhebliche Vorteile. Für den Anwendungsfall eines Automobils sind die Vorteile mechatronischer Systeme in Abb. 22 zusammengefasst.

---

[192] Vgl. Kap. 3.4.1.

[193] Mit *funktionaler Integration* ist gemeint, dass die angestrebte Produktfunktionalität nur durch das Zusammenwirken aller der genannten Technologien realisiert werden kann. Bei Ausfall einer Technologie ist die Produktfunktionalität nicht mehr vollständig gewährleistet. Vgl. WZL (Mechatronik in der Automobilzulieferindustrie, 2000), S. 8 - 10.

[194] Im allgemeinen Sprachgebrauch werden unter elektrischen Bauteilen diejenigen subsumiert, die elektrische, elektromagnetische oder elektromechanische Arbeit verrichten. Demgegenüber zählen zur Elektronik die mit Halbleitern bestückten Bauteile, die Informationsflüsse auf elektrischem Weg steuern.

[195] Vgl. z.B. Gausemeier / Kespohl / Möhringer (Entwicklungsumgebungen Mechatronik, 2001), S. 29f. und Schernikau (Mechatronikgerechte Organisationen, 2001), S. 5 - 7. In der letztgenannten Quelle erfolgt auch eine detaillierte Abgrenzung zwischen mechanischen, elektrischen, elektronischen und Software-Komponenten.

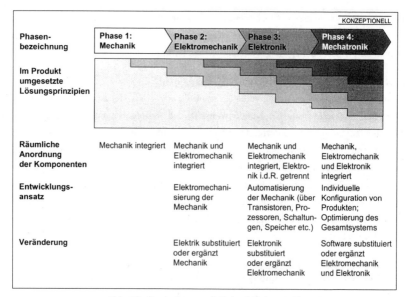

Abb. 21: Evolutionsmodell der Mechatronik.
(Quelle: Eigene Darstellung in Anlehnung an: Schernikau (Mechatronikgerechte Organisationen, 2001), S. 19 und S. 43).

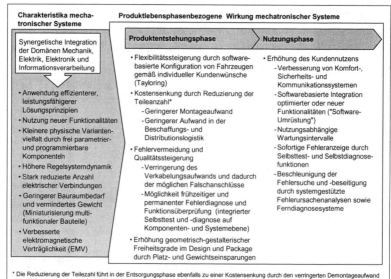

Abb. 22: Vorteile mechatronischer Systeme im Automobil.[196]

---

[196] Vgl. dazu u.a. Boghani / Brown (Technology management challenges, 2000), S. 96 - 101, Schernikau (Mechatronikgerechte Organisationen, 2001), S. 15 - 17 und WZL (Mechatronik in der Automobilzulieferindustrie, 2000), S. 54 - 56.

3.2.3 Politisch-rechtlicher Einflussbereich: Reduzierung der zulässigen Emissionsgrenzwerte

Mechatronisch induzierte Innovationen gehören zu den Fahrzeugmerkmalen, die bei der Vorstellung neuer Fahrzeuge prominent hervorgehoben werden. Darüber hinaus forschen die Entwicklungsabteilungen der Unternehmen und ihre Partner aber auch in vielen anderen Technologiefeldern nach neuen Lösungen. Dabei steht in vielen Fällen jedoch nicht das Ausnutzen der durch technologische Fortschritte bedingten Freiheitsgrade im Vordergrund, sondern handlungsleitend sind vielmehr die durch legislative Anforderungen vorgegebenen Restriktionen.[197]

Als elementare Restriktion gilt in diesem Zusammenhang die sukzessive Reduzierung der zulässigen Emissionsgrenzwerte; in Europa gemäß der Euro III- und IV-Abgasnorm (vgl. Abb. 23) und in Kalifornien gemäß der ULEV[198]-Norm.[199]

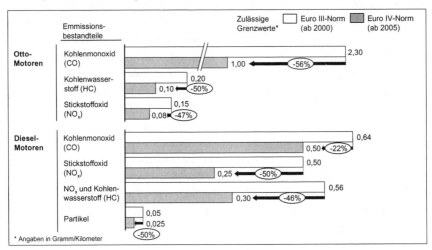

Abb. 23: Emissionsgrenzwerte nach der Euro III- und Euro IV-Abgasnorm.[200]

Als Folge der verschärften Grenzwertvorgaben können die Automobilhersteller ihre Innovationen nicht mehr eindimensional optimieren - stünde z.B. die Leistung des Fahrzeugs im Mittelpunkt der Optimierungsbestrebungen, könnten sämtliche ingenieurwissenschaftliche I-

---

[197] Inwiefern einzelne Entwicklungsaktivitäten auch durch andere Anforderungen beeinflusst werden, muss situationsspezifisch überprüft werden. Dies soll und kann hier nicht geschehen. Vielmehr wird bei den im Folgenden geschilderten Veränderungen davon ausgegangen, dass legislative Anforderungen zumindest ein entscheidendes auslösendes Moment zur Aufnahme von Entwicklungsaktivitäten darstellen.

[198] ULEV: *U*ltra *L*ow *E*mission *V*ehicle.

[199] Darüber hinaus hat sich der europäische Automobilverband verpflichtet, den durchschnittlichen Verbrauch neu zugelassener PKW und damit die CO_2-Emissionen bis zum Jahr 2008 um 25% gegenüber 1995 zu verringern. Vgl. o.V. (Abgasnormen: Gegenwart und Zukunft, 2002). Ergänzend kommen noch erhöhte Anforderungen an die Fahrzeugsicherheit und die Recyclingquote hinzu. Dies sind allerdings keine neuen Veränderungstreiber, sondern vielmehr als Konstanten in der Fahrzeugentwicklung zu betrachten.

[200] Werte entnommen aus: o.V. (Abgaswerte für Pkw, 2002).

deen ohne Berücksichtigung der verbrauchsbestimmenden Parameter des Motorwirkungsgrads und des Fahrzeuggewichts auf Umsetzbarkeit untersucht und der Einsatz kraftstoffverbrauchender Hochleistungsverbraucher weiter forciert werden -, sondern sie sind gezwungen, multidimensionale Optimierungsansätze zu verfolgen, bei denen neue Komponenten und Systeme auch und gerade an Hand der Kriterien der Wirkungsgradverbesserung des Motors und der Gewichtsreduzierung bewertet werden.[201]

3.2.4 Ökonomischer Einflussbereich: Wachsende Ansprüche der globalisierten Kapitalmärkte

Wie alle börsennotierten Unternehmen können sich auch die Automobilhersteller dem wachsenden Druck der mittlerweile globalisierten Kapitalmärkte nicht entziehen. Unternehmen konkurrieren international nicht mehr nur um Kunden, Produkte und Mitarbeiter, sondern auch um Kapital. Gelingt es ihnen nicht, zu den Branchenführern zu zählen, verlieren sie sehr schnell an Anziehungskraft für die Kapitalanleger, welches i.d.R. gravierende Konsequenzen nach sich zieht: Relativ zu den erfolgreichen Konkurrenten sinkt ihre Marktkapitalisierung, ihre Aufwendungen für Kapitalbeschaffungen steigen, ihre strategischen Handlungsspielräume werden kleiner und im Extremfall werden sie zu einem Übernahmekandidaten.

Doch nicht nur in der intraindustriellen Sichtweise sind die betriebswirtschaftliche Situation und die Wachstumsaussichten entscheidend für die Attraktivität am Kapitalmarkt. Auch im Vergleich zu anderen Branchen dürfen wichtige Leistungskennzahlen nicht dauerhaft niedriger ausfallen. In diesem Fall würde die Möglichkeit schneller Kapitalbewegungen ebenfalls zu einer Vernachlässigung der Unternehmen am Kapitalmarkt führen, welches analog den oben beschriebenen Konsequenzen zu einer abwärtsgerichteten Spirale sinkender Strategieoptionen führen würde. Dass dabei im interindustriellen Vergleich zumindest in Bezug auf die Profitabilität Handlungsbedarf besteht, verdeutlicht Abb. 24.

---

[201] Eine Übersicht zu sämtlichen Möglichkeiten, den Verbrauch und die Abgasemissionen zu senken, ist zu finden bei: Seiffert (Technischer Fortschritt in der Automobilwirtschaft, 1997), S. 111 - 114.

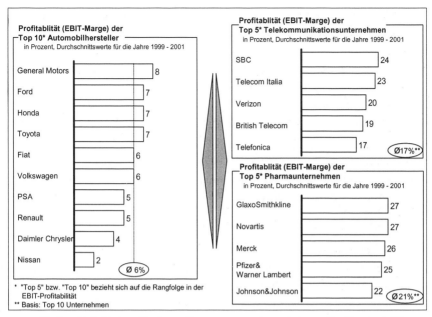

Abb. 24: EBIT-Margen der Hersteller im intra- und interindustriellen Vergleich.[202]

3.3 Brancheninterne Veränderungstreiber

Neben den Veränderungstreibern in der globalen Umwelt haben Veränderungstreiber im Branchenumfeld und in der Branche selbst einen maßgeblichen Einfluss auf die Ausprägungen und Entwicklungen der Wettbewerbsbedingungen. Nach Porters Modell der Wettbewerbskräfte lassen sich dabei fünf Einflussfaktoren unterscheiden: (1) Verhandlungsstärke der Lieferanten, (2) Markteintritt neuer Konkurrenten, (3) Verhandlungsstärke der Kunden, (4) Bedrohung durch Substitutionsprodukte sowie (5) Wettbewerbsintensität unter den bestehenden Anbietern.[203]

In diesem Kapitel liegt der inhaltliche Fokus auf dem letztgenannten Einflussfaktor, den Ausprägungen der Wettbewerbsintensität innerhalb der Branche der Automobilhersteller (5). Vor dem Hintergrund, dass die Analyse der Veränderungstreiber die Basis zur Ableitung zukünftiger Anforderungen an das Automobil darstellt, sind als Gründe für die gewählte Schwerpunktsetzung die Folgenden zu nennen:

- Die Verhandlungsstärke der Lieferanten (1) mit dem Phänomen der Entstehung von machtvollen Systemlieferanten und der Herausbildung von kompetenzbasierten Entwicklungsnetzwerken hat keinen signifikanten Einfluss auf die geforderten Eigenschaften eines

---

[202] Werte entnommen aus Hoover's Online: *http://www.hoovers.com*.
[203] Vgl. Porter (Wettbewerbsvorteile, 2000), S. 29 - 35.

Automobils.[204] Vielmehr sind diese Veränderungstendenzen eine Resultierende der steigenden Anforderungen an das Automobil und werden als solche ausführlich in Kap. 5 behandelt;

- Es zeichnet sich weder ein Markteintritt neuer Konkurrenten (2) noch eine Bedrohung durch Substitutionsprodukte (4) [205] ab;
- Die Verhandlungsstärke der Kunden (3) stellt eine unmittelbare Folge der Wettbewerbsintensität dar und ist als solche bereits in Kap. 3.2.1 durch das steigenden Anspruchsniveau der Kunden thematisiert worden.

Die Wettbewerbsintensität innerhalb der Branche der Automobilhersteller wird im Folgenden anhand der Charakteristika Marktsättigung in den Kernmärkten der Triade (*Kap. 3.3.1*) sowie strukturelle Überkapazitäten (*Kap. 3.3.2*) erörtert.

3.3.1 Marktsättigung in den Kernmärkten der Triade

3.3.1.1 Beschreibung der Veränderungstreiber

Der Abb. 25 ist zu entnehmen, dass für den Zeitraum 2001 bis 2006 ein nahezu stagnierendes Absatzvolumen in den „reifen", mit ca. 70% Anteil volumenstärksten Triademärkten West-Europa, NAFTA und Japan prognostiziert wird.[206]

Obwohl diese Marktkonstellation die Auslastung der Produktionskapazitäten und die Aufrechterhaltung der zur Befriedigung der Kapitalmarktansprüche geforderten Wachstumsperspektiven erschwert, erfordert sie aus denselben Gründen die Realisierung eines steigenden Absatzvolumens. Dazu sind zwei Stoßrichtungen zu verfolgen, die Auswirkungen auf das Fahrzeugangebot haben.

---

[204] Das Eingehen von kooperativen Entwicklungspartnerschaften als strategische Stoßrichtung zur Erfüllung der Anforderungen wird hingegen ausführlich in Kap. 5 thematisiert.
[205] Im Fall von Automobilen könnten öffentliche Verkehrsmittel wie Bus und Bahn oder Mobilitätskonzepte wie das „Car Sharing" eine Substitutionsmöglichkeit darstellen. Ohne eine drastische Wende in der Verkehrs- und Umweltpolitik ist deren Bedeutung allerdings auf dem aktuellen Niveau weitgehend fixiert. Da diese Wende auch nicht erkennbar ist, werden die auf Substitution beruhenden Veränderungstreiber hier nicht weiter betrachtet.
[206] Weitere Indikatoren für reife Märkte, wie z.B. die hohe Motorisierungsdichte, der hohe Anteil des Ersatzbedarfs an den gesamten Zulassungen neuer Fahrzeuge und die Ausstattungsquote der privaten Haushalte mit einem Pkw werden erläutert bei: Diez (Automobilmarketing, 2001), S. 29f.

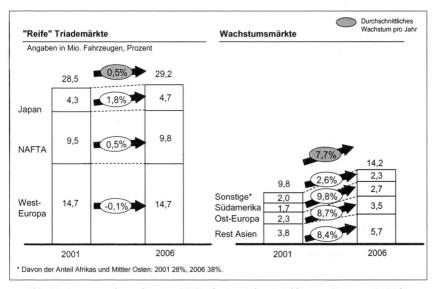

Abb. 25: *Prognose der weltweiten PKW-Absatzmarktentwicklung im Zeitraum 2001 bis 2006.*[207]

1. Ausweitung des Fahrzeugportfolios (Fahrzeugproliferation)

Zwei wesentliche Kennzeichen gesättigter Absatzmärkte sind (1) die stark differenzierten und individualisierten Kundenbedürfnisse und (2) die Tatsache, dass Marktanteilsgewinne nur noch durch die Verdrängung bestehender Anbieter erzielt werden können. Zur Verteidigung und ggf. zum Ausbau ihres Marktanteils haben viele Automobilhersteller deshalb der Wachstumsverlangsamung der quantitativen Nachfrage eine Steigerung der qualitativen Nachfrage durch eine aggressive Modelloffensive entgegengesetzt. Um sich auch den Spezialbedürfnissen kleinerer Nachfragegruppen anzupassen, dehnen sie ihre Präsenz in den Kernabsatzmärkten sukzessive auf nahezu alle Marktsegmente aus: „Die Automobilindustrie ist das beste Beispiel dafür, wie sich die Qualität und Vielfalt des Produktangebots in Folge eines sich global drastisch verschärften Wettbewerbs zugunsten des Verbrauchers - ganz im theoretischen Sinne einer freien Marktwirtschaft - gewandelt hat. Das Angebot der Automobilindustrie ist heute bedeutend heterogener und individueller als noch vor wenigen Jahren."[208]

2. Erschließung neuer Wachstumsmärkte

Neben der qualitativen Differenzierung des Fahrzeugangebots stellt die Erschließung neuer Wachstumsmärkte eine weitere Option zur Absatzsteigerung dar. Dass aus diesen Märkten

---

[207] Die Werte sind entnommen aus: Standard & Poor's (Hrsg.) (World car industry forecast report, 2001), S. 30. Für eine Detaillierung der Absatzprognosen auf Ebene der Hersteller vgl. ebenda, S. 47 und S. 167. Ähnliche Prognosen zur Gesamtmarktentwicklung finden sich auch bei: PriceWaterhouseCoopers (Hrsg.) (Second automotive century, 2000), S. 7.

[208] Peren / Hergeth (Hrsg.) (Customizing in der Weltautomobilindustrie, 1996), S. 9 (Vorwort).

dabei durchaus kräftige Nachfrageimpulse kommen, zeigen die in Abb. 25 dargestellten Wachstumsraten für die Länder Asiens (exkl. Japan), Ost-Europas und Südamerikas. Aufgrund des im Vergleich zu reifen Märkten hohen Erstbeschaffungsbedarfs von Fahrzeugen sowie einem weitaus niedrigeren verfügbaren Einkommen, bedarf es zur Erschließung dieser Märkte jedoch anderer Markteintritts- und -bearbeitungsstrategien als diejenigen, die in reifen Märkten erfolgversprechend sind. Auf diesen Märkten besteht die Herausforderung primär darin, die Fahrzeugkonzepte (1) entlang der Dimensionen Preis, Sicherheit und Zuverlässigkeit konkurrenzfähig an die segment- und regionenspezifischen Präferenzprofile der Konsumenten auszurichten und (2) eine Integration weiterer regionalspezifischer Kundenanforderungen zu ermöglichen.[209] Dass dadurch automatisch anteilsmäßig vermehrt kleinere und kompaktere Fahrzeuge produziert werden, zeigt die Prognose, dass ca. 50% des weltweiten Wachstums im Absatzvolumen zwischen 1998 und 2006 im Kleinst-, Kleinwagen- und unteren Mittelklassesegment sowie weitere 20% im Kleintransportersegment erwartet werden.[210]

3.3.1.2 Exkurs: Branchenkonsolidierung

Den mit der Fahrzeugproliferation verbundenen strategischen Vorteilen steht eine erhebliche Zunahme der Ressourcenintensität und damit der monetären Belastungen gegenüber. Unternehmen haben deshalb in der Vergangenheit vermehrt den Weg von Zusammenschlüssen eingeschlagen, um durch eine plattformgestützte Ausdehnung der Produktionsvolumen sowohl Kostenvorteile durch Skaleneffekte als auch eine Fixkostendegression zu realisieren und so letztlich den Break-even-Punkt ihrer Produktionsstätten und Modellserien drastisch zu senken.[211]

Da der Proliferationsprozess noch nicht als abgeschlossen betrachtet werden kann, wird es wahrscheinlich in Zukunft zu einer weiteren Branchenkonsolidierung kommen (vgl. Abb. 26). Vor diesem Hintergrund können die in jüngster Vergangenheit eingegangenen Kapitalbeteiligungen als Vorstufe zur Oligopolisierung gewertet werden.

Der Übernahme anderer Hersteller war auch ein treibender Faktor dafür, dass die verbleibenden OEMs ihre Fahrzeugentwicklung analog der weltweiten Verteilung der Absatzmärkte stärker an global verteilten Entwicklungsstandorten durchführen. Die lokale Präsenz in den wichtigsten Absatzmärkten erlaubt ihnen, auf die regional unterschiedlichen Kundenanforderungen treffsicherer und schneller reagieren zu können.[212]

---

[209] Vgl. Katzenbach, Alfred (Engineering Processes of the Future, 1999), S. 48. Übertragen auf die strategische Grundausrichtung der Unternehmen heißt dies, dass in den Wachstumsmärkten zunächst einer Kostenführerschafts- im Vergleich zu einer Differenzierungsstrategie der Vorrang einzuräumen ist. Dies gilt zwar strenggenommen nur für die Volumensegmente, da aber Nischenprodukte in den Wachstumsmärkten in den nächsten Jahren noch eine vernachlässigbare Größe darstellen werden, sollten Automobilhersteller den Markteintritt zunächst über eine Kostenführerschaftsstrategie gestalten.

[210] Vgl. PriceWaterhouseCoopers (Hrsg.) (Second automotive century, 2000), S. 8.

[211] Vgl. VDA (Hrsg.) (Unternehmensgrößenstruktur, 2000), S. 21. Zum „Plattformkonzept" vgl. Kap. 3.4.4.

[212] Vgl. o.V. (Product development locations, 2001) und Schlenker (Produktentwicklung in der Automobilentwicklung, 2001), S. 69 - 86.

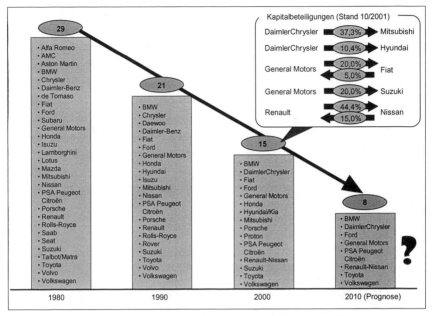

Abb. 26: Konsolidierung bei den Automobilherstellern.[213]

3.3.2 Strukturelle Überkapazitäten

Eine Konsequenz aus der Stagnation der quantitativen Nachfrage sowie gleichzeitig ein weiterer treibender Faktor für die Branchenkonsolidierung besteht in den im Lauf der letzten Jahren überproportional zur Absatzmarktgröße angewachsenen Produktionskapazitäten und den dadurch bedingten Überkapazitäten. So existierten im Jahr 2000 auf dem nordamerikanischen Markt Überkapazitäten i.H.v. durchschnittlich 12% und auf dem westeuropäischen Markt i.H.v. 21%, bei weitgehend gleichbleibenden Prognosedaten bis 2006.[214]

Diese haben u.a. zu einer massiven Wettbewerbsintensivierung in Form eines Preis-Leistungswettbewerbs geführt, welches durch die in Abb. 27 dargestellte „Preis-Wert-Schere" verdeutlicht wird: Um den Wettbewerb zu ihren Gunsten zu entscheiden, haben die OEMs in Ergänzung zum Differenzierungsansatz eine Strategie der Preisreduzierungen und Ausstat-

---

[213] Zur Entwicklung der Branchenkonsolidierung bis zum Jahr 1999 vgl. Diez (Automobilmarketing, 2001), S. 33. Zur weiteren Entwicklung inkl. den aktuellen Beteiligungsverhältnissen, Stand Oktober 2001, vgl. o.V. (Beteiligungen der Automobilhersteller, 2002), o.V. (GM und Daewoo nähern sich an, 2002) und PriceWaterhouseCoopers (Hrsg.) (Automotive sector insights, 2001), S. 9 - 13. Zur Prognose der Anzahl rechtlich selbstständiger Automobilhersteller im Jahr 2010 vgl. Roland Berger & Partner (Hrsg.) (Future of automotive supplier industry, 2000), S. 16.

[214] Zu Details vgl. o.V. (Capacity utilisation North America, part 1, 2001), o.V. (Capacity utilisation North America, part 2, 2001), o.V. (Capacity utilisation West Europe, 2001) und Standard & Poor's (Hrsg.) (World car industry forecast report, 2001), S. 30 und S. 33.

tungsanreicherungen der Fahrzeuge verfolgt.[215] In den letzten Jahren war so kaum ein Hersteller in der Lage, trotz umfangreicher Ausstattungsanreicherungen reale Preiserhöhungen durchzusetzen. Und da zumindest mittelfristig die Überkapazitäten bestehen bleiben werden, scheinen die ausstattungsbereinigt realen Preissenkungen auch das Zukunftsbild zu prägen.[216]

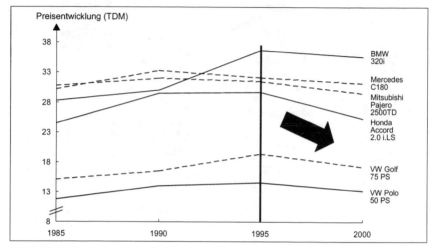

Abb. 27: *Inflationsbereinigte Preisentwicklung bei Fahrzeugen am Beispiel des deutschen Markts.*[217]

Abschließend sei noch angemerkt, dass die Phänomene der Marktsättigung, der Überkapazitäten, des Preis-Leistungswettbewerbs sowie der Branchenkonsolidierung eindeutige Indikatoren dafür sind, dass die Automobilbranche eine hohe Reife erreicht hat. Die Herausforderung für die Automobilhersteller besteht dementsprechend darin, „am Wettbewerb evolutionärer Innovationen teilzunehmen und gleichzeitig Diskontinuitäten zu erkennen sowie zu nutzen."[218] Dieser „Leitgedanke" bildet gleichzeitig auch den Rahmen für die sich nun anschließende fahrzeugbezogene Wirkungsanalyse der Veränderungstreiber.

---

[215] Ein Beispiel sind die massiven Preisnachlässe der Unternehmen Chrysler, Ford und General Motors auf dem nordamerikanischen Markt in den Jahren 2001 und 2002 sowie die Rabattangebote sämtlicher Hersteller auf dem deutschen Markt. Vgl. o.V. (Neue Absatzinstrumente zur Rabattgewährung, 2002).

[216] Eine Mäßigung des Preis-Leistungswettbewerbs könnte ggf. durch die Produktivitätsfortschritte und die Flexibilisierung in der Produktion erzielt werden, welche die Break-even-Punkte in den Werken sinken lassen könnten. So wird bei VW angestrebt, den Break-even-Punkt bereits bei einer 65%-igen Kapazitätsauslastung zu durchschreiten. Vgl. VDA (Hrsg.) (Unternehmensgrößenstruktur, 2000), S. 25.

[217] Zu den Preisentwicklungen der Fahrzeuge vgl. die jährlichen Übersichten in: o.V. (Technische Details und Preise aller Automobile, 1985 - 2000). Für die Preisentwicklungen in Europa im Zeitraum 1996 bis 2000 vgl. auch Standard & Poor´s (Hrsg.) (World car industry forecast report, 2001), S. 20.

[218] Seidel / Stahl (Risikomanagement bei BMW, 2001), S. 87. Vgl. in diesem Zusammenhang auch die folgenden Zitate: „... the technology improves steadily in small increments, instead of through radical improvements only once in a while. This makes marginal superiority the basis for product competition in the marketplace." Cusumano / Nobeoka (Multi-project management, 1998), S. 138. „Especially in a fast-clockspeed environment, this ability to develop continually a series of temporary competitive advantages, may be the essence of the firm in a dynamic world." Fine (Industry clockspeed, 1999), S. 6.

3.4 Zukünftige Anforderungen an das Automobil: Wirkungsanalyse der Veränderungstreiber

Zur Beantwortung der Frage, welche Implikationen sich aus den skizzierten Veränderungstreibern für das Automobil ergeben, sind die Treiber zunächst nochmals in Abb. 28 zusammengefasst und in Vorgriff auf die Inhalte dieses Kap. 3.4 ihre Wirkungen auf zukünftig erforderliche Fahrzeugeigenschaften dargestellt. So resultiert z.B. die Anforderung „Erhöhung der Fahrzeuginnovativität" maßgeblich aus der zunehmenden Convenience-Orientierung und dem erhöhten Anspruchsniveau der Konsumenten, der Leistungssteigerung bei Halbleitertechnologien, der Reduzierung der zulässigen Emissionsgrenzwerte, den wachsenden Ansprüchen der globalisierten Kapitalmärkte usw.[219]

Veränderungstreiber	Folgen: Damit müssen sich OEMs auseinandersetzen ...	Erhöhung der Fahrzeug-innovativität	Erhöhung der Fahrzeug-integrität	Erhöhung der Varietät im Fahrzeugportfolio	Weiterentwicklung der plattformbasierten modularen Fahrzeugarchitektur	Beschleunigung der Fahrzeug-Innovationszyklen	Kundennutzenneutrale Reduzierung des aktuellen Kostenniveaus
Individualisierung des Konsumentenverhaltens	Fragmentierung der Marktsegmente	○	○	●	●	○	○
Flexibilisierung der Lebensgestaltung	Hybrider Verbraucher; Abnehmende Halbwertszeit von Trends	○	○	○	●	●	○
Zunehmende "Convenience-Orientierung"	Integration von "Convenience-Innovationen"	●	○	○	●	●	○
Erhöhtes Anspruchsniveau der Konsumenten	Ausgewogene Balance der Fahrzeugmerkmale	●	●	○	●	●	○
Leistungssteigerung bei Halbleitertechnologien	Verschiebung des Innovationswettlaufs zur Mechatronik	●	○	○	●	●	○
Reduzierung der zulässigen Emissionsgrenzwerte	Wirkungsgradverbesserung des Motors; Gewichtsreduzierung	●	○	○	●	○	●
Wachsende Ansprüche der globalisierten Kapitalmärkte	Einnahme einer führenden Position in der Branche und im interindustriellen Vergleich	●	●	●	●	●	●
Marktsättigung in den Kernmärkten der Triade	Ausdehnung des Modellportfolios/ Erschließung der Wachstumsmärkte	●	●	●	●	○	●
Strukturelle Überkapazitäten	Preis-Leistungswettbewerb; Ausstattungsbereinigte, reale Preissenkungen	●	●	○	●	○	●

Abb. 28: Fahrzeugbezogene Wirkungsanalyse der identifizierten Veränderungstreiber.

Eine Detaillierung der Wirkungszusammenhänge und der Ausprägungen der Anforderungen ist Inhalt der sich anschließenden Kapitel. Die Kapitelinhalte orientieren sich dementsprechend auch an den in Abb. 28 genannten sechs „Anforderungsdimensionen". Die Zuordnung ist wie folgt:

---

[219] Vereinfachend liegt den folgenden Ausführungen die Annahme zu Grunde, dass eine Umsetzung der zukünftigen Anforderungen an Fahrzeuge in nicht vorhandene Fahrzeugeigenschaften stattfinden wird.
Der Veränderungstreiber „Wachsende Ansprüche der globalisierten Kapitalmärkte" wirkt auf alle Anforderungsdimensionen, da nur durch gleichzeitige Erfüllung aller Anforderungen die Wettbewerbsfähigkeit substanziell und nachhaltig verbessert werden kann. Nur unter diesen Umständen honorieren die Kapitalmärkte die Optimierungsbestrebungen der Unternehmen.

- *Kap. 3.4.1*: Erhöhung der Fahrzeuginnovativität
- *Kap. 3.4.2*: Erhöhung der Fahrzeugintegrität,
- *Kap. 3.4.3*: Erhöhung der Varietät im Fahrzeugportfolio,
- *Kap. 3.4.4*: Weiterentwicklung der plattformbasierten modularen Fahrzeugarchitektur,
- *Kap. 3.4.5:* Beschleunigung der Fahrzeug-Innovationszyklen,
- *Kap. 3.4.6*: Kundennutzenneutrale Reduzierung des aktuellen Kostenniveaus.

Bevor die Ausführungen in *Kap. 3.4.8* durch eine Zusammenfassung der Erkenntnisse abgeschlossen werden, erfolgt zuvor in *Kap. 3.4.7* als Exkurs die Thematisierung der Anforderung „Ergänzung des Fahrzeugangebots um selbstvermarktete „Off-board"-Mobilitätsdienste".

3.4.1 Anforderungsdimension 1: Erhöhung der Fahrzeuginnovativität

Die Anforderung der Erhöhung der Fahrzeuginnovativität lässt sich in drei Subbereiche einteilen: (1) Erhöhung des Basisinnovationsniveaus der Fahrzeuge, (2) verstärkte Diffusion von mechatronischen Systemen und IuK in die Fahrzeuge, (3) kontinuierliche Integration nichtmechatronischer Innovationen. Die Kapiteleinteilung ist analog.

3.4.1.1 Erhöhung des Basisinnovationsniveaus der Fahrzeuge

Automobilhersteller sehen sich zunächst der grundlegenden Anforderung gegenüber, dass sie im Vergleich zu heute das Basisinnovationsniveau der Fahrzeuge weiter erhöhen müssen. Verantwortlich dafür zeichnen sich die Veränderungstreiber „Erhöhtes Anspruchsniveau der Konsumenten", „Reduzierung der zulässigen Emissionsgrenzwerte", „Wachsende Ansprüche der globalisierten Kapitalmärkte", „Marktsättigung in den Kernmärkten der Triade" und „Strukturelle Überkapazitäten", die durch ihre auf alle Automobilhersteller gleichverteilte und multiplikatorische Wirkung insgesamt zu einer kontinuierlich steigenden Wettbewerbsintensität führen.

Als Folge dieser Wettbewerbsintensität kommt es zu einem technisch-funktionalen Imitationswettbewerb, welcher sich in der fortschreitenden Homogenisierung der technisch-funktionalen Basismerkmale von Fahrzeugen, wie z.B. der Beschleunigung, der Höchstgeschwindigkeit, dem Kraftstoffverbrauch oder auch den Innen- und Außenmaßen, manifestiert: Die absoluten Leistungswerte nähern sich weiter an und die Leistungsunterschiede zwischen den stärksten und den schwächsten Fahrzeugen nehmen weiter ab (vgl. Abb. 29 für historische Werte).

Wie die Abb. 29 zeigt, ist der Imitationswettbewerb zwar kein neues Phänomen, jedoch ist er heute und noch verstärkter in Zukunft durch eine höhere Intensität gekennzeichnet. Diese äußert sich (a) in einem Anstieg der wechselseitigen Reaktionsverbundenheit zwischen den Aktivitäten der verschiedenen Hersteller und infolgedessen (b) in einer Beschleunigung des technisch-funktionalen Imitationswettbewerbs. Zwei wesentliche Treiber für diese Entwicklung sind:

- *Zunehmende Wettbewerbstransparenz*: Die Unternehmen sind durch die Marketingaktivitäten der Konkurrenten, durch umfangreiche Presse- und Analysteninformationen und nicht zuletzt auch durch die Zusammenarbeit mit den gleichen Lieferanten i.d.R. sehr gut darüber informiert, welche Maßnahmen Konkurrenten planen und wie sich die Entwicklung der Fahrzeugportfolios in den nächsten Jahre gestalten wird.

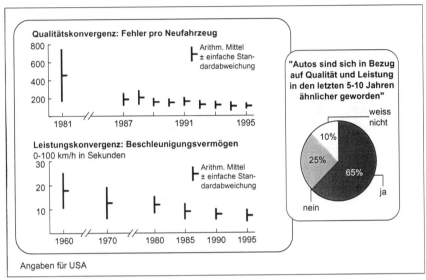

Abb. 29: Technisch-funktionale Konvergenz der Fahrzeuge.
(Quelle: Eigene Darstellung in Anlehnung an: Court et al. (Marketing in 3-D, 1999), S. 8).

- Zunehmende Anwendungsbreite und Leistungsfähigkeit der aufgaben- und prozessunterstützenden Informations- und Kommunikationstechnologien (IuK) im Fahrzeugentwicklungsprozess:[220] Der Einsatz der IuK gestattet u.a., eine Vielzahl konstruktiver Lösungsalternativen in kurzer Zeit zu evaluieren und damit auch Lösungen der Konkurrenz unter Beachtung von Patenten zeitnah zu duplizieren. Da alle Automobilhersteller über ähnliche Technologien verfügen, ist in einem wettbewerbsintensiven Umfeld eine Beschleunigung der Spirale gradueller Verbesserungen von Fahrzeugen die naheliegende Konsequenz.

Die beiden genannten treibenden Faktoren führen letztlich dazu, dass sich das Basisniveau der Fahrzeuginnovativität sukzessive weiter erhöhen wird.[221] Dazu zählt auch, dass Hersteller ihre Fahrzeuge mit einer quantitativ und qualitativ verbesserten Serienausstattung versehen werden, um sich damit gegenüber der Konkurrenz einen Differenzierungsvorteil zu verschaffen. Innovative Kombinationen aufgewerteter Fahrzeugausstattungen, die heute noch ein Al-

---

[220] Vgl. Kap. 4.
[221] Die in einer branchenübergreifenden Analyse ermittelte führende Stellung der Automobilindustrie als innovativste Branche (vgl. Weck (Königsweg für Ideen, 2000), S. 70f.) wird dadurch sicherlich gestärkt.

leinstellungsmerkmal begründen können, „degradieren" auf diese Weise zu einer Basisanforderung: Waren früher z.b. Airbags, ABS- oder ESP-Systeme Leistungsanforderungen an ein Automobil, so wurden daraus im Lauf der letzten Jahre sukzessive Basisanforderungen, auch in Niedrigpreissegmenten. Darin besteht eine Entwicklung, die sich aus den genannten Gründen auf andere Systeme bzw. Funktionalitäten übertragen wird.

Denkt man das Szenario des technisch-funktionalen Imitationswettbewerbs konsequent zu Ende, wird jedoch auch deutlich, dass es sich bei der Erhöhung des Basisinnovationsniveaus der Fahrzeuge lediglich um eine notwendige, keinesfalls aber um eine hinreichende Fahrzeugeigenschaft handeln kann, um aus Herstellersicht die Wettbewerbsfähigkeit dauerhaft zu sichern. Dies ergibt sich aus der Überlegung, dass die Verbesserungsspirale im beschleunigten Imitationswettbewerb in einer strategischen Patt-Situation endet, in der kein Automobilhersteller dauerhaft Wettbewerbsvorteile erzielen kann: Differenzierungen, die allein auf technisch-funktionalen Basisparametern beruhen, werden einer erheblichen Bedeutungserosion unterliegen, da sich die OEMs in rascher Abfolge immer wieder mit Innovationen gegenseitig übertrumpfen werden, auch wenn diese nur geringe Differenzierungspotenziale aufweisen. Dies gilt insb. für die konventionellen und seit Jahren diverse Optimierungsschleifen durchlaufenden Fahrzeugbestandteile Fahrwerk, Karosserie, Aggregate und Ausstattung.

Um am Wettbewerb weiter erfolgreich teilnehmen zu können, müssen OEMs demzufolge nach Differenzierungsmöglichkeiten außerhalb dieser Wettbewerbsarena suchen.

3.4.1.2 Beschleunigte Diffusion von mechatronischen Systemen und IuK in die Fahrzeuge

Durch veränderte Kundenanforderungen und Fortschritte in vielen Technologiefeldern hat im Verlauf der letzten zwei Jahrzehnte das Automobil einen substanziellen Wandel von einem nahezu rein mechanisch geprägten hin zu einem mit Mechatronik und IuK „durchzogenen" High-Tech-Produkt vollzogen. Schenkt man allerdings den Aussagen der Entwicklungsvorstände führender Automobilhersteller Glauben, dann wird die Integration innovativer Technologien in Automobile noch viel umfangreicher und komplexer werden und sich darüber hinaus in immer kürzeren Zy-klen vollziehen.[222] Demnach wird eine Fahrt im Automobil der Zukunft in fünf bis acht Jahren zunächst im Oberklassen-, später auch im Mittelklasse- und Kleinwagensegment durch die in Abb. 30 aufgeführten Innovationen geprägt sein.[223]

---

[222] Zu den Innovationswellen im Automobilbau vgl. Braess / Seiffert (Hrsg.) (Kraftfahrzeugtechnik, 2000), S. 15f.
[223] Einzelne Innovationen wie z.B. die Distronic oder die Notrufaktivierung sind bereits in Technologieträgern wie der S-Klasse von Mercedes-Benz oder der 7er-Baureihe von BMW umgesetzt.
Fragt man nach der Umsetzungswahrscheinlichkeit der Zukunftsvision, so ist zu beachten, dass nicht nur die technologischen Fortschritte im Bereich der Halbleitertechnologie sowie der elektrischen Aufbau- und Verbindungstechnik, sondern auch und gerade gesetzliche Regelungen mit darüber bestimmen, ob, und wenn ja, zu welchem Zeitpunkt Innovationen in Serienfahrzeuge eingebaut werden können. Während bereits in Prototypen die Funktionsfähigkeit vieler Systeme nachgewiesen worden ist und z.Zt. in Forschungsprojekten an der Herstellung der Serientauglichkeit gearbeitet wird, stellen demgegenüber z.B. haftungsrechtliche Fragen ein noch nicht gelöstes Problemfeld dar. So müsste bei einem Unfall eindeutig nachgewiesen werden können, ob dieser durch ein Fehlverhalten des Fahrers oder durch technisches Versagen eines Assistenzsystems verursacht worden ist, bevor eine Einbaufreigabe für das System gegeben werden kann.
Vgl. DaimlerChrysler AG (Hrsg.) (HighTech Report 2001, 2001), S. 29.

Bei der Analyse der Innovationen lässt sich dabei zusammenfassend konstatieren, dass das Automobil der Zukunft einem flexibel auf Änderungen in seiner Umgebung reagierenden „intelligenten" System zusammenhängender und gekoppelter Steuerungs- und Regelprozesse nahe kommt, in welchem der Fahrer eine Vielzahl diverser Anwendungen und Dienste nutzen kann („Kommunikationszentrum Automobil").[224] Durch die umfangreiche Vernetzung mit der Umwelt nimmt das Fahrzeug diese im Vergleich zum Status quo deutlich intensiver und selektiver wahr.

Eine Strukturierung der Zukunftsvision entlang der beiden Technologiefelder „Leistungsnetz" und „Datennetz" (vgl. Abb. 31) führt zu folgendem Ergebnis:[225]

1. Innovationen im Leistungsnetz

Auf Seiten des Leistungsnetzes zeichnet sich eine Vervielfachung der elektrischen Verbraucher und deren Funktionsumfängen ab. Insb. durch den vermehrten Einsatz von IuK sowie Hochleistungsverbrauchern entsteht ein Leistungsbedarf, welcher nicht mehr durch das klassische 12V-Leistungsnetz abgedeckt werden kann. Vielmehr wird der zusätzliche Einsatz eines Netzes mit höherer Spannung, das sog. 42V-Bordnetz, zwingend erforderlich.[226] Parallel zur Entwicklung des 42V-Bordnetzes werden z.Zt. neue Generatoren- und Batteriekonzepte entwickelt, die die Energieerzeugung und -speicherung unter den erhöhten Anforderungen an die Stromspannung sicherstellen sollen.

---

[224] Die in Abb. 30 genannten Beispiele für Informations- und Kommunikationsanwendungen sind nur einige Anwendungen, die das Auto zum fahrenden Kommunikationszentrum machen. Dass in diesem Bereich die Zukunft längst begonnen hat, zeigen die „OnStar Initiative" von GM, das „24-7 Concept Car" von Ford oder das „Communiport Mobile Multi Media System" von Delphi. Vgl. Dörr (Fertigungskonzept NetCar, 2000), S. 127f. „Intelligent" ist in diesem Zusammenhang so zu verstehen, dass das Fahrzeug mit all seinen Subsystemen in der Lage ist, sich durch Aufnahme, Verwertung und Interpretation von Informationen optimal an alle möglichen Verkehrsituation anzupassen und daher autonomer agieren sowie komplexere Aufgaben bewältigen kann.

[225] Die Funktion des Leistungsnetzes besteht darin, die (elektrische) Energie im Fahrzeug zu erzeugen, zu verteilen und zu verbrauchen. Das Datennetz hat die Aufgabe, die elektrischen Klein- und Hochleistungsverbraucher über die integrierten Aktuatoren zu steuern. Die dazu notwendigen Prozesse der Informationsaufnahme, -steuerung und -übertragung erfolgen über Sensoren, Steuer- und Regelsysteme, den Bordcomputer sowie diverse Bus-Systeme. Für technische Details zur Sensorik, Aktuatorik, Systemtechnik und dem Bordnetz vgl. auch Braess / Seiffert (Hrsg.) (Kraftfahrzeugtechnik, 2000), S. 538 - 560.

[226] Mitarbeiter der Robert Bosch GmbH prognostizieren, dass sich bis zum Jahr 2005 der durchschnittliche Leistungsbedarf im Bordnetz eines Oberklassenfahrzeugs auf ca. 3,7 kW fast verdreifachen wird. Vgl. Robert Bosch GmbH (Leistungsbedarf in der Oberklasse, 2001), S. 9. Bereits heute können kurzzeitig Spitzenbedarf bis zu mehreren kW - bspw. von „X-by-wire"-Systemen - kaum noch von einem klassischen 12V-Netz übertragen werden. Eine Bewertung der Vor- und Nachteile des 42V-Bordnetzes auf Basis des aktuellen Entwicklungsstandes vermittelt: o.V. (Strategie Opel, 2000), S. 18 - 20.

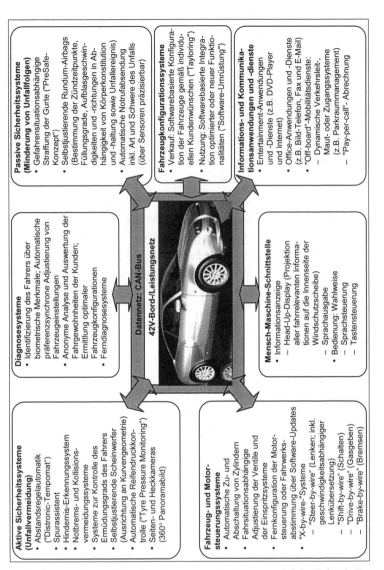

Abb. 30: Mechatronisch und IuK-geprägte Innovationen im Automobil der Zukunft (Serienreife in ca. 5 - 8 Jahre).[227]

---

[227] Zur Zusammenstellung der Übersicht wurde auf eine Vielzahl von Quellen zurückgegriffen: Zur Vorstellung eines Konzeptfahrzeugs von BMW („Z22") vgl. BMW Group (Hrsg.) (Technologien von morgen, 2001); Zur Zunahme der Funktionsumfänge elektrischer und elektronischer Komponenten vgl. Braess / Seiffert (Hrsg.) (Kraftfahrzeugtechnik, 2000), S. 9 - 16 und S. 538 - 560, Boghani / Brown (Technology management challenges, 2000), S. 1 - 3, Mersch (Elektronische Systeme im Auto, 2002), Seiffert (Elektrik, Aktuatorik und Sensorik im Automobil, 1998); Zu aktuellen For-

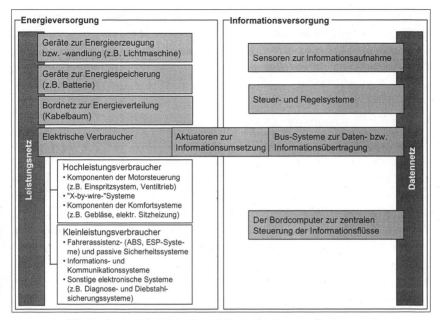

Abb. 31: Struktur des Technologiefelds der Mechatronik im Automobil. (Quelle: Heinrichs / Kaelber (Zukunftswerkstatt Automobil, 2000), S. 48).

2. Innovationen im Datennetz

Durch den angestrebten flächendeckenden Einsatz aktuatorisch gesteuerter, hochkomplexer Verbraucher entwickelt sich das Datennetz zum informatorischen Rückgrat der gesamten Fahrzeugfunktionalitäten. Nur die Verwendung leistungsfähiger Sensoren,[228] die Steuerung aller Regelsysteme über einen Bordcomputer sowie der Einsatz von Bus-Systemen zur schnel-

---

schungsschwerpunkten im Bereich des „unfallfreien Fahrens" vgl. DaimlerChrysler AG (Hrsg.) (HighTech Report 2001, 2001); Zur Strukturierung der Entwicklungsfelder im Bereich Elektrik/Elektronik sowie mögliche Entwicklungspfade vgl. Boghani / Brown (Technology management challenges, 2000), S. 95 - 101 und Roland Berger & Partner (Hrsg.) (Future of automotive supplier industry, 2000), S. 37 - 43; Zur zunehmenden Bedeutung der Software im Automobil vgl. Foster (The changing face of software in the vehicle, 2000), Kluge (Kommunikationstechnik in Produktionsstrukturen, 2002), S. 54 - 60 und Scharf (Im Auto boomt die Software, 2001); Zu den sich im Forschungsstadium befindlichen Systemen „Pre-Crash-Sensorik", „Night Vision" und „Fußgängerassistent" vgl. o.V. (Sicherheitsnetz aus Bits und Bytes, 2001); Zu den Innovationen im Datenbus vgl. Goroncy (Datenbus, 2001), S. 48 - 50. Zu Visionen in Bezug auf den Einsatz der IuK im Fahrzeug vgl. Braess / Seiffert (Hrsg.) (Kraftfahrzeugtechnik, 2000), S. 366 - 372, Fuhr (Risiken und Chancen der Telematik, 2001), Hensel (Zukunft Multimedia im Automobil, 2000), Jeltsch (Perspektiven für Telematik-Strategien, 2002), o.V. (Innovationen für das Online-Auto, 2000), Schrader / Debus (OEM-Zukunft im World Wide Web, 2001), S. 58 - 60 (hier Vorstellung eines „Car Portal Konzepts"), Weiden (Multifunktionalität für den Telematikmarkt, 2002) und Weiß (Digitale Revolution, 2001), S. 58 - 61 (hier Vorstellung des sog. „Wireless Car" von Mercedes-Benz, ein „Internet-auf-Rädern"-Prototyp). Zu intelligenten Sicherheitslösungen vgl. Berg (Airbag-System denkt beim Unfall mit, 2002).
Bei „**X-by-wire**" Systemen wird die bislang direkte Kraftübertragung durch mechanische oder hydraulische Systeme durch die Informationsaufnahme mit Hilfe von Sensoren (bspw. am Bremspedal), die elektronische Übermittlung der Steuersignale mittels elektrischer Leitungen und Steuergeräten (vom Bremspedal zu der Einspritzanlage) sowie der Informationsausführung durch elektrische Aktuatoren (an der Einspritzanlage selbst) ersetzt. Vgl. BMW Group (Hrsg.) (Technologien von morgen, 2001).

[228] Schon heute sind von den rund 100 Sensoren, die ein moderner Mittelklassewagen durchschnittlich enthält, mindestens 40 in Mikrosysteme integriert. Vgl. Radwan (Technik-Trends, 2001), S. 29.

len bidirektionalen Informationsübertragung kann gewährleisten, dass das „Informationssystem Automobil" mit einer ausreichend hohen Informationsdichte und adäquaten Durchsatzgeschwindigkeiten versorgt wird.[229] Nach einer Prognose der Robert Bosch GmbH wird die Steuerung der Funktionalitäten im Auto bei den nächsten Fahrzeuggenerationen (Zeithorizont ca. 6 Jahre) dabei über fünf Bussysteme erfolgen, die (1) die Multimedia-Systeme, (2) die Karosserie-Elektronik, (3) die Rückhaltesysteme, (4) den Antriebsstrang und (5) die „X-by-wire"-Systeme mit Informationen versorgen.[230]

Dass die OEMs der Verschiebung des Innovationswettlaufs bei Automobilen weg von der Mechanik hin zur Mechatronik und zur datentechnischen Vernetzung strategisch begegnen *müssen*, verdeutlichen abschließend die unten aufgeführten Trends. Sie veranschaulichen die wettbewerbsentscheidende Bedeutung des Innovationsfelds und zugleich auch die Gefahren einer unterlassenen Anpassung:[231]

1. Während im Jahr 1980 mechatronische Komponenten lediglich 2% des Fahrzeuggesamtwerts ausmachten, lag der durchschnittliche Wertschöpfungsanteil mechatronischer Systeme im Jahr 2000 bereits bei 22% (2.250 €);
2. In Technologieträgern wie der aktuellen S-Klasse von Mercedes-Benz oder der gerade neu vorgestellten 7er-Baureihe von BMW liegt der Wertschöpfungsanteil bereits bei ca. 35%, wobei in der nächsten Fahrzeuggeneration mit einem Anstieg des Anteils mechatronischer Komponenten auf über 50% gerechnet wird;
3. Die sukzessive Diffusion der Systeme von den Fahrzeugen der Ober- und Luxusklasse in die mittleren und unteren Segmente gilt als sicher;
4. Es wird prognostiziert, dass künftig bis zu 90% der Innovationen im Automobil auf Neuerungen in softwaregesteuerter Elektronik und der darin enthaltenen Mikrosystemtechnik basieren werden.

---

[229] Eine zusätzliche Bedeutungsaufwertung erhält das Datennetz dadurch, dass nicht nur eigenständige mikroelektronische und informationstechnische Einheiten zu konfigurieren und zu programmieren sind, sondern dass immer mehr dezentrale Elektroniksysteme zum Einsatz kommen, die über digitale Schnittstellen miteinander interagieren müssen. Für die Auslegung des Datennetzes heißt dies, dass nicht nur „Punkt-zu-Punkt-Verbindungen" zwischen dem Bordcomputer und dem einzelnen Verbraucher, sondern auch netzwerkartige Verbindungen zwischen den einzelnen Systemen entwickelt werden müssen. Die Gestaltung der Systemarchitektur muss sich dabei an den Folgen zu schwacher oder zu starker Kopplung orientieren und einen geeigneten Mittelweg finden. Während eine zu schwache Kopplung Einspar- und Differenzierungspotenziale verschenkt, neigt eine zu starke Integration zu einem schwer diagnostizierbaren Verhalten des Gesamtsystems und zu überproportional ansteigenden Erprobungsaufwendungen.

[230] Die Einteilung beruht auf einer Prognose des Unternehmens Robert Bosch GmbH. Vgl. Goroncy (Datenbus, 2001), S. 48 - 50.

[231] Vgl. Braess / Seiffert (Hrsg.) (Kraftfahrzeugtechnik, 2000), S. 650f., Dannenberg / Kalmbach (Automobiltechnologie 2010, 2001), S. 3, Goroncy (Engineering/Prototyping, 2001), S. 68, Kluge (Kommunikationstechnik in Produktionsstrukturen, 2002), S. 52 und S. 54, o.V. (Sicherheitsnetz aus Bits und Bytes, 2001), S. 10f., o.V. (Mercedes-Strategie, 2001), S. 12, Roland Berger & Partner (Hrsg.) (Future of automotive supplier industry, 2000), S. 39, Scharf (Im Auto boomt die Software!, 2001), S. 47, Weiß (Digitale Revolution, 2001), S. 61 - 63 und WZL (Mechatronik in der Automobilzulieferindustrie, 2000), S. II.
Gefahren einer unterlassenen Anpassung liegen z.B. in einem zunehmenden Preisdruck oder der sukzessiven Produktsubstitution.

Bei Kenntnis dieser Rahmenbedingungen überrascht es damit auch nicht, dass bei einer aktuellen Befragung von 75 Automobilherstellern und -zulieferern über 80% der Unternehmen der Mechatronik eine hohe bis überragende Bedeutung für ihr zukünftiges Produktprogramm beimessen[232] und Automobilhersteller erwarten, dass neue Datenbussysteme, Elektronik-Architekturen und Steuerungssoftware die Schlüsseltechnologien für künftige Fahrzeuge sein werden; Und zwar nicht nur in Bezug auf die Attraktivität beim Kunden, sondern auch und gerade für den Erfolg des gesamten Unternehmens.[233]

3.4.1.3 Kontinuierliche Integration nicht-mechatronischer Innovationen

Bei einem Wechsel der Perspektive auf nicht-mechatronische Innovationen rücken mit der gesetzlichen Vorgabe reduzierter Emissionsgrenzwerte insb. neuartige Antriebskonzepte (z.B. Hybrid- und Brennstoffzellenantriebe), leichtere Werkstoffe (z.B. Aluminium oder Faserverbundwerkstoffe) sowie gewichtssparende Karosseriekonzepte in den Betrachtungsmittelpunkt.

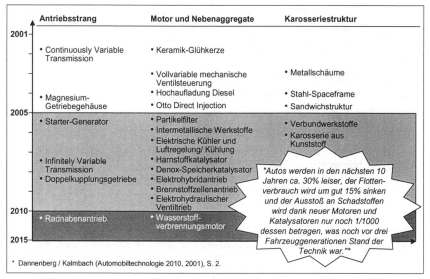

Abb. 32: Ausgewählte technologische Innovationen in den Bereichen Antriebskonzepte und Werkstoffe.
(Quelle: Eigene Darstellung in Anlehnung an: Dannenberg / Kalmbach (Automobiltechnologie 2010, 2001), S. 4).

Während über Innovationen bei den Antrieben sowohl die Emissionen als auch der Verbrauch über eine Wirkungsgradverbesserung des Motors verringert werden können, erlauben gewichtsreduzierte Werkstoffe und Karosseriekonzepte primär eine Verbrauchsreduzie-

---

[232] Vgl. WZL (Mechatronik in der Automobilzulieferindustrie, 2000), S. III und S. 54.
[233] So Dr. Schöpf, Leiter Entwicklung und Mitglied des Geschäftsfeldvorstands Pkw Mercedes-Benz und Smart, in: Goroncy (Engineering/Prototyping, 2001), S. 68.

rung aufgrund des verringerten Fahrzeuggewichts.[234] Mit welchen Innovationen in diesen Bereichen Unternehmensvertreter im Lauf der nächsten 15 Jahre rechnen, zeigt Abb. 32. Diese fasst ausschnittsweise die Ergebnisse einer Industrieperspektive zusammen, in der u.a. 42 Fahrzeugmodule, 50 Fertigungsverfahren und mehr als 20 Werkstoffgruppen hinsichtlich der zu erwartenden Neuerungen untersucht wurden (Momentaufnahme).[235] Aufgrund der hohen Unsicherheit bzgl. des Zeitpunkts der Serienreife und des Anwendungsumfangs werden jedoch erst die kommenden Jahre zeigen, inwieweit sich einzelne Innovationen wirklich durchsetzen werden.

3.4.2 Anforderungsdimension 2: Erhöhung der Fahrzeugintegrität

Maßgeblich beeinflusst von der Sophistifizierung und Vervielfachung der Kundenanforderungen und der Wettbewerbsintensität in der Branche muss das Automobil in Zukunft nicht nur permanent graduelle Verbesserungen in singulären, kundenrelevanten technisch-funktionalen Bereichen, sondern auch eine im Vergleich zu heute höhere Integrität aufweisen. Damit ist gemeint, dass sämtliche kundenartikulierten Anforderungen an ein Fahrzeug, wie z.B. niedriger Preis, hohe Leistungsfähigkeit, hohe Zuverlässigkeit, hohe Sicherheit, gute Verarbeitungsqualität, guter Fahrkomfort, niedriger Kraftstoffverbrauch, individuelles Styling oder große Innenraum-/Ladeflächen, hochgradig konsistent und harmonisch - auch im Detail - in ein Fahrzeug transformiert werden müssen.[236] Erst dadurch können die OEMs die Aufmerksamkeit der Kunden auf ihre Fahrzeuge lenken.

Vor dem Hintergrund der „Mechatronisierung" der Autos und der Homogenisierung der Fahrzeugmerkmale können zwei Fahrzeugeigenschaften besonders zur Steigerung der Fahrzeugintegrität beitragen:

---

[234] So gelang es bspw. BMW, durch eine horizontale Teilung der Karosserie in einen Funktionsrahmen und eine Fahrgastzelle verschiedene Werkstoffe miteinander zu kombinieren und im Vergleich zu einer Stahlkonstruktion 50% an Gewicht einzusparen. Vgl. BMW Group (Hrsg.) (Technologien von morgen, 2001). Hingegen sind die Möglichkeiten, den Verbrauch durch eine verbesserte Aerodynamik zu senken, heute weitgehend ausgeschöpft.

[235] Für eine detaillierte Analyse der technologischen Innovationen sei auf weiterführende Literaturquellen verwiesen: Zu den neuartigen Antriebskonzepten vgl. Braess / Seiffert (Hrsg.) (Kraftfahrzeugtechnik, 2000), S. 650f.; Zu einer Entwicklungsperspektive der Brennstoffzelle vgl. Schirrmeister / Wengel / Demuss (Alternative Antriebe, 2000), S. 48 - 50; Zur Leichtbauweise von Fahrzeugen vgl. BMW Group (Hrsg.) (Technologien von morgen, 2001) und o.V. (Automobil-Leichtbau, 2002). Darüber hinaus werden in der sechs mal im Jahr erscheinenden Zeitschrift „Automobil-Entwicklung" die jeweils neuesten Entwicklungen u.a. in den Kategorien Antriebstechnik, Karosseriebau, Motorentechnik und Werkstoffe vorgestellt. In ihrer Summe vermitteln die Beiträge einen guten Überblick über die zukünftig zu erwartenden Neuerungen.

[236] Eine gesamthafte Übersicht zu Anforderungen an Automobile bietet: Braess / Seiffert (Hrsg.) (Kraftfahrzeugtechnik, 2000), S. 7 - 9. Für die relative Bedeutung von Kaufkriterien bei Fahrzeugen für Deutschland vgl. Stern Verlag (STERN Markenprofile 9, 2001), S. 27 - 29. Vgl. auch die Ausführungen bei Picot / Reichwald / Wigand (Grenzenlose Unternehmung, 2001), S. 528: „Die Preis-Leistungs-Relation verschiebt sich insofern, als dass die Abnehmer auch bei einem günstigen Absatzpreis relativ hohe Ansprüche bzgl. Qualität, Service, Passgenauigkeit oder Funktionalität stellen oder umgekehrt bei einer ausgeprägten Differenzierung des Produkts gewisse Mindestanforderungen an dessen Preisgestaltung haben. Ein Unternehmen muss sich deshalb ständig an die geänderten Kundenwünsche in beiden Dimensionen anpassen."
Im krassen Gegensatz zur Anforderung der erhöhten Fahrzeugintegrität steht die signifikante Zunahme der Qualitätsmängel und Rückrufaktionen. Vgl. Harnischfeger (Rückrufaktionen nehmen dramatisch zu, 2002).

3.4.2.1 Benutzerfreundliche Ausgestaltung des Bedien- und Anzeigenkonzepts im Fahrzeuginnenraum

Mit dem vermehrten Einsatz von IuK im Fahrzeug ist die Notwendigkeit zur Optimierung der Mensch-Maschine-Schnittstelle in Form des Bedien- und Anzeigenkonzepts im Cockpit verbunden. Dies ergibt sich aus dem Umstand, dass eine benutzerfreundliche Konzipierung des Cockpits maßgeblich den Nutzwert der den Fahrzeuginsassen zur Verfügung stehenden Sekundärfunktionen[237] bestimmt. Trotz der Zunahme der zu bedienenden Funktionalitäten muss das Konzept gewährleisten, dass der Fahrer sämtliche Funktionen nach kurzer Eingewöhnungszeit intuitiv bedienen kann, ohne dass er in seiner Konzentration auf den Straßenverkehr abgelenkt wird.

Um den Wunsch der Kunden nach neuen Funktionalitäten nicht nur technologisch umzusetzen, existieren dazu mit (a) der Art der räumlichen Integration der Systeme in den Fahrzeuginnenraum, (b) der Verteilung, dem Design und der Funktionsweise der Bedienelemente, (c) der Art der Informationsanzeige (Display und/oder Sprachausgabe) und (d) der Art der Bedienung (Sprach- und/oder Tastensteuerung) eine ganze Reihe gestalterischer Freiheitsgrade, die es gilt, kombinatorisch zu einer für den Fahrer einfach und intuitiv handhabbaren Bedien- und Anzeigenoberfläche zu verknüpfen.

3.4.2.2 Hohe Marken- und Zeitstilkongruenz im Fahrzeugdesign

Solange Fahrzeuge sich noch durch ihre technisch-funktionalen Basiseigenschaften signifikant unterschieden, war die Beurteilung des Attraktivitätsniveaus eines Fahrzeugs maßgeblich durch die Befriedigung rationaler Kundenbedürfnisse durch objektive Fahrzeugattribute, wie z.B. der Beschleunigung oder dem Verbrauch, bestimmt. Mit der Homogenisierung der objektiven Fahrzeugattribute hat sich die Situation jedoch grundlegend geändert: In dem Maß, in dem Kunden technisch-funktional ausgereifte Fahrzeuge als Selbstverständlichkeit voraussetzen, stützen sie ihre Kaufentscheidung vermehrt auf die Integrationsleistungen auf den oberen „Fahrzeug-Aggregationsebenen", wie Markenimage, Fahrzeugdesign oder auch Fahrzeugkonfiguration.[238] Da diese Eigenschaften primär die emotionalen Bedürfnisse ansprechen, gewinnt deren Befriedigung analog an Bedeutung. Als wirkungsvolle Maßnahmen zur Differenzierung in der emotionalen Nutzendimension gelten eine professionelle Markenprofilierung sowie ein zeitstilkongruentes, innovatives Fahrzeugdesign:

---

[237] Darunter versteht man Funktionen, die nicht unmittelbar zum Fahren gehören, wie z.B. Außentemperatur- und Kraftstoffreserveanzeigen, Navigationssystem- und Abstandsmessungsinformationen etc.

[238] Einige Autoren sprechen in diesem Kontext von einer Ergänzung bzw. „Überlagerung" der technisch-funktionalen Qualitäten eines Fahrzeugs durch seine immateriellen Werte. Vgl. z.B. Barckmann (Automobilgestaltung, 2001), S. 50, Cusumano / Nobeoka (Multi-project management, 1998), S. 138f., Diez (Autokonjunktur am Wendepunkt, 2000), S. 21, Göschel (New Business Development in der Automobilindustrie, 2001), S. 5, Peren (Bedeutung des Customizing, 1996), S. 22 oder Seidel / Stahl (Risikomanagement bei BMW, 2001), S. 88f.

1. Professionelle Markenprofilierung[239]

Zur Umsetzung einer professionellen Markenprofilierung müssen Automobilhersteller u.a. folgende Aufgaben wahrnehmen:[240]

- Ermittlung idealtypischer, gewichteter Imageprofile für jedes Fahrzeugsegment durch Analyse der Affinitäten der anvisierten Zielkundensegmente zu bestimmten Imagedimensionen;[241]
- Erzielung einer möglichst hohen Übereinstimmung zwischen den segmentspezifischen Präferenzen und dem durch die Marke vermittelten Image (z.b. sportlich, elegant-konservativ, jugendlich etc.) durch eine markenkonforme Gestaltung von Fahrzeugmerkmalen und Dienstleistungen sowie eine entsprechende kommunikationspolitische Akzentuierung;
- Aufbau und Weiterentwicklung einer eigenständigen Markenidentität durch unverwechselbare Fahrzeuge und ein geeignetes (Mehr-)Markenmanagement;[242]
- Etablierung und Pflege eines konsistenten Charakters für das gesamte Fahrzeugportfolio.

Bei guter Aufgabenerfüllung können die Hersteller u.a. Grundlagen für eine hohe Kundenloyalität, ein großes Markenerweiterungspotenzial sowie eine Absicherung gegen Produktfehler und kompetitive Preiskampagnen schaffen.[243] Dass die Aufgabenerfüllung jedoch keinesfalls ein leichtes Unterfangen darstellt, darauf verweisen schon Clark / Fujimoto: Sie stellen fest, dass in dem Maß, in dem Kunden verstärkt auf „Corporate Identity" achten, OEMs „einen subtilen Balanceakt zwischen Corporate Identity in der Produktlinie und Attraktivität und Vielfalt bei einzelnen Produkten ausführen müssen."[244]

---

[239] Unter einer „Marke" soll in Anlehnung an Meffert „ein in der Psyche des Konsumenten verankertes, unverwechselbares Vorstellungsbild von einem Produkt oder einer Dienstleistung" verstanden werden. Meffert (Marketing, 1998), S. 785.

[240] Für die Aufgabenbeschreibungen vgl. u.a. Brandt / Heise (Emotionalisierung der Marke in der Autoindustrie, 2002), S. 38f., Clark / Fujimoto (Automobilentwicklung, 1992), S. 303 - 305, Esch / Wicke (Markenmanagement, 2000), S. 42 - 44, Karsten / Sommerlatte (Herausforderungen in der Automobilindustrie, 1999), S. 10 und Schaaf (Marktorientiertes Entwicklungsmanagement, 1999), S. 76.
Unter dem Titel „Analyse der Imagepositionierung der Automobilmarken in Deutschland" betrachtet eine aktuelle Studie des Beratungsunternehmens „Marketing Systems" die Entwicklung von automobilen Markenimages in den letzten fünf Jahren. Dabei zeigt diese Studie nicht nur die Imageveränderung einzelner Marken auf, sondern versucht auch, Erklärungsansätze für die beobachteten Entwicklungen zu finden. Eines der Ergebnisse der Studie ist, dass bei den Automobilherstellern der Trend zur Emotionalisierung der Marken unverkennbar ist. Je nach Potenzial und bereits vorhandenen Grundwerten der Automobilmarken erfolgt die Emotionalisierung entweder (a) aus technischen Kernkompetenzen heraus, (b) durch Bildung von Vertrauen, das sich aus hochwertiger Verarbeitung und Zuverlässigkeit der Technik generiert oder (c) in Ermangelung ausreichender Substanz der Markenwerte durch abstrakte „Fun-Faktoren". Vgl. Marketing Systems (Hrsg.) (Automotive trends April 2000, 2000) und die dortigen Verweise auf die kostenpflichtige Studie.

[241] Zu adressierende Imagedimensionen inkl. der jeweiligen Marktführer in unterschiedlichen Märkten der Automobilindustrie sind beschrieben bei: Diez (Autokonjunktur am Wendepunkt, 2000), S. 21.

[242] So lautet z.B. die Aufgabe für den neuen Audi-Vorstand Winterkorn, die Marke Audi durch mutiges Design und extravagante Fahrzeugkonzepte wieder auf sportlichen Avantgarde-Kurs zu trimmen und damit auf Distanz zur klassischen Marke VW zu gehen. Vgl. Hannemann (Künftig lässt Volkswagen keine Nische aus, 2002), S. 23.

[243] Für die Bedeutung von Marken aus Hersteller- und Konsumentensicht vgl. Biel (Grundlagen zum Markenwertaufbau, 2000), S. 68f. und Brandt / Heise (Emotionalisierung der Marke in der Autoindustrie, 2002), S. 38f.

[244] Clark / Fujimoto (Automobilentwicklung, 1992), S. 303. Nach Meinung der Autoren drückt sich „Corporate Identity" dabei weniger durch oberflächliche Gemeinsamkeit von Emblemen, Konturen oder durch Werbung verbreitetes gemeinsames Image aus, als vielmehr auf der Ebene der Produktcharakteristik durch z.B. die Art, „wie Details von Funktionen und Form in Hardware quer über die gesamte Produktpalette gleichartig zusammenspielen." Ebenda.

2. Zeitstilkongruentes, innovatives Fahrzeugdesign

Während das Markenprofil eine Metaebene in der Schnittstelle zum Kunden verkörpert, bezieht sich das Fahrzeugdesign auf eine subjektive formal-ästhetische Fahrzeugeigenschaft. Im Zusammenspiel von emotional bestimmter Interieur- und Exterieurgestaltung, von Farben, Formen und Materialien verleiht es dem Automobil eine unverwechselbare Identität und kann somit als Markenausdruck und Imageträger interpretiert werden und dadurch das Markenleitbild prägen und weiterentwickeln:[245] „... Das Design eines Automobils kann die Identität optisch transportieren und macht sie selbst für den zufälligen Betrachter quasi im Vorbeifahren erlebbar. Ein prägnantes Design sorgt für Wiedererkennung und Differenzierung. Fahrzeugdesign überwindet die unter dem Blech liegende technische Einheitlichkeit der Automobile. ... Der Innenraum sollte angesichts zunehmender Verweildauer im Fahrzeug den Insassen ein subjektives Erlebnis des Wohlfühlens ermöglichen und damit die spezifische Markenwahrnehmung durch positiv besetzte emotionale Wahrnehmungen unterstützen."[246]

Sofern das Design die Versprechen von Werbung und Markenimage einlöst und nicht (ent-)täuscht, kann es zu einer der wirkungsvollsten Quellen kundenbezogener Produktakzeptanz werden und die Bindung des Kunden an die Marke sicherstellen.[247] Dies wird auch durch empirische Untersuchungen belegt, die zu dem Ergebnis kommen, dass das Zustandekommen einer Kaufpräferenz heute entscheidend durch das Fahrzeugdesign beeinflusst wird und dieses mittlerweile zu einem der wichtigsten Differenzierungsmerkmale avanciert ist.[248] Im Umkehrschluss bedeutet die zentrale Stellung des Designs als Kaufanreiz allerdings auch, dass selbst unter der Voraussetzung der Konkurrenzfähigkeit aller technisch-funktionalen Fahrzeugeigenschaften und des Kaufpreises, ein Neufahrzeug zum Scheitern verurteilt ist, falls sein Design auf grundsätzliche Ablehnung stößt.

3.4.3 Anforderungsdimension 3: Erhöhung der Varietät im Fahrzeugportfolio

Die Ausdifferenzierung der Marktsegmente als Folge eines sich individualisierenden Konsumentenverhaltens und der Marktsättigung in den Kernmärkten der Triade verlangt von den Automobilherstellern, dass sie ihre Absatzmärkte „weniger als anonyme, weitgehend homogene, allenfalls segmentierte Masse .. begreifen, sondern den Einzelkunden mit seinen individuellen Bedürfnissen und Wünschen ins Zentrum der Überlegungen .. stellen."[249] Um Auto-

---

[245] Vgl. Hirschel (Design muss der Marke dienen, 1999), S.44f. Zu den Einflussgrößen auf subjektiver, objektiver und ästhetischer Wirkungsebene auf den Gestaltungsprozess vgl. Barckmann (Automobilgestaltung, 2001), S. 51 - 55. Zu Designtrends im Automobilbau vgl. die Aussagen der Chefdesigner von BMW, Audi, Porsche, Saab und DaimlerChrysler, aufgeführt in: o.V. (Crossover heißt der neue Trend, 2002).

[246] Vgl. Brandt / Heise (Emotionalisierung der Marke in der Autoindustrie, 2002), S. 40.

[247] Diez spricht in diesem Zusammenhang von einer Renaissance des Designs, welches bereits in den 50er und 60er Jahren eine entscheidende, damals jedoch neue Kundenanforderung darstellte. Vgl. Diez (Automobilmarketing, 2001), S. 211. Zur Bedeutung des Designs vgl. auch Barckmann (Automobilgestaltung, 2001), S. 50.

[248] Vgl. Erdmann (Virtual Reality-unterstützte Konzepttests, 1999), S. 3 und S. 12 sowie die dort angegebenen Verweise.

[249] Picot / Reichwald / Wigand (Grenzenlose Unternehmung, 2001), S. 461. Ähnlich auch: Peren (Bedeutung des Customizing, 1996), S. 15.

mobilkäufer von den Vorzügen eines Fahrzeugs zu überzeugen, muss dieses in zunehmendem Maß in der Lage sein, über die reinen Basisnutzenaspekte hinweg den persönlichen Lebensstil und die Vorlieben des potentiellen Käufers zu visualisieren und zu verkörpern: „Today's customers have become increasingly sensitive to personal fit with the holistic images of the car: the fit between the car and self-image, lifestyle, use patterns, sensibility, and aesthetic tastes."[250] In diesem Sinn verkörpert das Auto auch mehr als nur die Funktion einer „sozialen Visitenkarte".

Vor diesem Hintergrund kann eine Erhöhung der Varietät im Fahrzeugportfolio ein wertvolles Differenzierungsinstrument sein. Schwerpunktmäßig sind dabei zwei konkrete Anforderungen zu beachten:

3.4.3.1 Präferenzadäquate Individualisierung des Modellportfolios

Zur Synchronisierung des Fahrzeugangebots (Produktseite) mit den Kundenpräferenzen (Marktseite) muss verstärkt eine präferenzadäquate Individualisierung des angebotenen Modellportfolios vorgenommen werden. Diesbezüglich sind die von den Unternehmen bereits in der Vergangenheit sukzessive eingeschlagenen Strategien,

- die klassischen, volumenträchtigen Automobilkonzepte durch Variantenbildung zu fördern und mittels einer kreativen Sondermodellpolitik zu attraktivieren (horizontale Fahrzeugdifferenzierung) sowie
- gleichzeitig das Fahrzeugportfolio durch Roadster, Off-Road-Fahrzeuge, Sport-Utility-(SUVs) und Multi-Purpose-Vehicles (MPVs) gezielt zu ergänzen (Bedienung von Nischenmärkten),[251]

forciert weiterzuverfolgen und darüber hinaus

- um die Entwicklung sog. Cross-Over-Vehicles (COVs)[252] zu vervollständigen, die sich strukturell nicht mehr einem bestimmten Segment zuordnen lassen („Segmentkiller").[253]

---

[250] Fujimoto (Information asset map, 1993), S. 38. Clark / Fujimoto sprechen in diesem Zusammenhang von der „externen Integrität" des Fahrzeugs, worunter sie ein Maß für die Güte der Übereinstimmung von Produktfunktion, -struktur und -semantik mit den Erwartungen, Wertvorstellungen, Lebensstilen, Nutzungsarten und dem Selbstverständnis des Kunden verstehen. Vgl. Clark / Fujimoto (Automobilentwicklung, 1992), S. 40f.

[251] Laut dem VDA-Präsident erhöhte sich der Anteil von Nischenfahrzeugen seit 1995 von 10% auf mittlerweile 15,5% mit weiterhin steigender Tendenz. Vgl. o.V. (Sturmwarnung im Netzwerk, 2000), S. 37.
Neben den Strategien der horizontalen Fahrzeugdifferenzierung und der Bedienung von Nischenmärkten existiert noch eine dritte Möglichkeit der Fahrzeugproliferation: eine Ausdehnung der vertikalen Fahrzeuggrößenklassen. Schwerpunktmäßig werden jedoch die beiden erstgenannten Strategien verfolgt, da diese in Bezug auf den Abdeckungsgrad von Kundenpräferenzen im Vergleich zur Ergänzung weiterer Fahrzeuggrößenklassen i.d.R. als ungleich effektiver einzuschätzen sind: Während mit einer anderen Größenklasse die Individualisierung primär auf das Raumangebot und den mit dem Auto verbundenen Status und Prestige begrenzt bleibt, erlaubt eine neue Variante eine weitaus größere Individualisierung. Cabrios, Coupés, Kombis oder Limousinen und die durch sie verkörperten Werte können viel eher als Ausdrucksmittel von Lebensstilen interpretiert werden, als dies durch unterschiedliche Größenklassen möglich ist.

[252] Unter „Cross-Over-Vehicles" werden Fahrzeugtypen subsumiert, die Eigenschaften ganz unterschiedlicher Segmente in sich vereinen. Als erstes Fahrzeug, welches diesen Gedanken umsetzt, gilt der für das Jahr 2004 zur Markteinführung geplante „Grand Sport Tourer" von Mercedes-Benz. In seiner Architektur verkörpert er einen Mix aus Limousine, Minivan, Kombi und Geländewagen. Vgl. Hannemann (Autos der Zukunft sind Zwitterwesen, 2002).

[253] Eine Übersicht zu den Baureihenprogrammen für die Jahre 1998 - 2006 aller bedeutenden Hersteller inkl. der zugrundeliegenden Plattformen bietet: Standard & Poor's (Hrsg.) (World car industry forecast report, 2001), S. 431 - 451.

Für die Zukunft wird nämlich davon ausgegangen, dass keine grundlegend neuen Produktkonzepte entstehen werden, es allerdings durch die zunehmende Vermischung der vorhandenen Aufbauformen zum Entstehen weiterer Nischen kommen und durch die Variabilisierung der Aufbauformen eine Entwicklung hin zu den genannten Cross-Over-Vehicles einsetzen wird.[254]

Um eine Vorstellung von dem sich abzeichnenden Ausmaß der Fahrzeugproliferation zu gewinnen, sei auf einige beispielhafte Fakten und Aussagen verwiesen:

- Die Zahl der in Deutschland erhältlichen Fahrzeugvarianten hat sich in den vergangenen 20 Jahren seit 1980 von 200 auf etwa 360 nahezu verdoppelt;[255]
- Weltweit werden im Jahr 2002 117 neue Modelle vorgestellt;[256]
- Toyota wird im Jahr 2002 gleich mit dem ersten Verkaufstag fünf verschiedene Varianten des Fahrzeugs „Corolla" auf den Markt bringen;[257]
- Ausgehend von einem aktuellen Marktabdeckungsgrad von ca. 75% bei den existierenden 30 Marktsegmenten strebt Volkswagen innerhalb von fünf Jahren eine Abdeckung von 80% an, allerdings in dann schon weit mehr als 40 Segmenten;[258]
- Ford will in den nächsten fünf Jahren in den USA bis zu 80 und in Europa 45 neue Modelle auf den Markt bringen.[259]

Integraler Bestandteil der Erhöhung der Varietät im Modellportfolio muss die regionale Individualisierung des Angebots sein: Über eine Kombination marktindividueller Produktstrategien sind die Produktpolitiken und Fahrzeugkonzeptionierungen der OEMs gezielt auf die regional differierenden Marktbedingungen und Kundenbedürfnisse auszurichten.[260] Um einen maximalen Übereinstimmungsgrad der Fahrzeugattribute mit den Präferenzprofilen der jeweiligen Kundensegmente zu erzielen, steht im Fokus dieser Strategie, die regionalen, vor allem kulturellen Besonderheiten der einzelnen Absatzmärkte so präzise wie möglich zu verstehen und in den Automobilen abzubilden. Zur Diagnose und Modellierung der regionalen Präferenzprofile ist folglich der oben vorgestellte fahrzeug-architektonische Segmentierungsansatz um eine regionale Komponente zu erweitern.[261] Nicht zu vergessen sind in diesem Zusam-

---

[254] Vgl. Diez (Automobilmarketing, 2001), S. 107f. und o.V. (Global niche vehicle markets: Prospects to 2005, 2000)..Als Konsequenz wird sich die traditionelle vertikale Marktstruktur, die vom Kleinwagen bis zum Luxuswagen reicht, mit hoher Wahrscheinlichkeit auflösen. Vgl. Schaaf (Marktorientiertes Entwicklungsmanagement, 1999), S. 76.

[255] Vgl. o.V. (Flut neuer Automodelle, 2001), S. 49 und o.V. (Trends in der Automobilindustrie, 2000), S. 6.

[256] Vgl. Hannemann (Modellschwemme, 2002), S. 17.

[257] Vgl. o.V. (Flut neuer Automodelle, 2001), S. 49.

[258] So die Aussagen des Marketingvorstands der Volkswagen AG, Büchelhofer, und des Vorstandschefs Pitchesrieder, in: Winter / Schäfer (Volkswagen will seine Markenprofile schärfen, 2002) und Hannemann (Künftig lässt Volkswagen keine Nische aus, 2001), S. 23.

[259] So die Aussage des Ford-Vorstands Scheele in: o.V. (US-Autokonzerne, 2002).

[260] „Dem schwachen .. Wachstum der Nachfrage in den etablierten (Auto-)Ländern werden die Hersteller mit einem stärkeren Zuschnitt des Modellangebots auf die spezifischen Bedürfnisse einzelner regionaler Kundengruppen beggnen müssen." Karsten / Sommerlatte (Herausforderungen in der Automobilindustrie, 1999), S. 10.

[261] Insofern handelt es sich bei der regionenspezifischen Adjustierung des Produktprogramms auch nicht um eine völlig neue Anforderung an die Automobilhersteller, sondern vielmehr um eine Ergänzung der bereits beschriebenen Anforde-

menhang die besonderen Bedürfnisse der Kunden in den Wachstumsmärkten: „Typically, mature markets in developed economies demand lifestyle vehicles, while emerging markets demand basic, cheap and affordable transportation. ... In mature markets, demand is typically replacement demand, whereas in emerging markets, demand is typically incremental, as personal transportation aspirations are met for the first time."[262]

Ein verdeutlichendes Beispiel für die regionalen Unterschiede in den Fahrzeugkonzepten zeigt Abb. 33. Dort ist zu erkennen, dass jede Region spezifische, auf übergeordneter Ebene weitgehend zeitkonstante Präferenzen aufweist: Während der Absatzmarkt der USA durch großvolumige und leistungsstarke Fahrzeuge dominiert wird, ist der japanische Markt durch eine Dominanz der Kleinst- und Kleinwagen gekennzeichnet. Im westeuropäischen Markt hingegen überwiegen weniger die Segmente am oberen und unteren Skalenende als vielmehr die im mittleren Bereich.

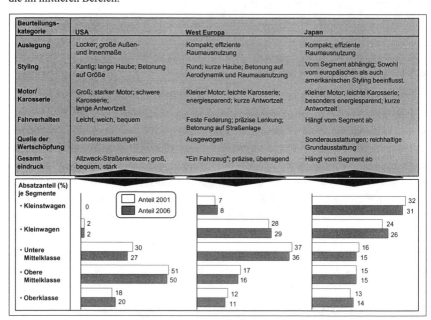

Abb. 33: *Regionale Unterschiede in den automobilen Produktkonzepten und deren Entsprechung in segmentspezifischen Absatzvolumen.*[263]

---

rungen der Attraktivierung klassischer Fahrzeugkonzepte und der Erweiterung des Angebots um Nischenfahrzeuge und COVs.
[262] PriceWaterhouseCoopers (Hrsg.) (Second automotive century, 2000), S. 9.
[263] Während im oberen Teil der Abbildung die von Clark / Fujimoto identifizierten Unterschiede in den automobilen Produktkonzepten der 80er Jahre dargestellt sind, sind die Verteilungen der aktuellen und prognostizierten Absatzvolumina je Segment und Region dazu im unteren Teil kontrastiert. Interessant am Inhalt des oberen Teils der Abbildung ist, dass Mitte der 80er Jahre die Ausdifferenzierung der Marktsegmente offensichtlich erst in Japan wirksam war. Während nämlich die Fahrzeugkonzepte in den USA und Europa entlang der Beurteilungskategorien weitgehend segmentübergreifend homogen waren, erforderte die Heterogenität der Segmente in Japan bereits eine segmentspezifische Differenzierung.

3.4.3.2 Qualitative und quantitative Erweiterung der Sonderausstattungsangebote

Als zweites Element einer Erhöhung der Variabilität im Fahrzeugportfolio sind die Angebote von Sonderausstattungen für jedes Modell qualitativ und quantitativ zu erweitern, um so den Kunden die Möglichkeit zu offerieren, „ihre" Fahrzeuge individuell konfigurieren zu können. Anstatt die Frage zu beantworten, ob überhaupt Sonderausstattungen angeboten werden sollen, müssen sich Automobilhersteller vielmehr überlegen, mit welchen innovativen Sonderausstattungspaketen eine Wettbewerbsdifferenzierung erreicht werden kann. Die Überlegungen gehen in diesem Zusammenhang sogar soweit, dass für den Fahrzeuginnenraum Kunden die Möglichkeit gegeben werden soll, z.b. zwischen einem „Ikea-" oder einem „Nokia-Cockpit" auswählen zu können.[264]

3.4.4 Anforderungsdimension 4: Weiterentwicklung der plattformbasierten modularen Fahrzeugarchitektur

Bevor dargestellt wird, in welche Richtung sich die Fahrzeugarchitektur anforderungsadäquat weiterentwickeln sollte, erfolgt zunächst eine Konkretisierung, was unter einer plattformbasierten modularen Fahrzeugarchitektur zu verstehen ist.[265]

In Anlehnung an Diez fasst eine *Fahrzeugplattform* diejenigen Komponenten, Schnittstellen und Funktionen zusammen, die innerhalb einer Fahrzeugfamilie vereinheitlichbar und zeitlich stabil sind.[266] Darunter fallen i.d.R. die Bodengruppe, der Antriebsstrang und die Achsen, welche zusammen ca. 60% des Fahrzeugwerts ausmachen.[267] Den aktuellen und den prognostizierten Plattformeinsatz bei den zehn umsatzstärksten Automobilherstellern zeigt Abb. 34: Während die Anzahl der Plattformen trotz der Erweiterung der Modellpalette stagniert, erhöht sich entsprechend der Anteil der Plattformfahrzeuge und die Produktionsmenge je Plattform.[268]

Auf der Plattform setzen die sog. *Fahrzeugmodule* - auch „Hüte" genannt - auf. Darunter werden räumlich und/oder funktional zusammengehörige Baugruppen verstanden, die unter Berücksichtigung systemtechnischer Interdependenzen mit anderen Modulen eigenständig entwickelt und dann verbaut werden können;[269] Aggregate, Karosserie, Cockpit, Heck-,

---

Der Grund für das frühzeitigere Einsetzen der Fragmentierung in Japan lag in der größeren Zahl von Konkurrenten auf einem vergleichsweise kleinen und labilen Binnenmarkt. Für die Produktkonzepte vgl. Clark / Fujimoto (Automobilentwicklung, 1992), S.46, für die Absatzvolumen vgl. Standard & Poor´s (Hrsg.) (World car industry forecast report, 2001), S. 49, S. 166 und S. 204.

[264] Vgl. Dörr (Fertigungskonzept NetCar, 2000), S. 126.
[265] Vgl. dazu auch: Piller / Waringer (Modularisierung in der Automobilindustrie:, 1999), S. 38 - 90.
[266] Vgl. Diez (Automobilmarketing, 2001), S. 168.
[267] Vgl. Piller (Mass Customization, 2001), S. 176.
[268] Zu den Plattformkonzepten in der Automobilentwicklung vgl. auch gesamthaft: Cornet (Plattformkonzepte in der Automobilentwicklung, 2002).
[269] Vgl. Diez (Automobilmarketing, 2001), S. 145 und Müller (Risikomanagement, 2001), S. 49f. Hinsichtlich der Einbindung in das Fahrzeug können zwei Modulformen unterschieden werden. Bei *funktionalen Modulen* bestimmt sich deren Größe dadurch, dass die enthaltenen Bauteile eine oder mehrere Funktionen erfüllen, aber über das gesamte Fahrzeug verteilt sein können (z.B. Motorsteuerung). Demgegenüber sind *räumliche Module* eine Gruppe lokal konzentrierter Bauteile, die vornehmlich aus Montagegründen zusammengestellt sind. Vgl. u.a. Pfaffmann (Kompetenzbasiertes Management, 2001), S. 216 - 219 und S. 352.

Front- und Corner-Partien sowie Türen sind Beispiele für solche eigenständigen Module.[270] Die Module setzen sich wiederum aus Systemen zusammen (z.b. das Bremssystem als Bestandteil des Fahrwerks), die ihrerseits aus Komponenten aufgebaut sind. Bestandteile der Komponenten sind Einzelteile, wie z.B. Schrauben, Kabel, Dichtungsringe etc.[271]

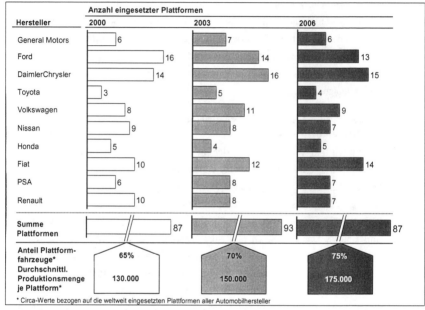

Abb. 34: Entwicklung des Plattformeinsatzes in der Automobilindustrie.[272]

Die treibenden Faktoren für eine funktionale versus einer räumlichen Integration sind zusammengefasst in: Freudenberg (Branchenstruktur Zulieferer, 2000).

[270] Vgl. Diez (Automobilmarketing, 2001), S. 145, Kruschwitz (Plattformstrategie und Gleichteileverwendung, 1998), S. 3 - 5, o.V. (Automotive supply chain, 2000), S. 136 - 143 und Wolters (Modul- und Systemschaffung, 1995), S. 75. Das „Corner-Modul" beinhaltet das Rad, die Reifen und die Radaufhängung.

[271] Zu den Baustrukturebenen eines Fahrzeugs vgl. Gentner (Kennzahlensystem, 1994), S. 46 und die dort angegebenen Literaturquellen sowie Pfaffmann (Kompetenzbasiertes Management, 2001), S. 251 - 253. Zum Zusammenhang zwischen Modulen und Plattformen stellt Muffatto fest: „... when product architecture is entirely modular, the concept of platform becomes meaningless." Muffatto (Product development capabilities, 1999), S. 3.

[272] Die Werte sind entnommen aus: Standard & Poor's (Hrsg.) (World car industry forecast report, 2001), S. 64 - 68 (Anzahl Plattformen), Roland Berger & Partner (Hrsg.) (Future of automotive supplier industry, 2000), S. 20 (Anteil Plattformfahrzeuge) sowie PriceWaterhouseCoopers (Hrsg.) (Second automotive century, 2000), S. 19f. (Produktionsmenge je Plattform). Prognosen mit ähnlichen Angaben sind zu finden bei: Merlis / Sylvester / Newton (Breakthroughs in E-Engineering, 2000), S. 39.
Für das Jahr 2005 wird erwartet, dass 16 Plattformen ein Volumen von über einer Millionen Einheiten erreichen und damit ca. ein Drittel der Gesamtproduktionsmenge abdecken werden. Auf diesen Plattformen basieren jedoch fast ausschließlich Fahrzeuge in unteren Mittelklasse- und den darunter liegenden Fahrzeugsegmenten. Vgl. PriceWaterhouseCoopers (Hrsg.) (Second automotive century, 2000), S. 19f. Im Vergleich dazu setzt Daimler-Chrysler als Anbieter im volumenärmeren Premium-Segment bisher nicht auf konzernweite Plattformen, sondern auf eine Solitärstrategie (zur Solitärstrategie vgl. Diez (Automobilmarketing, 2001), S. 175). Das Unternehmen befürchtet Imageverluste seiner getrennt geführten Marken. Allerdings strebt DaimlerChrysler zumindest den Einsatz einer gemeinsamen elektronischen Systemarchitektur an.

Mit der Anforderung „Weiterentwicklung der plattformbasierten modularen Fahrzeugarchitektur" ist nun gemeint, dass

- die *Plattformen zur Flexibilitätssteigerung individueller konfigurierbar* werden („Plug-and-Play-Plattformen - Designed for (re-)configurability") und damit die Anzahl fundamental unterschiedlicher Ausführungen trotz erweitertem Modellangebot beibehalten oder sogar reduziert werden kann sowie
- die Module zur Komplexitätsreduzierung
  - zum einen *technisch-funktional weiter voneinander entkoppelt* werden und
  - zum anderen ihre *Anzahl auf wenige „Großmodule"* (z.B. Frontmodul, Fahrgastzelle, Heck- und Dachmodul) *beschränkt* wird[273].

Damit stellt diese Art der Fahrzeugarchitektur auch eine wichtige Voraussetzung für die zuvor diskutierte Anforderung der Erhöhung der Varietät im Fahrzeugportfolio dar.

Die vielfältigen Vorteile, die mit der plattformbasierten modularen Fahrzeugarchitektur generiert werden können, lassen sich in fünf Punkten zusammenfassen:[274]

1. Produktpolitisches Instrument der markenspezifischen Fahrzeugproliferation

Nach dem Vorstandsvorsitzenden der Volkswagen AG, Pitchesrieder, erlaubt „nur eine intelligente Modulstrategie ..., das Angebot in den nächsten fünf Jahren von derzeit 50 auf 100 Modelle zu verdoppeln"[275] Hintergrund dieser Aussage ist, dass Module unterschiedliche markenkonforme Ausprägungen aufweisen können, über die eine Differenzierung der Fahrzeuge möglich ist. So führen bspw. verschiedene Fahrzeugabmessungen, sichtbare Karosserie- bzw. Anbauteile, die Innenraumgestaltung und Materialauswahl trotz gleicher Plattform und Basismodule zur klaren Unterscheidung der Marken.

2. Senkung variantenabhängiger Kosten

Bei einer umfangreichen Angebotsproliferation können die Kosten je Fahrzeug schnell höher sein als die erzielbaren Erlöse, da die Entwicklungs- und Produktionsvorbereitungskosten nur auf eine vergleichsweise geringe Anzahl produzierter und verkaufter Stückzahlen je Fahr-

---

[273] So wird z.Zt. daran geforscht, Module, die heute im Fahrzeug noch weitgehend einzelne Funktionen wie Motorsteuerung, Getriebesteuerung oder adaptive Fahrwerkauslegung ausüben, zu Zentralmodulen zusammenzufassen. Das Ölmodul, das neben der Filtration und Ölkühlung, z.B. auch die Ölpumpe, ein Druckregelventil oder auch die Wasserpumpe in einem einzigen System integriert, ist ein Beispiel für ein solch hochintegriertes, weitgehend „autarkes" Modul. Vgl. Braess / Seiffert (Hrsg.) (Kraftfahrzeugtechnik, 2000), S. 621.
Aus Zuliefersicht erweist sich insbesondere der Markt für Cockpit- und Türmodule als vielversprechend. Hier wird mit einer Verzehn- (Cockpit) bzw. einer Versechsfachung (Türe) des weltweiten Auftragsvolumens bis zum Jahr 2010 gerechnet. Vgl. o.V. (Neue Strategien der Automobilhersteller, 2001), S. 30.

[274] Den Vorteilen gegenüber stehen auch Problemfelder und Risiken, die es zu beachten gilt. Diez fasst diese in vier Punkten zusammen: (1) Übersegmentierung und Kannibalisierung, (2) Zusammenbruch von Preishierarchien, (3) Erosion von Markenwerten, (4) Höhere Distributionskosten. Für eine detaillierte Erläuterung vgl. Diez (Automobilmarketing, 2001), S. 171 - 174. Eine vergleichende Übersicht zu den Potentialen und Gefahren modularer Produktarchitekturen ist zu finden bei: Göpfert (Modulare Produktentwicklung, 1998), S. 121.
Die Ausprägungen der Modulstrategien der deutschen OEMs sind beschrieben in: o.V. (Module im Fahrzeugbau, 2001), S. 88.

[275] Aussage in einem Interview. Zitiert in: Hannemann (Künftig lässt Volkswagen keine Nische aus, 2001), S. 23.

zeugmodell umgelegt werden können. Da allerdings bei einer plattformbasierten modularen Fahrzeugarchitektur die Produktionsvolumen je Plattform und Basismodul im Vergleich zu Solitärentwicklungen wesentlich höher sind, haben sich Plattform- und Modulstrategien in der Automobilindustrie zu einem Haupteffizienzkriterium entwickelt:[276]

- Bei zunehmender Nachfrage nach Nischenmodellen, kann das Verhältnis von Variantenvielfalt und Stückzahl ausgewogen gestaltet werden. Durch die höheren Stückzahlen sinken die Preise für die Bauteile;
- Die Anzahl der Bauteile, die zu entwickeln und zu pflegen sind, reduziert sich deutlich, da die Module der einzelnen Marken in einer Fahrzeugbaureihe sich nicht mehr addieren. Dadurch können Entwicklungszeit sowie Entwicklungs-, Anlauf- und Qualitätskosten reduziert werden;
- Die Steuerung der komplexen Fertigungs- und Logistikprozesse innerhalb eines Automobilwerkes wird durch die verringerte Anzahl fundamental unterschiedlicher Fahrzeugderivate erheblich vereinfacht. Damit lassen sich die entsprechenden Kostenblöcke merklich reduzieren;
- Die Produktion der Fahrzeuge kann in standardisierterer Form ablaufen, so dass die Produktionskosten deutlich gesenkt werden können. Darüber hinaus ist die Produktion hinsichtlich Anlagenausnutzung und Werksbelegung flexibler gestaltbar. Mit den bestehenden Werkskapazitäten können mehr Fahrzeuge und vor allem mehr Modellvarianten produziert werden.

3. Beschleunigung der Entwicklungsprozesse

Sofern keine technisch-funktionalen Abhängigkeiten zwischen den Modulen bestehen, sind modulspezifische Entwicklungstätigkeiten, wie z.B. Auslegungen, Berechnungen oder Simulation weitgehend unabhängig von Konstruktionsergebnissen bei anderen Modulen zwischen zwei Synchronisationszeitpunkten im Entwicklungsablauf durchführbar. Damit können unter Beachtung vorgegebener Zwangsbedingungen, wie z.B. dem maximalen Bauraum, Modulentwicklungen von unterschiedlichen Entwicklungsabteilungen zeitparallel durchgeführt werden. Dies führt im Ergebnis zu einer Beschleunigung der Entwicklungsprozesse.

4. Schnelle Integration von Innovationen in die Fahrzeuge

Im Kap. 3.4.1.2 wurde aufgezeigt, dass sich der Innovationswettlauf bei Automobilen weg von der Mechanik hin zu den hochkomplexen Bereichen der Mechatronik und datentechnischen Vernetzung verschiebt. Vergegenwärtigt man sich, dass in diesen dynamischen Bereichen im Vergleich zu auch beschleunigten Fahrzeug-Innovationszyklen deutlich kürzere Zyklendauern existieren - so durchschreiten z.B. Halbleitertechnologien während der mehrjähri-

---

[276] Vgl. Diez (Automobilmarketing, 2001), S. 170f., Goroncy (Produktionskonzept, 2001), S. 42 - 46, Kruschwitz (Plattformstrategie und Gleichteileverwendung, 1998), S. 3 - 5, Ley / Hofer (Produktplattformen, 1999), S. 57f., Merlis / Sylvester / Newton (Breakthroughs in E-Engineering, 2000), S. 37 und PriceWaterhouseCoopers (Hrsg.) (Second automotive century, 2000), S. 17.

gen Nutzungsdauer eines Fahrzeugs i.d.R. mehrere Entwicklungsstufen - wird die fahrzeugseitige Aufgabenstellung offensichtlich: Über die im Vergleich zu heute weitergehende Gestaltung modularer, offener Fahrzeugarchitekturen mit definierten Schnittstellen und geringer Verknüpfungskomplexität sind Möglichkeiten einer raschen und problemlosen Integration sowie eines Wechsels der Technologien zu schaffen:

- Ohne eine plattformbasierte Modulstrategie müssen Innovationen nach Einsatz in einem neuen Modell erst in die folgenden Modelle „hineinkonstruiert" werden, welches mit einem deutlichen Zeitverzug bei der Markteinführung verbunden ist. Mit der Modulstrategie können die neuesten Innovationen hingegen nahezu zeitgleich weltweit eingesetzt werden.[277]

- Zweitens erlaubt die vorgestellte Fahrzeugarchitektur, dass die Nutzung der jeweils aktuellsten Technologien nicht mehr zwangsweise mit dem Neukauf eines Fahrzeugs verbunden werden muss, sondern der Kunde auch während der Nutzungsphase das Fahrzeug in vielen Bereichen technologisch „aktualisieren" kann. Diese Option kommt dem Kunden insofern entgegen, als dass er im Auto oftmals die gleichen, oder zumindest ähnliche Kommunikationsprodukte wünscht, die er auch außerhalb des Fahrzeugs verwendet. Die Möglichkeit, zwischen Mobiltelefonen, Radios oder Laptops verschiedener Hersteller zu wechseln, erfüllt diesen Wunsch und verspricht im Vergleich zu vorbestimmten Angeboten bei Konkurrenten Wettbewerbsvorteile.

5. Erhöhung der Freiheitsgrade bei „Make- or Buy"-Entscheidungen

Ein weiterer Vorteil des Modulkonzepts besteht in der Möglichkeit, die Entwicklungs- und Fertigungstiefe flexibel zu variieren.[278] Abhängig von den Kosten, den Differenzierungspotenzialen, dem Kompetenzniveau der Zulieferer sowie einem eventuellen Abhängigkeitsverhältnis vom Zulieferer kann modulspezifisch über eine Eigen- oder Fremdentwicklung und/oder -fertigung entschieden werden.

Entscheidende Voraussetzung für die flexible Einbindung der Zulieferer ist allerdings, dass die Module hinreichend voneinander entkoppelt sind. Nur dann können zwischenbetriebliche Spezialisierungsvorteile vollständig ausgeschöpft werden. In der Gestaltung einer geeigneten modularen Fahrzeugarchitektur mit standardisierten Schnittstellen zwischen individuellen Modulen liegt somit auch eine zentrale Aufgabe des Herstellers im Entwicklungsprozess.

3.4.5 Anforderungsdimension 5: Beschleunigung der Fahrzeug-Innovationszyklen

Für alle bisher beschriebenen zukünftigen Anforderungen an Automobile besitzt eine weitere übergeordnete Anforderung Gültigkeit: Die beschleunigte Synchronisierung der Fahrzeugmerkmale mit den sich dynamisch wandelnden Nachfragepräferenzen.

---

[277] Vgl. Kruschwitz (Plattformstrategie und Gleichteileverwendung, 1998), S. 4f.
[278] Vgl. Goroncy (Produktionskonzept, 2001), S. 42f. und Pfaffmann (Kompetenzbasiertes Management, 2001), S. 232.

Die Notwendigkeit zur Beschleunigung des kontinuierlichen Erneuerungsprozesses basiert maßgeblich auf der abnehmenden Halbwertszeit von Moden und Trends, an denen sich die Gestaltung eines Automobils durch seine Funktion als Ausdrucksmittel von Lebensstilen und Einstellungen zu orientieren hat. Während bis Mitte der 90er Jahre noch Marktzyklen von sechs bis acht Jahren durchaus üblich waren, erfordert die Schnelllebigkeit der Trends eine Reduzierung der Marktzyklen bis auf die Größenordnung von ca. drei bis vier Jahren.[279]

Zur Sicherstellung einer permanent hohen Attraktivität des Fahrzeugprogramms muss sich die fortlaufende Überprüfung und Erneuerung dabei sowohl auf das Fahrzeugportfolio als auch die Ausstattungsangebote beziehen.[280] Dass Phasen modellpolitischer Vernachlässigung gravierende Umsatz- und Profitabilitätseinbußen zur Folge haben können, zeigen auch Untersuchungen zu entgangenen Deckungsbeiträgen. So resultiert eine um sechs Monate verzögerte Markteinführung in einem Deckungsbeitragsverlust i.H.v. 300 Mio. EUR.[281]

3.4.6 Anforderungsdimension 6: Kundennutzenneutrale Reduzierung des aktuellen Kostenniveaus

Eine neben der Beschleunigung der Innovationszyklen weitere, für alle genannten Fahrzeugeigenschaften gültige Anforderung betrifft die mit der Entwicklung eines Automobils verbundenen Kosten, zu denen hier sowohl die im Lauf der Entwicklung anfallenden Prozesskosten als auch die Fahrzeug- und Anlaufkosten gezählt werden sollen. Diese sind trotz der kostenintensiven Forderungen nach einer höheren Fahrzeuginnovativität, einer höheren Fahrzeugintegrität, einer höheren Varietät im Fahrzeugportfolio im Vergleich zum aktuellen Niveau zu reduzieren, ohne den Kundennutzen zu beeinträchtigen. Zwei Gründe sind hierfür verantwortlich:

- Erstens müssen sich OEMs bedingt durch die Kontraktion der Marktzyklendauer mit sinkenden Stückzahlen je Fahrzeugmodell bei reduzierter Amortisationsdauer auseinandersetzen: Konzentrierte sich früher bei einem begrenzten Fahrzeugangebot die Nachfrage z.B. auf die Limousinenversion eines Fahrzeugmodells, so kann sich heute das nahezu gleiche Nachfragevolumen z.B. auf eine Limousinen-, eine Coupé-, eine Cabrio- und eine Kombi-

---

[279] Vgl. Katzenbach (Engineering Processes of the Future, 1999), S. 48. Eine 25 Punkte umfassende Übersicht zu Triebkräften des Zeitwettbewerbs (Literaturauswertung) findet sich bei: Ahn (Produktentwicklungsprozesse, 1997), S. 8. Eine automobilspezifische Bewertung sonstiger Vorteile eines frühen Markteintrittszeitpunkts bietet: Karlsson / Ahlström (Product development cycle time, 1999), S. 353.

[280] Auf den Konflikt zwischen der Integration technologischer Innovationen einerseits und der Reduzierung der Entwicklungszeit andererseits weisen Karlsson / Ahlström hin: Bei der Analyse von 11 Fahrzeugentwicklungsprojekten zeigte sich eine hohe Korrelation zwischen dem Neuigkeitsgrad der integrierten Innovationen und der benötigten Entwicklungszeit. Zusammenfassend stellen die Autoren fest: „*Concept profile* and product distinctiveness may be achieved by spending more time on styling and inventing new and unique solutions, better *handling* may require more time spend on engineering, more experimenting, and more tests with prototypes, more *power* may require more time on calculations, prototype building, and experiments in the laboratory, more *luxury* may require more time for creating and testing new designs, trying new designs, trying new materials and components, and integrating more complicated components and subsystems, higher *comfort* may require more time for designing more advanced climate controls, and more advanced seating and safety equipment, higher level in *equipment* may require more time for developing and integrating systems in the car ...". Karlsson / Ahlström (Product development cycle time, 1999), S. 356f.

[281] Vgl. o.V. ("Quality Gates" verhindern den Garantiefall, 2001); Die Angabe bezieht sich auf ein Fahrzeug der oberen Mittelklasse.

Version verteilen bzw. sich darüber hinaus auch hin zu Nischenmodellen wie einem Roadster verschieben. Damit einher geht eine fixkostengetriebene Erhöhung der Stückkosten.
- Die Situation verschärfend kommt zweitens hinzu, dass ein ausgeprägter Preis-Leistungswettbewerb herrscht (vgl. Kap. 3.3.1), der es den OEMs nicht gestattet, höhere Kosten an die Kunden weiterzugegeben.

In der Konsequenz heißt dies für die Hersteller, dass sie kostensenkende Maßnahmen ergreifen müssen, die allerdings zu keiner für den Kunden spür-, sicht- oder erlebbaren Beeinträchtigung des fahrzeugseitigen Nutzwerts führen dürfen, weil ansonsten die Forderung der Kunden nach hoher Fahrzeugintegrität nicht mehr gewährleistet ist. Dementsprechend gilt es zu evaluieren, welche Maßnahmen die „Wahrnehmungsgrenzen" signifikant überschreiten und somit nur punktuell in Zwangslagen umgesetzt werden sollten und welche kostensenkend, gleichzeitig aber nur marginal nutzenmindernd wirken.

Fahrzeugseitig existieren mit dem Einsatz von Plattformen, der Modularisierung der Fahrzeugarchitekturen, dem Badge-Engineering[282] und der Forcierung der Gleichteileverwendung im Nichtsichtbereich[283] gleich mehrere wirkungsvolle Maßnahmen zur kundennutzenneutralen Kostenreduzierung.[284]

3.4.7 Exkurs: Ergänzung des Fahrzeugangebots um selbstvermarktete „Off-board"-Mobilitätsdienste

Das Angebot von „Off-board"-Mobilitätsdiensten, wie z.B. dynamische Verkehrsleit-, Maut- oder Zugangssysteme, stellt einen Stellhebel zur Differenzierung jenseits technisch-funktionaler Parameter dar. Dieser hat zwar keinen direkten Einfluss auf die Grundcharakteristika der Fahrzeuge, jedoch soll er aufgrund seiner Bedeutung im Sinn eines Exkurses an dieser Stelle kurz erläutert werden.

Die Sinnhaftigkeit des Angebots selbstvermarkteter „Off-board"-Mobi-litätsdienste basiert auf der Entwicklung, dass (1) wichtige Innovationen in Fahrzeugen zunehmend durch automobilferne Branchen wie Telekommunikation und Informationstechnologie beeinflusst wer-

---

[282] Unter „Badge-Engineering" ist die Entwicklung und Herstellung von Fahrzeugen zu verstehen, die meist mit leichten primär äußerlichen Differenzierungen, aber ansonsten baugleich, unter verschiedenen Markennamen vertrieben werden. Dies ist vor allem bei Nischenfahrzeugen der Fall: So ist bspw. das Fahrzeug „Sharan" von Volkswagen baugleich mit dem Fahrzeug „Galaxy" von Ford. Zum Badge-Engineering in der Automobilindustrie vgl. auch Dudenhöffer (Plattform-Strategien und Badge Engineering, 1997). Zur herstellerübergreifenden Standardisierung und Verwendung von Plattformen vgl. auch Cusumano / Nobeoka (Multi-project management, 1998), S. 108 - 111.

[283] Da nicht die unsichtbaren, sondern die sichtbaren Unterschiede zwischen den Automobilen maßgeblich über den Markterfolg entscheiden, rücken insbesondere die Fahrzeugkomponenten in den Fokus der Maßnahmenpläne, welche außerhalb des direkten visuellen Wahrnehmungsbereichs eines Fahrers liegen. Vgl. Branstad / Williams / Rodewig (Challenges facing the global automotive industry, 1999), S. 5 und Diez / Meffert / Brachat (Grundlagen der Automobilwirtschaft, 1994), S. 42. Bei Anwendung eines Gleichteilekonzepts ist allerdings zu berücksichtigen, dass eine Baureihenfamilie innerhalb einer bestimmten Zeitspanne eingeführt werden muss, um sicher zu sein, dass der Technologiestand mitgenommen werden kann. Werden drei Jahre überschritten, ist das „Verfallsdatum" für viele Innovationen bereits abgelaufen. Vgl. o.V. (Atmende Entwicklung, 2000), S. 17.

[284] Zu allen vier Ansätzen vgl. Diez (Automobilmarketing, 2001), S. 166 - 170. Liegen die Herstellkosten 10% über dem Ziel, bedeutet dies für den Fall eines Fahrzeugs der oberen Mittelklasse einen Deckungsbeitragsverlust i.H.v. ca. 800 Mio. EUR. Eine Designänderung sechs Monate vor Serienstart reduziert den Deckungsbeitrag um ca. 100 Mio. EUR. Vgl. o.V. ("Quality Gates" verhindern den Garantiefall, 2001).

den[285] und als Folge (2) die Automobilhersteller synchron zu den Verfestigungstendenzen dieser Entwicklung ihre bisherige unangefochtene Stellung im Wertschöpfungsgefüge sukzessive verlieren. Damit der Einfluss der Unternehmen aus den genannten Branchen nicht zu groß wird, müssen die Automobilhersteller nach neuen lukrativen Quellen zur Differenzierung sowie zur Umsatz- und Profitabilitätssteigerung suchen. Dass sich dabei die Erstellung und Vermarktung von Mobilitätsdiensten anbietet, liegt erstens an den vergleichsweise niedrigen Eintrittsbarrieren,[286] zweitens an den guten Wachstumsaussichten[287] und drittens an der diensteimmanenten Wirkung, den Kundenbindungsgrad erhöhen zu können[288].

3.4.8 Zusammenfassung

Die Ausführungen haben verdeutlicht, dass sich die Anforderungen an ein Fahrzeug sowie an das gesamte Modellportfolio signifikant erhöhen werden. Abb. 35 fasst die herausgearbeiteten Anforderungen zusammen.

Im Vergleich zum aktuell existierenden Anforderungskatalog ist dabei zu konstatieren, dass die Anforderungen zwar nicht alle grundsätzlich neu sind, jedoch in der Notwendigkeit, entlang aller Dimensionen synchron Verbesserung erzielen zu müssen, eine bisher nicht gekannte neue Herausforderung für alle OEMs besteht. Bei einem stark abnehmenden Toleranzniveau des (Käufer-)Markts bei Schlecht- oder Nichterfüllung von Kundenwünschen sind gravierende Wettbewerbsnachteile die vorgezeichnete Konsequenz.

Verstärkt wird die Notwendigkeit simultaner Verbesserungen durch die gegenseitigen Abhängigkeiten zwischen den Anforderungen. So ist z.B. die Erhöhung der Fahrzeuginnovativität abhängig von

- der Beschleunigung der Fahrzeug-Innovationszyklen - ohne eine Reduzierung der Marktzyklendauer würde es einen (zu) langen Zeitraum dauern, bis die Fahrzeuge mit den jeweils neuesten Technologien ausgestattet werden können,
- der Weiterentwicklung der Fahrzeugarchitektur - die Modulbauweise ermöglicht den einfacheren Austausch bzw. die Aktualisierung einzelner Technologien und
- der Reduzierung des aktuellen Kostenniveaus - ohne eine gezielte Kostensenkung ist die generell kostentreibende Anforderung einer erhöhten Fahrzeuginnovativität in der Breite wirtschaftlich kaum umsetzbar.

---

[285] Weiß spricht auch davon, dass der marktabschottende Effekt der „besonderen Spezifikationen" der Automobilindustrie (Automobiltauglichkeit) mehr und mehr seine Wirkung verliert. Vgl. Weiß (Digitale Revolution, 2001), S. 63.
[286] Die Erstellung und Vermarktung der Dienstleistungen ist weder besonders kapitalintensiv noch ist es außergewöhnlich schwer oder zeitintensiv, sich das Know-how anzueignen. So können integrierte Telematik-Anwendungen z.b. in Kooperation mit Telekommunikations-Anbietern, Telematikdienste-Anbietern sowie Hardware- und Softwareherstellern erstellt werden.
[287] Es wird prognostiziert, dass der Markt für Multimedia- und Telematik-Anwendungen (Hardware und Software) von heute 4,1 Mrd. € auf 12,2 Mrd. € im Jahr 2005 und 24,2 Mrd. € im Jahr 2010 anwachsen wird. Vgl. Weiß (Digitale Revolution, 2001), S. 60.
[288] Vgl. auch Schrader / Debus (OEM-Zukunft im World Wide Web, 2001), S. 58 - 60.

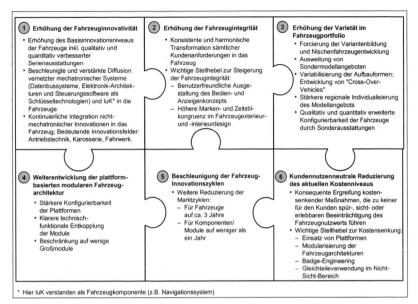

Abb. 35: „Dimensionen des Wandels": Veränderungen beim Automobil in der Zukunft.

Die Gesamtheit der Abhängigkeitsbeziehungen zeigt abschließend Abb. 36.

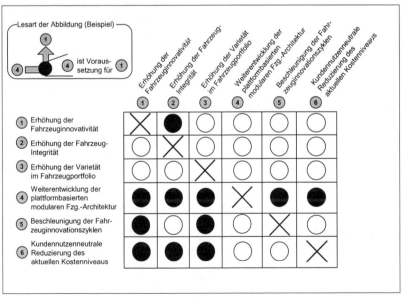

Abb. 36: Abhängigkeiten zwischen den fahrzeugbezogenen Anforderungsdimensionen.

3.5 Vom Automobil der Zukunft zur Automobilentwicklung der Zukunft: Ableitung strategischer Stossrichtungen

3.5.1 Implikationen der multidimensional steigenden Anforderungen an ein Fahrzeug auf den Automobilentwicklungsprozess

Bei Interpretation der Fahrzeugentwicklung als Simulation der zukünftigen Fahrzeugnutzung durch die Kunden schlagen die multidimensional steigenden Anforderungen an das Fahrzeug unmittelbar auf das geforderte Leistungsniveau der automobilen Produktentwicklung durch. Da hier nahezu alle Tätigkeiten durchgeführt werden, welche die Fahrzeugattribute festlegen, sind diese und die die Tätigkeiten verbindenden Prozesse analog dem steigenden fahrzeugseitigen Anforderungsniveau auf eine höhere Leistungsebene zu bringen. Übertragen auf die drei Hauptzieldimensionen einer effizienten und effektiven Entwicklung bedeutet dies, dass zugleich Maßnahmen ergriffen werden müssen, die eine substanzielle und nachhaltige Verbesserung der (1) Fahrzeugqualität sowie (2) eine Reduzierung der Entwicklungszeit und der (3) Fahrzeugkosten gewährleisten.

Dass es sich hierbei um eine komplexe Herausforderung handelt, verdeutlichen die in Abb. 37 dargestellten grundlegenden strategischen Anforderungen an die Fahrzeugentwicklung. Vereinfachend wurden dabei die Fahrzeugeigenschaften Nr. 1 bis 3 und 5 (Erhöhung der Fahrzeuginnovativität, der Fahrzeugintegrität und der Varietät im Fahrzeugportfolio sowie Weiterentwicklung der plattformbasierten modularen Fahrzeugarchitektur) unter der Eigenschaft „Erhöhung der Fahrzeugqualität" subsumiert.

3.5.2 Systematisierung der strategischen Handlungsbedarfe und Ableitung strategischer Stoßrichtungen

Mit der identifizierten Notwendigkeit einer anforderungsadäquaten Neuausrichtung der Automobilentwicklung geraten relevante beeinflussbare Erfolgsdeterminanten in das Zentrum des handlungsorientierten Interesses. In der Literatur existieren dazu eine Vielzahl empirischer Studien sowie verschiedene Systematisierungsansätze.[289]

---

[289] Vgl. z.B. Brown / Eisenhardt (Product development, 1995) für eine Zusammenfassung der Ergebnisse fast aller wissenschaftlich fundierten Studien, die in einschlägigen Zeitschriften bis 1995 veröffentlicht worden sind. Die Ergebnisse werden kurz dargestellt, Stärken und Schwächen der Forschungsansätze diskutiert und ein eigenes gesamthaftes Modell zu „Erfolgsfaktoren des Produktentwicklungsprozesses" abgeleitet.
Eine Systematik potentieller Erfolgsfaktoren stellen Specht / Beckmann / Amelingmeyer (F&E-Management, 2002), S. 33f. vor. Demnach wird der Erfolg der Aktivitäten durch die am Prozess beteiligten Individuen, deren Interaktion, die Aufbau- und Ablauforganisation, das Entwicklungsobjekt, die verwendeten Problemlösungstechniken und Methoden sowie die organisationsinternen und -externen Umfelder der Entwicklung beeinflusst. Weitere Systematisierungsansätze sind zu finden bei: Ahn (Produktentwicklungsprozesse, 1997), S. 14 (Beispiele entwicklungszeitreduzierender Maßnahmen), Buchholz / Werner (Verkürzung der Produktentwicklungsdauer, 1997), Fujimoto (Information asset map, 1993), S. 39f. („Key characteristics of advanced development processes"), Fujimoto / Thomke (Product development performance, 2001), S. 130 (inkl. Systematisierung relevanter Literaturquellen) und Scott (Technology management issues, 2000), S. 57 - 77 (empirisch gestützte Beurteilung der Wichtigkeit von 20 Faktoren in Technologieunternehmen).

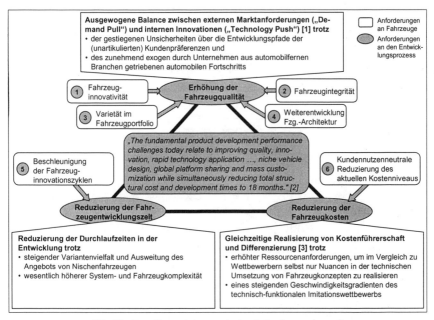

Abb. 37: Grundlegende strategische Anforderungen an die Fahrzeugentwicklung.[290]

Die Analyse der Literaturquellen führte jedoch zu der Erkenntnis, dass die Herausforderung weniger in der Zusammenstellung einer möglichst vollständigen Liste potentiell relevanter Erfolgsfaktoren als vielmehr in der Extraktion der situationsabhängig relevanten Schlüsselfaktoren besteht. Dieser Maßgabe und der pragmatischen kompetenzorientierten Gesamtausrichtung der vorliegenden Arbeit folgend, wurde deshalb zur Ausgestaltung eines „Erfolgsfaktorenmodells" ein zweistufiges Auswahlverfahren angewendet:

- „Outside-In-Analyse": Zunächst wurde die Gesamtheit aller prinzipiell möglichen Erfolgsfaktoren mit den fahrzeugspezifischen Anforderungen abgeglichen und diejenigen Faktoren mit einem hohen Korrelationsgrad zur weiteren Untersuchung ausgewählt;

---

[290] Die angegebenen Verweise [1] - [3] beziehen sich auf die nachfolgenden Quellen. [1] Feige / Crooker (Erfolgsfaktoren im Produktentstehungsprozess, 1999), S. 50f. Die Forderung liegt insbesondere darin „den richtigen Mix zu definieren, so dass das Fahrzeug weder zu innovativ verspielt noch ein allen Kundenbedürfnissen gerecht werdendes Produkt ohne jeglichen Pfiff ist. Die meisten OEMs haben sich in der Vergangenheit zu einseitig entweder auf Technology Push, wie z. B. DaimlerChrysler und BMW, oder Market Pull, wie z.B. Opel und Ford, ausgerichtet." Zum Themenfeld „Technology Push" und „Demand Pull" als Innovationstreiber vgl. auch Herstatt / Lettl (Management von Entwicklungsprojekten, 2001), S. 109 - 112 und Specht / Beckmann / Amelingmeyer (F&E-Management, 2002), S. 32. [2] Merlis / Sylvester / Newton (Breakthroughs in E-Engineering, 2000), S. 21. [3] Zur Verbindung der bislang als konträr angesehenen Grundstrategien Kostenführerschaft (i.S.v. Spezialisierung) und Differenzierung (i.S.v. kundenorientierter Konfiguration) im Gesamtkonzept des „Grenzenlosen Unternehmens" vgl. Picot / Reichwald / Wigand (Grenzenlose Unternehmung, 2001), S. 528f. sowie die dortigen Verweise. Des Weiteren vgl. zu diesem auch als „hybriden Strategietyp" bezeichneten Ansatz inkl. den Möglichkeiten eines sequentiellen oder eines simultanen Vorgehens Welge / Al-Laham (Strategisches Management, 2001), S. 389 - 403 und die dortigen Verweise.

- „Inside-Out-Analyse": Analog erfolgte im zweiten Schritt ein Abgleich der Erfolgsfaktoren mit aktuellen Diskussions- und Handlungsschwerpunkten im automobilen Produktentwicklungsmanagement.

Das Ergebnis dieses iterativen Abgleichprozesses und damit zugleich auch entscheidende strategische Stoßrichtungen einer wettbewerbsorientierten Fahrzeugentwicklung zeigt Abb. 38.

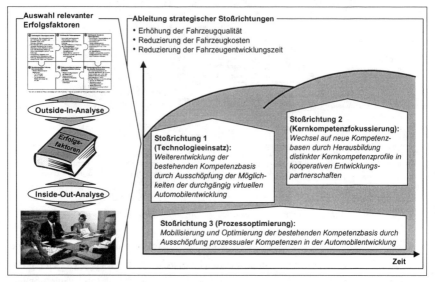

Abb. 38: *Entscheidende strategische Stoßrichtungen einer wettbewerbsorientierten Automobilentwicklung.*

3.5.3 Kurzbeschreibung der strategischen Stoßrichtungen

3.5.3.1 Stoßrichtung 1 (Dimension Technologieeinsatz): Weiterentwicklung der bestehenden Kompetenzbasis durch Einsatz einer durchgängig virtuellen Automobilentwicklung

In der Fahrzeugentwicklung reichen Intuition und Erfahrung der Mitarbeiter allein längst nicht mehr aus, den Prozess bei zunehmender Komplexität der Fahrzeuge optimal zu gestalten. Vielmehr müssen die Möglichkeiten der konsequenten Nutzung prozess- und aufgabenunterstützender Informations- und Kommunikationstechnologien kritisch geprüft werden. Zur Beherrschung der Fahrzeugkomplexität avancieren die Technologien zunehmend zum informatorischen Rückgrat sowohl effektivitäts- als auch effizienzoptimierter Entwicklungsprozesse und infolgedessen zu einem Gestaltungsfeld mit hochgradig strategischer Wirkung.[291]

---

[291] „... Was in der Einzelbetrachtung einer Modellvariante noch handhabbar erscheint, gewinnt vor dem Hintergrund globaler Plattformen, regionaler Varianten, Integration global agierender Modul- und Systemlieferanten, Gleichteilen und

Subsumiert unter der Bezeichnung „Durchgängig virtuelle Automobilentwicklung" unternehmen z.Zt. alle OEMs umfangreiche, in ähnliche Richtungen zielende Anstrengungen, um die eigene Kompetenzbasis durch den Einsatz leistungsstarker Technologien weiterzuentwickeln. Von einer idealtypischen Umsetzung des virtuellen Entwicklungsansatzes versprechen sich die Hersteller sprunghafte Verbesserungen in allen drei Hauptzieldimensionen des Entwicklungsprozesses. Unterstrichen wird die Bedeutung des Technologieeinsatzes als strategische Stoßrichtung auch dadurch, dass die Nutzung der Technologien z.B. überhaupt erst die schnelle und qualitativ hochwertige Entwicklung der von einem Käufermarkt geforderten permanenten Innovationen ermöglicht.

3.5.3.2 Stoßrichtung 2 (Dimension Kernkompetenzfokussierung): Wechsel auf neue Kompetenzbasen durch Herausbildung neuer distinkter Kernkompetenzprofile in kooperativen Entwicklungspartnerschaften

Mit der toolgestützten Weiterentwicklung der bestehenden Kompetenzbasis können auf operativer Gestaltungsebene wichtige Grundlagen geschaffen werden, das Leistungspotenzial der Automobilentwicklung an der steigenden Wettbewerbsintensität auszurichten. Bei einer weiter in die Zukunft gerichteten Projektion der Anforderungen zeichnet sich jedoch ein Bedarf an einer grundlegenderen strategischen Neuausrichtung ab.[292] Dieser Bedarf resultiert

- aus der im Lauf der Zeit einsetzenden Leistungskonvergenz der bei den OEMs im Rahmen der virtuellen Fahrzeugentwicklung eingesetzten Technologien und
- aus der Annahme, dass die fahrzeugbezogenen Anforderungen ihre komplexitätssteigernde Wirkung auf die Automobilentwicklung in zunehmendem Maße multiplikatorisch entfalten werden. Dies führt zu einer Situation, in der die Hersteller kaum mehr in der Lage sein werden, das heute von ihnen durchgeführte und im Vergleich zu früher bereits schon reduzierte Spektrum an Entwicklungsaufgaben weiterhin selber zu bewältigen. Der Annahme zugrunde liegt dabei die Schlussfolgerung, dass in dem Maß, in dem marktseitig die Unsicherheiten und Volatilitäten sowie produktseitig die Komplexität zunimmt, die Lücke zwischen den quantitativen und qualitativen Ressourcen- und Kompetenzanforderungen einerseits und den verfügbaren Ressourcen und Kompetenzen der Hersteller andererseits zu groß wird.[293]

Carry-Over-Parts derart an Komplexität, dass bereits heute die Grenzen der Beherrschbarkeit überschritten werden." Feige / Crooker (Erfolgsfaktoren im Produktentstehungsprozess, 1999), S. 43.

[292] Vgl. dazu auch Rasche (Resource-Based-View, 2000), S. 92: „Die Gestaltungsaufgabe des Top Managements besteht .. in der Gratwanderung zwischen dynamischer Organisationsentwicklung und effizienter Ausschöpfung vorhandener Ressourcen, so dass weder ein Zuviel an organisatorischen Überschüssen angehäuft noch die statische Effizienz überbetont wird." Er bezeichnet diesen Anspruch auch als „organisatorische Metaflexibilität".

[293] Vgl. auch Pfaffmann (Kompetenzbasiertes Management, 2001), S. 173f.: „Unter den Bedingungen zunehmender Unsicherheit vergrößern sich die Kompetenzlücken der Unternehmen, weil die Komplexität der Entscheidungssituation steigt, das existierende Wissen der Akteure aber zunächst unverändert bleibt. Hie-raus entsteht für die Unternehmen die grundsätzliche Notwendigkeit, die Breite und Vielfalt der vertikalen Unternehmensaktivitäten sowie den Aufbau von Kompetenzen zu verringern, um der gestiegenen Unsicherheit über den Verlust von irreversiblen Investitionen zu begegnen."

Vor diesem Hintergrund bekommt die Evaluierung der Vorteilhaftigkeit alternativer Organisations- und Arbeitsformen strategisches Gewicht und Re-Positionierungsstrategien auf der Wertschöpfungskette avancieren zum strategischen Gestaltungsobjekt. Die OEMs stehen vor der Aufgabe, die Abstimmung zwischen dem Aufgabenspektrum, der eigenen Leistungstiefe und dem Wettbewerbsumfeld konsequent zu optimieren. Konkret bedeutet dies, dass die Hersteller unter Berücksichtigung der Möglichkeiten, Leistungen von Wertschöpfungspartner zu beziehen und unter Beurteilung etwaiger Differenzierungs- und Kostenvorteile distinkte und konsequent auf strategisch wichtige Kernbereiche fokussierte Kompetenzprofile entlang der fahrzeugentwicklungsspezifischen Wertschöpfungskette ausbilden müssen.

3.5.3.3 Stoßrichtung 3 (Dimension Prozessoptimierung): Mobilisierung und Optimierung der bestehenden Kompetenzbasis durch Ausschöpfung der prozessualen Kompetenzen in der Automobilentwicklung

Die steigende technische Komplexität der Fahrzeuge wird grundsätzlich auch von einer steigenden organisatorischen Komplexität bei deren Erstellung im Entwicklungsprozess begleitet.[294] Dies erfordert die Professionalisierung aller prozessprägenden Aktivitäten, so dass eine weitere strategische Stoßrichtung in der Mobilisierung und Optimierung der bestehenden Kompetenzbasis gesehen werden kann.

Zur Erzielung von Wettbewerbsvorteilen sind dazu Schwachstellenanalysen in der Prozessgestaltung durchzuführen und darauf basierend adäquate Maßnahmen zu ergreifen. Dadurch kann der Grundstock für die in einem intensiven Wettbewerbsumfeld geforderten permanenten Effizienz- und Effektivitätssteigerungen gelegt und das Leistungsniveau der Fahrzeugentwicklung sukzessive gesteigert werden. Von OEMs umgesetzte Maßnahmen sind beispielhaft in Abb. 39 veranschaulicht.

---

294 Vgl. Pfaffmann (Kompetenzbasiertes Management, 2001), S. 3.

Wirkungsschwerpunkte der Kompetenzen Prozessule Kompetenzen (Auswahl)	Beispielhafte Maßnahmen der Automobilhersteller	Strategie-phase	Techno-logie-phase	Entwickl.-/ Integrations-phase	Anlauf-phase
Ausweitung des fahrzeuggebundenen Technologie-Monitorings und Vorentwicklungsmanagements	• Aufbau von Forschungscentern: BMW: "Technik-GmbH", Chrysler: "Technology Center", Ford: "Accelerated Solution Center" (ASC), Renault: "Technocentre", Seat: "Centro Técnico"				
Professionalisierung der Kernprozesse in der Fahrzeugentwicklung • Frühzeitigere und stärkere Einbindung von Kunden, Produktion und Lieferanten	• Opel: Formalisierter Lieferanteneinbindungsprozess (16 Stufen) • BMW: Montage der Prototypenfahrzeuge durch Produktionsmitarbeiter				
• Ausweitung des Fahrzeug-Portfolio- und Multi-Projekt-Managements	• Chrysler: "Vehicle-Platform-Centers" (VPC) • Toyota: "Multi-Project Development Centers" (MPDC)				
• Forciertes "Frontloading"	• Audi/Mercedes: Interdisziplinäre "Simultaneous-Engineering Teams" (SE) • Toyota: "Frontloading-Toolbox"				
• Stärkere Formalisierung der Entwicklungsabläufe	• Mercedes-Benz: "Mercedes-Benz-Development-System" (MDS)				
• Fahrzeug-, komponenten- und prozessbezogenes Reifegradmanagement	• Audi: "Balanced Scorecard-System" (BSC) • BMW: "Risikomanagementmethodik" • Ford: "Vehicle Engineering Ratings" (VER) • Mercedes-Benz: "External Balanced Scorecard" (eBSC) und Aufbau von "Reifegradfahrzeugen" zusammen mit Lieferanten				
Professionalisierung der Unterstützungsprozesse • Informations-/Wissensmgmt.	• DaimlerChrysler: "Engineering book of knowledge" (EBOK); "SOKRATES-Knowledge Management Initiative"				
• Zielkostenmanagement	• VW: "Zielkostenmethodik"				
• Kontinuierlicher Verbesserungsprozess	• Ford: "Best-Practice-Replication-Initiativen" • Toyota: "Lessons-Learned-Handbuch"				

Abb. 39: Beispiele umgesetzter Maßnahmen von OEMs zur Mobilisierung und Optimierung der vorhandenen Kompetenzbasis.[295]

In diesem Zusammenhang wird auch auf die duale Gestaltungsaufgabe des Managements verwiesen. Sie besteht darin, stets eine ausgewogenen Balance zwischen zukunftsbezogener, dynamischer Organisations- und Kompetenzentwicklung einerseits und gegenwartsbezogener, effizienter Ausschöpfung vorhandener Ressourcen andererseits zu wahren.[296]

---

[295] Details zu den Maßnahmen sind in folgenden Quellen zu finden. (1) Forschungscenter: vgl. o.V. (BMW Technik GmbH, 2000), S. 14 - 16, o.V. (BMW M GmbH, 2000), S. 44 - 48, Spiess (Management von Automobilentwicklungen, 1994), S. 218f. („Chrysler Technology Center"), o.V. (Megas bündeln ihr Know-how, 2000), S. 66 (Ford „ASC"), o.V. (Renault Technocentre, 2001), S. 48 und o.V. (Seat-Entwicklung, 2000), S. 56; (2) „Lieferanteneinbindungsprozess": vgl. Hoben (Global Quality Tracking System, 2000), S. 18 - 20; (3) „Fahrzeugmontage": vgl. Ziebart (Fortschritte im Produktentstehungsprozess, 1998), S. 5; (4) „VPC": vgl. Thompson (Simulation in new vehicle development, 1998), S. 384; (5) „MPDC": vgl. Cusumano / Nobeoka (Multi-project management, 1998), S. 20 - 44; (6) „SE-Teams": vgl. Spiess (Management von Automobilentwicklungen, 1994), S. 221 - 226; (7) „Frontloading-Toolbox": vgl. Fujimoto / Thomke (Product development performance, 2000), S. 138 - 140; (8) „MDS": vgl. Goroncy (Engineering/Prototyping, 2001), S. 64 - 67; (9) „Risikomanagement-Methodik": vgl. Seidel / Stahl (Risikomanagement bei BMW, 2001), S. 105 - 107; (10) „BSC": vgl. Klug (Entwicklungs-Controlling, 2000), S. 75f.; (11) „VER": vgl. Kayser (Fahrerprobung, 2000), S. 70 - 72; (12) „eBSC": vgl. o.V. (Neue Strategien der Automobilhersteller, 2001), S. 27, „Reifegradfahrzeuge": vgl. o.V. (Mercedes-Benz C-Klasse, 2000), S. 22. Ein von Nissan eingeführtes "Performance Mearurement System" für Zuliefer wird vorgestellt in: Evans / Foxley (Co-development, 1999), S. 18f.; (13) „EBOK": vgl. o.V. (Atmende Entwicklung, 2000), S. 18; (14) „SOKRATES": vgl. Bernhart / Bock (Knowledge Management, 1999), S. 189 - 195; (15) „Zielkostenmethodik": vgl. Kajüter (Kostenmanagement in der Automobilindustrie, 2001), S. 36 - 43; (16) „Best-Practice-Replication-Initiativen": vgl. Bernhart / Bock (Knowledge Management, 1999), S. 169f.; (17) „Lessons-Learned-Handbuch": vgl. Feige / Crooker (Erfolgsfaktoren im Produktentstehungsprozess, 1999), S. 58f.

[296] Vgl. Rasche (Resource-Based-View, 2000), S. 92.

3.6 Weiteres Vorgehen

Von den identifizierten strategischen Stoßrichtungen werden im weiteren Verlauf der Arbeit die erste („Weiterentwicklung der bestehenden Kompetenzbasis durch Einsatz einer durchgängig virtuellen Automobilentwicklung") und die zweite Stoßrichtung („Wechsel auf neue Kompetenzbasen durch Herausbildung neuer distinkter Kernkompetenzprofile in kooperativen Entwicklungspartnerschaften") aufgegriffen und detailliert erörtert. Dazu erfolgt

- in *Kap. 4* die Analyse der Mehrwerte sowie des aktuell erreichten Umsetzungsstands einer idealtypischen, durchgängig virtuellen Fahrzeugentwicklung und
- in *Kap. 5* die Beschreibung des Übergangs zur Leistungserstellung in kooperativen Entwicklungsnetzwerken sowie die Ausgestaltung distinkter strategisch sinnvoller Kompetenzprofile.

Demgegenüber wird im Rahmen dieser Arbeit die Stoßrichtung 3 („Mobilisierung der bestehenden Kompetenzbasis durch Ausschöpfung der prozessualen Kompetenzen in der Fahrzeugentwicklung") nicht weitergehend detailliert. Die Fokussierung wird aus drei Gründen vorgenommen:

1. Zum Themenfeld der prozessualen Kompetenzen in der Entwicklung existiert bereits eine vergleichsweise große Anzahl von Veröffentlichungen mit breiter thematischer Abdeckung;
2. Die Mobilisierung und Optimierung der vorhandenen prozessualen Kompetenzbasis wird z.Zt. von allen OEMs mit hoher Intensität voran getrieben, so dass sich hier in naher Zukunft eine auf hohem Niveau konvergierende, ähnliche Leistungsfähigkeit der Hersteller abzeichnet. Die im Rahmen von Prozessverbesserungen noch nicht ausgeschöpften Potenziale lassen sich dann häufig nur noch mit umfangreicher Unterstützung der IuK heben;
3. Zur Ausschöpfung der verbleibenden Potenziale weist insb. die technologiebasierte „Durchgängig virtuelle Automobilentwicklung" eine große Hebelwirkung auf. Diese wird in Kap. 4 analysiert, so dass die prozessualen Kompetenzen insofern implizit erörtert werden.

Aus diesen Gründen wird im Vergleich zur deskriptiven Beschreibung der notwendigen prozessualen Kompetenzen der weit größere Erkenntnisgewinn in der detaillierten Auseinandersetzung mit den beiden bisher in der Literatur nur ansatzweise diskutierten Stoßrichtungen 1 und 2 gesehen.

4 Strategische Ausrichtung 1: Weiterentwicklung der bestehenden Kompetenzbasis durch Einsatz einer durchgängig virtuellen Automobilentwicklung

4.1 Einleitung

Die Möglichkeiten, eine Produktentwicklung durch den sachgerechten Einsatz aufgaben- und prozessunterstützender Tools und Methoden zu optimieren, sind vielfältig. Für nahezu alle Prozessbausteine und -ketten existiert ein umfangreiches Instrumentarium, welches bis heute einen elementaren Beitrag zur Verbesserung des Leistungsniveaus in der Entwicklung leistet.[297]

Bei einer komparativen Bewertung der mit dem Einsatz der Instrumente verbundenen Optimierungspotenziale rückt für den Anwendungsfall der Fahrzeugentwicklung verstärkt der *durchgängige* Einsatz neuester Informations- und Kommunikationstechnologien (IuK) in den Mittelpunkt der Optimierungsbestrebungen. Als Hauptgründe für die Fokussierung können genannt werden, dass (1) inzwischen kaum noch Entwicklungstätigkeiten überhaupt ohne Rechnerunterstützung durchgeführt werden können und (2) durch die Verfügbarkeit von sehr leistungsstarken und vernetzten Hard- und Softwaremodulen die IuK einen entscheidenden Einfluss auf die Gesamtleistungsfähigkeit der Fahrzeugentwicklung ausüben. Der Wirkungsgrad der Technologien wird sogar als so essentiell eingeschätzt, dass in deren integrativem Einsatz in Form eines durchgängig virtuellen, d.h. rechnerbasierten Entwicklungsprozesses nach der Einführung der Serienfertigung und des Lean Production die „dritte Revolution im Automobilbau" gesehen wird.[298]

Die damit der durchgängig virtuellen Automobilentwicklung - im Folgenden mit „DvA" abgekürzt - zugeschriebene zentrale Bedeutung greift das vorliegende Kap. 4 auf, indem eine gesamthafte Perspektive des informations- und kommunikationstechnologisch induzierten Wandels in der Fahrzeugentwicklung entworfen und die potentiellen Erfolgsbeiträge einer

---

[297] Für eine Darstellung der Methodenvielfalt, der spezifischen Einsatzmöglichkeiten der Methoden entlang des Entwicklungsprozesses sowie ihrer potentiellen Wirkungen vgl. z.B. Spath / Dill / Scharer (Prozessbegleitender Methodenbaukasten, 2000), S. 48 - 66 und Specht / Beckmann / Amelingmeyer (F&E-Management, 2002), S. 167 - 197. Eine empirisch ermittelte Übersicht zur Einsatzhäufigkeit von Methoden in der Automobilindustrie (Simultaneous Engineering, interfunktionale Teamsitzungen, Personaltransfers, Prozesskostenrechnung, Target Costing, Prozessmanagement, TQM, QFD, „Concept to customer", FMEA und Benchmarking) findet sich bei: Gentner (Kennzahlensystem, 1994), S. 44.

[298] Vgl. Feige / Neumann (Virtual reality, 2001), S. 32. Des Weiteren vgl. (a) Tang (Role of information technology, 1998), S. 317 - 318: „Amongst the many advanced technologies needed to support and to improve this .. process, information technology turns increasingly from a supporting technology for various development phases to a fundamental enabler technology and a visible differentiator for business success. It becomes indispensable not only for improving the productivity and quality of virtually every single development task, but also for the development of products in a totally virtual environment." (b) Die Aussage des Ford Vize-Präsidenten Ressler in: o.V. (C3P: Für Zulieferer zum Discount-Preis, 1998), S. 42.: „...die fundamentalste Veränderung in der computerunterstützten Infrastruktur, die jemals bei Ford unternommen wurde."; (c) Die Aussage eines leitenden Mitarbeiters in der Entwicklung bei DaimlerChrysler in: o.V.: (CAx-Pipeline: Durchgängige Datenwelten, 2000), S. 77: „Die neue Arbeitsweise ist für die Automobilindustrie mindestens ebenso revolutionär wie es seinerzeit die Einführung des Fließbandes war."

DvA zur Erhöhung des Leistungsniveaus in der Fahrzeugentwicklung herausgearbeitet werden.

Diese beiden inhaltlichen Schwerpunkte verteilen sich auf fünf Kapitel: Nach einer grundlagenschaffenden branchenunabhängigen Charakterisierung der Produktentwicklung als komplexes Informations- und Kommunikationssystem in *Kap. 4.2*, ist die Darstellung eines visionären Gesamtmodells einer DvA sowie die Gegenüberstellung des idealtypischen und des aktuellen Leistungsniveaus der eingesetzten IuK Inhalt des *Kap. 4.3*. Detaillierte Erörterungen zu den potentiellen Erfolgsbeiträgen der DvA in Bezug auf die Erhöhung des Leistungsniveaus der Fahrzeugentwicklung schließen sich in *Kap. 4.4* an. Mit den notwendigen, den Technologieeinsatz flankierenden Umsetzungserfordernissen zur Ausschöpfung der identifizierten Erfolgsbeiträge beschäftigt sich *Kap. 4.5*, bevor ein Resümee und ein Ausblick in *Kap. 4.6* den Abschluss der Ausführungen darstellen.

Zur Bearbeitung der vorgestellten Kapitelinhalte konnte auf ein umfangreiches Informationsspektrum zurückgegriffen werden. Da es sich bei der DvA jedoch gleichermaßen um ein sehr spezielles und komplexes wie vergleichsweise neues Themenfeld handelt, war die zugrunde liegende Literatur äußerst fragmentiert in dem Sinn, dass in der Vielzahl der Quellen jeweils nur spezifische Teilaspekte behandelt wurden. Der Fokus in diese Arbeit liegt deshalb primär auf der Bewertung aller Einzelinformationen und deren Synthese zu einem ganzheitlichen Lösungsansatz einer DvA.

4.2 Grundlagenschaffung: Verständnis der Produktentwicklung als komplexes Informations- und Kommunikationssystem

Ausgangspunkt für die detaillierte Beschäftigung mit dem Thema der DvA sind grundlegende Überlegungen zum Verständnis der Produktentwicklung als komplexes Informations- und Kommunikationssystem. Dazu erfolgen Erläuterungen zu den zentralen Begriffen „Information", „Kommunikation", „Informations- und Kommunikationstechnologien" (IuK) sowie „Durchgängig virtuelle Produktentwicklung" in *Kap. 4.2.1*. Danach wird in *Kap. 4.2.2* untersucht, welche generelle Bedeutung Informationen und die Kommunikation für die Entwicklung haben, welche grundlegenden Beiträge die IuK in diesem Zusammenhang leisten können und welche grundlegenden Mehrwerte mit dem Einsatz einer durchgängig virtuellen Entwicklung verknüpft sind.

Mit diesen Erörterungen wird eine Informationsbasis geschaffen, die durch ihren grundlagenschaffenden Charakter wichtige Bausteine für die Ausgestaltung der nachfolgenden Kapitel mit automobilspezifischem Inhalt enthält.

4.2.1 Begriffsklärung

4.2.1.1 Information

So einig sich Praktiker und Wissenschaftler darüber sind, dass Informationen von großer Bedeutung für den Erfolg von Unternehmen sind, so wenig Klarheit herrscht darüber, was genau unter diesem Begriff subsumiert werden soll. In der Literatur existiert dazu eine Vielzahl unterschiedlicher Definitions- und Abgrenzungsversuche.[299] Aufgrund der uneinheitlichen Begriffsauffassungen soll deshalb eine für die vorliegende Arbeit zweckmäßige Definition vorgestellt werden, die den weiteren Ausführungen zugrunde liegt.

Unter „Informationen" werden fortan diejenigen *Angaben verstanden, die den Erkenntnis- bzw. Wissensstand eines Subjekts (Informationssubjekt oder Informationsbenutzer - z.B. Konstrukteur) über ein Objekt (Informationsgegenstand - z.B. Cockpit) in einer gegebenen Situation und Umwelt (Informationskontext - z.B. beim Entwerfen) zur Erfüllung seiner Aufgabe (Informationszweck - z.B. Verbesserung der Montagegerechtigkeit) verbessern.*[300] Damit verkörpern Informationen zugleich auch zweckorientiertes und handlungsrelevantes Wissen, welches dadurch entsteht und verfügbar gemacht wird, dass aus „vorhandenen Wissensbeständen der Teilbereich erarbeitet wird, der in kritischen Handlungs- und Entscheidungssituationen benötigt wird ..."[301] Unter „Wissen" soll dabei „der statische Bestand der bisherigen begründbaren, individuellen oder kollektiven Erfahrungen, Erkenntnisse und Einsichten"[302] verstanden werden. Dementsprechend kann „Entwicklungswissen" definiert werden als Erfahrungswissen, das zur Problemlösung innerhalb einer aktuellen Produktentwicklung genutzt wird und durch Lernvorgänge aus früheren Produktentwicklungen abgeleitet wurde.[303] Eine nach Merkmalsgruppen sortierte Übersicht über die verschiedenen Komponenten des Entwicklungswissens zeigt Abb. 40.

---

[299] Zur definitorischen Abgrenzung des Begriffs „Information" vgl. z.B. Kuhlen (Informationsmarkt, 1995), S. 33 - 37.
[300] Vgl. Gabriel / Chamoni / Gluchowski (IuK-Systeme zur Unterstützung des Managements, 1995), S. 17.
[301] Kuhlen (Informationsmarkt, 1995), S. 82. Die genannte Zweckorientierung von Informationen leitet sich bei Unternehmen aus den Aufgaben bzw. aus den sich daraus ergebenden Maßnahmen ab, mit denen die Erreichung der Betriebsziele angestrebt wird. Da die Erfüllung betrieblicher Aufgaben zielgerichtete Entscheidungen bzgl. Planung, Realisierung und Kontrolle voraussetzt, ist nur das auf die Verwirklichung der gesetzten Ziele ausgerichtete transformierte Wissen als Information zu betrachten. Information ist in diesem Zusammenhang also kein Selbstzweck und der Wert der Information ist nicht der Information inhärent, sondern er leitet sich vielmehr aus dem Handlungszusammenhang her, in dem die Information benötigt und dann verwendet wird. Informationen fügen dem Wissensbestand demzufolge einen Mehrwert durch die pragmatische Ausrichtung hinzu. Vgl. ebenda, S. 12.
[302] Kuhlen (Informationsmarkt, 1995), S. 38. Zur Abgrenzung des Begriffs „Wissen" vgl. auch: Amelingmeyer (Wissensmanagement, 2000), S. 39 - 43.
[303] Vgl. Grabowski / Gittinger / Schmidt (Informationslogistik für die Konstruktion, 1994), S. 49f. Einen weiteren Definitionsversuch unternimmt Pfaffmann. Er differenziert zwischen zwei Arten von Produktwissen: Als *funktionales Wissen* bezeichnet er das Wissen der (Weiter-)Verwendung eines Produkts. Als *substanzielles Wissen* bezeichnet er das Wissen über die Herstellung eines Produkts. Vgl. Pfaffmann (Kompetenzbasiertes Management, 2001), S. 348.

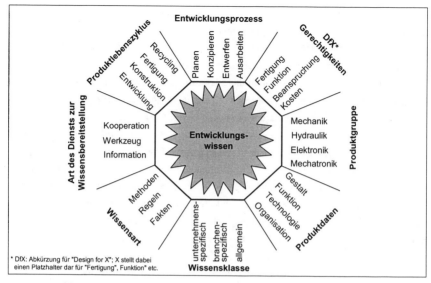

Abb. 40: Merkmalsgruppen zur Strukturierung des Entwicklungswissens. (Quelle: Meerkamm (Konstruktionssystem mfk, 1996), S. 220).

4.2.1.2 Kommunikation

Der Begriff der „Kommunikation" ist ähnlich dem der „Information" Gegenstand zahlreicher wissenschaftlicher Disziplinen und wird folglich von verschiedenen Standpunkten aus definiert. Ein Konsens existiert bei der Mehrzahl der Definitionen darin, dass Kommunikation nicht losgelöst von Information betrachtet werden kann.

In dieser Arbeit soll unter Kommunikation *der Austausch von Informationen zwischen verschiedenen Systemen (z.B. CAD-Systemen) bzw. Individuen (z.B. Konstrukteuren) mit dem Zweck, das Handeln in Bezug auf definierte Ziele optimal zu gestalten (z.B. zur Festlegung des weiteren Vorgehens, um Konstruktionsfehler zu beseitigen),* verstanden werden.[304] Insofern stellt die Kommunikation im Zeitalter arbeitsteilig organisierter Unternehmen einen unverzichtbaren Träger für eine flexible, zeit- und sachgerechte Bereitstellung von Informationen dar.

Analysiert man die Kommunikationsinhalte, so lassen sich diese in produkt- und prozessbezogene Bestandteile einteilen, die wiederum jeweils aus einer Input- und einer Output-Komponente bestehen:[305] Produktseitig umfasst die Input-Komponente Informationen, die

---

[304] Vgl. Heinrich (Informations- und Kommunikationstechnik, 1993), S. 6. Geht die Informationsübertragung über die Hör- und Sichtweite hinaus, spricht man von „Telekommunikation", wobei das griechische Präfix „Tele" für „weit" oder „fern" steht.

[305] Vgl. Lombaers (Product development: The art of communication, 1993), S. 673. Eine andere Einteilung nimmt Steinmetz vor, der zwischen der *Intra-Prozess-Kommunikation* als Austausch von Informationen zwischen verschiedenen organisatorischen Einheiten, die an demselben Entwicklungsprozess beteiligt sind und der *Inter-Prozess-Kommunikation*

unmittelbar Produktmerkmale beeinflussen (z.B. Kundenanforderungen, Spezifikationen, anzuwendende Technologien etc.), während die Output-Komponente die Kommunikation über erzielte Zwischen- und Endergebnisse beinhaltet. Auf der Input-Seite der prozessbezogenen Kommunikation werden Informationen über zu verwendende Methoden, Meilensteinsetzungen, Verfügbarkeiten von Kapazitäten, Budgets oder Hilfsmittel ausgetauscht. Im informatorischen Gegenstück, der prozessbezogenen Output-Seite, findet hingegen die Kommunikation über Meilensteinkontrollen und der Meinungsaustausch über die bisherige Verwendung der Kapazitäten, Budgets und Hilfsmittel statt.

4.2.1.3 Informations- und Kommunikationstechnologien (IuK)

Informationen erhalten ihren Wert meistens erst durch die Verknüpfung mit anderen Informationen, d.h. sowohl durch eine Informationsverarbeitung als auch durch die Übermittlung einer Information an die richtige Stelle wird diese erst ökonomisch verwertbar. An diesem Punkt setzen die Informations- und Kommunikationstechnologien (IuK) an.

Die Informationstechnologie umfasst die Bereiche der Informationserfassung, -verarbeitung, -speicherung und -wiedergewinnung und wird durch diese Funktionalitäten auch vielfach begrifflich synonym zur Computertechnologie verwendet. Demgegenüber realisiert die Kommunikationstechnologie gemäß der oben getroffenen Definition der Kommunikation die eigentliche Informationsübertragung und -weiterleitung, insb. dann, wenn zwischen den Kommunikationssubjekten größere Entfernungen zu überwinden sind.

Durch die zunehmende Integration beider Technologien verschwimmen die Grenzen jedoch zusehends, so dass mittlerweile auch von sog. „Computer Supported Cooperative Work-" Tools (CSCW) oder synonym von „Telekooperationssystemen" gesprochen wird. Darunter werden Mehrbenutzer-Technologien subsumiert, die es erlauben, Informationen auf elektronischem Weg zwischen standortverteilten Aufgabenträgern, Organisationseinheiten und Organisationen auszutauschen oder gemeinsame Materialien in gemeinsamen Speichern koordiniert zu bearbeiten.[306] Dadurch kann mediengestützt die arbeitsteilige Leistungserstellung von individuellen Leistungserbringern wirkungsvoll umgesetzt werden. Abb. 41 zeigt im Überblick die Funktionalitäten solcher Telekooperationssysteme.

---

als Austausch von Informationen zwischen verschiedenen, auch zeitlich getrennten Entwicklungsprozessen differenziert. Vgl. Steinmetz (Strategie der integrierten Produktentwicklung, 1993), S. 32f.

[306] Vgl. Eversheim / Luczak (Hrsg.) (Telekooperation, 1999), S. 15, Luczak et al. (Kooperative Konstruktion und Entwicklung, 1995), S. 159, Picot / Reichwald / Wigand (Grenzenlose Unternehmung, 2001), S. 403 und Reichwald / Möslein (Auf dem Weg zur virtuellen Organisation, 1996), S. 6f.

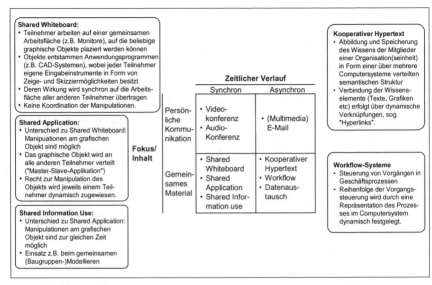

Abb. 41: Funktionalitäten von Telekooperationssystemen.[307]

4.2.1.4 Durchgängig virtuelle Produktentwicklung

Die Rechnerunterstützung in der Produktentwicklung hat im Verlauf der letzten Jahrzehnte sukzessive zugenommen. Abb. 42 dokumentiert die wesentlichen Evolutionsphasen. Demnach begann nach der werkstattorientierten, der normenorientierten und der methodischen Konstruktion in den 70er Jahren das rechnerunterstützte Entwickeln, dass über die rechnerorientierte Produktmodellierung mittlerweile in die Phase der sog. virtuellen Produktentwicklung übergegangen ist.[308]

---

[307] Vgl. Abramovici / Gerhard / Langenberg (Verteilte Entwicklungsprozesse, 1998), S. 70 - 73, Anderl et al. (Verteilte Produktentwicklung, 1998), S. 3 - 7, Eversheim et al. (IuK in der Automobilentwicklung, 1996), S. 180f., Eversheim / Luczak (Hrsg.) (Telekooperation, 1999), S. 30 - 33, Krause / Spur (Das virtuelle Produkt, 1997), S. 592 - 599, Luczak et al. (Kooperative Konstruktion und Entwicklung, 1995), S. 147f., Wohlenberg (Gruppenunterstützende Systeme in F&E, 1993), S. 43 - 70.

[308] Für eine ausführliche Darstellung der Historie der Produktentwicklung vgl. Krause / Spur (Das virtuelle Produkt, 1997), S. 35 - 48.

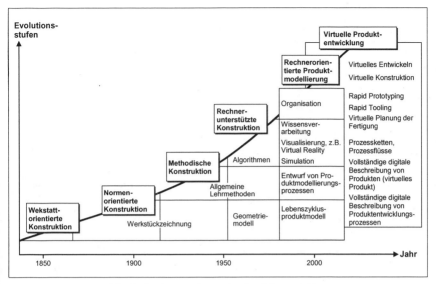

Abb. 42: Evolutionsphasen der Produktentwicklung.
(Quelle: Krause / Spur (Das virtuelle Produkt, 1997), S. 44).

Zur Erläuterung des Begriffsinhalts der „Durchgängig virtuellen Produktentwicklung" - inkl. sinnverwandter Begriffe wie „Virtual product development" oder „Virtual Engineering" - bieten zunächst die in Tab. 2 aufgeführten Literaturquellen einen einleitenden Überblick.

Literaturquelle	Definition
Anderl (Product Data Technology, 2000), S. 27.	„Information and communication technology is changing business processes and working cultures by moving from paper-based and document-driven development and design processes to development and design processes based on digital product and process models. This is called "Virtual Product Development"."
Bullinger / Bröcker / Wagner (Verteilte Produktentwicklung, 1999), S. 3.	„Ein ganzheitliches Konzept für die virtuelle Produktentwicklung basiert auf den Technologien Computer-Aided Design (CAD), Digital Mock-Up (DMU) sowie Virtual Reality (VR) und muss mit einem übergreifenden Engineering-Data-Management-System (EDM) als Trägertechnologie und einem effektiven Wissensmanagement abgesichert werden."
Encarnação et al. (Virtual Engineering, 1999), S. 144.	„Virtual Engineering umfasst .. die frühzeitige, vernetzte und integrierte Unterstützung des Entwicklungsprozesses hinsichtlich der Abstimmung, Bewertung und Konkretisierung der Entwicklungsergebnisse aller Entwicklungspartner mit Hilfe eines digitalen Prototypen. Frühzeitig bedeutet, dass bereits Designentwürfe oder Konzepte im Rechner abgebildet werden und die Grundlage für eine erste Bewertung oder Abstimmung bilden."
Kaufmann / Maashoff (Virtual product engineering, 2000), S. 156.	„Virtual Product Engineering cannot mean only the utilization of a digital product representation but the build-up of a virtual enterprise which consists of all partners engaged in developing a system."

Krause / Spur (Das virtuelle Produkt, 1997), S. 47.	„Die Entwicklung eines virtuellen Produktes ist .. auf die Entwicklung eines Produktmodells zurückzuführen, das in digitalisierter Form in einem Rechnersystem manipulierbar gespeichert ist. Die methodische Überführung eines Konstruktionsprozesses in einen rechnerintegrierten Ablauf mit gleichzeitiger Darstellungsmöglichkeit des wirklichen Verhaltens des zu entwickelnden Objektes wird Virtualisierung genannt. In diesem Sinn kann von virtuellen Konstruktionsobjekten und virtuellen Konstruktionsprozessen gesprochen werden."
Krause / Spur (Das virtuelle Produkt, 1997), S. 80.	„Das virtuelle Produkt bezeichnet die rechnerbasierte realistische Darstellung eines Produktes mit allen geforderten Funktionen im Produktlebenszyklus. Damit kann auch von einer virtuellen Produktentwicklung als Umgebung, in der die vollständige, exakte Repräsentation eines Produktes und seiner assoziierten Daten in digitaler Form erstellt, getestet, visualisiert und gefertigt wird, gesprochen werden."

Tab. 2: Ausgewählte Definitionen des Begriffs „Virtuelle Produktentwicklung" und sinnverwandter Begriffe.

Ein Abgleich der Definitionen führt zu der Feststellung, dass sich die *virtuelle Produktentwicklung* im Wesentlichen aus drei Kernbestandteilen konstituiert:

1. Verwendung sog. *„digitaler"* oder auch *„virtuell"* genannter Produktmodelle (entsprechen der rechnerintern in digitalisierter Form gespeicherten, stets konsis-tenten und redundanzfreien Darstellung aller ein Produkt beschreibenden Informationen);
2. Übertragung konstruktionsmethodischer Vorgehensweisen auf den Rechner in Form korrespondierender *digitaler Prozessmodelle* (enthalten sämtliche für den Ablauf der virtuellen Produktentwicklung relevanten Informationen in Form von definierten verlaufs- und reifegradorientierten Abfolgen von Prozessschritten);
3. *Einsatz rechnerbasierter Technologien* zur Erzeugung und Nutzung der Produkt- und Prozessmodelle.

In den Definitionen nicht thematisiert wird der Aspekt der *Durchgängigkeit*, welcher folglich zu ergänzen ist: Unter einer „Durchgängig virtuellen Produktentwicklung" soll fortan ein Entwicklungsansatz verstanden werden, der sich neben den obigen Kernbestandteilen zusätzlich dadurch auszeichnet, dass sämtliche im Entwicklungsprozess erzeugten Daten

4. durch eine *vollständige Vernetzung aller angewendeten Softwareapplikationen - auch unternehmensübergreifend* - ausgetauscht werden können und
5. dies *für alle Tätigkeiten entlang der Prozessphasen* - von der Vorentwicklungs- bis letztlich zur Entsorgungsphase der Produkte - gewährleistet ist.[309]

Eine detaillierte Auseinandersetzung mit den Inhalten und Spezifika der durchgängig virtuellen *Fahrzeug*entwicklung erfolgt im Kap. 4.3.

---

[309] Vgl. Linner / Wunsch (Prozesskettenorientierte Simulationswerkzeuge, 1998), S. 396f.

4.2.2 Bedeutungsanalyse

4.2.2.1 Bedeutung von Informationen für die Produktentwicklung

Während die Produktion und der Vertrieb dadurch charakterisiert sind, dass die Spezifikationen eines Produkts vollständig oder zumindest mehrheitlich bekannt sind, hat die Produktentwicklung die Aufgabe, diese detailliert zu erarbeiten. Im Verlauf des Entwicklungsprozesses werden dazu eine Vielzahl von Informationen, z.b. in Form von Kundenanforderungen, CAD-Modellen, bereits realisierten Konstruktionen oder auch Fertigungs- und Montagemethoden geschaffen, gefiltert, gespeichert, zusammengeführt, aufgelöst und zwischen verschiedenen Medien übertragen. Da das Festlegen der Bauteil- und Gesamtprodukteigenschaften in Form von Informationen auf verschiedenen Informationsträgern wie Zeichnungen, Stücklisten, Beschreibungen, digitalen Produktmodellen etc. erfolgt,[310] wird die Produktentwicklung vor diesem Hintergrund auch als „Informationsverarbeitungs-" oder als „informationsumsetzender Prozess" bezeichnet,[311] an dessen Ende zusätzlich zum physischen Produkt dessen informatorisches Abbild erarbeitet worden ist. Bei konsequenter Weiterverfolgung dieser Logik lässt sich ein Produkt demzufolge auch als tangibles Informationsbündel charakterisieren, welches durch Marketingaktivitäten weiter informatorisch angereichert wird, bevor es den Endkunden erreicht.[312]

In dem Maß, in dem Kundenerwartungen nun ganzheitlicher, subtiler und mehrdeutiger werden, wird es auch die Information, die innerhalb der Entwicklungsorganisation kommuniziert werden muss. Aufgrund der zunehmenden Bauteilkomplexität steigt der qualitative und quantitative Bedarf sowohl an *Informationstypen* als auch an *Informationsquellen* wie Produktkataloge, Datenbanken, Prototypen oder Kunden zusehends.[313] Eine Entwicklung ohne Informationsnutzung ist folglich nicht möglich und eine systematische Planung der Unternehmensressource Information damit mindestens ebenso bedeutsam wie die Planung der menschlichen, finanziellen oder materiellen Ressourcen.[314]

---

[310] Vgl. Fujimoto (Information asset map, 1993), S. 37: „Product development can be described as a system of information creation and transmission that cumulatively develops information assets necessary for commercial production - concept proposals, clay models, blueprints, prototypes, tools and dies, for example."

[311] Vgl. Pahl / Beitz (Konstruktionslehre, 1997), S. 24. Der Informationsumsatz lässt sich in drei Phasen einteilen: (1) Gewinnung von Informationen aus der Aufgabenstellung, Fachliteratur, Gesprächen, Versuchen etc.; (2) Verarbeitung von Information durch Analyse, Abstraktion, kreative Lösungssuche, Erarbeitung von Skizzen und Zeichnungen etc; (3) Weitergabe von Informationen durch die Produktdokumentation. Vgl. Ehrlenspiel (Integrierte Produktentwicklung, 1995), S. 199f. Der Charakter eines Informationsverarbeitungsprozesses wird auch verdeutlicht durch die vergleichende Darstellung einiger primär auf dem Begriff Information aufsetzender Definition des „Engineering Design" bei: Court (Modelling and classification of Information, 1995), S. 14.

[312] Vgl. Fujimoto (Information asset map, 1993), S. 36f.

[313] „Typ" meint, *welche* Information zur Lösung einer Aufgabe benötigt wird. „Quelle" bezieht sich auf den Ort, *wo* eine Information gewonnen werden kann. Vgl. Court (Modelling and classification of Information, 1995), S. 59 - 64. Unter „*Informationsbedarf*" soll hier „die Art, Menge und Qualität der Informationen, die eine Person zur Erfüllung der Aufgaben zu einer bestimmten Zeit benötigt" verstanden werden. Vgl. Picot / Reichwald / Wigand (Grenzenlose Unternehmung, 2001), S. 81.

[314] Vgl. Picot / Reichwald / Wigand (Grenzenlose Unternehmung, 2001), S. 61 und für eine detaillierte Gesamtbetrachtung Staudt / Bock / Mühlemeyer (Information und Kommunikation als Erfolgsfaktoren, 1990).

4.2.2.2 Bedeutung der Kommunikation für die Produktentwicklung

In den sehr frühen Phasen der Entwicklung sind die Entwürfe für ein neu zu entwickelndes Produkt durch einen geringen Konkretisierungsgrad gekennzeichnet. Kommunikation wird hier zur unabdingbaren Prämisse für das Funktionieren eines systematischen Informationsflusses, denn nur durch die Nutzung des im Unternehmen verteilten Wissens können Entscheidungen unter Berücksichtigung möglichst vieler Randbedingungen getroffen werden.[315] Eine zielgerichtete zwischenmenschliche Kommunikation und der Datenaustausch zwischen Systemanwendungen kann zu einer von vorneherein verbesserten Entwicklung und zu einer erheblichen Senkung der Entwicklungszeiten wie auch zu einer signifikanten Kostenreduzierung beitragen.[316]

Nicht unerwähnt bleiben soll die Tatsache, dass neben der Übermittlung von Sachinformationen (*Inhaltsaspekt*), Kommunikation auch in hohem Maß auf die sozialen Beziehungen zwischen den Kommunikationspartnern einwirkt (*Beziehungsaspekt*). Diese Beziehungen bilden die Voraussetzung für gegenseitiges Vertrauen im Umgang mit Informationen, für Arbeitszufriedenheit und kreative Entfaltung.[317] So kann über Kommunikation Vertrauen geschaffen, Sympathie oder Antipathie hergestellt und dementsprechend eine Beziehung aufgebaut und gepflegt oder aber empfindlich gestört werden.

4.2.2.3 Grundlegende Bedeutung der Informations- und Kommunikationstechnologien (IuK) für die Produktentwicklung

Obgleich eine detaillierte Diskussion der Potenziale produktentwicklungsspezifischer IuK Gegenstand von Kap. 4.4 ist, wird in Hinführung auf dieses Themenfeld an dieser Stelle die grundlegende Bedeutung der IuK für die Entwicklung skizziert.

Vor dem Hintergrund, dass Entwicklungsprozesse auf Informationsaustausch und Kommunikation beruhen und unter der Prämisse, dass Entwicklung „nicht in erster Linie eine Kunst ist, die sich jeder Formalisierung entzieht",[318] scheint eine Unterstützung der Entwicklung durch die IuK generell Erfolg zu versprechen. Die grundlegende Bedeutung der IuK lässt sich dabei unmittelbar an ihren Potenzialen festmachen, entscheidungsrelevante Informatio-

---

[315] Nach Reichwald sind „mit diesen informatorischen Abstimmungsprozessen in Form von Planung, Steuerung und Kontrolle heute in Industriebetrieben schon mehr Menschen beschäftigt als mit der Produktion der Güter." Reichwald (Kommunikation, 1993), S. 449.

[316] Für eine detailliertere Betrachtung der Kommunikation als Erfolgsfaktor für die betriebliche Forschung und Entwicklung vgl. Staudt / Bock / Mühlemeyer (Information und Kommunikation als Erfolgsfaktoren, 1990). Woll spricht von der Kommunikation auch als „Baustein des entwicklungsbegleitenden Qualitätsmanagements." Woll (Informationsrückführung, 1994), S. 2. Zu den potentiell negativen Effekten von Kommunikation vgl. Lombaers (Product development: The art of communication, 1993), S. 678f.

[317] Vgl. Frech / Müller (Computer Supported Concurrent Design, 1995), S. 392 und Reichwald / Möslein (Management und Technologie, 1998), S. 6f. Den beiden Komponenten der zwischenmenschlichen Kommunikation werden auch unterschiedliche Kommunikationsträger zugeordnet. Während der *Inhaltsaspekt* von Kommunikation i.d.R. durch Sprache erfolgt, werden *Beziehungsaspekte* vorwiegend durch „Körperhaltung, Tonlage, Mimik, Gestik, d.h. also auf bildhafte, symbolische, assoziative Weise übertragen." Reichwald / Möslein (Management und Technologie, 1998), S. 7.

[318] Steinmetz (Strategie der integrierten Produktentwicklung, 1993), S. 25.

nen stets zur richtigen Zeit, am richtigen Ort und in angemessener Qualität zur Verfügung zu stellen[319]:

1. Beherrschung der Informationsquantität

Mitarbeiter in der Entwicklung müssen sich mit einer Informationsgrundgesamtheit auseinandersetzen, welche die menschliche Informationsverarbeitungskapazität i.d.R. überschreitet (vgl. auch Abb. 40). Dies kann dazu führen, dass die Entscheidungsträger „einen wesentlichen Teil ihrer Arbeitszeit mit der Vermittlung und Verarbeitung von Informationen verbringen, aber dennoch für die einzelne Entscheidungssituation unzureichend informiert sind oder zumindest das Gefühl unzureichender Informiertheit in sich tragen."[320]

Die Potenziale der IuK liegen in diesem Zusammenhang darin, diese menschlichen Grenzen der Informationsaufnahme, -speicherung und -verarbeitung auszuweiten und so insgesamt zu einer Erweiterung der menschlichen Leistungsgrenzen beizutragen.[321] Unterstützungsleistungen bei der Suche, Generierung, Selektion oder auch Aufbereitung von Informationen führen dazu, dass die Quantität der Informationen für den einzelnen Entscheidungsträger beherrschbar(er) und ihm zugleich die Beurteilung erleichtert wird, was er als informatorische Grundlage beachten und anwenden muss.

2. Erhöhung der Informationsqualität

Unter dem Aspekt kürzerer Produktlebenszeiten und stark an Kundenwünschen orientierten Produkten gewinnt die Qualität der Information an Bedeutung, um in kürzester Zeit mit ansprechenden Produkten preisoffensiv am Markt präsent zu sein. Wenn unter „qualitativ hochwertigen Informationen" solche verstanden werden, die durch die Merkmale Vollständigkeit, Korrektheit, Integrität, Verfügbarkeit und Rechtzeitigkeit charakterisiert sind,[322] sind die Mehrwerte der IuK zur Erhöhung der Informationsqualität vielfältiger Natur:

- Informationsgewinnung aus einer Vielzahl zugreifbarer Quellen (Vollständigkeit)
- Iterative Mehrfachsimulationen (Korrektheit)
- Automatische Bauraum- und Kollisionsuntersuchungen (Integrität)
- Permanente Bereitstellung relevanter Informationen in einem mit Zugriffsrechten versehenen Informationspool (Verfügbarkeit)
- Beschleunigung der Problemlösungszyklen durch schnelle Verifikation geänderter Komponentendaten am digitalen Produktmodell; Bereitstellung der Entwicklungsergebnisse „per Mausklick" (Rechtzeitigkeit).

---

[319] Vgl. Birkhofer et al. (Netzwerkbasiertes Informationsmanagement, 1995), S. 255.
[320] Gabriel / Chamoni / Gluchowski (IuK-Systemen zur Unterstützung des Managements, 1995), S.18f.
[321] Vgl. Picot / Reichwald / Wigand (Grenzenlose Unternehmung, 2001), S. 207.
[322] Vgl. Bullinger / Meitner (Information, 1994), S. 15. Andere häufig genannte Qualitätskriterien sind: Relevanz, Präzision, Konsistenz, Aussagefähigkeit, Verlässlichkeit oder Aktualität, die jedoch - je nach Bedeutungsauslegung - in den oben genannten Kriterien enthalten sind.

Darüber hinaus kann das in Datenbanken abgelegte Wissen über bereits realisierte konstruktive Lösungen in Form von Zeichnungen z.b. helfen, schneller und flexibler Neu-, Anpassungs- oder Variantenkonstruktionen zu erstellen. Das berühmte Rad muss nicht mehr neu erfunden und zumindest Teillösungen können nach dem Baukastenprinzip übernommen werden.

3. Erhöhung der organisatorischen Freiheitsgrade

Bezüglich der Ausweitung organisatorischer Freiheitsgrade können Ansatzpunkte für die nutzensteigernde Wirkung der IuK in der Optimierung der Organisationsstrukturen gesehen werden, sowohl hinsichtlich der Aufbau- als auch der Ablauforganisation.[323] So ermöglichen z.B. die genannten Telekooperationswerkzeuge durch schnellere und kostengünstigere, raum- und zeitüberbrückende Informationsübertragung und -verarbeitung („Anytime/Anyplace") Organisationsformen, die zuvor zwar latent erwünscht waren, aber nicht realisierbar erschienen. Als Beispiele lassen sich Ansätze wie „Simultaneous Engineering" oder auch verteilte, unternehmensübergreifende Entwicklungskooperationen mit Zulieferern anführen, die aufgrund ihres hohen Kommunikations- und Kooperationsbedarfs ohne den Einsatz leistungsstarker Telekooperationstools nur sehr eingeschränkt umsetzbar wären.[324]

4.2.2.4 Grundlegende Bedeutung einer durchgängig virtuellen Automobilentwicklung

Mit dem Einsatz einer durchgängig virtuellen Produktentwicklung verbinden Unternehmen branchenübergreifend das Ziel einer substantiellen Verbesserung der Entwicklungseffektivität und -effizienz. Den unternehmerischen Vorstellungen zufolge können durch eine integrierte und leistungsstarke Unterstützung nahezu aller Aktivitäten und Prozesse erhebliche Optimierungspotenziale entlang aller drei entwicklungsspezifischer Zieldimensionen - Entwicklungszeit, Produkt- und Prozessqualität sowie Produkt- und Prozesskosten - erschlossen und dadurch die Wettbewerbsfähigkeit insgesamt signifikant gesteigert werden.

Da eine detaillierte Diskussion der konkreten Erfolgsbeiträge einer durchgängig virtuellen Produktentwicklung anwendungsfallbezogen erfolgen muss, werden die allgemeinen Schilderungen an dieser Stelle nicht weiter ausgeführt, sondern für den auf die anwendungsbezogenen Detailerörterungen in Kap. 4.4 verwiesen.

---

[323] Vgl. Picot / Reichwald / Wigand (Grenzenlose Unternehmung, 2001), S. 227 - 285 (Modularisierung von Unternehmen) und S. 287 - 327 (Unternehmensnetzwerke).

[324] Picot / Reichwald / Wigand (Grenzenlose Unternehmung, 2001), S. 14: „Die Leistungspotentiale der IuK-Technik rücken .. die Informationsdimension von Produkten, Prozessen, Strukturen sowie ganzer Wertschöpfungsketten ins Blickfeld. Das Bewusstsein schärft sich dafür, dass der überwiegende Teil aller Wertschöpfungsaktivitäten informations- und kommunikationsgeprägt ist. Die unternehmerische Wertschöpfung verlagert sich zunehmend in die Informationssphäre."

4.3 Idealtypisches Gesamtmodell und technologische Kernbestandteile einer durchgängig virtuellen Automobilentwicklung (DvA)

Um die potentiellen Erfolgsbeiträge einer DvA in Kap. 4.4 ableiten zu können, ist vorweg ein genaues Verständnis über das Leistungsprofil der virtuellen Fahrzeugentwicklungsumgebung, hier verstanden als die Zusammenfassung aller rechnerbasierten Werkzeuge, zu erarbeiten. *Kap. 4.3.1* stellt dazu überblicksartig ein aus der Vielzahl von Einzelinformationen abgeleitetes, integriertes und zugleich idealtypisches Gesamtmodell einer DvA dar. Diesem müssen sich die Automobilhersteller sukzessive nähern, um die mit dem Einsatz der DvA verbundenen Potenziale ausschöpfen zu können. Ein Reifegradmodell zur Bewertung des aktuellen Leistungsniveaus der eingesetzten Technologien wird in *Kap. 4.3.2* vorgestellt, bevor in *Kap. 4.3.3* die Ausführungen mit einer Beschreibung und konkreten Bewertung des Leistungsniveaus der Technologien im Vergleich zu einem idealtypischen Leistungsspektrum fortgesetzt werden. Dadurch entsteht einerseits ein transparentes Bild zum bisher erreichten technologischen Leistungsstand der DvA, und andererseits werden die verbleibenden Handlungsbedarfe offensichtlich. Mit einer zusammenfassenden Bewertung des erreichten Leistungsstands und der verbleibenden Handlungsbedarfe werden die Ausführungen in *Kap. 4.3.4* abgeschlossen.

Für die Ausarbeitungen wurde auf (1) wissenschaftliche Literatur - und hier verstärkt auf Beschreibungen von aktuellen Forschungsaktivitäten sowie Prototypanwendungen[325] -, (2) Produktbeschreibungen der weltweit führenden kommerziellen Softwarelösungen sowie (3) Interviewergebnisse zurückgriffen.[326] Die Analyse der Softwarelösungen konzentrierte sich dabei auf die vier bei den Automobilherstellern weltweit am weitesten verbreiteten Systeme:[327]

- „CATIA" von IBM und Dassault Systèmes - schwerpunktmäßig eingesetzt von Audi, BMW, DaimlerChrysler, Renault, Rover, Volvo, Volkswagen, Peugeot, Honda und Daewoo;
- „Unigraphics" vom gleichnamigen Unternehmen - vorwiegend eingesetzt bei General Motors, Saab, Fiat und Isuzu;

---

[325] Als eines der aktuell bedeutendsten Forschungsprojekte in Deutschland gilt das vom BMBF geförderte Projekt „integrierte virtuelle Produktentstehung" (iViP). Ziel des Mitte 1998 gestarteten Vorhabens „ist die Entwicklung und industrielle Einführung von High-Tech Softwareprodukten für die vollständige virtuelle Produktentstehung auf der Basis virtueller Produkte und durchgängiger, integrierter Prozesse." Entnommen aus der iViP-Informationsbroschüre, online unter: *http://ivip.ipk.fhg.de/* (20.06.2001). Für weitere Details vgl. ebenda, Krause / Tang / Ahle (Integrierte Virtuelle Produktentstehung, 1999), S. 77 - 101 und Krause / Tang / Ahle (iViP - Fortschrittsbericht II, 2002).
Überblicke über die konkrete Nutzung der virtuellen Techniken im Fahrzeugentwicklungsprozess bei den einzelnen OEMs bieten z.B.: Balasubramanian (Digitale Fahrzeugentwicklung bei Mercedes-Benz, 2001), o.S., Brüning (Virtuelle Produktentwicklung bei der Volkswagen AG, 2001), o.S., Demant (Virtual Reality bei Opel, 2001), Tamm (Digitale Methoden und Verfahren bei der Audi AG, 2001) und Tang (Die virtuelle Produktentstehung bei VW, 2001).

[326] Der Dreiklang der Informationsbeschaffung macht deutlich, dass nicht über neuartige Technologien spekuliert, sondern zwischen realisierbaren Tools und „technologischen Traumtänzereien" klar differenziert wird. Dieser Ansatz wurde gewählt, um die für das strategische Management wichtige *realistische* Zukunftsperspektive zu erhalten.

[327] Vgl. Merlis / Sylvester / Newton (Breakthroughs in E-Engineering, 2000), S. 37. Für eine Kurzbeschreibung zu allen z.Zt. auf dem Markt verfügbaren Softwareprodukten vgl. ebenda, S. 49 - 57, o.V. (Software für Automotive Design, 2001), S. 88, o.V. (CAD-Systeme für die Automobilindustrie, 2000), S. 114 und o.V. (CAD: Machtwechsel bei den Systemen, 1998), S. 68 - 72.

- „Ideas" von Structural Dynamics Research Group (SDRC) sowie
- „Pro/ENGINEER" von Parametric Technology - hauptsächlich eingesetzt bei Ford und Nissan.

Sofern Details über unternehmensspezifische Applikationen bekannt waren, flossen diese Informationen mit in die Ausarbeitungen ein.[328]

4.3.1 Überblick: Technologieeinsatz im idealtypischen Gesamtmodell einer durchgängig virtuellen Automobilentwicklung

Gemäß der Definition einer *durchgängig* virtuellen Entwicklung (vgl. Kap. 4.2.1.4) äußert sich die Durchgängigkeit entlang von drei Dimensionen (vgl. Abb. 43): Es existiert eine vollständige Vernetzung aller angewendeten Softwareapplikationen mit einem informationsverlustfreien Datentransfer hinweg über alle (1) Prozessphasen, (2) Tätigkeitsschwerpunkte und (3) beteiligten Unternehmen.

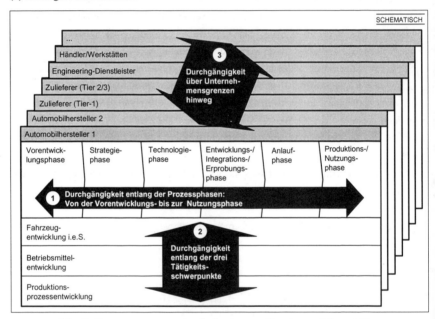

Abb. 43: Dimensionen einer durchgängig virtuellen Automobilentwicklung.

---

[328] Informationen über den Technologieeinsatz bei Automobilherstellern sind u.a. zu finden bei: Katzenbach / Haasis (Enabler technologies, 2000), S. 67 - 72, Katzenbach (Engineering Processes of the Future, 1999), S. 56 - 62, o.V. (Design in drei Dimensionen, 2000), S. 84 - 86 (DaimlerChrysler); o.V. (Prototypisch Porsche, 2000), S. 39 (Porsche); o.V. (Renault Technocentre, 2001), S. 48f. (Renault); o.V. (Virtuelle Entwicklung, 2000), S. 36 - 39 (Opel).
Unternehmensspezifische Applikationen werden fast immer in sehr enger Zusammenarbeit zwischen Software-Herstellern und OEMs bzw. Zulieferern erarbeitet. So flossen z.B. nahezu 500 Verbesserungen innerhalb von zehn Jahren in ein Automationstool für mechanische Konstruktion der Software Pro/ENGINEER ein. Kooperiert wurde mit Alfa Romeo, Audi, BMW, Ferrari, Fiat, Hyundai, Toyota, VW, ZF und Hella. Vgl. o.V. (Konstruktionssoftware, 1999), S. 94f.

Referenziert an den Prozessphasen einerseits und den drei Tätigkeitsschwerpunkten Fahrzeug-, Betriebsmittel- und Produktionsprozessentwicklung andererseits stellt Abb. 44 vereinfacht das idealtypische technologische Gesamtmodell einer DvA für den Datenaustausch zwischen zwei Unternehmen dar. Dieses wird im Folgenden überblicksartig erläutert.

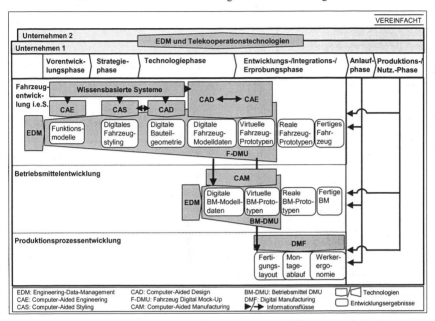

Abb. 44: *Das idealtypische technologische Gesamtmodell einer durchgängig virtuellen Fahrzeugentwicklung.*

1. **Technologieeinsatz in der Fahrzeugentwicklung i.e.S.**

In der Fahrzeugentwicklung werden in der Vorentwicklungsphase mit Hilfe von numerischen Simulationsprogrammen (Computer-Aided Engineering-Systeme - CAE) diverse Funktionsmodelle erstellt, um grundlegend neue Lösungsansätze hinsichtlich ihrer Verwendbarkeit zu überprüfen. Der Einsatz rechnerbasierter Systeme zum digitalen Styling des Fahrzeuginterieurs und -exterieurs (Computer-Aided Styling-Systeme - CAS) schließt sich in der Strategiephase an, gefolgt von der geometrischen Konstruktion und Gestaltung von Bauteilen mittels Computer-Aided Design Technologien (CAD), der Berechnung von Bauteilkennwerten (z.B. Festigkeit, Schwingungs- und Strömungsverhalten etc.) mittels CAE-Systemen und deren Rückübertragung an die CAD-Systeme.

Bereits vorhandenes unternehmensspezifisches Wissen ist in sog. „wissensbasierten Systemen" strukturiert abgespeichert. Die Nutzung dieser Wissensbasis erfolgt entweder dadurch, dass Mitarbeiter proaktiv über Schnittstellen in den CAx-Systemen darauf zugreifen oder aber dadurch, dass die wissensbasierten Systeme eigenständig nach automatisierten Abgleich der vorhandenen mit den benötigten Informationen den Mitarbeitern problemlösungsrelevantes

Wissen zur Verfügung stellen. Unabhängig von der Art der Wissensintegration existieren am Ende der Technologiephase in jedem Fall alle geometrischen (z.B. Bauraumbedarf und Toleranzbedingungen), physikalischen (z.B. Funktionsprinzipien und thermisches Verformungsverhalten), technologischen (z.B. Materialeigenschaften) wie auch fertigungstechnischen Fahrzeugmodelldaten in digitaler Form.

Die sukzessive Synthetisierung aller digitalen Einzeldaten, ausgehend von den Funktionsmodellen über die Bauteilgeometrien bis letztlich hin zu einem vollständigen virtuellen Fahrzeugprototypen und deren Visualisierung mit interaktiven Manipulationsmöglichkeiten, übernehmen sog. Digital Mock-Up-Systeme (DMU). Das unternehmens- und prozessphasenübergreifende Management sämtlicher der im Lauf des Entwicklungsprozesses erzeugten und den DMUs zugrunde liegenden Daten und Dokumente zu Bauteilen und dem Gesamtfahrzeug ist Aufgabe der Engineering Data Management-Systeme (EDM).

Zusammen mit den DMU-Technologien wird durch ihren Einsatz das auch als Fahrzeug-DMU bezeichnete Datenmodell zur zentralen, für alle Beteiligten verbindlichen Arbeitsplattform und löst in dieser Funktion die physischen Prototypen ab. Im idealtypischen Gesamtmodell existieren daher auch nur noch für Einzel-anwendungen, bei denen die Abweichungen zwischen Simulationsergebnissen und realen Tests zu groß sind, Rapid Prototyping-[329] und Reverse Engineering-Systeme[330]. Generell werden reale Fahrzeugprototypen (Physical Mock-Up - PMU) i.d.R. erst am Ende der Integrations- und Erprobungsphase unmittelbar aus den digitalen, das Auto in seiner Gesamtheit beschreibenden Fahrzeugdaten hergestellt.

2. Technologieeinsatz in der Betriebsmittelentwicklung

In der Betriebsmittelentwicklung ähnelt der Technologieeinsatz dem in der Fahrzeugentwicklung: Rechnerbasierte Fertigungssysteme (Computer-Aided Manufacturing - CAM) nutzen

---

[329] Im konventionellen Entwicklungsablauf werden spätestens in der Integrations- und Erprobungsphase die virtuellen in physische Prototypen überführt, da der Aussagegehalt der virtuellen Prototypen noch nicht ausreichend ist. Zur wirtschaftlichen, schnellen und qualitativ hochwertigen Anfertigung der physischen Prototypen wird dabei das sog. „Rapid Prototyping" (RP) eingesetzt. Darunter werden Technologien subsumiert, die ohne manuelle Tätigkeiten ein CAD-Datenmodell unmittelbar in physische Prototypen umsetzen, ohne dass dazu formgebende Werkzeuge eingesetzt werden. Das Grundprinzip aller existierenden generativen Fertigungsverfahren ist dabei identisch: Das dreidimensionale CAD-Modell wird durch parallele Schnitte senkrecht zur Herstellungsrichtung in einzelne Schichten zerlegt, die dann im Bauprozess als 2D-Beschreibung zur schichtweisen Herstellung des Prototypen verwendet werden. Die einzelnen Verfahren unterscheiden sich lediglich in der Art und Weise, wie die Materialaddition abläuft. Welches der Verfahren angewendet wird, hängt von den jeweiligen Anforderungen an den Prototypen ab. Werden keine fahrzeugteilbezogenen sondern Werkzeugprototypen herstellt, spricht man entsprechend von „Rapid Tooling". Für Details zu den einzelnen Verfahren vgl. bspw. Döllner / Kellner / Tegel (Computer-supported techniques, 1999), S. 59 - 65, Fischer / Warschat (Rapid Prototyping, 1997), S. 205 - 220, Gebhardt (Rapid Prototyping, 2000), Krause / Spur (Das virtuelle Produkt, 1997), S. 477 - 484 und o.V. (Rapid Prototyping: Entwickeln ohne Fehler, 1998), S. 46 - 54.

[330] Im Lauf des konventionellen Entwicklungsprozesses werden oftmals geometrische Änderungen an physischen Prototypen vorgenommen. Beispiele dafür sind Änderungen an der Karosserie, am Cockpit, an Ein- und Auslasskanälen von Zylinderköpfen oder auch an Werkzeugen (vgl. z.B. Beutner et al. (Modellierung und Simulation, 1998), S. 409f.). Damit nun jederzeit die Konsistenz zwischen dem rechnerinternen Modell und dem aktuellen physischen Bauteil gewährleistet ist, müssen diese Änderungen auch wieder in das digitale Produktmodell eingepflegt werden („Reverse Engineering"). Die Rückführung von Modelländerungen in die geometrische Bauteilbeschreibung im CAD-Modell erfolgt dabei durch berührungslose Abtastung der Modellgeometrie mittels 3D-Laserscanner, Zeilenkameras oder Flächenkameras, wobei durch eine vorgeschaltete Vorverarbeitungsprozess die generierten Punktfolgen oder Punktwolken für die Weiterverarbeitung aufbereitet werden. Vgl. Fichtner / Schöne (Digitalisierdaten zur Modellrekonstruktion, 1998) und Spors et al. (Beschleunigung durch Reverse Engineering, 1998).

die digitalen Fahrzeugmodelldaten, um durch deren fertigungsorientierte Weiterverarbeitung digitale Betriebsmittelmodelle herzustellen. Die Integration der Einzeldaten zu vollständigen virtuellen Betriebsmittelprototypen erfolgt durch DMU-Systeme und das unternehmens- und prozessphasenübergreifende Management sämtlicher die Betriebsmittel beschreibender Daten über die bereits genannten EDM-Systeme. Über Schnittstellen zur Fahrzeugentwicklung werden der birektionale Informationsaustausch und damit die notwendigen informationstechnischen Rückkopplungen sichergestellt.

3. Technologieeinsatz in der Produktionsprozessentwicklung

In der Produktionsprozessentwicklung übernehmen „Digital Manufacturing"-Systeme (DMF) durch Weiterverarbeitung der Fahrzeugprototypendaten die Planung, Auslegung sowie die konkrete Modellierung und Optimierung sämtlicher Produktionsprozessabläufe wie auch ganzer Produktionsarchitekturen (z.B. Art, Anzahl und Verteilung von Produktionsstraßen, Montageabläufe, Fabrikgestaltung etc.). Sie stellen insofern eine Fortführung der entwicklungsorientierten DMU- und EDM-Technologien in die Produktionsbereiche dar.

Die Versorgung aller aufgeführten Technologien mit Daten aus den nachfolgenden Anlauf-, Produktions- und Nutzungsphasen erfolgt wiederum über informationstechnisch hinterlegte Rückkopplungsschleifen. Gleiches gilt für Informationen, die in Vorstufen, wie z.b. der Grundlagen- und Vorentwicklung generiert werden. Der Datenaustausch zwischen den beteiligten Unternehmen wird über EDM- und Telekooperationstechnologien realisiert.

4.3.2 Reifegradmodell zur Bewertung des aktuellen Leistungsniveaus der technologischen Kernbestandteile einer durchgängig virtuellen Automobilentwicklung

Bevor im Kap. 4.3.3 die idealtypischen und aktuellen Funktionalitäten aller der im Rahmen der DvA eingesetzten Technologien im Detail analysiert werden, wird vorweg das den Analysen zugrunde liegende Bewertungsschema vorgestellt.

Die Beurteilung des aktuellen Leistungsniveaus erfolgt auf Basis einer selbsterstellten fünfstufigen Reifegradsystematik, die sich durch die in Tab. 3 dargestellten qualitativen Abgrenzungskriterien auszeichnet.[331] Unter einem „idealtypischen Leistungsniveau" wird dabei ein Leistungsstand verstanden, der die von Praktikern und Forschern artikulierten wünschenswerten und zugleich in einem Fünf- bis Siebenjahreszeitraum technologisch umsetzbaren Funktionalitäten abbildet.

Reifegrad	Das idealtypische Leistungsniveau haben die Technologien ...
1	*vollständig erreicht.* Die Funktionalitäten entsprechen schon heute in jeder Hinsicht den artikulierten hohen Anforderungen.

---

[331] Zur Messung der Prozessqualität im Rahmen der Softwareentwicklung vgl. auch die weitverbreitete Reifegradsystematik „Capability Maturity Model for Software", abgekürzt SW-CMM oder CMM, entwickelt vom *Software Engineering Institute* (SEI) in Kooperation mit diversen Unternehmen: http://www.software.org/quagmire/descriptions/swcmm.asp.

2	*größtenteils erreicht.* Bis auf wenige noch nicht vollständig vorhandene Funktionalitäten entspricht das Leistungsniveau dem Idealzustand. Dieses wird im genannten Fünf- bis Siebenjahreszeitraum aller Wahrscheinlichkeit nach erreicht werden können.
3	*nur teilweise erreicht.* Der Leistungsumfang weicht bei Kernfunktionalitäten bedeutend vom Ideal ab. Allerdings existieren prototypische Software-Anwendungen, deren Weiterentwicklung in den nächsten fünf bis sieben Jahren auf eine signifikante Verbesserung des Leistungsniveaus verbunden mit der Sicherstellung der Verwendbarkeit der Systeme in der industriellen Praxis schließen lässt.
4	*nur fragmentarisch erreicht.* Nur sehr wenige Funktionalitäten des idealtypischen Spektrums sind bisher realisiert. Obwohl die Umsetzung bzw. Verbesserung der anderen Funktionalitäten oftmals Gegenstand aktueller Forschungsprojekte ist, stellt sich die Zielerreichung in den nächsten fünf bis sieben Jahren als noch weitgehend unsicher dar.
5	*noch überhaupt nicht erreicht.* Z.Zt. existieren auch keine Prototypen bzw. Forschungsprojekte, die die Basis für Weiterentwicklungen darstellen könnten. Die Erreichung eines idealtypischen Leistungsniveaus in den nächsten sieben Jahren kann daher weitgehend ausgeschlossen werden.

Tab. 3: Verwendete Reifegradsystematik zur Beurteilung des aktuellen Leistungsniveaus der Technologien.

Die zu treffenden Beurteilungen zum aktuellen Leistungsniveau beruhen sowohl auf Interviewergebnissen als auch auf einer eigenen Einschätzung der aktuellen Situation auf Basis der in den Literaturquellen identifizierten technologischen Schwachstellen und der derzeitigen Handlungsschwerpunkten bei den OEMs.

Der Bewertungsansatz ist insofern verallgemeinert, als die Bewertung nicht unternehmensspezifisch erfolgt, sondern sich an „Benchmarks" orientiert, die bei den verschiedenen Herstellern identifiziert werden konnten. Vor diesem Hintergrund stellen die je Technologie ermittelten Reifegrade einen Maximalwert dar („Best-of-Best"), den jeder einzelne Automobilhersteller i.d.R. unterschreitet. Aufgrund der für jedes Unternehmen z.T. nur mosaikstückhaft vorhandenen Informationen stellt diese Vorgehensweise einen Kompromiss zwischen dem völligen Verzicht auf eine Bewertung und einem je Unternehmen stark hypothesengetriebenen Vorgehen dar, dessen Aussagegehalt jedoch als sehr begrenzt einzuschätzen wäre.

Jeder Automobilhersteller hat durch einen Vergleich seines individuellen Leistungsniveaus mit dem „Best-of-Best"-Umsetzungsstand die Möglichkeit, die Schwerpunkte unternehmerischer Handlungsbedarfe zu identifizieren und so für sich das Reifegradmodell nutzbringend anzuwenden.

4.3.3 Idealtypisches und aktuelles Leistungsniveau der technologischen Kernbestandteile einer durchgängig virtuellen Automobilentwicklung

Mit der überblicksartigen Darstellung des Technologieeinsatzes in der DvA und der Beschreibung des Reifegradmodells sind die wesentlichen Grundlagen geschaffen, um in diesem Kapitel die technologischen Kernbestandteile hinsichtlich ihres idealtypischen sowie aktuellen

Leistungsniveaus in detaillierter Form zu analysieren. Durch die Ermittlung von „Leistungslücken" wird aufgezeigt, wie weit die OEMs derzeit vom Idealniveau entfernt sind, wodurch später Rückschlüsse auf den aktuellen Ausschöpfungsgrad der potentiellen Erfolgsbeiträge einer DvA möglich sind (vgl. Kap. 4.4).

4.3.3.1 Rechnerbasierte Stylingsysteme

In Kap. 3 wurde herausgearbeitet, dass das Design von Fahrzeugen als Differenzierungsmerkmal einen zunehmend wettbewerbsentscheidenden Charakter aufweist.[332] Zur rechnerbasierten Unterstützung der Designtätigkeiten werden in der Fahrzeugentwicklung sog. Computer-Aided Styling-Systeme (CAS) eingesetzt.[333]

Im **idealtypischen Fall** erlauben diese Systeme die Modellierung und fotorealistische Animation von Exterieur- und Interieur-Entwürfen.[334] Die Simulationen umfassen dabei ein sehr weites Spektrum, von Spiegelungen und Reflexionslinien auf der Karosserieoberfläche bis hin zu der Einbindung von kompletten Fahrzeugen in virtuelle Umwelten. Dadurch ist es z.B. möglich, geplante Fahrzeugmodelle für unterschiedlichste Nutzungsarten (Limousine, Kombi, Cabrio etc.) in Videosimulationen anschaulich zu präsentieren und ihre Wirkungen auf potentielle Kunden im Verkehrsalltag und im Vergleich zu Wettbewerberfahrzeugen zu untersuchen, ohne dass dazu bereits physische Prototypen erstellt werden müssten.

Um diese baukastenartige Zusammensetzung integrierter „Fahrzeug-Umwelt-Szenarien" realisieren zu können, sind vordefinierte Designelemente, Materialien und verschiedene Umwelten in Datenbanken gespeichert, wobei jederzeit die Assoziativität und Konsistenz der Datensätze über Kontrollpunktnetzwerke sichergestellt ist. Umfangreiche Diagnosewerkzeuge ermöglichen darüber hinaus automatisierte Qualitätsprüfungen der Geometrien und Oberflächen nahezu in Echtzeit. Über Direkt-Schnittstellen zwischen CAD- und CAS-Tools können die in den Systemen erstellten Daten ausgetauscht und im jeweils anderen System weiterverarbeitet werden. Dadurch kann z.B. ein Design auf bereits bestehende geometrische Fixpunkte Bezug nehmen. Gleiches gilt für den Datenaustausch zwischen unterschiedlichen CAS-Systemen.

Bei Einsatz idealtypischer CAS-Systeme sind damit bei der Betrachtung eines digitalen Fahrzeugs nahezu vollständige Aussagen hinsichtlich seiner durch die Proportionen und die Design- und Oberflächenqualität bestimmten ästhetischen Wirkungen möglich.

---

[332] Vgl. Kap. 3.4.2.2.
[333] Eine synonyme Bezeichnung lautet auch „Computer-Aided Industrial-Design-Systeme" (CAID). Vgl. Klöcker / Müller (CAID-Systeme, 2000), S. 223 - 226.
[334] Vgl., auch für die folgenden Ausführungen: Balasubramanian (Entwickeln auf der Datenplattform, 1999), S. 30 - 32, Bock (Rapid styling validation, 2000), S. 5 - 14, Braess / Seiffert (Hrsg.) (Kraftfahrzeugtechnik, 2000), S. 88 - 91, Bayer / Gessner / Kehler (Global verteilte Arbeitsumgebung im Designprozess, 1998), S. 183 - 196, IBM Deutschland GmbH (CATIA Anwendungs-Portfolio, 2001), S. 17 - 20, o.V. (Digitale Hochzeit, 2001), S. 86, PTC (Product Development Software, 2002) und hier die Softwaremodule „Advanced Surface" und „Interactive Surface Design" sowie Unigraphics Solution GmbH (CAD/CAM/CAE, 2001), S. 14f. Die Beschreibung einer prototypischen Applikation zur verteilten und interaktiven Evaluation von Designmodellen bei der Volkswagen AG ist zu finden bei: Bergmann et al. (Global Virtual Studio, 1998).

Das **aktuelle Leistungsspektrum** des CAS-Systeme kommt den skizzierten idealtypischen Funktionalitäten bereits recht nah, es weist jedoch noch einen bedeutenden Schwachpunkt auf (vgl. Abb. 45): Der Austausch geometrischer Daten zwischen Systemen von *unterschiedlichen* Software-Herstellern erfordert zur Zeit noch flankierende manuelle Nachjustierungen und Ergänzungen in größerem Ausmaß. Allerdings wird damit gerechnet, dass diese derzeit noch mangelhafte Schnittstellenfunktionalität mit der nächsten oder spätestens übernächsten Systemgeneration in drei bis vier Jahren zur Verfügung stehen wird. Das dadurch dann erzielbare idealtypische Leistungsniveau hätte wahrscheinlich zur Folge, dass sukzessive die traditionellen manuellen Designtätigkeiten, wie z.B. Renderings, Tapepläne und Tonmodellierungen substituiert werden würden.[335]

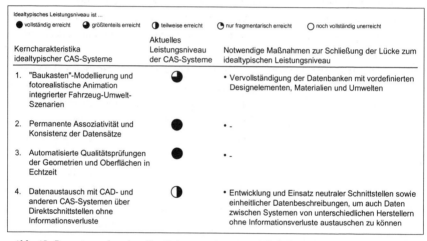

Abb. 45: *Bewertung des aktuellen Leistungsniveaus von CAS-Systemen in der Fahrzeugentwicklung.*[336]

4.3.3.2 Geometrische Modellierungssysteme

Einen Schwerpunkt in der rechnerbasierten Entwicklung bildet die grafisch-interaktive Erzeugung und Manipulation eines geometrischen Bauteils mittels sog. Computer-Aided Design-Systemen (CAD). Die Darstellung der Bauteilgeometrie erfolgt dabei entweder zweidimensional in einem Punkt-, Kontur- oder Flächenmodell oder aber dreidimensional in einem Volumenmodell. Entsprechend wird zwischen 2D- und 3D-CAD-Systemen unterschieden.[337] Da

---

[335] Eine Übersicht über die traditionellen manuellen Designtätigkeiten bieten: Braess / Seiffert (Hrsg.) (Kraftfahrzeugtechnik, 2000), S. 86 - 88 sowie Krause / Spur (Das virtuelle Produkt, 1997), S. 408 - 411.

[336] Vgl. dazu die Quellenangaben in Fußnote 334 sowie zu den Stärken und Schwächen des digitalen Design-Prozesses insbesondere Braess / Seiffert (Hrsg.) (Kraftfahrzeugtechnik, 2000), S. 91.

[337] Vgl. Krause / Spur (Das virtuelle Produkt, 1997), S. 51 und S. 131f. Einen in vier Phasen aufgeteilten Überblick über die Entwicklung des CAD-Einsatzes in den letzten Jahren zeigt: Tegel (Aufbau von Produktentwicklungsprozessen, 1996), S. 38 - 40.

sich in der Automobilindustrie dreidimensional arbeitende Volumenmodellierer mittlerweile durchgesetzt haben, beziehen sich die folgenden Ausführungen nur auf diese. Bei Umsetzung eines **idealtypischen Leistungsumfangs** handelt es sich bei 3D-CAD-Systemen um hochflexible, integrierte und die formalen Verhaltenseigenschaften eines Produkts modellierende Konstruktionsumgebungen. Anhand von sieben Kerncharakteristika ist der Leistungsumfang darstellbar:[338]

1. Dreidimensionale Modellierung

Das Basismerkmal aller 3D-Systeme besteht darin, dass die geometrische Gestalt von Bauteilen vollständig und durch automatische Prüfung der topologischen Korrektheit der Daten jederzeit eindeutig und konsistent im System abgebildet wird. Dadurch enthält das Volumenmodell alle Informationen, die notwendig sind, sämtliche Ansichten automatisch ableiten und visualisieren zu können. Darüber hinaus sind komplexe Geometrien in jeder beliebigen Ansicht oder frei definierbaren Schnitten photorealistisch visualisierbar.[339]

Vollständig bemaßte Fertigungsunterlagen, wie z.B. Zeichnungen, Stücklisten und NC-Anweisungen sowie Explosionszeichnungen für die Angebotserstellung und Montage werden aus den Geometriedaten automatisch abgeleitet, so dass im Sinn einer Durchgängigkeit eine Kopplung der Entwicklungs- mit nachfolgenden Funktionsbereichen gewährleistet ist.

2. Parametrische Modellierung

Bei einer parametrischen Modellierung wird die Geometrie mit variablen Parametern dimensioniert, Geometrieelemente werden durch Relationen assoziativ in Beziehung gesetzt sowie maximale und minimale Parameterwerte und Zwangsbedingungen wie Parallelität, Tangentialität oder Rechtwinkligkeit durch Randbedingungen festgelegt. Änderungen an einem Entwurf können dadurch vergleichsweise einfach durch mausgesteuerte Änderungen in den Bemaßungen erzielt werden.[340] Das CAD-System nimmt an allen geometrisch abhängigen Komponenten automatisch die notwendigen Anpassungen vor und warnt bei Verletzungen der Randbedingungen. Durch die Assoziativität der Daten kann dementsprechend auch in einer fortgeschrittenen Detaillierungsphase eine Geometriemodifikation relativ komplikationslos vorgenommen werden.

Insgesamt erlaubt das parametrische Modellieren durch die Unterstützung bei Variantenentwürfen und die Wiederverwendbarkeit von bereits existierenden Lösungen dem Konstrukteur, einen großen Teil seiner kreativen, entwurfsorientierten Konstruktionsaufgaben rechnerunterstützt durchzuführen und die Vielfalt seiner Lösungsalternativen erheblich zu steigern.

---

[338] Grundlegend für die folgenden Ausführungen sind die Beschreibungen eines CAD-Referenzmodells bei: Krause / Spur (Das virtuelle Produkt, 1997), S. 366 - 374 (Überblick) sowie Abeln (Hrsg.) (Innovationspotenziale in der Produktentwicklung, 1997), S. 5 - 10 (Überblick) und S. 19 - 177 (anwendungsbezogene Details). Für Detailbeschreibungen sei auf die in den beiden Quellen angegebenen Literaturhinweise verwiesen.

[339] Vgl. Autorenkollektiv (3D-Modellierung und Rapid Prototyping, 1996), Krause / Spur (Das virtuelle Produkt, 1997), S. 51 - 53 und Pahl / Beitz (Konstruktionslehre, 1997), S. 659 - 663.

[340] Vgl. Krause / Spur (Das virtuelle Produkt, 1997), S. 49f., S. 166 - 172 und S. 452 - 456.

3. Feature-basierte Modellierung

Das sog. „Feature-basierte Modellieren" ist ein informationstechnisches Konzept, um mehr Wissen zur Lösung von Konstruktionsaufgaben in die CAD-Systeme einzubringen. „Feature-basiert" bedeutet, dass eine Ansammlung von Objekten, die aus semantischen[341] und geometrischen Anteilen bestehen können (Features), nicht nur um ihre Zusammengehörigkeit, sondern auch um ihre Funktion und ihre Zusammenhänge mit der umgebenden Geometrie in unterschiedlichen Phasen des Produktlebenszyklus „weiß".[342] Damit ist es möglich, die realisierte Geometrie mit Funktionen und Wirkprinzipien zu attribuieren und eindeutige Zuordnungen zu schaffen.

Im Verlauf einer Feature-basierten Modellierung konkretisiert der Konstrukteur das Produkt mit Hilfe von Features, die er i.d.R. aus einer „Bibliothek" auswählt und die er im Anschluss an die Dimensionierung und Lagebestimmung unter Angabe nicht-geometrischer Angaben sowie von Zwangsbedingungen im Konstruktionskontext platziert. Häufig eingesetzte Feature-Arten sind:[343]

- *Form-Features*: Strukturorientierte Gruppierungen geometrischer Elemente ohne jegliche Semantik (z.B. Zylinder, Würfel, Verrundungen, Bohrungen, Nuten, Übergänge zwischen Flächen etc.);
- *Konstruktions-Features*: Funktional-technologische Elemente, die neben den geometrischen weitere Informationen über die Aufgabe enthalten, die sie entsprechend der Absicht des Konstrukteurs erfüllen müssen;
- *Fertigungs-Features*: Verfahrensorientiert aufbereitete Konstruktions-Features, die das Fertigteil beschreiben;
- *Zeit- und Kosten-Features*: Um Entwicklungszeit- bzw. Kosteninformationen ergänzte Konstruktions- oder Fertigungs-Features;
- *Qualitäts-Features*: Auf einen Gestaltungsbereich (Produkt, Baugruppe, Einzelteil) bezogene Qualitätsmerkmale;

---

[341] Die Semantik enthält nichtgeometrische Informationen, wie bspw. technologische Attribute (z.B. Form- und Lagetoleranzen oder Bearbeitungszugaben), Parameter für geometrische Größen (z.B. Schraubendurchmesser nach DIN) oder funktionale Randbedingungen (z.B. Einbauregeln). Vgl. Krause / Spur (Das virtuelle Produkt, 1997), S. 50.

[342] Vgl. Haasis et al. (Feature-basierte Integration, 1999), S. 334f., Krause / Spur (Das virtuelle Produkt, 1997), S. 50f. und S. 175 - 177 sowie Weber / Krause (Features mit System, 1999), S. 46. Eine umfassende Definition des Begriffs „Feature" gibt die VDI-Richtlinie 2218: „Features sind informationstechnische Elemente, die Bereiche von besonderem (technischen) Interesse von einzelnen oder mehreren Produkten darstellen. Ein Feature wird durch eine Aggregation von Eigenschaften eines Produkts beschrieben. Die Beschreibung beinhaltet die relevanten Eigenschaften selbst, deren Werte sowie deren Relationen und Zwangsbedingungen („Constraints"). Ein Feature repräsentiert eine spezifische Sichtweise auf die Produktbeschreibung, die mit bestimmten Eigenschaftsklassen und bestimmten Phasen des Produktlebenszyklus im Zusammenhang steht." VDI-Gesellschaft (Hrsg.) (VDI-Richtlinie 2218: Feature-Technologie, 1999), S. 2

[343] Vgl. Bopp / Schaede / Schwital (Prozessorientiertes 3D-Produktdatenmodell, 2000), S. 77f. und Weber / Krause (Features mit System, 1999), S. 47 und S. 63.

- *Nachrichten-Features*: An die Produktgeometrie gekoppelte multimediale Daten und Dokumente (z.b. Informationen zur Entstehungsgeschichte eines Bauteils und Gründe für eventuelle Änderungen)[344].

Features erlauben somit bereits vollständig beschriebene Produktteilbereiche in neue Bauteile zu integrieren und z.b. mit fertigungs-, qualitäts- oder auch kostenbeschreibenden Konstruktionsmerkmalen von vorneherein zu verknüpfen, deren Einhaltung durch das System automatisch und jederzeit überprüft wird.

4. Modellierung „virtueller Menschenmodelle"

Über sog. „Insassenmodellierer" erfolgen Analysen einer Vielzahl von Kennwerten bzgl. ergonomischer Körperstellungen und der Interaktion der Insassen mit den Bedienelementen im Fahrzeuginnenraum (z.b. Lenkrad, Pedalerie und Schalthebel), skalierbar nach diverser Zielgruppenangaben und Insassenstaturen.[345] Unter Nutzung von Bedienkomfortdatenbanken werden Ganzkörper- und Gliedmaßenbewegungen untersucht, bewertet und iterativ optimiert, um dadurch optimale Komfort- und Leistungsfähigkeitsdaten der Fahrzeuginsassen bei der Interaktion mit dem Fahrzeug zu ermitteln.

5. Modellierung mechatronischer Systeme

Im Idealfall ist mit CAD-Systemen nicht nur die geometrische Modellierung mechanischer Bauteile möglich, sondern darüber hinaus ebenfalls die Modellierung ganzer mechatronischer Systeme.[346] Angefangen mit der Konstruktion von Schaltkarten im vollständigen Fahrzeugkontext über die virtuelle Überprüfung und Optimierung alternativer Streckenlayouts für elektrische Systeme bis hin zur Erstellung und Verwaltung sämtlicher Daten zum Fahrzeugdatennetz werden alle Funktionalitäten bereitgestellt, um der zunehmenden Bedeutung mechatronischer Systeme in der Automobilentwicklung durch einen adäquaten Tooleinsatz ausreichend Rechnung zu tragen.

6. Integration anderer rechnerbasierter Anwendungen

Zur konkreten Ausgestaltung einer Bauteilgeometrie bedarf es eines iterativen Problemlösungsprozesses, da die geometrische Auslegung auch von einer Vielzahl nichtgeometrischer Faktoren abhängig ist. Zu nennen sind in diesem Zusammenhang z.B. die Materialauswahl, die elektromagnetische Verträglichkeit mechatronischer Systeme, die Montagemöglichkeiten etc.

Um unerwünschte Unterbrechungen und Arbeitsprobleme während des Konstruktionsprozesses durch zwischengeschaltete manuelle Tätigkeiten und durch wiederholte Ein- und Aus-

---

[344] Eine prototypische Umsetzung der Integration von Multimedia-Elementen in ein parametrisches 3D-CAD-System ist beschrieben in: Muth / Weber (Multimedia, 1998).
[345] Vgl. IBM Deutschland GmbH (CATIA Anwendungs-Portfolio, 2001), S. 24f.
[346] Vgl. Berliner Kreis e.V. (Hrsg.) (Neue Wege zur Produktentwicklung, 1998), S. 28f. und IBM Deutschland GmbH (CATIA Anwendungs-Portfolio, 2001), S. 26 - 31.

gabeprozeduren zu vermeiden, verfügen idealtypische CAD-Systeme deshalb über neutrale Schnittstellen, über die Applikationen zur Visualisierung, Berechnung, Simulation und computerunterstützten Telekooperation angebunden sind.[347] Bei einem plattformbasierten modulartigen Aufbau der CAD-Systeme können je nach Bedarf die unterschiedlichen Applikationen individuell zu integrierten Programmsystemen kombiniert werden.[348] Im Unterschied zur „isolierten" Form der Systeme wird dadurch nicht nur eine Beschleunigung einzelner Arbeitsabfolgen, sondern auch eine Beschleunigung des gesamten Entwicklungsprozess möglich, indem arbeitsteilig erstellte Teilaufgaben in koordinierter Weise zur Lösung einer Gesamtaufgabe zusammengefasst werden.

7. Kopplung an das Internet

Durch die Reduzierung der Fertigungstiefe und die Konzentration auf Kernkompetenzen (vgl. Kap. 5) gehen OEMs immer mehr dazu über, die nur bedingt spezifischen und wettbewerbsstrategisch bedeutsamen Produktbestandteile von anderen Unternehmen zu beziehen. Da der Markt für Zulieferteile dabei durch eine Vielzahl unterschiedlicher Anbieter gekennzeichnet ist, ist es für den mit einer Beschaffungsaufgabe betrauten Konstrukteur ohne eine entsprechende Unterstützung nahezu unmöglich, Zulieferkomponenten auszuwählen, die in der Lage sind, seinen erkannten Bedarf zu decken. Die Verwendung von Zulieferkomponenten erfordert daher eine umfassende Informationsbeschaffung, die auf unterschiedlichen Quellen aufbauen kann.

In diesem Zusammenhang tritt in der Fahrzeugentwicklung zunehmend das weltweite Rechnernetz „Internet" in den Kreis relevanter Informationsquellen.[349] Durch Kopplung der CAD-Systeme an das Internet steht dem Konstrukteur ein im Vergleich zur Nutzung konventioneller Papierkataloge, der Bereitstellung von Informationen auf CD-ROMs und der persönlichen Beratung ein weit größerer Lösungs- und Beschaffungsraum zur Verfügung: Die Mitarbeiter greifen über das Internet auf „virtuelle Marktplätze" zu, auf denen z.B. Anbieter von Normteilen, Katalogteilen, Konstruktionselementen etc. sämtliche Informationen in „intelligenten Produktkatalogen" gebündelt vorstellen.[350] Durch Angabe der gewünschten Bauteilei-

---

[347] Vgl. dazu auch die Aufsätze in aktuellen Konferenzbänden des VDI: VDI-Gesellschaft (Hrsg.) (Integration von Gestaltung und Berechnung, 1999) und VDI-Gesellschaft (Hrsg.) (Berechnung und Simulation im Fahrzeugbau, 2000). Darüber hinaus vgl. Arnold et al. (Online-Kopplung von CAx-Systemen, 1998), o.V. (Geringere Prototypen-Kosten, 2000), S. 123 und Stork / Jasnoch / Rix (Virtual Reality und Kooperation, 1998). Eine ausführliche Darstellung der Integrationsmöglichkeiten von Berechnungen in die frühe Entwurfsphase bietet: Meerkamm / Heynen / Schweiger (Integration von Berechnungen, 1999).

[348] Vgl. IBM Deutschland GmbH (CATIA Anwendungs-Portfolio, 2001), PTC (Product Development Software, 2002) und Unigraphics Solution GmbH (CAD/CAM/CAE, 2001).

[349] Einen umfassenden Überblick dazu vermitteln die Aufsätze in: VDI-Gesellschaft (Hrsg.) (Der Ingenieur im Internet, 2000).

[350] Über die Funktionalitäten und den Einsatz von „Intelligenten Produktkatalogen" in Engineering-Netzen berichten: Abramovici / Langenberg / Leszinski (Produktkataloge in Engineering-Netzen, 1996) und PTC (Windchill PartsLink, 2001). Zum integrierten Teilemanagement in 3D-Konstruktionsumgebungen, welches die Welt der Werkteile mit der Welt der Norm- und Kaufteile verknüpft vgl. Lewandowski / Lewandowski / Herzberg (Integriertes Teilemanagement, 2000), S. 167 - 179. Die Beschreibung eines Internet-Portals, über das Normen und Features online ins CAD-Programm integriert werden können, ist zu finden bei: o.V. (WWW kontra Variantenkosten, 2001), S. 16. Informationen zu der vir-

genschaften in der Recherchefunktion der Kataloge wird den Mitarbeitern angezeigt, welche Bauteile die Spezifikationen erfüllen. Nach Auswahl eines Bauteils wird dieses inkl. der bauteilbeschreibenden Informationen online in das CAD-System ohne Informationsverluste und nach Prüfung durch das System auch unter Sicherstellung der geometrischen Konsistenz mit allen anderen Bauteilen integriert.

Vergleicht man das idealtypische Leistungsspektrum von 3D-CAD-Systemen mit den **aktuell in kommerziellen Systemen verfügbaren Funktionalitäten**, so fällt auf, dass entlang der sieben Kerncharakteristika idealtypischer Applikationen der Umsetzungstand sehr unterschiedlich ausfällt und damit ihr theoretisches Potenzial noch nicht ausgeschöpft wird (vgl. Abb. 46): Während das dreidimensionale und das parametrische Modellieren mittlerweile zum etablierten Basisumfang gehören und die Modellierung virtueller Menschenmodelle einen hohen Reifegrad erreicht hat, weisen die anderen Bereiche noch größere Leistungslücken auf. Die einzelnen Gründe dafür sind der Abbildung zu entnehmen.

Insgesamt verdeutlicht das Leistungsprofil, dass CAD-Systeme sich heute immer noch nicht vollständig von ihrem ehemals primär arbeitsplatzorientierten Einzelsystemcharakter zur Befriedigung lokaler Informationsanforderungen losgelöst haben. Als notwendige Voraussetzung für die Überwindung dieser Hürde sind insb. neutrale Schnittstellen sowie einheitliche Datenbeschreibungen zu schaffen und eine Integration geometrienaher Funktionalitäten voranzutreiben.

---

tuellen Marktplatzfunktionalität der im Jahr 2000 von den Unternehmen DaimlerChrysler, Ford und General Motors gegründeten Online-Handelsplattform „Covisint" gibt es bei: o.V. (Covisint, 2001). Über die Inhalte und Ergebnisse des Forschungsprojekts „GEN" (Global Engineering Network), in der sich Industrieunternehmen, Verbände und Hochschulen auf europäischer Ebene unter Federführung der „Gesellschaft zur Förderung globaler Engineering Netze e.V." (GLENnet e.V.) zusammengeschlossen haben, berichten: u.a. Gerber (Architektur eines GEN-Onlinedienstes, 1996) und Rethfeld (Global Engineering Networking GEN, 1996). Ziel der Initiative ist, Unternehmen das Nutzenpotenzial der Kommunikationsnetze durch Schaffung eines virtuellen Marktplatzes zu erschließen. Produktentwickler sollen in die Lage versetzt werden, möglichst aus am Markt vorhandenen Komponenten und Baugruppen Produkte zu entwickeln.

Idealtypisches Leistungsniveau ist ...				
● vollständig erreicht	◕ größtenteils erreicht	◐ teilweise erreicht	◑ nur fragmentarisch erreicht	○ noch vollständig unerreicht

Kerncharakteristika idealtypischer CAD-Systeme	Aktuelles Leistungsniveau der CAD-Systeme	Notwendige Maßnahmen zur Schließung der Lücke zum idealtypischen Leistungsniveau
1. Dreidimensionale Modellierung	●	• -
2. Parametrisches Modellieren	●	• -
3. Feature-basiertes Modellieren	◐	• Vervollständigung von Feature-Bibliotheken • Durchgängiger Feature-Einsatz entlang der gesamten Prozesskette • Programmierung von Prüfalgorithmen, die zu besser abgesicherten Ergebnissen führen
4. Modellierung virtueller Menschmodelle	◕	• Präzisierung der Datenbasis zur Ermittlung optimaler Ergonomiewerte
5. Modellierung mechatronischer Systeme	◐	• Schaffung einer integrierten Systemwelt (z.Zt. noch relativ klare Trennung zwischen Geometrie und Elektronik)
6. Integration anderer rechnerbasierter Anwendungen	◐	• Entwicklung und Einsatz neutraler Schnittstellen sowie einheitlicher Datenbeschreibungen, um auch Daten zwischen Systemen von unterschiedlichen Herstellern ohne Informationsverluste austauschen bzw. Daten aus digitalen Produktkatalogen einbinden zu können
7. Kopplung an das Internet	◑	

Abb. 46: *Bewertung des aktuellen Leistungsniveaus von 3D-CAD-Systemen in der Fahrzeugentwicklung.*[351]

4.3.3.3 Numerische Berechnungssysteme

Neben den CAD-Systemen bilden numerische Berechnungssysteme einen weiteren Schwerpunkt in der rechnerunterstützten Fahrzeugentwicklung. Die auch als Computer-Aided Engineering-Systeme (CAE) bezeichneten Applikationen transformieren dabei Eingangsinformationen in Form von

- der Gestalt eines Objekts und seinem Material (Modellbildungsparameter),[352]
- der Umgebung, z.B. Belastungen, Temperatur etc. (Umgebungsbedingungen) und
- dem Ziel der Untersuchung (Steuerungsinformationen)
- unter Anwendung mathematisch-physikalischer Gesetzmäßigkeiten

zu Berechnungsergebnissen.[353] Die Systeme bilden damit einen statischen oder dynamischen Prozess in einem rechnerischen Modell ab, um zu Erkenntnissen zu gelangen, die auf die

---

[351] Zum Leistungsspektrum der CAD-Systeme in der Automobilindustrie vgl. im Überblick: Balasubramanian / Winterstein (Digitale Fahrzeugentwicklung, 1998), S. 12 und Stark / Lichtenthäler (CAx-Technology to drive digital prototypes, 2000), S. 270f.; Zu dem bei Ford eingesetzten Insassenmodellierer „Ramsis" vgl. Goroncy (Hoffnungsträger Mondeo, 2000), S. 17 - 20; Zu den ausgetauschten Datenvolumen vgl. o.V. (CAD-Datentausch bei BMW, 2000), S. 7: Allein BMW kommt derzeit auf 4500 User, 850 eingebundene Zulieferer, 14 unterstützte Formate sowie 4500 Modelle und 175 Gigabyte Datenumfang pro Monat. Zum Einsatz des Feature-basierten Modellierens bei DaimlerChrysler vgl. Haasis et al. (Feature-basierte Prüfmodellierung, 2000), S.199 - 212. Zu Kopplungsstrategien zwischen verschiedenen Systemen vgl. z.B. Dankwort (Schwächen beim CAD-Datenaustausch, 1999), S. 86 - 88, Dyla / Höhn / Steingröver (Integrierte Entwicklung von Getrieben, 2000), S. 119 - 121 und Weber et al. (Kopplung von Gestaltung und Berechnung, 1999), S. 52 - 55. In der erstgenannten Quelle erfolgt eine Kurzdarstellung des Projekts ANICA (Analysis of access Interfaces of various CAx-Systems), in der die Schnittstellen von konkurrierenden Systemen analysiert und Möglichkeiten des Datenaustauschs erarbeitet worden sind.

[352] Da die Berechnungen der CAE-Tools im Regelfall auf Original-CAD-Daten aufsetzen, ist zu beachten, dass die Richtigkeit und Genauigkeit der geometrischen Modelle zugleich maßgeblich die Güte und Qualität der Berechnungsergebnisse beeinflusst. Vgl. Encarnação et al. (Virtual Engineering, 1999), S. 145.

[353] Vgl. Krause / Spur (Das virtuelle Produkt, 1997), S. 274.

Wirklichkeit übertragbar sind.[354] Die am Modell gewonnenen Ergebnisse bedürfen wiederum einer Interpretation bezüglich ihrer Aussagen über reale Eigenschaften eines Bauteils.

Das **idealtypische Leistungsprofil** eines nach heutigen Praxis- und Forschungserkenntnissen ausgereiften CAE-Systems lässt sich in etwa wie folgt definieren: „Vollständige Abdeckung sämtlicher Berechnungsanforderungen entlang des Entwicklungsprozesses bei gleichzeitiger Erzielung durchgängig realitätsgetreuer Ergebnisse." Im Detail ist damit gemeint, dass das Entwicklungsstadium der Berechnungstiefe (aktueller Stand eines Berechnungsgebiets mit seinem gesamten Wissens- und Anwendungsumfang) und der Berechnungsbreite (Spektrum der Berechnungsgebiete) so weit fortgeschritten ist, dass alle Eigenschaften von Fahrzeugkomponenten (Karosserie, Aggregate, Fahrwerk etc.) sowie des Gesamtfahrzeugs berechnet und realitätsgetreu simuliert werden können. Dazu zählt auch, dass hochkomplexe sog. „Multiphysikberechnungen", die die Berechnungstiefe mit der Berechnungsbreite verknüpfen, zu realistischen Ergebnissen kommen: Bauteil- und Fahrzeuglebensdauerabschätzung unter realen Belastungsverläufen im Straßeneinsatz, die Berechnung der Bremsenkühlung und des Bremswegs sowie des Schwappgeräuschs teilgefüllter Tanks beim Anfahren und Bremsen sind hier als stellvertretende Beispiele für einen vollzogenen Übergang von der versuchs- zur berechnungsgestützten Entwicklung zu nennen.[355]

Des Weiteren sind im idealtypischen Fall auch die bei japanischen OEMs seit Anfang der 90er Jahre als Prototypen im Einsatz befindlichen Fahrzeugevaluierungssysteme, die mit Hilfe von Computertechnik subtile menschliche Gefühle in numerische Daten übersetzen, ausgereift. Diese Systeme erlauben es, die von Fahrern artikulierten Eindrücke bzgl. Handling, Stabilität, Fahrkomfort, Geräusche, Karosseriesteifigkeit etc. in Echtzeit über ein Mikrofon aufzuzeichnen, während numerische Daten von Sensoren an Fahrer und Fahrzeug gesammelt werden. Die Daten werden dann von Softwaresystemen analysiert und mit den Bemerkungen des Fahrers verglichen, um einen Bezug zwischen den subjektiven Fahreindrücken und der objektiven Fahrzeugdynamik herzustellen.[356]

Als Konsequenz aus den realitätsgetreuen Berechnungsergebnissen erfolgt die geometrische, funktionale und fertigungstechnische Absicherung der Bauteile und des Gesamtfahrzeugs in den einzelnen Entwicklungsphasen nicht mehr vorwiegend auf traditionelle Weise anhand von physischen Prototypen, sondern sukzessive auf Basis digitaler Software-Referenzen.[357] Nur noch für die Fälle, dass gesetzliche Vorschriften den Bau von und Abprüfversuche an physischen Prototypen verlangen (z.B. Crash-Tests) und Simulationen zu

---

[354] So die Definition in der VDI-Richtlinie 3633, zitiert in: Trossin (Einsatzmöglichkeiten der Simulationstechnik, 1997), S. 1.

[355] Vgl. Großmann (CAE-Einsatz in der PKW-Entwicklung, 1998), S. 466 - 474 und Thompson (Simulation in new vehicle development, 1998), S. 387 - 389.

[356] Vgl. Clark / Fujimoto (Automobilentwicklung, 1992), S. 320f.

[357] DaimlerChrysler prognostiziert aufgrund des Fortfalls von physischen Prototypen ein Einsparpotenzial von 20% bezogen auf die Entwicklungskosten. Vgl. o.V. (Geringere Prototypen-Kosten, 2000), S. 123.

keinen hinreichend genauen Ergebnissen kommen, wird das zeit- und kostenintensive manuelle Verfahren eingesetzt.

Der in Abb. 47 dargestellte **aktuelle Leistungsumfang** der CAE-Systeme zeigt, dass zwar eine Vielzahl von Einzelberechnungen einen hohen Leistungsstand erreicht haben, jedoch insb. die genannten Multiphysikberechnungen und die subjektive Fahreindrücke in numerische Daten transformierenden Systeme noch bei weitem nicht dem idealtypischen Zukunftsbild entsprechen.[358] Hier fehlen noch die mathematischen Berechnungsgrundlagen, um zu aussagefähigen Ergebnissen zu gelangen. Und da mit der Entdeckung die Realität genau nachbildender multiphysikalischer Berechnungsalgorithmen auch zumindest mittelfristig nicht gerechnet wird, werden in den nächsten Jahren Erprobungen an physischen Prototypen noch zum Alltag der Ingenieure gehören. Dies gilt insb. für die Fälle, bei denen

- reales menschliches Erleben noch nicht ersetzbar ist,
- auf Maximalbelastung ausgelegte Dauer-Testzyklen unter extremen Bedingungen rechnerbasiert noch nicht exakt genug berechnet werden können, und
- das Zusammenspiel von Komponenten im System virtuell noch nicht simulierbar ist.[359]

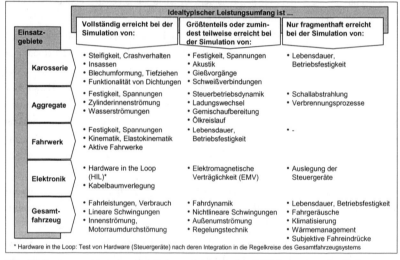

Abb. 47: Bewertung des aktuellen Leistungsniveaus der CAE-Systeme in der Fahrzeugentwicklung.[360]

---

[358] Bei jeder der dort aufgeführten Simulation kann zusätzlich noch unterschieden werden, welches Ziel verfolgt wird: (1) Auslegungsrechnungen: Bestimmung erster Dimensionierungen eines Bauteils oder des notwendigen Werkstoffs bei gegebenen Beanspruchungen; (2) Nachweisrechnungen: Ermittlung und Bestätigung bestimmter Produkteigenschaften mit zuvor festgelegten Merkmalen; (3) Optimierungsrechnungen: Iterative Berechnung exakter Ergebnisse durch den geschlossenen Zyklus aus der Festlegung und Variation von Merkmalen, der Nachweisrechnung und dem Ziehen systematischer Rückschlüsse aus den Berechnungsergebnissen. Vgl. u.a. Dyla / Höhn / Strögröver (Integrierte Entwicklung von Getrieben, 2000), S. 117f. und Weber et al. (Kopplung von Gestaltung und Berechnung, 1999), S. 47f.

[359] Vgl. Brüning (DMU im Produktentwicklungsprozess bei Audi, 1998), S. 439, Katzenbach / Lamberti (Prozesssicherheit entwickeln, 1998), S. 74 - 76 und Ohlsen / Kleinhaus (EDM: Simulationsinseln vermeiden, 2000), S. 78.

4.3.3.4 Systeme zur Betriebsmittelentwicklung

Zur physischen Herstellung von Fahrzeugen müssen zuvor sowohl die zur Herstellung der einzelnen Fahrzeugkomponenten notwendigen Werkzeuge als auch die in der Fertigung und Montage eingesetzten Anlagen und Maschinen produziert werden. Die Aufgabe der Transformation der digitalen Fahrzeugmodell- in (a) digitale Betriebsmittelmodelldaten und (b) Prozessanweisungen für die Fertigung der Betriebsmittel, welche die durchzuführenden Bearbeitungs-, Prüf- und Montageprozesse eindeutig beschreiben, übernehmen sog. Computer-Aided Manufacturing-Systeme (CAM).[361]

CAM-Systeme mit einem idealtypischen Leistungsumfang erlauben eine automatisierte Montageplanung und Arbeitsplanerstellung, eine direkte NC-Planung und -Programmierung, den Start der Betriebsmittelkonstruktion quasi zeitgleich mit der Datenübertragung und -aufbereitung und die Ableitung fabrikationsorientierter Stücklisten, wie Montage-, Fertigungs- und Einkaufsstücklisten aus funktional strukturierten Konstruktionsstücklisten.[362] Zur Optimierung der Betriebsmittelkonfigurationen werden wissensbasierte Systeme eingesetzt (vgl. Kap. 4.3.3.5).

Bei den in der **automobilen Produktentwicklungspraxis** eingesetzten CAM-Systemen ist die idealtypische Datendurchgängigkeit nur fragmentarisch realisiert (Reifegrad 4). Zwar werden i.d.R. die Bauteilbemaßungen genutzt, um die Konturen und Grundfunktionalitäten der Betriebsmittel zu konkretisieren, zur Automatisierung der Betriebsmittelentwicklung fehlen den Modelldaten jedoch eine Vielzahl fertigungstechnischer Parameter (z.B. Vorschub- und Drehgeschwindigkeiten, Pressdrücke etc.). Diese müssen manuell in die CAM-Systeme eingegeben und darauf hin eine erneute Konsistenzprüfung aller Datensätze sowie ein abermaliger Abgleich mit den Bauteildatensätzen durchgeführt werden. Erst danach kann mit der Herstellung der Betriebsmittel begonnen werden.

Da die Komplexität eines adäquaten wissensbasierten Systems zudem als extrem hoch einzuschätzen ist, ist davon auszugehen, dass es sich bei der Idee der vollständigen CAD-CAM-Kopplung auch eher um eine mittelfristig kaum realisierbare Vision denn um eine in naher Zukunft real umsetzbare Automatisierung von Entwicklungstätigkeiten handelt.

---

[360] Vgl. Balasubramanian / Winterstein (Digitale Fahrzeugentwicklung, 1998), S. 8f., Bennett / Jones (Simulation in the development of electrical system, 2000), Braess / Seiffert (Hrsg.) (Kraftfahrzeugtechnik, 2000), S. 624 - 632, Fujimoto / Thomke (Product development performance, 2000), S. 134f., Goronzy (Hoffnungsträger Mondeo, 2000), S. 17 - 20, Großmann (CAE-Einsatz in der PKW-Entwicklung, 1998), S. 463 - 465, Holzner / Gholami / Mader (Virtuelles Crashlabor, 1998), Küppers (Fahrwerk-Simulation, 2000), S. 78f., o.V. (Simulation: Hardware-in-the-Loop, 2000), S. 26f., o.V. (Prototypisch Porsche, 2000), S. 39, o.V. (Virtueller Crash-Test, 2000), S. 110, o.V. (Finite-Elemente-Methode: Crash am Computer, 1999), S. 36, Thompson (Simulation in new vehicle development, 1998), S. 385 - 389, Trum (Visuelle Verlegung des Kabelbaums, 2000), S. 94f., Wagner et al. (Hardware-in-the-loop testing, 1999), S. 14 - 28 und Weber et al. (Kopplung von Gestaltung und Berechnung, 1999), S. 48 - 52.

[361] Vgl. Krause / Spur (Das virtuelle Produkt, 1997), S. 485.

[362] Vgl. ebenda, S. 486f. und S. 495f.

4.3.3.5 Wissensbasierte Systeme für die Entwicklung von Bauteilen

In der Fahrzeugentwicklung als informationsumsetzender Prozess kommt der systematischen und kontinuierlichen Identifizierung, Bewertung, Erfassung, Bereitstellung, Nutzung und Pflege des im Unternehmen verfügbaren, meist jedoch verstreut vorhandenen Wissens eine hohe wirtschaftliche und strategische Bedeutung zu.[363] Durch den intelligenten Einsatz des bereits vorhandenen Wissens kann das Wiederholen von Fehlern und Doppelentwicklungen vermieden, können Probleme schneller gelöst, kann die Abhängigkeit von einzelnen Mitarbeitern reduziert, können innovative Ideen schneller ausgetauscht und damit insgesamt qualitativ höherwertige Fahrzeuge entwickelt werden.[364] Das Management des Wissens übernehmen dabei sog. „wissensbasierte Systeme" (WS). Deren Leistungsumfang für die Entwicklung einzelner Bauteilen wird nachfolgend vorgestellt. Prozessuale Unterstützungsleistungen sind u.a. Inhalt des Kap. 4.3.3.7 (Engineering Data Management-Systeme).

Die Informationsbereitstellung in WS erfolgt durch Zugriff auf eine Datenmenge: die Wissensbasis. In dieser sind zusätzlich zu Informationsobjekten Regeln, Algorithmen und sog. Constraints (Restriktionen) hinterlegt, die auch den Unterschied zu reinen Datenbanken ausmachen. Dabei handelt es sich um Konstrukte, die eine intensionale, d.h. in Form einer Abbildungsvorschrift gegebene Definition von Sachverhalten erlauben und das Ziel haben, menschliche Problemlösefähigkeiten zumindest in begrenzten Anwendungsgebieten nachzubilden.[365] Mit Hilfe der WS ist es möglich, durch Schlussfolgerungsmechanismen neue Informationen aus den vorhandenen Wissensbeständen zu generieren und damit einen höheren Grad an Informationsunterstützung für den Entwickler zu realisieren, als dass dies bei konventioneller Datenverarbeitung möglich wäre. Die Pflege der Wissensspeicher muss eine Kernaufgabe des Entwicklungsbereichs eines Unternehmens sein und mit einem entsprechend hohen Ressourceneinsatz versehen werden.

---

[363] „Besonders relevant ist für Unternehmen .. dasjenige Wissen, das die Grundlage der Kernkompetenzen eines Unternehmens bildet, das also im Rahmen unternehmensinterner Lernprozesse entstanden, in der Regel an kollektive Wissensträger gebunden und damit unternehmensspezifisch ist und das sich gleichzeitig durch Einzigartigkeit, durch die Schwierigkeit für andere, es zu imitieren oder zu substituieren, sowie durch besonderen Wert für die Kunden auszeichnet." Amelingmeyer / Specht (Wissensorientierte Kooperationskompetenz, 2000), S. 316. Bei BMW ist das Wissensmanagement in der Entwicklung als Fokus für die nächsten zehn Jahre in der BMW-Forschung festgeschrieben. Vgl. Bernhart / Bock (Knowledge Ma-nagement, 1999), S. 169f.

[364] Vgl. z.B. Tucker (Knowledge Management in the Automotive Industry, 1999), S. 7f. und ausführlich Kap. 4.4. Über mögliche Konsequenzen bei Nichtbeachtung des im Unternehmen vorhanden Wissens berichten van Hippel / Tyre. Bei 15 von 22 Fehlern, die bei Werkzeugmaschinen in der Gebrauchsphase aufgetaucht sind, war das fehlervermeidende Wissen im Unternehmen vorhanden. Bei zehn Fehlern wurde das Wissen nicht transferiert, bei fünf Fehlern verfügten die Ingenieure über das Wissen, konnten es jedoch nicht anwenden. Zitiert in: Fujimoto / Thomke (Product development performance, 2000), S. 132. Zur allgemeinen Beurteilung der Wissensbasis als Erfolgsfaktor von Unternehmen vgl. Amelingmeyer (Wissensmanagement, 2000), S. 18 - 20.

[365] Vgl. dazu und zur Architektur wissensbasierter Systeme (Wissensakquisitions-, Erklärungs-, Dialog-, Problemlösungskomponente und Wissensbasis): Krause / Spur (Das virtuelle Produkt, 1997), S. 318 - 326. Die Abbildung von Konstruktionserfahrungen in Regeln erfolgt durch Programmierung.

Der **idealtypischer Leistungsumfang** der WS als optional integrierbare Module in CAE-, CAS- und CAD-Anwendungen lässt sich anhand von fünf Kernfunktionalitäten beschreiben:[366]

1. **Automatische Erkennung räumlicher Interferenzprobleme**

Über die Definition geometrischer Kontrollstrukturen können im Entwicklungsprozess jederzeit die geometrischen Abhängigkeiten sämtlicher Bauteile überprüft und dadurch mögliche räumliche Interferenzprobleme (Kollisionen) erkannt werden.[367] Diese Form des Konstruierens wird zuweilen auch als „Design-In-Context" bezeichnet.

2. **Sicherstellung der Einhaltung von Parameterwerten und unternehmensspezifischer Gestaltungsrichtlinien und -regeln**

Anhand von mit Prüfwerten verknüpften Parameterwerten (z.b. Attribute des Fertigungszyklus wie Kosten oder Oberflächenbehandlung) führen WS eine permanente Qualitätssicherung durch („Design Spell Checker"). Laufend werden Abgleiche der neuerzeugten Datensätze mit den Anforderungen an die Bauteile durchgeführt und die Konstrukteure auf Über- oder Unterschreitungen hingewiesen.[368] Analog kann durch die „Hinterlegung" unternehmensspezifischer Gestaltungsrichtlinien und -regeln deren Einhaltung abgesichert werden.

3. **Optimierung von Bauteilen hinsichtlich vorgegebener Zielparameter**

Durch die Verwendung multidisziplinärer Spezifikationen und Optimierungsalgorithmen wird die Entwicklung eines Bauteils oder einer ganzen Baugruppe im Hinblick auf einen Zielparameter, wie z.B. Kosten, Gewicht oder Volumen, optimiert.[369]

4. **Rückgriff auf bekannte Lösungen während der Lösungsfindung**

Durch die Verknüpfung aller die Bauteile und Baugruppen beschreibenden Daten mit eindeutigen Attributen sind Ähnlichkeiten zwischen den Datenbeständen identifizierbar. Dadurch können einem Konstrukteur z.B. alle bisher angefertigten geometrisch ähnlichen Lösungen angezeigt werden, die nach Auswahl bestimmter Kriterien für seine Konstruktionsaufgabe prinzipiell als Lösung in Frage kommen.[370]

---

[366] Vgl. zu den folgenden Ausführungen auch: Braun / Welp (Wissensbasierte Unterstützung, 1998) und Vajna (Wissensmanagement in der Produktentwicklung, 2001), o.S.

[367] Vgl. zu dieser Funktionalität die folgenden kommerziellen Softwareprodukte: Unigraphics Solution GmbH (CAD/CAM/CAE, 2001), S. 4 („WAVE-Technologie") und PTC (ModelCHECK, 2001), o. S. (Software-Modul „ModelCHECK").

[368] Vgl. dazu den Leistungsumfang des Software-Moduls „Knowledge Advisor" innerhalb des CATIA-Softwarepakets: IBM Deutschland GmbH (CATIA Anwendungs-Portfolio, 2001), S. 21f.

[369] Vgl. dazu die Leistungsumfänge der Software-Module „Product Engineering Optimiser" und „Product Function Optimiser" innerhalb des CATIA-Softwarepakets: IBM Deutschland GmbH (CATIA Anwendungs-Portfolio, 2001), S. 21f.

[370] Zur automatischen Klassifikation von Produkten vgl. Grabowski et al. (Automatische Klassifikation von Produkten, 2000), S. 9 - 22. Hier wird im vom BMBF innerhalb des Rahmenkonzepts „Produktion 2000" geförderten Verbundprojekt inkl. Anwendungsbeispielen vorgestellt. Auf eine vom Unternehmen Hella realisierte technische „Benchmark-Datenbank" wird verwiesen in: o.V. (Inspiration aus der Datenbank, 2001), S. 44f. In die Datenbank sind alle relevanten Informationen von Eigen- und Fremdprodukten integriert. Alle Entwickler können jederzeit über das Intranet auf die Datenbank zugreifen, um nach vorhandenen Kennzahlen zu suchen, welches letztlich „Under-" oder „Over-Engineering"

Vorstellbar ist auch, dass Integrationsinstrumente, wie das Quality Function Deployment (QFD) oder die Failure Mode and Effect Analysis (FMEA) aufgrund ihres streng analytischen Vorgehens durch wissensbasierte Applikationen wirkungsvoll unterstützt werden können.[371] So ist denkbar, dass fahrzeugkomponenten- und baugruppenbezogen die Projektteams bei ihren Prüfungen automatisch auf alle in der Vergangenheit durchgeführten Analysen und die dort identifizierten Problemstellen und Lösungsmöglichkeiten hingewiesen werden. Durch zusätzliches Aufführen der Gründe für Änderungen und der durchgeführten Optimierungen bei Konstruktionslösungen sowie der letztlich getroffenen Auswahlentscheidungen wird zusätzlich die notwendige Kontextsensitivität sichergestellt.

Der Zugriff auf den bestehenden Wissenspool kann von jedem Arbeitsplatz aus über ein browsergestütztes Zugangssystem mit individuellen Lese- und Schreibrechten erfolgen. Mit Hilfe von Suchmaschinen und „Bookmarks", die häufig genutzte Quellen markieren, lassen sich die gewünschten Informationen - sofern vorhanden - schnell und unkompliziert auffinden.

5. Automatische Varianten- und Anpassungskonstruktionen

Auf Basis des bereits formalisierten und in Datenbanken abgespeicherten Wissens sowie vorgegebener Randbedingungen ermitteln wissensbasierte Produktkonfigurierer über Parametervariationen automatisch Variantenkonstruktionen bzw. nehmen Anpassungen an bestehenden Konstruktionslösungen vor. Wird bspw. bei einem Cabrio-Verdeck ein Drehpunkt in seinen drei Koordinaten verändert, berechnet das System die bestehende Systematik neu und passt alle daran anhängenden Teile den neuen Gegebenheiten an. Dadurch können automatisch unterschiedliche Verdeckvarianten erzeugt werden, deren Funktionsfähigkeit von vorneherein sichergestellt ist.[372]

Abb. 48 kontrastiert das **aktuelle Leistungsniveau der wissensbasierten Systeme** mit den beschriebenen idealtypischen Funktionalitäten. Wie bei allen bisher beschriebenen Technologien kann auch hier eine Leistungslücke identifiziert werden: Während die automatische Er-

---

vermeiden hilft. In Meerkamm (Engineering Workbench, 1995) wird der Ablauf zur wissensbasierten Unterstützung in der Entwurfsphase durch das Konstruktionssystem „mfk" vorgestellt. Bei der Lösungsauswahl für einzelne Teilfunktionen wird auf bekannte Lösungen unterschiedlichen Konkretisierungsgrads - von Prinziplösungen bis zu geometrisch detaillierten Lösungen - zurückgegriffen, welche sich aus vordefinierten Elementen aufbauen lassen. Da zu jeder Teilfunktion eine oder mehrere Lösungen existieren, wird die optimale Lösung und deren aktuelle Parameter mit Hilfe der wissensbasierten Analyse ermittelt und in die aktuelle Konstruktion mit Hilfe von Formelementen und räumlichen Relationen eingefügt.

[371] Zu den Integrationsinstrumenten vgl. Specht / Beckmann / Amelingmeyer (F&E-Management, 2002), S. 167 - 185. Auf die bei dem Zulieferunternehmen Delphi Automotive Systems in einem weltweiten Intranet-Datenpool zur Verfügung stehenden FMEA-Module verweist: o.V. (Erfahrungs-Rückfluss zur Entwicklung, 2001), S. 64. Eine Methodendatenbank zur Klassifizierung, Speicherung und Suche und Anwendung unterstützender Methoden der integrierten Produktentwicklung wird beschrieben in: Eversheim / Kölscheid (Integrated product development, 1998).

[372] Eine prototypische Anwendung einer derartigen Softwareapplikation ist beim Zulieferunternehmen Karmann realisiert. Vgl. o.V. (Prozess-Beschleunigung durch CAD, 2000), S. 108 - 110. Ein Modulbaukasten, mit dessen Hilfe aus vorkonstruierten Basismodulen kundenspezifische Produktlösungen über eine gesteuerte Variantenkonstruktion abgeleitet werden, ist beschrieben bei: Bopp / Schaede / Schwital (Prozeßorientiertes 3D-Produktdatenmodell, 2000), S.74 - 79. Zu den Möglichkeiten der Varianten- und Anpassungskonstruktionen vgl. auch Braess / Seiffert (Hrsg.) (Kraftfahrzeugtechnik, 2000), S. 621f.

kennung räumlicher Interferenzprobleme für die heutigen Systeme kein Problem mehr darstellt, nimmt in der Reihenfolge der genannten Kerncharakteristika einer idealtypischen Applikation das Leistungsniveau aus den in der Abbildung genannten Gründen sukzessive ab.

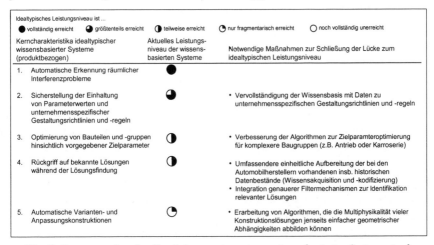

Abb. 48: *Bewertung des aktuellen Leistungsniveaus von wissensbasierten Systemen in der Fahrzeugentwicklung.*[373]

Auffällig bei der Bewertung ist, dass trotz vergleichsweise einfacher Herstellung datentechnischer Voraussetzungen in Form von einheitlichen Datenbeschreibungen und Filtermechanismen, eine Wiederverwendung bereits existierenden Konstruktionswissens (Punkt Nr. 4) nicht konsequent umgesetzt wird. Ein möglicher Grund für die Vernachlässigung kann in der fehlenden organisatorischen Verankerung und Wahrnehmung von Wissensakquisitions- und -kodifizierungstätigkeiten gesehen werden, welches wiederum durch die mangelnde Akzeptanz nicht selbst entworfener Lösungen hervorgerufen sein kann („Not-Invented-Here-Syndrom").

Alles in allem ist festzustellen, dass WS bei weitem noch nicht den Standard des Routineeinsatzes erreicht haben, wie er etwa bei Datenbanken zu beobachten ist. Selbst ausgereiftere Applikationen können keinen erfahrenen Konstrukteur bzw. sein allgemeines Fach- und Erfahrungswissen in Bezug auf die Lösung konstruktiver Problemstellungen ersetzen. Im Gegenteil, seine Entscheidungskompetenz wird u.a. durch Gegenüberstellung von alternativen Lösungen noch stärker gefordert. Allerdings haben einige Automobilhersteller gerade in den

---

[373] Vgl. dazu auch ein prototypisches Wissensmanagement-Tool, das speziell für die Anforderungen der Produktentwicklung entwickelt worden ist, bei: Gissler (Wissensmanagement, 1999), S. 41 - 94 (Modellbasierte Vorgehensweise zur Umsetzung von Wissensmanagement in der Produktentwicklung) und S. 97 - 122 (Rechnerunterstützung und Anwendungsbeispiel). Ein wissensbasiertes Assistenzsystem, das dem Produktentwickler Wissen aus den späteren Phasen eines Entwicklungsprozesses bereitstellt, ist beschrieben in: Meerkamm / Wartzack (Verkürzung der Produktentwicklungszeiten, 1998). Zum Charakteristikum Nr. 4 („Rückgriff auf bekannte Lösungen") vgl. Bopp / Schaede / Schwital (Prozeßorientiertes 3D-Produktdatenmodell, 2000), S.74 - 79 und die dortigen Verweise: Demnach können ca. 40% der verwendeten Bauteile aus anderen abgeleitet werden, die tatsächliche durchschnittliche Anpassungs- und Wiederverwendungsrate von Bauteilen liegt jedoch lediglich bei ca. 5%. Dieses Missverhältnisses deutet auf die generell noch ungenutzten Potenziale einer Automatisierung von Varianten- und Anpassungskonstruktionen hin.

letzten zwei bis drei Jahren die Bedeutung des unternehmensinternen Wissenspools erkannt und mit entsprechenden Projekten die Akquisition, Kodifizierung und Speicherung des vorhandenen Wissens in den Fokus unternehmerischer Optimierungsanstrengungen gestellt.[374]
BMW hat bspw. einen „Wissensmarktplatz" in ihrem Entwicklungszentrum aufgebaut: Über vernetzte Arbeitsplatzsysteme mit Browser-Software und Suchmaschinen kann jeder Mitarbeiter auf bestehende auch externe Datenbanken und Projektserver der unterschiedlichen Bereiche zugreifen. In einem „Wissens-Repo-sitory" sind dazu, ähnlich einer Landkarte, die Quellen des Wissens inkl. eindeutiger qualifizierender Attribute für die Grunddaten verzeichnet. Die Wissensakquisition und -kodifizierung erfolgt dabei sowohl projektbegleitend durch die Mitarbeiter selber, in dem sie ihr Wissen mittels vorgegebener individualisierbarer Eingabemasken dokumentieren, als auch durch Gespräche mit ausscheidenden Mitarbeitern, die aufgezeichnet und von Redakteuren aufbereitet werden. Die Redakteure haben zudem die Aufgabe, das Angebot des elektronischen Marktplatzes systematisch um relevantes Altwissen zu ergänzen sowie neue Wissens-Lieferanten, wie z.B. das Internet, einzubinden. Zusätzlich können über „dynamische Gelbe Seiten" Mitarbeiter gefunden werden, die bestimmte Kompetenzen besitzen („Skill Mining").[375]

DaimlerChrysler hat begonnen, das bei Chrysler schon länger im Einsatz befindliche „Engineering book of knowledge" (EBOK) - ein online-Nachschlagewerk der neuesten technologischen Entwicklungen und Erkenntnisse - weltweit zu implementieren.[376] Darüber hinaus wurde 1998 mit dem Projekt „SOKRATES" der Startpunkt für die Einführung eines projektbegleitenden Wissensmanagements gesetzt. Beginnend mit der Entwicklung der M- und A-Klasse sowie dem Smart werden seitdem alle Erfahrungen, die im Rahmen von Neuentwicklungen gemacht werden, dokumentiert und für zukünftige Projekte nutzbar gemacht. Für die Entwicklungsbereiche soll ein kontinuierlicher Lernprozess angestoßen werden mit dem Ziel, Erfahrungen und Wissen der Bereichsmitglieder kontinuierlich untereinander auszutauschen.[377]

4.3.3.6 Virtual Reality-Systeme und Anwendungen

Die vorgestellten CAx-Systeme dienen in erster Linie zur Erzeugung und Modellierung in sich abgeschlossener digitaler Datensätze. Die Aufgabe der realitätsgetreuen Visualisierung und interaktiven Manipulation vollständiger Datensätze übernehmen Virtual Reality-Systeme (VR).

---

[374] Zu den Funktionalitäten der Wissensakquisition, -kodifizierung, -speicherung und -transformation vgl. Frielingsdorf et al. (Erweiterung der EDM/PDM-Funktionalität, 1999), S. 494. Für unterschiedliche Ansätze zum rechnerunterstützten Sichten von Informationen vgl. Ahrens et al. (Effiziente Handhabung von Informationen, 1999), S. 479 - 489.
[375] Vgl. Bernhart / Bock (Knowledge Management, 1999), S. 171 - 186 und Büttner (BMW-Entwicklung, 1999), S. 24 - 26.
[376] Vgl. o.V. (Atmende Entwicklung, 2000), S. 18. Über die Inhalte, die im EBOK aufgenommen werden entscheiden Fachgremien, die sog. „Tech-Clubs".
[377] Zu Inhalten und Ergebnissen des Projekts vgl. Eberle / Kohler / Bergmann (SOKRATES, 1999).

4.3.3.6.1 *Virtual Reality*

Unter „Virtual Reality" versteht man „eine 360-Grad-Computersimulation, mit der durch multiple Ansprache der menschlichen Sensorik versucht wird, dem Benutzer ein möglichst realistisches Abbild der virtuellen Simulationsmodelle zu verschaffen."[378] Dazu wird der Mensch durch den Einsatz die Wahrnehmung beeinflussender multimodaler Präsentationsformen (visuell, akustisch, haptisch, kinesthetisch) und die Einbeziehung multimedialer Interaktionstechniken aktiv in eine computergenerierte Umgebung integriert. In dieser kann er Objekte betrachten, gestalten, verändern und validieren.[379]

Im Gegensatz zu konventionellen Präsentations- und Visualisierungsmethoden enthält Virtual Reality folglich zwei zusätzliche Aspekte, die im Englischen als „immersion" (Eintauchen) und „interaction" (Interaktion) bezeichnet werden: Immersion umschreibt das Empfinden des Benutzers, sich nicht als externer Be-trachter der Szene, sondern als Teil der Szene zu fühlen; Interaktion meint die mögliche direkte Manipulationsmöglichkeit des Benutzers im dreidimensionalen Raum. Dies ist bspw. derart vorstellbar, dass eine virtuelle Hand, die sich durch einen Datenhandschuh oder ein anderes 3D-Eingabegerät steuern lässt, dem Benutzer das Gefühl vermittelt, auf eine Situation Einfluss nehmen zu können.[380] Für die realitätsnahe Visualisierung der Geometrie und der numerischen Simulationsergebnisse stellt Virtual Reality somit eine neue Dimension der graphischen Simulation dar.[381]

4.3.3.6.2 *Digital Mock-Up*

Das derzeit wohl wichtigste *Anwendungsgebiet* der virtuellen Realität in der Automobilindustrie ist der sog. „Digital Mock-Up" (DMU) bzw. seine Synonyme „Digitales Produktmodell", „Virtual Mock-Up" (VMU) oder „Virtual Prototype" (VP). Die Interpretationen, was konkret unter einem DMU zu verstehen ist, sind jedoch so vielfältig, dass eine für die vorliegende Arbeit gültige Definition abgeleitet werden soll.

In Anlehnung an die Definitionen in Tab. 4 auf der nächsten Seite soll in dieser Arbeit fortan unter einem DMU

- die Akkumulation und visuelle Darstellung aller ein Fahrzeug oder Fahrzeugbestandteile („Fahrzeug-DMUs") bzw. aller die Betriebsmittel oder Betriebsmittelbestandteile („Betriebsmittel-DMUs") beschreibenden digitalen Daten
- in allen Betriebs- und Prozesszuständen

---

[378] Bullinger et al. (Ganzheitliches Produktentwicklungskonzept, 1996), S. 309.
[379] Vgl. Bullinger / Bröcker / Wagner (Verteilte Produktentwicklung, 1999), S. 11, Encarnação et al. (Virtual Engineering, 1999), S. 145f., Gausemeier / Brandt / Grafe (Nutzenpotenziale von Virtual Reality, 1996), S. 391, Kaufmann / Maashoff (Virtual product engineering, 2000), S. 158 und Krause / Spur (Das virtuelle Produkt, 1997), S. 306 - 309.
[380] Eine Übersicht über verschiedene Ein- und Ausgabemedien der virtuellen Realität bieten: Bullinger et al. (Ganzheitliches Produktentwicklungskonzept, 1996), S. 309 und Rix / Kress / Schroeder (Neue Präsentations- und Interaktionstechniken, 1995), S. .317f.
[381] Zur Geschichte des Virtual Reality-Einsatzes bei DaimlerChrysler vgl. DaimlerChrysler AG (Das DC Virtual Reality Center, 2001). Die Funktionalität des eingesetzten Virtual Reality-Centers wird beschrieben in: o.V. (Katalysator für den Entwicklungsprozess, 2000), S. 72 - 74.

- innerhalb des gesamten Produktlebenszyklus[382]
- in definierter Qualität (Strukturierung)

verstanden werden.

Die virtuellen Prototypen werden damit im Lauf des Entwicklungsprozesses durch Einspielung sämtlicher digitaler Daten aus allen Einzel-Applikationen sukzessive angereichert bis letztlich aus ihnen das fertige Fahrzeug bzw. die fertigen Betriebsmittel physisch hergestellt werden können. Durch ihre Funktion als zentrale Datenplattform avancieren sie „zum maßgeblichen Informationsträger und Motor der .. Zusammenarbeit in sämtlichen Geschäftsprozessen."[383] Beschreibungen der idealtypischen Charakteristika der DMUs folgen:

1. „Fahrzeug-DMUs"

Die virtuellen Fahrzeug(-bauteil-)prototypen werden durch „Einlesen" originärer Daten aus den beschriebenen CAx-Applikationen über neutrale Schnittstellen erstellt.[384] Damit können die DMUs sowohl physikalische (Funktionsprinzipien), geometrische (Bauraumbedarf und Toleranzbedingungen), technologische (Materialeigenschaften), thermische (Verformungsverhalten bei Wärmeeinwirkung) wie auch z.B. fertigungstechnische Informationen enthalten.

Quelle	Definition
Brüning (DMU im Produktentwicklungsprozess bei Audi, 1998), S. 438 und S. 443.	„[DMU steht] für die Vision der komplett rechnerunterstützten Entwicklung von komplexen Produkten wie Flugzeugen und Automobilen." „DMU ist eine realistische Computersimulation eines Produkts, die als verbindliche Arbeits- und Entscheidungsplattform für den gesamten Entwicklungsprozess dient."
Döllner / Kellner / Tegel (Computer-supported techniques, 1999), S. 56.	„A DMU is a computer-based product definition of a real product. It consists of documents, attributes and structures."
Encarnação et al. (Virtual Engineering, 1999), S. 146.	„Die Realisierung des Virtual Engineering basiert .. auf einem ganzheitlichen Produktmodell, in dem sämtliche Daten eines Produkts abgebildet werden, die für die Produktentstehung sowie die Folgephasen relevant sind."
Flaig (Virtuelles Prototyping, 1995), S. 31.	„Virtual Prototyping umfasst die Planung, den Entwurf, die Gestaltung und die Validierung von noch nicht physisch vorhandenen Produkten oder Produktionsprozessen in virtueller Umgebung".
Katzenbach / Lamberti (Prozesssicherheit entwickeln, 1998), S. 74 - 76.	„Mit DMU bezeichnen wir die realistische Computersimulation eines Produkts mit allen dazu erforderlichen Funktionalitäten zur Unterstützung von Konstruktion, Planung, Fertigung und Wartung."

- Fortsetzung nächste Seite -

---

[382] In dem Fall, dass das Produktmodell alle Phasen des Lebenszyklus eines Produkts überspannt, spricht man auch von einem „integrierten Produktmodell".
[383] o.V. (Tools für virtuelle Teams, 2000), S. 118. Zur effizienten Handhabung von Produktinformationen und der zu Grunde liegenden Strukturierungskonzepte vgl. Scheithauer (Effiziente Handhabung von Produktinformationen, 2001).
[384] Z.T. verfügen hochintegrierte CAx-Systeme bereits über die komplexen Visualisierungsfunktionalitäten, so dass es zu Überschneidung der Funktionalitäten kommen kann.

Krause et al. (DMU für verteilte kooperative Entwicklungsprozesse, 1998), S. 202f.	„Der ursprüngliche Begriff des DMU entstand aus der Überlegung, in Analogie zu einem physischen Mock-Up ein digitales Auslegungsmodell für die Baubarkeitsprüfung eines Produkts bereitzustellen. Im engen Sinn wird der DMU wie folgt definiert: Der Digital Mock-Up ist ein rechnerinternes Modell für die räumliche und funktionale Gestaltung und Analyse des Aufbaus und der Struktur eines Produktes, der Baugruppen und seiner Bauteile." „Vor dem Hintergrund verteilter und kooperativer Entwicklungsprozesse im Unternehmensverbund wird der Begriff DMU umfassender definiert: DMU ist eine rechnerunterstützte Entwicklungsplattform, die zur Gestaltung von Produkt, Betriebsmitteln und Prozessen dient sowie die Information, Kommunikation und Entscheidungsfindung vom ersten konzeptionellen Layout bis zum Recycling unterstützt."
Krause / Spur (Das virtuelle Produkt, 1997), S. 3.	„... das virtuelle Produkt, d.h. die Simulation aller Phasen des Produkts für den rechnerunterstützten Produktentwicklungsprozess ..."

Tab. 4: Ausgewählte Definitionen des Begriffs „Digital Mock-Up" und sinnverwandter Begriffe.[385]

Aus den virtuellen Modellen werden dann über Algorithmen graphische oder textuelle Darstellungen des Fahrzeugs ausgegeben. Die Ausgabe erfolgt entweder über die Informationsmengen (a) *Produktdefinition* (z.b. über Benennung oder Vergabe von Identifizierungsnummern), (b) *Produktrepräsentation* (z.b. über Geometriedaten, Mehrkörpersimulation (MKS) oder elektrische Flusspläne) oder (c) *Produktpräsentation* (z.b. über Strömungsdaten, elektromagnetische und thermische Felder) mit Hilfe multimedialer echtzeitfähiger Grafiksysteme.[386]

Zur Füllung und Bearbeitung des Fahrzeug-DMUs durch die am Entwicklungsprozess beteiligten Mitarbeiter wird ein sog. „Sichtenmanagement" verwendet, welches das gesamte Informationsvolumen des Modells in logisch klassifizierte Informationsmengen - die sog. „Partialmodelle" - aufspaltet. Jedes Partialmodell beschreibt dabei einen Teilaspekt des Fahrzeugs in Form einer Informationsstruktur, die den jeweils gestellten Anforderungen gerecht wird.[387] Durch den Einsatz von Filtern wird ein schnelles Laden und eine schnelle Umschaltung auf Teilansichten ermöglicht („Detail on Demand").[388] Die Konstrukteure können die spezifischen, für sie relevanten Ausgangsinformationen aus dem gesamthaften DMU entnehmen und nach deren Bearbeitung wieder zurückspielen.[389] Eine Übersicht über mögliche Teilmengen der Produktinformationen in der Fahrzeugentwicklung sowie ihre schwerpunktmäßige Ver-

---

[385] Vgl. dazu auch die Unterscheidung in verschiedene „Sichten" von DMU (funktionsorientierte, systemtechnische, organisatorische und prozessorientierte Sicht) bei: Brüning (DMU im Produktentwicklungsprozess bei Audi, 1998), S. 442 - 444.
[386] Vgl. Gausemeier / Brandt / Grafe (Nutzenpotenziale von Virtual Reality, 1996), S. 395. Dieser Ansatz bietet sehr viele Vorteile, weil in der Produktrepräsentation und -präsentation wesentlich mehr Informationen und Wissen abgebildet werden können, als in deren Definition. Vgl. Anderl (Virtuelle Produktentwicklung, 1999), S. 70f.
[387] Vgl. Ohlsen / Kleinhaus (EDM: Simulationsinseln vermeiden, 2000), S. 78.
[388] Vgl. Bopp / Schaede / Schwital (Prozeßorientiertes 3D-Produktdatenmodell, 2000), S. 74 - 79.
[389] Der Prozessablauf der DMU-Methode wird vorgestellt in: Beutner et al. (Modellierung und Simulation, 1998), S. 432.

wendung in den Entwicklungsphasen vermittelt Abb. 49. Zur Verdeutlichung des Inhalts der Fahrzeug-DMUs werden nachfolgend vier Beispiele näher erläutert.

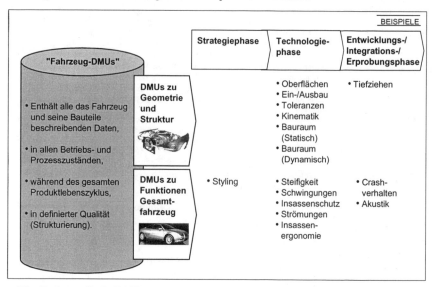

Abb. 49: *Beispielhafte DMU-Anwendungen in den Bereichen „Geometrie und Struktur" sowie „Funktionen Gesamtfahrzeug".*[390]

In der Strategiephase nutzen die Designer *Styling-DMUs*, um z.B. die Wirkungen neuer Fahrzeugdesigns im Verkehrsalltag und im Vergleich zu Wettbewerberfahrzeugen zu untersuchen. Dazu wird das digitale Fahrzeugmodell in eine fiktive datenbasierte Umgebung integriert und auf die sog. „Powerwall", eine mehrere Qua-dratmeter große Projektionsfläche, projiziert. In einer späteren Entwicklungsphase werden Styling-DMUs dazu genutzt, Übergänge zwischen Sichtflächen zu evaluieren.

Während der Technologiephase werden u.a. *Ein- und Ausbauuntersuchungen* durchgeführt. Bei diesen analysieren Entwickler gemeinsam mit Monteuren die wartungsgerechte Anordnung von Teilen. Am virtuellen Modell kann der Monteur bspw. beurteilen, ob er mühelos an die Lichtmaschine kommt. An den Stellen, wo der Montageraum zu gering ist, färben sich die entsprechenden Teile ein und gemeinsam kann diskutiert werden, welche Optionen zur Veränderung der Einbauposition bestehen.[391]

---

[390] Vgl. Anderl (Product Data Technology, 2000), S. 31f., Balasubramanian / Winterstein (Digitale Fahrzeugentwicklung, 1998), S. 5, Encarnação et al. (Virtual Engineering, 1999), S. 150 - 153, Pfeiff / Gehrke / Scheibler (Digital Mock-Up, 1998), Krause et al. (Virtual product realization, 1998), S. 285 - 288, Ohlsen / Kleinhaus (EDM: Simulationsinseln vermeiden, 2000), S. 80 und Pollmann (Prototyping at Daimler-Benz, 1994), S. 4.

[391] Vgl. DaimlerChrysler AG (Das DC Virtual Reality Center, 2001), DaimlerChrysler AG (Hrsg.) (HighTech Report 2001, 2001), S. 100 - 103 und Krause et al. (DMU für verteilte kooperative Entwicklungsprozesse, 1998), S. 204.

Bei den *Bauraumuntersuchungen* (auch „Packageuntersuchungen" genannt) haben sich Derivate des DMU-Begriffs herausgebildet:[392]

- *Lokaler DMU*: Zusammenbauanalyse innerhalb einer Baugruppe, die konstruktionsbegleitend im CAD-System vorgenommen wird;
- *Globaler DMU*: Baugruppenübergreifende Zusammenbauanalyse (z.b. Vorderwagen, Fahrgastzelle, Gesamtfahrzeug etc.);[393]
- *Statischer DMU*: Zusammenbau der CAD-Modelle in Einbau-Nullage;
- *Dynamischer DMU*: Zusammenbau unter Berücksichtigung der Teilebewegungen (für Fahrwerkskomponenten, Aggregate etc.);
- *Technik-DMU*: Zusammenbau zur Beurteilung der geometrischen Stimmigkeit (z.B. virtueller Vorderwagen);
- *Baustufen-DMU*: Zusammenbau einer Prototypenbaustufe zu bestimmten Synchronisationszeitpunkten;
- *Entwicklungs-DMU*: Stets aktueller Projektstand mit wachsender Füllung und wachsendem Reifegrad als verbindliche Arbeitsplattform.

Ein drittes Beispiel für die Anwendung der Fahrzeug-DMUs während der Technologiephase sind *Ergonomieuntersuchungen* zur Absicherung des Interieurkonzepts. Zur Beurteilung verschiedener Ergonomie-Kombinationen und -layouts setzt sich dafür ein Mitarbeiter auf einen Sitzprüfstand, der in den Abmessungen genau dem Untersuchungsfahrzeug entspricht. Durch Nutzung einer Spezialbrille wird er in eine real wirkende Fahrsituation hineinversetzt und kann dann die Auslegungen in Bezug auf die Erreichbarkeit von Schaltern und Hebeln, den Blick auf die Instrumente, die Lage der Türgriffe und Armstützen, die Beinfreiheit und selbst Einflüsse wie Licht, Schatten oder Spiegelungen auf den Instrumenten beurteilen.[394]

2. „Betriebsmittel-DMUs"

Inhalte der „Betriebsmittel-DMUs" sind alle die Betriebsmittel, wie Werkzeuge, Vorrichtungen, Spannmittel etc., beschreibenden Daten. Analog zu den digitalen Fahrzeugmodellen wird mit ihrem Einsatz das Ziel verfolgt, über eine Visualisierung unterschiedlicher Informationsmengen die Entwicklung der Betriebsmittel schneller und effektiver durchzuführen. Die Ausführungen zu den „Fahrzeug-DMUs" gelten entsprechend und werden deshalb an dieser Stelle nicht wiederholt.

---

[392] Vgl. Brüning (DMU im Produktentwicklungsprozess bei Audi, 1998), S. 440 - 444.
[393] In Bezug auf die integrierten Teileumfänge ist festzustellen, dass neben formstabilen Körpern auch flexible Bauteile, wie Schläuche, Leitungen und elektrische Kabelverbindungen, in die Packageuntersuchungen einbezogen werden. Vgl. Balasubramanian / Winterstein (Digitale Fahrzeugentwicklung, 1998), S. 9. Der Prozess der virtuellen Verlegung und Integration des Kabelbaums in das Gesamtfahrzeug ist beschrieben bei: Trum (Visuelle Verlegung des Kabelbaums, 2000), S. 94f.
[394] Vgl. DaimlerChrysler AG (Das DC Virtual Reality Center, 2001), o.V. (Ideen für den Innenraum, 2000), S. 62 und o.V. (Optik in virtuellen Welten, 2001), S. 80 - 82.

Den **aktuellen Leistungsumfang** der DMU-Technologien stellt Abb. 50 anhand der herausgearbeiteten Definitionsbestandteile dar. Demnach haben die Technologien derzeit erst einen vergleichsweise geringen Reifegrad erreicht. Um sich dem Idealzustand eines allgemeingültigen, vollständigen, eindeutigen, redundanzfreien und ohne Transformationsschritte auskommenden DMUs zu nähern, müssen die OEMs die in der Abb. genannten Maßnahmen umsetzen.

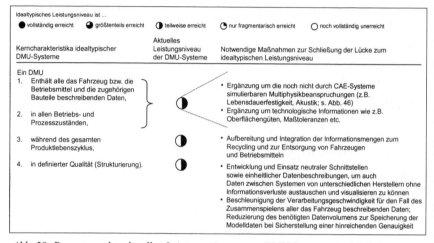

Abb. 50: *Bewertung des aktuellen Leistungsniveaus von DMU-Systemen in der Fahrzeugentwicklung.*[395]

Obwohl die zunehmende Leistungsfähigkeit der Systeme in absehbarer Zeit den Konflikt zwischen adäquater Modellierungstiefe und Modellierungskomplexität wahrscheinlich lösen wird, besteht dieser heutzutage durchaus. Trotz der Verwendung von Partialmodellen wächst das handzuhabende Datenvolumen bei Erfassung aller relevanten Details mit hinreichender Genauigkeit überproportional und im gleichen Maß nimmt die Verarbeitungsgeschwindigkeit innerhalb integrierter Gesamtsysteme ab. Die Datenfülle erschwert zum einen die Modellnutzung, da diese nur noch schwer interpretierbar und anpassbar sind und zum anderen verschlechtert sich auch die Wartbarkeit der Systeme, da die Übersichtlichkeit mit der Systemgröße abnimmt.[396]

---

[395] Vgl dazu die Beschreibungen zu der bei Ford eingesetzten DMU-Technologie („Digital Buck"-Tool) bei: Stark / Lichtenthäler (CAx-Technology to drive digital prototypes, 2000), S. 268 - 282, die Erläuterungen zu den Stärken und Schwächen der DMU-Technologie bei Audi, beschrieben in: Goroncy (Datenpakete auf Kollisionskurs, 2001), S. 62f. sowie die Beschreibungen zum DMU-Prozess bei BMW, erläutert in: Müller / Reindl (Der BMW DMU-Prozeß, 1999). Zum Problemfeld der Qualität und Strukturierung der CAD-Basisdaten vgl. o.V. (Geringere Prototypen-Kosten, 2000), S. 123 und Bopp / Schaede / Schwital (Prozeßorientiertes 3D-Produktdatenmodell, 2000), S. 76 - 79. Zu den Problemen bei der Darstellung von Berechnungsergebnissen am DMU vgl. Beutner et al. (Modellierung und Simulation, 1998), S. 420. Eine Beschreibung aktueller Anforderungen bei der Einführung und Nutzung des DMU bietet: Gehrke / Scheibler (Effektives Produktdatenmanagement, 1998), S. 19 - 28.

[396] Vgl. Warnecke / Stammwitz (Gestaltung anforderungsspezifischer Produktmodelle, 1996), S. 248.

Demzufolge ist auch die aktuell noch sehr ausgeprägte Hardwareorientierung zur Absicherung der Fahrzeugkonzepte und Entwicklungsergebnisse nicht weiter erstaunlich. Neben Designstudien, Aggregateträgern, Prototypen und Aufbauten zur Exterieur-, Interieur- und Funktionsabsicherung (sog. „Außen-", „Innen-" und „Funktionskubing") stellt die physische Herstellung verschiedener Anschauungsmodelle, Attrappen und Einbaumodelle heute den Reglfall dar.[397]

4.3.3.6.3 Digital Manufacturing

Spätestens in der Entwicklungs- und Integrationsphase werden an der Schnittstelle zwischen der Fahrzeugentwicklung i.e.S. und der Produktionsprozessentwicklung Digital Manufacturing-Systeme (DMF) - auch „Virtuelle Produktionstechnologien" genannt - eingesetzt. Diese ermöglichen die durchgängige Planung, Auslegung, Modellierung, Validierung und Optimierung von Produktionsprozessen und -anlagen mittels digitaler Modelle auf Basis der Fahrzeugdaten und stellen dadurch eine nahtlose Verbindung zwischen Entwicklung und Fertigung her.[398]

Bei Vorliegen **idealtypischer Leistungscharakteristika** werden aus den digitalen Fahrzeugmodelldaten automatisch Planungsgrößen für die spätere Produktion, wie z.B. das Fertigungslayout und die Montagereihenfolgen, die Anzahl und Standorte der Roboter, die Ausmaße der Fabrik oder die logistischen Strukturen im Vorfeld ermittelt.[399] DMF-Systeme erlauben den Anwendern dabei auch, verschiedene Konfigurationen zu analysieren, zu denen das System automatisch die Produktionsarchitektur jeweils neu zusammenstellt und visualisiert.

Während bei der Verwendung konventioneller Konstruktions- und Planungssysteme die Arbeit in der Produktion nicht beginnen konnte, bevor die Fahrzeugentwicklung weit genug fortgeschritten war, ermöglicht die DMF-Technologie die simultane Bearbeitung von Fahrzeugentwicklungs- und Produktionsplanungstätigkeiten. Zur datentechnischen Umsetzung sind dabei Verknüpfungen zwischen Produktinformationen, Ressourcen (z.B. Fertigungsstätten, Montageeinheiten oder Taktzy-klen) und Operationen (z.B. Fertigungs- und Montagevorgänge) in einem entsprechenden Software-System zu hinterlegen.

Das **aktuelle Leistungsprofil** unterscheidet sich bei zwei bedeutenden Kernfunktionalitäten vom Ideal, so dass der derzeitige Reifegrad mit höchstens 3 zu bewerten ist („Idealtypisches Leistungsniveau ist teilweise erreicht"):[400] Erstens ist bei den heute eingesetzten DMF-

---

[397] Vgl. Balasubramanian / Winterstein (Digitale Fahrzeugentwicklung, 1998), S. 4.

[398] Vgl. Basson / Schuster (Manufacturability assessment, 1999), Brüning (DMU im Produktentwicklungsprozess bei Audi, 1998), S. 457, o.V. (Digitale Prozesskette der Automobilentwicklung, 1998), S. 14 und Zuber / Kress / Wagner (Virtuelle Produktion, 2000), S. 249 und S. 254.

[399] Vgl. dazu die Vorstellungen von BMW, beschrieben in: o.V. (Per Allrad aus der virtuellen Welt, 2000), S. 14 - 16 und die Inhalte und Ziele des Projekts „VIRTASS" (*Virt*ual *Ass*embly), vorgestellt in: Räss / Wetzel / Schweiker (Optimierung der Montageplanung, 1998).

[400] Vgl. für die folgenden Ausführungen (a) die Inhalte und Ziele der jeweils bis zum Jahr 2005 angelegten „Digital Manufacturing"-Projekte bei BMW (Knoblach et al. (Virtuelle Produkte und virtuelle Produktion, 2000), S. 2-1 - 2-21) und

Systemen noch keine vollständige Durchgängigkeit der Daten von der Entwicklung zur Produktion realisiert. D.h., dass ähnlich den Defiziten bei der CAD-CAM-Kopplung noch ein erheblicher manueller Aufwand existiert, die Fahrzeugdaten derart aufzubereiten, dass aus ihnen hochgenaue, für die Ableitung optimaler Produktionsprozesse und -anlagen unmittelbar verwendbare Daten werden. Die zweite Leistungslücke betrifft den Aspekt der Optimierung von Prozessen und Anlagen. Entgegen mancher Wunschvorstellungen kann diese in nur sehr geringem Umfang (teil-)automatisiert durchgeführt werden. In Ermangelung an in mathematischen Algorithmen und Regeln abgebildetem Produktionswissen erfolgt die Gestaltung von Prozessen und die Auslegung von Maschinen z.Zt. zwar rechnerunterstützt, jedoch werden diese Tätigkeiten in konventionellen iterativen Problemlösungszyklen durchgeführt, maßgeblich getrieben durch das Wissen der Mitarbeiter.

4.3.3.6.4 Augmented Reality

Eine neben dem DMU und dem DMF dritte neuartige Virtual Reality-Anwendung ist die Augmented Reality (AR), auch „Erweiterte Realität" genannt. Darunter versteht man die Verknüpfung realer mit virtuellen Bildern, wobei den sich im Sichtfeld eines Betrachters befindlichen realen Bildern virtuelle Informationen visuell überlagert werden.[401] Meistens erfolgt dies durch Nutzung einer Spezialbrille. Der Einsatz dieser Systeme ist z.B. beim Vergleich der Ergebnisse zwischen realen und virtuellen Crashtests vorstellbar. Bei der Analyse der verformten Teile am real ge-crashten Fahrzeug sieht der Betrachter gleichzeitig die Konturen des virtuellen Tests und kann Abweichungen identifizieren.[402]

Da es sich bei AR noch um ein sehr neues, im Aufbau befindliches Anwendungsgebiet der Virtual Reality handelt, welches darüber hinaus seine Einsatzschwerpunkt in der Produktion und Wartung hat (z.B. virtuelle Handbücher bei der Reparatur und Wartung), soll an dieser Stelle keine Gegenüberstellung zwischen idealtypischen und aktuell verfügbaren Funktionalitäten erfolgen. Dazu wären mehr Informationen zu Prototypanwendungen notwendig, über deren Zielrichtungen z.Zt. jedoch erst nachgedacht wird.[403]

DaimlerChrysler (Schiller / Seuffert (Digitale Fabrik bei DaimlerChrysler, 2002)); (b) Die Details zu der vom Technologie Computer Center der DaimlerChrysler AG zusammen mit IBM und Dassault Systèmes weiterentwickelten Version der CATIA-Software, beschrieben in: Priestap (CAx-Systeme, 2000), S. 70 - 74; (c) Die Beschreibungen zum geplanten Einsatz der DMF-Technologie bei Audi, zu finden bei: Brüning (DMU im Produktentwicklungsprozess bei Audi, 1998), S. 445 und Weißberger (Die Virtuelle Fabrik, 2001).

[401] Vgl. Encarnação et al. (Virtuelle Realität, 2001), S. 14f. und Reinhart / Patron (Integration von Virtual und Augmented Reality, 2002), S. 205f.

[402] Vgl. dazu auch die prototypische Anwendung bei Volkswagen, beschrieben in: o.V. (Augmented Reality - Das dritte Auge, 2000), S. 44.

[403] Um die Anwendungsbreite dieser Technologie auf den gesamten Lebenszyklus eines Produkts zu erweitern, haben sich 1999 mehr als 20 Unternehmen aus den Bereichen Automobil-, Flugzeug-, Werkzeug- und Maschinenbau im Projekt „ARVIKA" zusammengeschlossen. Innerhalb von vier Jahren sollen neue Lösungen erarbeitet werden. Verweis in: Encarnação et al. (Virtuelle Realität, 2001), S. 15.

4.3.3.7 Engineering Data Management-Systeme

Mit den bisher beschriebenen technologischen Bestandteilen der DvA ist es „lediglich" möglich, digitale Daten für Fahrzeug- und Betriebsmittelkomponenten zu erzeugen, zu modellieren und zu visualisieren. Nicht möglich, jedoch erforderlich u.a. aufgrund der zunehmenden Anzahl von Variantenkonstruktionen, des verstärkten Einsatzes plattformbasierter modularer Fahrzeugarchitekturen, der Internationalisierung der Entwicklung und - als Resultierende dieser Entwicklungen - der zunehmend komplexeren Fahrzeugprojekte mit ihren stark vernetzten Abhängigkeiten und Abläufen, ist die durchgängige Steuerung und konsistente Abbildung der Entwicklungsergebnisse ganzer Prozessketten.

Dafür sind Systeme notwendig, die (1) eine systemübergreifende Interaktion aller Anwendungen mit den digitalen Fahrzeugmodelldaten gewährleisten und (2) eine ablauforganisatorische Unterstützung des Gesamtprozesses sicherstellen. M.a.W. müssen die Systeme eine vollständige datentechnische Vernetzung zwischen allen an der Leistungserstellung beteiligten Mitarbeitern auf Basis der Fahrzeug- und Betriebsmittel-DMUs sicherstellen. Die in diesem Zusammenhang relevanten intra- und interorganisationalen „Vernetzungsebenen" zeigt Abb. 51.

Die technologische Umsetzung der Vernetzungsanforderungen übernehmen in der Fahrzeugentwicklung prozesssteuernde Systeme, die als „Engineering Data Management"- (EDM), „Product Data Management"- (PDM) oder auch „Engineering Database"-Systeme[404] bekannt sind und durch ihren Integrationscharakter einen bedeutenden Grundpfeiler im virtuellen Entwicklungsansatz bilden.[405] Die Komponenten eines **idealtypischen EDM-Systems** stellt Abb. 52 dar. Kernbestandteile der Referenzarchitektur sind dabei die Engineering-Daten[406] und die Wissensbasis, auf welche die anwendungsbezogenen und -übergreifenden Funktionen zugreifen.

---

[404] Die Bezeichnung „Database" weist auf die eingesetzte Datenverarbeitungstechnik hin. Diese Teilkomponente wird durch ein Datenbank-Management-System (DBMS) abgedeckt.

[405] Zur Bedeutung der EDM-Systeme vgl. beispielhaft die folgenden Zitate: „Und so wie bisher CAx-Systeme die wichtigsten Technologien repräsentierten, werden Integrationswerkzeuge wie EDM/PDM-Systeme künftig die bestimmenden Erfolgsfaktoren für eine erfolgreiche Produktentwicklung sein." Vajna (Einführungsstrategien von EDM/PDM-Systemen, 1999), S. 41. „Für den Erfolg der Entwicklungsstraffung ist .. die Integration der Simulationstechnologie in ein EDM-System ausschlaggebend, da der Aufbau von Simulationsinseln keine durchgängige Prozessoptimierung zulässt." Ohlsen / Kleinhaus (EDM: Simulationsinseln vermeiden, 2000), S. 78.

[406] Die Engineering-Daten bestehen aus zwei Bestandteilen: Während *Modelldaten* produktdefinierende Daten beinhalten, werden diese durch *Metadaten* beschrieben. Vgl. Krause / Spur (Das virtuelle Produkt, 1997), S. 253.

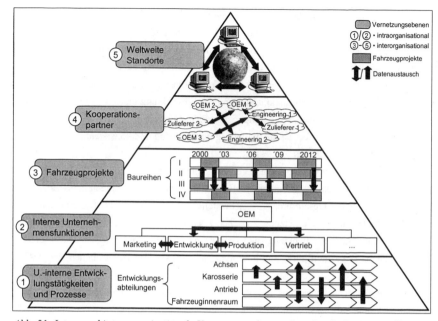

Abb. 51: *Intra- und interorganisationale Vernetzungsebenen einer durchgängig virtuellen Automobilentwicklung.*[407]

Die Gesamtaufgabe der in der Abbildung aufgeführten *anwendungsbezogenen Funktionen* besteht darin, alle die in verschiedenen Applikationen erzeugten Daten und Dokumente zum Fahrzeug und seiner Bauteile sowie zu den Betriebsmitteln in Form der DMUs zusammenzuführen und zu verwalten. Dazu zählt auch, dass weltweit jederzeit ein Zugriff auf die Daten aus unterschiedlichen Sichten, wie Funktion, Bauraum, Zusammenbau oder Stückliste, möglich ist und dass das System Bauteile derart assoziativ miteinander verknüpft, dass z.B. bei Verlängerung des hinteren Kotflügels die Kofferraumklappe ebenfalls automatisch verlängert wird.

In Ergänzung zu den anwendungsbezogenen gewährleisten die aufgeführten *anwendungsübergreifenden Funktionen* die organisatorische Abwicklung des Daten- und Dokumentenmanagements über die Gesamtprozesskette der Automobilentwicklung. Die Steuerung der Prozesse erfolgt durch ein digitales Prozessmodell, auf welches die einzelnen Funktionen zugreifen und welches von diesen auch geändert werden kann. Kernbestandteile des digitalen Prozessmodells sind (1) Prozessketten, die den verlaufsorientierten Informationsfluss mit den durchzuführenden Aktivitäten und den beteiligten organisatorischen Funktionen abbilden, (2) die Ressourcenzuordnungen sowie ggf. (3) weitere organisatorische Randbedingungen, wie

---

[407] Zu den kritischen, empirisch ermittelten Erfolgsfaktoren für das Management räumlich verteilter Entwicklungsprozesse in der Automobilindustrie vgl. Hauser et al. (Erfolgsfaktoren, 1998).

z.b. die Definition eindeutiger Datenzuständigkeiten, Hierarchieebenen, Freigabeabläufe sowie Schreib- und Leseberechtigungen der CAx-Daten mit geregelten Bring- und Holpflichten.[408] Die Prozesskette reicht dabei über die Produktions- bis zur Nutzungsphase der Fahrzeuge, so dass die dort auftretenden Fehler am Fahrzeug über geschlossene Informations-Rückkopplungsschleifen wieder in die Entwicklung zurückgespielt werden können (Produktlebensphasenansatz).[409] Die Datenübertragung zwischen verteilten Entwicklungsstandorten erfolgt über sog. „Virtual Private Networks" (VPN).[410]

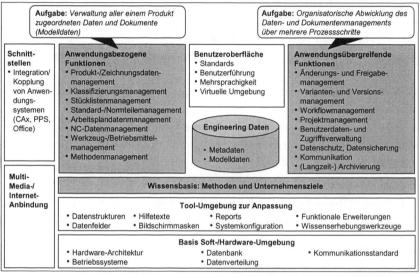

Abb. 52: Referenzarchitektur von EDM-Systemen.
(Quelle: Eigene Darstellung in Anlehnung an: Ploenzke (Hrsg.) (Engineering Data Management Systeme, 1994) und Vajna (Einführungsstrategien von EDM/PDM-Systemen, 1999), S. 33).[411]

---

[408] Vgl. Braess / Seiffert (Hrsg.) (Kraftfahrzeugtechnik, 2000), S. 93f.

[409] Vgl. Göttsch (Product Lifecycle Management in der Autoindustrie, 2002). Die größte Hürde bei der Umsetzung des Produktlebensphasenansatzes liegt in der Beseitigung der derzeit existierenden Partikularinteressen von Herstellern und Händlern. So werden die Händler wahrscheinlich nur bei Anwendung entsprechender Inzentivierungssysteme die benötigten Fehler-Informationen an die Hersteller weiterleiten, da sie sich ansonsten die „Einnahmequelle Reparaturen" selber verschließen würden.

[410] Unter einem „Virtual Private Network" versteht man ein Netzwerk, das eine sichere Verbindung für den Datenaustausch über öffentliche Netze ermöglicht. Aufgrund der Verschlüsselung der Daten ist in einem VPN für Außenstehende nur sichtbar, *dass* eine Kommunikation stattfindet, welche Daten ausgetauscht werden, ist jedoch nicht erkennbar. Prognosen zu den Merkmalen der zukünftigen Datenübertragung in der europäischen Automobilindustrie sind zu finden bei: Wenz (Datenaustausch in der Automobilindustrie, 2001), S. 40 - 42. In Kurzform werden hier die Untersuchungsergebnisse der Marktstudie „E-Business in der europäischen Automobilindustrie" vorgestellt, an der sich über 220 Unternehmen der Automobilindustrie beteiligt haben.

[411] Vgl. zusätzlich: Abramovici / Gerhard / Langenberg (Distributed product development processes, 1998), S. 3 - 7, Doblies (Globales Produktdatenmanagement, 1998), S. 50 - 56, Dyla / Höhn / Steingröver (Integrierte Entwicklung von Getrieben, 2000), S. 126f., Machner / Lotter (Netzwerk von Automobilherstellern und Zulieferer, 1998), S. 215 - 223, Krause / Spur (Das virtuelle Produkt, 1997), S. 249 - 274 und Vajna (Einführungsstrategien von EDM/PDM-Systemen, 1999), S. 31 - 35.

Aufgrund ihrer besonders hohen leistungssteigernden Mehrwerte für die automobile Produktentwicklung sollen zwei grundlegende Charakteristika der anwendungsorientierten Funktionen noch hervorgehoben werden. Dabei handelt es sich um die Kopplung der Funktionen mit Telekooperationssystemen zur Durchführung einer verteilten Entwicklung und mit wissensbasierten Systemen zur (teil-)auto-matisierten Steuerung der Entwicklungsprozesse.

Telekooperationssysteme unterstützen Geschäftsprozesse über Unternehmensgrenzen hinweg hinsichtlich der Kooperation, Kommunikation und Koordination und stellen insofern eine technologische Antwort auf die weltweite Fragmentierung der Absatzmärkte und der dadurch bedingten globalen Verteilung von Entwicklungsstandorten dar (vgl. Kap. 4.2.2.3).[412] Das Neuartige an den Telekooperationstechnologien besteht nun weniger in den einzelnen Basisfunktionalitäten - diese sind größtenteils schon seit einigen Jahren verfügbar[413] - sondern vielmehr

- in deren vollständiger bzw. „Plug-In"-Integration in die EDM-Systeme über neutrale Schnittstellen,
- in der Möglichkeit, alle Funktionalitäten auch auf der Arbeitsplatzebene zu nutzen sowie
- in der Nutzung modernster Internet-Technologien als Plattform für einen globalen Zugriff auf die Datenbasis („Web-based collaborative design").[414]

Dadurch realisierbare Funktionsumfänge sind z.B.:

- Permanenter browsergestützter Zugriff auf alle freigegebenen Informationsressourcen (Produkt, Prozess und Ressourcen) aus dem Internet, Intranet oder einem Virtual Private

---

[412] Zu den allgemeinen Möglichkeiten des TeleEngineering - verstanden als die Bereitstellung der Basiseinheiten für den Produktentwicklungsprozess über Engineering-Netze, von verteilten konstruktionsspezifischen Informationen, Werkzeugen zur Synthese und Analyse und Kooperationen - vgl. Meerkamm / Storath (Produktentwicklung mit TeleEngineering, 1996).

[413] Für Forschungsprojekte im Bereich der Telekooperationssysteme vgl. Anderl et al. (Verteilte Produktentwicklung, 1998), S. 4f. und die dort angegebenen Verweise, Hamburg / Iordache (Unterstützung kooperativer Konstruktionsaufgaben, 1998), S. 16, und Koppenhöfer et al. (Telekooperationsysteme in der Produktentwicklung, 1998), S. 122.

[414] Vgl. dazu auch die Funktionalitäten der automobilindustriespezifischen Online-Handelsplattform „Covisint", beschrieben in: o.V. (Covisint, 2001) sowie die Beschreibungen zu jüngst vorgestellten kommerziellen Anwendungen bei: Bruckner (Optimierung Fahrzeugentwicklung mit dem Internet, 2002), Gittinger (C-Commerce, 2000), S. 30 (Vorstellung des Softwareprogramms „DesignKNet" (Design Knowledge Network) von Unigraphics, einer skalierbaren Kooperationsumgebung), IBM (CATWeb Navigator, Publish and Space, 2001), IBM (Product Development Management II Solutions, 2001), IBM (ENOVIA Portal, 2001), PLM Solutions (i-Man Produktdaten-Management, 2002) und PTC (Collaboration Center, 2002). Ein idealtypisches Konferenzsystem, dass im Rahmen eines Forschungsprojekts erstellt worden ist (CoSMoS - Concurrent Systematic Product Modeling System), wird vorgestellt in: Beitz / Hoffmann (Verteilte Produktentwicklung, 1998). Krause et al. (Durchgängig digitale Prozesse, 2001), o.S. und Tönshoff / Uhlig (Entwicklungskooperationen, 2000) beschreiben jeweils einen Softwareprototypen zur informationstechnischen Unterstützung von Entwicklungskooperationen.
Eine Nutzenbewertung von Telekooperationssystemen für den Fahrzeugentwicklungsprozess ist zu finden bei: Wiedenmaier et al. (Nutzenbewertung von Telekooperation, 1999).
Zum Themenfeld der Internet-basierten Produktentwicklung vgl. z.B. Abramovici / Gerhard / Langenberg (Verteilte Entwicklungsprozesse, 1998), S. 82 - 86 (Beschreibung des Forschungsansatzes „Webflex-PDM"), Bayer / Gessner / Kehler (Global verteilte Arbeitsumgebung im Designprozess, 1998) (Vorstellung eines Szenarios zu einem verteilten Designprozess bei BMW), Gerhard (PDM-Technologie, 2000), S. 77 - 102 (Vorstellung einer Web-basierten föderierten PDM-Umgebung), Merlis / Sylvester / Newton (Breakthroughs in E-Engineering, 2000), S. 26f., Rückert / Kemmner / Jürgens (Entwickeln im World Wide Office, 2001), S. 56 - 58 (Beschreibung des Aufbaus und der Vorteile des webbasierten Kommunikationssystems „Kopl@", welches Volkswagen zusammen mit sechs kooperierenden mittelständischen Zulieferen seit Juli 1999 einsetzt) und Wasserstein Perella Securities (Internet-basierte Produktentwicklung, 2000).

150

Network über ein Portal, unabhängig vom eigenen Standort und der jeweiligen Form der benötigen Informationen und Daten;
- Simultane Überarbeitungen von Produktdesigns in Echtzeit-Konferenzen am Arbeitsplatz;
- Kollaborative DMU-Kollisionsprüfungen auch im Fernzugriff.[415]

Durch Integration einer *Wissensbasis* erfolgt eine aktive Steuerung der Entwicklungsabläufe. Damit ist gemeint, dass das im Unternehmen vorhandene Prozesswissen aufgabenspezifisch vom System hinsichtlich der Verwendbarkeit überprüft und nach Filterung den Mitarbeitern regelbasiert und proaktiv zur Verfügung gestellt wird. Dadurch werden die Mitarbeiter quasi durch den Entwicklungsprozess geleitet. Drei Beispiele verdeutlichen das Funktionalitätsspektrum:

- Mitarbeiter erhalten bei allen sie betreffenden Aktualisierungen an Bauteilen eine Nachricht über Zeitpunkt und Art der Änderung sowie dem Verantwortlichen. Ändert z.b. ein Mitarbeiter aus der Design-Abteilung geometrische Merkmale der Frontpartie eines Fahrzeugs, wird automatisch überprüft, welche Folgewirkungen die Konstruktionsentscheidung auf damit verbundene Geometrien und Systeme hat. Sollten dabei vorgegebene Sollwerte unter- oder überschritten werden, erfolgt der Versand einer entsprechende Mitteilungen an die verantwortlichen Entwickler.[416] Dies garantiert, dass z.b. kein Ingenieur aus der Antriebsstrangentwicklung ein Bauteil konstruiert oder anordnet, das aufgrund einer inzwischen in der Design-Abteilung optimierten Form der Motorhaube nicht mehr hineinpassen würde. Erst wenn der zuständige Konstrukteur auf die Systemmeldung reagiert, gibt ein integrierter „Prüfer" das betroffene Modul wieder frei. Gleichzeitig wird über einen Browser dem Mitarbeiter angezeigt, welche Kollisionen in diesem Moment von welchen Kollegen bearbeitet werden.
- In ähnlicher Art und Weise werden Mitarbeiter über den aktuellen Status von Bauteilen informiert. Ist der Beginn einer Tätigkeiten z.B. vom Abschluss eines vorausliegenden Prozessschritts abhängig, erhalten die Personen in definierten Abständen automatisch Meldungen darüber, welchen Status die Ergebnisse im vorausliegenden Prozessschritt aktuell innehaben und wann voraussichtlich mit den eigenen Arbeiten begonnen werden kann. Vor dem Hintergrund, dass Teilmengen nachfolgender Arbeiten auch auf Basis vorläufiger Informationen aus vorangehenden Prozessschritten gestartet werden können, kommt der Definition prozessflussoptimierender Stati (z.B. „Geometrische Grobfestlegungen abgeschlossen; Daten zu Berechnungen freigegeben") in diesem Kontext ein besondere Bedeutung zu. Gleichzeitig mahnt das System fehlende Teile oder unzureichende Stati an.

---

[415] Vgl. dazu die in der Fußnote 414 angegebenen Literaturquellen. Ein Verfahren zur Wirtschaftlichkeitsberechnung von Telekooperationen in der Automobilhersteller-Zulieferer-Beziehung wird vorgestellt von: Depolt / Uehlenbruck (Wirtschaftlichkeitsrechnung von Telekooperation, 1998).

[416] Vgl. Rückert / Kemmner / Jürgens (Entwickeln im World Wide Office, 2001), S. 57f. und Zechmann (CAx-Techniken: Salto Mentale, 2000), S. 67.

- Bei deterministischen Aufgaben werden die Mitarbeiter dadurch unterstützt, dass die weiteren Arbeitsschritte vorgegeben und auch Vorschläge für zu treffende Entscheidungen vom System unterbreitet werden.[417]

Zusammengenommen verkörpert ein idealtypischer Leistungsumfang der EDM-Systeme damit eine solide informationstechnische Grundlage für kooperative Prozesse einer simultanen Fahrzeugentwicklung.[418]

Das **aktuelle Leistungsprofil** der EDM-Systeme entlang der erläuterten Kernbestandteile zeigt Abb. 53: Während die anwendungsbezogenen Funktionen den idealtypischen Leistungsumfang größtenteils erreicht haben, besteht Handlungsbedarf bei den anwendungsübergreifenden Funktionen und hier insb. bei den Basisfunktionalitäten für interne und unternehmens- bzw. systemübergreifende Prozessabläufe und der wissensbasierten Steuerung von Entwicklungsabläufen.

---

[417] Vgl. dazu die Funktionalität der Assistenzsysteme (sog. „Process Wizards") bei der Software „Unigraphics": Unigraphics Solution GmbH (CAD/CAM/CAE, 2001), S. 5f.

[418] Für weitergehende Informationen zu dem sehr komplexen Themenfeld der EDM-Systeme wird auf entsprechende Literatur verwiesen: Zum Ablauf der Einführung von EDM-Systemen vgl. Abramovici (EDM/PDM-Einführungsstrategien, 1999), S. 209 - 226, Baake et al. (Virtual product development, 1998), Karcher / Fischer / Viertlböck (EDM/PDM-Systeme, 1999), S. 451 - 470, Schneider (Produktdatenmanagement, 2000), S. 3-1 - 3-20 und Vajna (Einführungsstrategien von EDM/PDM-Systemen, 1999), S. 35 - 38. Zur Wirtschaftlichkeitsbetrachtung des Systemeinsatzes vgl. Eversheim et al. (IuK in der Automobilentwicklung, 1996), S. 191f. und Vajna (Einführungsstrategien von EDM/PDM-Systemen, 1999), S. 38 - 40. Ein Konzept zur Gewährleistung der Datensicherheit wird vorgestellt bei: Doblies (Globales Produktdatenmanagement, 1998), S. 69 - 87. Für eine Beschreibung und Bewertung unterschiedlicher Ansätze zur Integration von EDM-Systemen über Organisationsgrenzen hinweg vgl. Doblies / Muschiol (Integration von EDM/PDM-Systemen, 2000), S. 55 - 65. Erläuterungen zu den Möglichkeiten der IuK, kooperative und simultane Vorgehensweisen zu unterstützen, sind zu finden bei: Krause / Spur (Das virtuelle Produkt, 1997), S. 582 - 589.

Idealtypisches Leistungsniveau ist ... ● vollständig erreicht ◕ größtenteils erreicht ◑ teilweise erreicht ◔ nur fragmentarisch erreicht ○ noch vollständig unerreicht		
Kerncharakteristika idealtypischer EDM-Systeme (Auswahl)	Aktuelles Leistungsniveau der EDM-Systeme	Notwendige Maßnahmen zur Schließung der Lücke zum idealtypischen Leistungsniveau
1. Anwendungsbezogene Funktionen: Verwaltung aller einem Produkt zugeordneten Daten und Dokumente	◕	• Entwicklung und Einsatz neutraler Schnittstellen sowie einheitlicher Datenbeschreibungen, um auch Daten zwischen Systemen von unterschiedlichen Herstellern ohne Informationsverluste austauschen zu können
2. Anwendungsübergreifende Funktionen: Organisatorische Abwicklung des Daten- und Dokumentenmanagements über mehrere Prozessschritte		• Ausweitung der mit den Basisfunktionalitäten verbundenen Managementaufgaben (Änderungs- und Freigabemanagement, Variantenmanagement etc.) auf
• Basisfunktionalitäten für interne Prozessabläufe	◔	– den gesamten Produktlebenszyklus
• Basisfunktionalitäten für unternehmensübergreifende Prozessabläufe	◔	– unternehmens- bzw. systemübergreifende Entwicklungsprozesse; Durchgängiger Einsatz der Technologien bei allen an Kooperationen beteiligten Unternehmen
• Kopplung leistungsfähiger Telekooperationstechnologien	◑	• Erhöhung der Übertragungsbandbreite bzw. Reduzierung des notwendigen Speichervolumens für die Datenmodelle, um auch komplexe Bauteile simultan in Echtzeit-Konferenzen bearbeiten zu können • Vereinheitlichung der verwendeten Datenstrukturen/ Schnittstellen um auch Daten, die in unterschiedlichen CAx-Systemen generiert worden sind, gemeinsam bearbeiten zu können
• Wissensbasierte Steuerung von Entwicklungsabläufen	◔	• Abbildung des gesamten Prozesswissens inkl. Meilensteininhalten, Datenverknüpfungen, Verantwortlichkeiten etc. in Wissensbasierten Systemen

Abb. 53: Bewertung des aktuellen Leistungsniveaus von EDM-Systemen in der Fahrzeugentwicklung (Auswahl).[419]

---

[419] Der Bewertung des aktuellen Leistungsniveaus liegen insb. folgende Literaturquellen zu Grunde: DaimlerChrysler AG (Hrsg.) (HighTech Report 2001, 2001), S. 82f. und o.V. (FastCar, 2001), S. 18: Aktuelle und zukünftige Funktionalitäten der Echtzeit-Kooperationsplattform „FastCar" von DaimlerChrysler; o.V. (Digital Mock-Up, 2000), S. 62 - 64, o.V. (Kollisionen ausgetrickst, 2001), S. 54 und Weißberger (Virtuelles Frontloading, 2001), S. 14: Aktuelle und geplante Funktionalitäten der bei Audi eingesetzten EDM-Systems; o.V. (Neue Wege bei MCC, 2000), S. 68: Funktionalitäten des bei MCC Smart eingesetzten EDM-Systems; o.V. (Vernetzung, 2001), S. 28 - 30: Funktionalitäten des bei dem Zulieferunternehmen Edag Engineering+Design eingesetzten EDM-Systems; o.V. (Ford-Entwicklung, 2000), S. 56: Beschreibung des Telekooperationssystemeinsatzes zur Verbindung von sieben Entwicklungsstandorten bei Ford; Binkowski et al. (Telekooperation, 1998): Beschreibung der Erfahrungen, die BMW mit dem Einsatz der Telekooperation bisher gesammelt hat; Tang (Role of information technology, 1998), S. 317f.: Funktionalität der web-basierten Intranet-Plattform in der Entwicklung von Volkswagen. Des Weiteren stützt sich die Bewertung auf: Bullinger / Bröcker / Wagner (Verteilte Produktentwicklung, 1999), S. 5, Encarnação et al. (Virtual Engineering, 1999), S. 154f., Niesing (Mehr Rechner für weniger Zeitaufwand, 2000), S. 126, Trippner (PDM strategy at BMW, 2000), S. 139 - 142 und Wenz (Datenaustausch in der Automobilindustrie, 2001), S. 40 - 42: Aktuell und zukünftig eingesetzte Datenaustauschformate sowie aktuelle Datenaustauschprobleme zwischen OEMs und Zulieferern (In einer Untersuchung wurde ermittelt, dass allein die deutschen Automobilhersteller und ihre 900 Zulieferer etwa 110 unterschiedliche CAD-Systeme einsetzen, deren Daten durch EDM-Systeme nur sehr eingeschränkt verwaltet werden können); Koppenhöfer et al. (Telekooperationssysteme in der Produktentwicklung, 1998), S. 130: Defizite kommerziell erhältlicher Telekooperationssysteme für die Entwicklung; Christ (B2B-Anwendungen in der Entwicklung, 2000), S. 3 und http://distance.ipk.fhg.de/distance/index.html: Funktionalitäten des vom Fraunhofer-Instituts IPK mit Unterstützung des BMBF gezielt für die Automobilentwicklung entwickelten Kooperationssystems „DIS-TANCE"; Goroncy (Engineering/Prototyping, 2001), S. 64 - 67 (Bezug zu DaimlerChrysler), Thompson (Simulation in new vehicle development, 1998), S. 384 (Bezug zum sog. „Digital Car Report" von Chrysler) und Büttner (BMW-Entwicklung, 1999), S. 24 - 26 (Bezug zu BMW): Elemente der wissensbasierten Steuerung von Entwicklungsprozessen.
Darüber hinaus werden Einzelaspekte zum Umsetzungsstand von EDM-Systemen thematisiert bei: Goroncy (Hoffnungsträger Mondeo, 2000), S. 17 - 20, Kaufmann / Maashoff (Virtual product engineering, 2000), S. 156, Merlis / Sylvester / Newton (Breakthroughs in E-Engineering, 2000), S. 26, o.V. (CAx-Pipeline: Durchgängige Datenwelten, 2000), S. 75 - 77, o.V. (Ford-Entwicklung, 2000), S. 56, o.V. (Wie Pioniere neue Positionen sichern, 2001), S. 8 und o.V. (Im Netz der Informationen, 2000), S. 50 - 54.

Auf den Handlungsbedarf im Rahmen unternehmens- bzw. systemübergreifender Prozessabläufe wird im Folgenden detaillierter eingegangen. In der Automobilindustrie erfolgt die Wahrnehmung von Entwicklungsaufgaben zunehmend durch die Entwicklungspartner der OEMs: Belief sich der Anteil der eigenen Wertschöpfung in der Entwicklung im Jahr 1989 noch auf 60%, so übernehmen die Hersteller heute durchschnittlich lediglich noch 30% der Entwicklungsleistung mit weiter abnehmender Tendenz.[420] Lassen sich heute durch Einsatz moderner Sicherheitsmechanismen die Risiken beim Datenaustausch zwar nicht ausschalten, so jedoch weitgehend minimieren,[421] existiert mit der mangelhaften unternehmensübergreifenden Informationsvernetzung und Datendurchgängigkeit ein vorgelagertes und noch ungelöstes, zugleich jedoch hochrelevantes Problemfeld: Der Einsatz heterogener Software-Systeme bei den Unternehmen, der durch unterschiedliche Konzeptionen der Produktmodelle, variierende Darstellungsgenauigkeiten und verschiedene Formate für Zahlen und Zeichen zum Ausdruck kommt, sowie der gleichzeitige Mangel an systemneutralen Schnittstellenprozessoren für die Produktdatenkommunikation erschwert erheblich die Integration der Zulieferer (bis zu 450 sind heute an der Entwicklung eines Fahrzeugs beteiligt) und Handelspartner in die Geschäftsprozesse der Hersteller und damit auch die Möglichkeiten, die Partner kurzfristig zu wechseln.[422] Viele Produktinformationen können noch nicht oder nur unvollständig übergeben werden, so dass erheblicher manueller Aufwand notwendig ist, Daten aus einem bestimmten Software-System derart zu transformieren, dass diese auch in anderen Systemen vollständig erkannt und ohne Informationsverluste weiterverarbeitet werden können.[423]

Bei einem zunehmenden Fremdentwicklungsanteil resultiert daraus die Gefahr erheblicher Mehraufwendungen und Zeitverluste, da ehemals informatorisch durchgängige interne Prozesse durch ein Geflecht unternehmensübergreifender externer Prozesse substituiert werden, bei denen die Datendurchgängigkeit i.d.R. nicht mehr gewährleistet ist. Dies trifft schwerpunktmäßig auf Wertschöpfungsprozesse zu, an denen kleinere 2- oder 3-Tier-Zulieferer bzw.

---

[420] Vgl. dazu. ausführlich Kap. 5 sowie die Angaben des VDA in: o.V. (Entwicklungskapazitäten in der Automobilindustrie, 2000), S. 6, die Angaben von DaimlerChrysler in: o.V. (Neue Strategien der Automobilhersteller, 2001), S. 30 sowie die Prognosen in: Roland Berger & Partner (Hrsg.) (Future of automotive supplier industry, 2000), S. 27 und Wildemann (Unternehmungsnetzwerke in der Zulieferindustrie, 1998), S. 74.

[421] Zur Erreichung einer hohen Datensicherheit ist auf folgende Aspekte zu achten: 1) *Zugriffskontrolle*: Der Zugriff auf vertrauliche Daten wird nur autorisierten Benutzern gewährt. Dies kann z.B. durch die Zuordnung von Benutzern zu Benutzergruppen und Rollen und die Freigabe von Dateien an Benutzergruppen und Rollen umgesetzt werden. 2) *Vertraulichkeit*: Die Daten sind während der Übertragung uneinsehbar. 3) *Integrität*: Die übertragenen Daten können während der Übertragung nicht verändert werden bzw. eine Änderung wird erkannt und aufgezeichnet. Vertraulichkeit und Integrität können z.B. durch eine verschlüsselte Übertragung realisiert werden. 4) *Authentizität*: Der Ursprung der übermittelten Daten ist eindeutig identifizierbar (z.B. durch digitale Signaturen). 5) *Nicht-Leugnung*: Die Leugnung des Absendeoder Empfangsvorgangs der Daten ist ausgeschlossen. Dazu bedarf es z.B. einer zuverlässigen Protokollierung aller Vorgänge und der daraus resultierenden Systemereignisse. Vgl. dazu ausführlich z.B. Doblies (Globales Produktdatenmanagement, 1998), S. 69 - 91.

[422] Die diesbezüglichen Probleme von BMW werden angesprochen in: Maderner (E-Business Strategie, 2001), S. 28 - 30. Aus Sicht der Zulieferer ist für die Anbindung an die EDM-Systeme der OEMs jeweils ein EDM-Client notwendig, der mit Lizenzkosten, Installations- und Wartungsaufwand verbunden ist. Für den Fall, dass die Hersteller unterschiedliche EDM-Systeme einsetzen, müssen Zulieferer, die mit mehreren Herstellern zusammenarbeiten folgerichtig unterschiedliche EDM-Clients installieren.

[423] Zu den Grundlagen und aktuellen Tendenzen für den Produktdatenaustausch vgl. Anderl / Gräb / Kleiner (Integration parametrischer Produktdaten, 2001).

Engineering-Dienstleister beteiligt sind, die nicht über die finanziellen und personellen Ressourcen verfügen, durch paralleles Betreiben mehrere Software-Systeme jeweils proprietäre Originärdaten bearbeiten und austauschen zu können.

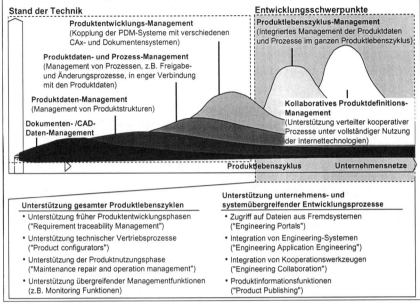

Abb. 54: Funktionsschwerpunkte der neuen PDM-Systemgeneration
(Quelle: Eigene Darstellung in Anlehnung an Abramovici / Sieg (Entwicklungsperspektiven von PDM-Systemen, 2001), S. 72f.).

In Kenntnis der hohen Relevanz einer Ausweitung der Basisfunktionalitäten von EDM-Systemen auf unternehmens- bzw. systemübergreifende Entwicklungsprozesse sowie auf den gesamten Produktlebenszyklus, stellen diese Bereiche auch die Schwerpunkte aktueller Weiterentwicklungen der Systeme dar (vgl. Abb. 54). Nichtsdestotrotz haben die OEMs zur Verbesserung der unbefriedigenden Situation bzgl. der informationstechnischen Verknüpfung der Wertschöpfungspartner in der Automobilindustrie bereits selber damit begonnen, individuelle als auch branchenweite Abhilfemaßnahmen umzusetzen, die im Folgenden erläutert werden.

Ford hat bspw. mit „sanftem Druck und Discount-Preisen" alle seine Zulieferer dazu bewegt, die gleiche Software zu verwenden, während DaimlerChrysler für den Datenaustausch ein umfangreiches Handbuch erstellt hat, in dem die zu verwendenden Standards, die Systemparameter und die Qualität und Struktur der Daten verbindlich festgelegt sind.[424] Die branchenweite „Abhilfemaßnahme" betrifft die auf der Internet-Technologie basierenden Bran-

---

[424] Zu Ford vgl. o.V. (C3P: Für Zulieferer zum Discount-Preis, 1998), S. 42. Zu DaimlerChrysler vgl. Balasubramanian (Entwickeln auf der Datenplattform, 1999), S. 30.

chennetzwerke ANX (Automotive Network Exchange) und ENX (European Network Exchange):[425]

Initiiert von den Verbänden der amerikanischen (ANX) und der europäischen (ENX) Automobilindustrie Mitte der 90er Jahre und seit 1999 produktiv im Einsatz soll mit den Netzwerken ein „globaler Datenhighway" geschaffen werden, auf dem die Kommunikation zwischen Automobilherstellern und den Zulieferern auf Basis der bereits vorgestellten Virtual Private Networks abläuft. Diese zeichnen sich durch hohe Bandbreiten, begrenzte Fehlerraten, hohe Verfügbarkeit sowie ausgeprägte Sicherheitsstandards aus und werden von zertifizierten Telekommunikationsunternehmen (sog. „Service Providern") zur Verfügung gestellt. Mittel- bis langfristig sollen die Branchennetzwerke auf weitere Ländern ausgedehnt werden[426] und alle derzeit parallel existierenden, proprietären Extranet-Lösungen einzelner Automobilhersteller ersetzen. Dadurch könnte das aktuell vorhandene komplexe Spektrum der Kommunikationsverbindungen bei allen Beteiligten erheblich reduziert und ein durchgängiger unternehmensübergreifender Datenfluss realisiert werden.

Dass trotz gleicher Grundidee und -funktionalität zwei unterschiedliche Branchennetzwerke aufgebaut worden sind, lag an den fehlenden Mitbestimmungsmöglichkeiten der europäischen Unternehmen und Verbände bei der Entwicklung und dem Management des ANX. Aktuell sind beide Netzwerke zwar generell kompatibel, jedoch ist noch ein erheblicher Abstimmungsaufwand für deren Zusammenschaltung notwendig, da jeweils unterschiedliche Datenformate genutzt werden.[427] An der Herstellung der Kompatibilität wird derzeit gearbeitet.

Insgesamt ist somit zu konstatieren, dass der mit dem EDM-Einsatz verbundene Integrationsgedanke zwar innerhalb einzelner geschlossener Bereiche realisiert ist, allerdings die vollständige unternehmensübergreifende Vernetzung aller beteiligten Bereiche noch eine Zukunftsvision darstellt. Gleiches gilt für die wissensbasierte Prozesssteuerung.

4.3.4 Gesamtbeurteilung des aktuell erreichten Umsetzungsstands des idealtypischen Modells einer durchgängig virtuellen Automobilentwicklung

Abb. 55 fasst zunächst die Bewertungen zum aktuellen Leistungsniveau der Technologien der DvA zusammen. Wie der Darstellung zu entnehmen ist, sind die potentiellen Erfolgsbeiträge einer DvA noch längst nicht vollständig ausgeschöpft: Sowohl im Leistungsniveau der einzelnen Technologien als auch im systemübergreifenden Zusammenschluss aller während des Entwicklungsprozesses eingesetzten Technologien (EDM-Systeme) existieren im Vergleich

---

[425] Vgl. - auch für die sich anschließenden Ausführungen -: o.V. (ENX: European Network Exchange, 2001), o.V. (E-Collaboration, 2002) und Wenz (Branchennetzwerk, 2001), S. 32 - 34. Das ENX ist unter Federführung des Verbands der Automobilindustrie (VDA) in enger Zusammenarbeit mit den Unternehmen Audi, BMW, DaimlerChrysler, Ford, Opel und Volkswagen sowie den Zulieferunternehmen Bosch, Behr Automotive, Dräxlmeier, Freudenberg und Hella entwickelt worden.

[426] Kurzfristig soll das derzeit in Frankreich entstehende Branchennetzwerk an das ENX gekoppelt werden. Mittelfristig ist außerdem die Einbindung Spaniens und Großbritanniens vorgesehen.

[427] Während in den USA „ANSI X.12" Standard ist, werden in Europa „Odette", „Edifact" oder „VDA" verwendet. Die unterschiedlichen Datenformate können nicht direkt, sondern nur durch einen Converter miteinander ausgetauscht werden.

zu den von Praktikern und Forschern als erstrebenswert und zugleich in einem Fünf- bis Siebenjahreszeitraum als technologisch umsetzbar eingeschätzten Funktionalitäten noch signifikante Leistungslücken.

Dass der heute erreichte Leistungsstand keineswegs so zu interpretieren ist, dass schon alle Potenziale ausgeschöpft sind, zeigen nicht zuletzt auch die folgenden, als Indikatoren zu wertenden Erkenntnisse:[428]

1. Beispielhafte Aussagen von Managern aus der Automobilindustrie

Nach Dr. Schöpf, Leiter der Entwicklung Mercedes-Benz und Smart, werden mindestens noch ca. vier bis fünf Jahre vergehen, bis das konzeptionelle Ideal einer DvA Realität wird.[429] Den gleichen Zeitraum nennt der Vorstandsvorsitzende des Zulieferunternehmens Rücker.[430] Nach Marchart, dem für F&E verantwortlichen Vorstandsmitglied bei Porsche, steht man „erst an der Schwelle zur virtuellen Entwicklung"[431] und nach Katzenbach, verantwortlich für den Technologieeinsatz bei DaimlerChrysler, werden die Möglichkeiten moderner Informationstechnologien noch bei weitem nicht umfänglich genutzt.[432]

2. Quantitative Potenzialabschätzungen

Auf Grundlage von Unternehmensanalysen bei General Motors, Ford und DaimlerChrysler prognostiziert die Investmentbank Wasserstein Perella Securities, dass bei Umsetzung einer DvA, die Unternehmen

- im Durchschnitt weltweit jeweils ca. 300 Millionen US-$ an Entwicklungskosten je Fahrzeugprojekt einsparen,
- die Neuinvestitionen bezogen auf einen Fünfjahreszeitplan zwischen 4,7 Mrd. US-$ (DaimlerChrysler) und 7,0 Mrd. US-$ (General Motors) reduzieren und innerhalb der nächsten fünf Jahre die Entwicklungszeiten je Fahrzeug auf durchschnittlich 18 Monate verringern können.[433]

---

[428] Wenn im Folgenden von der DvA gesprochen wird, so ist damit nicht automatisch der im Rahmen dieser Arbeit vorgestellte Lösungsansatz gemeint. Die Literaturquellen gehen nämlich jeweils von anderen Konzepten aus, wobei jedoch die Grundstruktur einen hohen Überdeckungsgrad aufweist. Deswegen werden die Aussagen auch als Indikatoren und nicht als unmittelbar übertragbare Erkenntnisse gewertet.

[429] Vgl. o.V. (Atmende Entwicklung, 2000), S. 17.

[430] Vgl. Göres (Digitaler Prozess, 2001), S. 48.

[431] Vgl. o.V. (Prototypisch Porsche, 2000), S. 39.

[432] Vgl. Katzenbach (Engineering Processes of the Future, 1999), S. 50.

[433] Vgl. Merlis / Sylvester / Newton (Breakthroughs in E-Engineering, 2000), S. 6. Die hier vorgestellten quantitativen Effekte sind in der Studie nicht deckungsgleich auf Basis der in Kap. 4.3 diskutierten technologischen Kernbestandteile einer durchgängig virtuellen Fahrzeugentwicklung abgeleitet worden. Da dennoch eine Vielzahl der Komponenten Eingang in die Bewertung gefunden hat, stellen die Zahlenwerte eine gute Näherung dar. Einen aktuellen Benchmark in Bezug auf die Entwicklungszeit hat Toyota mit 15 Monaten für den Kleinwagen „Ipsum" gesetzt. Vgl. Feige / Crooker (Erfolgsfaktoren im Produktentstehungsprozess, 1999), S. 43.

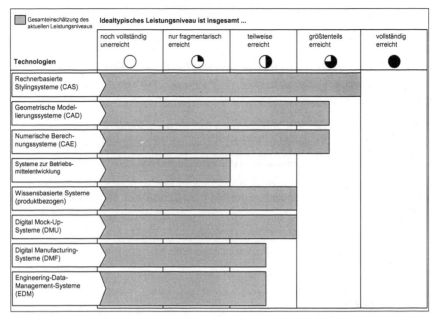

Abb. 55: Aktuell erreichter Umsetzungsstand des idealtypischen Modells einer DvA.[434]

3. Benchmark-Ergebnisse des Unternehmens IBM

Zwei wesentliche Ergebnisse einer fragebogenbasierten Untersuchung unter OEMs bestehen darin, dass (1) erhebliche Unterschiede bei den Automobilherstellern bzgl. des Umsetzungstands der DvA („Anwendung im Unternehmen") und der Potenzialausschöpfung („Erzielter Geschäftsnutzen") existieren und es (2) keinen OEM gibt, dessen Umsetzungstand bereits dem vom IBM definierten Ideal nahe kommt.[435]

Trotz der bestehenden Verbesserungspotentiale, konnten Automobilhersteller in der Vergangenheit jedoch auch bereits erhebliche Fortschritte in der Ausnutzung der mit dem Einsatz

---

[434] Die Gesamteinschätzung je Technologie stellt den Mittelwert aus allen Einzelbewertungen dar, die entlang der jeweils erarbeiteten Kerncharakteristika idealtypischer Systeme vergeben worden sind. Bei der Mittelwertbildung wurde von dem Einsatz von Gewichtungsfaktoren abgesehen.

[435] Die Benchmark-Untersuchung wird beschrieben in: Storath / Schellhammer (Neue Unternehmenskultur und -organisation, 2000), S. 42f. Der Benchmark basiert auf einem in zehn Schlüsselkategorien strukturierten Fragenkatalog mit entsprechenden Bewertungskriterien: (1) Das digitale Modell als Master, (2) Virtual Prototyping (VP) Anwendungen, (3) Digitale Fertigung (DMF), (4) Konfigurationsmanagement, (5) Wissensmanagement und -wiederverwendung, (6) Effektive IT-Infrastruktur und -systeme, (7) VP Integration in Geschäftsprozesse und Projektmanagement, (8) Organisation und Personalmanagement, (9) VP-Controlling, (10) VP-Nutzung in der Zusammenarbeit mit Partnerfirmen. Auch auf Nachfrage bei dem verantwortlichen Projektleiter bei IBM wurden Detailergebnisse leider nicht mitgeteilt.
In der Aussage ähnlich Feige / Neumann (Virtual reality, 2001), S. 28 und S. 32: „Dennoch, von einer Durchdringung der Produktentwicklung mit Virtual Reality-Systemen kann noch nicht die Rede sein.... Kaum ein Automobilhersteller hat im Bereich Produktentwicklung bereits eine umfassende Strategie erarbeitet oder gar umgesetzt."

der diversen Technologien der DvA verbundenen Mehrwerte erzielen. Dies verdeutlichen die sich anschließenden, aus aktuellen Pressemitteilungen entnommenen Beispiele:[436]

- BMW entwickelte die Fahrzeuge der aktuellen 7er Baureihe mit der Vielzahl der Innovationen - neues Fahrzeugdesign, neuer Motor, neues Getriebe, neue Elek-tronik-Features etc.
- zu Aufwendungen, die preisbereinigt dem Vorgängerfahrzeug gleichkommen und das in einer um sechs auf 34 Monate verkürzten Entwicklungszeit;[437]
- Das BMW Muti-Purpose Fahrzeug „X5" wurde als erstes Fahrzeug im Unternehmen simultan an global verteilten Standorten entwickelt, mit dem Ergebnis einer um 5 Monate im Vergleich zum Planwert reduzierten Entwicklungszeit: Erdacht und entworfen in Kalifornien, designed in Italien und dann parallel in München und Spartanburg (USA) zur Serienreife entwickelt. Durch die positiven Erfahrungen soll künftig bei allen BMW-Modellen das beim „X5" benutzte IuK-Spektrum zum Entwicklungsstandard werden;[438]
- General Motors sparte durch den Einsatz der Softwarepakete von „Unigraphics" bereits mehr als 1 Mrd. US-$ an Entwicklungskosten ein, bei einem Investitionsvolumen in die Technologie von ca. 150 Mio. US-$;[439]
- DaimlerChrysler hat in der Entwicklung des „Chrysler 300M" im Vergleich zum Vorgängermodell die Gesamtanzahl physischer Prototypen von 50 auf 27 reduziert, die Entwicklungszeit um acht auf 31 Monate verkürzt und rund 80 Mio. US-$ an Entwicklungskosten eingespart;[440]
- Ford verkürzte für das aktuelle Modell des „Mondeo" die Entwicklungszeit von der Design-Entscheidung bis zum Produktionsstart um 13 auf 24 Monate und konnte die Zahl der benötigten physischen Prototypen um die Hälfte reduzieren.[441]

Auf Basis der Summe der gesammelten Erkenntnisse lässt sich demnach resümierend feststellen, dass sich alle Fahrzeughersteller z.Zt. auf einem Transformationspfad von dem in der Vergangenheit dominierenden Einsatz arbeitsplatzbezogener Einzellösungen hin zu dem vollständig integrierten Technologieeinsatz im Rahmen der DvA befinden, sie jedoch noch einen größeren Weg vor sich haben. Dieser Weg stellt sich für jeden einzelnen OEM unterschiedlich dar, wobei Katzenbach / Lamberti eine Grundtendenz ausmachen: Hinsichtlich des Einsatzes einzelner Technologien sind die europäischen und amerikanischen OEMs führend, während die japanischen Hersteller demgegenüber etwas zurückfallen. Bei der Systemintegra-

---

[436] Die Verbesserungen können nicht in eindeutiger Korrelation zu *einzelnen* Technologien gesetzt werden, da dafür die Informationen nicht ausreichen bzw. eine eindeutige Zuordnung generell schwerfällt. Nichtsdestotrotz manifestieren sich in den Verbesserungen die generellen Potenziale einer DvA.
[437] So Anton Ruf, Leiter der Produktlinie „Große Modelle" bei BMW, in: Köth (Virtuelle Vorläufer, 2001), S. 38.
[438] Vgl. o.V. (Per Allrad aus der virtuellen Welt, 2000), S. 14 - 16.
[439] So die Aussage von Jay Wetzel, als Vice President verantwortlich für die Technik-Center von GM, in: o.V. (Unigraphics Solutions, 2000), S. 8.
[440] Vgl. Manji (Digital Mock-Up, 1998), S. 80 und o.V. (CAx-Pipeline: Durchgängige Datenwelten, 2000), S. 75 - 77.
[441] Vgl. o.V. (Ford-Entwicklung, 2000), S. 56 und Goroncy (Hoffnungsträger Mondeo, 2000), S. 17 - 20. Der neue Mondeo gilt im Ford-Konzern als erstes digital entwickeltes Auto. Entscheidend war der Einsatz der sog. „C3P-Software". C3P steht für CAD, CAE, CAM und Product Data Mnagement.

tion ändert sich die Reihenfolge nur insofern, als die Europäer einen Nachholbedarf gegenüber den auf diesem Gebiet führenden Amerikaner aufweisen.[442] Als weltweit insgesamt führend wird aktuell das ehemals selbständige Unternehmen Chrysler angesehen.[443]

4.4 Erfolgsbeiträge des idealtypischen Gesamtmodells zur Erhöhung des Leistungsniveaus in der Automobilentwicklung

Betrachtet man die Ergebnisse des Kap. 4.3 im Sinn einer Input-Output-Relation, so wurde die DvA als „Input-Komponente" hinsichtlich ihres aktuellen Leistungsniveaus detailliert analysiert und als „Output-Komponente" die bisher durch ihren Einsatz von den Automobilherstellern erzielten Verbesserungen grob umrissen. In diesem Kapitel wird die Output-Komponente umfassend ausgearbeitet, indem eine zukunftsorientierte Betrachtung der Erfolgsbeiträge einer DvA vorgenommen wird. Unter der Prämisse, dass die derzeit bestehenden Leistungslücken geschlossen werden können, erfolgt dazu eine Bewertung des idealtypischen Technologieeinsatzes bezüglich seiner konkreten Nutzeneffekte für die Erhöhung des Leistungsniveaus in der Fahrzeugentwicklung.

Zur Strukturierung der Erfolgsbeiträge wird auf die in Kap. 3 erarbeiteten sechs Anforderungsdimensionen zurückgegriffen, wobei zwei Anpassungen vorgenommen werden:

1. Die Optimierungspotenziale der DvA bezüglich der Anforderungen 3 („Erhöhung der Varietät im Fahrzeugportfolio") und 4 („Weiterentwicklung der plattformbasierten modularen Fahrzeugarchitektur") werden gemeinsam untersucht. Der Grund dafür liegt in dem geschilderten ausgeprägten Abhängigkeitsverhältnis der beiden Anforderungen: Zur weiteren Erhöhung der Varietät ist die Fahrzeugarchitektur modularer auszulegen.

2. Die Wirkungen der DvA bezüglich der Anforderungen 5 („Beschleunigung der Fahrzeug-Innovationszyklen") und 6 („Kundennutzenneutrale Reduzierung des aktuellen Kostenniveaus") werden ebenfalls gemeinsam untersucht. Der Grund dafür ist ähnlich dem, der oben bereits genannt worden ist: Sofern eine Durchlaufzeitverkürzung erzielt werden kann, enthält die zugrunde liegende Maßnahme i.d.R. auch die Möglichkeit zur Kostensenkung und vice versa. Die Schilderung der Erfolgsbeiträge erfolgt unter der Bezeichnung „Erhöhung der Entwicklungseffizienz".

Entsprechend diesen beiden Zusammenfassungen setzen sich die Inhalte der nachfolgenden Kapitel wie folgt zusammen:

- *Kap. 4.4.2* untersucht die Erfolgsbeiträge der DvA hinsichtlich einer höheren Fahrzeuginnovativität,
- *Kap. 4.4.3* analysiert die Potenziale zur Erhöhung der Fahrzeugintegrität,

---

[442] Vgl. Katzenbach / Lamberti (Prozesssicherheit entwickeln, 1998), S. 76.
[443] So die nahezu übereinstimmenden Aussagen der Interviewpartner.

- *Kap. 4.4.4* beschreibt die Mehrwerte in Bezug auf die Erhöhung der Varietät im Fahrzeugportfolio und die Weiterentwicklung der plattformbasierten modularen Fahrzeugarchitektur,
- *Kap. 4.4.5* ergründet schließlich die positiven Effekte der DvA auf die Entwicklungseffizienz.

Eingerahmt werden die Ausführungen durch eine einleitende Übersicht zu den Erfolgsbeiträgen in *Kap. 4.4.1* und einer Zusammenfassung der Ergebnisse in *Kap. 4.4.6*.
Wenn im Folgenden von „Bauteilen" die Rede ist, sind damit sowohl Komponenten, Systeme als auch Module gemeint. Sofern eine genaue Abgrenzung erforderlich ist, wird diese vorgenommen.

4.4.1 Überblick: Erfolgsbeiträge der technologischen Kernbestandteile einer DvA zur Erhöhung des Leistungsniveaus in der Fahrzeugentwicklung

Die Technologien der DvA weisen unterschiedliche Erfolgsbeiträge entlang der identifizierten Anforderungsdimensionen auf. Abb. 56 stellt dazu überblicksartig einige Beispiele dar.

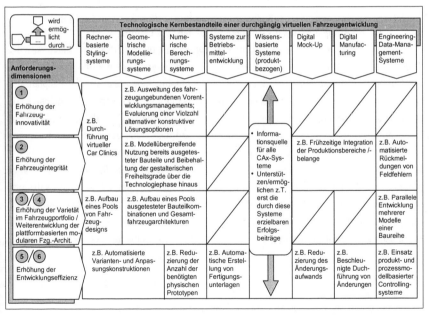

Abb. 56: Beispielhafte Erfolgsbeiträge der Technologien der DvA zur Erhöhung des Leistungsniveaus in der Fahrzeugentwicklung.

So lässt sich durch Modellierungs- und Berechnungssysteme die Fahrzeugintegrität dadurch erhöhen, dass eine modellübergreifende Nutzung bereits ausgetesteter Bauteile und eine Beibehaltung der gestalterischen Freiheitsgrade über die Technologiephase hinaus umsetzbar sind. Oder es lässt sich die Entwicklungseffizienz dadurch erhöhen, dass Styling- und Modellierungssysteme automatisierte Varianten- und Anpassungskonstruktionen erlauben etc. Welche Erfolgsbeiträge die Technologien im Detail in den jeweiligen Anforderungsdimensionen leisten können, ist Gegenstand der sich anschließenden Erörterungen.

4.4.2 Erfolgsbeiträge in der Anforderungsdimension 1: Erhöhung der Fahrzeuginnovativität

Grundsätzlich können Produktinnovationen sowohl durch steigende Ansprüche der Nachfrager bedarfsinduziert werden („Demand-Pull"-Hypothese) oder gewissermaßen autonom durch das Wecken latent vorhandener Bedürfnisse potentieller Kunden mittels des Angebots neuer Technologien entstehen („Technology-Push"-Hypothese).[444] Innovationen setzen sich dabei vor allem dann durch, wenn Bedarfs- und Technologiepotenzialimpulse in starke Wechselwirkung treten. Ein Blick in die Vergangenheit der Automobilentwicklung zeigt denn auch, dass hier beide Antriebskräfte wirksam waren und sich gegenseitig verstärkt haben.[445] Die Erfolgsbeiträge der DvA werden demzufolge auch entlang der beiden Quellen von Innovationen untersucht.

4.4.2.1 Steigerung der Marktnähe: Frühzeitige Integration der Kunden in den Entwicklungsprozess im Rahmen virtueller Car Clinics

Wie gut eine Entwicklungsgruppe Zielkunden simuliert, ist für die Effektivität einer Entwicklungsanstrengung von größter Bedeutung, da nur eine zielgruppenkonforme Transformation der Kundenbedürfnisse in die Merkmale eines Automobils eine hohe Kundenakzeptanz gewährleistet und damit die Kaufentscheidung positiv beeinflusst.[446] Deshalb sind intensive Anstrengungen zu unternehmen, richtungsweisende Entwicklungspfade der (unartikulierten) Kundenpräferenzen zu erkennen und aufzugreifen und die daraus generierten Informationen frühzeitig und kontinuierlich in den Entwicklungsprozess zu inkorporieren: „The winners will be those who integrate their customer relationship management into the product innovation process, injecting consumer data into the engineering process, as well as the vehicle sales process. The closeness to real consumer demand, including access to unfiltered consumer data, established via multiple channels of dialogue with the consumer, will offer the first movers unprecedented advantage in designing products, options, features and services to match the

---

[444] Vgl. z.B. Herstatt / Lettl (Management von Entwicklungsprojekten, 2001), S. 109 - 112 und Specht / Beckmann / Amelingmeyer (F&E-Management, 2002), S. 32.

[445] Vgl. Diez (Automobilmarketing, 2001), S. 210 - 212. Insofern ist davon auszugehen, dass gerade Innovationen, die dem steigenden Sicherheitsbedürfnis von Automobilkäufern Rechnung tragen, begünstigt werden. Vgl. Weiß (Digitale Revolution, 2001), S. 60.

[446] Vgl. auch Kap. 3.2.1. Diez spricht in diesem Zusammenhang von der Notwendigkeit, mit den Fahrzeugen „nicht nur präsent, sondern erster zu sein, um in den „evoked set", also die engere Auswahl des Kunden bei einer kaum noch überschaubaren Vielfalt des Angebots zu kommen." Diez (Autokonjunktur am Wendepunkt, 2000), S. 16. Vgl. auch Clark / Fujimoto (Automobilentwicklung, 1992), S. 34f., Karkkainen / Piippo / Tuominen (Customer-driven product development, 2001), S. 162f. und Picot / Reichwald / Wigand (Grenzenlose Unternehmung, 2001), S. 461: „... nur auf diesem Wege gelangen Kundeninformationen einer ganz neuen Qualität ins Unternehmen, die Treiber für Innovation und Wandel des Leistungsspektrums darstellen."

market demand."[447] Der Kunde wird damit vom reinen Abnehmer über den Nutzer mit Nachkauforientierung zu einem in die Leistungserstellung zu integrierenden „Prosumenten"[448] und die Erzielung einer maximalen Übereinstimmung mit Kundenpräferenzen in einer immer kürzeren Zeit zum elementaren Bestandteil eines effektiven Entwicklungsmanagements.[449]

Gegeben die Tatsache, dass heute insb. die Akzeptanz des Designs als ein wesentlicher Erfolgsfaktor einer Fahrzeugentwicklung gilt, müssen Automobilhersteller folglich über eine intensive Kommunikation und Kooperation mit dem Zielkunden sowie ein umfangreiches Trendmonitoring der gesellschaftlichen und kulturellen Strömungen künftige Stilrichtungen abschätzen und über effiziente Prozesse zum richtigen Zeitpunkt im Automobildesign reflektieren.[450] Die diesbezüglichen Möglichkeiten der DvA bestehen in der frühzeitigen Durchführung intensiver Konsumentenbefragungen mittels sog. „virtueller Car Clinics". In diesen wird der Konsument mit verschiedenen, durch DMUs visualisierten Interieur- und Exterieur-Designalternativen konfrontiert, die er hinsichtlich Marken- und Modellmerkmalen, Ästhetik, Symbolik und Gebrauchstauglichkeit beurteilen soll.[451]

Neben der Umsetzungskontrolle marketingpolitischer Ziele bieten virtuelle im Vergleich zu konventionellen Car Clinics den OEMs weitere Vorteile:[452]

- Viel frühzeitigere Informationen über die Design- und Fahrzeugakzeptanz (sonst erst nach Erstellung physischer Prototypen in der Entwicklungsphase);
- Ergänzung der stark auf dem vergangenheitsbezogenen Erfahrungsschatz beruhenden Kundenpräferenzen um eine Zukunftskomponente;
- Bewertung alternativer Gesamtkonzepte und Einzelelemente;
- Ermittlung des Beitrags einzelner Designelemente zur Marken- und Modellidentifikation sowie zur Gesamtanmutung;

---

[447] PriceWaterhouseCoopers (Hrsg.) (Second automotive century, 2000), S. 34. Ähnlich auch Fujimoto: „Facing this turbulent environment, effective mass producers need to complete at least the following task requirements: Identifying diversified, changing, and unarticulated customer expectations proactively and translating them into total vehicle concepts and engineering designs that fit with future customer expectations better than rival products." Fujimoto (Information asset map, 1993), S. 38.

[448] Vgl. Picot / Reichwald / Wigand (Grenzenlose Unternehmung, 2001), S. 400. Ähnlich auch Kaulio, der bzgl. der Arten der Zusammenarbeit mit Kunden zwischen „Design for", „Design with" und „Design by customers" differenziert. Vgl. Kaulio (User involvement in product development, 1998).

[449] Z.B. veränderte das Unternehmensziel „Delighted Customers" den Qualitätsbegriff und damit auch das Qualitätsverständnis bei DaimlerChrysler in den vergangenen Jahren: Von einer zeichnungsgerechten Fertigung und der Ausrichtung am technisch Machbaren verlief die Neuorientierung hin zur konsequenten Ausrichtung an der Kundensicht. Vgl. dazu und zum Qualitätsverständnis bei DaimlerChrysler: Walker (Erlebte Leistung, 2000), S. 14 - 16.

[450] Vgl. Braess / Seiffert (Hrsg.) (Kraftfahrzeugtechnik, 2000), S. 84.

[451] Vgl. Erdmann (Virtual Reality-unterstützte Konzepttests, 1999), S. 38 - 44. Zu Inhalt und Ablauf einer traditionellen Car Clinic vgl. z.B. Diez (Automobilmarketing, 2001), S. 143 - 145. Zu den Möglichkeiten der konzeptionellen und experimentellen Analyse von Nutzerbedürfnissen im Entwicklungsprozess vgl. Becker (Methoden der Produktinnovation im Automobilbereich, 2000). Ein gesamthaftes Konzept zur Integration der Kunden in die frühen Phasen der Produktentstehungsprozesses hat Wyrwoll erarbeitet („CID - Customer Integration Deployment"). Vgl. Wyrwoll (Customer Integration Deployment, 2001).

[452] Vgl. Erdmann (Virtual Reality-unterstützte Konzepttests, 1999), S. 65 - 69. In einer empirischen Überprüfung konnte nachgewiesen werden, dass die Ergebnisqualität der virtuellen Car Clinic sehr hoch ist. Hinsichtlich der meisten Fragestellungen ließen sich zwischen den Messergebnissen von Kontroll- und Experimentgruppe keine signifikanten Abweichungen nachweisen. Vgl. ebenda, S. 138 - 142.

- Bewertungen von Designkonzepten auch im Ausland;
- Frühzeitige Eingrenzung der weiterzuverfolgenden Alternativen.

Insofern können virtuelle Car Clinics auch nicht nur die Fahrzeuginnovativität erhöhen, sondern leisten gleichfalls einen Beitrag zur Erhöhung der Fahrzeuginte-grität und zur Erweiterung der designbasierten Fahrzeugvarietät.

4.4.2.2 Verbesserung der Technologiebasis: Unterstützung der Tätigkeiten in der Vorentwicklung und der Fahrzeugentwicklung

1. Unterstützung der Tätigkeiten in der Vorentwicklung

Die Aufgaben der Vorentwicklung bestehen u.a. darin, Technologien anwendungsorientiert „auszuentwickeln", die technische Umsetzbarkeit neuer Technologien in Produkte und Produktionsprozesse zu überprüfen sowie funktionsfähige Prototypen für ganze Produktkonzepte und Bauteile zu entwickeln, deren Einsatz in der nächsten oder übernächsten Fahrzeuggeneration geplant ist.[453] Mit der Nennung des Aufgabenspektrums wird dabei offensichtlich, dass eine Ausweitung der Tätigkeiten unmittelbar positive Wirkungen auf die Fahrzeuginnovativität entfalten kann: Es kann eine größere Anzahl alternativer neuartiger und i.d.R. fahrzeugungebundener Lösungen hinsichtlich ihrer Umsetzbarkeit und Leistungsfähigkeit evaluiert werden. Im Ergebnis ist es dadurch möglich, einen Pool ausgetesteter Technologien aufzubauen, auf den neu beginnende Fahrzeugprojekte zurückgreifen können.[454]

Die Möglichkeiten der DvA, die Tätigkeiten in der Vorentwicklung gezielt zu unterstützen und damit auch das Tätigkeitsspektrum auszuweiten, liegen im beschleunigten iterativen Austesten und Optimieren alternativer technischer Bauteilkonfigurationen mittels leistungsstarker CAx- und EDM-Systeme: „Practical experience suggests that for every proven innovation integrated into an end product, between 5 and 10 viable proposals are required in the „ideas bank" and on average up to 5 have to be shelf-engineered."[455] Da virtuelle Prototypen beliebig oft und quasi aufwandsneutral vervielfältigt werden können und auf sie ein konkurrierender standortunabhängiger Zugriff mehrerer Mitarbeiter umsetzbar ist, sind innerhalb kurzer Zeit eine Vielzahl virtueller Varianten „durchspielbar" und im Ergebnis multidimensional op-

---

[453] Vgl. Specht / Beckmann / Amelingmeyer (F&E-Management, 2002), S. 115f. Zur Abgrenzung der Vorentwicklung von der Grundlagenforschung, der Technologie- und der Produkt- und Prozessentwicklung sowie der Einordnung in die Bestandteile des Innovationsmanagements vgl. ebenda, S. 14 - 17 und Brokhoff (Forschung und Entwicklung, 1999), S. 70f. Zum Themenkomplex „Management von technologiegetriebenen Entwicklungsprojekten" vgl. im Überblick auch: Herstatt / Lettl (Management von Entwicklungsprojekten, 2001), S. 109 - 131.

[454] Eine flankierende, die Effizienz und Effektivität des Vorentwicklungsmanagements steigernde Maßnahme kann in der organisatorischen Trennung der Vor- von der Produktentwicklung und der Überführung in einen separaten „Technologie Strom" bestehen. Ein vom MIT entwickelter, flexibler Prozessrahmen für einen derartigen Entwicklungsablauf, der „Total Technology Development" in den Vordergrund stellt, ist beschrieben bei: Schulz et al. (Management und Integration von Technologien, 2000). Über die Adäquatheit iterativer „Probe and Learn" im Vergleich zu „Stage-Gate-Prozessen" bei Technology-Push-Projekten wird berichtet in: Herstatt / Lettl (Management von Entwicklungsprojekten, 2001), S. 120f.

[455] Bertodo (New product process, 1999), S. 47.

timierte Kompromisslösungen ermittelbar.[456] Durch die unkomplizierte und auch spontan mögliche Kommunikation über große Entfernungen mittels Telekooperationstechnologien kann darüber hinaus auch der unternehmensübergreifende Ideenaustausch angeregt und somit mehr Alternativen angedacht und im Team vergleichend auf ihre Potenziale zur Lösung einer technischen Problemstellung diskutiert werden, als dass dies ohne standortübergreifende Integration möglich wäre.[457]

2. Unterstützung der Tätigkeiten in der Fahrzeugentwicklung

Die im Rahmen der Fahrzeugentwicklung durchzuführenden Tätigkeiten unterscheiden sich von denen in der Vorentwicklung dadurch, dass hier am Ende ein vollständiges funktionsfähiges Fahrzeug hervorzubringen ist und somit eine Integration singulärer Innovationen und deren bilaterale Adjustierung stattfinden muss.

In Bezug auf die Erfolgsbeiträge der DvA hat die Verschiebung der Tätigkeitsschwerpunkte allerdings kaum Auswirkungen. Die für die Vorentwicklung gültigen Potenziale gelten hier entsprechend mit dem Zusatz, dass nicht nur die Entwicklung einzelner Komponenten, sondern auch die Entwicklung ganzer Module und des Gesamtfahrzeugs unterstützt werden kann. Dadurch können die Technologien der DvA auch die mit dem Begriff „Front-Loading" adressierte Vorverlagerung von Erprobungsumfängen in die Technologiephase wirkungsvoll absichern: „... we define front-loading problem-solving as a strategy that seeks to improve development performance by shifting the identification and solving of (design) problems to earlier phases of a product development process."[458] Die Bedeutung des „vorderen Endes" des Entwicklungsprozesses ergibt sich dabei aus dessen Inhalten und Zielen: „Hier ... werden die kritischen Verknüpfungen zwischen Technologieentwicklung und Produktkonzepten hergestellt, die so wichtig sind für die Abstimmung von Komponenten und Gesamtfahrzeug, die die konzeptionellen Themen bestimmen, die einer Produktlinie ihren besonderen Charakter verleihen und die Strategien der Anbindung von Kooperationsanstrengungen mit internationalen Partnern an interne Projekte erarbeiten."[459]

---

[456] Vgl. Döllner / Kellner / Tegel (Computer-supported techniques, 1999), S. 56f. und Nagel / Laprell (Fachbereichsübergreifende Optimierung, 1998) für das Beispiel einer fachbereichsübergreifenden Optimierung in der Karosserieentwicklung bei Ford.

[457] Vgl. Eversheim / Luczak (Hrsg.) (Telekooperation, 1999), S. 12. Dazu auch Bullinger / Bröcker / Wagner (Verteilte Produktentwicklung, 1999), S. 6: „Ein wesentlicher Vorteil ist, dass der durchgängige Produktentstehungsprozess durch integrierte Prozessketten und integriertes Informationsmanagement ermöglicht, eine größere Anzahl an Entwicklungsprojekten parallel durchzuführen und risikoreiche innovative Ansätze möglichst lange zu verfolgen, da er .. in frühen Stadien keine großen Ressourcen mehr bindet."

[458] Fujimoto / Thomke (Product development performance, 2000), S. 129. Ähnlich auch Herstatt / Lettl (Management von Entwicklungsprojekten, 2001), S. 128f.

[459] Clark / Fujimoto (Automobilentwicklung, 1992), S. 315.

4.4.3 Erfolgsbeiträge in der Anforderungsdimension 2: Erhöhung der Fahrzeugintegrität

Die Fahrzeugintegrität ist ein Maß für die Güte der Übereinstimmung von Produktfunktion, -struktur und -semantik mit den Erwartungen, Wertvorstellungen, Lebensstilen, Nutzungsarten und dem Selbstverständnis des Kunden.[460] Dass dabei die Ansprüche der Kunden an die Integrität der Fahrzeuge sukzessive gestiegen sind, wurde bereits in Kap. 3.4.2 ausführlich dargestellt.

Die Erfolgsbeiträge der DvA zur Erhöhung der Fahrzeugintegrität sind anhand von vier Ansatzpunkten konkretisierbar, wobei an dieser Stelle zu bemerken ist, dass zusätzlich zu diesen auch die Ansatzpunkte positiv auf die Fahrzeugintegrität wirken, die im vorherigen Kapitel im Rahmen der Diskussionen zur Erhöhung der Fahrzeuginnovativität aufgeführt worden sind. Dies ergibt sich aus dem Voraussetzungscharakter der Fahrzeuginnovativität für die -integrität (vgl. Kap. 3.4.8).

4.4.3.1 Frühzeitige Einbeziehung von Produktions-Know-how

Neben den Kunden (vgl. Kap. 4.4.2.1) und den Lieferanten (vgl. Kap. 4.4.2.2) sind als dritter „Partner" der Fahrzeugentwicklung die Produktionsbereiche frühzeitig zu integrieren. Bei frühzeitiger Einbeziehung von Produktions-Know-how können u.a.

- mit Hilfe der Fertigungsprozesssimulation Konstruktionsergebnisse aus fertigungstechnischer Sicht abgesichert,
- die Auslegung der Werkzeuge frühzeitig optimiert und deren Herstellung vorverlegt werden, sowie
- frühzeitig verfügbare Berechnungsergebnisse die Prozessplanung unterstützen und die Prozesssicherheit in der Fahrzeugproduktion erhöhen.

Zusammenfassend bewirkt dies, neben einer Reduzierung der Kosten für den Aufbau und die Änderung von physischen Mock-Up´s, eine höhere Produkt- und Prozessreife zu einem früheren Zeitpunkt. Dadurch sind wesentliche Grundvoraussetzungen geschaffen, einen steilen Serienanlauf bei hoher Produktionsqualität der Fahrzeuge zu realisieren.[461] Insofern wird die Innovativität von Fahrzeugkonzepten durch ein hochwertiges „Engineering Execution"[462] ergänzt und dadurch die Gesamtfahrzeugintegrität gesteigert.

---

[460] Vgl. Clark / Fujimoto (Automobilentwicklung, 1992), S. 40f. und Kap. 3.4.2.

[461] Zu sonstigen, empirisch ermittelten Optimierungsansätzen im Serienanlauf bei BMW ((1) Entkoppelung der Variantenanläufe, (2) Risikoanalysen für Teilelieferanten, (3) Frühzeitige Mitarbeiterschulungen auf Basis einer mehrstufigen Schulungskaskade, (4) Progressives Freigabeverhalten der Fachbereiche, (5) Verfolgung von Frühindikatoren der Anlaufreife) vgl. Weber (BMW-Strategie, 1999), S. 60 - 62. Zur Thematik „Produktionsqualität von Fahrzeugen" vgl. auch Calabrese (Manufacturing involvement, 1999), S. 117f. und Jürgens (Anticipating problems, 1999), S. 84 - 89.

[462] Feige / Crooker (Erfolgsfaktoren im Produktentstehungsprozess, 1999), S. 43.

4.4.3.2 Beibehaltung der gestalterischen Freiheitsgrade über die Technologiephase hinaus

Zur notwendigen Synchronisierung der Fahrzeugeigenschaften mit den sich dynamisch wandelnden Kundenanforderungen bietet die DvA einen zweiten Stellhebel an: Der „Design Freeze" muss im Vergleich zum konventionellen Vorgehen erst zu einem späteren Zeitpunkt in der Mitte der Entwicklungs- und Erprobungsphase erfolgen, so dass die Freiheitsgrade in der Entwicklung weit über die Technologiephase hinaus erhalten bleiben und eine hohe Fahrzeugvariabilität bis kurz vor der Serienproduktion sichergestellt ist.[463] Erst mit Umsetzung der Entwicklungsergebnisse im Werkzeugbau sowie in der Fertigung und Montage nehmen die Freiheitsgrade stark ab.

Die informationstechnologischen Grundlagen für diese Flexibilität bestehen in der hohen Aussagefähigkeit der virtuellen Prototypen. Für alle noch verbleibenden Varianten können die unterschiedlichen Datensätze berechnet und simuliert werden, so dass die Festlegung des Designs quasi gleichbedeutend ist mit der Auswahl eines konsistenten „funktionsfähigen" Datensatzes. Automobilherstellern ermöglichen diese Freiheitsgrade, Kundenanforderungen und Markttrends länger beobachten und bei einem Wandel schneller reagieren zu können. Dadurch bleibt das mit zunehmender Zeitdauer zwischen dem „Design Freeze" und der Serienproduktion ansteigende Unsicherheitspotenzial bezüglich der Verschiebung von Kundenpräferenzen beherrschbar.[464]

Aufgrund der bereits beschriebenen Bedeutung des Fahrzeugdesigns und der Fahrzeugarchitektur für den Markterfolg eines Automobils kann der Nutzen eines späten Design Freeze kaum überbetont werden, zumal dadurch gleichzeitig auch die Varietät im Fahrzeugportfolio beeinflusst werden kann. Je nach Entwicklung der Kundenpräferenzen kann das Fahrzeugportfolio entweder in die eine oder die andere Richtung kurzfristig erweitert werden.

4.4.3.3 Modellübergreifende Nutzung bereits erprobter Bauteile

In Kap. 3.4.6 wurde dargelegt, dass es aufgrund der zunehmenden Anzahl von Varianten- und Nischenfahrzeugen zu einer umfangreichen Standardisierung der Bauteile im Nichtsichtbereich der Fahrzeuge kommen wird. Damit stellt die fahrzeugprojektübergreifende Dateninte-

---

[463] Aktuellen Schätzungen zufolge soll sich je nach Region (Europa, USA und Japan) die Zeitdauer für die Konzeptentwicklung (Zeit zwischen der Vorentwicklung und dem Produktkonzept; auch „time to product" genannt) bis zum Jahr 2007 auf 8 bis 10 Monate und die sich anschließende Zeitdauer bis zur Markteinführung (auch „time to market" genannt) auf 12 bis 16 Monate reduzieren. Zum Vergleich: Die entsprechenden Werte für 1998 lagen bei 12 - 14 Monaten für die Konzeptentwicklung und 18 - 24 Monaten bis zur Markteinführung. Vgl. - auch für weitere Details - Ernst & Young (Hrsg.) (Automotive product design and development delphi, 1998), S. 10f. und Milberg (Agilität als Wettbewerbsfaktor, 1998), S. 33 - 35.

[464] „... die durchschnittliche Entwicklungszeit für eine neue Baureihe [hat sich] in den letzten 10 Jahren bei steigenden Qualitätsanforderungen halbiert. Und Ziel ist es, die Entwicklungszeit noch um weitere 25 Prozent zu senken. Dadurch sind unsere Entwicklungskapazitäten immer kurzfristiger gebunden und somit früher und flexibler für neue Projekte verfügbar." Aussage von Dr. Schöpf, Leiter der Entwicklung bei Mercedes-Benz und Smart in: Goroncy (Engineering/Prototyping, 2001), S. 64.
Das Unsicherheitspotenzial wird nicht ausschließlich durch den Wandel der Kundenpräferenzen bestimmt, sondern auch durch Änderungen im Wettbewerbsverhalten, die technologischen Entwicklungen und legislativen Anforderungen. Vgl. Schaaf (Marktorientiertes Entwicklungsmanagement, 1999), S. 75f.

gration ein hochrelevantes Themenfeld dar.[465] Die Erfolgsbeiträge der DvA liegen in diesem Fall in der Unterstützung der modellübergreifenden Wiederverwendung bereits ausgetesteter Bauteile aus dem aktuellen Teilespektrum.[466] Durch die Kopplung aller Software-Applikationen über EDM-Systeme ist es möglich, die Basisdaten von Bauteilen, die in anderen Fahrzeugen eingesetzt werden, zu übernehmen und in den geometrisch-technologischen Gesamtkontext eines neuen Fahrzeugs ohne zusätzliche datentechnische Aufbereitungen einzubinden. Über die Simulationsprogramme können dann sehr schnell Aussagen getroffen werden, inwieweit das Bauteil seine ihm im neuen Fahrzeug zugedachte Funktion erfüllen kann.[467] Treten keine Probleme auf, kann durch die bereits felderprobte Zuverlässigkeit und Leistungsfähigkeit der Bauteile die „Robustheit" der Fahrzeuge erhöht und infolgedessen positive Wirkungen bzgl. der Kundenzufriedenheit generiert werden. Ein weiterer nachgelagerter Effekt besteht in der Reduzierung der Gewährleistungskosten.

4.4.3.4 Automatisierte Rückmeldungen von Fehlern in ausgelieferten Fahrzeugen

Sind Fehler am Fahrzeug im Entwicklungs- und Produktionsprozess nicht erkannt worden, sondern treten diese erst in der Nutzungsphase auf, sind sie umgehend zu identifizieren, zu analysieren und zu beseitigen, damit die später produzierten Fahrzeuge mängelfrei sind. Waren bisher bedingt durch den hohen manuellen Aufwand und der nur begrenzt aussagefähigen Diagnosesysteme jedoch kaum geschlossene Informationskreisläufe zwischen Herstellern und Werkstätten etabliert, erlaubt der hohe Durchdringungsgrad der Fahrzeuge mit softwaregestützten Diagnosesystemen in Kombination mit einer Anbindung der Systeme an das Datennetzwerk der Hersteller zukünftig, sämtliche Fehlermeldungen gebündelt an die Entwicklungsabteilungen der OEMs zurückzumelden. Die dadurch erreichbare hohe Informationsdichte ermöglicht genauere Rückschlüsse auf die Schwachstellen eines Fahrzeugs, welches sich wiederum in fokussierteren Fehlerbeseitigungsmaßnahmen auswirkt. Indem das Wissen über historische Fehler gezielt in Form der Fehlerprävention in neue Fahrzeuggenerationen einfließt, sind ein sukzessiv verbessertes Qualitätsniveau sowie reduzierte Gewährleistungskosten die wahrscheinliche Folge.

---

[465] Über die datentechnische Integration hinaus bedarf es zur vollständigen Projektintegration der strategischen Verknüpfung der Projekte (Fahrzeugprogrammplanung) und der organisatorischen Abstimmung (Mitarbeitereinsatzplanung). Vgl. Cusumano / Nobeoka (Multi-project management, 1998), S. 9.

[466] Das Themenfeld der „Qualitätsteigerung in der Produktentwicklung durch frühzeitige Nutzung von Informationen zu vorhandenen Produkten" wird umfassend behandelt von: Nottrodt (Qualitätssteigerung in der Produktentwicklung, 1999).

[467] Vgl. in diesem Zusammenhang auch Aoshima (Knowledge transfer across generations, 1996), S. 125: Entlang der Matrixachsen „*Knowledge about*" (concept making, vehicle layout etc.) und „*Mechanisms for knowledge retention*" (direct transfer of people from the past projects, documents, CAx-Systems etc.) bewertet der Autor die Effizienz und Effektivität unterschiedlicher Ansätze zur Informations- und Wissensweitergabe in der automobilen Produktentwicklung.

4.4.4 Erfolgsbeiträge in den Anforderungsdimensionen 3 und 4: Erhöhung der Varietät im Fahrzeugportfolio und Weiterentwicklung der plattformbasierten modularen Fahrzeugarchitektur

Bei immer kürzer werdenden Fahrzeugzyklen können u.U. die Entwicklungszeiten für Bauteile jene von Fahrzeugen übersteigen. Da die Aufrechterhaltung einer hohen Varietät im Fahrzeugportfolio jedoch den Charakter einer wettbewerbsstrategischen Grundvoraussetzung trägt, ist diesem „Bauteil-/Fahrzeugdilemma" eine Lösung zuzuführen.

Nach Clark / Fujimoto bieten sich dazu drei Alternativen an: (1) ein langfristiger Technologieentwicklungsplan, (2) eine Multigenerationen-Konzeptentwicklung und (3) die Steigerung der Geschwindigkeit und Effizienz von Technologieentwicklungsprojekten.[468] Hier sollen im Weiteren die Erfolgsbeiträge einer DvA in Bezug auf eine Multigenerationen-Konzeptentwicklung im Mittelpunkt stehen, da die erste Alternative nicht unmittelbar durch eine DvA unterstützt werden kann und die Erfolgsbeiträge zur dritten Alternative Inhalt des Kap. 4.4.5 sind.

4.4.4.1 Aufbau eines Pools ausgetesteter funktionsfähiger Bauteilkombinationen

In Kap. 4.4.2.2 wurden die Vorteile der Evaluierung einer Vielzahl alternativer konstruktiver Lösungsmöglichkeiten vorgestellt. Die Mehrwerte dieses Entwicklungsansatzes beschränken sich nun allerdings nicht nur auf die Optimierung von Bauteilen in einem gerade neu zu entwickelnden Fahrzeug. Zusätzlich können die durch Tests als funktionsfähig bewerteten aber nicht realisierten Konzeptionen in einem „Ideenpool" attributiert abgespeichert werden, wodurch im Lauf der Zeit ein breites Spektrum ausgetesteter unternehmensindividueller Produktlösungen entsteht.

Dass durch Zugriff auf diesen baukasten-ähnlichen Lösungsraum die forcierte Varianten-, Nischen- und Sondermodellpolitik der Automobilhersteller wirksam unterstützt werden kann, ist aus folgenden Gründen naheliegend:

- Die Evaluierung der Einsetzbarkeit erprobter Bauteilkombinationen in neue Fahrzeugkonzepte erfolgt weitgehend systemgestützt, so dass bereits nach kurzer Zeit feststeht, welche Bauteile überhaupt Verwendung finden können.
- Da alle relevanten Bauteildaten vorhanden sind, können die verbleibenden Alternativen in virtuellen Design-Build-Test-Zyklen ebenfalls in vergleichsweise kurzer Zeit so weit adaptiert werden, dass die Funktionsfähigkeit im Gesamtfahrzeugkontext gewährleistet ist.
- Die frühzeitig abgesicherte Funktionsfähigkeit der Alternativen ermöglicht große Freiheitsgrade in der Zusammenstellung der Bauteilkombinationen, die es gestatten, die endgültige Entscheidung für eine Alternative erst spät in der Entwicklungsphase zu treffen, so dass noch auf späte Änderungen in den Kundenpräferenzen fahrzeugseitig eingegangen werden kann.

---

[468] Vgl. Clark / Fujimoto (Automobilentwicklung, 1992), S. 306 - 311.

Zur technologischen Umsetzung dieser Vorgehensweise bedarf es des integrierten Einsatzes von CAx- und EDM-Systemen: Während über letztere der gezielte Zugriff auf und die Einbindung der Daten in die Neukonstruktion erfolgt, übernehmen die CAx-Systeme die detaillierte weitgehend automatisierte Überprüfung der Kompatibilität der „Alt-Datensätze" mit den Daten der Neukonstruktion.

4.4.4.2 Aufbau eines Pools ausgetesteter funktionsfähiger Gesamtfahrzeugarchitekturen

Für die Zukunft wird vorausgesagt, dass Fahrzeugplattformen durch eine große Flexibilität gekennzeichnet sein werden. So sollen in neuen Fahrzeuggenerationen die Plattformen schrittweise verlängert oder verbreitert werden können, ohne dass das Verhalten eines Fahrzeugs signifikant beeinflusst wird.[469] Dadurch wäre es möglich, noch stärker unterscheidbare Fahrzeuge auf Basis einer einzigen Basisplattform zu entwickeln.

Der Erfolgsbeitrag einer DvA bestünde in diesem Szenario darin, mit dem Aufbau eines Pools funktionsfähiger Gesamtfahrzeugarchitekturen zu einer erheblichen Steigerung der Varietät im Fahrzeugportfolio beizutragen. Damit ist gemeint, dass das gesamte Fahrzeugkonzept hinsichtlich des Einsatzes alternativer Konfigurationen der Basisbestandteile (Fahrwerk, Cockpit, Antrieb etc.) frühzeitig analysiert, simuliert und schließlich optimiert wird.[470] Mit ausgetesteten Kombinationsmöglichkeiten verschiedener Aufbau- und Fahrwerksvarianten ließe sich dann unmittelbar mit abschließenden Tests und den Produktionsvorbereitungen beginnen, sofern ein neues Fahrzeugmodell auf den Markt gebracht werden soll.

4.4.4.3 Parallele Entwicklung mehrerer Modelle einer Baureihe

Durch den Aufbau von Pools funktionsfähiger Bauteilkombinationen und Gesamtfahrzeugarchitekturen können Entwicklungsprojekte bereits auf umfassende Vorleistungen aufsetzen, wodurch sich der Entwicklungsaufwand je Fahrzeugprojekt reduziert. Den eingesparten Aufwand können OEMs dazu nutzen, mehrere Modelle einer Baureihe parallel zu entwickeln. Die zeitgleiche Markteinführung der Modelle würde sich in einer sprunghaft erhöhten Varietät im Fahrzeugportfolio manifestieren.[471]

Welche quantitativ messbaren Erfolge Automobilhersteller mit einem solchem Vorgehen bisher bereits schon realisiert haben, zeigen Cusumano / Nobeoka in ihrer empirischen Untersuchung: Automobilhersteller, die in ihren Fahrzeugprojekten einen sog. „Concurrent technology transfer" anwenden - d.h. Fahrzeugprojekte bauen auf einer Plattform auf, die gerade erst

---

[469] Vgl. Kap. 3.4.4 und Hannemann (Künftig lässt Volkswagen keine Nische aus, 2001), S. 23.

[470] Dazu auch Picot / Reichwald / Wigand (Grenzenlose Unternehmung, 2001), S. 286: „Eine zentrale Rolle bei der Modularisierung spielen die neuen IuK-Techniken. Sie werden mit Recht vielerorts als die eigentlichen „Enabler" der prozessorientierten Reorganisation bezeichnet, da sie bisherige Grenzen der Beherrschbarkeit von zusammenhängenden Prozessen durch den Menschen sprengen und damit den Weg zu den heutigen Modularisierungskonzepten eröffnen."

[471] Als kostensparende „Nebeneffekte" der projektübergreifenden Bündelung der Entwicklungstätigkeiten sind hohe Gleichteileumfänge innerhalb einer Baureihe sowie die zeitlich synchrone Auslegung der Fertigungsstrukturen auf unterschiedliche Fahrzeuge realisierbar.

im Rahmen einer Neufahrzeugentwicklung erarbeitet worden, aber noch nicht im Markt eingeführt ist - konnten im Vergleich zu Herstellern mit weniger progressiven Technologietransfer-Strategien innerhalb eines Dreijahreszeitraums

- zwischen 37% und 68% stärker im Umsatz wachsen,
- zwischen 33% und 64% an Entwicklungsstunden einsparen,
- zwischen 12% bis 17% an Entwicklungszeit einsparen sowie
- ihren Marktanteil im Durchschnitt um 23% steigern.[472]

4.4.5 Erfolgsbeiträge in den Anforderungsdimensionen 5 und 6: Erhöhung der Entwicklungseffizienz

Die Erfolgsbeiträge der DvA zur Erhöhung der Entwicklungseffizienz, d.h. zur Beschleunigung der Entwicklungszeit und zur Reduzierung der Entwicklungskosten[473], sind im Vergleich zu den Optimierungspotenzialen in den bisher erörterten Anforderungsdimensionen anzahlmäßig am größten. Sechs Ansatzpunkte wurden identifiziert.[474]

4.4.5.1 Reduzierung des für die Erstellung der digitalen Produktmodelle notwendigen Modellierungsaufwands

Ein erster die Entwicklungseffizienz steigernder Ansatzpunkt betrifft die Reduzierung des für die Erstellung der digitalen Produktmodelle notwendigen Modellierungsaufwands. Die dieser Aufwandsreduzierung zugrunde liegenden Unterstützungsleistungen der DvA sind im Einzelnen:

(1) Automatisierte Varianten- und Anpassungskonstruktionen

Angesichts der Vielfalt der Fahrzeugvarianten und der Anforderung, neue Fahrzeuge schneller auf den Markt zu bringen, spielen Varianten- und Anpassungskonstruktionen eine zuneh-

---

[472] Vgl. Cusumano / Nobeoka (Multi-project management, 1998), S. 15 - 17, S. 117 - 129, S. 137 - 141 und S. 151. Neben dem „Concurrent technology transfer" unterscheiden die Autoren noch zwischen „New Design", „Sequential technology transfer" und „Design Modification". Vgl. ebenda, S. 9 - 14.

[473] Die durchschnittlichen Kosten für eine Neuentwicklung liegen bei einem Mittelklassewagen bei ca. 1 Mrd. EUR, inkl. der Kosten für Fertigungsanlagen. Vgl. Crabb (The virtual engineer, 1998), S. 16 und o.V. (Mercedes-Benz C-Klasse, 2000), S. 16.

[474] Die Auswirkungen von Änderungen in der Entwicklungszeit auf das Gewinnpotenzial hat die Volkswagen AG 1994 wie folgt prognostiziert: Während eine um sechs Monate verlängerte Entwicklungszeit das Gewinnpotenzial um ca. 33% reduziert, würde eine entsprechende Verkürzung der Entwicklungszeit um sechs Monate die Umsatzrendite um 12% steigen lassen. Für die Zeitdauer von drei Monaten belaufen sich die Schätzungen auf eine Gewinnreduzierung i.H.v. 13% bzw. eine Gewinnsteigerung i.H.v. 6%. Vgl. Spiess (Management von Automobilentwicklungen, 1994), S. 19.
Eine Ergänzung zu den nachfolgenden Ausführungen stellen die 1998 in einer Befragung ermittelten relativen Bedeutungen einzelner Technologien zur Kosten- und Zeitreduzierung dar, die aufgeführt sind in: Ernst & Young (Hrsg.) (Automotive product design and development delphi, 1998), S. 60. Eine Haupterkenntnis der Untersuchung besteht darin, dass auf einer Bewertungsskala von 1 („Sehr wichtig") bis 5 („Überhaupt nicht wichtig") alle Einzeltechnologien eine Bewertung zwischen 2,0 und 2,4 haben, dementsprechend also nahezu als gleichwertig beurteilt werden. Dies stimmt mit dem Ansatz einer DvA insofern überein, als dass sie ihr Potenzial nur dann ausspielen kann, wenn sämtliche Technologien miteinander verknüpft sind.

mend wichtigere Rolle.[475] Deren automatisierte Erstellung unterstützen die Technologien durch

- die digitale Verarbeitung der Anforderungsspezifikationen und die assoziative Verknüpfung der Konstruktionsdaten in den CAx-Systemen und
- deren Kopplung mit Wissensdatenbanken, in denen vordefinierte Baustrukturen, Abhängigkeitsverhältnisse und Konfigurationsoptionen aller bisher in Fahrzeugen eingesetzten Bauteile anhand von Klassifizierungssystemen und Sachmerkmalsleisten fortlaufend aktualisiert abgebildet sind.

Durch den automatisierten Rückgriff auf bereits ausgetestete und erprobte Komponenten wird zusätzlicher Modellierungsaufwand vermieden, die Komplexität im Entwicklungsprozess verringert und infolgedessen Entwicklungszeit und -kosten eingespart. Die Nutzung bereits vorhandener Komponenten kann dabei durch eine verbindliche Verankerung einer die Besonderheiten der Varianten- und Anpassungskonstruktion berücksichtigenden Vorgehensweise im Prozessmodell abgesichert werden. Darüber ist es möglich, den „Einfallsreichtum" der Konstrukteure auf die Fahrzeugbauteile zu fokussieren, bei denen eine vollständige Neuentwicklung wettbewerbsstrategisch sinnvoll ist und die Konstrukteure bei allen anderen Bauteilen dazu anzuhalten, ausschließlich auf bewährte, ggf. angepasste Lösungselemente zurückzugreifen.[476]

(2) Entlastung von Routine- und Vermeidung von nicht-wertschöpfenden Tätigkeiten

Eine in erster Linie entwicklungszeitreduzierende und die Produktivität der Mitarbeiter steigernde Wirkung erlauben EDM-Systeme durch (1) ihre umfassende Unterstützung der Mitarbeiter bei der Bearbeitung von Routineaufgaben (z.B. Kopier-, Archivierungs- und Informationsbeschaffungsarbeiten) und (2) den Entfall nicht-wertschöpfender Tätigkeiten in Form von Totzeiten, bedingt durch Informationsmangel und Datentransportzeiten, sowie Wiederholungszeiten, bedingt durch Datenaufbereitungen und -wiedereingaben. So kann z.B. durch die strukturierte Speicherung aller Informationsbestände und einen zeitlich konkurrierenden Zugriff darauf ein Zeitverzug in der Informationsbereitstellung vermieden und der bis zu 50% ausmachende Anteil der Informationsbeschaffung an der Gesamtzeit der Konstruktionstätigkeiten signifikant reduziert werden.[477]

Des Weiteren gewährleistet der Einsatz moderner Replikationsmechanismen mit einem logisch zentralen Datenmanagement und dem damit verbundenen Zugriffs- und Sicherungs-

---

[475] Dies wird durch Untersuchungsergebnisse unterstrichen, die darauf hinweisen, dass Varianten- und Anpassungskonstruktionen an der Gesamtanzahl der Konstruktionen den weitaus größten Anteil haben. Vgl. Birkhofer (Höhere Konstruktionslehre, 1994), S. KP2 und Grabowski / Gittinger / Schmidt (Informationslogistik für die Konstruktion, 1994), S. 49.

[476] Ein Lösungselement kann dabei elementar wie die Maschinenelemente Schraube oder Wellen-/Nabenverbindung, aber auch komplexen Ausmaßes wie ein Antriebssystem sein, bestehend aus mechanischen, elektrischen, elektronischen und regelungstechnischen Baugruppen.

[477] Vgl. Berliner Kreis e.V. (Hrsg.) (Neue Wege zur Produktentwicklung, 1998), S. 8.

schutz einen konsistenten Datenbestand, weil neu erzeugte oder geänderte Daten automatisch für alle am Entwicklungsprozess Beteiligten aktualisiert werden. Mitarbeiter können damit aus den digitalen Produktmodellen ihre problemspezifisch benötigten Daten ohne manuellen Konvertierungsaufwand mit optimaler inhaltlicher Qualität und Konsistenz extrahieren, so dass keine mehrfachen redundanten Datenaufbereitungen für unterschiedliche Sichten auf das Produktmodell mehr nötig sind. Durch die Vermeidung eines Medienbruchs entfällt ebenfalls die ansonsten notwendige mehrfache Dateneingabe, so dass Übertragungsfehler und damit Inkonsistenzen in der Datenbasis ausgeschlossen sind.

Für die „Kerntätigkeiten" eines Konstrukteurs steht demzufolge insgesamt mehr Zeit zur Verfügung, die entweder für qualitativ-funktional verbesserte Lösungen genutzt oder aber durch Wegfall der freiwerdenden Zeit in Form eines kürzeren Entwicklungsprozesses „verwendet" werden kann.

(3) Automatische Erstellung von Fertigungsunterlagen

Die Aufgabe der Fertigungsplanung besteht in der Umsetzung freigegebener Konstruktionsdaten in Prozessbeschreibungen für die Fertigung eines Produkts, welche die durchzuführenden Bearbeitungs-, Prüf- und Montageprozesse eindeutig beschreiben. Zeit- und Kosteneinsparpotenziale bietet diesbezüglich die in Kap. 4.3.3.4 beschriebene durchgängige CAD-CAM-Kopplung, die eine automatische Erstellung von Fertigungsunterlagen erlaubt.

Durch die 100%-ige Datenübernahme ist gewährleistet, dass durchgängig konsis-tente Datensätze verwendet und weiterverarbeitet sowie dadurch manuelle Übertragungsfehler ausgeschlossen werden können. Bei verkürzter Entwicklungszeit aufgrund des Wegfalls einer abermaligen Datenaufbereitung kann ein hohes Qualitätsniveau einer Bauteilkonstruktion unverändert in die Fertigung übernommen und ggf. weiter angereichert werden.

4.4.5.2 Reduzierung der Varianten- und Teilevielfalt

Eine Folge der automatisierten Varianten- und Anpassungskonstruktionen besteht in der Verringerung der Beschaffungs-, Logistik- und Verwaltungskosten auf Basis des reduzierten Spektrums unterschiedlicher Bauteile. In Bezug auf die Beschaffungskosten können Skaleneffekte im Einkauf realisiert, die Logistikkosten durch geringere Lagerhaltungskosten vermindert und die Kosten für die administrative Verwaltung der Bauteile analog der Verringerung der Teilevielfalt reduziert werden.

4.4.5.3 Reduzierung des Änderungsaufwands

Bei parallelisierten Abläufen in Entwicklungsprozessen als einen der Hauptstellhebel zur Verkürzung der Entwicklungsdauer ist es oft unumgänglich, mit der Arbeit auf Basis noch nicht gänzlich abgesicherter, vorläufiger Eingangsinformationen zu beginnen. Daraus ergibt sich ein erhöhtes Änderungsrisiko, welches durch die Verknüpfungskomplexität der einzelnen Fahrzeugmodule und die dadurch bedingten weitreichenden Auswirkungen von Änderungen

("Schneeball-Effekt") auch ein größeres Ausmaß einnehmen kann.[478] Untersuchungsergebnisse in der Automobilindustrie haben gezeigt, dass Änderungen bis zur Hälfte der Personalkapazität in der Entwicklung binden und in der gleichen Größenordnung für die Werkzeugkosten verantwortlich sind, was sich bei Fahrzeugprojekten auf mehr als 100 Mill. Euro aufsummieren kann.[479]

Folglich liegt in der professionellen Beherrschung des Änderungsmanagements ein wichtiger Effizienzstellhebel.[480] Die Möglichkeiten der DvA zur Reduzierung des Änderungsaufwands sind dreigestalt:

(1) Evaluierung von Konstruktionsergebnissen bereits in der frühen Technologiephase

Die frühzeitige Verfügbarkeit produktbeschreibender Daten und deren Akkumulation in digitalen Bauteilmodellen gestattet eine Simulation komplexer physikalischer Zusammenhänge schon während der frühen Technologiephase und die anschauliche Visualisierung der Ergebnisse am DMU.[481] Damit ist es möglich, Konstruktionsergebnisse bereits zu einem Zeitpunkt zu evaluieren, an dem noch keine Nachfolgeprozesse begonnen haben. Als Folge dieser frühzeitigen Rückmeldung über den Qualitätsstand der Konstruktionsarbeit liegt den sich anschließenden Aktivitäten eine Datenbasis mit einem hohem Reifegrad zugrunde, welches zu einer Vermeidung der aus fehlerhaften Eingangsinformationen resultierenden nachträglichen Änderungen beitragen kann.

(2) Interdisziplinäre Diskussionen und Beurteilungen am visualisierten virtuellen Produktmodell

„Heute diskutieren wir unsere Entwürfe und Konstruktionsänderungen bei den Koordinationsmeetings viel effizienter, weil wir sie interaktiv in Echtzeit visualisieren und abstimmen."[482] So lautet das Urteil eines Fahrzeugprojektleiters bei DaimlerChrysler. An dreidimensional visualisierten Fahrzeugmodellen können Mitarbeiter aus unterschiedlichen Fachbereichen und Unternehmen im Rahmen der Lösungsfindung interdisziplinär diskutieren, variieren, optimieren und testen. An die Stelle der herkömmlichen Untersuchungen an Styropor-

---

[478] Vgl. Lange (Treiber im Änderungswesen, 2002) und Terwiesch / Loch (Engineering change orders, 1999), S. 160: „Engineering Change Orders (ECOs) are also an outcome of the growing level of parallelity in today's development processes, where information-absorbing downstream activities often are started prior to the completion of information-supplying upstream activities and thus have to rely initially on preliminary information."
Das Änderungsrisiko wird auch dadurch erhöht, „dass die individuellen Problemlösefähigkeiten der Bearbeiter der zunehmenden Komplexität von Produkten und Entwicklungsprozessen bei steigender Dynamik und Variabilität der Entwicklungsaufgaben immer weniger gerecht werden." Allmansberger (Unterstützung von Änderungsprozessen, 2000), S. 2.

[479] Vgl. Terwiesch / Loch (Engineering change orders, 1999), S. 160f. und die dort aufgeführten Verweise.

[480] Zur Thematik des Änderungsmanagements inkl. der Hauptansatzpunkte zur Optimierung, wie z.B. Änderungsprävention, Änderungsselektion und effiziente Abwicklung von Änderungsprozessen vgl. umfassend: Allmansberger (Unterstützung von Änderungsprozessen, 2000) sowie in der Übersicht: Terwiesch / Loch (Engineering change orders, 1999) und Wildemann (Optimierung von Entwicklungszeiten, 1993), S. 207 - 226.

[481] Vgl. Meerkamm / Heynen / Schweiger (Integration von Berechnungen, 1999) und Trossin (Einsatzmöglichkeiten der Simulationstechnik, 1997), S. 6 - 9.

[482] o.V. (CAD-Simulation: Virtuelle Automontage, 1998), S. 44.

und Holzmodellen treten „virtuelle Werkstattgespräche"[483] an der Projektionswand. Durch die der virtuellen Betrachtungsweise inhärenten Kommunikationsfunktion sind konstruktive Fehler, Montage- und Demontageprozesse oder auch unterschiedliche Lösungsvarianten für alle Beteiligten genau vorstellbar, so dass folgende Effekte erzielbar sind:[484]

- Vermeidung von Missverständnissen und Fehldeutungen;
- Einfachere Bewältigung komplizierter Abstimmungsprozesse;
- Schnellere Reifung einer Produktidee;
- Frühzeitigere Absicherung der Konstruktionsergebnisse;[485]
- Erhöhung der Prozesssicherheit in der Anlaufphase der Fahrzeugproduktion.

Demgemäß lassen sich durch frühzeitige Berücksichtigung der Wünsche und Anregungen von (potentiellen) Kunden, Entwicklungs-, Fertigungs- oder Servicefachleuten spätere Änderungen wirkungsvoll vermeiden. Für den Fall der Berücksichtigung von Produktionsbelangen kann dies zu einem Kosteneinspareffekt von bis zu 1.300 US-$ je Fahrzeug führen.[486]

(3) Automatische räumliche Integritätsprüfungen mit direkten Rückkopplungsschleifen zu den verantwortlichen Konstrukteuren

Ein dritter Ansatzpunkt, den zeit- und kostenintensiven Änderungsaufwand zu reduzieren, resultiert aus der Funktionalität wissensbasierter CAD-Systeme, automatische Integritätsprüfungen für alle Fahrzeugbauräume durchführen zu können.[487] Mit Hilfe des automatischen Managements der Systemelement-Dependenzen kann nämlich jeder Entwickler außerordentlich schnell über Änderungen und Problemstellen (z.B. Bauraumkollisionen, Toleranz- und Abstandsüber- oder -unterschreitungen, Montageprobleme etc.) in seinem Konstruktionsumfeld in Kenntnis gesetzt werden, so dass dadurch weitere Arbeiten auf Grundlage eines veralteten Informationsstands umgehend unterbunden werden können.

---

[483] o.V. (Virtuelle Entwicklung, 2000), S. 71.

[484] Vgl. Crabb (The virtual engineer, 1998), S. 60, Encarnação et al. (Virtual Engineering, 1999), S. 150f., Göres (Digitaler Prozess, 2001), S. 49, Katzenbach / Lamberti (Prozesssicherheit entwickeln, 1998), S. 74 - 76, Kaufmann / Maashoff (Virtual product engineering, 2000), S. 158 und Merlis / Sylvester / Newton (Breakthroughs in E-Engineering, 2000), S. 34f.

[485] Z.B. lassen sich durch das grafische Ausblenden einzelner Teile eines Fahrzeugs, die Deformationszustände im Zeitablauf einer Crashsimulation und die Auswirkungen auf den Fahrzeuginnenraum erheblich besser erkennen und beurteilen. Vgl. Dahl / Chattopadhyay / Gorn (Importance of visualisation in concept design, 2001), S. 7.

[486] Vgl. Merlis / Sylvester / Newton (Breakthroughs in E-Engineering, 2000), S. 6. Die „Designed-In"-Produktionseinsparungen belaufen sich den Schätzungen in der Studie zufolge je Fahrzeug auf 1.300 US-$ für General Motors, 1.100 US-$ für Ford und 900 US-$ für DaimlerChrysler.
Ein in der Erprobungsphase liegendes technologieunabhängiges Optimierungspotenzial durch Integration der Produktion beschreibt Ziebart: Bei der aktuellen 3er Baureihe von BMW wurden „die Prototypen nicht von eigenen Mitarbeitern des Pilotwerkes aufgebaut, ... sondern von Mitarbeitern aus den Werken München und Regensburg. In regelmäßigen Abständen erfolgten systematisch aufbereitete und moderierte KVP-Runden, wie sonst nur in der laufenden Produktion üblich. Auf diese Weise wurde das Wissen der Fertigungsmitarbeiter direkter und früher in die Entwicklung eingebracht. Erhebliche Änderungskosten an Werkzeugen wurden gespart, da diese Vorschläge frühzeitig und nicht erst nach Serienanlauf gemacht wurden. Die Möglichkeit der Einflussnahme auf die Produktgestaltung steigerte auch die Motivation und Kreativität der Werker ganz erheblich." Ziebart (Fortschritte im Produktentstehungsprozess, 1998), S. 5.

[487] Je nach Größe des Bauraums kann auch die Anbindung an ein EDM-System notwendig sein, um die Datensätze der Bauräume miteinander zu verknüpfen.

Anstatt der bis zu 90 Tage, die traditionell vergingen, bis sich eine Änderung bspw. im gesamten Unternehmen DaimlerChrysler und bei den Zulieferern herumgesprochen hat, ist diese Zeitdauer bei Anwendung der beschriebenen Technologien auf wenige Stunden reduzierbar.[488] Einen ähnlichen Effekt erzielte Chrysler: Durch die Automatisierung der räumlichen Integritätsprüfungen bei der Entwicklung der Modelle „Concorde" und „Intrepid" wurden mehr als 1500 Überschneidungen, Passprobleme und andere kritische Punkte identifiziert und behoben, noch bevor der erste physikalische Fahrzeugprototyp gefertigt wurde.[489]

4.4.5.4 Beschleunigung der Problemlösungszyklen

Zur Herstellung eines Fahrzeugs sind iterative Design-Build-Test-Problemlösungszyklen durchzuführen. Zu deren beschleunigter Ausführung bietet die DvA zwei Ansatzpunkte:

1. Entkoppelung und zeitparallele Durchführung kooperativer Prozesse

Eine Beschleunigung der Problemlösungszyklen kann zunächst durch den kombinierten Einsatz der Workflow- und Telekooperationsfunktionalität von EDM-Systemen mit mehrfach replizierbaren virtuellen Prototypen erzielt werden. Die EDM-Systemfunktionalitäten ermöglichen den Automobilherstellern (a) die Wirkzusammenhänge zwischen den Prozessen (z.B. Freigabe- und Änderungsprozesse), den beteiligten Personen und den erforderlichen Daten datentechnisch zu hinterlegen[490] sowie (b) die Kontinuität von Arbeitsprozessen dadurch sicherzustellen, dass für Rückfragen zu Entwicklungsergebnissen nicht mehr bis zum nächsten Besuch vor Ort gewartet werden muss, sondern Entscheidungswege mittels ad-hoc durchgeführter Audio- und Videokonferenzen verkürzt werden können[491]. Demgegenüber gewährleistet die Nutzung mehrfach replizierbarer virtueller Prototypen die standortübergreifende Verfügbarkeit sämtlicher produktrelevanter Daten in konsistenter Form, was wiederum einen zeitgleicher Zugriff auf gleiche Informationseinheiten an verschiedenen Standorten und damit die kooperative Bearbeitung der Fahrzeugmodelle erlaubt. Durch diese technologischen Funktionalitäten sind wesentliche prozessual-strukturelle Voraussetzungen geschaffen, die einzelnen Aktivitäten im Leistungserstellungsprozess der Automobilentwicklung im Sinn des Simultaneous Engineering-Gedankens temporär zu entkoppeln und sie durch die beteiligten Mitarbeiter bei den Herstellern und Zulieferern zeitparallel durchführen zu lassen.

---

[488] Vgl. DaimlerChrysler AG (Hrsg.) (HighTech Report 2001, 2001), S. 92f.
[489] Vgl. o.V. (CAD-Simulation: Virtuelle Automontage, 1998), S. 44.
[490] Eine hohe Transparenz kann in diesem Zusammenhang insbesondere durch die Definition und Vergabe eindeutiger Stati (z.B. „in Arbeit", „geprüft", „freigegeben") geschaffen werden, anhand derer kontinuierlich der aktuelle Entwicklungsfortschritt ablesbar ist. Vgl. Doblies (Globales Produktdatenmanagement, 1998), S. 7 - 16 und S. 50 - 56, Encarnação et al. (Virtual Engineering, 1999), S. 146 und Eversheim et al. (Optimization of workflow, 1998).
[491] Vgl. Eversheim / Luczak (Hrsg.) (Telekooperation, 1999), S. 11f. und S. 124 - 139 für Anwendungsbeispiele in der Automobilindustrie sowie branchenunabhängig: Bullinger / Bröcker / Wagner (Verteilte Produktentwicklung, 1999), S. 15 - 17 und Wohlenberg (Gruppenunterstützende Systeme in F&E, 1993), S. 54f.

2. Beschleunigte Durchführung von Änderungen

Die Technologien der DvA ermöglichen nicht nur die Vermeidung von Änderungen durch frühzeitige Evaluierung von Konstruktionsergebnissen (vgl. Kap. 4.4.5.3), sondern erlauben darüber hinaus im Fall der Unabwendbarkeit von Änderungen auch deren beschleunigte Abwicklung. Dies ergibt sich aus zwei Faktoren: Zum einen können durch die Nutzung der virtuellen Prototypen verschiedene Bearbeiter unabhängig voneinander und zeitparallel am gleichen Datenmodell experimentieren. Damit wird die Frequenz und Anwendungsbreite von Simulationen erhöht, welches beschleunigt zu einer verdichteten Ergebnismatrix führt, die eindeutige Rückschlüsse auf die zu ergreifenden Problemlösungsmaßnahmen zulässt. Zum anderen wird die Effizienz bei der Änderungskonstruktion dadurch erhöht, dass durch die vergleichsweise frühe Fehlererkennung die „Einarbeitungszeit" in das Fehlerprofil für die Mitarbeiter sehr kurz ist.[492] Aus denselben Gründen sind ähnliche Effekte bei Änderungen in den Produktionsanlagen durch den Einsatz der DMF zu erwarten.

Während Chrysler bspw. im Jahr 1993 ohne leistungsstarke DMU- und EDM-Systeme für den Zusammenbau des Prototyps eines Antriebsaggregats eine Vielzahl von Versuchen und mehr als drei Wochen Zeit für Änderungen benötigte, fielen die Vergleichzahlen im Jahr 1998 bei Nutzung der Systeme mit einem Versuch und 15 Minuten Änderungszeit wesentlich geringer aus.[493]

4.4.5.5 Effizienzsteigerung im Prototypenbau

Im traditionellen Ablauf der Automobilentwicklung wird die geometrische, funktionale und fertigungstechnische Stimmigkeit des Fahrzeugs und seiner Bauteile in den einzelnen Entwicklungsphasen primär anhand von Hardware-Referenzen verifiziert. Demgegenüber werden Bauteilprototypen sowie vollständige Prototypenfahrzeugen bei Implementierung des idealtypischen Modells der DvA nur noch dann physisch gebaut, wenn vorher der Nachweis ihrer Funktionalität und wirtschaftlichen Herstellbarkeit am digitalen Modell erbracht worden ist: „Physical prototypes will evolve to the point where it will be standard practice to use them to validate computer-based mathematical models."[494] Da dadurch ganze physische Prototypenstufen ersatzlos wegfallen, ist mit erheblichen Einsparungen in Bezug auf die Entwicklungszeit und die -kosten zu rechnen. Dies gilt umso mehr, als der Bau von Prototypen auf dem kritischen Pfad der Fahrzeugentwicklung liegt und somit eine frühest- und schnellstmögliche Verfügbarkeit der Modelle einen signifikanten Einfluss auf die Entwicklungsdauer ausübt.

Die von den Automobilherstellern in diesem Zusammenhang prognostizierten Einsparungen fasst Abb. 57 zusammen. Danach lassen sich bspw. beim Crashtest die Kosten um bis zu 99% und die benötigte Zeit um bis zu 97% reduzieren. Ferner wird prognostiziert, dass die

---

[492] Vgl. o.V. (CAD-Simulation: Virtuelle Automontage, 1998), S. 44.
[493] Vgl. ebenda.
[494] Crabb (The virtual engineer, 1998), S. 32. Ähnlich in der Aussage auch: Katzenbach / Lamberti (Prozesssicherheit entwickeln, 1998), S. 74 - 76.

mit dem Einsatz virtueller Prototypen erzielbaren Vorteile dazu führen werden, dass im Jahr 2005 ca. 75% aller erstellten Prototypen nur noch virtuell existieren.

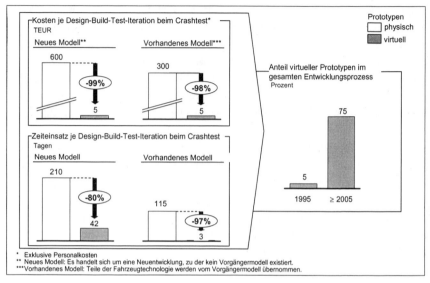

Abb. 57: Durch Einsatz virtueller Prototypen erzielbare Einsparpotenziale.[495]

4.4.5.6 Implementierung produkt- und prozessmodellbasierter Controllingsysteme

Automobilhersteller sehen sich heute Veränderungstendenzen gegenüber, die allesamt verlässliche Informationen über den Erfüllungsgrad zeitlicher und wirtschaftlicher Vorgaben während eines Fahrzeugprojekts erfordern:

- *Komplexität*: Steigende Anzahl von simultan durchgeführten Projekten und von Fahrzeugmodellen je Plattform;
- *Dynamik*: Kürzere Projektlaufzeiten und zunehmende Bedeutung einer kurzen „Time-to-market";
- *Kosten*: Verminderter Budgetspielraum und anspruchsvollere Zielsetzungen;
- *Entwicklungstiefe*: Zunehmende Verlagerung von Entwicklungsumfängen zu Zulieferern.

Zur Erhöhung der Entwicklungseffizienz bietet sich in diesem Zusammenhang der Einsatz produkt- und prozessmodellbasierter Controllingsysteme an, welche die in den vorausgehenden Kap. 4.4.5.1 bis 4.4.5.5 beschriebenen Ansatzpunkte um eine Überwachungs- und Steuerungskomponente ergänzen. In der Art eines „Entwicklungs-Cockpits" (vgl. Abb. 58) erlau-

---

[495] Die Daten sind entnommen aus: Encarnação et al. (Virtual Engineering, 1999), S. 148, Fujimoto / Thomke (Product development performance, 2000), S. 137, Krause et al. (Virtual product realization, 1998), S. 285 und o.V. (Spaziergang durch die Ideen, 2000), S. 86.
Details zum Ablauf und der Qualität der Crashtests bei OEMs sind zu finden bei: o.V. (C3P: Für Zulieferer zum Discount-Preis, 1998), S. 42 (Ford), o.V. (Finite-Elemente-Methode: Crash am Computer, 1999), S. 36 (BMW) und o.V. (Virtueller Crash-Test, 2000), S. 110 (DaimlerChrysler).

ben die Systeme, Abweichungen in der Produkt- und Prozessreife vom geplanten Soll-Stand anhand einer vordefinierten Reifegradmethodik automatisch zu identifizieren und anzuzeigen.[496] Grundvoraussetzung für die Realisierung der Controlling-Funktionalität ist der Einsatz eines wissensbasierten EDM-Systems, in dem alle Produkt- und Prozessdaten zusammenlaufen, die dann in einheitliche controllingfähige Daten zu transformieren sind.

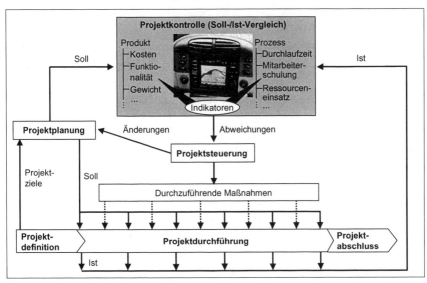

Abb. 58: *Prozess zur Beurteilung der Produkt- und Prozessreife im Projekt.*
(Quelle: Eigene Darstellung in Anlehnung an: Wißler (Qualitätslenkung in Entwicklungsprojekten, 2000), S. 72).

Durch periodische Synchronisierungen der Entwicklungsstände besteht für das Management die Möglichkeit, frühzeitig mit den Verantwortlichen im Unternehmen und bei den Zulieferern Gründe für Abweichungen des Ist- vom Soll-Stand zu diskutieren und nach Lösungsalternativen zu suchen.[497] Überraschende Zeit- oder Kostenüberschreitung zu den Hauptmeilensteinen können dadurch wirksam vermieden werden.

Im Einzelnen kann sich die Controllingfunktionalität sowohl auf die „Input-" als auch die „Output-Seite" von Entwicklungsprozessen erstrecken:

---

[496] Unter Produkt- bzw. Prozessreife soll die zeitliche Entwicklung des Produkts bzw. des Prozesses verstanden werden, in deren Verlauf eine Annäherung an vorgegebene Ziele erfolgt.

[497] Zwischen den Synchronisationspunkten sollten die Konstrukteure über genügend Freiräume verfügen, ihre Kreativität einzusetzen. Zu den Abstimmungszeitpunkten müssen die Ergebnisse dieses kreativen Prozesses jedoch messbar gemacht werden, um zielorientiert arbeiten zu können. Insofern stellt die mit den Controlling-Systemen angestrebte Kontrolle kreativer Prozesse keinen Widerspruch dar.

1. Controlling des „Outputs": Entwicklungsfortschritt-Controlling

Am Anfang eines jeden Fahrzeugprojekts wird der Ablauf des Entwicklungsprozesses inkl. der zu den Meilensteinen fertigzustellenden (Zwischen-)Ergebnisse festgelegt. Eine Möglichkeit, ein reifegradbezogenes (teil-)automatisiertes Controlling auf Basis der Produkt- und Prozessmodelle zu instrumentalisieren, besteht in der Überprüfung und Steuerung des angestrebten Entwicklungsfortschritts.[498] Zu diesem Zweck muss eine verbindliche prozessbegleitende Reifegradmethodik im Controlling-System abgebildet und die Mitarbeiter - auch die bei Zulieferern - zu definierten Zeitpunkten aufgefordert werden, den Stand ihrer Arbeit durch Vergabe eines bestimmten Status im System zu klassifizieren. Die zu bewertenden Arbeitsergebnisse können sich dabei auf die verbrauchte Entwicklungszeit, die Produktkosten und -funktionalität, das Gewicht von Bauteilen wie auch z.b. auf den Stand der Dokumentation der Arbeiten beziehen.

Gleichfalls ist es denkbar, das Einsatzgebiet der Controlling-Systeme auf das Anlaufmanagement auszudehnen.[499] Durch Analyse produkt- und prozessreifegradmessender Parameter (z.B. Produkt: Anzahl noch offener Bauteiländerungen, noch nicht vollständig fertiggestellter Serienwerkzeuge und noch nicht erreichter Leistungskennwerte; Prozess: Nacharbeitsquote, Qualifikationsniveau der Mitarbeiter) und deren Vergleich mit vorgegebenen Zielwerten kann ein stets aktueller Status des Serienanlaufs ermittelt werden. Da dieser Rückschlüsse darauf zulässt, welche Freiheitsgrade in der Steilheit und Form des Serienanlaufs unter Berücksichtigung angestrebter Ausbringungs- und Qualitätsziele existieren, können verschiedene Alternativen frühzeitig miteinander verglichen und nach Auswahl einer Alternative bei Bedarf Optimierungsanstrengungen gezielt angesetzt werden.

2. Controlling des „Inputs": Ressourcen-Controlling

Zur Beurteilung der Entwicklungsproduktivität müssen die durch den Ressourceneinsatz determinierten Entwicklungskosten als zweite Messgröße aufgenommen werden. Auf Grundlage der periodischen Eingabe der benötigten personellen, materiellen und finanziellen Ressourcen durch die Mitarbeiter kann das Controlling-System unter Einbeziehung vordefinierter Kostensätze den aktuellen und prognostizierten Zielerreichungsgrad ermitteln und diesen mit den vorgegebenen Werten vergleichen. Das Überschreiten von Grenzwerten wird dem Management automatisch signalisiert.

Mit der durch das Ressourcen-Controlling erzielbaren Prozesstransparenz und -stringenz ergeben sich zwei weitere positive Effekte. Zum einen bieten die Systeme eine Hilfestellung bei der Ableitung von auf Kernkostenniveau beruhenden Eingangsgrößen. Abb. 59 stellt die diesbezüglichen Optimierungselemente dar.

---

[498] Vgl. dazu auch Kraus (Beschleunigung Produktentstehungsprozess, 2000), S. 90 - 92.
[499] Vgl. Hessenberger / Späth (Serienreifegrad im Fokus der Entwicklung, 1998), S. 261 - 269.

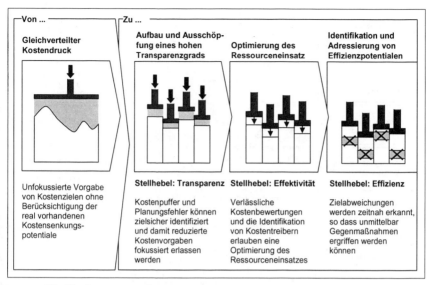

Abb. 59: Optimierungselemente eines „Input-orientierten" Controllingsystems.

Zum anderen stellen die Systeme bei konsequenter Nutzung und Pflege hervorragende Basisinstrumente für kontinuierliche Verbesserungsprozesse dar: Indem die Produkt- und Prozesserfahrungen aus jedem Fahrzeugprojekt immer wieder in die Systeme einfließen, kann die Steuerung der Fahrzeugentwicklung auf einer sukzessiv optimierten unternehmensspezifischen Wissensbasis aufsetzen. Auf diese Weise entwickeln sich die Controlling-Systeme zu einem hocheffizienten und -effektiven Verbesserungsinstrument.

4.4.6 Zusammenfassung

Abb. 60 fasst abschließend alle identifizierten Erfolgsbeiträge der DvA zusammen. Aus dieser Übersicht wird deutlich, dass die Technologien in der Lage sind, einen signifikanten Beitrag zur Optimierung aller geforderten Eigenschaften eines zukünftig wettbewerbsfähigen Fahrzeugs zu leisten.

Gleichfalls muss betont werden, dass es sich bei den Erfolgsbeiträgen zum Teil noch um Wunschvorstellungen handelt, da die Technologien, wie in Kap. 4.3.3 geschildert, durchweg Leistungslücken zum idealtypischen Leistungsniveau aufweisen. Dass die Automobilhersteller z.Zt. jedoch äußerst intensiv an der Entwicklung und dem Einsatz einer idealtypischen DvA arbeiten, ist vor dem Hintergrund der potentiellen Optimierungspotenziale mehr als verständlich.[500] Derjenige OEM, der es als Erster versteht, sich dem Ideal anzunähern, kann sich substanzieller Wettbewerbsvorteile sicher sein.

---

[500] Das Unternehmen BMW hat sogar seine Informationstechnik-Kompetenz in einer eigenen Gesellschaft, der Nexolab GmbH, gebündelt. Vgl. Maderner (E-Business Strategie, 2001), S. 28 - 30.

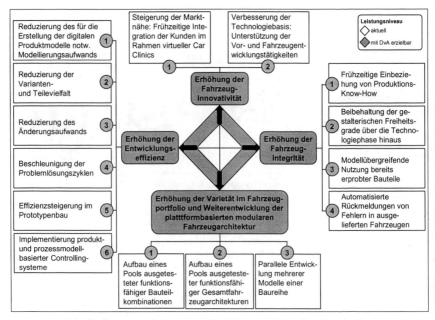

Abb. 60: Zusammenfassung der identifizierten Erfolgsbeiträge der DvA.

4.5 Den Technologieeinsatz flankierende Umsetzungserfordernisse zur Ausschöpfung der Erfolgsbeiträge einer durchgängig virtuellen Automobilentwicklung

In den seltensten Fällen stellt der alleinige Einsatz der IuK eine ausschließliche Quelle von Wettbewerbsvorteilen dar: Nicht die Technologien für sich garantieren Zielorientierung und Effizienz, sondern nur durch das Zusammenwirken aller Bestandteile eines IuK-Systems, welches sich aus technologischen, ablauf- und aufbauorganisatorischen sowie personellen Komponenten und den zwischen ihnen bestehenden Beziehungen zusammensetzt, können die in Kap. 4.4 geschilderten Erfolgspotenziale einer DvA - sozusagen das „Inkasso des Nutzens" - vollständig freigesetzt werden.[501]

Eine Vorgehensweise zur Einführung und Ausbau der virtuellen Produktentwicklung stellen vor: Encarnação et al. (Virtual Engineering, 1999), S. 161f. und Krause / Spur (Das virtuelle Produkt, 1997), S. 649 - 694.

[501] Zu den Komponenten eines IuK-Systems und der Bedeutung ihres Zusammenwirkens vgl. u.a. Dangelmaier / Gausemeier (Fortgeschrittene Informationstechnologie, 1996), Drüke (Politik und Informationstechnik, 1997), S. 46 - 51, o.S. (Vorwort), Fischer / Schmitt (Menschen, Organisation und Technik integrieren, 2002), Gabriel / Chamoni / Gluchowski (IuK-Systeme zur Unterstützung des Managements, 1995), S. 37 - 42, Picot / Reichwald / Wigand (Grenzenlose Unternehmung, 2001), S. 144f., Storath et al. (Das virtuelle Produkt im Prozeßnetz, 1998), S. 176 - 180 und Widmer (Optimierung der Produktentwicklung, 1997), S. 73 - 76. In diesem Zusammenhang sind auch die Ergebnisse eines Reengineering-Projekts innerhalb des Unternehmens EDAG, welches weltweit nahezu alle Kernbausteine einer DvA als Dienstleistung für OEMs anbietet (Umsatz 2001: 350 Mio. EUR, Mitarbeiterzahl: 3635), aufschlussreich: Ca. 20% der angestrebten Optimierung werden allein über neue Softwarelösungen erreicht, für die Ausschöpfung der restlichen 80% Optimierungspotenzial sind veränderte Abläufe und Denkweisen unabdingbar. Vgl. Ohlsen / Kleinhaus (EDM: Simulationsinseln vermeiden, 2000), S. 78. Zu ähnlichen Aussagen kommt auch Zechmann. Vgl. Zechmann (CAx-Techniken: Salto Mentale, 2000), S. 66 - 68.

Dieser, den Technologieeinsatz flankierenden Umsetzungsvoraussetzungen nimmt sich das vorliegende Kapitel an. Erörtert wird, welche konkreten Umsetzungserfordernisse in den genannten Gestaltungsdimensionen Ablauforganisation (*Kap. 4.5.1*), Aufbauorganisation (*Kap. 4.5.2*) und Mitarbeiter (*Kap. 4.5.3*) existieren.[502] Um Wiederholungen zu vermeiden, soll hingegen auf die technologischen Umsetzungserfordernisse nicht noch mal eingegangen werden. Dass zur Bewältigung der komplexen Aufgaben einer Fahrzeugentwicklung Technologien notwendig sind, die sich an der Benutzerschnittstelle durch eine hohe Bedienungsfreundlichkeit auszeichnen,[503] über eine ausreichende Grundleistungsfähigkeit[504] sowie über standardisierte Schnittstellen zum Datenaustausch zwischen verschiedenen Systemen verfügen, darauf wurde bereits in verschiedenen Zusammenhängen im Rahmen der Ausführungen in Kap. 4.3.3 hingewiesen. Gleichfalls nicht an dieser Stelle behandelt werden sollen kooperationsbezogene Umsetzungsvoraussetzungen (z.b. Zielkongruenz zwischen den Partnern, Vorgehenskompatibilität etc.), da diese weitgehend unabhängig vom Einsatz der DvA bei dem Eingehen und der Durchführung von Kooperationen erfüllt sein müssen. Die Erläuterung der Voraussetzungen erfolgt daher später in Kap. 5.2.3.

4.5.1 Ablauforganisatorische Umsetzungserfordernisse

Um die optimale Wertschöpfung aus dem Einsatz der DvA zu erzielen, muss der komplexe Ablauf der Automobilentwicklung mit den Möglichkeiten des integrierten Technologieeinsatz abgeglichen und anpasst werden.[505] Zur nutzenmaximierenden Verankerung der Technologie im Prozesskontext sind deshalb Anpassungsmaßnahmen durchzuführen, die eine Optimierung der der Entwicklung immanenten Problemlösungszyklen bewirken. Diesbezüglich wurden vier ablauforganisatorische Umsetzungserfordernisse identifiziert:

- Stärkere Formalisierung der Entwicklungsprozesse bei höherem Verbindlichkeitsgrad (Kap. 4.5.1.1),
- Gezielte Anreicherung des Informationsgehalts der Modelle um Daten aus der Nutzungsphase (Kap. 4.5.1.2),
- Anpassung der Entscheidungsprozeduren an die Verwendung virtueller Modelle als Freigabeinstrumente (Kap. 4.5.1.3),

---

[502] Für Fragen der Wirtschaftlichkeitsanalyse vgl. ausführlich Depolt (Wirtschaftlichkeitsanalyse von Telekooperation, 2000).

[503] Das „mentale Modell" des zu konstruierenden Bauteils im Kopf des Konstrukteurs muss möglichst schnell in ein qualitativ hochwertiges, weiterverarbeitbares Produktmodell umgesetzt werden. Dies ist maßgeblich von der Gebrauchstauglichkeit der Benutzungsoberfläche der Systeme abhängig, welche die Kreativität, Denk- und Arbeitsweise der Konstrukteure entweder bremsen oder beflügeln kann. Vgl. Widmer (Optimierung der Produktentwicklung, 1997), S. 76 - 82.

[504] Die Grundleistungsfähigkeit der Technologien lässt sich anhand von zwei Kriterien konkretisieren: Erstens ist eine hohe Schnelligkeit der Datenverarbeitung zu gewährleisten, so dass komplexe Aufgaben, wie z.B. ein virtueller Crashtest, in einer akzeptablen Zeit absolviert werden und die Ingenieure nach Auswertung der Ergebnisse unmittelbar mit iterativen Optimierungsschleifen beginnen können. Zweitens müssen die Ergebnisse einen so hohen Realitätsgrad aufweisen, dass sie (nahezu) deckungsgleich zu Tests an realen Prototypen sind. Dies erfordert exakte Berechnungsalgorithmen.

[505] Vgl. Braess / Seiffert (Hrsg.) (Kraftfahrzeugtechnik, 2000), S. 622f., o.V. (CAx-Pipeline: Durchgängige Datenwelten, 2000), S. 75 - 77 und o.V. (Virtuelle Entwicklung, 2000), S. 71.

- Verankerung eines kontinuierlichen Verbesserungsprozesses in der Prozessarchitektur (Kap. 4.5.1.4).

4.5.1.1 Stärkere Formalisierung der Entwicklungsprozesse bei höherem Verbindlichkeitsgrad

In Kap. 4.4.5.6 wurde herausgearbeitet, dass die Projektsteuerung und Entscheidungsfindung bei der DvA maßgeblich auf Basis der zentralen Informationsträger der Produkt- und Prozessmodelle erfolgt. Notwendige Voraussetzung dafür ist allerdings eine rechtzeitige Verfügbarkeit der digitalen Modelle in ausreichendem Reifegrad zu den jeweiligen Synchronisationspunkten, an denen die (virtuellen) Arbeitsergebnisse überprüft werden.[506] Bei Nichterfüllung dieser Bedingung ist eine hochgradige Fragmentierung der Informationsbasis vorgezeichnet, eine hohe Prozessintransparenz nahezu unvermeidlich und parallel verlaufende „Schattenprozesse" eine wahrscheinliche Konsequenz. Dies würde eine effektive Steuerung erschweren, wenn nicht gar unmöglich machen, und die potentiellen Erfolgsbeiträge einer durchgängigen Virtualität in das Gegenteil verkehren.

Zur Sicherstellung der Verfügbarkeit reifegradgerechter Produkt- und Prozessdaten stehen die Automobilhersteller damit vor der Herausforderung, einen im Vergleich zu einem konventionellen Entwicklungsprozess noch transparenteren und verbindlicheren Entwicklungsansatz zu gestalten. Zur Umsetzung dieser Anforderungen sind drei Anpassungsmaßnahmen als grundlegend anzusehen:

1. Verfeinerung und Konkretisierung der Meilensteininhalte

Zur Steuerung hochkomplexer Entwicklungsprozesse werden in der Unternehmenspraxis Strukturierungsansätze in Form meilensteingeprägter Phasenmodelle angewendet. Zur Steuerung einer DvA bedarf es im Vergleich zu diesen jedoch einer weitergehenden Verfeinerung und Konkretisierung der Inhalte von Meilensteinen: In dem Maß, in dem sich die Problemlösungszyklen durch die Virtualität beschleunigen, nimmt nämlich die Anzahl der Zwischenmeilensteine zu und die Abstände zwischen den Evaluierungen der erzielten (Zwischen-)Ergebnisse nehmen entsprechend ab. Um den damit verbundenen Zeitgewinn nicht wieder zu verlieren, muss den Verantwortlichen nicht nur im Detail klar sein, welche Ergebnisse zu den Hauptmeilensteinen zu erbringen sind, sondern auch und gerade, welche Ergebnisse zu jedem der Zwischenmeilensteine fertiggestellt sein müssen. Eine präzise, auf der Zeitachse detaillierte Definition der notwendigen Inhalte des integrierten Produktmodells leistet dabei wertvolle Dienste.

2. Stärkere Formalisierung der Schnittstellen im Entwicklungsprozess

Bei der DvA sind in die Problemlösungszyklen nicht nur Mitarbeiter der internen Entwicklungsabteilungen, sondern u.a. auch Mitarbeiter der Produktion sowie bei Lieferanten und

---

[506] Vgl. Balasubramanian / Winterstein (Digitale Fahrzeugentwicklung, 1998), S. 5.

Engineering-Dienstleistern eingebunden. Zur Vermeidung eines „Informations-Wirrwarrs" ist daher eine konsequente Lenkung der multiplikatorisch anwachsenden interdependenten Informationsflüsse unabdingbar. In einer stärkeren Formalisierung der Schnittstellen im Entwicklungsprozess inkl. einer für alle Beteiligten transparenten Übersicht zu den Informationsquellen, -senken und -flüsse als auch den geforderten individuellen Beiträgen der Beteiligten liegt in diesem Kontext eine wirkungsvolle organisatorische Klammerfunktion. Das Ziel muss darin bestehen, eine Transformation der Schnittstellen zu Nahtstellen im Entwicklungsprozess vorzunehmen.[507]

3. Höherer Verbindlichkeitscharakter der Meilensteininhalte und Schnittstellendefinitionen

Mit der Verfeinerung der Meilensteininhalte und der Formalisierung der Schnittstellen sind zwei wesentliche inhaltlich-methodische Voraussetzungen einer adäquaten Anpassung der Prozesse an den virtuellen Entwicklungsansatz geschaffen. Allerdings sichern die reinen Vorgaben noch nicht deren Anwendung und Befolgung ab. Dazu sind die Meilensteininhalte und Schnittstellendefinitionen noch als verbindlich für alle Beteiligten zu deklarieren. Mit der Motivation aller Beteiligten und der Freude an der gemeinsamen Arbeit und am gemeinsamen Produkt allein kann ein solch hochkomplexes Prozessnetzwerk wie die DvA nicht beherrscht werden.[508]

Die Schaffung eines ausreichenden Rollen- und Verantwortungsbewusstseins für die virtuellen Aufgaben kann dadurch gelingen, dass mit den Prozessbeteiligten Regeln, Verantwortlichkeiten und Referenzabläufe präzise vereinbart und dokumentiert und darüber hinaus zur Disziplinicrung mit einem entsprechenden Inzentivierungssystem hinterlegt werden.[509] Insgesamt wird mit den skizzierten Anpassungen ein Entwicklungsprozess gestaltet, der sich durch alternierende Phasen der Problemlösung und der Stabilisierung auszeichnet, wobei insb. letztere im Vergleich zu einem konventionellen Ablauf stärker reglementiert sind.[510]

4.5.1.2 Gezielte Anreicherung des Informationsgehalts der Modelle um Daten aus der Nutzungsphase

Bisher endete die Integration von Aktivitäten und Prozessen im Fahrzeugentwicklungsprozess am Ende der Anlaufphase nach Erreichen der Kammlinie.[511] Zur Ausschöpfung der Potenzia-

---

[507] Vgl. Stanke / Berndes (Simultaneous Engineering, 1997), S. 16f.

[508] Diese Annahme steht im Gegensatz zur mittlerweile vier Jahre alten Aussage des ehemaligen BMW-Entwicklungsvorstands Ziebart: „Die Freunde an der gemeinsamen Arbeit und am gemeinsamen Produkt setzt bei den Mitarbeitern größere Energien frei und führt die Abläufe in eine bessere Richtung als sie noch so gute Kontrollinstrumente je erreichen können." Ziebart (Fortschritte im Produktentstehungsprozess, 1998), S. 6.

[509] Vgl. Trilk (DMU - Die nächste Herausforderung, 2001), S. 42.

[510] Vgl. dazu die Änderungen im Entwicklungsprozess bei Boing, beschrieben in: Fujimoto / Thomke (Product development performance, 2000), S. 135f. sowie das Mercedes-Benz-Development-System (MDS), in dem die vorgestellten Umsetzungserfordernisse punktuell bereits Eingang gefunden haben, vorgestellt in: Goroncy (Engineering/Prototyping, 2001), S. 64 - 67.

[511] Unter der Kammlinie ist die angestrebte maximale Produktionsmenge der Fahrzeuge zu verstehen.

le der DvA müssen diese Grenzen im Sinn des Produktlebensphasen-Ansatzes entlang der Wertschöpfungskette weiter abwärts über die Fahrzeugwartung bis hin zum Recycling und der Entsorgung der Fahrzeuge verschoben werden.[512]

Bedarfsgetrieben ergibt sich die Reichweitenausweitung aus der Notwendigkeit, Erkenntnisse aus Feldfehler durch einen geschlossenen Rückkopplungsprozess wieder in die Entwicklung zurückzuspielen, um Fehler umgehend zu beheben und lerninduziert in nachfolgenden Fahrzeuggenerationen zu vermeiden.[513] Die vollständige datentechnische Abdeckung der Gesamtprozesskette durch die Simulationen von (De-)Montage-, Wartungs-, Recycling- und Entsorgungsaspekten an den Fahrzeug-DMUs stellt das dazu notwendige technologische Grundgerüst dar.

4.5.1.3 Anpassung der Entscheidungsprozeduren an die Verwendung virtueller Modelle als Freigabeinstrumente

Die dritte notwendige ablauforganisatorische Anpassungsmaßnahme betrifft die Art und Weise der Nutzung virtuell abgesicherter Ergebnisse als Freigabeinstrumente. Um die entwicklungskosten- und -zeitsparende Substitution physischer durch virtuelle Prototypen im Entwicklungsprozess zu reflektieren, müssen konsequenterweise Freigabeentscheidungen auch auf Basis virtueller Ergebnisse (geometrische Gestalt, Berechnungen etc.) getroffen werden bzw. im Umkehrschluss, die Freigabeabläufe auf Basis von Versuchen an realen Prototypen wegfallen. Ansonsten sind parallel verlaufende, einerseits auf virtuellen, andererseits auf realen Tests basierende „Doppelprozesse" die Folge.

Die konsequente Substitution betrifft insb. die Technologiephase, in der durch Simulationen (noch) nicht vollständig abbildbare Integrationsaspekte eine sekundäre Rolle spielen: Bei hohem Reifegrad und guter Aufbereitung der in den digitalen Produktmodellen vorhandenen Basisdaten kann den dortigen Freigabeprozessen in den meisten Fällen eine im Vergleich zu physischen Prototypen mindestens gleichwertige Informationsbasis zugrunde gelegt werden.

4.5.1.4 Verankerung eines kontinuierlichen Verbesserungsprozesses in der Prozessarchitektur

Bei der DvA handelt es sich um einen Entwicklungsansatz, dessen idealtypische Umsetzung für alle Automobilhersteller Neuland bedeutet. Infolgedessen wird es unternehmensindividuell entlang des Transformationspfads mit hoher Wahrscheinlichkeit zu Unzulänglichkeiten kommen. Für eine vollständige Ausschöpfung der Erfolgsbeiträge müssen die Hersteller deshalb gezielt Optimierungsmaßnahmen umsetzen.

Die Identifikation, Bewertung und Realisierung der Maßnahmen darf dabei keinen primär und allein auf Zufall zurückzuführenden „Einwegcharakter" haben, sondern muss fundamental in einem kontinuierlichen Verbesserungsprozess verankert sein, um den Gradienten der

---

[512] Zum Produktlebensphasen-Ansatz vgl. z.B. Specht / Beckmann / Amelingmeyer (F&E-Management, 2002), S. 50f.
[513] Für eine Übersicht zu den häufigsten Pannenursachen im Jahr 2000 vgl. ADAC (Pannenursachen im Jahr 2000, 2001), S. 15. Elektrik/Elektronikfehler führen die Liste mit einem Anteil von 32% an.

Potenzialausschöpfung auf hohem Niveau zu stabilisieren. Diese Schwerpunktsetzung ist hier deshalb hervorzuheben, da bei einem solch komplexen Vorhaben wie dem der vollständigen Implementierung einer DvA in der Summe der „kleinen Verbesserungen" ein erhebliches, gleichzeitig aber auch vergleichsweise schnell realisierbares Optimierungspotenzial verborgen ist. Bei Reengineering-Projekten dieser Art können die Mitarbeiter meist schon kurz nach der Einführung der neuen Prozesse erkennen, ob die theoretisch ermittelten optimalen Abläufe auch den Praxistest bestehen und an welchen Stellen Änderungen im Prozess einen reibungsloseren Gesamtablauf gewährleisten würden.

4.5.2 Aufbauorganisatorische Umsetzungserfordernisse

Parallel zur Notwendigkeit, die Entwicklungsprozesse anzupassen, besteht gleichfalls ein Neugestaltungsbedarf in der Aufbauorganisation. Dieser resultiert in erster Linie aus der Anforderung einer kontinuierlichen Adjustierung der beiden organisatorischen Gestaltungsebenen.

Als aufbauorganisatorische Anpassungsmaßnahme zur Zentralität der Produkt- und Prozessmodelle im Ablauf der Fahrzeugentwicklung ist eine Bündelung der Querschnittsaufgaben zur Verwaltung und Pflege der Modelldaten anzugehen (Kap. 4.5.2.1). Durch eine Transformation der plattformorientierten zu einer eigenschaftsorientierten Aufbauorganisation wird der durch eine verstärkte Individualität gekennzeichneten Weiterentwicklung der Fahrzeugarchitekturen Rechnung getragen (Kap. 4.5.2.2).

4.5.2.1 Bündelung der Querschnittsaufgaben zur Verwaltung und Pflege der Produkt- und Prozessmodelldaten

In der DvA stellen die Produkt- und Prozessmodelle die zentralen Informationsobjekte zur Manipulation, Abstimmung und Steuerung dar. Durch ihre entscheidende Bedeutung bedarf ihre Verwaltung und Pflege daher eines professionellen und ganzheitlichen Informationsmanagements. Dessen Aufgaben bestehen dabei im Allgemeinen darin, Informationen im Unternehmen (1) effektiv (zielgerichtet) und (2) effizient (wirtschaftlich) einzusetzen und (3) adäquate Konzepte zur Nutzung der Potenziale der IuK auszuarbeiten.[514] Unter „ganzheitlich" soll verstanden werden, dass sämtliche Integrationsebenen (Prozesse, Funktionen, Projekte, Kooperationspartner) über die gesamte Fahrzeuglebensphase Berücksichtigung finden.

Konkret bezogen auf die Fahrzeugentwicklung heißt dies, dass das genannte Aufgabenspektrum des Informationsmanagements eine aufbauorganisatorische Lösungsvariante erfordert, in der grundsätzliche „DMU-Querschnittsfunktionen" wahrgenommen werden, um die Koordination aller Aktivitäten sicherzustellen. Als Beispiele für solche Querschnittsaufgaben können genannt werden:[515]

---

[514] Vgl. Picot / Reichwald / Wigand (Grenzenlose Unternehmung, 2001), S. 144f.
[515] Die Beispiele beruhen auf Informationen zu einem Vorhaben des Unternehmens Audi. Vgl. Brüning (DMU im Produktentwicklungsprozess bei Audi, 1998), S. 447f.

- Integration der DMU-Arbeitsweise in die Konstruktionsteams und der virtuellen Freigabeprozesse in die Meilensteinbesprechungen;
- Sicherstellung der Verfügbarkeit der aktuellen Daten nach den vorgegebenen Terminplänen zur Durchführung von Evaluierungen;
- Systematisches Zusammenspielen, Kontrollieren, Dokumentieren und Visualisieren der DMU-Daten;
- Dokumentation und Klärung der Probleme mit den Konstrukteuren;
- Regelmäßige Online-DMU-Präsentationen in Projektgesprächen;
- Kontinuierliche Verbesserung der DMU-Methodik.

Durch die unmittelbare Nähe zu den jeweiligen Fahrzeugprojektinhalten sollten alle Querschnittsaufgaben durch ausgewählte Projektteammitglieder wahrgenommen und nicht an zentrale IT-Abteilungen delegiert werden. Die Anzahl der Teammitglieder und ihre genaue organisatorische Anbindung ist jedoch aufgrund der Vielzahl von Einflussparametern nur situativ bestimmbar.

4.5.2.2 Ausrichtung der modularen Produktentwicklungsorganisation nach Fahrzeugeigenschaften

In Kap. 3.4.4 wurde aufgezeigt, dass die aktuellen Fahrzeugkonzepte stark plattform- und modulgetrieben sind und sich in Zukunft diese Architektur in noch weit größerem Ausmaß durchsetzen wird, um Individualität und Kostenbeherrschung in Einklang zu bringen. Um bei diesen Fahrzeugkonzepten simultane Entwicklungsprozesse durch gleichzeitige Arbeit an mehreren Modulen und an Kundenwünschen orientiert durchführen zu können, ist die heutige Aufbauorganisation anzupassen (vgl. Abb. 61).

1. Aktuelle Ausprägung der modularen Produktentwicklungsorganisation

Bereits vor einigen Jahren haben Automobilhersteller damit begonnen, projektbezogen Strukturen zu schaffen, bei denen die Grenzen der unternehmensinternen Organisationseinheiten isomorph um die technischen Bauteile herum gezogen sind (Kongruenz von Aufbauorganisation und Fahrzeugarchitektur).[516] Elemente dieser auch als „modulare Produktentwicklungsorganisation" bezeichneten Organisationsform finden sich heute bei nahezu allen Automobilherstellern - übrigens auch in der zwischenbetrieblichen Organisationsstruktur - mit zunehmend höherem Durchdringungsgrad wieder.[517] Beim „Smart", als eines der bekanntesten Pio-

---

[516] Vgl. Diez (Automobilmarketing, 2001), S. 149 und Pfaffmann (Kompetenzbasiertes Management, 2001), S. 256 - 259.
[517] Vgl. Cusumano / Nobeoka (Multi-project management, 1998), S. 52 - 99 und Köth (Virtuelle Vorläufer, 2001), S. 39. Demgegenüber war 1998 z.B. bei DaimlerChrysler die Gestaltung der Produktarchitekturen noch keine aktiv beeinflusste Variable im Produktentwicklungsprozess. Die Baustruktur eines neuen Fahrzeugmodells beruhte vielmehr auf dessen Vorgängermodell und blieb so weit wie möglich unverändert. Vgl. Göpfert (Modulare Produktentwicklung, 1998), S. 216. Zu den Problemen, ein Automobil in eindeutige Module zu zerlegen und dem Bedarf, Querschnittsfunktionen einzurichten vgl. auch: Pfaffmann (Kompetenzbasiertes Management, 2001), S. 260f. und die dortigen Zitate und Verweise.

nierbeispiele, bestanden die Module z.B. aus (1) Karosserie und Ausstattung, (2) Cockpit- und Front-Modul, (3) Fahrwerk, (4) Antrieb sowie (5) Türen, Klappen und Dach.[518]

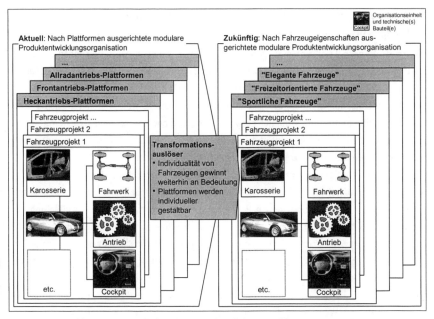

Abb. 61: *Eigenschaftsorientierte Produktentwicklungsorganisation.*

Eine projektübergreifende aufbauorganisatorische Entwicklungsstufe besteht in der Ausrichtung der Gesamtorganisation nach Plattformen, um einen maximalen Technologietransfer zwischen verschiedenen, jedoch auf der gleichen Plattform als bestimmenden Fahrzeugbestandteil aufbauenden Projekten abzusichern. So hat sich Toyota im Jahr 1993 als wohl erster Automobilhersteller entlang von drei sog. „Vehicle development center" organisiert, in denen auf gleichen Plattformen aufbauende Fahrzeugprojekte organisatorisch gebündelt und bis zu fünf Projekte gleichzeitig bearbeitet werden: Center 1: Heckantriebs-Fahrzeuge, Center 2: Frontantriebs-Fahrzeuge, Center 3: Multi-Purpose- und Van-Fahrzeuge.[519] Im Jahr 1998 folgte z.B. Chrysler mit der Strukturierung der Organisation nach den Plattformen (1) Small car,

---

[518] Vgl. Pfaffmann (Kompetenzbasiertes Management, 2001), S. 44f. Zu den organisatorischen Problemen beim Smart-Projekt (zu geringe technische Unabhängigkeit, unklare Definition der Schnittstellen sowie nicht vorhandene Integration von Querschnittsfunktionen und organisatorisch nicht adressierte Optimierung des Gesamtfahrzeugs) vgl. ebenda, S. 45 - 48.

[519] Vgl. Cusumano / Nobeoka (Multi-project management, 1998), S. 20 - 26 und S. 31 - 33. Ein vierter Entwicklungs-Center entwickelt Komponenten, die plattformübergreifend eingesetzt werden. Vgl. ebenda, S. 31 - 33 und S. 38 - 40. Toyota konnte seine durchschnittlichen Entwicklungskosten je Projekt bspw. um 40% reduzieren; Auch ein Verdienst des aufkommenden „Inter-Center-Wettbewerbs." Vgl. ebenda, S. 44 - 48.

(2) Large car, (3) Minivan, (4) Truck und (5) Jeep.[520] Andere Automobilhersteller befinden sich z.Zt. in der Entscheidungs- oder Implementierungsphase.[521]

2. Anforderungskongruente Weiterentwicklung der modularen Produktentwicklungsorganisation

Während die nach Plattformen ausgerichtete modulare Aufbauorganisation einen adäquaten Lösungsansatz für die aktuellen Fahrzeugarchitekturen darstellt, muss vor dem Hintergrund einer in Zukunft verstärkten Variabilität der einzelnen Plattformen eine entsprechende Evolution der Organisationsarchitekturen nachfolgen. Da Fahrzeuge trotz gleicher Basisplattform fahrzeugarchitektonisch individueller gestaltet werden können, nimmt die Bedeutung der organisatorischen Ausrichtung an Plattformen im Vergleich zur Ausrichtung an dem marktseitig geforderten Individualitätscharakter von Fahrzeugen ab.

Eine Lösungsoption für diese dritte, und bisher noch durch keinen OEM realisierten Entwicklungsstufe, besteht in einer projektübergreifenden „eigenschaftsorientierten Aufbauorganisation", die an die Stelle der reinen Plattformausrichtung tritt. Durch eine Bündelung von Organisationseinheiten - und damit spezifischen Kompetenzen - um Kerneigenschaften von Fahrzeugen herum, z.B. um die Fahrzeugeigenschaften „sportlich", „elegant", „freizeitorientiert" etc., besteht die Möglichkeit, (1) über einen eigenschaftsorientierten Kompetenztransfer die Kundenanforderungen in den Mittelpunkt der Entwicklungstätigkeiten zu stellen und (2) eine Fahrzeugmarke mit einer durchgehend konsistenten Fahrzeuggestaltung „auszustatten". Beides würde die Wettbewerbsfähigkeit eines Automobilherstellers signifikant verbessern können und einen Beitrag zu dem von Cusumano / Nobeoka genannten Organisationsdilemma leisten: „... companies need to solve a delicate strategic and organizational dilemma: how to integrate different engineering functions to create distinctice individual products while sharing technologies and coordinating multiple projects."[522]

Der Bezug der eigenschaftsorientierten Aufbauorganisation zur DvA besteht in ihrem gegenseitigen Abhängigkeitsverhältnis: Zum einen wäre ohne die Virtualität die Umsetzung dieser komplexen Organisationsform überhaupt nicht möglich; Ohne eine rechnerbasierte Steuerung der Entwicklungsabläufe stünden die benötigten Ressourcen in keinem Verhältnis zum erzielbaren Ergebnis. Zum anderen kann mit der Organisationsform das maximal erreichbare Potenzial einer virtuellen Entwicklung überhaupt erst ausgeschöpft werden, da gerade in der Individualisierung der Fahrzeuge ein entscheidender Wettbewerbsstellhebel liegt. Insofern ist die eigenschaftsorientierte Aufbauorganisation zugleich eine Auswirkung von und ein Umsetzungserfordernis für die DvA.

---

[520] Vgl. Thompson (Simulation in new ehicle development, 1998), S. 384.
[521] Diese Erkenntnis beruht auf der eigenen Durchführung von Projekten bei Automobilherstellern sowie Gesprächen mit Unternehmensvertretern. Aus Vertraulichkeitsgründen können an dieser Stelle jedoch keine Firmennamen genannt werden.
[522] Cusumano / Nobeoka (Multi-project management, 1998), S. 186f.

4.5.3 Mitarbeiterbezogene Umsetzungserfordernisse

Um dem Ziel der DvA näher zu kommen, sind neben den organisationalen Modifikationen ebenso diverse Voraussetzungen bei jedem einzelnen Mitarbeiter zu schaffen. Damit diese als Anwender der Technologien deren Potenzial ausschöpfen können, müssen sie einerseits in die Lage versetzt werden, die Technologien überhaupt produktiv anzuwenden („Können-Komponente") und andererseits deren Einsatz aktiv forcieren („Wollen-Komponente"). Als Umsetzungserfordernis formuliert, bedeutet dies:

- *„Können-Komponente"*: Sicherstellung einer ausreichenden Qualifikation der Mitarbeiter zur Anwendung der Technologien (Kap. 4.5.3.1),
- *„Wollen-Komponente"*:
  a. Akzeptanzschaffung: Erhöhung des Vertrauens in die virtuellen Ergebnisse (Kap. 4.5.3.2)
  b. Prozessübergreifende Nutzung: Wandel in der Arbeitsphilosophie in Richtung der Weitergabe und Verarbeitung teilfertiger Informationen (Kap. 4.5.3.3).

4.5.3.1 Weiterqualifizierung der Mitarbeiter

Zur Erschließung der Erfolgsbeiträge einer DvA liegt in einem unzureichenden Qualifikationsniveau der Mitarbeiter ein hochgradig limitierender Faktor. Ohne über die Anwendungsbreite und -tiefe der Systeme im Detail fundiert informiert zu sein und somit die Leistungsfähigkeit der Systeme auch in Ergebnisse transformieren zu können, bleibt der Technologieeinsatz wirkungsarm. Um mit den neuen Werkzeugen angemessen umgehen können, sind die Mitarbeiter daher zumindest in drei Richtungen weiterzuqualifizieren:

- Umfassende Vermittlung aller Systemfunktionalitäten;
- Integration individuellen Wissens in die Systeme: Den Mitarbeitern sind geeignete Wege aufzeigen, das eigene Wissen und die eigenen Erfahrungen als „Eingangsdaten" in die Systeme effizient und effektiv einzubringen. Auf die langjährigen Erfahrungen ihrer vielen Ingenieure und Konstrukteure werden die OEMs trotz IuK auch in Zukunft nicht verzichten können;[523]
- Ausbau von Expertenwissens: Da Simulationsergebnisse nur so gut sein können, wie die zugrunde liegenden Eingangsdaten für die jeweilige Softwarelösung, z.B. Steifigkeiten, Dämpfungen, Reibungen, Wärmeleit- und -übergangszahlen etc.,[524] ist das ingenieurwissenschaftliche Expertenwissen kontinuierlich auszubauen.

---

[523] Vgl. Katzenbach / Lamberti (Prozesssicherheit entwickeln, 1998), S. 74 - 76. Ähnlich auch schon Clark / Fujimoto (Automobilentwicklung, 1992), S. 321: „Engineering ... wird kein kaltes, von Computern oder einer archaischen Organisation von Handwerkern dominiertes System sein, sondern ein intelligentes System aus neuester Elektronik, menschengerechter Technologie und höchst erfahrenden Menschen."

[524] Vgl. Beutner et al. (Modellierung und Simulation, 1998), S. 416f.

4.5.3.2 Erhöhung des Vertrauens in die virtuellen Ergebnisse

Eng verbunden mit einer hohen Entscheidungsbereitschaft auf Basis der Ergebnisse von Simulationstools - „immer mehr Entscheidungen bis hinauf zum Vorstand sollen an der „Powerwall" getroffen werden"[525] - ist die Schaffung von Vertrauen in die ermittelten Ergebnisse auf Seiten der Mitarbeiter.[526] Ohne dieses Vertrauen ist nicht auszuschließen, dass sich Parallelorganisationen für „virtuelle" und „reale Entwicklungen" etablieren und an die Stelle eines schnellen und zielorientierten Vorgehens zeitraubende und ergebnisverwässernde Diskussionen um den Absicherungsgrad der Simulationsergebnisse treten.

OEMs müssen es daher schaffen, die grundsätzliche Einstellung bei den Mitarbeitern zu verankern, dass sich virtuelle Methoden aufgrund ihres Leistungspotenzials in vielen Bereichen gegen die physischen Verfahren durchsetzen werden und sich die Arbeitsweisen entsprechend anzupassen haben. Dies erfordert jedoch einen „Salto Mentale", einen geistigen Sprung aller am Entwicklungsprozess Beteiligten.[527] Sie müssen bereit sein, sich in den digitalen Welten zu bewegen und zu arbeiten. Nur wenn die virtuellen Methoden zum täglichen Arbeitsinstrument der Mitarbeiter werden, kann durch das Erleben der Funktionsweise und des hohen Absicherungsgrads ein hoher Akzeptanzgrad erzielt werden.

Der Anspruch dieser Aufgabe darf dabei nicht unterschätzt werden: „Es geht .. um die Veränderung von Menschen und von etablierten Wertvorstellungen im Unternehmen, die nach allen vorliegenden Erfahrungen nur mit Geduld sowie konsistenter Kommunikation und Vorbildfunktion durch das Management erfolgreich gestaltet werden kann."[528]

4.5.3.3 Wandel in der Arbeitsphilosophie

Die Durchführung beschleunigter Problemlösungszyklen in simultan ablaufenden Entwicklungsprozessen verlangt nach Mitarbeitern, die auf frühzeitige Aktionen vorbereitet und daher auch bereit sind, teilfertige Arbeiten an alle parallel arbeitende Teams freizugeben und andererseits verantwortlich und vertrauenswürdig mit von anderen zugesandten Daten umzugehen: „Perfektionismus bzw. Voreingenommenheit unter den Ingenieuren wird dem Geist der integrierten Problemlösung nicht gerecht."[529]

In der Ausbildung eines gemeinsamen Konsens über diese Art der Arbeitsphilosophie sowie in einem Grundverständnis über die jeweiligen Aufgabenbereiche der Partner im Entwicklungsprozess liegen dabei zwei Grundpfeiler für ein globales und simultanes partnerschaftliches Arbeiten an einem gemeinsamen Fahrzeugprojekt.

---

[525] So die Aussage von Prof. Balasubramanian, Direktor der Mercedes-Benz PKW-Entwicklung, zitiert in: o.V. (Wie Pioniere neue Positionen sichern, 2001), S. 8. Vgl. auch Kap. 4.5.1.3.
[526] Vgl. auch Picot / Reichwald / Wigand (Grenzenlose Unternehmung, 2001), S. 298f. und S. 329 - 331 sowie Storath / Schellhammer (Neue Unternehmenskultur und -organisation, 2000), S. 44 - 46.
[527] Vgl. Zechmann (CAx-Techniken: Salto Mentale, 2000), S. 66 - 68.
[528] Storath / Schellhammer (Neue Unternehmenskultur und -organisation, 2000), S. 46.
[529] Clark / Fujimoto (Automobilentwicklung, 1992), S. 238. Vgl. auch Crabb (The virtual engineer, 1998), S. 120f.

4.6 Resümee und Ausblick

Es konnte aufgezeigt werden, dass der gesamthafte Lösungsansatz der DvA bei idealtypischer Umsetzung ein beachtliches Optimierungspotenzial entlang aller der sechs identifizierten fahrzeugseitigen Anforderungsdimensionen freisetzen kann. Der Technologieeinsatz hat damit zurecht den Status eines bedeutsamen strategischen Stellhebels im Wettbewerb.

Gleichfalls wurde jedoch auch aufgezeigt, dass im Status quo die potenziellen Erfolgsbeiträge des durchgängig virtuellen Entwicklungsansatzes von den OEMs noch nicht ausgeschöpft werden (können) und insofern die nicht unerhebliche Menge sehr positiver Darstellungen in der Literatur zu relativieren ist. Bei allen Technologien konnten Leistungslücken zum Idealzustand identifiziert werden, die es aus Sicht der OEMs gilt, unternehmensindividuell oder in Zusammenarbeit mit den Softwareherstellern zu schließen. Die heutige Nutzung der IuK muss konsequent entlang aller drei Dimensionen eines durchgängig virtuellen Produktentwicklungsprozesses (vollständige Vernetzung aller angewendeten Softwareapplikationen hinweg über alle Prozessphasen, Tätigkeitsschwerpunkte und beteiligten Unternehmen) ausgebaut und systematisch zu ganzheitlichen Lösungen zur Unterstützung von Prozessflüssen integriert werden.

Da alle Hersteller z.Zt. in ähnliche Richtungen gehende intensive Anstrengungen zur Verbesserung des Technologieeinsatzes unternehmen, kann jedoch als nahezu sichere Hypothese formuliert werden, dass in den nächsten Jahren die ersten Unternehmen dem konzeptionellen Ideal einer DvA nahe kommen werden. Für die Automobilhersteller hat dieses Szenario zwei Konsequenzen:

1. Änderungen in der Wettbewerbsstärke:

Für Unternehmen, deren Technologieeinsatz suboptimal ist, bedeutet das Szenario eine unmittelbare und nachhaltige Schwächung ihrer Wettbewerbsposition bzw. für Unternehmen mit einem idealtypischen Technologieeinsatz eine substanzielle Stärkung ihrer Wettbewerbsposition. Letztere können ihren Fahrzeugentwicklungsprozess auf die angestrebten höheren Effizienz- und Effektivitätsniveaus heben. Dies gilt allerdings nur unter der Prämisse, dass auch die genannten ablauf- und aufbauorganisatorischen sowie mitarbeiterbezogenen Umsetzungsvoraussetzungen vollständig erfüllt sind.

2. Erosion der auf der DvA basierenden Wettbewerbsvorteile in der Langfristperspektive

Verlässt man die Kurzfrist- und Mittelfrist- zugunsten einer Langfristperspektive, sprechen einige Gründe dafür, dass es zu einer unternehmensübergreifenden Konvergenz des technologischen Leistungsniveaus kommen wird:

- Es existieren nur wenige Hersteller von leistungsfähigen High-End-Softwaresystemen, von denen folglich alle OEMs und ihre Entwicklungspartner ihre Software, wenn auch mit unternehmensindividuellen Konfigurationen, beziehen;

- Die Softwarehersteller versuchen verstärkt gemeinsam, einen hohen systemübergreifenden Standardisierungsgrad zu erzielen bzw. neutrale Schnittstellen zu entwickeln;
- Gleichfalls engagieren sich auch die OEMs und die großen Zulieferer gemeinsam in Standardisierungs- und auf Leistungssteigerung ausgelegten Forschungsvorhaben.

Zukünftig wird die DvA somit zwar das Leistungsniveau der Fahrzeugentwicklung in der ganzen Branche beachtlich angehoben haben, aber für einzelne Unternehmen wird sie kaum noch für sich genommen eine Quelle langfristiger Wettbewerbsvorteile sein können. Die wettbewerbsstrategische Implikation der Konvergenz des technologischen Leistungsniveaus besteht folglich darin, dass sich der Wettbewerb auf andere Gestaltungsfelder verlagern wird, in denen die Automobilhersteller wieder aufs Neue Wettbewerbsvorteile aufbauen müssen.

Als eines der wichtigsten Gestaltungsfelder in der Langfristperspektive gilt der Aufbau und die Teilnahme an kompetenzbasierten Wertschöpfungspartnerschaften. In diesen spezialisieren sich alle Akteure auf eng abgegrenzte Aktivitätsfelder und bilden dort zur Erzeugung wettbewerbsfähiger Leistungen spezifische Kompetenzen aus. Der Bedeutung und der Ausprägungen der kompetenzbasierten Wertschöpfungspartnerschaften in der Automobilindustrie nimmt sich das nachfolgende Kap. 5. an.

5 Strategische Stossrichtung 2: Wechsel auf neue Kompetenzbasen durch Herausbildung distinkter Kernkompetenzprofile in kooperativen Entwicklungspartnerschaften

5.1 Einleitung

Vor dem Hintergrund eines ausdifferenzierten, globalen und volatilen Wettbewerbsumfelds gewinnen Kooperationsbeziehungen zwischen industriellen Unternehmen, insb. in der Ausprägungsform „Netzwerk" mehr und mehr an Bedeutung.[530] So werden auch in der Fahrzeugentwicklung als Antwort auf die Wettbewerbsdynamik vermehrt horizontale und vertikale Kooperationen sowie Gemeinschaftsentwicklungen in Technologie Joint-Ventures durchgeführt.[531] Anstatt die gesamte Wertschöpfungskette komplett abzudecken, versuchen Automobilhersteller zunehmend auf der Basis ihrer spezifischen Kernkompetenzen, gesamthafte Kompetenzplattformen durch kooperative Entwicklungspartnerschaften aufzubauen. In dem Maß, in dem sich diese Entwicklung verstärkt, lösen sich traditionelle Unternehmensstrukturen und Unternehmensgrenzen in Richtung hybrider Verbindungen mit externen Entwicklungspartnern auf und die Leistungserbringung erfolgt zu einem immer geringeren Teil im Binnenbereich und zu einem immer größeren Teil in wechselnder Symbiose mit Wertschöpfungspartnern.[532] An dieser verstärkten Fokussierung auf Kernkompetenzen als Schlüssel zur Gestaltung des wettbewerbsinduzierten Wandels setzt das vorliegende Kapitel an.

Während eine Vielzahl von Veröffentlichungen sich mit der kompetenzbasierten strategischen Neuausrichtung der Automobilzulieferindustrie auseinandersetzt,[533] findet die Frage, worauf sich die Automobilhersteller zukünftig im entwicklungsspezifischen Wertschöpfungsprozess konzentrieren sollten, erst in jüngerer Zeit verstärkt Beachtung.[534] Demgemäß existieren dazu noch keine geschlossenen Argumentationslinien und Aussagensysteme.

Diese Lücke soll durch die nachfolgenden fünf Kapitel geschlossen werden: *Kap. 5.2* dient der Grundlagenschaffung. Hier erfolgt u.a. die begriffliche Grundlegung sowie die Systematisierung der verschiedenen für die Fahrzeugentwicklung relevanten Kooperationsformen. Dar-

---

[530] Vgl. Mildenberger (Kompetenzentwicklung in Produktionsnetzwerken, 2000), S. 384f.
[531] Vgl. dazu detailliert Kap. 5.3.
[532] Vgl. Picot / Reichwald / Wigand (Grenzenlose Unternehmung, 2001), S. 289f.
[533] Vgl. z.B. Freudenberg (Branchenstruktur Zulieferer, 2000), Heinze (Virtuell-flexibles Zuliefermodell, 1997), IKA / McKinsey & Company (Hrsg.) (Wachstumsstrategien in der Auto-Zulieferindustrie, 1999), Männel (Netzwerke in der Zulieferindustrie, 1996), Pfannschmidt / Beinke (Entwicklungspartnerschaft aus Zulieferersicht, 1997), PriceWaterhouseCoopers (Hrsg.) (The global supplier report, 2001), Weiss (Management von Zuliefernetzwerken, 1999), Wildemann (Entwicklungsstrategien für Zulieferunternehmen, 1996) und Wildemann (Unternehmungsnetzwerke in der Zulieferindustrie, 1998).
[534] Vgl. z.B. Dudenhöffer (Konzentrationsprozesse in der Automobilindustrie, 2001), o.V. (Neue Strategien der Automobilhersteller, 2001), PriceWaterhouseCoopers (Hrsg.) (Collaborative value chain participation, 2001), Proff / Proff (Hrsg.) (Strategien für die Automobilindustrie, 1998) oder Wolters et al. (Hrsg.) (Die Zukunft der Automobilindustrie, 1999).

an anschließend werden in *Kap. 5.3* der Status quo und signifikante Veränderungstendenzen bei den Entwicklungskooperationen in der Automobilindustrie analysiert. Die sich aus den Veränderungstendenzen ergebenen wertschöpfungsstrukturbezogenen Implikationen für die Hersteller sind Inhalt des *Kap. 5.4*, bevor in *Kap. 5.5* entwicklungsspezifische Kompetenzprofile für die OEMs abgeleitet werden. Besondere Berücksichtigung finden hier die Möglichkeiten moderner Informations- und Kommunikationstechnologien, welche die Freiheitsgrade in der Gestaltung kooperativer Wertschöpfungsprozesse signifikant erhöhen. Den Abschluss bildet eine Zusammenfassung in *Kap. 5.6*.

5.2 Grundlagenschaffung: Entwicklungskooperationen in der Automobilindustrie

Im Rahmen des Wertschöpfungsprozesses zur Entwicklung eines komplexen Produkts, wie z.B. einem Fahrzeug, formieren sich einzelne Unternehmen entlang der Wertschöpfungskette zu Entwicklungskooperationen, deren Ausprägungen dabei vielfältiger Natur sein können. Zur Erfassung dieses für das Verständnis der weiteren Ausführungen wichtigen Themenfelds, wird an dieser Stelle ein Grundlagenwissen erarbeitet.

In *Kap. 5.2.1* wird dazu der Begriff der Entwicklungskooperation allgemein definiert, bevor darauf aufbauend die Systematisierung der verschiedenen Kooperationsformen Inhalt des *Kap. 5.2.2* ist. Mit der Analyse der grundlegenden Voraussetzungen zur erfolgreichen Umsetzung eines Kooperationspartnerkonzepts schließt das *Kap. 5.2.3* die grundlagenschaffenden Ausführungen ab.

5.2.1 Begriff und Inhalt der Entwicklungskooperation

Zur Definition des Begriffs der Entwicklungskooperation bedarf es zunächst einer Beschreibung des Wortbestandteils „Kooperation". Darunter soll im Folgenden eine Organisationsform verstanden werden, deren Kernmerkmale sich konstituieren aus: (1) der mittel- bis langfristig angelegten, vertraglich geregelten freiwillig-partnerschaftlichen Zusammenarbeit zwischen (2) rechtlich selbständigen, wirtschaftlich jedoch zumeist abhängigen Unternehmen mit (3) einer gemeinsamen Markt- und Zielausrichtung zur (4) Realisierung von Wettbewerbsvorteilen gegenüber Konkurrenten durch (5) Konzentration der beteiligten Unternehmen auf ihre Kernkompetenzen und deren gemeinsame Nutzung durch flexiblen Zugriff anstelle von Integration.[535]

---

[535] Vgl. Männel (Netzwerke in der Zulieferindustrie, 1996), S. 30 - 55, Picot / Reichwald / Wigand (Grenzenlose Unternehmung, 2001), S. 304f., Scherer (Kooperationsentscheidungen, 1995), S. 15 - 18, Sydow (Strategische Netzwerke, 1992), S. 75 und Wildemann (Unternehmungsnetzwerke in der Zulieferindustrie, 1998), S. 60f. In den aufgeführten Quellen wird insbesondere der Begriff „Unternehmensnetzwerk" als eine spezielle Kooperationsform definiert, an der mehr als zwei Unternehmen beteiligt sind. Im Zusammenhang mit der expliziten Ausrichtung an der Realisierung von Wettbewerbsvorteilen wird auch von „Strategischen Kooperationen" gesprochen.
Im Gegensatz zur Strategie der organisatorischen Virtualisierung, die sowohl Aspekte der Auflösung von Unternehmensgrenzen im Inneren (Modularisierung) als auch im Außenverhältnis (Kooperation und Netzwerkbildung) eines Unternehmens vereinigt (vgl. Picot / Reichwald / Wigand (Grenzenlose Unternehmung, 2001), S. 429), zielt eine Kooperation im hier definierten Sinn nur auf das Außenverhältnis.

Setzt man die kooperative Organisationsform in Beziehung zu den grundsätzlichen Organisationsformen ökonomischer Aktivität, so wird dieser eine intermediäre Position auf einem Kontinuum zwischen den Eckpunkten „Markt" und „Hierarchie" zugewiesen.[536] Aufgrund ihres partiell marktlichen, partiell hierarchischen Charakters verbindet sie wettbewerbliche (Funktionsspezialisierung und Effizienzdruck) mit unternehmenstypischen Mechanismen (Vertrauen und Informationsintegration).

Gegenstand einer Kooperation können verschiedene Kooperationsfelder sein, die sich i.d.R. an den Funktionsbereichen der Unternehmen orientieren. So unterscheidet Wildemann bspw. zwischen den Bereichen Entwicklung, Produktion, Vertrieb, Distribution und Entsorgung.[537] In der vorliegenden Arbeit wird fortan auf die Funktion der Produktentwicklung fokussiert und die dort existierenden Kooperationsformen analysiert.

5.2.2 Systematisierung von Kooperationsformen im Funktionsbereich der Produktentwicklung

Entwicklungskooperationen lassen sich nach verschiedenen Gesichtspunkten systematisieren.[538] Hier sollen die häufig verwendeten Kategorisierungen nach der Anzahl der beteiligten Unternehmen (bi- und multilaterale Kooperationen) und der Richtung der Zusammenarbeit (vertikale, horizontale und diagonale Kooperationen) angewendet werden.

5.2.2.1 Bilaterale und multilaterale Entwicklungskooperationen

An den Kooperationen in der Produktentwicklung können eine unterschiedliche Anzahl von Unternehmen beteiligt sein. Sofern es sich um eine Wertschöpfungspartnerschaft zwischen nur zwei Unternehmen handelt, spricht man von einer bilateralen Entwicklungskooperation oder auch nur Kooperation. Erfolgt die gemeinsame Leistungserbringung hingegen durch mehr als zwei Unternehmen, wird von einer multilateralen Entwicklungskooperation oder auch von Entwicklungsnetzwerken gesprochen.[539] In diesen sind unterschiedliche Unternehmen vereinigt, die jeweils von Kooperationsbeziehungen mit anderen Akteuren umgeben sind und die in ihrer Gesamtheit die Erzielung von Wettbewerbsvorteilen gegenüber Konkurrenten außerhalb des Netzwerks anstreben.

Zur Typisierung von Kooperationen (17 Typen) vgl. z.B. Mertens / Griese / Ehrenberg (Hrsg.) (Virtuelle Unternehmen, 1998), S. 9f.

[536] Vgl. Siebert (Analyse von Unternehmensnetzwerken, 1999), S. 9 - 14 sowie die dort angegebene Literatur.

[537] Vgl. Wildemann (Unternehmungsnetzwerke in der Zulieferindustrie, 1998), S. 92 - 97 (Produktion), S. 98 - 103 (Vertrieb), S. 104 - 109 (Distribution) und S. 110 - 114 (Entsorgung). Ähnlich auch Wertz (Lieferanten-Produzenten-Beziehungen, 2000), S. 25 - 31. Eine Übersicht zu Typisierungsmöglichkeiten interorganisationaler Netzwerke bietet: Sydow (Management von Netzwerkorganisationen, 1999), S. 285.

[538] Z.B. nach Reichweite (national - international), Dauer (vorübergehend - dauerhaft), Abhängigkeitsverhältnis (unidirektional - bidirektional) etc.

[539] Zum (funktionsunabhängigen) Netzwerkansatz vgl. insbesondere die Arbeiten von Sydow: Sydow (Strategische Netzwerke, 1992), Sydow (Hrsg.) (Netzwerkorganisationen, 1999) und Sydow / Windeler (Hrsg.) (Steuerung von Netzwerken, 2001). Auf die Komplexität der mit dem Terminus „Unternehmensnetzwerk" subsumierten Realphänomene weist Mildenberger hin. Vgl. Mildenberger (Kompetenzentwicklung in Produktionsnetzwerken, 2000), S. 384f.

5.2.2.2 Vertikale, horizontale und diagonale Kooperationen

Sowohl Entwicklungskooperationen als auch -netzwerke können durch eine vertikale, eine horizontale oder eine diagonale Integration gekennzeichnet sein, wobei Netzwerke meist eine Kombination aller Integrationsdimensionen aufweisen.[540]

1. Vertikale Entwicklungskooperationen

Vertikale Kooperationen beziehen sich auf Unternehmen, die in der gleichen Branche tätig, jedoch in *aufeinanderfolgenden Stufen der Wertschöpfungskette* positioniert sind. Dabei integriert ein Unternehmen, das im Rahmen des Produktherstellungsprozesses auf einer nachgelagerten Wertschöpfungsstufe positioniert ist (z.b. Automobilhersteller) Leistungen von Unternehmen, die in vorgelagerten Wertschöpfungsstufen (z.b. Automobilzulieferer) erbracht werden. In vertikalen Leistungsverbünden erfolgt dabei stets eine eindeutige Zuteilung der Tätigkeiten und Verantwortlichkeiten zu den involvierten Unternehmen.[541] Das Ende der Wertschöpfungskette markiert der Endhersteller, der das Endprodukt eigenverantwortlich an den Kunden veräußert.

Derartige Formen der Zusammenarbeit werden häufig auch als *hierarchisch-pyramidiale Kooperationen* bezeichnet. Diese Bezeichnung resultiert aus der Art der Steuerung der Kooperation, die durch ein einzelnes Unternehmen wahrgenommen wird, welches sich aufgrund seiner Größe, seines Zugangs zu Absatzmärkten oder z.b. seiner finanziellen Ressourcen dazu besonders qualifiziert. Die anderen Unternehmen sind meistens in hohem Maß von diesem Unternehmen abhängig und richten ihre Zielsetzungen an diesem aus.[542]

2. Horizontale Entwicklungskooperationen

Bei der horizontalen Kooperationsform arbeiten Unternehmen der gleichen Branche sowie der gleichen Wertschöpfungsstufe zusammen (z.b. Automobilzulieferer untereinander). Durch die zumeist gleichverteilten Entscheidungsbefugnisse spricht man hier auch von einer *polyzentrischen Kooperationsform*.[543]

3. Diagonale Entwicklungskooperationen

Im Rahmen diagonaler Kooperationen erfolgt die gemeinsame Wertschöpfung durch Unternehmen aus *unterschiedlichen Branchen* und *fallweise auch unterschiedlichen Wertschöpfungsstufen*.

---

[540] Zu den folgenden Ausführungen vgl. u.a. Picot / Reichwald / Wigand (Grenzenlose Unternehmung, 2001), S. 305f. und Scherer (Kooperationsentscheidungen, 1995), S. 27 - 31.

[541] Vgl. Pfaffmann (Kompetenzbasiertes Management, 2001), S. 7.

[542] Vgl. Wildemann (Unternehmungsnetzwerke in der Zulieferindustrie, 1998), S. 39 und S. 63f.

[543] Vgl. ebenda. Eine strategische Perspektive zu horizontalen Strategien vermittelt: Welge / Al-Laham (Strategisches Management, 2001), S. 370 - 377.

5.2.3 Grundlegende Voraussetzungen für eine erfolgreiche Umsetzung des Kooperationspartnerkonzepts

Eine friktionslose erfolgreiche Einbindung von Partnern in den Entwicklungsprozess erfordert die Schaffung diverser Voraussetzungen. Die wichtigsten in der Theorie und in der Unternehmenspraxis genannten Faktoren werden kurz erläutert:[544]

5.2.3.1 Zielkongruenz zwischen den Partnern

Unter der Zielkongruenz wird verstanden, dass sich die Beteiligten mit ihren individuellen Leistungsbeiträgen während der Erstellung des Produkts an einem gemeinsamen Ziel orientieren. Dieses kann auf oberster Ebene die Erzielung von Wettbewerbsvorteilen umfassen, auf untergeordneten Zielebenen sich jedoch auch z.b. in der Einhaltung von Terminen äußern.

5.2.3.2 Vorgehenskompatibilität

Die Ausrichtung an gemeinsamen Zielen muss auf der Handlungsebene durch aufeinander abgestimmte Vorgehensweisen ergänzt werden. Nur dadurch bekommt die Zielkongruenz eine beeinflussbare Gestaltungsebene. Zwischen Unternehmen wird die Vorgehenskompatibilität vor Beginn der Kooperation meist durch Verträge sichergestellt, deren integrale Bestandteile Projektpläne mit Meilensteinen und Lieferbedingungen sind. Das Absicherungsbedürfnis von Kooperationspartnern ist dabei umso höher, je höher die Verhaltensunsicherheit, je größer das Verlustpotenzial und je komplexer und strategisch bedeutsamer die zu erbringende Leistung ist.[545] In diesem Zusammenhang hat insbesondere die Frage, wie das über Datenschnittstellen transferierte Wissen vor einer unbefugten Weitergabe an Dritte geschützt werden kann eine große Bedeutung. In der Unternehmenspraxis dienen zum vertraglichen Schutz des Wissens vor allem Geheimhaltungs- und Exklusivitätsvereinbarungen sowie Verwendungsbeschränkungen.[546] Darüber hinaus können diverse Sicherheitsschranken, wie z.B. die Begrenzung der Transparenz über die nicht für eine Kooperation notwendigen Betriebsabläufe oder die Schaffung klarer Schnittstellen, einen ungewollten Wissensabfluss verhindern.[547]

5.2.3.3 Einsatz von Technologien der DvA

Charakterisierendes Merkmal von Kooperationen ist i.d.R. die Zusammenarbeit von standortverteilten Unternehmen. Damit wird der Einsatz der in Kap. 4.2.1.3 beschriebenen Telekooperationstechnologien zur notwendigen Voraussetzung, um einzelne Aufgaben im Entwicklungsprozess standortverteilt durch verschiedene Beteiligte voneinander entkoppelt durchfüh-

---

[544] Vgl. für die folgenden Ausführungen auch: Luczak et al. (Kooperative Konstruktion und Entwicklung, 1995), S. 130 - 134, Pfaffmann (Kompetenzbasiertes Management, 2001), S. 59, S. 66 - 69 und S. 84, Ritter / Gemünden (Wirkung von Technologie- und Netzwerk-Kompetenz, 2000), S. 341 - 344, Weule (Integriertes F&E-Management, 2002), S. 82 - 88 und Wildemann (Unternehmungsnetzwerke in der Zulieferindustrie, 1998), S. 37 - 39.
Zum Konstrukt der „Netzwerk-Kompetenz" vgl. Ritter (Netzwerk-Kompetenz, 1998).
[545] Vgl. Picot / Reichwald / Wigand (Grenzenlose Unternehmung, 2001), S. 438.
[546] Vgl. Tönshoff / Spauschus / Uhlig (Entwicklungskooperationen, 1999).
[547] Vgl. die Ausführungen bei: Specht / Beckmann / Amelingmeyer (F&E-Management, 2002), S. 405f.

ren zu können. Aufgrund der Kommunikations- und Informationstransporterleichterungen spielen geographische Grenzen bei der Definition und Koordination wirtschaftlicher Aktivitäten eine immer geringere Rolle und die Freiheitsgrade in der Gestaltung verteilter Wertschöpfungsprozesse können erheblich gesteigert werden.[548]

Aufgrund der Bedeutung der Technologien der DvA für die Realisierung der Organisationsform der kompetenzbasierten Entwicklungsnetzwerke, wird für weitere, detailliertere Ausführungen auf das Kap. 5.4.2 verwiesen (Unternehmensübergreifender Einsatz der Technologien der DvA als „Enabler" zur Realisierung der Kooperationsform der kompetenzbasierten Entwicklungsnetzwerke).

5.2.3.4 Konzeptionierung und Einsatz einer modularen Fahrzeugarchitektur

Modulare Fahrzeugarchitekturen ermöglichen die flexible Einbindung von Partnerunternehmen in den Entwicklungsprozess. Sofern die Module technisch-funktional hinreichend voneinander entkoppelt sind, kann zum einen die Entwicklungstiefe variiert werden und zum anderen eine simultane, parallele Entwicklung von Bauteilen und Modulen erfolgen (vgl. Kap. 3.4.4 für Details).

5.2.3.5 Partnerschaftliche Grundhaltung

Die fünfte Voraussetzung für erfolgreiche Kooperationen besteht in der partnerschaftlichen Grundhaltung, die von Vertrauen und Offenheit nach innen, Geheimhaltung vertraulicher Informationen gegenüber Dritten und dem Respektieren geistigen Eigentums durch alle Beteiligten geprägt sein muss.[549] Noch weit mehr als formale Controlling-Instrumente gilt das partnerschaftliche Miteinanderumgehen als entscheidender Koordinationsmechanismus von Kooperationen.[550]

5.3 Status Quo und signifikante Veränderungstendenzen in den Entwicklungskooperationen in der Automobilindustrie

Zur Ausgestaltung eines Zukunftsbilds der kompetenzbasierten Entwicklungsnetzwerke und zur Ableitung distinkter Kernkompetenzprofile für Automobilhersteller muss zunächst die Ausgangslage als Aufsetzpunkt beschrieben werden. Dazu erfolgt in diesem Kapitel eine Analyse der Kooperationslandschaft in der Automobilindustrie entlang der identifizierten Kooperationstypen. *Kap. 5.3.1* behandelt die vertikalen, *Kap. 5.3.2* die horizontalen Kooperationsbeziehungen und *Kap. 5.3.3* setzt sich mit den Entwicklungsnetzwerken auseinander.

---

[548] Vgl. auch Kap. 5.4.2 (Unternehmensübergreifender Einsatz der Technologien der DvA als „Enabler" zur Realisierung der Kooperationsform der kompetenzbasierten Entwicklungsnetzwerke).

[549] Vgl. BMW AG (Hrsg.) (Lieferant als Wertgestaltungspartner, 2001), Boghani / Brown (Technology management challenges, 2000), S. 53 - 55, Diez (Automobilmarketing, 2001), S. 147f., Pfaffmann (Kompetenzbasiertes Management, 2001), S. 189 - 193 und Schuh / Millarg / Göransson (Virtuelle Fabrik, 1998), S. 80 - 82.

[550] Zu möglichen vertrauensbildenden Maßnahmen (Zertifizierung, Systemkompatibilität, Geheimhaltung etc.) vgl. Leinfellner (Neue Formen der Zusammenarbeit, 2001), S. 17f.

5.3.1 Vertikale Entwicklungskooperationen mit Zulieferern

5.3.1.1 Übernahme größerer Entwicklungsumfänge durch die Zulieferer

In der Automobilindustrie erfolgt die Wahrnehmung von Entwicklungsaufgaben zunehmend durch die Entwicklungspartner der Automobilhersteller:[551] Belief sich der Anteil der eigenen Wertschöpfung in der Entwicklung im Jahr 1989 noch auf 60%, so übernehmen die Hersteller heute durchschnittlich lediglich noch 30% der Entwicklungsleistung mit weiter abnehmender Tendenz.[552] So sind an der Entwicklung eines Fahrzeugs heute i.d.R. mehr als 450 z.T. global verteilte Zulieferunternehmen beteiligt. Entlang der einzelnen Kernaktivitäten im Fahrzeugentwicklungsprozess stellt Abb. 62 die aktuelle und die prognostizierte Verteilung der Wertschöpfung zwischen Zulieferer und Automobilhersteller vereinfachend dar.

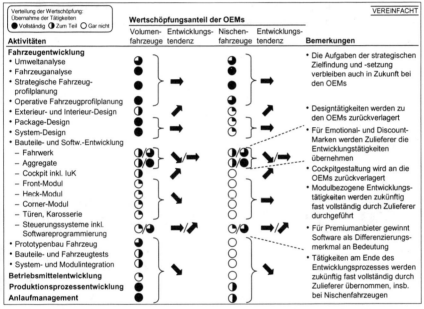

Abb. 62: *Wertschöpfungsverteilung zwischen Zulieferern und OEMs.*[553]

---

[551] „Ohne die Zuarbeit aus der Zulieferindustrie oder von externen Ingenieurbüros ist die Fülle der Projekte nicht mehr zu bewältigen. So wie wir Marktschwankungen in der Produktion durch „atmende" Fabriken ausgleichen, so brauchen wir eine Atmungsaktivität auch in der Entwicklung." So Dr. Schöpf, Geschäftsfeldvorstand Mercedes Benz und Smart sowie Leiter der Entwicklung in: o.V. (Atmende Entwicklung, 2000), S. 17.

[552] Vgl. die Angaben des VDA in: o.V. (Entwicklungskapazitäten in der Automobilindustrie, 2000), S. 6, die Angaben von DaimlerChrysler in: o.V. (Neue Strategien der Automobilhersteller, 2001), S. 30 sowie die Prognosen in: Roland Berger & Partner (Hrsg.) (Future of automotive supplier industry, 2000), S. 27 und Wildemann (Unternehmungsnetzwerke in der Zulieferindustrie, 1998), S. 74.
Die gleichen Verlagerungstendenzen existieren auch in der Fertigung: So sollte z.B. die durchschnittliche Fertigungstiefe der deutschen Automobilhersteller von 49% in 1998 auf 36% im Jahr 2000 reduziert werden (vgl. Hägele / Schön (Der Markt frisst seine Akteure, 1998), S. 70) und der 25%-Anteil an der Fertigung von Nischenfahrzeugen durch Dienstleister wie z.B. Karmann oder Valmet „signifikant ausgebaut werden." So der Präsident des Unternehmens Valmet Automotive, Juhani Riutta, welches den Porsche Boxster fertigt, in: o.V. (Sturmwarnung im Netzwerk, 2000), S. 37.

5.3.1.2 Veränderungen in der Zulieferstruktur

Synchron zur Übernahme größerer Entwicklungsumfänge durch die Zulieferer hat und ändert sich auch weiterhin die Branchenstruktur u.a. hinsichtlich der Anzahl der Direktlieferanten und der Tätigkeitsprofile der jeweiligen Lieferanten.

1. Deutliche Reduzierung der direkten Lieferantenbasis

Betrachtet man die Entwicklungen in der Zulieferpyramide, bestehend aus „First-", „Second-" und „Third-Tier-Suppliern",[554] so fällt auf, dass die Anzahl der Direktlieferanten (First-Tier) in der Vergangenheit drastisch verringert wurde und auch in Zukunft weiter reduziert wird (vgl. bspw. Abb. 63 für die deutschen Automobilhersteller).

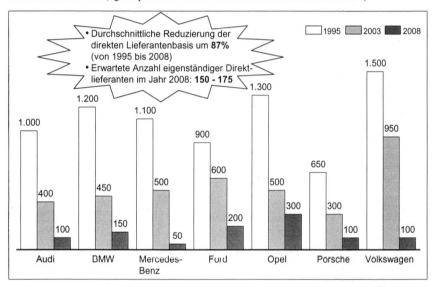

Abb. 63: Anzahl der Direktzulieferer der deutschen Automobilhersteller.[555]

Eine Übersicht über Entwicklungs-Dienstleister in Deutschland inkl. ihrer Tätigkeitsschwerpunkte und Umsätze vermittelt: o.V. (Externe Entwickler für die Automobilindustrie, 2000), S. 96 - 99.

[553] Die Beurteilungen beruhen auf (a) Interviewergebnissen, (b) der Analyse von Sonderheften zu neuen Fahrzeugen der Zeitschriften „Automobil Entwicklung" und „Automobil Produktion": XXX sowie (c) der Vorstellung der konkreten Modulstrategie von Ford, dargestellt in: Stockmar (Komplexe Technologien, 2000), S. 38f. Zusätzliche Hinweise auf die Verteilung der Wertschöpfungsanteile sind Wildemann (Unternehmungsnetzwerke in der Zulieferindustrie, 1998), S. 43 zu entnehmen, der den Ressourceneinsatz aufgeteilt nach den Phasen Konzept-, Realisationsphase, Marktabklärung, Ideenfindung, Markteinführung und Produktpflege auf Grundlage empirischer Daten darstellt.

[554] Supplier ist das englische Wort für Zulieferer. „First-Tier-Supplier" liefern als Erstlieferanten direkt an den OEM, während die „Second-" bzw. „Third-Tier-Supplier" wiederum an „First-" bzw. „Second-Tier-Supplier" liefern.

[555] Die Anzahl der Direktlieferanten je Automobilhersteller ist entnommen aus: Hägele / Schön (Der Markt frisst seine Akteure, 1998), S. 70; Zur Prognose für die Anzahl der eigenständigen Direktlieferanten im Jahr 2008 vgl. o.V. (Sturmwarnung im Netzwerk, 2000), S. 38 (die Prognosedaten beruhen auf Untersuchungen der europäischen, nordamerikanischen und japanischen Zulieferverbände). Weitere, gleichlautende Angaben finden sich bei: o.V. (Anzahl Direktlieferanten, 1999), S. 8 und Wolters (Systeme, 1999), S. 73.

Als wesentlicher Grund für die Reduzierung gilt das Phänomen, dass OEMs zunehmend Komplettentwicklungen als Projekte an global operierende externe Partner vergeben, die ihrerseits, um am Markt erfolgreich zu sein, wiederum ihren Kunden eine möglichst vollständige Entwicklungsprozesskette anbieten müssen.[556] Da kleinere Anbieter die komplette konstruktive Verantwortung für größere Fahrzeugmodule inkl. der Koordination aller Teilelieferanten nicht übernehmen können, folgt ein synchron zur zunehmenden Vergabe von Komplettentwicklungen einsetzender Konzentrationsprozess bei den Zulieferern.[557]

2. Entwicklung der Direktzulieferer zu „Mega-Zulieferern"

Das Ergebnis des Konzentrationsprozesses manifestiert sich im Entstehen von sog. „Mega-Zulieferern" (auch „Integrierte Partner", „Value Added Partner", „Total Process Partner" oder „Systemintegratoren" genannt), die durch ihr umfangreiches Entwicklungs-, Integrations- und Fertigungs-Know-how die von Seiten der OEMs an sie gestellten Anforderungen erfüllen:[558] „Die Zulieferer entwickeln sich zunehmend zu Kompetenzzentren, werden immer früher in die Entwicklungen neuer Automobile direkt eingebunden und entwickeln eigenständig und selbstverantwortlich Komponenten oder auch ganze Funktionsmodule."[559]

In Anlehnung an die im Rahmen einer aktuellen Branchenuntersuchung ermittelten strategischen Positionierungsmöglichkeiten von Zulieferern lassen sich deren Charakteristika und Erfolgsfaktoren - auch im Vergleich zu anderen Zuliefertypen - wie in Abb. 64 skizziert, darstellen.

Für die Zukunft wird davon ausgegangen, dass weltweit ca. 30 - 50 solcher Mega-Zulieferer die Zulieferpyramide anführen werden, deren Anteil an der entwicklungsspezifischen Wertschöpfung von heute 33% auf über 50% steigen wird.[560] Einer konsequenten Modularisierungsstrategie folgend, werden sich diese Zulieferer darüber hinaus auf nur noch ca. 10 und nicht mehr wie heute 18 - 20 Module verteilen.[561] Bspw. wird diese Entwicklung in den kommenden Jahren im Innenraum-Bereich dazu führen, dass Produzenten einzelner Mo-

---

[556] Die Beweggründe für die Vergabe von Komplettentwicklungen liegen u.a. in der Erzielung von Kosteneinsparungen, der Vereinfachung in der Abwicklung („Know-how" aus einer Hand mit einem Ansprechpartner) und der Sicherstellung einer höheren Qualität (weniger Schnittstellen, Systempartner haftet für Produktqualität). So der Vorstandsvorsitzende von Magnetti-Marelli, Tartaglione, in: o.V. (Sturmwarnung im Netzwerk, 2000), S. 38.
[557] Vgl. o.V. (Bertrandt AG: Entwicklung zum Marktführer, 1999), S. 24 - 28.
[558] Als „Mega-Zulieferer" werden die Lieferanten der verbleibenden Großmodule wie Innenraum, Antrieb, Fahrwerk (Achsen, Dämpfung und Federung, Rad/Reifen, Bremsen), Karosserierahmen mit Front- und Heck-End sowie Außenhaut bezeichnet. Gewichtete, empirisch abgeleitete Anforderungskriterien an Zulieferer für die Jahre 1995 und 2005 aus Sicht der Hersteller zeigt: Wildemann (Unternehmungsnetzwerke in der Zulieferindustrie, 1998), S. 34.
[559] So ein Sprecher der BMW AG, zitiert in: Lange (Prozessorientierung beim Qualitätsmanagement, 2001), S. 24f.
[560] Vgl. Weiß (Digitale Revolution, 2001), S. 64f. und Wolters (Systeme, 1999), S. 73 sowie die dortigen Verweise auf aktuelle Studienergebnisse. Für die aktuelle und prognostizierte (Jahr 2006) Verteilung des Einkaufsvolumens zwischen Mega-Zulieferern, großen und mittelständischen Lieferanten bei der BMW AG vgl. o.V. (BMW Supply Chain, 2001), S. 25. Zu weltweiten M&A-Aktivitäten in der automobilen Zulieferindustrie in den Jahren 2000/2001 vgl. PriceWaterhouseCoopers (Hrsg.) (Automotive sector insights, 2001). Die Umsätze der Top 100-Zulieferer (weltweit) für die Jahre 1998 und 2000 inkl. ihrer Tätigkeitsschwerpunkte finden sich bei: o.V. (Top 100 global OEM parts suppliers, 2001).
[561] Vgl. Roland Berger & Partner (Hrsg.) (Future of automotive supplier industry, 2000), S. 51 und Weiß (Digitale Revolution, 2001), S. 64f.

dule wie Cockpit, Sitze, Dachmodul usw. an drei oder vier Mega-Zulieferer liefern, die sich ihrerseits dann verantwortlich für das Gesamtmodul „Innenraum" zeichnen.[562]
In der Konsequenz bedeutet die Kompetenzerweiterung der Mega-Lieferanten, dass diese umfangreiche Arbeitsgebiete technologisch und logistisch beherrschen werden und darüber sowohl eine Kosten- als auch eine Technologieführerschaft erlangen können.[563] Darüber hinaus streben viele größere Zulieferer z.Zt. über Akquisitionen den Aufbau einer Gesamtfahrzeugkompetenz zumindest für Fahrzeugderivate an. In Deutschland sind diesbezüglich z.b. die Expansionsstrategien der Unternehmen Bosch und Mannesmann, ThyssenKrupp Automotive,[564] Rücker[565] und Bertrandt[566] zu nennen.

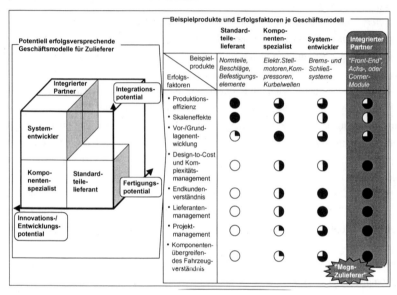

Abb. 64: Geschäftsmodelle für Zulieferer und relevante Erfolgsfaktoren.
(Quelle: Eigene Darstellung in Anlehnung an: IKA / McKinsey & Company (Hrsg.) (Wachstumsstrategien in der Auto-Zulieferindustrie, 1999), S. 25 und S. 28).[567]

---

[562] Vgl. Branstad / Williams / Rodewig (Challenges facing the global automotive industry, 1999), S. 5 und Rossiter (Complete interior modules, 1999), S. 14. Das Unternehmen „Lear Corporation" hat z.B. in den letzten fünf Jahren Sitzmanufakturen von den Unternehmen General Motors, Saab, Ford und Fiat übernommen. Vgl. die erstgenannte Quelle.

[563] Vgl. auch die diese Aussage unterstützenden aktuellen Befragungsergebnisse in: Accenture GmbH (Hrsg.) (Auto 2010, 2000), S. 6f. Demnach halten eine Übernahme der Technologieführerschaft durch Systemlieferanten für den Bereich Entwicklung 57% und für den Bereich Serienentwicklung sogar 69% der Befragten für möglich.

[564] Vgl. Jungmann (Expansionskurs im Systemgeschäft, 2001).

[565] Vgl. Göres (Digitaler Prozess, 2001), S. 48 - 50 und o.V. (Virtuelle Welten realisieren, 2001), S. 40.

[566] Vgl. o.V. (Entwicklungszentrum Bertrandt, 2000), S. 63 - 65. Bertrandt hat z.B. bereits die Komplett-Entwicklung des aktuellen Audi A4 Avant übernommen und war maßgeblich auch an der Entwicklung der Audi A4-Limousine beteiligt, ebenso wie am Audi A6 V8.

[567] Eine ähnlichen Segmentierung der strategischen Positionierungsmöglichkeiten ist zu finden bei: Dannenberg / Kalmbach (Automobiltechnologie 2010, 2001), S. 5. Hier wird unterschieden zwischen (1) Volumenanbieter, (2) Nischenanbieter,

5.3.1.3 Übergang von adversativ geprägten Hersteller-Zulieferer-Beziehungen zu dialogorientierten, gesamtnutzenoptimierenden Kooperationen

Zeitlich parallel zur Migration der Entwicklungsverantwortung zu den Zulieferern hat sich auch die Form der Zusammenarbeit zwischen den Automobilherstellern und den Zulieferern geändert. Seit Anfang der 90er Jahre weichen die bis dahin dominierenden adversativen, konfliktorientierten Beziehungen zwischen den OEMs und den Zulieferern Interaktionsprozessen, die heute von dialogorientierter Kommunikation geprägt sind und im Rahmen derer die Unternehmen ihre Ziele und Maßnahmen synchronisieren („Wertgestaltungsnetzwerk"[568]).

Im Gegensatz zur früheren Dominanz der OEMs innerhalb der Leistungsbeziehung, und der damit häufig einhergehenden Quasi-Entmündigung der Lieferanten, zeichnen sich die kooperativen Beziehungen dadurch aus, dass „neben den ökonomischen Größen Preis, Menge und Qualität zusätzliche Dimensionen, wie bspw. strategische Perspektiven als Determinanten der Beschaffungsbeziehung berücksichtigt werden."[569] Diese und weitere wichtige Merkmale der beiden Erklärungsansätze sind vergleichend in Tab. 5 zusammengefasst.

Ein weiterer Bestandteil der zunehmend kooperativen Beziehungen besteht in der Qualifizierung der Kernlieferanten.[570] Dass diesbezüglich Handlungsbedarf besteht, offenbart eine Studie der TU Aachen: Kostenüberschreitungen von 50% und Verzögerungen in den frühen Entwicklungsphasen von mehreren Monaten stellen keine Seltenheit dar, wobei sich dies hauptsächlich auf schlecht aufeinander abgestimmte Prozesse bei OEMs, Systemlieferanten und Zulieferern und hier insb. beim Änderungsmanagement zurückführen lässt.[571]

---

(3) Komponentenspezialist, (4) Modul-/Systemspezialist und (5) Systemintegrator. In beiden Segmentierungsansätzen ist der wachstumsstarke Bereich der Ingenieurdienstleistungen („Engineering Services") dem Geschäftsmodell des Komponentenspezialisten zugeordnet worden. Zu Wachstumsaussichten und einer Unterteilung des Leistungsangebots der Ingenieurdienstleister bezogen auf den europäischen Markt vgl. Aney (Dienstleister in der Automobilbranche, 2000). Für weitere Segmentierungsansätze vgl. Freudenberg (Branchenstruktur Zulieferer, 2000), Kortüm (Vom Systemlieferant zum Total Process Partner, 2000), S. 48f., Koehler / Wagner (Systemgeschäft in der Automobilindustrie, 2001), S. 42, Ohlhausen / Warschat (Kooperation, 1997), S. 38 - 40, o.V. (Geschlossene Prozessketten, 1998), S. 60, Wildemann (Entwicklungsstrategien für Zulieferunternehmen, 1996), S. 189 - 192 und Wildemann (Unternehmungsnetzwerke in der Zulieferindustrie, 1998), S. 53 - 56.
Zukünftig von den Zulieferern geforderte Kompetenzen sind auch beschrieben in: Sykes / Debuschewitz / Ghoreishi (Zulieferer-Zukunft, 2001), S. 80, Roland Berger & Partner (Hrsg.) (Future of automotive supplier industry, 2000), S. 10 und Wolters (Systeme, 1999), S. 72f.
Übersichten über die externen Entwickler für die Automobilindustrie inkl. der Tätigkeitsschwerpunkte sind u.a. zu finden bei: o.V. (Externe Entwickler für die Automobilindustrie, 2000), S. 78 - 80 und S. 96 - 99 sowie o.V. (Marktübersicht Engineering-Dienstleister, 2001), S. 44 - 49.

[568] So die Bezeichnung von BMW für die Hersteller-Zuliefer-Beziehung. Vgl. BMW AG (Attraktivität im Markt, 2001).
[569] Wolters (Modul- und Systemschaffung, 1995), S. 43. Für detaillierte Ausführungen zu den Inhalten und Entwicklungen der adversativen und kooperativen Erklärungsansätze der Hersteller-Zulieferer-Beziehung vgl. ebenda, S. 27 - 58 sowie die an selber Stelle angeführten Verweise. Des Weiteren vgl. Wildemann (Entwicklungsstrategien für Zulieferunternehmen, 1996), S. 7: „Es werden diejenigen Zulieferer im Markt erfolgreich agieren, die schnell die reaktive Anpassungsstrategie der letzten Jahrzehnte überwinden und ihre strategische Wettbewerbsposition auf effizienten Entwicklungspfaden vom Teilefertiger zum Entwicklungs- und Wertschöpfungspartner verändern."
[570] Eine Zusammenfassung der in der Vergangenheit durchgeführten Qualifizierungsmaßnahmen vermittelt: Wildemann (Entwicklungsstrategien für Zulieferunternehmen, 1996), S. 37 - 41. Die einzelnen Projekte lauteten: General Motors - PICOS (Purchased Input Concept Optimization with Suppliers); Volkswagen und Audi - KVP^2; Mercedes-Benz - Tandem-Konzept; BMW - POZ (Prozessoptimierung Zulieferteile) und NP (Neue Programm- und Produktionsstrukturen); Ford - DFL (Drive for Leadership). Für eine Beschreibung der Zusammenarbeit von BMW mit seinen Zulieferern vgl. darüber hinaus: BMW AG (Hrsg.) (Attraktivität im Markt, 2001) und o.V. (BMW Supply Chain, 2001), S. 29 - 31.
[571] Vgl. Verweis in: Eversheim / Bauernhansl (integrationspartner-Konzept, 2000), S. 82f.

Merkmalsbereiche	Adversative Beziehungen	Kooperative Beziehungen
Grundausrichtung	Autonome Profitmaximierung	Gemeinsame Nutzenoptimierung
Art der Austauschbeziehung	Konfliktorientiert	Kooperativ- wertschöpfungsorientiert
Charakter der Zusammenarbeit	Misstrauensorientiert	Vertrauensorientiert
Koordination der Planungen	Vollständig getrennte Planungen mit sich anschließender obligatorischer Synchronisierung	Synchronisation der Planungen von Beginn an über einen längeren Zeitraum
Form der Zusammenarbeit in F&E	Sequenziell; klare Separation der Geschäftsprozesse	Simultan; örtliche Zusammenführung der Beteiligten
Einbindung der Zulieferer in F&E	Spät (nach Entwicklung)	Früh (vor oder in der Konzeptphase)
Zeithorizont der Beziehung	Kurzfristig, kostenorientiert	Langfristig, strategisch orientiert
Vertikaler Integrationsgrad	Hoch integriert	Niedrig integriert
Lieferantenanzahl	Viele Lieferanten	Wenige Lieferanten
Lieferantenstruktur	Flach (Teile)	Pyramidial (Baugruppen)
Wertschöpfungskette	Entkoppelt	Synchronisiert
Management von Sub-Kontraktoren	Keinerlei Management bzw. keine Strukturen implementiert	„Designated sourcing" ausschließlich für wettbewerbsrelevante Komponenten; Nutzung der Einkaufsmacht der Mega-Zulieferer
Beschaffungsstrategie	Multiple Sourcing von wertschöpfungsschwachen Teilen mit geringen Anforderungen	Single- und Dual Sourcing auch für Know-how-trächtige Komponenten
Preissetzung	„Invitation to tender" (kom-petitive Konzeptwettbewerbe)	Target costing und Benchmarking
Leistung des Lieferanten	Massenfertigung nach exakten Spezifikationen und Konstruktionsdaten der OEMs	Entwicklung, Produktion und Logistik
Kommunikation	Unidirektional, Informationsrückhaltung	Dialogorientiert, bilateraler Informationsaustausch

Tab. 5: *Entwicklungen in den Hersteller-Zulieferer-Beziehungen in der Automobilindustrie.*[572]

---

[572] Vgl. Becker (Entwicklung der Hersteller-Lieferanten-Beziehungen, 1999), Leinfellner (Neue Formen der Zusammenarbeit, 2001), S. 12, PriceWaterhouseCoopers (Hrsg.) (Second automotive century, 2000), S. 32 - 34 und Wolters (Modul- und Systembeschaffung, 1995), S. 49 und S. 67 sowie die dortigen Verweise auf das Konzept des „Co-Makership" nach Merli.

5.3.2 Horizontale herstellerübergreifende Entwicklungskooperationen

Um den neuen Marktanforderungen zu entsprechen, sind Automobilhersteller gerade in den letzten Jahren verstärkt auch horizontale Kooperationen mit dem Ziel des Risikoausgleichs und der Erzielung von Skalen- und Verbundeffekten eingegangen (vgl. Abb. 65).[573]

Kooperationspartner	Kooperationsfeld in der Entwicklung	AUSWAHL
DaimlerChrysler & BMW	• Benzinmotoren mit geringerer Leistungsstärke	
DaimlerChrysler & Hyundai	• Benzinmotoren* (zusätzlich Produktion von Hyundai-Fahrzeugen im A-Klasse-Werk in Brasilien)*	
DaimlerChrysler & Caterpillar	• Motoren und Kraftstoffsysteme für Nutzfahrzeuge	
DaimlerChrysler & Ford	• Fahrzeuge mit Brennstoffzellen-Antrieb	
DaimlerChrysler & Mitsubishi	• Fahrzeuge mit Brennstoffzellen-Antrieb • Gemeinsame Bauteile	
DaimlerChrysler & PSA	• Plattform für den viertürigen Smart	
BMW & Renault	• Fahrzeuge mit Brennstoffzellen-Antrieb	
BMW & Toyota	• Belieferung von Toyota-Dieselmotoren für das Fahrzeug "Mini" von BMW	
General Motors & Avtovaz	• Geländefahrzeug	
General Motors & Honda	• Sicherheitstechnik • Gegenseitige Belieferung mit Motoren und Bauteilen, insb. Getriebe	
General Motors & Suzuki	• Fahrzeuge mit Brennstoffzellen-Antrieb • Neuer Kleinwagen	
General Motors & Toyota	• Fahrzeuge mit neuen Antriebskonzepten	
Mercedes-Benz & Mazda, Mitsubishi, Porsche, VW	• Technologiekooperationen in diversen Bereichen (wechselnd)	
PSA & Ford	• Dieselmotoren	
PSA & Renault	• Fahrzeuge mit Brennstoffzellen-Antrieb	
PSA & Toyota	• Verbrauchsarme Motoren • Neuer Kleinwagen (zusätzlich gemeinsames Betreiben der neuen Produktionsstätte)	
Renault & Mitsubishi, Ford, PSA	• Gegenseitige Belieferung mit Bauteilen	
Renault & Nissan	• Elektrofahrzeuge	
Saab & Alfa Romeo & Lancia	• Gemeinsame Teilsysteme für künftige Modelle der drei Marken	
Volvo & Mitsubishi	• Kleine, mittlere und schwere Lastkraftwagen	
Volkswagen & Porsche	• Geländewagen	
* Z.Zt. in Verhandlung		

Abb. 65: Ausgewählte horizontale Kooperationen zwischen Automobilherstellern.[574]

Auffällig an den horizontalen Strategien sind dabei drei Aspekte: Kooperationen werden verstärkt eingegangen

1. zwischen Herstellern, die im Zuge der Branchenkonsolidierung mittlerweile zu einem Konzern gehören,
2. in dem investitionsintensiven und risikobehafteten Bereich „Neue Antriebe" (insb. Brennstoffzelle) und
3. im Bereich der Aggregate, um dadurch die Kosten für die Fahrzeugproliferation zu senken.

Eine Besonderheit stellt Porsches Geschäftsfeld „Externe Kunden" dar. In diesem werden für andere OEMs Entwicklungskapazitäten für Auftragsentwicklungen vorgehalten und ange-

---

[573] Vgl. auch die in Abb. 26 aufgezeigten Beteiligungsverhältnisse.
[574] Die Informationen beruhen auf einer Recherche in der Datenbank „Factiva" (http://global.factiva.com). Eingegeben wurden die Suchbegriffe „Entwicklung", „Kooperation" und „Auto". Darüber hinaus vgl. o.V. (Gemeinsam entwickelter Dieselmotor, 2001), S. 23, o.V. (Bei Chrysler wächst der Einfluss von Mercedes, 2002), Steuer (Saab drängt auf die Überholspur, 2001), S. 16 und Wolters (Modul- und Systembeschaffung, 1995), S. 23f.

boten. Nach Unternehmensangaben nimmt man dadurch eine einzigartige Stellung bei der Gesamtfahrzeug-Entwicklungskompetenz ein.[575]

5.3.3 Entwicklungsnetzwerke

Entwicklungsnetzwerke existieren derzeit vornehmlich zwischen Unternehmen in der Zulieferindustrie. Die sukzessive Ausweitung der Netzwerke ist dabei ursächlich bedingt durch die Reduzierung der Entwicklungstiefe der OEMs und kann daher als organisatorische Resultierende der Markterfordernisse interpretiert werden.

Da die komplexen Leistungsumfänge nicht nur von einem Lieferanten bewältigt werden können, entsteht nach und nach ein Netzwerk von miteinander kooperierenden Zulieferunternehmen unter der Führung eines globalen Mega-Zulieferers, der z.t. heute schon die komplette Verantwortung hinsichtlich Entwicklung, Produktion, Koordination der Sublieferanten, Funktionalität und Qualität ganzer Modul- oder Systemumfänge übernimmt. Dieser Zulieferer steht auf der einen Seite als „Entwicklungsberater" im engen Austausch mit dem OEM, auf der anderen Seite koordiniert er ein globales Beschaffungsnetz von Standardteilelieferanten, Komponentenspezialisten und Systementwicklern.[576]

Darüber hinaus sind zwei weitere, sich verstärkende Trends identifizierbar. Erstens findet eine Entwicklung in Richtung langfristig angelegter strategischer Partnerschaften zwischen Zulieferern statt. Die Joint-Ventures von Hella und Behr im Bereich „Front-Modul", Hella und Leoni für „Bordnetze", Hella und Stanley für Scheinwerfer, Freudenberg und Phoenix für Schwingungstechnik, Bosch und ZF für Lenkungssysteme oder auch der Zusammenschluss zwischen den Unternehmen Mannesmann/VDO und Bosch/Siemens können in diesem Zusammenhang als Beispiele genannt werden.[577] Zweitens werden zumindest in Deutschland immer mehr regionale Initiativen gestartet, um das Innovationspotenzial vorwiegend mittelständischer Unternehmen durch eine Netzwerkbildung weiterzuentwickeln. Die „Bayerische Innovations- und Kooperationsinitiative Automobilindustrie", kurz „Baika", kann hier stellvertretend aufgeführt werden.[578]

Auf Seiten der Automobilhersteller konnten für das Kooperationsmodell der Entwicklungsnetzwerke keine Beispiele ausfindig gemacht werden, die über die Teilnahme an Forschungskooperationen[579] hinausgehen. So scheinen in der Automobilbranche, Unternehmens-

---

[575] Vgl. o.V. (Geschlossene Prozessketten:, 1998), S. 60 und o.V. (Prototypisch Porsche, 2000), S. 40. Hier wird auch das Leistungsspektrum des Entwicklungszentrums von Porsche vorgestellt.

[576] Vgl. Kap. 5.3.1.2 und hier insbesondere die Abb. 64 sowie o.V. (Zukunftsstudie: Abschied vom Autobau, 2001), S. 58. Durch die gleichzeitige Verstrickung in Abnehmer-, Lieferanten- und Konkurrenzbeziehungen spricht Weiß auch von „Multifacetted Relationships". Vgl. Weiß (Digitale Revolution, 2001), S. 65f.

[577] Vgl. Freudenberg (Branchenstruktur Zulieferer, 2000) - hier wird auch eine Bewertung der Vor- und Nachteile der verschiedenen Geschäftsmodelle von Zulieferunternehmen vorgenommen - und o.V. (Mit Joint-Ventures Unabhängigkeit sichern, 2001), S. 19.

[578] Vgl. Wenz (Zulieferinitiative, 2001), S. 26f. Hier erfolgt auch ein Verweis auf die weiteren aktuellen Initiativen.

[579] Vgl. z.B. die über 60 Forschungskooperationen von BMW, vorgestellt in: BMW Group (Hrsg.) (Forschungskooperationen, 2001).

verbünde, an denen neben Zulieferern mehr als ein Automobilhersteller beteiligt ist, heute noch die Ausnahme zu sein. Dies wird auch durch die Ergebnisse einer aktuellen Umfrage bei Automobilherstellern unterstrichen, welche den sehr geringen Verbreitungsgrad von Entwicklungsnetzwerken bestätigen.[580]

5.4 Implikationen der Veränderungstendenzen: Kompetenzbasierte Entwicklungsnetzwerke als zukünftige Form der Leistungserstellung in der Automobilentwicklung

Die Ausführungen im vorherigen Kapitel haben verdeutlicht, dass die Kooperationslandschaft in der Automobilindustrie z.Zt. einem Wandlungsprozess unterliegt. Auffällig bei den Ausprägungen des Wandlungsprozesses ist, dass (a) vertikale Kooperationen stark dominieren, (b) horizontale Kooperationen erst seit kurzem in eng abgegrenzten Bereichen und (c) umfassende Entwicklungspartnerschaften mit Zulieferern und anderen Herstellern nahezu gar nicht existieren. Mehrere Gründe sprechen nun dafür, dass sich insb. die letztgenannte Kooperationsform in Zukunft verstärkt durchsetzen wird und es infolgedessen zu einer Neugestaltung der Wertschöpfungsstrukturen kommen kann (vgl. Abb. 66).

Die Erörterung der evolutorischen Weiterentwicklung der Wertschöpfungsstrukturen in Richtung kompetenzbasierter Entwicklungsnetzwerke ist Gegenstand dieses Kapitels. *Kap. 5.4.1* beschreibt zunächst die Eckpunkte der sich für die Zukunft abzeichnenden Form der kooperativen Leistungserstellung in der Fahrzeugentwicklung und die Entstehungsgründe. In *Kap. 5.4.2* wird die „Enabler-Funktion" der Technologien der DvA zur Umsetzung der Organisationsform der Entwicklungsnetzwerke thematisiert. Welche Leitgedanken bei der Ausgestaltung konkreter Kompetenzprofile zu berücksichtigen sind, ist Inhalt des *Kap. 5.4.3.*

---

[580] Vgl. Koschnike (Unternehmensübergreifende Netzwerke, 2002).

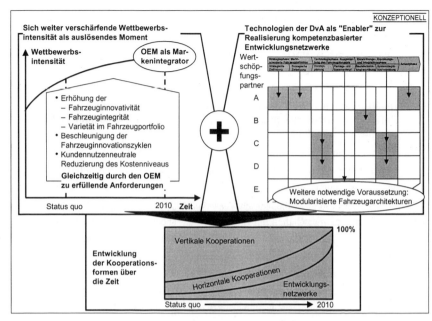

Abb. 66: *Treibende Faktoren zur Herausbildung kompetenzbasierter Entwicklungsnetzwerke in der Fahrzeugentwicklung.*

5.4.1 Verschärfende Wettbewerbsintensität als auslösendes Element zur Herausbildung kompetenzbasierter Entwicklungsnetzwerke

Als auslösendes Moment für die Herausbildung kompetenzbasierter Entwicklungsnetzwerke ist die sich weiter verschärfende Wettbewerbsintensität hervorzuheben. In der Sichtweise des Strategischen Kompetenzmanagements führt diese dazu, dass sich die Beteiligten noch weit mehr als es heute bereits der Fall ist, spezialisieren werden (müssen), um die vom Wettbewerb geforderten Fahrzeugeigenschaften anbieten zu können. In dem Maß, in dem heute die Intensivierung der Zusammenarbeit insb. mit Mega-Zulieferern für die Automobilhersteller weitgehend ohne strategische Alternative ist, wird zukünftig die Teilnahme an leistungsstarken Entwicklungsnetzwerken mit hochspezialisierten Wertschöpfungspartnern über die Wettbewerbsfähigkeit der Hersteller bestimmen. Diese Aussage bedarf der Erläuterung und Begründung.

Die in Kap. 3 beschriebenen Veränderungstreiber und Anforderungen haben aufgezeigt, dass (1) die Automobilhersteller zur Sicherstellung ihrer Wettbewerbsfähigkeit entlang sämtlicher effizienz- und effektivitätsbestimmender Dimensionen permanent und synchron Verbesserungen erzielen müssen und (2) dies in einem Umfeld zu erfolgen hat, das zunehmend durch hohe Marktunsicherheiten und eine ausgeprägte Produktkomplexität gekennzeichnet ist.

In der Konsequenz bedeuten diese Entwicklungen für die OEMs, dass sie höchstwahrscheinlich nicht mehr in der Lage sein werden, das heute von ihnen übernommene Spektrum von Entwicklungsaufgaben auch zukünftig noch zu bewältigen. Vielmehr werden sie sich gezwungen sehen, die Abstimmung zwischen dem Aufgabenspektrum, der eigenen Leistungstiefe und dem Wettbewerbsumfeld konsequent zu optimieren: In dem Maß, in dem marktseitig die Unsicherheiten und Volatilitäten sowie produktseitig die Komplexität zunehmen, wird die Lücke zwischen den quantitativen und qualitativen Ressourcenanforderungen einerseits und den verfügbaren Ressourcen der Hersteller andererseits zu groß.[581] Erschwerend kommt hinzu, dass immer mehr Hard- und Softwarelösungen aus automobilfernen Branchen zum Einsatz kommen und somit der automobile Fortschritt in einer signifikanten Größenordnung auch branchenexogen getrieben wird.[582]

Analysiert man die *Gründe für das Entstehen der Kompetenzlücken*, so lassen sich diese bei Anwendung der in Kap. 3 eingeführten und in Kap. 4 verwendeten Unterteilung in fahrzeugbezogene Anforderungsdimensionen wie folgt zusammenfassen:[583]

1. Innovationswettbewerb

Bei Automobilherstellern schlagen sich die Bedingungen dynamischen Wettbewerbs und technologischen Wandels bei den Fahrzeugkomponenten in den Erfordernissen nieder, das Basisinnovationsniveau der Fahrzeuge zu steigern, eine beschleunigte Diffusion von mechatronischen Systemen und IuK in die Fahrzeuge sicherzustellen sowie gleichzeitig für eine kontinuierliche Integration nicht-mechatronischer Innovationen, wie z.b. wirkungsgradverbesserte Antriebskonzepte, leichtere Werkstoffe oder gewichtssparende Karosseriekonzepte, Sorge zu tragen (vgl. Kap. 3.4.1). Mit diesen Anforderungen einher geht die Notwendigkeit, Veränderungen in weit mehr Innovationsfeldern als bisher zu erkennen und diese kontinuierlich und parallel in Form verbesserter Fahrzeuge umzusetzen. Dies resultiert wiederum in der

---

[581] Vgl. auch Pfaffmann (Kompetenzbasiertes Management, 2001), S. 173f.: „Unter den Bedingungen zunehmender Unsicherheit vergrößern sich die Kompetenzlücken der Unternehmen, weil die Komplexität der Entscheidungssituation steigt, das existierende Wissen der Akteure aber zunächst unverändert bleibt. Hieraus entsteht für die Unternehmen die grundsätzliche Notwendigkeit, die Breite und Vielfalt der vertikalen Unternehmensaktivitäten sowie den Aufbau von Kompetenzen zu verringern, um der gestiegenen Unsicherheit über den Verlust von irreversiblen Investitionen zu begegnen."

[582] Vgl. auch Kap. 3.4.1.2.

[583] An dieser Stelle sind die Anforderungs- als relevante Wettbewerbsdimensionen zu verstehen.
Zu den möglichen Gründen für das Eingehen von Entwicklungspartnerschaften vgl. z.B. die Zusammenfassungen und Literaturübersichten bei: Mildenberger (Kompetenzentwicklung in Produktionsnetzwerken, 2000), S. 384f., Pfaffmann (Kompetenzbasiertes Management, 2001), S. 175, Reiß (Produktentstehung in Netzwerkumgebungen, 1997), S. 220 - 224, Sawhney / Parikh (Value in a networked world, 2001), S. 84f., Scherer (Kooperationsentscheidungen, 1995), S. 20 - 27, Siebert (Analyse von Unternehmensnetzwerken, 1999), S. 16 - 22, Schuh / Millarg / Göransson (Virtuelle Fabrik, 1998), S. 145 - 150, Specht / Beckmann / Amelingmeyer (F&E-Management, 2002), S. 394, Wertz (Lieferanten-Produzenten-Beziehungen, 2000), S. 13 - 18, Weule (Integriertes F&E-Management, 2002), S. 75 - 77, Wildemann (Unternehmungsnetzwerke in der Zulieferindustrie, 1998), S. 27f. und Wynstra / Van Weele / Weggemann (Supplier involvement in product development, 2001), S. 158f. Einigkeit besteht zumeist darin, dass (a) das Eingehen von Kooperationen als dynamische Anpassung an Umweltbedingungen von Unternehmen zu verstehen ist und (b) das übergeordnete Ziel von (strategischen) Kooperationen in der Erzielung eines Wettbewerbsvorteils gegenüber konkurrierenden Unternehmen bzw. Netzwerken besteht (vgl. die Definition in Kap. 5.2.1).

Anforderung, ein intensives Vorentwicklungsmanagement und ein umfangreiches Technologiemonitoring zu betreiben.[584]

Bei den signifikant gestiegenen Leistungsanforderungen erweist es sich für einen Automobilhersteller zumeist jedoch als unmöglich, in allen Aktivitätsfeldern, die in die Erstellung von Fahrzeugen eingehen, technologische und marktliche Veränderungen aktiv mitzugestalten, zumal der automobile Fortschritt auch durch branchenexogene Unternehmen getrieben wird.[585] Eine zu große Entwicklungstiefe würde nicht nur in größerem Umfang als erforderlich Managementkapazitäten, Know-how und Kapital binden, die dann nicht mehr für strategisch wichtige Aufgaben des Unternehmens zur Verfügung stehen, sondern auch durch die außerordentlich hohe Komplexität der Aufgabenbewältigung kaum noch tragbar sein.

Demgegenüber kann eine hinreichende Abdeckung neu hinzukommender Innovationsfelder sowie der dynamischen Veränderungen in traditionellen Innovationsfeldern durch eine Zusammenarbeit mit Wertschöpfungspartnern erreicht werden. Durch deren frühzeitige Einbindung in die Entwicklungsprozesse können ihre Kompetenzen im Zuge zwischenbetrieblicher Lernprozesse adaptiert, internalisiert und in eigene Kernkompetenzen transformiert werden. Alternativ besteht auch die Möglichkeit, nur auf externe Kompetenzen zuzugreifen und auf aktive innerbetriebliche Lernprozesse und Kompetenztransfers zu verzichten; eine Option, die sich bei strategisch bedeutungslosen Fahrzeugbauteilen anbietet.

Durch dieses Vorgehen können OEMs wirkungsvoll ihre Flexibilität und Reagibilität erhöhen und damit das Fundament für eine erfolgreiche Teilnahme am dynamischen Innovationswettbewerb legen.

2. Integritätswettbewerb

Im Rahmen des Integritätswettbewerbs wurden die benutzerfreundliche Ausgestaltung des Bedien- und Anzeigenkonzepts im Fahrzeuginnenraum sowie die hohe Marken- und Zeitstilkongruenz im Fahrzeugdesign als wichtige wettbewerbsstrategische Eigenschaften eines Fahrzeugs identifiziert (vgl. Kap. 3.4.2). Durch die Nähe zum Themenfeld der Fahrzeuginnovationen lassen sich durch Einbindung von Kooperationspartnern ähnliche Effekte erzielen, wie unter 1. bereits erläutert, so dass diese hier nicht wiederholt werden sollen.

3. Variantenwettbewerb

Die Zunahme der Variantenvielfalt sowohl bei einzelnen Fahrzeugen in Form der Sonderausstattungen als auch über das gesamte Modellportfolio hinweg (vgl. Kap. 3.4.3) konfrontiert

---

[584] „Die nachhaltige bzw. dynamische Innovationsfähigkeit eines Unternehmens ist nur dann gesichert, wenn über die Zeit neben der Verbesserung von Kompetenzen in angestammten Aktivitätsfeldern genügend Kompetenzen in *neuen* Aktivitätsfeldern exploriert werden. Die Sicherung der dynamischen Innovationsfähigkeit des Unternehmens wird dabei umso schwieriger, je schneller die technologische Entwicklung in ihren bearbeiteten Aktivitätsfeldern voranschreitet und je instabiler sich die Konsumentenpräferenzen darstellen." Pfaffmann (Kompetenzbasiertes Management, 2001), S. 5.

[585] Schon ein Mittelklasse-Pkw weist mehrere Dutzend technologisch relevanter Bereiche auf, wie z.B. die Materialtechnik, Sicherungstechnik, Antriebstechnik, Fahrzeugelektronik, Telematik oder die Prozesstechnologien, die den eingesetzten Herstellungsverfahren zugrunde liegen.

die OEMs mit einer erheblichen Steigerung der durchzuführenden Entwicklungsumfänge. Deren Bewältigung kann meistens nur mit Hilfe der Einbindung externer Unternehmen sichergestellt werden. Die Bandbreite der Lieferanteneinbindung kann dabei erheblich variieren: Von der Beauftragung einer Anpassungskonstruktion, über die Entwicklung einzelner Fahrzeugsysteme, bis hin zur Entwicklung und Produktion kompletter Fahrzeugderivate. So wurde z.B. das neue Audi Cabriolet federführend von Karmann entwickelt.

4. Effizienzwettbewerb

Lieferanten führen i.d.R. eine Mehrzahl ähnlicher Projekte für verschiedene Automobilhersteller unter Wahrung der Verschwiegenheitspflicht hinsichtlich sensibler Fahrzeugspezifikationen, gemeinsam erarbeiteter Verbesserungen und technologischer Innovationen durch. Mit der ausgeprägten Konzentration auf ihre Kernkompetenzen können die Lieferanten steilere Lernkurven durchlaufen, von Synergie- und Skaleneffekten profitieren und in der Konsequenz eine höhere Weiterentwicklungsrate ihrer Kernkompetenzen realisieren. Effekte in vergleichbarem Umfang sind für einzelne Fahrzeughersteller nicht erreichbar, da diesen bei isoliertem Agieren das dafür notwendige Stückzahlvolumen fehlt.[586]

Das entlang der vier „Wettbewerbsdimensionen" beschriebene Aufgehen der Kompetenzlücke trifft nicht nur auf die OEMs zu. Im Vergleich zum Status quo werden auch die Mega-Zulieferer mittel- bis langfristig aufgrund der stetig steigenden Leistungsanforderungen mit ihren Kompetenzen an Grenzen stoßen. Auch sie werden kaum mehr in der Lage sein, die von ihnen anvisierte Innovationslandschaft entweder selber oder über Sublieferanten vollständig abzudecken.

Aus wettbewerbsstrategischer Sicht erfordert die Beherrschung der hochkomplexen und variablen Aufgaben in der Fahrzeugentwicklung damit die Bildung „aufgabenbezogener Kooperationsstrukturen (zur Unsicherheitsbeherrschung), in denen sich komplementäre Kompetenzen möglichst gut ergänzen (zur Komplexitätsbeherrschung)."[587] Die einzelnen Unternehmen in einer derartigen Kooperation konzentrieren sich stärker auf ihre jeweiligen Kernkompetenzbereiche, d.h. sie erbringen spezialisierte Leistungen für andere Wertschöpfungspartner, die in einem ganzheitlichen, übergeordneten Prozess koordiniert werden.[588] Aus Sicht ei-

---

[586] Mit der Ausnutzung von Faktorkostenvorteilen durch die Durchführung ausgewählter Entwicklungsvorhaben in Niedriglohnländern und der parallelen Durchführung technisch-funktional voneinander unabhängiger Entwicklungsaufgaben durch mehrere Lieferanten sind weitere Effizienzwirkungen realisierbar.

[587] Picot / Reichwald / Wigand (Grenzenlose Unternehmung, 2001), S. 429. Ein weiterer treibender Faktor für Kooperationen kann auch darin gesehen werden, dass sich (1) die Automobilindustrie in ihrer Reifephase befindet, in der die Branchenstrukturen, Produktmerkmale, technischen Standards und Herstellungsverfahren sich in vergleichsweise klaren Entwicklungsbahnen weiterentwickeln, und (2) dadurch Investitionen in spezialisierte Ressourcen attraktiver werden. Zum Bedeutungszuwachs von Interorganisationsbeziehungen in Theorie und Praxis, insbesondere in der Ausprägungsform der Unternehmensnetzwerke, vgl. auch Mildenberger (Kompetenzentwicklung in Produktionsnetzwerken, 2000), S. 384f.

[588] „Dies bleibt nicht ohne Folgen für die Unternehmung. Sie wandelt sich vom klassischen Ort generischer Faktorkombination zu einem Ort konkreter Kompetenzallokation: Die Dekomposition des Leistungserstellungsprozesses erfolgt nicht

nes jeden Unternehmens stellen dabei die Kernkompetenzen der oder des anderen Unternehmen(s) Komplementärkompetenzen dar. Erst die Summe aller komplementären unternehmensindividuellen Kernkompetenzen ermöglicht den Beteiligten, marktfähige Fahrzeuge zu entwickeln.[589]

Da die Kompetenzfokussierung ein branchenweites Erfordernis darstellt, ist folglich auch mit einer branchenweit einheitlichen Transformation der Wertschöpfungsprozesse in Richtung von Entwicklungsnetzwerken zu rechnen. Bedenkt man zusätzlich, dass die Größe eines Markts das Ausmaß der Spezialisierung bestimmt, wird der durch Vernetzung mit globalen, weltweit agierenden Wertschöpfungspartnern mögliche Spezialisierungsgrad in der Automobilindustrie deutlich.

Damit sind aber auch tradierte Vorstellungen über die Konstruktion und das Funktionieren von Entwicklungskooperationen insofern zu revidieren, als dass das Ergebnis der Wertschöpfungsprozesse immer weniger durch Unternehmensverbünde erbracht wird, die gegenüber der Umwelt relativ gut abgrenzbar, dauerhaft, integriert und raum-zeitlich klar sind. Vielmehr verlagert sich der Konkurrenzkampf sukzessive von einem Wettbewerb zwischen einzelnen Automobilherstellern zu einem Wettbewerb zwischen komplexen Unternehmensverbünden mit hochspezialisierten Teilnehmern, die sich durch distinkte Kompetenzprofile auszeichnen und von denen die OEMs nur ein Teilnehmer unter vielen sind. Dadurch wird aus der klassischen sequentiellen Prozesskette ein mehrdimensionales Prozessnetz, welches aus den Entwicklungsabteilungen des OEMs, der Lieferanten und deren Entwicklungspartner besteht.

5.4.2 Unternehmensübergreifender Einsatz der Technologien der DvA als „Enabler" zur Realisierung der Kooperationsform der kompetenzbasierten Entwicklungsnetzwerke

Im vorherigen Kapitel wurde eine Vielzahl von Gründen aufgeführt, die dafür sprechen, dass zukünftig in der Automobilindustrie die Wertschöpfungserbringung zunehmend in kompetenzbasierten Entwicklungsnetzwerken stattfinden wird. Gleichzeitig wurde grob dargestellt, wie die Konfiguration der Entwicklungsnetzwerke aussehen könnte. Demgegenüber wenig berücksichtigt wurde hingegen eine grundlegende Voraussetzung, ohne die die Herausbildung dieser neuen Kooperationsform als kaum möglich erscheint: Der netzwerkweite Einsatz der im Kap. 4.3 vorgestellten Technologien der DvA.

---

mehr wie im tayloristischen Modell als Sequentialisierung von Arbeitsschritten, sondern vielmehr nach Kompetenz- und Wissensblöcken." Picot / Reichwald / Wigand (Grenzenlose Unternehmung, 2001), S. 446.

[589] Rasche sieht in Kooperationen, „optional gestaltbare Vehikel zur Umsetzung des Fit-Gedankens mittels Wettbewerbsanpassung oder -beeinflussung." Rasche (Resource-Based-View, 2000), S. 93. Mit „Fit" meint er die Übereinstimmung mit den Anforderungen in der Mikro- und Makroumwelt.
Damit wird nicht dem „Hyperwettbewerb"-Konzept von D'Aveni gefolgt (vgl. D'Aveni (Hyperwettbewerb, 1995). Vielmehr werden Kooperationen als derivative De-Eskalationsmechanismen interpretiert, mit denen die Automobilhersteller versuchen, eine Koexistenz der Unternehmen zu gewährleisten. Keiner der OEMs verfügt über eine derart starke Wettbewerbsposition, die es ihm erlaubt, tradierte Branchenspielregeln und ethische Grundwerte zu missachten und sich im dynamischen Wettbewerb ohne jegliche Partner mit komplementären Kompetenzen behaupten zu können.

Dass diese Technologien eine entscheidende „Enablerfunktion" für die Durchführung der kooperativen Leistungserbringung haben, wurde zwar bereits im Rahmen der Ausführungen zu den drei Dimensionen einer durchgängig virtuellen Automobilentwicklung (Kap. 4.3.1) und zu den Leistungsmerkmalen der EDM-Systeme (Kap. 4.3.3.7) herausgearbeitet. Aufgrund der Bedeutung der Enablerfunktion soll diese jedoch an dieser Stelle wieder aufgegriffen und themenspezifisch weiter ausgestaltet werden. Dazu wird im Kap. 5.4.2.1 eine Zukunftsvision ausgearbeitet, wie die Entwicklung eines Automobils im Jahr 2010 ablaufen könnte, bevor anhand dieser Vision die Relevanz der Technologien der DvA für die Realisierung der Kooperationsform der kompetenzbasierten Entwicklungsnetzwerke im Kap. 5.4.2.2 erörtert wird.

5.4.2.1 Augestaltete Zukunftsvision: Entwicklung eines Automobils im Jahr 2010

Zur Ausgestaltung der Zukunftsvision wird einerseits auf die im Kap. 4.3 vorgestellten Technologien der DvA und andererseits auf die im Kap. 2.4 ausgearbeiteten Bestandteile und Kernaktivitäten eines Fahrzeugentwicklungsprozesses zurückgegriffen. Darauf basierend wird startend mit dem Exterieur- und Interieur-Design und endend mit dem Anlaufmanagement nachfolgend vereinfacht eine mögliche Zusammenarbeit zwischen einzelnen Entwicklungspartnern skizziert.[590] Ausgegangen werden soll dabei von der Konstellation, dass der OEM einige Kernaktivitäten selber ausführt, für die Mehrzahl der Leistungen jedoch auf Entwicklungspartner bzw. Entwicklungskooperationen auf Ebene der Entwicklungspartner zurückgreift (vgl. Abb. 67).

Nach Festlegung der geometrischen und technischen Eckparameter des neu zu entwickelnden Fahrzeugs („Fahrzeugsteckbrief") sowie des Ablaufs und der Meilensteine im Entwicklungsprozess durch den OEM werden diese Daten über das auf Internet-Technologien basierende VPN (Virtual Private Network) versendet, an dem alle weltweit verteilten Entwicklungspartner angebunden sind („Web-based collaborative design"). Parallel werden vom OEM die Struktur und erste Inhalte des Fahrzeug-DMUs inkl. Package- und Systemdesign in einem virtuellen Projektraum hinterlegt. Im Verlauf des Entwicklungsprozesses stellt das Fahrzeug-DMU dabei stets den aktuellen Projektstand mit wachsender Füllung und wachsendem Reifegrad dar und dient damit als zentrale und für alle Beteiligten verbindliche Arbeitsplattform. Über Schnittstellenprozessoren ist die bidirektionale Übertragbarkeit und Weiterverarbeitbarkeit der Daten in den verschiedenen Software-Applikationen sichergestellt.

---

[590] Die Tätigkeiten im Rahmen der Umwelt- und Fahrzeuganalyse sowie der strategischen und operativen Fahrzeugprofilplanung werden hier nicht dargestellt, da diese Aufgaben i.d.R. kaum durch die Technologien der DvA unterstützt werden.

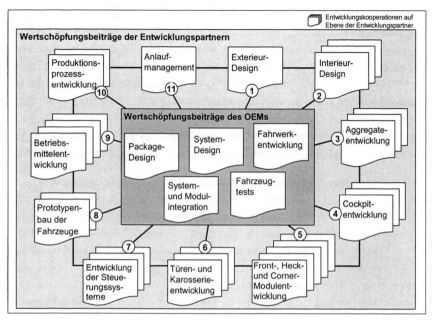

Abb. 67: Beispielhafter Einsatz von Entwicklungspartnern im Automobilentwicklungsprozess.

Die einzelnen Entwicklungspartner greifen nun browsergestützt auf das Fahrzeug-DMU zu und laden sich das für ihren Aufgabenbereich relevante Partialmodell herunter (z.B. Styling-, Bauraum-, Fahrwerk-DMU). Zur Bearbeitung der Partialmodelle setzen die Partner gemäß ihren ausgewiesenen Kernkompetenzen spezielle und technologisch ausgereifte CAx-Technologien ein, von denen der qualitative und zeitbezogene Entwicklungsfortschritt maßgeblich beeinflusst wird. So nutzen bspw. die Unternehmen im Entwicklungsverbund „Interieur- und Exterieur-Design" spezielle CAS-Systeme, die eine fotorealistische Animation von Entwürfen und die virtuelle Einbindung der geplanten Fahrzeugmodelle in integrierte „Fahrzeug-Umwelt-Szenarien" erlauben. In den Entwicklungsverbünden, bei denen eine hohe Transparenz über die zu erarbeitenden Ergebnisse herrscht und auf Zwischenergebnisse weitgehend ohne zusätzliche Erläuterungen jederzeit aufbaut werden kann, wird eine 24-Stunden-Entwicklung praktiziert.

Nach Beendigung der jeweiligen (Zwischen-)Arbeitspakete spielen die verantwortlichen Mitarbeiter die überarbeiteten Partialmodelle wieder in das Gesamtfahrzeug-DMU zurück, so dass in definierten Abständen der OEM über integrierte EDM-/DMU-Systeme alle digitalen Einzeldaten synthetisieren und visualisieren kann. Dadurch erhält er einerseits eine Kontrolle über den Arbeitsfortschritt und andererseits frühzeitig Transparenz über etwaige Probleme (z.B. Bauraumkollisionen). Bei dem Auftreten von Problemen schalten sich die betroffenen Mitarbeiter über am Arbeitsplatz verfügbare Telekooperationssysteme zusammen, um

Überarbeitungen synchron in Online-Konferenzen vorzunehmen und die optimierten Datensätze wieder zurückzuspielen. *Diese Prozessabläufe werden solange fortgesetzt bis ausgehend von den Funktionsmodellen über die Bauteilgeometrien letztlich ein vollständiger virtueller Fahrzeugprototyp existiert.*

Sobald die digitalen Fahrzeugmodelldaten vorhanden sind, werden diese an diejenigen wiederum hochspezialisierten Entwicklungspartner versendet, die für den Prototypenbau der Fahrzeuge, die Betriebsmittel- und die Produktionsprozessentwicklung zuständig sind. Unter Verwendung kernkompetenzadäquater Rapid Prototyping-, CAM- und DMF-Technologien nutzen die Unternehmen unmittelbar die digitalen, das Auto in seiner Gesamtheit beschreibenden Fahrzeugdaten, um durch deren fertigungsorientierte Weiterverarbeitung Fahrzeug-Prototypen, digitale und später reale Betriebsmittelmodelle bzw. digitale und später reale Produktionsprozess- und Produktionsarchitekturmodelle herzustellen. Nach iterativer - analog zur Reifung der Fahrzeugdaten - vorgenommener Optimierung der Datensätze sind am Ende dieser Prozesskette damit alle Komponenten zur Produktion der Fahrzeuge verfügbar. Den eigentlichen Anlauf übernimmt wieder ein darauf spezialisierter Entwicklungspartner. Nach stabilem Erreichen der Kammlinie löst sich das Entwicklungsnetzwerk auf.

Zur Steuerung des gesamten Entwicklungsprozesses nutzt der OEM ein digitales Prozessmodell, welches ebenfalls im virtuellen Projektraum hinterlegt ist. Darüber erhalten alle Entwicklungspartner aktuelle Informationen über die durchzuführenden Aktivitäten inkl. etwaiger Bring- und Holpflichten. Dazu zählt auch, dass die internen und externen Projektmitarbeiter bei allen sie betreffenden Aktualisierungen an Bauteilen eine Nachricht über Zeitpunkt und Art der Änderung und über Auswirkungen auf damit verbundene Geometrien und Systeme bekommen. Das Gleiche gilt für den Status von Entwicklungsarbeiten: Die Teammitglieder erhalten in definierten Abständen automatisch Meldungen darüber, welchen Status die Ergebnisse im vorausliegenden Prozessschritt aktuell innehaben und wann voraussichtlich mit den eigenen Arbeiten begonnen werden kann

Im Verlauf der Nutzungsphase werden Fehler am Fahrzeug über die in den Werkstätten vorhandenen Diagnosesysteme online in die Entwicklungsabteilungen der Hersteller zurückgespielt. Dadurch können frühzeitig systematische Fehler erkannt und abgestellt werden.

5.4.2.2 Relevanz der Technologien der DvA

Die Leistungserbringung in kompetenzbasierten Entwicklungsnetzwerken resultiert in einer Atomisierung vormals integrierter und hierarchisch kontrollierter Wertschöpfungsketten. Eng verbunden mit der Atomisierung stellen dabei (1) die Zusammenarbeit von hochspezialisierten und ggf. global verteilten Unternehmen sowie aus der Perspektive der IuK, (2) der Einsatz unterschiedlichster die Kernkompetenzen jeweils unterstützender Technologien und (3) der kontinuierliche unternehmensübergreifende Datenaustausch drei wesentliche Entwicklungskooperationen charakterisierende Merkmale dar.

Ausgehend von diesen Merkmalen lässt sich unmittelbar die Relevanz der Technologien der DvA für das Entstehen und die effiziente und effektive Durchführung der kooperativen Leistungserbringung in kompetenzbasierten Entwicklungsnetzwerken ableiten. Dazu sollen die verschiedenen Funktionen der Technologien anhand der beschriebenen Zukunftsvision herausgearbeitet werden.

5.4.2.2.1 Die Technologien als konstituierendes Element von Entwicklungsnetzwerken

Der dargestellte Einsatz von EDM- und DMU-Systemen, von integrierten Telekooperationstechnologien und von Virtual Private Networks zur gesteuerten bidirektionalen Vernetzung global verteilter Entwicklungspartner stellt das informatorische Rückgrat jeder Entwicklungskooperation dar. Räumliche und zeitliche Distanzen können dadurch überwunden und die für eine gemeinschaftliche entkoppelte Aufgabenbewältigung wichtigen Freiheitsgrade raumzeitlicher Unabhängigkeit erzielt werden.[591] Aufgrund der Kommunikations- und Informationstransporterleichterungen spielen geographische Grenzen bei der Definition und Koordination wirtschaftlicher Aktivitäten eine immer geringere Rolle und die erleichterte Einbindung von hochgradig spezialisierten Partnern bei der Verwirklichung kooperativer unternehmerischer Konzepte lässt Unternehmensgrenzen im Sinne einer Differenzierung zwischen Innen und Außen zusehends verschwinden.[592] Zugleich können Unternehmen ihren Ressourceneinsatz auf die Aktivitätsfelder mit der größten Hebelwirkung für den Unternehmensgewinn konzentrieren.[593]

Ohne die genannten Technologien wären die äußerst umfangreichen unternehmensübergreifenden Austauschprozesse kaum ökonomisch realisierbar, denn die durch Informationsübertragungs- und Abstimmungsprozesse verursachten Transaktionskosten würden die Vorteile einer verteilten Fahrzeugentwicklung i.d.R. weit „überkompensieren". Fahrzeug-, Betriebsmittel- und Produktionsprozess und architekturdaten müssten aufgrund der vielen Verpflechtungen über das gesamte Wertschöpfungsnetzwerk hinweg permanent, jedoch vorwiegend manuell abgeglichen und der iterative Problemlösungszyklus ggf. über mehrere Zeitzonen hinweg organisiert werden. Mehrkosten, Zeitverzüge oder auch Qualitätsmängel wären die wahrscheinliche Folge.

Demzufolge wäre ohne die Technologien der Wechsel auf neue, weiter spezialisierte Kompetenzbasen und die umfassende Nutzung der „firm-addressable resources" ebenfalls

---

[591] Vgl. Kap. 4.2.1.3 und 4.2.2.3 sowie Reichwald / Möslein (Management und Technologie, 1998), S. 5f.
[592] Vgl. Picot / Reichwald / Wigand (Grenzenlose Unternehmung, 2001), S. 6.
[593] Zu den Potenzialen der Telekooperationstechnologien, die Markt- und Symbioseorientierung der Unternehmensorganisation zu fördern, stellen Picot / Reichwald / Wigand fest: „Aus Sicht der Transaktionskostentheorie kann der Einsatz geeigneter IuK zu einer Reduktion der Transaktionskosten führen. Die ursprünglichen Effizienzpunkte der Übergangs einer Koordinationsform in die andere verschieben sich damit in Richtung marktlicher Koordination. ... Dies bedeutet, dass marktliche und hybride Koordinationsformen nun in der Lage sind, bisher transaktionskostenintensive Leistungen, d.h. spezifischere und durch höhere Unsicherheit gekennzeichnete Kernaufgaben, effizient zu erbringen." Ebenda, S. 296.
Zu den Möglichkeiten und Grenzen hybrider Strategien, dargestellt am Beispiel der deutschen Automobilindustrie vgl. auch Proff / Proff (Möglichkeiten und Grenzen hybrider Strategien, 1997).

kaum wirtschaftlich realisierbar. Das Gleiche gilt für das Merkmal des Strategischen Kompetenzmanagements, dass *Unternehmensnetzwerke* im Wettbewerb zueinander stehen. In letzter Konsequenz schaffen die Technologien damit überhaupt erst die notwendigen Voraussetzungen, das Konstrukt der kompetenzbasierten interorganisationalen Entwicklungsnetzwerke in die Realität umsetzen zu können und sind damit als konstituierendes Element von Entwicklungsnetzwerken zu bewerten.

5.4.2.2.2 Die Technologien als Bestandteil der Kernkompetenzen der Entwicklungspartner

Eine weitere Funktion der Technologien ergibt sich aus deren Potential, einerseits die Produktivität von Einzelaufgaben im Entwicklungsprozess und andererseits die Prozesseffizienz insgesamt signifikant steigern zu können. Dies wurde ausführlich in den Kap. 4.4.1 bis 4.4.6 in Form der Erfolgsbeiträge der Technologien entlang der verschiedenen fahrzeugseitigen Anforderungsdimensionen (Erhöhung der Fahrzeuginnovativität, Fahrzeugintegrität und Varietät im Fahrzeugportfolio, Weiterentwicklung der plattformbasierten modularen Fahrzeugentwicklung, Erhöhung der Entwicklungseffizienz) beschrieben und soll deshalb hier nicht wiederholt werden. Vielmehr ergibt sich aus den Erfolgsbeiträgen, dass durch die bewusste Beschränkung auf Kernkompetenzen, die professionelle Anwendung und Beherrschung der jeweiligen kernkompetenzbezogenen Technologien der DvA integraler Bestandteil eines Kernkompetenzprofils eines Unternehmens sein muss. Gelingt es Unternehmen nicht, stets die leistungsstärksten Softwareapplikationen effizient und effektiv zur Steigerung der Gesamtergebnisqualität eines Entwicklungsnetzwerks einzusetzen, besteht die Gefahr, dass es signifikant an Bedeutung als Partnerunternehmen im Netzwerk verliert. Dies gilt insbesondere für Unternehmen, deren Leistungen vergleichsweise einfach zu substituieren sind (Standardprodukte) und dadurch der Technologieeinsatz als bedeutender Differenzierungsfaktor hervortritt.

5.4.2.2.3 Die Technologien als Mittel zur Beibehaltung der Kontrolle über das Wertschöpfungsnetz

Die dritte Funktion der Technologien betrifft die sich aus dem Leistungsumfang zukünftiger EDM-Systeme ergebenen Potentiale, über produkt- und prozessmodellbasierte Controllingsysteme den gesamten Entwicklungsprozess netzwerkweit durchgängig steuern zu können:[594] Über die verpflichtende Vorgabe an Entwicklungspartner, die Produkt- und Prozessmodelle als gemeinsame Arbeitsplattform zu nutzen, eröffnet sich für die OEMs die Möglichkeit, jederzeit die Kontrolle über das Wertschöpfungsnetz zu behalten. Einerseits laufen alle kritischen Informationen bei ihnen in Form eines „Entwicklungs-Cockpits" (vgl. Abb. 58) zusammen. Dadurch können OEMs frühzeitig Abweichungen in der Produkt- und Prozessreife vom geplanten Soll-Stand anhand einer vordefinierten Reifegradmethodik identifizieren und

---

[594] Vgl. dazu die in Kap. 4.3.3.7 vorgestellten anwendungsübergreifenden Funktionen von EDM-Systemen und die diesbezüglichen aktuellen Entwicklungsschwerpunkte sowie die in Kap. 4.4.5.6 vorgestellten produkt- und prozessmodellbasierten Controllingsysteme.

umgehend Gegenmaßnahmen einleiten. Andererseits besteht durch die Vorgabe spezifischer Produkt- und Prozessmodelle eine Abhängigkeit der Entwicklungspartner vom OEM, da damit die zentrale Arbeitsplattform stets unter voller Kontrolle der OEMs verbleibt. Die meisten Partner verbleiben damit in ihrer „zuliefernden Rolle" und haben kaum eine Chance darauf, die heutige Rolle der OEMs zu übernehmen.[595] Dazu müssten Sie eine profunde Gesamtfahrzeugkompetenz aufbauen und in die Struktur eines digitalen Fahrzeugmodells transformieren können.

5.4.3 Leitgedanken bei der Ausgestaltung konkreter Kompetenzprofile aus Sicht der Automobilhersteller

Aus Sicht der Automobilhersteller sollte sich die konkrete Ausgestaltung der Kompetenzprofile an vier Prämissen orientieren, die den wettbewerbsstrategischen Rahmen für die Entwicklung der Kompetenzen abstecken.[596] Die Prämissen sind dabei zusätzlich zur grundlegenden Notwendigkeit des Aufbaus einer „Kooperationskompetenz" zu sehen. Darunter sind die Fähigkeiten zu verstehen, entlang der typischen Phasen einer Entwicklungskooperation - (1) Treffen einer Initialentscheidung für eine Kooperation, Auswahl und Gewinnung von Kooperationspartnern, Konfiguration der Kooperation, Durchführung und Ausreifung der Kooperation, Beendigung der Kooperation -[597] die damit verbundenen Tätigkeiten und Aufgaben professionell wahrzunehmen.

5.4.3.1 Bewahrung der Integrität des Fahrzeugportfolios

Im Rahmen einer professionellen Markenprofilierung gehört es zur Pflicht eines OEMs, einen konsistenten Charakter für das gesamte Fahrzeugportfolio zu etablieren und zu pflegen. Da die Reduktion der Entwicklungstiefe prinzipiell das Differenzierungspotenzial in der Produktpolitik gefährdet - vor allem dann, wenn spezifische und strategisch relevante Entwicklungsumfänge davon betroffen sind -,[598] sind entsprechende Gegenmaßnahmen zu ergreifen.

Übertragen auf die Leistungserstellung in Entwicklungsnetzwerken ergibt sich für die OEMs daraus die Anforderung, eine wirksame Koalition von Partnern aufzubauen, die sowohl erlaubt, die Kosten durch Fremdentwicklungen von aus Sicht der Kunden wenig oder gar nicht differenzierenden Komponenten zu senken als auch gleichzeitig sicherstellt, dass trotz der unternehmensexternen Entwicklung die Kohärenz der internen Produktlinien und der Produktintegrität gewährleistet ist. „Decisions as to which assets and capabilities to divest will have to be made in full comprehension of the customer's perception of each individual brand.

---

[595] In diesem Zusammenhang stellt sich darüber hinaus die grundlegende Frage, ob die Entwicklungspartner überhaupt ein Interesse an einem „Rollenwechsel" haben.

[596] Weiss unterscheidet auf primär abstrakt-theoretischer Ebene ebenfalls vier Gestaltungsfelder von Netzwerken in der Automobilindustrie: (1) Netzwerkkonfiguration, (2) Strukturelle Vernetzung, (3) Sozio-kulturelle Vernetzung und (4) Regulative Vernetzung. Vgl. Weiss (Management von Zuliefernetzwerken, 1999), S. 101 - 203.

[597] Vgl. Specht / Beckmann / Amelingmeyer (F&E-Management, 2002), S. 391 - 408.

[598] Vgl. Diez (Automobilmarketing, 2001), S. 147f.

They will have to reference the "strategic" component of a .. brand equity rather than just the need to redeploy engineering. What will work for some, will not work for others. ... Auto makers will have to be sure of their brand DNA and deploy strategies consistent with its critical attributes in order not to dilute brand equity."[599]

5.4.3.2 Anreicherung der Kompetenzprofile durch „Co-branding"

Über das unternehmensspezifische Kompetenzprofil hinaus gehen die Überlegungen zu Markenkooperationen zwischen OEMs und Zulieferern, das sog. „Co-branding". Zur Differenzierung wird es immer wichtiger, welche Komponenten von welchem Zulieferer in die Fahrzeuge integriert werden. Verfügen die Unternehmen beim Endkunden über eine hohe Kompetenzwahrnehmung (z.B. Blaupunkt, Bosch, Bose, Pirelli oder Recaro), kann über den Einbau entsprechender Komponenten ein positiver Imagetransfer auf das Fahrzeug und damit letztlich auf den OEM bewirkt (z.b. „Bosch inside") sowie die Markenbildung unterstützt werden. Gelingt es dem OEM durch die symbiotische Kombination des Prestiges und der Stärke der Partnermarke mit seiner eigenen Marke eine technisch-funktionale oder emotionale Differenzierung zu erzielen, sind wichtige Voraussetzungen für eine hohe Kundenakzeptanz geschaffen, über die Premiumpreise abgeschöpft werden können.

Dass die Zulieferer beim Marketing und „Branding" zur Zeit noch Defizite haben, allerdings mittelfristig beabsichtigen, eigene Markenstrategien zu entwickeln, die Zuliefermarke aufzubauen und ins Endkunden-Marketing einzusteigen, verdeutlichen die Ergebnisse zweier Studien, im Rahmen derer jeweils mehrere Hundert Experten aus der Automobilindustrie befragt worden sind.[600]

5.4.3.3 Begrenzung der durch externe Abhängigkeit bedingten Risiken

Durch die Übertragung komplexer Entwicklungsumfänge an Wertschöpfungspartner entstehen für den Fahrzeughersteller nicht nur wertvolle personelle und kapazitive Freiräume. Gleichlaufend mit dem Aufbau umfassender Kompetenzen entlang der gesamten Wertschöpfungskette bei den Partnerunternehmen ergibt sich auch ein gefahrenträchtiges Risiko: Die Hersteller sehen sich Unternehmen gegenüber, die durch eine Technologie- und Systemintegrationsführerschaft potentiell in der Lage sein könnten, die Kontrolle über entscheidende Elemente der Wertkette an sich zu ziehen.[601] Die Tatsache, dass schon heute Unternehmen wie

---

[599] PriceWaterhouseCoopers (Hrsg.) (Second automotive century, 2000), S. 33. Vgl. auch: Clark / Fujimoto (Automobilentwicklung, 1992), S. 311 - 314 und PriceWaterhouseCoopers (Hrsg.) (Second automotive century, 2000), S. 32: „The most likely engineering assets to be re-allocated by spin-off, sale or concentration will be for "under the skin" components that do not need to be unique or proprietary according to consumer perception. Thus, electrical distribution systems, wiring harness and connectors may be part of the vehicle, but ultimately less important for differentiation at the consumer level than the instrument displays, audio electronics or driver comfort options."

[600] Vgl. Accenture GmbH (Hrsg.) (Auto 2010, 2000), S. 3, Dudenhöffer (Die Marke machts, 2000) und Müller-Wondorf (Zulieferer als Branchenmotor, 2001), S. 28.

[601] Im Rahmen einer Befragung von 500 Experten aus der deutschen Automobilindustrie lautete eine Kernaussage, dass die Hersteller gegenüber den Zulieferern bis zum Jahr 2010 deutlich an Marktmacht verlieren werden und zu diesem Zeitpunkt primär die Zulieferkonzerne die Wettbewerbsspielregeln bestimmen werden. Vgl. Dringenberg (Auto 2010, 2001),

Karmann oder Valmet im Auftrag der Automobilhersteller Nischenfahrzeuge zu großen Teilen selbst entwickeln *und* in kleinen Serien fertigen, verdeutlicht die skizzierte Bedrohung.[602] Der Leitgedanke aller Entscheidungen zur Modifikation der eigenen Kernkompetenzen muss daher sein, dass das gesamthafte Kompetenzprofil den Automobilherstellern in die Lage versetzt, die Abhängigkeit von den Zulieferern gezielt zu begrenzen und die Kontrolle über die Wertkette jederzeit zu bewahren: „... Eines ist sicher: Nur wenn DaimlerChrysler das automobile Know-how weiterhin vollständig beherrscht, bleibt die technische Weiterentwicklung der Marke Mercedes-Benz aus eigener Kraft gewährleistet. Wir werden deshalb bei jedem Bauteil oder Modul die Lastenheftdefinition, Entwicklungsarbeit und Fertigung weiterhin zuerst intern durchführen. Anschließend unterstützen wir mit diesem Know-how die Lieferanten bei der eigentlichen Modulentwicklung und -produktion."[603]

Als flankierende Maßnahme zur Reduzierung der „Verhandlungsmacht" der Entwicklungspartner sollte zusätzlich die Oligopolisierung der Zulieferbranche z.b. durch die Vergabe von Entwicklungsumfängen an mehrere Direktlieferanten oder den Ausbau horizontaler Kooperationen aktiv begrenzt werden.[604] Dadurch werden strukturelle Voraussetzungen geschaffen, dass die entscheidenden Beeinflussungsmöglichkeiten zur Branchenentwicklung auch zukünftig bei den Herstellern konzentriert sind.

5.4.3.4 Dynamische Entwicklung der Kompetenzprofile

In der Transformationsphase weg von einem hohen vertikalen Integrationsgrad mit einer umfassenden Kompetenzbandbreite hin zu distinkten Kompetenzprofilen gerät die Schaffung von Komplementaritäten in den Profilen der Wertschöpfungspartner weniger zu einem optionalen Gedankenspiel als vielmehr zu einer hochaktuellen strategischen Entscheidung für alle beteiligten Unternehmen. Nicht nur Lieferanten und Ingenieurdienstleister, sondern natürlich auch die Automobilhersteller müssen in Abgleich mit den Leistungsprofilen ihrer Partner definieren, welche spezifischen Kompetenzen sie selber in das Netzwerk einbringen wollen, damit die angestrebten Größen- und Spezialisierungsvorteile maximal ausgeschöpft

---

S. 44. Zu Machtdifferenzen im Abnehmer-Zuliefer-Verhältnis vgl. auch Reeg (Liefer- und Leistungsbeziehungen, 1998), S. 149 - 158.

[602] Bei den Nischenfahrzeugen handelt es sich i.d.R. um Derivate der Plattformen von Volumenfahrzeugen. Vgl. Diez (Autokonjunktur am Wendepunkt, 2000), S. 18. In Anbetracht dieser Bedrohung könnte man das Entstehen von „Mega-Zulieferern" im Sinne der Porter´schen fünf Wettbewerbskräfte auch als eigenständigen Veränderungstreiber, nämlich als die „Bedrohung durch neue Anbieter" diskutieren.

[603] So der Leiter der Entwicklung der C-Klasse von DaimlerChrysler, Claar, in: Goroncy (Produktionskonzept, 2001), S. 46.

[604] Vgl. Agthe (Supplier integration in automotive networks, 2001), S. 45.
Entgegen dem Trend der letzten Dekade, die Verantwortung für das Cockpit einem der großen Systemlieferanten komplett zu übertragen, hat sich DaimlerChrysler z.B. dazu entschieden, bei der Cockpitentwicklung der neuen C-Klasse gleich mehrere Direktlieferanten zu beauftragen. Vgl. o.V. (Ein Cockpit - Viele Köpfe, 2000), S. 50 - 52. Ähnlich kritisch zu den Oligolisierungstendenzen äußert sich der neue VW-Vorstandschef Pietschsrieder, der z.B. die das Fahrgefühl mitprägenden Sitze als Schlüsselbereich betrachtet und es als äußerst problematisch ansieht, wenn deren Technologie weltweit nur noch von zwei großen Zulieferern beherrscht wird. Vgl. Winter (Künftiger VW-Chef stimmt neue Töne an, 2001), S. 13. Auch BMW versucht im Rahmen des „New Business Development" verstärkt Kooperationen mit kleinen innovativen Unternehmen einzugehen. Zum Inhalt des Ansatzes vgl. Göschel (New Business Development in der Automobilindustrie, 2001), S. 8 - 10.

werden können.[605] In der frühzeitigen Identifikation von potenziellen Partnern mit entsprechend asymmetrisch angelegten Kompetenzstrukturen sowie der Konfiguration der Schnittstellen zwischen den Beteiligten werden entscheidende Merkmale der Wettbewerbsstärke eines Kooperationsnetzwerks gesehen: „Nicht derjenige Verbund erlangt einen Vorteil gegenüber anderen, der sich durch die Excellenz seiner Einzelleistungen auszeichnet, sondern jener, dem die Kombination der Einzelleistungen zu einem einmaligen, genau den Abnehmerbedürfnissen entsprechenden Leistungsbündel am besten gelingt."[606]

Aufgrund der hohen Markt- und Technologiedynamik darf es sich bei der Festlegung der Aufgaben- und Kompetenzgefüge jedoch nicht um eine statische Einmalentscheidung handeln. Vielmehr müssen die Hersteller für eine dynamische, situativ optimale Adjustierung des „Fits" der eigenen Unternehmensaktivitäten mit den Aktivitäten des Gesamtverbunds Sorge tragen, in dem sie ihre Kompetenzprofile permanent hinterfragen und diese ggf. gezielt Transformationsprozessen unterziehen. Nur dadurch können sie sicherstellen, dass sie eine den Wettbewerbsbedingungen adäquate Positionierung im Wertschöpfungsnetzwerk einnehmen.

In diesem Zusammenhang wichtig zu erwähnen ist die Gegebenheit, dass die Unternehmen in Bezug auf die Transformation ihrer Kompetenzprofile Restriktionen unterworfen sind. Zur Entfaltung der vollen Wirksamkeit von Kompetenzen ist nämlich ein zeitlicher Vorlauf notwendig, der ihrem Aufbau bzw. ihrer Weiterentwicklung dient. Vor Beginn dieser Zeitspanne muss ein Unternehmen verpflichtende strategische Entscheidungen - sog. „Commitments"[607] - treffen, welche konkreten Kompetenzen im situativen Kontext am vielversprechendsten erscheinen und entlang welcher Entwicklungspfade deren Aufbau und Entwicklung ablaufen

---

[605] „Wenn die Umweltunsicherheit stark zunimmt, müssen möglicherweise sogar hoch spezifische Teilleistungen, d.h. Kernprodukte, gemeinsam mit externen Partnern abgewickelt werden, und Kernkompetenzen externen Partnern zugänglich gemacht werden, da spezifische Investitionen in einer dynamischen Umwelt in starkem Maße der Gefahr der Entwertung ausgesetzt sind." Picot / Reichwald / Wigand (Grenzenlose Unternehmung, 2001), S. 295. Für die Entwicklungsbeiträge der einzelnen Partner vgl. beispielhaft die Zusammenarbeit von DaimlerChrysler mit Johnson Control, Gentex, IBM und Intel im Bereich der Kommunikationssysteme (o.V. (Vehicle communications strategy, 2001), S. 12) sowie die Zusammenarbeit von BMW mit dem Start-up Unternehmen Immersion Corporation zur Entwicklung des „iDrive"-Bedienkonzepts der aktuellen BMW 7er Baureihe (Göschel (New Business Development in der Automobilindustrie, 2001), S. 8 - 10).

[606] Picot / Reichwald / Wigand (Grenzenlose Unternehmung, 2001), S. 526. Vgl. auch Herstatt / Lettl (Management von Entwicklungsprojekten, 2001), S. 124 oder Fine „... the capability of ongoing concurrent design of products, processes, and the intra- and inter-organizational network of competencies required to deliver value to the marketplace is perhaps THE metacore (inner-core) competency above all others. Especially in a fast-clockspeed environment, this ability to develop continually a series of temporary competitive advantages, may be the essence of the firm in a dynamic world. A more dynamic theory of the firm would therefore view a firm as the capability to design and assemble assets, organizations, skill sets, and competencies for a series of contemporary advantages, rather than a set of activities held together by low transactions costs, for example." Fine (Industry clockspeed, 1999), S. 5f. „Each Second Century extended enterprise will have a "sum total ability" defined by the combination of its relationships, capabilities and the strategic intent of the enterprise leader. Moreover, each extended enterprise will have a different route to the future based upon its ability to leverage its collective and shared intellectual property in the pursuit of its strategic objectives." PriceWaterhouseCoopers (Hrsg.) (Second automotive century, 2000), S. 30.

[607] Der Begriff und das Konzept der „Commitments" wurde in erster Linie durch Ghemawat geprägt. Vgl. Ghemawat (Commitment, 1991), Ghemawat / del Sol (Commitment versus Flexibility?, 1998) und Ghemawat (Strategy and the business landscape, 1999). Im Vergleich zu arbitrage-intensiven Branchen, wie z.B. Geld- und Devisenhandel, gilt die Automobilindustrie als sehr commitment-intensive Branche.

soll.[608] Da in diesem Sinn Commitments unausweichlich und weitgehend festlegender und irreversibler Natur sind, begrenzen sie die unternehmerische Ressourcen- und Kompetenzenmobilität in zeitlicher und räumlicher Dimension, wodurch gleichfalls die für die betrachtete Zeitspanne wahrnehmbaren, strategischen Handlungsalternativen auf einen eingeschränkten Optionskorridor fixiert sind („Kompetenzprofile als Resultierende unterschiedlicher Commitments").[609]

5.5 Distinkte entwicklungsspezifische Kompetenzprofile für Automobilhersteller

In diesem Kapitel wird die Frage beantwortet, durch welche konkreten Ausprägungen alternative Kompetenzprofile gekennzeichnet sind. Die Ableitung erfolgt dabei unter wettbewerbsstrategischen Gesichtspunkten, wobei als Umsetzungszeithorizont die nächsten fünf bis sieben Jahre anvisiert werden.

Die Identifizierung der Kompetenzbausteine im Fahrzeugentwicklungsprozess sowie der durch die OEMs aktuell realisierte „Abdeckungsgrad" ist Inhalt des *Kap. 5.5.1*. Mögliche alternative Weiterentwicklungen der Kompetenzprofile werden in den beiden folgenden Kapiteln erörtert. Während *Kap. 5.5.2* das auf die Entwicklung bezogene Profil eines „automobilen Markenintegrators" als evolutorische Weiterentwicklung der aktuellen Kompetenzplattform der OEMs beschreibt, liegt der Schwerpunkt des *Kap. 5.5.3* auf den einschneidenderen Transformationsoptionen in Richtung der „Fahrzeugarchitekten" und des „Produktionsspezialisten".

5.5.1 Aktuelles Kompetenzprofil der Automobilhersteller

Die Ermittlung des aktuellen Kompetenzprofils der Automobilhersteller erfordert im ersten Schritt die Definition der relevanten Kompetenzdimensionen, entlang derer sich die Profilausprägungen darstellen lassen. In Anlehnung an die Ausführungen im Kap. 2.4 zu den Bestandteilen eines Fahrzeugentwicklungsprozesses sollen als Kompetenzdimensionen die dort herausgearbeiteten Kernaktivitäten Verwendung finden.[610] Die Tätigkeitsanteile der OEMs

---

[608] An die Stelle der Frage, ob überhaupt Commitments eingegangen werden sollen, treten somit Präzisierungen in Bezug auf den Zeitpunkt, die Intensität und den Verpflichtungsgrad der Commitments.

[609] Vgl. Ghemawat / del Sol (Commitment versus Flexibility?, 1998).
In Gleichklang mit der Erkenntnis, Commitments eingehen zu *müssen*, wird im Finden der richtigen Balance zwischen effizienzfördernder Spezialisierung und optionenbewahrender Flexibilität eine wichtige Managementaufgabe gesehen. Vgl. Ghemawat (Strategy and the business landscape, 1999), S. 126f., Ghemawat / del Sol (Commitment versus Flexibility?, 1998), S. 26 - 28, Volberda (Remain vital in hypercompetitive environments, 1998), S. 268. Dies ist umso wichtiger, desto ausgeprägter sich die Wettbewerbsdynamik darstellt. Vgl. Ghemawat / del Sol (Commitment versus Flexibility?, 1998), S. 40. Vor diesem Hintergrund sind z.B. plattformbasierte modulare Fahrzeugarchitekturen und die Leistungserstellung in kompetenzbasierten Entwicklungsnetzwerken als mögliche Maßnahmen zur Reduzierung der Commitments inhärenten strategischen Immobilitäten zu bewerten.
Zu den Unterschieden zwischen hyperflexiblen, (semi-)flexiblen und unflexiblen Ressourcen und den korrespondierenden flexibilitätsbeeinflussenden Konstrukten der Opportunitäten, Realoptionen und Commitments vgl. Rasche (Resource-Based-View, 2000), S. 105f.

[610] Insofern wird hier an die Ausführungen des Kap. 5.3.1.1, insb. an dem Inhalt der Abb. 62 („Verteilung der Wertschöpfung in der Fahrzeugentwicklung zwischen Zulieferer und Automobilhersteller") angeknüpft.

entlang der Kernaktivitäten im Status quo veranschaulicht Abb. 68, welche Bedeutung die prozentualen Tätigkeitsanteile haben, fasst Abb. 69 zusammen.

Gemäß dem Inhalt der beiden Abbildungen lassen sich in Bezug auf das aktuelle Kompetenzprofil der OEMs folgende Aussagen treffen:

1. Volumenfahrzeuge

Die Tätigkeitsanteile bei den einzelnen Kernaktivitäten eines Fahrzeugentwicklungsprozesses sind heute sehr unterschiedlich verteilt. Ein konsistentes Muster derart, dass sich die Hersteller auf einzelne, in sich geschlossene Kompetenzfelder konzentrieren, ist noch nicht zu erkennen: Es werden sowohl einige primär der Strategiephase zuordenbaren Tätigkeiten, wie z.b. die Umwelt- und Fahrzeuganalyse und die strategische Fahrzeugprofilplanung als auch einige primär der Technologiephase zuordenbaren Tätigkeiten, wie z.b. die operative Fahrzeugprofilplanung und das Package- und Systemdesign als auch einige primär der Entwicklungs-, Integrations- und Erprobungsphase zugehörigen Aufgaben, wie z.b. der Prototypenbau und die System- und Modulintegration (nahezu) vollständig durch die OEMs übernommen. Darüber hinaus gehören auch die Produktionsprozessentwicklung und das Anlaufmanagement zu den Aktivitäten, die die OEMs zu großen Anteilen selber ausführen. Die wertschöpfungsintensiven Tätigkeiten im Rahmen der Bauteile- und Betriebsmittelentwicklungen übernehmen hingegen in erster Linie die Entwicklungspartner.

2. Nischenfahrzeuge

Bei der Entwicklung von Nischenfahrzeugen stellt sich das Kompetenzprofil der OEMs weit fokussierter dar. Hier beschränkt sich deren Tätigkeitsanteil schon heute im Wesentlichen auf die Strategiesetzung am Anfang des Entwicklungsprozesses sowie auf die Steuerungssystem- bzw. Softwareentwicklung. Alle anderen Aktivitäten werden zu großen Anteilen von Zulieferern übernommen. Als Hauptreiber für die Beschränkung der eigenen Tätigkeitsanteile können die fehlenden Ressourcen sowie das mit der Verlagerung der Entwicklungsumfänge überschaubare Risiko genannt werden.

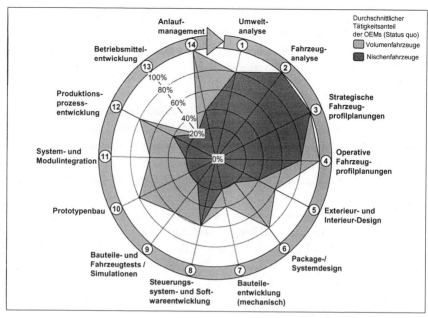

Abb. 68: Aktueller Abdeckungsgrad der Kompetenzbausteine durch die OEMs.[611]

---

[611] Das Kompetenzprofil stellt die durch Interviewergebnisse und Literaturrecherchen ermittelten durchschnittlichen Wertschöpfungsanteile entlang der Kernaktivitäten dar. Im Einzelfall sind Abweichungen möglich, die jedoch geringfügig sind und dadurch keine signifikanten Änderungen im Profilverlauf zur Folge haben. Eine unternehmensindividuelle, quantitativ exakte Ermittlung der Profile könnte nur auf Basis einer umfangreichen empirischen Datenerhebung erfolgen, welche die OEMs jedoch auch nach mehrmaliger Rückfrage durchweg ablehnten.

Tätigkeitsanteile des OEMs	Beschreibung	Beispiele für Volumenfahrzeuge
100%	Die Entwicklungsaufgaben werden vollständig durch den OEM übernommen. Eine Einbindung externer Partner erfolgt nicht.	• Fahrzeugprofilplanungen • Anlaufmanagement
80%	Sämtliche grundlegenden Aufgaben werden durch den OEM übernommen. Die Entwicklungspartner erbringen Zuarbeiten in ausgewählten Entwicklungsbereichen, wobei die Zuarbeiten dabei sowohl zur Steigerung der Entwicklungsqualität und -Innovativität als auch zur Senkung der Entwicklungskosten und -zeit als auch zur Beseitigung etwaiger Kapazitätsengpässe dienen können.	• Umweltanalyse • Package-/Systemdesign • Prototypenbau • Produktionsprozess-entwicklung
60%	Der OEM gibt einen größeren Anteil (*60% eigener Tätigkeitsanteil*) / den größten Anteil (*40% eigener Tätigkeitsanteil*) der Entwicklungsaufgaben verknüpft mit klar definierten Restriktionen und Zielvorgaben an die Entwicklungspartner und führt nur noch die durch Schnittstellen eindeutig abgegrenzten Teilbereiche der Entwicklungsaufgaben selber durch, die entweder eine bedeutsame strategische Komponente haben oder für die die Entwicklungspartner aktuell kein ausreichendes Kompetenzniveau aufweisen.	• Exterieur- und Interieur-design • Modul- und Systemintegration • Bauteileentwicklung (z.B. Fahrwerk und Aggregate)
40%		
20%	Der OEM gibt nur die Rahmenbedingungen, Restriktionen und die Zielvorgaben an die Entwicklungspartner weiter. Die eigene Kompetenztiefe und -breite ist soweit reduziert, dass er die Leistungen der Entwicklungspartner zwar kontrollieren und beurteilen kann, zur Zurückverlagerung der Tätigkeitsumfänge wäre jedoch ein umfänglicher qualitativer und quantitativer Kompetenzaufbau nötig.	• Betriebsmittelentwicklung (Werkzeuge)
0%	Der OEM bestellt (Standard-)Entwicklungsleistungen bzw. Komponenten bei den Entwicklungspartner. Auf diesen Entwicklungsgebieten verfügt der OEM über keinerlei signifikante Kompetenzen mehr.	• -

Abb. 69: Definition der Tätigkeitsanteile.

5.5.2 Das Kompetenzprofil des „Markenintegrators" als Zielzustand einer evolutorischen Weiterentwicklung der aktuellen Kompetenzbasis

Im Lauf der nächsten fünf bis zehn Jahre - so die einheitlichen Prognosen von Vertretern der Automobilhersteller und von Unternehmensberatungen - werden viele Automobilhersteller versuchen, sich zu sog. „Markenintegratoren" oder auch „Vehicle Brand Owners" bzw. „Fahrzeugmarkeneignern" weiterzuentwickeln.[612] Getrieben von dem Bestreben eine wettbewerbliche Alleinstellung zu erzielen, besteht deren charakteristisches Merkmal darin, dass das Markenversprechen auf ganze Servicewelten ausdehnt ist und sich der OEM vom reinen Fahrzeugentwickler und -produzenten zum umfassenden Dienstleistungsanbieter entwickelt. Mathis unterscheidet in diesem Zusammenhang zwischen 12 Alleinstellungsmerkmalen eines automobilen Markenintegrators: (1) Einzigartiges, differenzierbares Markenkernversprechen, (2) markenkonforme Gestaltung des Wertangebots, (3) Schaffung einer emotionalen Allein-

---

Zur Ableitung des Kompetenzprofils wurden neben den in Fußnote 553 genannten Literaturquellen, folgende weitere Quellen herangezogen: Braess / Seiffert (Hrsg.) (Kraftfahrzeugtechnik, 2000), S. 105f., Budke (Prozesskette in der Produktentstehung, 1998), S. 11, Dringenberg (Auto 2010, 2001), S. 44, Köth (Virtuelle Vorläufer, 2001), S. 34, o.V. (Markentrennung geht vor Synergie, 1999), S. 28f. und S. 36, o.V. (Virtuelle Entwicklung, 2000), S. 71, o.V. (Atmende Entwicklung, 2000), S. 18, o.V. (Mercedes-Strategie, 2001), S. 12 - 14 und o.V. (Neue Strategien für die Automobilhersteller, 2001), S. 27f.

[612] Vgl. z.B. Accenture GmbH (Hrsg.) (Auto 2010, 2000), Diez (Autokonjunktur am Wendepunkt, 2000), Dudenhöffer (Konzentrationsprozesse in der Automobilindustrie, 2001), Malorny et al. (Auf dem Weg zu einer neuen Rollenverteilung, 2002), Mathis (Management markenorientierter Unternehmen, 2002), o.V. (Zukunftsstudie: Abschied vom Autobau, 2001), S. 58, PriceWaterhouseCoopers (Hrsg.) (Second automotive century, 2000), Seidel / Stahl (Risikomanagement bei BMW, 2001), S. 107.

stellung, (4) Schaffung einer kommunikativen Alleinstellung, (5) mehrwertiger und effizienter Kaufprozess, (6) Aufbau langfristiger Kundenbeziehungen, (7) Markenwert als zentrale Steuerungsgröße, (8) Markenzentrierung der organisationalen Strukturen, (9) Markenzentrierung der Unternehmenskultur, (10) Umsetzung vertikaler und horizontaler Vernetzung, (11) markengerechte Gestaltung der Kundenprozesse und (12) markengerechte Gestaltung der Produktentstehungsprozesse.[613]

Für den Bereich der Fahrzeugentwicklung bedeutet dies, dass markenprägende Entwicklungstätigkeiten wieder in die eigene Wertschöpfungskette integriert werden bzw. dort verbleiben und nicht markenprägende Entwicklungstätigkeiten konsequent an Zulieferer fremdvergeben werden. In der Kompetenzprofildarstellung manifestiert sich die Neuausrichtungen wie in Abb. 70 dargestellt.[614]

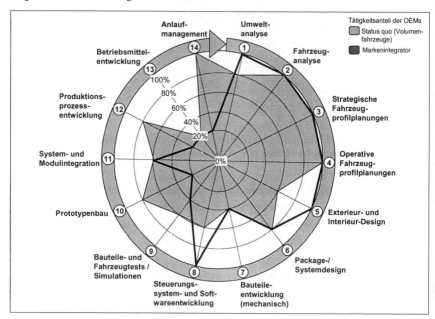

Abb. 70: Kompetenzprofil eines automobilen Markenintegrators.

Ein Vergleich mit dem Status quo offenbart die Ausprägungen und Entwicklungsrichtungen des Kompetenzprofils eines Markenintegrators:

1. Die Aufgaben im Rahmen der strategischen Zielfindung und -setzung verbleiben bei dem Hersteller, da hier die grundlegenden Weichenstellungen zur Festlegung der Markenidentität und des markenkonformen Fahrzeugsubstanzausbaus vorgenommen werden. Diese

---

[613] Vgl. Mathis (Management markenorientierter Unternehmen, 2002), Kap. 5.
[614] Vgl. auch Abb. 62.

Kernaufgaben des strategischen Managements können kaum durch andere Unternehmen wahrgenommen werden, da ansonsten keinerlei Kontrolle mehr über die wettbewerbsentscheidende unternehmerische Ausrichtung ausgeübt werden kann und infolgedessen die Identität des Herstellers erodiert. In diesen Bereichen müssen Markenintegratoren sich ein möglichst exaktes Wettbewerbs- und Produkt-Markt-Portfolioverständnis erarbeiten und einen kontinuierlichen Prozess der Suche nach visionären kundennutzenstiftenden Innovationen institutionalisieren.

2. Eine Erhöhung der Tätigkeitsanteile erfolgt in allen Kompetenzdimensionen, über welche die produktbezogene Schnittstelle zum Kunden entscheidend beeinflusst wird. Durch ein präzises Endkundenverständnis, u.a. aufbaubar durch virtuelle Car Clinics, können über diese Kompetenzdimensionen qualitative Alleinstellungsmerkmale erzielt werden. Zu nennen sind in diesem Zusammenhang in erster Linie das Fahrzeugexterieur- und -interieur-Design inkl. der Cockpitgestaltung[615] und die Steuerungssystem- und Softwareentwicklung.[616] Letztere ist vor allem aus zwei Gründen für die OEMs von besonderer Bedeutung: Zum einen können zukünftig ganze Fahrzeugkonfigurationen über Softwaresysteme variiert werden, so dass sich dadurch die Bereiche Mechatronik und Software zu Schlüsseltechnologien im Fahrzeugbau entwickeln werden und sich ein neues Differenzierungsfeld eröffnet.[617] Sollten zum anderen die Hersteller der Verlagerung des Know-hows weg von der Automobilindustrie hin zu anderen Branchen tatenlos zusehen,[618] käme es zu verstärkten Abhängigkeitsverhältnissen und einer Reduzierung ihrer strategischen Freiheitsgrade.

3. Eine Vielzahl der modulbezogenen Entwicklungsumfänge sowie die Tätigkeiten am Ende des Entwicklungsprozesses werden zukünftig fast vollständig durch Zulieferer übernommen. Über diese Leistungen lassen sich keine nachhaltigen Differenzierungsvorteile mehr

---

[615] „Die Entwicklung im Bereich Man-Machine-Interface oder auch Human-Machine-Interface betreiben wir .. sehr stark in unserem Hause: Den Fahrer durch selbst erklärende Instrumente sowie einer sehr guten Übersichtlichkeit in der Bedienung vor einer Reizüberflutung schützen, dieses Thema ist ein sehr stark differenzierendes Element. Dieses Gebiet möchten wir nicht einer breiten Normung überlassen." Aussage von Dr. Schöpf, Entwicklungsvorstand PKW Mercedes-Benz und Smart in: o.V. (Mercedes-Strategie, 2001), S. 14.

[616] Demgegenüber sehen die Automobilhersteller in dem Einsatz der Kommunikationshardware selbst kein Alleinstellungsmerkmal. Vielmehr streben sie diejenigen Kompetenzen an, mit denen sie die Integration der Kommunikationsmittel in das Fahrzeug und die Vernetzung der Komponenten im Fahrzeug beeinflussen können. Vgl. Goroncy (Engineering/Prototyping, 2001), S. 68.

[617] „Nehmen Sie als Beispiel die elektrohydraulische Bremse. Diese entwickeln wir mit Bosch. Aber die fahrzeugspezifischen Eigenschaften, die wir als Mehrwertfunktionen einbringen, von Bremsscheiben-Reinigung bis hin zu Stop-and-roll und Hillhold-Funktionen - das sind Themen, die als Markenprägung originär aus unserem Haus kommen, die sich nur durch Verknüpfung von Fahrzeugkompetenz und Software-Kompetenz realisieren lassen. ... Bei der Software-Entwicklung schauen wir uns ganz genau die Gebiete an, auf denen wir uns differenzieren wollen. ... Beispiel Active Body Control: Die gesamte Dynamik, die gesamte softwareseitige Verknüpfung, von Sensorik, Aktuatorik und elektronischer Steuerung entstand in unserem Hause. Und dieses Know-how geben wir auch nicht preis. ... Wir werden künftig den Elektronik-Bereich noch weiter ausbauen." Aussage von Dr. Schöpf, Entwicklungsvorstand PKW Mercedes-Benz und Smart in: o.V. (Mercedes-Strategie, 2001), S. 12 und S. 14.

[618] Die Entwicklung und Produktion von mechatronischen, datentechnologischen und Software-Produkten wurde bisher nicht primär durch die Automobilhersteller, sondern vielmehr von vergleichsweise automobilfernen Elektronik-, Telekommunikations- und Computerunternehmen durchgeführt. Darüber hinaus sind die Bereiche Sensorik, Aktuatorik und Systemtechnik auch klassische Domänen der Zulieferindustrie.

erzielen, so dass hier die Vorteile aus den Lernkurven- und Skaleneffekten bei den Zulieferern im Vordergrund stehen (Kosteneinsparungen durch Degressionseffekte). Unterscheidet man innerhalb des Fahrzeugentwicklungsprozesses zwischen der Zielbestimmung („front end") und der Zielrealisierung („back end"), so liegt der Kompetenzschwerpunkt eines Mar-kenintegrators eindeutig in der ersten Phase. Insofern nähern sich in diesem Fall die Profilausprägungen auch denen an, die in Abb. 68 für die Entwicklung von Nischenfahrzeugen identifiziert worden sind.

Für Anbieter im Premium-Segment wird darüber hinaus erwartet, dass diese im Gegensatz zu Herstellern in anderen Segmenten ihren derzeit hohen Anteil an der das Fahrgefühl maßgeblich bestimmenden Fahrwerk- und Aggregateentwicklung beibehalten oder sogar noch ausbauen werden. Der qualitative Differenzierungsvorteil wird hier im Vergleich zu möglichen Skaleneffekten bei Belieferung durch Lieferanten als weit größer eingeschätzt.

4. Zur Sicherstellung der Kontrolle über die Gesamtwertschöpfungskette müssen die Markenintegratoren in den Dimensionen, die nicht als Kernkompetenz deklariert sind, zumindest einen Wissenstand aufrechterhalten, der es ihnen erlauben würde, jederzeit wieder die Aufgaben übernehmen zu können:[619] „Wir müssen diejenigen sein, die das Lastenheft definieren können und in der Lage sind, die Arbeitsergebnisse jederzeit zu überprüfen. ... Die Systemkompetenz liegt .. bei uns."[620] Ritter / Gemünden sprechen in diesem Zusammenhang auch von der „Netzwerk-Kompetenz" und der „technologischen Absorptionsfähigkeit" von Unternehmen.[621]

Bei erfolgreicher Umsetzung des Kompetenzprofils des automobilen Markenintegrators ist absehbar, dass die Hersteller zunehmend projektbezogene Entwicklungsnetzwerke aufbauen werden, in denen sie die technischen Integrationsleistungen sowie die Funktion des Betreibers und Koordinators übernehmen („Entwicklungs- und Markenmanager"). Über eine zielkonforme frühzeitige Einbindung von Entwicklungspartnern mit komplementären Fähigkeitsprofilen in den Fahrzeugentwicklungsprozess und den Einsatz leistungsfähiger Controlling-Systeme zur „Überwachung" der externen Leistungserstellungsprozesse müssen sie dabei sicherstellen, dass die Fahrzeuge die von ihnen vorgegebenen Anforderungen vollständig erfüllen. Zum Fundament ihres Kompetenzprofils gehören damit das Lieferanten- genauso wie das Projekt- und Reifegradmanagement und die professionelle Anwendung der Telekooperationstechnologien im Rahmen der DvA.

---

[619] Zu den Barrieren der Internalisierung selbst spezifischer und strategisch bedeutsamer Leistungen vgl. Picot / Reichwald / Wigand (Grenzenlose Unternehmung, 2001), S. 446f.
[620] Aussage von Dr. Schöpf, Entwicklungsvorstand PKW Mercedes-Benz und Smart in: o.V. (Atmende Entwicklung, 2000), S. 18. Wie in Kap. 4 beschrieben, bietet insb. die DvA gute Möglichkeiten zur Überprüfung der Arbeitsergebnisse.
[621] Vgl. Ritter / Gemünden (Wirkung von Technologie- und Netzwerk-Kompetenz, 2000), S. 341 - 346. Ähnlich auch Schuh / Millarg / Göransson (Virtuelle Fabrik, 1998), S. 90 - 92. Die Autoren sprechen von der „Kooperationskompetenz" als strategische Erfolgsposition.

5.5.3 Weitere Kompetenzprofile als alternative Weiterentwicklungsoptionen

Das Kompetenzprofil des automobilen Markenintegrators stellt sehr hohe Anforderungen an die Fähigkeiten eines Unternehmens, seine Kompetenzplattform dynamisch weiterzuentwickeln, sich als zentrales Element im Entwicklungsnetzwerk zu positionieren sowie dort auch dauerhaft zu behaupten.

Insb. die Unternehmen, deren strategischer Fokus heute erst darauf gerichtet ist, die Marke gezielt (wieder) aufzubauen (z.B. Opel und Ford) und sich in der Wahrnehmung der Kunden zu profilieren, werden es schwer haben, diesen Weg mit Erfolg einzuschlagen. Sie müssten den Vorsprung erfolgreicher Konkurrenten egalisieren, bevor diese sich in eine wettbewerbsstrategisch schwer angreifbare Position manövriert haben, die ihnen erlaubt, die erzielbaren Premiumpreise in eine sukzessive Stärkung der Wettbewerbsfähigkeit zu investieren.

Damit stellt sich die Frage nach weiteren Kompetenzprofilen, die für Hersteller mit geringerer Markensubstanz alternative Weiterentwicklungsoptionen darstellen können. Mit dem „Fahrzeugarchitekten" sowie dem „Produktionsspezialisten" existieren dazu zwei mögliche Varianten, die sich weniger an der dem Markenintegrator-Konzept immanenten Ausrichtung an der Prozessintegration orientieren, sondern vielmehr durch eine Spezialisierung auf bestimmte Prozessschritte und die damit verbundenen spezifischen Aufgaben charakterisiert sind.

Bei der Vielzahl theoretisch möglicher Konstellation verkörpern die beiden genannten Optionen in sich geschlossene tragfähige Geschäftstypen, die angesichts der Ausgangssituation und der identifizierten Veränderungstendenzen zweckmäßig und realistisch erscheinen.

5.5.3.1 „Fahrzeugarchitekt"

Für Automobilhersteller, die ihre Stärken in der Konfiguration der Fahrzeugarchitektur haben, bietet sich die Weiterentwicklung zum Kompetenztyp des „Fahrzeugarchitekten" an (vgl. Abb. 71 und auch Kap. 3.4.4).

Im Vergleich zum aktuellen Kompetenzprofil zeichnet sich dieser durch erweiterte Kompetenzen in den architekturbestimmenden bzw. -gestaltenden Dimensionen „Package-/Systemdesign", „Bauteileentwicklung" - hier bezogen auf die Plattformentwicklung - und „System- und Modulintegration" aus.[622] Zur Entwicklung der vom Markt geforderten hochflexiblen, plattformbasierten modularen Fahrzeugarchitekturen bedarf es dabei einerseits eines fundierten komponentenübergreifenden Fahrzeugverständnisses, andererseits intensiver Grund- und Vorentwicklungen zur Erzielung einer hohen Innovationsrate in der Fahrzeugarchitektur.

Da die Fahrzeugarchitektur die Basis zur Verwirklichung intelligenter Modularisierungsstrategien darstellt, die zugleich den Optionenkorridor zur technologischen Umsetzung von Kundenwünschen bestimmen, müssen zu einem tragfähigen Geschäftsmodell eines Fahrzeug-

---

[622] Pfaffmann spricht in diesem Zusammenhang von „architektonischer Kompetenz". Vgl. Pfaffmann (Kompetenzbasiertes Management, 2001), S. .266f. und S. 277f.

architekten des Weiteren fundierte Kompetenzen in den Bereichen Umwelt- und Fahrzeuganalyse sowie strategische Fahrzeugprofilplanung vorhanden sein. Nur Teilumfänge des diesbezüglichen Aktivitätenspektrums sollten von Wertschöpfungspartnern übernommen werden, da ansonsten die Ausgestaltung der Fahrzeugarchitektur nicht ursächlich synchron zu der Entwicklung der Kundenwünsche vorgenommen werden kann.

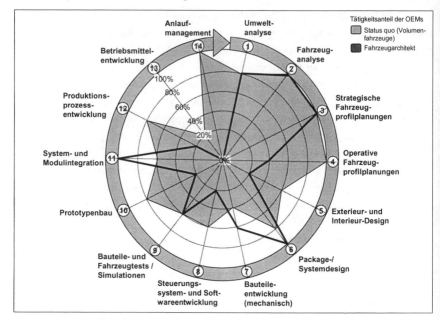

Abb. 71: Kompetenzprofil eines „Fahrzeugarchitekten".

Demgegenüber überlässt der Fahrzeugarchitekt insb. das Exterieur- und Interieur-Design, die Entwicklung der Steuerungs- und Softwaresysteme, den Prototypenbau sowie die produktionsnahen Tätigkeiten anderen, darauf spezialisierten Entwicklungspartnern, die ihm ggf. über ein Co-Branding helfen können, seine Fahrzeug- und Markensubstanz gezielt zu stärken.

5.5.3.2 „Produktionsspezialist"

Eine zweites zum Markenintegrator alternatives Kompetenzprofil stellt das des „Produktionsspezialisten" dar. Hersteller, die diesen Weg einschlagen, sollten über weit überdurchschnittliche Kompetenzen in den „ausführenden" produktionsnahen Tätigkeiten des Entwicklungsprozesses verfügen. Zu diesen sind insb. die Produktionsprozessentwicklung und das Anlaufmanagement zu zählen. Als Differenzierungsmerkmale rücken hier die operative Prozessexcellenz durch intelligente Auslegung und Neuorganisation von Montage-, Logistik- und Anlaufprozessen sowie die perfektionierte Anwendung der Lean-Manufacturing-Ansätze in den Vordergrund. Mit der Ausschöpfung von Skaleneffekten, dem Durchschreiten steiler Lernkurven und einer daraus resultierenden hohen Produktionsqualität bei schneller Durchlaufzeit können sich Produktionsspezialisten von Wettbewerbern differenzieren.

Wie ein zukünftiges Produktionssystem vor dem Hintergrund der Kompetenzbündelung aussehen könnte, veranschaulicht konzeptionell Abb. 73.

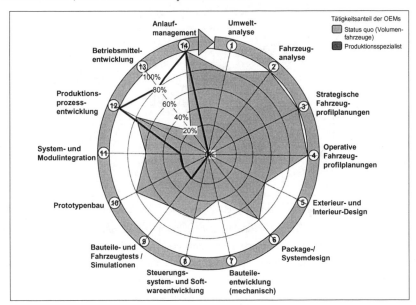

Abb. 72: Kompetenzprofil eines „Produktionsspezialisten".

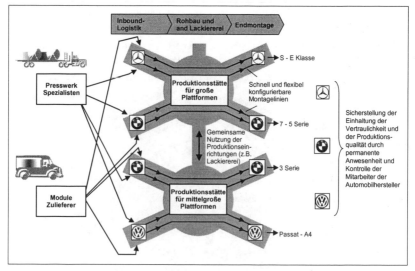

Abb. 73: *Zukünftiges Produktionssystem eines Produktionsspezialisten.*

Da das Kompetenzprofil eines Produktionsspezialisten nahezu entgegengesetzte Ausprägungsschwerpunkte zu denen des Markenintegrators besitzt, besteht eine mögliche Kooperationsoption darin, dass zwei Automobilhersteller aufgrund ihrer komplementären Kompetenzplattformen zusammenarbeiten und gegenseitig voneinander profitieren. Allerdings stellt der Geschäftstyp des Produktionsspezialisten insofern eine hohes Risiko dar, als dass heutige Zulieferunternehmen sich zu einer starken Konkurrenz entwickeln könnten. Die notwendigen Kompetenzen sind vergleichsweise leicht erlern- und transferierbar, so dass - anfänglich überdurchschnittliche Gewinnmargen vorausgesetzt - viele Unternehmen den Weg in Richtung eines Produktionsspezialisten einschlagen könnten.

5.6 Resümee und Ausblick

Die steigenden Anforderungen an die im Rahmen der Automobilentwicklung zu erbringenden Leistungen werden aller Voraussicht nach zu einer verstärkten Konzentration auf Kernkompetenzen führen. Unter Berücksichtigung der Möglichkeiten, Leistungen von Wertschöpfungspartner zu beziehen und unter Beurteilung etwaiger Differenzierungs- und Kostenvorteile, wurde in diesem Kapitel aufgezeigt, dass OEMs distinkte und konsequent auf strategisch wichtige Kernbereiche fokussierte Kompetenzprofile entlang der produktentwicklungsspezifischen Wertschöpfungskette ausbilden müssen. Durch konsequentes Hinterfragen der Adäquatheit der derzeit vorhandenen Wertschöpfungsstrukturen und -inhalte wurden dabei mögliche Evolutionspfade einer kooperativen arbeitsteiligen Leistungserstellung in der Automobilentwicklung aufgezeigt: Mit der Rekonfiguration und (Re-)Fokussierung der aktuell vorhandenen Kompetenzen werden sich kompetenzbasierte Entwicklungsnetzwerke herausbilden, in denen ehemals konkurrierende Unternehmen zu Wertschöpfungspartnern werden und die miteinander in Konkurrenzbeziehungen zu anderen Entwicklungsnetzwerken treten werden. Über die Entwicklungsstufen der Optimierung und Integration interorganisationaler Wertschöpfungsprozesse wird die unternehmensübergreifende Fahrzeugentwicklung zunehmend durch kollaborative und durchgängig synchronisierte Abläufe gekennzeichnet sein - ein Zielzustand, der erst dank der Leistungsfähigkeit der modernen IuK erreichbar geworden ist.

Mit der Etablierung kompetenzbasierter Entwicklungsnetzwerke einher geht die Möglichkeit der Erweiterung des wettbewerbsstrategischen Handlungsspielraums durch die Verbindung der bislang als konträr angesehenen Grundstrategien Kostenführerschaft (i.S.v. Spezialisierung) und Differenzierung (i.S.v. kundenorientierter Konfiguration). Einerseits ermöglicht die fallweise Vernetzung spezialisierter Unternehmen die flexible Konfiguration differenzierter, kundenindividueller Fahrzeuge, andererseits können die Fahrzeuge aufgrund der Spezialisierung zugleich kostengünstiger hergestellt werden.[623]

Für jeden einzelnen Automobilhersteller bedeutet das Entstehen und die Evolution der Entwicklungsnetzwerke, dass sie in Abhängigkeit von ihrer Ausgangsposition, ihren Stärken und Schwächen und der gewählten Strategie ihre Soll-Kompetenzprofile definieren und sich konsequent in ihrer Entwicklung an diesen ausrichten müssen. Mit den vorgestellten Kompetenzprofilen eines Markenintegrators, eines Fahrzeugarchitekten und eines Produktionsspezialisten existieren dazu zumindest drei disjunkte Alternativen. Allerdings gestattet der hohe Individualitätsgrad der unternehmerischen Trajektorien es nicht, pauschale Aussagen zu treffen, welcher OEM welchen Weg einschlagen sollte. Dies kann nur und muss in Kenntnis aller unternehmensspezifischen Informationen erfolgen, welches sicherlich zu einer der aktuell wichtigsten strategischen Aufgaben des Managements zu zählen ist.

Da die derzeit existierenden Ressourcenallokationen und Verhaltensmuster sich über einen mehrjährigen Zeitraum verfestigt haben, wird trotz aller Notwendigkeit, das erfolgreiche Beschreiten der Evolutionspfade für viele OEMs sicherlich kein einfaches Unterfangen darstellen. Noch sind sie aber aufgrund ihrer im Vergleich zu (potentiellen) Wertschöpfungspartnern größeren Marktmacht in der vorteilhaften Lage, die Führerschaft im Entwicklungsnetzwerk zu übernehmen und die Gestaltung der Netzwerkstrukturen zu ihren Gunsten zu beeinflussen. Sollten sie mit der Weiterentwicklung ihrer Kompetenzprofile jedoch zu lange warten, könnten andere Unternehmen die Führungsrolle beanspruchen und sie damit letztlich zu einem nur noch reagierenden ausführenden Organ „degradiert" werden.

---

[623] Vgl. Picot / Reichwald / Wigand (Grenzenlose Unternehmung, 2001), S. 528f.

6 Schlussbetrachtung

Die Herstellerunternehmen in der Automobilindustrie befinden sich in einer Phase dynamischen wettbewerbsintensiven Wandels. Und nicht zuletzt aufgrund des erreichten hohen Reifegrads der Branche ist davon auszugehen, dass die Automobilhersteller in Zukunft weiter zunehmenden Veränderungseinflüssen unterworfen sein werden und der Wettbewerb weiter an Intensität und Schärfe zunimmt. Welchen produktbezogenen Anforderungen sich die Hersteller dabei gegenübersehen, zeigt der nachfolgende visionäre Blick in die Zukunft. Getragen von verschiedensten Einflüssen aus der globalen Umwelt und der Automobilbranche selbst, wird sich das Endprodukt Automobil mit zunehmender Geschwindigkeit zu einem individuell konfigurierbaren und hochgradig technologieintensiven und komplexen High-Tech-Produkt weiterentwickeln, so dass demnach eine Fahrt im Automobil im Jahr 2010 etwa wie folgt aussehen könnte:

Über die Identifizierung biometrischer Merkmale öffnen sich die Türen des Fahrzeugs und sämtliche Einstellungen im und am Fahrzeug, wie z.B. Sitzposition, Klimatisierung, Fahrwerksabstimmung etc., werden gemäß den gespeicherten Wünschen des Fahrers über das 42Volt-Bordnetz individuell adjustiert. Nach sprachgesteuerter Eingabe des gewünschten Zielortes prüft das Navigationssystem die aktuelle Verkehrssituation und errechnet je nach Präferenz für den kürzesten oder den schnellsten Weg die optimale Strecke. Bei etwaigen später auftretenden Behinderungen, die an des GPS-System des Fahrzeugs gesendet werden, erfolgt unter Einbeziehung der neuesten Verkehrsnachrichten und Baustelleninformationen eine automatische Neuberechnung alternativer Fahrstrecken („dynamische Navigation") mit entsprechender Sprachausgabe.

Nach erfolgter elektronischer Zündung des Motors werden alle fahrrelevanten Informationen auf das „Head-up-Display" in der Windschutzscheibe projiziert und gleichzeitig signalisiert, ob Software-Updates, z.B. zur Motorsteuerung oder Fahrwerksabstimmung vorhanden sind. Nachdem sich der Fahrer über ein weiteres Display an der ehemaligen Stelle des Innenspiegels über das aus den Bildern der beiden Seitenkameras und der Heckkamera zusammengesetzte Panoramabild über die Verkehrssituation informiert hat, wird das Fahrzeug in den Verkehrsfluss integriert.

Die Steuerung des Fahrzeugs in Richtung des Fahrtziels erfolgt über einen elektronisch funktionierenden Multifunktions-Joysticks („Steer-by-wire") mit geschwindigkeitsabhängiger, sich stufenlos ändernder Lenkübersetzung. Gleichfalls elektronisch erfolgt die Schaltung der Gänge - wahlweise automatisch oder manuell durch die Betätigung von Knöpfen am Joystick („Shift-by-wire") - sowie die Bedienung des Gaspedals („Drive-by-wire") und der Bremsen („Brake-by-wire").[624] *Durch eine optional aktivierbare Abstandsre-*

---

[624] Bei „X-by-wire" Systemen wird die bislang direkte Kraftübertragung durch mechanische oder hydraulische Systeme durch die Informationsaufnahme mit Hilfe von Sensoren (bspw. am Bremspedal), die elektronische Übermittlung der

gelautomatik („Distronic-Tempomat"), die je nach Verkehrssituation durch Auswertung von Umfeldinformationen den Abstand zu den vor- und nebenfahrenden Fahrzeugen regelt, wird der Fahrer von Routineaufgaben entlastet. Ein Spurassistent warnt ihn so z.B. auch vor dem Verlassen der Fahrspur, ein optisches Erkennungssystem vor einem querenden Fußgänger und ein Schlupfsystem vor drohendem Aquaplaning. Sollte sich der Fahrer in eine Gefahrensituation begeben, so erfolgt neben einer akustischen Frühwarnung die Aktivierung weiterer Fahrzeugsicherheitssysteme, wie z.B. der elektronischen Bremsassistenz-, Notbrems-, Traktionskontroll- und Stabilitätssysteme, die in ihrer höchsten Entwicklungsstufe eine Kollision automatisch vermeiden. Eine frühzeitige und gefahrsituationsabhängige Straffung der Gurte („PreSafe-Konzept") ergänzt die Sicherheitskonzepte im Fahrzeuginnenraum. Darüber hinaus helfen, sich GPS-gestützt an Kurvengeometrien selbst ausrichtende Xenon-Scheinwerfer die Fahrbahn bei Dunkelheit besser auszuleuchten und so potentielle Gefahrensituationen frühzeitig zu erkennen und diese unfallfrei zu bewältigen.

Ebenfalls in die Kategorie der Unfallvermeidung einzusortieren, sind zum einen die automatische Reifendruckkontrolle („Tyre Pressure Monitoring"), die den Fahrer sowohl bei zu niedrigem Reifendruck warnt als auch temporär den Druck auf einem ausreichend hohen Niveau hält, und zum anderen die Systeme zur Kontrolle des Ermüdungsgrads des Fahrers. Sollte es dennoch zu einem Unfall kommen, mildern intelligente passive Sicherheitssysteme zumindest die Unfallfolgen. Rundum-Airbags, deren Zündzeitpunkte, Füllungsgrade, Aufblasgeschwindigkeiten und -richtungen sich in Abhängigkeit von Körperkonstitution und -haltung sowie Unfallereignis sensorisch selbst adjustieren, schützen vor Verletzungen. Im Falle eines Unfalls erfolgt über das GPS-System des Fahrzeugs die Absendung eines automatischen Notrufs mit Angabe der aktuellen Position und Uhrzeit sowie der durch die Vielzahl der Sensoren am Fahrzeug präzisierbaren Art und Schwere des Unfalls. Sollte sich im Laufe der Fahrt ein Defekt am Fahrzeug einstellen, hilft ein Ferndiagnosesystem, die Fehlergrundursache zu ermitteln, so dass ggf. Ersatzteile umgehend an die nächstgelegene Werkstatt gesandt werden können.

In Ergänzung zu den Konzepten der integrierten Sicherheit erfolgt im Normalfall einer unfallfreien Fahrt je nach Leistungsanforderung eine automatische Zu- und Abschaltung von Zylindern sowie eine in jeder Fahrsituation leistungsoptimierende elektronische Steuerung der Ventile und der Einspritzsysteme. Ohne wahrnehmbare Einbußen an Fahrkomfort und Leistungsentfaltung wird dadurch der Kraftstoffverbrauch reduziert. Über die anonyme Auswertung der Fahrdaten kann der Automobilhersteller die Fahrgewohnheiten der Kunden ana-

---

Steuersignale mittels elektrischer Leitungen und Steuergeräten (vom Bremspedal zu der Einspritzanlage) sowie der Informationsausführung durch elektrische Aktuatoren (an der Einspritzanlage selbst) ersetzt. Vgl. BMW Group (Hrsg.) (Technologien von morgen, 2001).

lysieren und daraus detaillierte Rückschlüsse auf zukünftige Anforderungen an die Fahrzeuge und ihre Komponenten ziehen.[625]

Während der Fahrt können alle Entertainment-Anwendungen und -Dienste, wie z.B. der DVD-Player oder das Internet, sowie die diversen Office-Anwendungen und -Dienste, wie z.B. (Bild-)Telefon, Fax oder E-Mail, wahlweise tasten- oder sprachgesteuert bedient werden. Die zu den „Off-board"-Mobilitätsdiensten zu zählenden Verkehrsleit-, Maut- oder Zugangssysteme (z.B. Parkraummanagement) unterstützen den Fahrer je nach Bedarf. Bei Nutzung der Mobilitätsdienste erfolgt eine automatische Gebührenbelastung eines vom Fahrzeugbesitzer angegebenen Kontos („pay-per-call"- oder auch „info-on-demand"-Dienste).

Um auf diese mögliche Zukunft vorbereitet zu sein, müssen die Automobilhersteller analog zum Fortschritt im fahrzeugbezogenen Wandlungsprozess das Leistungsniveau ihrer Entwicklungsprozesse substanziell erhöhen, indem die entwicklungsspezifischen Kompetenzbasen in Abstimmung mit der Umfelddynamik unternehmensindividuell weiterentwickelt werden. Die Ausführungen in der vorliegenden Arbeit haben dabei verdeutlicht, dass sich die Weiterentwicklung u.a. an folgenden Anforderungen orientieren muss:

- Technologische Trends sind schnell und effizient in marktfähige Automobile unter Erhalt und Ausbau der Eigenständigkeit der Produkte umzusetzen - trotz eines immer schnelleren Imitationswettbewerbs;
- Der Balanceakt zwischen dem komplexitäts- und kostensteigernden Maßschneidern einerseits und der kostensparenden Standardisierung andererseits ist unter Verkürzung der „Time-to-Market" erfolgreich zu gestalten;
- Mit einem breiten Produktprogramm muss der einzelne OEM nicht nur in allen Marktsegmenten repräsentiert, sondern als Erster präsent sein, um in den „evoked set", also die engere Auswahl des Kunden bei einer kaum noch überschaubaren Vielfalt des Angebots zu kommen.

Mit dem Einsatz der durchgängig virtuellen Automobilentwicklung und der organisatorischen Neugestaltung des Wertschöpfungsnetzwerks, verbunden mit der Verschiebung der Aktivitätsfelder und Kompetenzgrenzen zwischen den Beteiligten, wurden im Rahmen der Arbeit zwei strategische Stoßrichtungen identifiziert und eingehend erörtert, welche die skizzierten Anforderungen aufgreifen und die zur Handlungsmaxime für den Aufbau und der Verteidigung strategischer Wettbewerbsvorteile zu erheben sind.

Entlang beider Entwicklungsdimensionen haben die OEMs bereits die ersten Evolutionsstufen „erklommen" - die ersten Fahrzeuge, die mit umfassender Unterstützung der virtuellen Technologien entwickelt worden sind, kommen z.Zt. auf den Markt und die Entwicklungstiefe der OEMs nimmt kontinuierlich ab -, allerdings ist der vor ihnen liegende Weg noch lang

---

[625] Die Ideen gehen in diesem Zusammenhang bis hin zu Angeboten von Versicherungen, deren Kosten für den Kunden je nach Fahrgewohnheiten variieren.

und schwierig. Insofern konnte das mit der Arbeit verbundene Ziel, mit den erarbeiteten Ergebnissen den Entscheidungsträgern im Management der Automobilhersteller Orientierungshilfen aufzuzeigen, Entwicklungsmöglichkeiten und Handlungsoptionen in dem sich vollziehenden Wandel zu erkennen und durch Ausgestaltung unternehmensspezifischer Strategien erfolgreich auszuschöpfen, erreicht werden.

Aufbauend auf den Erkenntnissen der Arbeit bietet sich als nächster Schritt an, unternehmensindividuelle Analysen zu starten. Unter Nutzung der vorgestellten Systematiken können Unternehmen ihre Ist- und Soll-Positionierung sowohl in Bezug auf den Technologieeinsatz als auch auf die Kernkompetenzprofile präzisieren, Abweichungen gezielt identifizieren und ggf. mit Maßnahmen belegen. Damit tritt ein weiteres anwendungsorientiertes Element der Arbeit zu Tage, welches abschließend nochmals den angestrebten Praxisbezug verdeutlicht.

Literaturverzeichnis

Abell, D. (Competing today while preparing for tomorrow, 1999): Competing today while preparing for tomorrow, in: Sloan Management Review, (1999) Spring, S. 73 - 81.

Abeln, O. (Hrsg.) (Innovationspotentiale in der Produktentwicklung, 1997): Innovationspotentiale in der Produktentwicklung: Das CAD-Referenzmodell in der Praxis, Stuttgart, Teubner Verlag 1997.

Abend, J. M. (Strukturwandel in der Automobilindustrie, 1992): Strukturwandel in der Automobilindustrie und strategische Optionen mittelständischer Zulieferer: Eine explorative Studie, Hochschulschriften zur Betriebswirtschaftslehre, Bd. 99, München, VVF Verlag 1992.

Abramovici, M. (EDM/PDM-Einführungsstrategien, 1999): EDM/PDM-Einführungsstrategien: Erfahrungen und Perspektiven, in: VDI-Gesellschaft (Hrsg.) (Informationsverarbeitung in der Konstruktion, 1999), S. 209 - 226.

Abramovici, M. / Gerhard, D. / Langenberg, L. (Distributed product development proceses, 1998): Supporting distributed product development processes with PDM, in: Krause / Heimann / Raupach (Hrsg.) (Tools and workflows for product development, 1998), S. 1 - 11.

Abramovici, M. / Gerhard, D. / Langenberg, L. (Verteilte Entwicklungsprozesse, 1998): Unterstützung verteilter Entwicklungsprozesse durch EDM/PDM, in: VDI-Gesellschaft (Hrsg.) (Informationsverarbeitung in der Konstruktion, 1998), S. 69 - 86.

Abramovici, M. / Langenberg, L. / Leszinski, Ch. (Produktkataloge in Engineering-Netzen, 1996): "Intelligente" Produktkataloge in Engineering-Netzen, in: VDI-Gesellschaft (Hrsg.) (Engineering-Netze, 1996), S. 117 - 134.

Abramovici, M. / Sieg, O. C. (Entwicklungsperspektiven von PDM-Systemen, 2001): PDM-Technologie im Wandel: Stand und Entwicklungsperspektiven, in: Industrie Management, Bd. 17 (2001) Heft Nr. 3, S. 71 - 75.

Abuosba, M. (Unsicheres Wissen in CAD-Prozessen, 1994): Verarbeitung von unsicherem Wissen in CAD-Prozessen, Dissertation TU Berlin, Reihe Produktionstechnik, Bd. 135, München, Wien, Hanser Verlag 1994.

Accenture GmbH (Hrsg.) (Auto 2010, 2000): Auto 2010: Eine Expertenbefragung zur Zukunft der Automobilindustrie, Sulzbach/Taunus, Eigendruck 2000.

Ackermann, D. / Treichler, J. (Prozessorientiertes Denken, 2000): Vom struktur- zum prozessorientierten Denken, in: VDI-Z Integrierte Produktion, Bd. 142 (2000) Heft Nr. 5 - Mai, S. 56 - 57.

ADAC (Hrsg.) (Pkw-Monitor 1998, 1998): Pkw-Monitor 1998; Eine Trendstudie des ADAC-Verlages (2 Teile), München, Eigendruck 1998.

ADAC (Hrsg.) (Pannenursachen im Jahr 2000, 2001): Pannenursachen im Jahr 2000 bei allen Baujahren, in: Automobil-Entwicklung, Jg. 3 (2001) Heft Nr. 5 - September, S. 15.

Adams, M. E. / Day, G. S. / Dougherty, D. (Enhancing product development performance, 1998): Enhancing new product development performance: An organiza-tional learning perspective, in: Journal of Product Innovation Management, Vol. 15 (1998) No. 5, S. 403 - 422.

Adler, P. S. et al. (Ideas at work, 1996): Ideas at work: Getting the most out of your product development process, in: Harvard Business Review on Knowledge Management, Vol. 74 (1996) No. 2 - March/April, S. 134 - 152.

Aeberhard, K. (Strategische Analyse, 1996): Strategische Analyse, Bern u.a., Verlag Lang 1996.

Affolter, Ch. (Topologie- und Formoptimierung, 2000): Topologie- und Formoptimierung in der Produktentwicklung, in: VDI-Z Integrierte Produktion, Bd. 142 (2000) Heft Nr. 1/2 - Januar/Februar, S. 46 -48.

Agthe, I. (Supplier integration in automotive networks, 2001): Managing supplier integration in automotive networks, in: ISATA (Hrsg.) (Manufacturing, 2001), S. 45 - 53.

Ahle, U. (Virtuelle Produktentstehung, 1999): Virtuelle Produktentstehung im Rahmen des unternehmensweiten PDM, in: VDI-Geselllschaft (Hrsg.) (Virtuelle Produktentstehung, 1999), S. 213 - 223.

Ahn, H. (Produktentwicklungsprozesse, 1997): Optimierung von Produktentwicklungsprozessen: Entscheidungsunterstützung bei der Umsetzung des Simultaneous Engineering, Wiesbaden, Dt. Univ.-Verlag 1997.

Ahrens, G. et al. (Effiziente Handhabung von Informationen, 1999): Ein Ansatz zur effizienten Handhabung von Informationen im Produktentwicklungsprozess, in: VDI-Gesellschaft (Hrsg.) (Informationsverarbeitung in der Konstruktion, 1999), S. 471 - 489.

Albach, H. (Hrsg.) (Effizienzsteigerung im Innovationsprozess, 1995): Effizienzsteigerung im Innovationsprozess, in: Zeitschrift für Betriebswirtschaft, Jg. 65 (1995) Ergänzungsheft 1.

Allmansberger, H.-G. (Unterstützung von Änderungsprozessen, 2000): Erweiterung der Konstruktionsmethodik zur Unterstützung von Änderungsprozessen in der Produktentwicklung, München, Fakultät für Maschinenwesen, Eigendruck 2000.

Altshuler, A. / Ross, D. / Jones, D. (The future of the automobile, 1984): The future of the automobile, Cambridge, MIT Press 1984.

Ambrosy, S. (Integrierte Produktentwicklung, 1997): Methoden und Werkzeuge für die integrierte Produktentwicklung, Dissertation TU München, Aachen, Shaker Verlag 1997.

Amelingmeyer, J. (Wissensmanagement, 2000): Wissensmanagement: Analyse und Gestaltung der Wissensbasis von Unternehmen, Wiesbaden, Dt. Univ.-Verlag 2000.

Amelingmeyer, J. / Specht, G. (Wissensorientierte Kooperationskompetenz, 2000): Wissensorientierte Kooperationskompetenz, in: Hammann / Freiling (Hrsg.) (Ressourcen- und Kompetenzperspektive, 2000), S. 313 - 335.

Anderl, R. (Virtuelle Produktentwicklung, 1999): Virtuelle Produktentwicklung, in: Bullinger (Wissensmanagement, 1999), S. 67 - 76.

Anderl, R. (Product Data Technology, 2000): Product Data Technology: A basis for virtual product development, in: Dankwort / Hoschek (Digital products, 2000), S. 27 - 35.

Anderl, R. (Produktentwicklungsprozess im Wandel, 2000): Produktentwicklungsprozess im Wandel, in: Konstruktion, Bd. 52 (2000) Heft Nr. 10 - Oktober, S. 3.

Anderl, R. / Encarnaąão, J. L. / Rix, J. (Hrsg.) (Tele-CAD, 1998): Tagungsband CAD '98: Tele-CAD Produktentwicklung in Netzwerken, Darmstadt (DiK und Fraunhofer-IGD), Eigendruck 1998.

Anderl, R. / Gräb, R. / Kleiner, S. (Integration parametrischer Produktdaten, 2001): Integration parametrischer Produktdaten als Grundlage der virtuellen Produktentwicklung, in: Industrie Management, Bd. 17 (2001) Heft Nr. 3, S. 76 - 80.

Anderl, R. / Liese, H. / Öser, A. (Neue Lehr- und Lernformen, 2000): Neue Lehr- und Lernformen für die virtuelle Produktentwicklung, in: Industrie Management, Bd. 16 (2000) Heft Nr. 1, S. 63 - 66.

Anderl, R. / Speck, H.-J. / Wasmer, A. (Entwurf und Validierung komplexer Produktmodelle, 1996): Entwurf und Validierung komplexer Produktmodelle, in: Dangelmaier / Gausemeier (Fortgeschrittene Informationstechnologie, 1996), S. 259 - 274.

Anderl, R. et al. (Produktmodellierung, 1995): Produktmodellierung: Die Basis für integriertes Qualitätsmanagement in der Konstruktion, in: Zeitschrift für wirtschaftlichen Fabrikbetrieb - ZwF, Bd. 90 (1995) Heft Nr. 4, S. 171 - 173.

Anderl, R. et al. (Verteilte Produktentwicklung, 1998): Multimediale Unterstützung verteilter Produktentwicklung, in: Anderl / Encarnação / Rix (Hrsg.) (Tele-CAD, 1998), S. 3 - 12.

Aney, Th. (Dienstleister in der Automobilbranche, 2000): Wachsender Markt für Dienstleister in der Automobilbranche, in: Frankfurter Allgemeine Zeitung, 11.10.2000, S. 33.

Anthony, M. T. / McKay, J. (Achieving product and cycle-time excellence, 1992): Balancing the product development process: Achieving product and cycle-time excellence in high-technology industries, in: Journal of Product Innovation Management, Vol. 9 (1992), S. 140 - 147.

Antlitz, A. (Unternehmensgrenzen und Kooperationen, 1999): Unternehmensgrenzen und Kooperationen: Make-cooperate-or-buy im Zusammenspiel von Kompetenz- und Strategieentwicklung, Wiesbaden, Gabler Verlag 1999.

Antweiler, J. (Wirtschaftlichkeitsanalyse, 1995): Wirtschaftlichkeitsanalyse von Informations- und Kommunikationssystemen (IKS), Köln, Datakontext-Fachverlag 1995.

Aoshima, Y. (Knowledge transfer across generations, 1996): Knowledge transfer across generations: The impact on product development performance in the automobile industry, unpublished Ph.D. Dissertation Massachusetts Institute of Technology, Boston, MIT Press 1996.

Arkwright, A. J. (Digital product development, 1999): Digital product development at Daewoo Worthing Technical Centre, in: EAEC European Automotive Congress 1999, Conf. III: Systems Engineering, Electronics and Mechatronics (Kennziffer STA99C318), S. 135 - 145.

Arnold, F. et al. (Online-Kopplung von CAx-Systemen, 1998): Online-Kopplung von CAx-Systemen für die virtuelle Produktentwicklung: Ein Vergleich mit dem dateibasierten Datenaustausch, in: VDI-Gesellschaft (Hrsg.) (Informationsverarbeitung in der Konstruktion, 1998), S. 219 - 238.

Aßmann, G. / Gerst, M. / Riedel, D. (Integriertes Änderungsmanagement, 1999): Integriertes Änderungsmanagement: Erfolgspotentiale in situationsgerechten Prozessen, in: Zeitschrift für wirtschaftlichen Fabrikbetrieb - ZwF, Bd. 94 (1999) Heft Nr. 9, S. 493 - 497.

Astheimer, P. et al. (Die virtuelle Umgebung, 1994): Die virtuelle Umgebung: Eine neue Epoche in der Mensch-Maschine-Kommunikation (Teil 1), in: Informatik-Spektrum, Bd. 17 (1994) Heft Nr. 5, S. 281 - 290.

Autorenkollektiv (3D-Modellierung und Rapid Prototyping, 1996): Schnelle Produktentwicklung: 3D-Modellierung und Rapid Prototyping, in: Eversheim et al. (Hrsg.) (Wettbewerbsfaktor Produktionstechnik, 1996), S. 3-3 - 3-41..

Baake, U. / Haußmann, D. E. (Optimising distributed product development, 1999): Optimising distributed product development by global EDM/PDM introduction, in: VDI-Gesellschaft (Hrsg.) (Informationsverarbeitung in der Konstruktion, 1999), S. 289 - 298.

Baake, U. et al. (Virtual product development, 1998): Introduction of virtual product development in practice, in: VDI-Gesellschaft (Hrsg.) (Informationsverarbeitung in der Konstruktion, 1998), S. 41- 56.

Bading, A. / Ulbricht, B. (Prozessorientierte Organisation, 1997): Merkmale der prozessorientierten Organisation, in: Bullinger / Warschat (Forschungs- und Entwicklungsmanagement, 1997), S. 47 - 62.

Bagdasarian, P. (Informationsbereitstellung, 1992): Informationsbereitstellung für den Konstruktionsprozess, Dissertation TU Berlin, Reihe Produktionstechnik, Bd. 111, München, Wien, Hanser Verlag 1992.

Baghai, M. A. / Coley, S. C. / White, D. (Turning capabilities into advantages, 1999): Turning capabilities into advantages, in: The McKinsey Quarterly, (1999) Heft Nr. 1, S. 100 - 109.

Bain, J. S. (Barriers to new competition, 1956): Barriers to new competition: Their character and consequences in manufacturing industries, Cambridge (Mass.) 1956.

Bain, J. S. (Industrial Organization, 1968): Industrial Organization, 2. Aufl., New York 1968.

Balasubramanian, B. (Entwickeln auf der Datenplattform, 1999): CAD/CAM-Strategie: Entwickeln auf der Datenplattform, in: Automobil-Entwicklung, Jg. 1 (1999) Heft Nr. 3 - März, S. 28 - 32.

Balasubramanian, B. / Winterstein, R. (Digitale Fahrzeugentwicklung, 1998): Auf dem Weg zur digitalen Fahrzeugentwicklung, in: VDI-Gesellschaft (Hrsg.) (Berechnung und Simulation im Fahrzeugbau, 1998), S. 3 - 24.

Balasubramanian, B. / Winterstein, R. (Digital World of Automotive R&D, 1998): Challenges in the Digital World of Automotive R&D, in: Proceedings of the 5th European Concurrent Engineering Conference, 26 - 29 April, Erlangen-Nürnberg, 1998.

Baldwin, C. Y. / Clark, K. B. (Age of modularity, 1997): Managing in an age of modularity, in: Harvard Business Review on Knowledge Management, Vol. 75 (1997) No. 4 - September/October, S. 84 - 93.

Baldwin, C. Y. / Clark, K. B. (Design Rules, 1999): Design Rules: The power of modularity, Cambridge (Mass.) 1999.

Bamberger, I. / Wrona, Th. (Der Ressourcenansatz, 1996): Der Ressourcenansatz und seine Bedeutung für die strategische Unternehmensführung, in: Zeitschrift für betriebswirtschaftliche Forschung, Jg. 48 (1996) Heft Nr. 2, S. 130 - 153.

Bamberger, I. / Wrona, Th. (Ressourcenansatz im strategischen Management, 1996): Der Ressourcenansatz im Rahmen des strategischen Managements, in: Wirtschaftswissenschaftliches Studium, Jg. 25 (1996), S. 386 - 391.

Bangle, C. (The ultimate creativity machine, 2001): The ultimate creativity machine: How BMW turns art into profit, in: Harvard Business Review, Vol. 79 (2001) No. 1 - January, S. 47 - 55.

Barckmann, J. (Automobilgestaltung, 2001): Automobilgestaltung: Exterieur versus Interieur, in: Zeitschrift für Automobilwirtschaft, Jg. 4 (2001) Heft Nr. 3, S. 50 - 57.

Barney, J. B. (Firm resources and sustained competitive advantage, 1991): Firm resources and sustained competitive advantage, in: Journal of Management, Jg. 17 (1991) Heft Nr. 1, S. 99 - 120.

Barney, J. B. (Competitive advantage, 1997): Gaining and sustaining competitive advantage, Reading u.a., Verlag Addison-Wesley 1997.

Bartelt, K.-D. / Springer, R. (CATIA: An der Wende zum Internet-CAD, 1998): CATIA: An der Wende zum Internet-CAD, in: Industrie Management, Bd. 14 (1998) Heft Nr. 3, S. 33 - 36.

Basson, A. / Schuster, H. (Manufacturability assessment, 1999): A procedure and software tool for manufacturability assessment during embodiment design, in: Krause / Heimann / Raupach (Hrsg.) (Tools and workflows for product development, 1998), S. 37 - 48.

Bauer, R. (Hard- und Software im Entwicklungsprozess, 1995): Hard- und Software im Entwicklungsprozess integrierter Produkte, Wiesbaden, Gabler Verlag 1995.

Baum, A. (Fremdvergabe in der Konstruktion, 1993): Fremdvergabe in der Konstruktion, in: VDI-Z Integrierte Produktion, Bd. 135 (1993) Heft Nr. 10, S. 84 - 87.

Baur, C. (Make-or-Buy Entscheidungen, 1990): Make-or-Buy Entscheidungen in einem Unternehmen der Automobilindustrie: Empirische Analysen und Gestaltung der Fertigungstiefe aus transaktionskostentheoretischer Sicht, München, VVF Verlag 1990.

Baur, B. / Cebulla, T. (Rapid product development process, 2000): Innovative cooperation structures in the rapid product development process, in: ISATA (Hrsg.) (Rapid Product Development, 2000), S. 131 - 134.

Bayer, J. / Gessner, K. / Kehler, T. (Global verteilte Arbeitsumgebung im Designprozess, 1998): Anforderungen an eine global verteilte Arbeitsumgebung im Rahmen des Designprozesses in der Automobilindustrie, in: VDI-Gesellschaft (Hrsg.) (Informationsverarbeitung in der Konstruktion, 1998), S. 183 - 198.

Bea, F. X. / Haas, J. (Strategisches Management, 2001): Strategisches Management, 3. Aufl., Stuttgart, Verlag Lucius & Lucius 2001.

Becker, H. P. (Mitarbeiterqualifikation, 1997): Mitarbeiterqualifikation für globale Herausforderungen, in: VDI-Gesellschaft (Hrsg.) (Neue Wege in der Fahrzeugentwicklung, 1997), S. 163 - 175.

Becker, W. (Entwicklung der Hersteller-Lieferanten-Beziehungen, 1999): Entwicklung der Hersteller-Lieferanten-Beziehungen: Kritische Bestandsaufnahme und Ausblick, in: Zeitschrift für Automobilwirtschaft, (1999) Heft Nr. 1, S. 14 - 20.

Becker, S. (Methoden der Produktinnovation im Automobilbereich, 2000): Methoden der Produktinnovation im Automobilbereich: Konzeptionelle und experimentelle Analyse von Nutzerbedürfnissen im Entwicklungsprozess, in: Zeitschrift für Automobilwirtschaft, (2000) Heft Nr, 1, S. 24 - 32.

Becker, W. et al. (Rechnerunterstützung für Interaktionen, 1999): Rechnerunterstützung für Interaktionen zwischen Menschen: Begriffsklärung, Anwendungsgebiete und Basiswerkzeuge, in: Informatik-Spektrum, 22. Dezember 1999, S. 422 - 435.

Beinhocker, E. (Robust adaptive strategies, 1999): Robust adaptive strategies, in: Sloan Management Review, (1999) Spring, S. 95 - 106.

Beitz, W. / Birkhofer, H. / Pahl, G. (Konstruktionsmethodik in der Praxis, 1992): Konstruktionsmethodik in der Praxis, in: Konstruktion, Bd. 44 (1992), S. 391 - 397.

Beitz, W. / Hoffmann, M. (Verteilte Produktentwicklung, 1998): Kooperative verteilte Produktentwicklung auf der Basis breitbandiger Netze, in: VDI-Gesellschaft (Hrsg.) (Informationsverarbeitung in der Konstruktion, 1998), S. 259 - 275.

Bender, I. (Struktureller Wandel in der Automobilindustrie, 1997): Struktureller Wandel in der Automobilindustrie und der Einfluss strategischer Industrie- und Handelspolitik, Europäische Hochschulschriften, Bd. 1901, Frankfurt a.M. u.a., Verlag Lang 1997.

Bender, K. / Kaiser, O. (Maschinenemulation, 1995): Simultaneous Engineering durch Maschinenemulation, in: CIM Management, Bd. 11 (1995) Heft Nr. 4, S. 14 - 18.

Bender, B. / Tegel, O. / Beitz, W. (Teamarbeit in der Produktentwicklung, 1996): Teamarbeit in der Produktentwicklung, in: Konstruktion, Bd. 48 (1996), S. 73 - 76.

Bender, B. / Tegel, O. / Beitz, W. (Cooperation in product development, 1998): Management of cooperation in product development, in: Krause / Heimann / Raupach (Hrsg.) (Tools and workflows for product development, 1998), S. 157 - 168.

Benkenstein, M. (Gestaltung der Fertigungstiefe, 1994): Die Gestaltung der Fertigungstiefe als wettbewerbsstrategisches Entscheidungsproblem, in: Zeitschrift für betriebswirtschaftliche Forschung, Bd. 46 (1994) Heft Nr. 6, S. 483 - 498.

Bennett, P. / Jones, R. P. (Simulation in the development of electrical system, 2000): The role of simulation in the development of electrical systems: The vehicle manufacturer's perspective (Kennziffer 00SVR029), in: ISATA (Hrsg.) (Simulation and virtual reality, 2000), S. 71 - 79.

Bensaou, B. M. (CAD technologies in supplier relationships, 1999): Determinants and performance implications of the use of CAD technologies in supplier relationships: A test of contingency hypotheses; Harvard Business School Working Paper No. 99-139, Boston (Mass.) 1999.

Berg, J. (Airbag-System denkt beim Unfall mit, 2002): Airbag-System denkt beim Unfall mit, in: Handelsblatt, (2002) Ausgabe Nr. 72, 15.04.2002, S. 18.

Bergauer, M. (Interfunktionale Kommunikation, 1994): Die Unterstützung der Produktentwicklung durch interfunktionale Kommunikation, Frankfurt a.M., Verlag Lang 1994.

Berger, W. (Innovative Dachsysteme, 1997): Systemlieferant CTS: Innovative Dachsysteme, von der Entwicklung bis zur Just-In-Time (JIT) Anlieferung an das Montageband, in: VDI-Gesellschaft (Hrsg.) (Neue Wege in der Fahrzeugentwicklung, 1997), S. 123 - 134.

Bergmann, M. et al. (Global Virtual Studio, 1998): Global Virtual Studio: Interaktive Evaluation von Design-Konzepten in verteilten virtuellen Umgebungen, in: Anderl / Encarnação / Rix (Hrsg.) (Tele-CAD, 1998), S. 22 - 33.

Berliner Kreis - Wissenschaftliches Forum für Produktentwicklung e.V. (Hrsg.) (Neue Wege zur Produktentwicklung, 1998): Kurzbericht über die Untersuchung "Neue Wege zur Produktentwicklung", 2. Aufl., Paderborn, Eigendruck 1998.

Bernhart, W. / Bock, F. (Knowledge Management, 1999): Knowledge Management: Kernkompetenz im Wettbewerb, in: Wolters et al. (Hrsg.) (Die Zukunft der Automobilindustrie, 1999), S. 169 - 188.

Berthel, J. / Herzhoff, S. / Schmitz, G. (Strategische Unternehmensführung, 1990): Strategische Unternehmensführung und F&E-Management: Qualifikationen für Führungskräfte, Berlin u.a., Springer Verlag 1990.

Bertodo, R. (New product process, 1999): Competitiveness and the new product process, in: International Journal of Vehicle Design, Vol. 21 (1999) No. 1, S. 40 - 54.

Bertram, B. (Porsche setzt seine eigenen Trends, 2002): Porsche setzt seine eigenen Trends: Von der Existenzkrise zum profitabelsten Autobauer der Welt, in: Handelsblatt, Ausgabe Nr. 7, 10.01.2002, S. 16.

Bertram, B. / Jocham, A. (Japan öffnet sich für deutsche Autozulieferer, 2001): Japan öffnet sich für deutsche Autozulieferer: Traditionell enge Beziehungen zwischen japanischen Herstellern und Zulieferern brechen auf, in: Handelsblatt, Ausgabe Nr. 230, 28.11.2001, S. 16.

Bertram, T. et al. (Ordnungsstrukturen mechatronischer Systeme, 2000): Objektorientierte Ordnungsstrukturen mechatronischer Systeme, in: Konstruktion, Bd. 52 (2000) Heft Nr. 10 - Oktober, S. 48 - 50.

Beskow, C. / Ritzén, S. (Changes in product development, 2000): Performing changes in product development: A framework with keys for industrial application, in: Research in Engineering Design, Vol. 12 (2000) No. 3, S. 172 - 190.

Beutner, E. et al. (Modellierung und Simulation, 1998): Modellierung und Simulation: Ihre Rolle im Prozess der virtuellen Produktentwicklung, in: VDI-Gesellschaft (Hrsg.) (Berechnung und Simulation im Fahrzeugbau, 1998), S. 405 - 435.

Biel, A. L. (Grundlagen zum Markenwertaufbau, 2000): Grundlagen zum Markenwertaufbau, in: Esch (Hrsg.) (Moderne Markenführung, 2000), S. 62 - 90.

Biermann, G. / Hendrischk, W. (Virtual und Rapid Prototyping, 1999): Produktentwicklung mit Hilfe von Virtual und Rapid Prototyping, in: ATZ/MTZ, Bd. 60 (1999) Heft Nr. 5, Sonderausgabe, S. 36 - 40.

Binkowski, B. et al. (Telekooperation, 1998): Telekooperation: Unverschlossenes Potential zur Prozeßgestaltung, in: VDI-Gesellschaft (Hrsg.) (Informationsverarbeitung in der Konstruktion, 1998), S. 57 - 67.

Binkowski, B. et al. (Telekooperation in der Entwicklung Fahrwerk, 1998): Kreative Teamlösungen - grenzenlos: Telekooperation in der Entwicklung Fahrwerk, in: VDI-Gesellschaft (Hrsg.) (Berechnung und Simulation im Fahrzeugbau, 1998), S. 519 - 532.

Binner, H. F. (Teleorganisation in virtuellen Unternehmen, 1998): Teleorganisation in virtuellen Unternehmensstrukturen, in: Industrie Management, Bd. 14 (1998) Heft Nr. 6, S. 74 - 79.

Birkhofer, H. (Höhere Konstruktionslehre, 1994): Höhere Konstruktionslehre, Skriptum zur gleichnamigen Vorlesung, SS 1994. Fachgebiet Maschinenelemente und Konstruktionslehre, TU Darmstadt, Darmstadt, Eigendruck 1994.

Birkhofer, H. / Büttner, K. / Keutgen, I. (CompoNet, 1996): Der "elektronische Marktplatz" CompoNet: Aufbau, Nutzen, Perspektiven, in: VDI-Gesellschaft (Hrsg.) (Engineering-Netze, 1996), S. 85 - 105.

Birkhofer, H. et al. (Netzwerkbasiertes Informationsmanagement, 1995): Netzwerkbasiertes Informationsmanagement für die Entwicklung und Konstruktion: Interaktion und Kooperation auf virtuellen Marktplätzen, in: Konstruktion, Bd. 47 (1995), S. 255 - 262.

Bishop, G. et al. (Virtual environments, 1992): Research directions in virtual environments, in: Computer Graphics, Vol. 26 (1992) No. 3, S. 153 - 177.

Bizer, J. (Herausforderungen an Recht und Technik, 1996): Vernetzte Welten: Herausforderungen an Recht und Technik, in: VDI-Gesellschaft (Hrsg.) (Engineering-Netze, 1996), S. 27 - 38.

Blackburn, J. / Hoedemaker, G. / Van Wassenhove, L. (Concurrent software engineering, 1996): Concurrent software engineering: Prospects and pitfalls, in: IEEE Transactions on Engineering Management, Vol. 43 (1996) No. 2, S. 179 - 188.

Bläsing, J. P. / Brunner, W. / Wolf, M. (Hrsg.) (Innovationsprozesse in der dt. Automobilindustrie, 1998): Total business innovation: Spitzenleistung durch Kreativität - Innovationsprozesse am Beispiel der deutschen Automobilindustrie, TQU Eigenverlag 1998.

Bleicher, K. (Das Konzept integriertes Management, 2001): Das Konzept integriertes Management: Visionen - Missionen - Programme, 6. Aufl., Frankfurt a.M., New York, Campus Verlag 2001.

BMBF (Hrsg.) (Forschung für die Produktion von morgen, 2002): Rahmenkonzept "Forschung für die Produktion von morgen", Online im Internet unter URL: http://www.bmbf.de/pub/ffdpvm.pdf (10.06.2002).

BMW AG (Attraktivität im Markt, 2001): Attraktivität im Markt: Kernelemente zukünftiger Zusammenarbeit zwischen BMW und seinen Zulieferern, Projektergebnisse, Online im Internet unter URL: http://www.zulieferer.bmw.de/lieferantenbeziehungen/aim/intro.html (04.01.2002).

BMW AG (Lieferant als Wertgestaltungspartner, 2001): Lieferantenbeziehungen: Der Lieferant in seiner Rolle als Wertgestaltungspartner, Online im Internet unter URL: http://www.zulieferer.bmw.de/lieferantenbeziehungen/broschuere/umsch2.htm (04.01.2002).

BMW Group (Forschungskooperationen, 2001): Forschungskooperationen, Online im Internet unter URL: *http://www.bmwgroup.com/d/0_0_www_bmwgroup_com /8_science_ mobility/8_4_wissenschaft/pdf/8_4_2_Koop_Verbaende.pdf* (04.01.2002)

BMW Group (Technologien von morgen, 2001): Visionen: Technologien von morgen, Online im Internet unter URL: *http://www.bmwgroup.de/d/index2.shtml?&0_3_site_map/ 0_3_site_map.shtml&b30* (04.01.2002)

BMW Group (Vertriebs- und Produktionsprozess KOVP, 2001): KOVP: Der kundenorientierte Vertriebs- und Produktionsprozess der BMW Group - Planungsgrundlagen für die Gestaltung von Versorgungsprozessen, ausgehend vom BMW Fahrzeug-Produktionssystem, Online im Internet unter URL: *http://www.zulieferer.bmw.de/lieferantenbeziehungen/broschuere_kovp_deutsch.pdf* (04.01.2002).

Bock, M. (Expertensystem, 1995): Expertensystem shell zur Unterstützung der simultanen Produktentwicklung: Ansatz für eine kosten-, fertigungs- und qualitätsgerechte Konstruktion, Wiesbaden, Gabler Verlag 1995.

Bock, Y. (Rapid styling validation, 2000): Rapid styling validation: Berechnung und Simulation in der Konzeptphase der Produktentwicklung, PTZ, Berlin, Eigendruck 2000.

Boghani, A. B. / Brown, A. Jr. (Technology management challenges, 2000): Meeting the technology management challenges in the automotive industry, SAE Paper, Warrendale, Eigendruck 2000.

Bohne, F. (Komplexitätskostenmanagement, 1998): Komplexitätskostenmanagement: Konzepte zur Identifizierung und Gestaltung vielfaltsinduzierter Kosten in der Automobilindustrie, Dissertation Augsburg, Wiesbaden, Dt. Univ. Verlag 1998.

Bokulich, F. (CAD software integration, 1999): CAD software integration, in: Automotive Engineering, Bd. 107 (1999) Heft Nr. 4, S. 52 - 64.

Bopp, R. / Schaede, Joh. / Schwital, P. (Prozeßorientiertes 3D-Produktdatenmodell, 2000): Prozeßorientiertes 3D-Produktdatenmodell (POP) zur Entwicklung virtueller Druckmaschinen, in: VDI-Gesellschaft (Hrsg.) (Produkte entwickeln im realen Umfeld, 2000), S. 67 - 85.

Borowsky, R. / Klabunde, S. (Entwicklungsmanagement im Intranet, 1998): Entwicklungsmanagement im Intranet: Intranetlösungen - Optimierungspotentiale in der integrierten Produktentwicklung und Prozeßplanung, Bericht aus dem GiPP-Teilprojekt B1 in Zusammenarbeit mit BMW AG, Online im Internet unter URL: http://www.iwi.uni-sb.de/gipp (07.09.2001).

Boston Consulting Group (Neue Fertigungsverfahren, 2001): Neue Fertigungsverfahren prägen Produktionsprozesse in Presswerk, Karosseriebau und Lackiererei, in: Automobil-Produktion, Jg. 15 (2001) Heft Nr. 4 - August, S. 159.

Boutellier, R. / Gassmann, O. (Management von Entwicklungsprojekten, 2001): Flexibles Management von Entwicklungsprojekten, in: Gassmann / Kobe / Voit (Hrsg.) (High-Risk-Projekte, 2001), S. 27 - 43.

Boutellier, R. / Gassmann, O. / Zedtwitz, M.v. (Managing global innovation, 2000): Managing global innovation: Uncovering the secrets of future competitiveness, 2. Aufl., Berlin, Springer Verlag 2000.

Boutellier, R. / Völker, R. / Voit, E. (Innovationscontrolling, 1999): Innovationscontrolling: Forschungs- und Entwicklungsprozesse gezielt planen und steuern, München, Wien, Hanser Verlag 1999.

Bowen, K. H. et al. (Hrsg.) (Corporate renewal, 1994): The perpetual enterprise machine: Seven keys to corporate renewal through successful product and process development, Oxford, Oxford Univerity Press 1994.

Boyer et al. (Hrsg.) (Productive models in the automobile industry, 1998): Between imitation and innovation: The transfer and hybridization of productive models in the automobile industry, Oxford, New York, Oxford University Press 1998.

Braess, H.-H. (Das Automobil im Spannungsfeld, 1997): Das Automobil im Spannungsfeld zwischen Wunsch, Wissenschaft und Wirklichkeit, in: 2. Stuttgarter Symposium Kraftfahrwesen und Verbrennungsmotoren 1997, S. 786 - 799.

Braess, H.-H. / Seiffert, U. (Hrsg.) (Kraftfahrzeugtechnik, 2000): Vieweg-Handbuch Kraftfahrzeugtechnik, Braunschweig, Vieweg Verlag 2000.

Brandenburger, A. M. / Nalebuff, B. J. (Coopetition, 1996): Coopetition: Kooperativ konkurrieren - Mit der Spieltheorie zum Unternehmenserfolg, Frankfurt a.M. u.a., Campus Verlag 1996.

Brandner, S. (Produktdaten- und Prozeßmanagement, 2000): Integriertes Produktdaten- und Prozeßmanagement in virtuellen Fabriken, München, Utz Verlag 2000.

Brandt, F. / Heise, Ch. (Emotionalisierung der Marke in der Autoindustrie, 2002): Die Emotionalisierung der Marke für ein erfolgreiches Automobilmarketing, in: Zeitschrift für Automobilwirtschaft, (2002) Heft Nr. 1, S. 38 - 44.

Branstad, P. / Williams, T. / Rodewig, T. (Challenges facing the global automotive industry, 1999): Challenges facing the global automotive industry, Online im Internet unter URL: http://www.bah.de/content/downloads/insights/5J_Challen1.pdf (20.07.2001).

Braun, P. / Welp, E. G. (Wissenbasierte Unterstützung, 1998): Wissensbasierte Unterstützung der Produktentwicklung in objektorientiert gekoppelten Ingenieuranwendungen, in: VDI-Gesellschaft (Hrsg.) (Informationsverarbeitung in der Konstruktion, 1998), S. 419 - 449.

Brehmer, N. / Schnauffer, H.-G. (Fraktale Kooperationen, 1998): Fraktale Kooperationen: Wertschöpfungsform der Zukunft, in: Industrie Management, Bd. 14 (1998) Heft Nr. 6, S. 66 - 69.

Breid, V. (Erfolgspotentialrechnung, 1994): Erfolgspotentialrechnung: Konzeption im System einer finanzierungstheoretisch fundierten, strategischen Erfolgsrechnung, Stuttgart, Schäffer-Poeschel Verlag 1994.

Briké, F. / Brand, W. (E-Collaboration, 2001): E-Collaboration: Durchlaufzeit sinkt um zwei Drittel, in: Automobil-Industrie, Jg. 46 (2001) Heft Nr. 5 - September, S. 88 - 91.

Bröcker, A. / Ankele, T. (CAT-Szenarien, 1998): CAT-Szenarien zur Produktentwicklung und -entstehung, in: CAD-CAM Report, Bd. 17 (1998) Heft Nr. 4, S. 32 - 39.

Brockhoff, K. (Internationalization of research and development, 1998): Internationalization of research and development, Berlin, Springer Verlag 1998.

Brockhoff, K. (Forschung und Entwicklung, 1999): Forschung und Entwicklung: Planung und Kontrolle, 5. erg. und erw. Aufl., München, Wien, Oldenbourg Verlag 1999.

Brödner, P. / Hamburg, I. / Paul, H. (Hrsg.) (Kooperative Konstruktion und Entwicklung, 1996): Kooperative Konstruktion und Entwicklung: Nutzungsperspektiven von CAD-Systemen, München, Mering, Rainer Hampp Verlag 1996.

Brödner, P. / Hamburg, I. / Schmidtke, Th. (Informationstechnik, 1997): Informationstechnik für die integrierte, verteilte Produktentwicklung im 21. Jahrhundert, Dokumentation eines Workshops am IAT im Rahmen des Verbundprojekts "Technologiebedarf im 21. Jh., Gelsenkirchen, Eigendruck 1997.

Brown, Sh. L. / Eisenhardt, K. M. (Product development, 1995): Product development: Past research, present findings, and future directions, in: Academy of Management Review, Vol. 20 (1995) No. 2, S. 343 - 378.

Bruce, M. / Biemans, W. G. (Hrsg.) (Challenge of the design-marketing interface, 1995): Product development: Meeting the challenge of the design-marketing interface, Chichester, Verlag Wiley & Sons 1995.

Bruckner, W. (Optimierung Fahrzeugentwicklung mit dem Internet, 2002): Mit Internettechnologie die Produktentwicklung optimieren: Benchmark für Automobilhersteller und Zulieferer, in: Handelsblatt, (2002) Ausgabe Nr. 36, 20.02.2002, S. B1.

Bruhn, M. / Steffenhagen, H. (Hrsg.) (Marktorientierte Unternehmensführung, 1998): Marktorientierte Unternehmensführung: Reflexionen - Denkanstöße - Perspektiven, 2. Aufl., Wiesbaden, Gabler Verlag 1998.

Brunetti, G. / Jasnoch, U. / Rix, J. (Virtual Engineering, 1998): Virtual Engineering: Ein Konzept zur virtuellen Produktentwicklung, in: Produktdaten Journal, Jg. 5 (1998) Heft Nr. 2, S. 55 - 57.

Brüning, H.-Ch. (DMU im Produktentwicklungsprozess bei Audi, 1998): Die Rolle des DMU im Produktentwicklungsprozess bei Audi, in: VDI-Gesellschaft (Hrsg.) (Berechnung und Simulation im Fahrzeugbau, 1998), S. 437 - 457.

Bryson, S. / Levit, C. (Virtual wind tunnel, 1992): The virtual wind tunnel, in: IEEE Computer Graphics and Applications, Vol. 12 (1992) No. 4, S. 25 - 34.

Buchholz, W. / Werner, H. (Verkürzung der Produktentwicklungsdauer, 1997): Strategien und Instrumente zur Verkürzung der Produktentwicklungsdauer, in: Die Betriebswirtschaft, Jg. 57 (1997) Heft Nr. 5, S. 694 - 709.

Buchwald, S. (Verteilte Produktentwicklung, 1998): Framework für verteilte Produktentwicklung, in: CAD-CAM Report, Bd. 17 (1998) Heft Nr. 3, S. 42 - 46.

Budke, W. (Prozesskette in der Produktentstehung, 1998): Gestaltung und Optimierung der Prozesskette in der Produktentstehung, in: VDA (Hrsg.) (Produktentstehung, 1998), o.S..

Budley, B. (Digital virtual product development environment, 1999): Implementing the completely digital virtual product development environment in the automotive industry (Kennziffer 99ME030), in: ISATA (Hrsg.) (Automotive Mechatronics Design and Engineering, 1999), S. 163 - 168.

Bullinger, H.-J. (Integrierte Produktentwicklung, 1995): Integrierte Produktentwicklung: Zehn erfolgreiche Praxisbeispiele, Wiesbaden, Gabler Verlag 1995.

Bullinger, H.-J. (Produktentwicklung, 1997): Produktentwicklung - innovativ und konkurrenzfähig: Kooperation im Engineering, IAO-Forum, Stuttgart 28. April 1997, Stuttgart, Fraunhofer-IRB Verlag 1997.

Bullinger, H.-J. (Wissensmamangement und Produktentwicklung, 1999): Forschungsforum Wissensmanagement und Produktentwicklung: Trends, Methoden, Vorgehensweisen,

Stuttgart, 12.11.1999, SFB Entwicklung und Erprobung Innovativer Produkte - Rapid Prototyping, Stuttgart, Fraunhofer-IRB Verlag 1999.

Bullinger, H.-J. (Hrsg.) (Integrierte Produktentwicklung, 1990): 2. F&E Management-Forum "Integrierte Produktentwicklung", 13 - 14.11.1990, München, Tagungsband, München, gmft Verlag 1990.

Bullinger, H.-J. / Beuker, S. / Jürgens, G. (Integriertes Stakeholdermanagement, 1999): Integriertes Stakeholdermanagement: Herausforderungen für eine zukunftsfähige und nachhaltige Unternehmensführung, in: Zeitschrift für wirtschaftlichen Fabrikbetrieb - ZwF, Bd. 94 (1999) Heft Nr. 9, S. 514 - 516.

Bullinger, H.-J. / Bröcker, A. / Wagner, F. (Verteilte Produktentwicklung, 1999): Die verteilte Produktentwicklung im Zusammenhang von DMU, VR und EDMS, in: VDI-Gesellschaft (Hrsg.) (Informationsverarbeitung in der Konstruktion, 1999), S. 3 - 24.

Bullinger, H.-J. / Fischer, D. (A holistic engineering environment, 1999): A holistic engineering environment for rapid product development, in: ISATA (Hrsg.) (Automotive Mechatronics Design and Engineering, 1999), S. 129 - 135.

Bullinger, H.-J. / Meitner, H. (Information, 1994): Ohne Information läuft nichts, in: Gablers Magazin, (1994) Heft Nr. 3, S. 14 - 17.

Bullinger, H.-J. / Schraft, R. D. / Westkämper, E. (Hrsg.) (Engineering-Cooperations, 2001): Engineering-Cooperations: Der Nutzen von Engineering Workflow, Stuttgart, Fraunhofer-IRB Verlag 2001.

Bullinger, H.-J. / Warneke, H. J. (Hrsg.) (Neue Organisationsformen im Unternehmen, 1996): Neue Organisationsformen im Unternehmen: Ein Handbuch für das moderne Management, Berlin u.a., Springer Verlag 1996.

Bullinger, H.-J. / Warschat, J. (Hrsg.) (Forschungs- und Entwicklungsmanagement, 1997): Forschungs- und Entwicklungsmanagement: Simultaneous engineering, Projektmanagement, Produktplanung, Rapid product development, Stuttgart, Teubner Verlag 1997.

Bullinger, H.-J. / Warschat, J. (Ganzheitliche Betrachtung, 1999): Ganzheitliche Betrachtung innovativer Produktentwicklung in den frühen Phasen, in: Bullinger (Wissensmanagement, 1999), S. 5 - 24.

Bullinger, H.-J. / Warschat, J. (Hrsg.) (Concurrent simultaneous engineering systems, 1997): Concurrent simultaneous engineering systems: The way to successful product development, Berlin, Heidelberg, Spinger Verlag 1997.

Bullinger, H.-J. / Warschat, J. / Baur, B. (Engineering Solution Center, 1999): Einsatz moderner Verfahren in der Prototyp-Herstellung: Das "Engineering Solution Center" als Plattform für eine innovative Werkzeugentwicklung, in: VDI-Z Special Werkzeug- und Formenbau, November 1999, S. 36 - 38.

Bullinger, H.-J. / Wißler, K. / Wörner, K. (Rapid Product Development, 1996): Rapid Product Development - schneller zum innovativen Produkt, in: Zeitschrift für Unternehmensentwicklung und Industrial Engineering FB/IE, Bd. 45 (1996) Heft Nr. 2, S. 67 - 73.

Bullinger, H.-J. et al. (Ganzheitliches Produktentwicklungskonzept, 1996): Rapid Product Development: Ein ganzheitliches Produktentwicklungskonzept, in: Konstruktion, Jg. 48 (1996), S. 305 - 312.

Bullinger, H.-J. et al. (Rapid Product Development, 1996): Mit Rapid Product Development zum innovativen Produkt, in: Dangelmaier / Gausemeier (Fortgeschrittene Informationstechnologie, 1996), S. 59 - 70.

Bullinger, H.-J. et al. (Nutzung von Erfahrungswissen, 2001): Nutzung von Erfahrungswissen in den frühen Phasen der Produktentwicklung, in: Industrie Management, Bd. 17 (2001) Heft Nr. 3, S. 20 - 24.

Bund, M. (F&E in der virtuellen Unternehmung, 1997): Forschung und Entwicklung in der virtuellen Unternehmung, in: Wissenschaftsmanagement, (1997) Heft Nr. 5, S. 247 - 253.

Bungard, W. / Hofmann, K. (Innovationsmanagement in der Automobilindustrie, 1995): Innovationsmanagement in der Automobilindustrie: Mitarbeiterorientierte Gestaltung von Modellwechseln, Weinheim, Beltz Psychologie-Verlagsunion 1995.

Bürgel, H. D. (Hrsg.) (Wissensmanagement, 1998): Wissensmanagement, Berlin, Springer Verlag 1998.

Bürgel, H. D. (Hrsg.) (Forschungs- und Entwicklungsmanagement, 2000): Forschungs- und Entwicklungsmanagement 2000plus, Berlin u.a., Springer Verlag 2000.

Bürgel, H. D. / Haller, C. / Binder, M (F&E-Management, 1996): F&E-Management, München, Vahlen Verlag 1996.

Bürgel, H. D. / Schultheiß, R. (F&E-Management, 2000): F&E-Management: State of the Art, in: Bürgel (Hrsg.) (Forschungs- und Entwicklungsmanagement, 2000), S. 1 - 21.

Burgert, W. (Effiziente Entwicklungsabläufe, 1997): Effiziente Entwicklungsabläufe am Beispiel der Karosserie des neuen Audi A6, in: VDI-Gesellschaft (Hrsg.) (Neue Wege in der Fahrzeugentwicklung, 1997), S. 35 - 50.

Burkart, R. E. (Reducing R&D cycle time, 1994): Reducing R&D cycle time, in: Research Technology Management, Vol. 37 (1994) May/June, S. 27 - 32.

Burkert, W.-D. / Göpfert, J. / Kontny, H. (Target Engineering, 2000): "Target Engineering": Möglichkeiten zur Bewältigung der Produktvielfalt, in: VDI-Gesellschaft (Hrsg.) (Erfolgreiche Produktentwicklung, 2000), S. 253 - 274.

Bürkle, P. H. (Kooperation aus rechtlicher Sicht, 1997): Industrielle grenzüberschreitende Kooperation aus rechtlicher Sicht, in: Bullinger (Produktentwicklung, 1997), S. 147 - 183.

Bursa, M. (Automotive supply chain:, 1997): The automotive supply chain: New Strategies for a new world order, London, Financial Times Press 1997.

Büttner, K. (BMW-Entwicklung, 1999): BMW-Entwicklung: Ideen aus dem Wissenspool, in: Automobil-Entwicklung, Jg. 1 (1999) Heft Nr. 9 - September, S. 24 - 26.

Calabrese, G. (Manufacturing involvement, 1999): Manufacturing involvement in product development, in: International Journal of Vehicle Design, Bd. 21 (1999) Heft Nr. 1, S. 110 - 121.

Cather, C. (Structural changes in the automotive industry, 2001): Components Business: Structural changes in the global automotive industry, in: Automotive World, (2001) No. 5 - May, S. 42 - 43.

Chambers, C. A. (Transforming new product development, 1996): Transforming new product development, in: Research Technology Management, Vol. 39 (1996) November/December, S. 32 - 38.

Chandler, A. D. (Strategy and structure, 1962): Strategy and structure: Chapters in the history of industrial enterprise, Cambridge (Mass.) 1962.

Chandler, A. D. / Sölvell, Ö. (Hrsg.) (The dynamic firm, 1998): The dynamic firm: The role of technology, strategy, organization, and regions, Oxford, New York, Oxford University Press 1998.

Chiesa, V. (Globalizing R&D, 1995): Globalizing R&D around Centres of Excellence, in: Long Range Planning, Vol. 28 (1995) No. 6, S. 19 - 28.

Chiesa, V. / Coughlan, P. / Voss, Ch. A. (Technical innovation audit, 1996): Development of a technical innovation audit, in: Journal of Product Innovation Management, Vol. 13 (1996), S. 105 - 136.

Chmielewicz, K. (Forschungskonzeptionen, 1994): Forschungskonzeptionen der Wirtschaftswissenschaft, 3. Aufl., Stuttgart, Schäffer-Poeschel Verlag 1994.

Christ, H. (B2B-Anwendungen in der Entwicklung, 2000): B2B-Anwendungen in der Entwicklung, in: Automobil-Entwicklung, Jg. 2 (2000) Heft Nr. 7 - Juli, S. 3.

Christeiner. F. (Elektronische Marktplätze in der Autoindustrie, 2001): Elektronische Marktplätze: Geschäftsmodelle der Zukunft für die Automobilindustrie, in: Automobiltechnische Zeitschrift ATZ, Extrateil "Automotive Cyber Guide", Februar 2001, S. 12 - 14.

Clark, K. B. / Fujimoto, T. (Automobilentwicklung, 1992): Automobilentwicklung mit System: Strategie - Organisation und Management in Europa, Japan und USA, Frankfurt, New York, Campus Verlag 1992.

Clark, K. B. / Wheelwright, S. C. (New product and process development, 1993): Managing new product and process development: Text and cases, New York, The Free Press 1993.

Clark, K. B. / Wheelwright, S. C. (Revolution der Produktentwicklung, 1994): Revolution der Produktentwicklung: Spitzenleistung in Schnelligkeit, Effizienz und Qualität durch dynamische Teams, Frankfurt, New York, Campus Verlag 1994.

Clark, K. B. / Wheelwright, S. C. (Leading product development, 1995): Leading product development, New York, The Free Press 1995.

Clef, U. (Mehrmarkenstrategie, 1999): Mehrmarkenstrategie für die Pole-Position, in: Absatzwirtschaft, (1999) Sonderausgabe Oktober 1999, S. 72 - 80.

Close, R. (Knowledge based engineering, 2000): Integrating knowledge based engineering (KBE) with mechanical CAD (MCAD) (Kennziffer 00SE027), in: ISATA (Hrsg.) (Rapid Product Development, 2000), S. 229 - 236.

Collis, D. J. (How valuable are organizational capabilities?, 1994): Research note: How valuable are organizational capabilities?, in: Strategic Management Journal, Vol. 15 (1994) Special Issue Winter, S. 143 - 152.

Collis, D. J. / Montgomery, C. A. (Wettbewerbsstärke durch hervorragende Ressourcen, 1996): Wettbewerbsstärke durch hervorragende Ressourcen, in: Harvard Business Manager, Jg. 18 (1996) Heft Nr. 2, S. 47 - 57.

Collis, D. J. / Montgomery, C. A. (Corporate strategy, 1998): Corporate strategy: A resource-based approach, Boston u.a., Verlag Irwin McGraw-Hill 1998.

Comacchio, A. / Volpato, G. / Camuffo, A. (Hrsg.) (Automation in automotive industries, 1999): Automation in automotive industries: Recent developments, Berlin u.a., Springer Verlag 1999.

Cooper, R. G. (Third-generation new product processes, 1994): Third-generation new product processes, in: Journal of Product Innovation Management, Vol. 11 (1994), S. 3 - 14.

Cooper, R. G. (Developing new products, 1995): Developing new products on time, in time, in: Research Technology Management, Vol. 38 (1995) September/October, S. 49 - 57.

Cooper, R. G. / Kleinschmidt, E. J. (Formal processes for managing new products, 1991): Formal processes for managing new products: The industry experience, Hamilton, McMaster University Press 1991.

Cooper, R. G. / Kleinschmidt, E. J. (Timeliness in product development, 1994): Determinants of timeliness in product development, in: Journal of Product Innovation Management, Vol. 11 (1994), S. 381 - 396.

Cooper, R. G. / Kleinschmidt, E. J. (New product success determinants, 1995): The relative importance of new product success determinants: Perception versus reality, in: R&D-Management, Vol. 25 (1995) No. 3, S. 281 - 298.

Cooper, R. G. / Kleinschmidt, E. J. (Performance typologies of new product projects, 1995): Performance typologies of new product projects, in: Industrial Marketing Management, Vol. 24 (1995), S. 439 - 456.

Cooper, R. G. / Kleinschmidt, E. J. (Critical success factors, 1996): Winning business in product development: the critical success factors, in: Research Technology Management, Vol. 39 (1996) July/August, S. 18 - 29.

Cornet, A. (Plattformkonzepte in der Automobilentwicklung, 2002): Plattformkonzepte in der Automobilentwicklung, Wiesbaden, Dt. Univ.-Verlag 2002.

Corsten, H. (Wettbewerbsstrategie, 1998): Grundlagen der Wettbewerbsstrategie, Stuttgart u.a., Teubner Verlag 1998.

Corsten, H. (Hrsg.) (Lexikon der Betriebswirtschaftslehre, 1992): Lexikon der Betriebswirtschaftslehre, München 1992.

Corsten, H. / Reiß, M. (Hrsg.) (Handbuch Unternehmensführung, 1995): Handbuch Unternehmensführung: Konzepte - Instrumente - Schnittstellen, Wiesbaden, Gabler Verlag 1995.

Court, A. W. (Modelling and classification of Information, 1995): The Modelling and classification of Information for engineering designers, Dissertation University of Bath, Bath, Eigendruck 1995.

Court, D. et al. (Marketing in 3-D, 1999): Marketing in 3-D, in: The McKinsey Quarterly, (1999) No. 4, S. 6 - 17.

Crabb, H. C. (The virtual engineer, 1998): The virtual engineer: 21st century product development, New York, American Society of Mechanical Engineers 1998.

Cusumano, M. A. / Nobeoka, K. (Multi-project management, 1998): Thinking beyond lean: How multi-project management is transforming product development at Toyota and other companies, New York u.a., The Free Press 1998.

D'Aveni, R. A. (Hyperwettbewerb, 1995): Hyperwettbewerb: Strategien für die neue Dynamik der Märkte, Frankfurt a.M., New York, Campus Verlag 1995.

D'Aveni, R. A. (Strategic supremacy, 1999): Strategic supremacy through disruption and dominance

Dahl, D. W. / Chattopadhyay, A. / Gorn, G. J. (Importance of visualisation in concept design, 2001): The importance of visualisation in concept design, in: Design Studies, Vol. 22 (2001) No. 1, S. 5 - 26.

Dai, F. (Hrsg.) (Virtual Reality, 1998): Virtual Reality for industrial applications, Berlin u.a., Springer Verlag 1998.

DaimlerChrysler AG (Das DC Virtual Reality Center, 2001): Special Reports: Das DC Virtual Reality Center, Online im Internet unter URL: *www.daimlerchrysler.de/specials/virtual/virtual1_g.htm* (06.06.2001).

DaimlerChrysler AG (HighTech Report 2001, 2001): HighTech Report 2001, Online im Internet unter URL: http://www.daimlerchrysler,com/research/research_g.htm (04.01.2002).

Dangelmaier, W. / Gausemeier, J. (Fortgeschrittene Informationstechnologie, 1996): Fortgeschrittene Informationstechnologie in der Produktentwicklung und Fertigung, Heinz-Nixdorf-Symposium für Industrielle Informationstechnologie, Paderborn, Eigendruck 1996.

Dangelmaier, W. / Schäfermeier, U. (Kooperative Produktentwicklungsprozesse, 2000): Unterstützung kooperativer Produktentwicklungsprozesse durch eine Kooperationsplattform, in: Industrie Management, Bd. 16 (2000) Heft Nr. 6, S. 45 - 49.

Dankwort, W. (Schwächen beim CAD-Datenaustausch, 1999): Schwächen beim CAD-Datenaustausch, in: Automobil-Entwicklung, Jg. 1 (1999) Heft Nr. 3 - März, S. 86 - 88.

Dankwort, W. / Hoschek, J. (Digital products, 2000): Digital products: Living data is the future, International 3rd workshop in current CAx-problems held at Maria Rosenberg, Kaiserslautern, 20 - 23 September, 1999, Stuttgart, Teubner Verlag 2000.

Dannenberg, J. / Kalmbach, R. (Automobiltechnologie 2010, 2001): Automobiltechnologie 2010: Technologische Veränderungen im Automobil und ihre Konsequenzen für Hersteller, Zulieferer und Ausrüster; Eine Studie der HypoVereinsbank und Mercer Management Consulting, Online im Internet unter URL: *http://www.mercermc.de/knowhow/download/automobiltechnologie.pdf* (04.09.2001).

Danner, S. (Ganzheitliches Anforderungsmanagement, 1996): Ganzheitliches Anforderungsmanagement für marktorientierte Entwicklungsprozesse, Dissertation TU München, München, Eigendruck 1996.

Daunderer, A. (Effektivität und Effizienz in der Entwicklung, 1999): Effektivität und Effizienz in der Produktentwicklung durch DMU und PMU, in: Bullinger (Wissensmanagement, 1999), S. 129 - 152.

Davenport, T. H. (Enterprise system, 1998): Putting the enterprise into the enterprise system, in: Harvard Business Review, Vol. 76 (1998) No. 4 - July/August, S. 119 - 121.

Deckers, R. / Malvache, J. (Vehicle optimization, 2000): A systems approach to vehicle optimization, in: Smith / Hickmann (Hrsg.) (Vehicle Systems Integration, 2000), S. 249 - 257.

Demers, M. (Dynamische Planung und Steuerung, 2000): Methoden zur dynamischen Planung und Steuerung von Produktentwicklungsprozessen, München, Verlag Dr. Hut 2000.

Depolt, J. (Wirtschaftlichkeitsanalyse von Telekooperation, 2000): Kennzahlenbasierte Wirtschaftlichkeitsanalyse von Telekooperation in der Produktentwicklung der Automobilindustrie, Aachen, Shaker Verlag 2000.

Depolt, J. (Wirtschaftlichkeitsfragen, 2001): Wirtschaftlichkeitsfragen der verteilten Produktentwicklung, in: Industrie Management, Bd. 17 (2001) Heft Nr. 1, S. 105 - 109.

Depolt, J. / Uehlenbruck, G. (Wirtschaftlichkeitsrechnung von Telekooperation, 1998): Erweiterte Wirtschaftlichkeitsrechnung von Telekooperation in der Automobilhersteller/Zulieferer-Beziehung, in: VDI-Gesellschaft (Hrsg.) (Informationsverarbeitung in der Konstruktion, 1998), S. 339 - 360.

Dermott, C. M. (Product development in large manufacturing firms, 1999): Managing radical product development in large manufacturing firms: A longitudinal study, in: Journal of Operations Management, Bd. 17 (1999), S. 631 - 644.

Deutsche Shell AG (Hrsg.) (Frauen bestimmen die weitere Motorisierung, 1994): Frauen bestimmen die weitere Motorisierung, Hamburg, Eigendruck 1994.

Deutsche Shell AG (Hrsg.) (Shell PKW-Szenarien 1999, 1999): Shell PKW-Szenarien 1999: Mehr Autos, weniger Emissionen - Szenarien des PKW-Bestands und der Neuzulassungen in Deutschland bis zum Jahr 2020, Hamburg, Eigendruck 1999.

Diederich, M. K. / Leyh, J. (Evolutionary planning methodology, 2000): Evolutionary planning methodology for the early phases of product development (Kennziffer 00SE010), in: ISATA (Hrsg.) (Rapid Product Development, 2000), S. 161 - 166.

Diederich, M. K. / Leyh, J. (Rapid product development, 2000): Dynamic planning portal for rapid product development, in: ISATA (Hrsg.) (Rapid Product Development, 2000), S. 107 - 112.

Dietrich, U. / Lukas, U. v. / Morche, I. (Telekooperation in der Produktentwicklung, 1996): Telekooperation in der Produktentwicklung, in: Zeitschrift für wirtschaftlichen Fabrikbetrieb - ZwF, Jg. 91 (1996) Heft Nr. 21, S. 594 - 596.

Diez, W. (Modellzyklen, 1990): Modellzyklen als produktpolitisches Entscheidungsproblem, in: Zeitschrift für betriebswirtschaftliche Forschung, Jg. 42 (1990), S. 263 - 275.

Diez, W. (Plattform-Strategien, 1999): Plattform-Strategien: Irrweg oder Königsweg in der Modellpolitik, Arbeitspapier Nr. 2/1999 des IFA, Geislingen/Stuttgart, Eigendruck 1999.

Diez, W. (Autokonjunktur am Wendepunkt, 2000): Autokonjunktur am Wendepunkt: Wo steht die deutsche Automobilindustrie im globalen Wettbewerb, Arbeitspapier Nr. 1/2000 des IFA, Geislingen/Stuttgart, Eigendruck 2000.

Diez, W. (Automobilmarketing, 2001): Automobilmarketing: Erfolgreiche Strategien, praxisorientierte Konzepte, effektive Instrumente, 4. Aufl., Landsberg/Lech, Verlag Moderne Industrie 2001.

Diez, W. (Hrsg.) (Markenmanagement in der Automobilwirtschaft, 1999): Markenmanagement in der Automobilwirtschaft, Geislingen/Stuttgart, Eigendruck 1999.

Diez, W. / Meffert, H. / Brachat, H. (Grundlagen der Automobilwirtschaft, 1994): Grundlagen der Automobilwirtschaft, Ottobrunn, Autohaus Verlag 1994.

Dirschmid, W. (Simulation, 1998): Simulation in der Automobilentwicklung, in: Automotive Engineering Partners, (1998) Heft Nr. 1, S. 78 - 80.

Dix, A. (Challenges for cooperative work on the web, 1997): Challenges for cooperative work on the web: An analytical approach, in: Computer Supported Cooperative Work: The Journal of Collaborative Computing, Vol. 6 (1997) No. 2-3, S. 135 - 156.

Doblies, M. (Globales Produktdatenmanagement, 1998): Globales Produktdatenmanagement zur Verbesserung der Produktentwickkung, Dissertation TU Berlin, Berichte aus dem PTZ, Berlin, Eigendruck 1998.

Doblies, M. / Muschiol, M. (Integration von EDM/PDM-Systemen, 2000): Integration von EDM/PDM-Systemen über Organisationsgrenzen hinweg, in: VDI-Gesellschaft (Hrsg.) (Produkte entwickeln im realen Umfeld, 2000), S. 55 - 65.

Dölle, A. (Information, 2000): Information: Der wichtigste Werkstoff, in: Automotive Engineering Partners, (2000) Heft Nr. 1, S. 36 - 38.

Döllner, G. (Verkürzung der Produktentwicklungszeit, 1997): Konzipierung und Anwendung von Maßnahmen zur Verkürzung der Produktentwicklungszeit am Beispiel der Aggregateentwicklung, Braunschweig, Eigendruck 1997.

Döllner, G. / Kellner, P. / Tegel, O. (Computer-supported techniques, 1999): Verification of development results using computer-supported techniques: Potential benefits and hurdles, in: International Journal of Vehicle Design, Vol. 21 (1999) No. 1, S. 55 - 69.

Donnellon, A. (Crossfunctional teams, 1993): Crossfunctional teams in product development: Accommodating the structure of the process, in: Journal of Product Innovation Management, Vol. 10 (1993) No. 4, S. 377 - 392.

Dörner, D. (Informationsverarbeitung, 1979): Problemlösen als Informationsverarbeitung, 2. Aufl., Stuttgart, Kohlhammer Verlag 1979.

Dörr, M. (Fertigungskonzept NetCar, 2000): Time-to-market: Das Fertigungskonzept NetCar, in: Automobil-Produktion, Jg. 14 (2000) Heft Nr. 10 - Oktober, S. 126 - 128.

Dörr, K. M. / Hoffmann-Becking, F. (Verstärkte Prozessintegration, 2000): Entwicklungs-Dienstleister: Verstärkte Prozessintegration, in: Automobil-Entwicklung, Jg. 2 (2000) Heft Nr. 5 - Mai, S. 60 - 62.

Dringenberg, M. (Auto 2010, 2001): Auto 2010, in: Autohaus, (2001) Heft Nr. 10, S. 44.

Drüke, H. (Kompetenz im Zeitwettbewerb, 1997): Kompetenz im Zeitwettbewerb: Politik und Strategien bei der Entwicklung neuer Produkte, Berlin u.a., Springer Verlag 1997.

Drüke, H. (Politik und Informationstechnik, 1997): Politik und Informationstechnik im Produktentwicklungsprozess: Theorie und Empirie eines Spannungsverhältnisses, in: Brödner / Hamburg / Schmidtke (Informationstechnik, 1997), S. 43 - 52.

Dudenhöffer, F. (Plattform-Strategien und Badge Engineering, 1997): Outsourcing, Plattform-Strategien und Badge Engineering, in: Wirtschaftswissenschaftliches Studium, (1997) Heft Nr. 3, S. 144 - 149.

Dudenhöffer, F. (Die Marke machts, 2000): Die Marke machts, Online im Internet unter URL: http://www.automobilindustrie.de/jetzt_in_ai/2000-11/marke.html (20.11.2001).

Dudenhöffer, F. (Plattform-Effekte in der Fahrzeugindustrie, 2000): Plattform-Effekte in der Fahrzeugindustrie, in: Controlling, (2000) Heft Nr. 3 - März, S. 117 - 123.

Dudenhöffer, F. (Starke Zuliefermarken stärken Automarken, 2000): Starke Zuliefermarken stärken Automarken, in: AutomobilWirtschaft, (2000) Heft Nr. 3, S. 54 - 55.

Dudenhöffer, F. (Wert- statt Kostenstrategien, 2000): Wert- statt Kostenstrategien, in: Automotive Engineering Partners, (2000) Heft Nr. 5 - Oktober, S. 12 - 17.

Dudenhöffer, F. (Konzentrationsprozesse in der Automobilindustrie, 2001): Konzentrationsprozesse in der Automobilindustrie: Stellgrößen für die Rest-Player, in: Zeitschrift für Betriebswirtschaft, Jg. 71 (2001) Heft Nr. 4, S. 394 - 412.

Dudenhöffer, F. / Dahlhoff, H. D. (Vom Systempartner zur Systemmarke, 1996): Vom Systempartner zur Systemmarke, in: Automobil-Produktion, Jg. 12 (1998) Heft Nr. 4.

Dudley, B. (Total product modelling, 1999): Total product modelling: Technology and process (Kennziffer 99ME031), in: ISATA (Hrsg.) (Automotive Mechatronics Design and Engineering, 1999), S. 501 - 508.

Dudley, B. (Virtual product development environment, 1999): Implementing the completely digital virtual product development environment in the automotive industry (Kennziffer 99ME030), in: ISATA (Hrsg.) (Automotive Mechatronics Design and Engineering, 1999), S. 163 - 169.

Dürand, D. (Web-gesteuerte Fabrik, 2001): "Die Prozesse müssen stimmen", BMW-Produktionsvorstand Norbert Reithofer über die Web-gesteuerte Fabrik, in: Wirtschaftswoche, (2001) Nr. 17, 19.4.2001, S. 136.

Dyer, J. H. (Extended enterprise supplier networks, 2000): Collaborative advantage: Winning through extended enterprise supplier networks, New York u.a., Oxford University Press 2000.

Dyer, J. H. / Nobeoka, K. (High performance knowledge-sharing network, 1998): Creating and managing a high performance knowledge-sharing network, IMVP-Working Paper No. w-0147b, MIT, Boston (Mass.) 1998.

Dyla, A. / Höhn, B.-R. / Steingröver, K. (Integrierte Entwicklung von Getrieben, 2000): Integrierte Entwicklung von Getrieben: Praxisanwendung und Visionen, in: VDI-Gesellschaft (Hrsg.) (Produkte entwickeln im realen Umfeld, 2000), S. 115 - 135.

Ealey, T.-B. (Are automobiles the next commodity?, 1996): Are automobiles the next commodity?, in: The McKinsey Quarterly, (1996) No. 4, S. 65ff.

Ebbesmeyer, P. / Thielemann, F. (Prozessketten, 1999): Prozessketten in der digitalen Produktentwicklung, in: TransMechatronik, Entwicklung und Transfer von Entwicklungssystemen der Mechatronik, Krefeld, 24. August 1999, HNI-Verlagsschriftenreihe, Bd. 60 (1999), S. 57 - 65.

Eberle, A. / Kohler, H. / Bergmann, K. (SOKRATES, 1999): SOKRATES: Initiative "Knowledge Management" des Geschäftsbereichs PKW der Daimler-Benz AG, in: Wolters et al. (Hrsg.) (Die Zukunft der Automobilindustrie, 1999), S. 189 - 195.

Eberspach, G. / Lambrecht, D. / Pfister, W. (Ganzheitliche Strategie, 2000): Ganzheitliche Strategie zur Produktentwicklung, in: ATZ/MTZ, Bd. 61 (2000) Heft Nr. 5, Sonderausgabe, S. 26 - 29.

Ehlers, K. (Integrierte Elektronik Entwicklung, 2000): Problemfelder der integrierten Elektronik Entwicklung im Produktentstehungsprozess, in: Automobiltechnische Zeitschrift ATZ, Bd. 102 (2000) Heft Nr. 10, S. 878 - 887.

Ehrlenspiel, K. (Integrierte Produktentwicklung, 1995): Integrierte Produktentwicklung: Methoden für Prozeßorganisation, Produkterstellung und Konstruktion, München, Wien, Hanser Verlag 1995.

Ehrlenspiel, K. / Kiewert, A. / Lindemann, U. (Kostengünstig Entwickeln und Konstruieren, 2000): Kostengünstig Entwickeln und Konstruieren: Kostenmanagement bei der integrierten Produktentwicklung, 3. Aufl., Berlin u.a., Springer Verlag 2000.

Eigner, M. (Technische Informationssysteme, 1996): Technische Informationssysteme, in: Zeitschrift für wirtschaftlichen Fabrikbetrieb - ZwF, Bd. 91 (1996) Heft Nr. 9, S. 395 - 397.

Eigner, M. / Stelzer, R. (Produktdatenmanagement Systeme, 2001): Produktdatenmanagement Systeme: Ein Leitfaden für das Product Development und Lifecycle Management, Berlin, Springer Verlag 2001.

Eiletz, R. (Zielkonfliktmanagement, 1999): Zielkonfliktmanagement bei der Entwicklung komplexter Produkte am Beispiel Pkw-Entwicklung, Dissertation TU München, Aachen, Verlag Shaker 1999.

Eisenhardt, K. M. / Galunic, D. C. (Coevolving, 2000): Coevolving: At last, a way to make synergies work, in: Harvard Business Review, Vol. 78 (2000) No. 1 - January/February, S. 91 - 101.

Ellis, L. W. / Curtis, C. C. (Speedy R&D, 1995): Speedy R&D: How beneficial?, in: Research Technology Management, Vol. 38 (1995) July/August, S. 42 - 51.

Emans, H. (Strategische Planung, 1988): Konzepte zur strategischen Planung, in: Henzler (Hrsg.) (Handbuch strategischer Führung, 1988), S. 109 - 131.

Emmanuelides, P. A. (Integrative framework of performance, 1993): Towards an integrative framework of performance in product development projects, in: Journal of Engineering and Technology Management, Vol. 10 (1993), S. 363 - 392.

Encarnaąão, J. L. (Neue Techniken erweitern die Realität, 2001): Neue Techniken erweitern die Realität, Online im Internet unter URL: *http://www.fraunhofer.de/german/publications/df/df2000/mag3-2000_22.html* (06.06.2001).

Encarnaąão, J. L. et al. (Virtual Engineering, 1999): Virtual Engineering: Leistungsfähige Systeme für die Produktentwicklung, in: Eversheim et al. (Wettbewerbsfaktor Produktionstechnik, 1999), S. 141 - 167.

Encarnaąão, J. L. et al. (Virtuelle Realität, 2001): Virtuelle Realität: Perspektiven für den Einsatz in der Produktentstehung, Online im Internet unter URL: *http://www.igd.fhg.de/igd-a4/* (20.05.2001).

Erdmann, A. (Virtual Reality-unterstützte Konzepttests, 1999): Verminderung des Produkteinführungsrisikos durch Virtual Reality-unterstützte Konzepttests: Eine experimentelle Studie zur Durchführung von VR-Car Clinics, Lohmar, Köln, Josef Eul Verlag 1999.

Ernst, P. H. (Collaboration, 2000): Collaboration in heterogeneous environments, in: Dankwort (Digital products, 2000), S. 37 - 44.

Ernst & Young (Hrsg.) (Automotive product design and development delphi, 1998): Automotive product design and development delphi: Forcast and analysis of the North American auto industry trends through 2007, Michigan, Transportation Research Institute 1998.

Ertl, Th. (Virtuelles Engineering im Automobilbau, 1999): Virtuelles Engineering im Automobilbau, Berlin, tci-Verlag 1999.

Ertl, Th. (Virtuelle Prozesskette Karosserie, 2000): Die virtuelle Prozesskette Karosserie, 3. Praxiskonferenz, Automotive Circle International, 30 - 31.10.2000, Bad Nauheim, Berlin, tci Verlag 2000.

Ertl, Th. / Kuschfeldt, S. (Hrsg.) (Virtuelle Produktentwicklung, 1998): Praxis-Forum 9/98, Arbeitskreis Virtuelle Produktentwicklung, Berlin, tci Verlag 1998.

Esch, F.-R. (Hrsg.) (Moderne Markenführung, 2000): Moderne Markenführung: Grundlagen, innovative Ansätze, praktische Umsetzungen, 2. Aufl., Wiesbaden, Gabler Verlag 2000.

Esch, F.-R. / Wicke, A. (Markenmanagement, 2000): Herausforderungen und Aufgaben des Markenmanagements, in: Esch (Hrsg.) (Moderne Markenführung, 2000), S. 3 - 55.

Euroforum (Hrsg.) (Informationstechnologie in der Automobilindustrie, 1998): Informationstechnologie in der Automobilindustrie, Anwenderkongress zum Einsatz von Informationstechnologie, 4 - 5. März 1998, Maritim Kurhaus Hotel, Bad Homburg, München, Eigendruck 1998.

Euroforum (Hrsg.) (Effiziente Produktentwicklung im Automobilbau, 2000): Effiziente Produktentwicklung im Automobilbau, Euroforum Fachkonferenz 29 - 30. Mai 2000, München, München, Eigendruck 2000.

Eurostat (Kennzahlen zur Bevölkerungsentwicklung in Europa, 2002): Kennzahlen zur Bevölkerungsentwicklung in Europa, New Cronos Datenbank 2002.

Evans, S. / Foxley, K. (Co-development, 1999): Co-development: Lessons from a successful supplier/design initiative (Kennziffer 99ME025), in: ISATA (Hrsg.) (Automotive Mechatronics Design and Engineering, 1999), S. 143 - 149.

Eversheim, W. / Bauernhansl, Th. (Integrationspartner-Konzept, 2000): Integrationspartner-Konzept: Praxistest bestanden, in: Automobil-Entwicklung, Jg. 2 (2000) Heft Nr. 7 - Juli, S. 82 - 86.

Eversheim, W. / Bochtler, W. / Laufenberg, L. (Simultaneous Engineering, 1995): Simultaneous Engineering: Erfahrungen aus der Industrie, für die Industrie, Berlin, Heidelberg, Springer Verlag 1995.

Eversheim, W. / Kölscheid, W. (Integrated product development, 1998): Configuration and application of integrated product development, in: Uhlmann (Technologiemanagement, 1998), S. 345 - 351.

Eversheim, W. / Luczak, H. (Hrsg.) (Telekooperation, 1999): Telekooperation: Industrielle Anwendungen in der Produktentwicklung, Berlin u.a., Springer Verlag 1999.

Eversheim, W. / Schenke, F.-B. (Virtuelles Produkt, 1999): Das virtuelle Produkt: Hilfsmittel zur effizienten Produktgestaltung, in: Werkstatttechnik, Bd. 89 (1999) Heft Nr. 3, S. 73 - 77.

Eversheim, W. / Schuh, G. (Hrsg.) (Produktion und Management, 1996): Betriebshütte "Produktion und Management", Teil 1, 7. Aufl., Berlin u.a., Springer Verlag 1996.

Eversheim, W. et al. (Entwicklung von Fahrzeugsystemen im Verbund, 1995): Entwicklung von Fahrzeugsystemen im Verbund, in: VDI-Z Integrierte Produktion, Bd. 137 (1995) Heft Nr. 5, S. 32 - 35.

Eversheim, W. et al. (IuK in der Automobilentwicklung, 1996): Verteilte Entwicklung: Erfahrungen mit dem Einsatz von fortschrittlichen Informations- und Kommunikationssystemen in der Automobilentwicklung, in: VDI-Gesellschaft (Hrsg.) (Engineering-Netze, 1996), S. 175 - 196.

Eversheim, W. et al. (Optimization of workflow, 1998): Information based optimization of workflow in design and process planning, in: Krause / Heimann / Raupach (Hrsg.) (Tools and workflows for product development, 1998), S. 175 - 186.

Eversheim, W. et al. (Einsatz digitaler Prototypen, 1999): Effiziente Produktentwicklung durch Einsatz digitaler Prototypen, in: VDI-Z Special C-Techniken, Oktober 1999, S. 30 - 32.

Eversheim, W. et al. (Wettbewerbsfaktor Produktionstechnik, 1999): Wettbewerbsfaktor Produktionstechnik, Aachener Werkzeugmaschinen Kolloquium, 10 - 11. Juni 1999, Tagungsband, Aachen, Shaker Verlag 1999.

Eversheim, W. et al. (Hrsg.) (Wettbewerbsfaktor Produktionstechnik, 1996): Wettbewerbsfaktor Produktionstechnik, Aachener Werkzeugmaschinen-Kolloquium, 13 - 14. Juni 1996, Tagungsband, Düsseldorf, VDI Verlag 1996.

Eversheim, W. et al. (Hrsg.) (Globale virtuelle Unternehmen, 1998): Globale virtuelle Unternehmen: Entwickeln und Produzieren im weltweiten Netzwerk, in: Zeitschrift für wirtschaftlichen Fabrikbetrieb - ZwF, Bd. 93 (1998) Heft Nr. 3, S. 62 - 64.

Eyrich, W. / Lynen, W. (3D-Konstruktion, 2001): Vom 3D-Modelling zur 3D-Konstruktion, in: VDI-Z Integrierte Produktion, Bd. 143 (2001) Heft Nr. 3 - März, S. 36 - 38.

Farmer, R. N. / Richman, B. M. (Comparative Management and Economic Progress, 1965): Comparative Management and Economic Progress, Homewood (Illinois) 1965.

Faux, I. F. (Product science, 1998): Product science: Building a systematic foundation für product life cycle engineering, in: VDI-Gesellschaft (Hrsg.) (Informationsverarbeitung in der Konstruktion, 1998), S. 141 - 163.

Feder, A.-M. (Design für individuelle Fahrzeugcharaktere, 2001): Modernes Interieur-Design für individuelle Fahrzeugcharaktere, in: Automobiltechnische Zeitschrift ATZ, Extrateil "Interiors Partners", Februar 2001, S. 6 - 9.

Feige, A. (Systemintegratoren, 1998): Nur noch acht Systemintegratoren, in: Automobil-Produktion, Jg. 12 (1998) Heft Nr. 3 - Juni, S. 88 - 90.

Feige, A. / Crooker, R. (Erfolgsfaktoren im Produktentstehungsprozess, 1999): Die Erfolgsfaktoren im Produktentstehungsprozess des 21. Jahrhunderts: Innovation und Engineering Execution, in: Wolters et al. (Hrsg.) (Die Zukunft der Automobilindustrie, 1999), S. 41 - 59.

Feige, A. / Neumann, A. (Virtual reality, 2001): Eintauchen in das Modell: Virtual reality ersetzt physikalische Prototypen, in: Automobil-Industrie, Jg. 46 (2001) Heft Nr. 11, S. 28 - 32.

Feldhusen, J. / Lashin, G. (Top-Down-Konstruktion, 1998): Top-Down-Konstruktion auf der Basis von 3D-CAD: Ansätze und Voraussetzungen für den Einsatz im Maschinenbau, in: VDI-Gesellschaft (Hrsg.) (Informationsverarbeitung in der Konstruktion, 1998), S. 277 - 301.

Fichtner, D. / Schöne, C. (Digitalisierdaten zur Modellrekonstruktion, 1998): Nutzung von Digitalisierdaten zur Modellrekonstruktion für unterschiedliche Anwendungsbereiche - Reverse Engineering, in: VDI-Gesellschaft (Hrsg.) (Informationsverarbeitung in der Konstruktion, 1998), S. 121 - 139.

Fieten, R. (Erfolgsstrategien für Zulieferer, 1991): Erfolgsstrategien für Zulieferer: Von der Abhängigkeit zur Partnerschaft, Wiesbaden, Gabler Verlag 1991.

Fine, Ch. (Industry clockspeed, 1999): Industry clockspeed and competency chain design: An introductory essay, in: Comacchio / Volpato / Camuffo (Hrsg.) (Automation in automotive industries, 1999), S. 6 - 10.

Fine, Ch. et al. (Perspectives of automobile industry, 1997): Perspectives of automobile industry into the 21st Century, Tokio 1997.

Fink, A. / Schlake, O. / Siebe, A. (Szenarien, 2000): Wie Sie mit Szenarien die Zukunft vorausdenken, in: Harvard Business Manager, (2000) Heft Nr. 2, S. 34 - 47.

Fischer, Th. (Strategische Erfolgsfaktoren, 1993): Kostenmanagement strategischer Erfolgsfaktoren, München 1993.

Fischer, D. (Engineering Solution Center, 1999): Das Engineering Solution Center, in: Automotive Engineering Partners, (1998) Heft Nr. 2, S. 40 - 42.

Fischer, D. / Hase, B. / Nogge, W. (Erfolgreiche Entwicklungskooperationen, 1996): Erfolgreiche Entwicklungskooperationen, in: Technische Rundschau, Ausgabe Nr. 46, 1996, S. 72 - 76.

Fischer, W. / Henne, G. (Kooperationsmanagement, 1998): Kooperationsmanagement bei Produktentwicklungen, in: Maschinenbau, Bd. 27 (1998) Heft Nr. 10, S. 26 - 30.

Fischer, J. / Möcklinghoff, M. (Computerunterstützung kooperativen Arbeitens, 1994): Computerunterstützung kooperativen Arbeitens im Forschungs- und Entwicklungsbereich, in: Information Management, (1994) Heft Nr. 1, S. 46 - 52.

Fischer, D. / Schmitt, R. (Menschen, Organisation und Technik integrieren, 2002): Menschen, Organisation und Technik integrieren: Das iPOT Konzept, in: Handelsblatt, (2002) Ausgabe Nr. 36, 20.02.2002, S. B1.

Fischer, D. / Warschat, J. (Rapid Prototyping, 1997): Rapid Prototyping, in: Bullinger / Warschat (Forschungs- und Entwicklungsmanagement, 1997), S. 205 - 220..

Flaig, T. (Virtuelles Prototyping, 1995): Virtuelles Prototyping macht Produkte im voraus erlebbar, in: Computerwoche, (1995), Nr. 28, S. 30 - 32.

Fleck, A. (Hybride Wettbewerbsstrategien, 1995): Hybride Wettbewerbsstrategien: Zur Synthese von Kosten- und Differenzierungsvorteilen, Wiesbaden, Dt. Univ.-Verlag 1995.

Fleischer, M. / Liker, J. K. (Concurrent engineering, 1997): Concurrent engineering effectiveness: Integrating product development across organizations, Cincinnati, Hans Gardner Publications 1997.

Flik, M. et al. (Neugestaltung des Entwicklungsprozesses, 1998): Neugestaltung des Entwicklungsprozesses bei einem Automobilzulieferer: Prozessorientierte Reorganisation QFD und Target Costing, in: Zeitschrift für betriebswirtschaftliche Forschung, Jg. 50 (1998) Heft Nr. 3, S. 289 - 305.

Foltz, Ch. et al. (Verteiltes Konstruieren in der Automobilindustrie, 1998): Verteiltes Konstruieren in der Automobilindustrie, in: Industrie Management, Bd. 14 (1998) Heft Nr 3, S. 24 - 28.

Forschungszentrum Karlsruhe GmbH (Hrsg.) (Produktion 2000plus, 2000): Produktion 2000plus: Gestalten und gewinnen, Voerde, Rhiem Druck 2000.

Foster, N. P. (The changing face of software in the vehicle, 2000): The changing face of software in the vehicle, in: ISATA (Hrsg.) (Rapid Product Development, 2000), S. 39 - 44.

Fraile, J. (Virtuelle Fahrzeugentwicklung, 2000): Virtuelle Fahrzeugentwicklung zunehmend wichtiger, in: VDI-Z Special C-Techniken, Oktober 2000, S. 6 - 8.

Frankenberger, E. / Badke-Schraub, P. / Birkhofer, H. (Hrsg.) (Designers, 1998): Designers: The key to successful product development, London, Springer Verlag 1998.

Frech, U. / Müller, W. (Computer Supported Concurrent Design, 1995): Computer Supported Concurrent Design: Wo bleibt die informelle Kommunikation?, in: Konstruktion, Bd. 47 (1995), S. 388 - 394.

Freiling, J. (Strategisches Kompetenzmanagement, 2000): Entwicklungslinien und Perspektiven des Strategischen Kompetenzmanagements, in: Hammann / Freiling (Hrsg.) (Ressourcen- und Kompetenzperspektive, 2000), S. 13 - 45.

Freiling, J. (Resouce-based view, 2001): Resouce-based View und ökonomische Theorie Grundlagen und Positionierung des Ressourcenansatzes, Wiesbaden, Dt. Univ.-Verlag 2001.

Freiling, J. (Ressourcenorientierte Reorganisationen, 2001): Ressourcenorientierte Reorganisationen: Problemanalyse und Change-Management auf der Basis des Resource-based view

Freiling, J. / Sieger, Ch. (Räumliche Lieferantenintegration, 1999): Insourcing als räumliche Lieferantenintegration: Eine Betrachtung aus Sicht des Ressourcenansatzes, Bochum, Institut für Unternehmensführung und Unternehmensforschung, Eigendruck 1999.

Frenzel, M. et al. (Featurebasierte Kostenkalkulation, 2001): Featurebasierte Kostenkalkulation in der Produktentwicklung, in: VDI-Z Integrierte Produktion, Bd. 143 (2001) Heft Nr. 3 - März, S. 75 - 77.

Freudenberg, Th. (Branchenstruktur Zulieferer, 2000): Branchenstruktur Zulieferer Gespaltene Prognosen, in: Automobil-Produktion, Jg. 14 (2000) Heft Nr. 8 - August, S. 70 - 82.

Freyssenet, M. / Lung, Y. (Future of the automobile industry, 1997): Between globalization and regionalization: What is the future of the automobile industry?, in: Actes du GERPRISA, No.18, Université d'Evry - Val d'Essone.

Freyssenet, M. et al. (Hrsg.) (Trajectories and industrial models, 1998): One best way? Trajectories and industrial models of the world's automobile producers, Oxford, Oxford University Press 1998.

Friar, J. H. (Product performance innovation, 1995): Competitive advantage through product performance innovation in a competitive market, in: Journal of Product Innovation Management, Vol. 12 (1995) No. 1, S. 33 - 42.

Fricke, W. (Hrsg.) (Innovationen, 1998): Innovationen in Technik, Wissenschaft und Gesellschaft, Beiträge zum 5. Internat. Ingenieurkongress der Friedrich-Ebert-Stiftung, 26 - 27. Mai, Köln-Bonn 1998, Forum Human Technikgestaltung Bd. 19, Köln, Eigendruck 1998.

Fricke, G. / Lohse, G. (Entwicklungsmanagement, 1997): Entwicklungsmanagement: Mit methodischer Produktentwicklung zum Unternehmenserfolg, Berlin u.a., Springer Verlag 1997.

Friedmann, Th. (Produkt Daten Management Systeme, 1998): Produkt-Daten-Management-Systeme: Schlüsseltechnologie auf dem Weg zum Life Cycle Management, in: Euroforum (Hrsg.) (Informationstechnologie in der Automobilindustrie, 1998).

Frieling, E. / Gall, P. / Henniges, D. (Informations- und CAD-Datenflüsse, 1994): Bedarfsgerechte Gestaltung von Informations- und CAD-Datenflüssen in Produktentwicklungsprozessketten, Düsseldorf, VDI Verlag 1994.

Frielingsdorf, H. et al. (Erweiterung der EDM/PDM-Funktionalität, 1999): Erweiterung der EDM/PDM-Funktionalität zur Unterstützung der frühen Phasen der Produktentwicklung, in: VDI-Gesellschaft (Hrsg.) (Informationsverarbeitung in der Konstruktion, 1999), S. 491 - 505.

Fröhlich, B. / Tramberend, H. (Physikalische Simulation, 1998): Physikalische Simulation in einer virtuellen Umgebung, in: VDI-Gesellschaft (Hrsg.) (Informationsverarbeitung in der Konstruktion, 1998), S. 165 - 168.

Fröhner, K.-D. / Nawroth, K. (Ältere und jüngere Ingenieure, 2000): Produktinnovation mit älteren und jüngeren Ingenieuren, in: VDI-Z Integrierte Produktion, Bd. 142 (2000) Heft Nr. 5 - Mai, S. 79 - 81.

Fuhr, A. (Risiken und Chancen der Telematik, 2001): Wer ist Navigator in der Navigation? Risiken und Chancen der Telematik aus Verbrauchersicht, in: Zeitschrift für Automobilwirtschaft, Jg. 4 (2001) Heft Nr. 2, S. 60 - 73.

Fujimoto, T. (Information asset map, 1993): Information asset map and cumulative concept translation in product development, in: Design Management Journal, Vol. 4 (1993) No. 4, S. 34 - 42.

Fujimoto, T. (Capability-building competition in auto industry, 2000): Shortening lead time through early problem-solving: A new round of capability-building competition in the auto industry, in: Jürgens (Hrsg.) (Product development and production networks, 2000), S. 23 - 53.

Fujimoto, T. (Front-loading problem solving, 2000): Capability-building competition for lead time reduction: A case of front-loading problem solving in the auto industry, in: Bürgel (Hrsg.) (Forschungs- und Entwicklungsmanagement, 2000), S. 73 - 97.

Fujimoto, T. / Thomke, S. (Product development performance, 2000): The effect of "front-loading" problem-solving on product development performance, in: Journal of Product Innovation Management, Vol. 17 (2000) No. 2, S. 128 - 142.

Funk, J. L. (Japanese product and technology development, 1992): The teamwork advantage: An inside look at japanese product and technology development, Cambridge, Norwood, Productivity Press 1992.

Gabriel, R. / Chamoni, P. / Gluchowski, P. (IuK-Systeme zur Unterstützung des Managements, 1995): Einsatz von IuK-Systemen zur Unterstützung des Managements, Management Supportsysteme I. Arbeitsberichte des Lehrstuhls für Wirtschaftsinformatik, Universität Bochum, Februar 1995, Bochum, Eigendruck 1995.

Gaddam, S. / Gandhi, M. (Knowledge-based engineering tools, 1998): Advanced product development strategies utilising knowledge-based engineering tools (Kennziffer 98 ME040), in: ISATA (Hrsg.) (Automotive Mechatronics Design and Engineering, 1998), S. 293 - 305.

Gaiser, B. (Schnittstellencontrolling, 1993): Schnittstellencontrolling bei der Produktentwicklung: Entwicklungszeitverkürzung durch Bewältigung von Schnittstellenproblemen, München, Vahlen Verlag 1993.

Gälweiler, A. (Strategische Unternehmensführung, 1990): Strategische Unternehmensführung, 2. Aufl., Frankfurt a.M., New York, Campus Verlag 1990.

Garella, C. / Knaup, J. / Kammerer, R. (Simulation, 2000): Schnelle Produktentwicklung durch Simulation: Automobilbau - Ohne Prototypen bis zur Serienreife, in: VDI-Z Integrierte Produktion, Bd. 142 (2000) Heft Nr. 7/8, S. 61 - 64.

Garvin, D. A. (Learning Organization, 1998): Building a Learning Organization, in: Harvard Business Review on Knowledge Management, (1998), S. 47 - 80.

Gassmann, O. (Wachsende Technologiedynamik, 2000): Wachsende Technologiedynamik bewältigen, in: Wissenschaftsmanagement, (2000) Heft Nr. 2, S. 35 - 39.

Gassmann, O. (High-Risk-Projekte, 2001): High-Risk-Projekte als Erfolgsfaktor in dynamischen Industrien, in: Gassmann / Kobe / Voit (Hrsg.) (High-Risk-Projekte, 2001), S. 3 - 23.

Gassmann, O. / Hipp, C. (Hebeleffekte in der Wissensgenerierung, 2000): Hebeleffekte in der Wissensgenerierung: Die Rolle von technischen Dienstleistern als externe Wissensquelle, in: Zeitschrift für Betriebswirtschaft,.

Gassmann, O. / Kobe, C. / Voit, E. (Hrsg.) (High-Risk-Projekte, 2001): High-Risk-Projekte: Quantensprünge in der Entwicklung erfolgreich managen, Berlin u.a., Springer Verlag 2001.

Gassmann, O. / von Zedtwitz, M. (Organization of industrial R&D, 1998): Organization of industrial R&D on a global scale, in: R&D-Management, Vol. 28 (1998) No. 3, S. 147 - 161.

Gassmann, O. / von Zedtwitz, M. (International R&D organization, 1999): New concepts and trends in international R&D organization, in: Research Policy, Vol. 28 (1999), S. 231 - 250.

Gausemeier, J. / Bätzel, D. / Möhringer, S. (Methodenkompetenz, 2001): Methodenkompetenz verbessert Produkt- und Prozessentwicklung, in: VDI-Z Integrierte Produktion, Bd. 143 (2001) Heft Nr. 1/2 - Januar/Februar, S. 79 - 82.

Gausemeier, J. / Brandt, C. / Grafe, M. (Nutzenpotentiale von Virtual Reality, 1996): Nutzenpotentiale von Virtual Reality für Industrieunternehmen, in: Dangelmaier / Gausemeier (Fortgeschrittene Informationstechnologie, 1996), S. 391 - 406.

Gausemeier, J. / Brexel, D. / Humbert, A. (Integrierte Ingenieursysteme, 1996): Anforderungsbearbeitung in integrierten Ingenieursystemen, in: Konstruktion, Jg. 48 (1996), S. 119 - 127.

Gausemeier, J. / Fink, A. (Neue Wege zur Produktentwicklung, 1996): Neue Wege zur Produktentwicklung: Erfolgspotentiale der Zukunft, Paderborn, HNI Eigendruck 1996.

Gausemeier, J. / Fink, A. (Führung im Wandel, 1999): Führung im Wandel: Ein ganzheitliches Modell zur zukunftsorientierten Unternehmensgestaltung, München, Hanser Verlag 1999.

Gausemeier, J. / Frank, Th. / Sabin, A. (Produktentwicklung im weltweiten Netzwerk, 1996): Produktentwicklung im weltweiten Netzwerk, in: Zeitschrift für wirtschaftlichen Fabrikbetrieb - ZwF, Jg. 91 (1996) Heft Nr. 7/8, S. 323 - 325.

Gausemeier, J. / Kespohl, H. D. / Möhringer, S. (Entwicklungsumgebungen Mechatronik, 2001): Entwicklungsumgebungen Mechatronik: Integration von Methoden und Werkzeugen in den frühen Phasen der Entwicklung mechatronischer Systeme, in: Industrie Management, Bd. 17 (2001) Heft Nr. 3, S. 29 - 33.

Gausemeier, J. / Lemke, J. / Riepe, B. (Integriertes Prototyping, 1998): Integriertes Prototyping zur durchgängigen Unterstützung der Produktentwicklung, in: Industrie Management, Bd. 14 (1998) Heft Nr. 5, S. 13 - 19.

Gausemeier, J. / Riepe, B. (Komplexitätsbeherrschung in den frühen Phasen, 2001): Komplexitätsbeherrschung in den frühen Phasen der Produktentwicklung, in: Industrie Management, Bd. 16 (2000) Heft Nr. 5, S. 54 - 58.

Gausemeier, J. / Riepe, B. / Lückel, J. (Integrativer Maschinenbau, 2000): Integrativer Maschinenbau: Zu den Produkten von morgen, in: Konstruktion, Bd. 52 (2000) Heft Nr. 11/12 - November/Dezember, S. 59 - 63.

Gausemeier, J. et al. (Global Engineering Network, 1996): Global Engineering Network (GEN): Weltweiter Informationsverbund zur Stärkung der Innovationskraft in Produktentwicklungsprozessen, in: VDI-Gesellschaft (Hrsg.) (Engineering-Netze, 1996), S. 39 - 51.

Gebhardt, A. (Rapid Prototyping, 2000): Rapid Prototyping: Werkzeuge für die schnelle Produktentstehung, München u.a., Hanser Verlag 2000.

Gehrke, U. / Scheibler, M. (Effektives Produktdatenmanagement, 1998): Ein effektives Produktdatenmanagement: Rückgrat für die virtuelle Produktentwicklung, in: VDI-Gesellschaft (Hrsg.) (Informationsverarbeitung in der Konstruktion, 1998), S. 13 - 30.

Geiger, K. (E-Business in der Zulieferindustrie, 2001): Auswirkungen von e-Business auf die Zulieferindustrie, in: Automobiltechnische Zeitschrift ATZ, Extrateil "Automotive Cyber Guide", Februar 2001, S. 4 - 7.

Gemünden, H.-G. / Ritter, Th. / Walter, A. (Hrsg.) (Relationships and networks, 1997): Relationships and networks in international markets, Oxford u.a., Pergamon Verlag 1997.

Gentner, A. (Kennzahlensystem, 1994): Entwurf eines Kennzahlensystems zur Effektivitäts- und Effizienzsteigerung von Entwicklungsprojekten, dargestellt am Beispiel der Entwicklungs- und Anlaufphase in der Automobilindustrie, München, Vahlen Verlag 1994.

Gerber, H. (Architektur eines GEN-Onlinedienstes, 1996): Die Architektur eines GEN-Onlinedienstes für den Konstrukteur, in: VDI-Gesellschaft (Hrsg.) (Engineering-Netze, 1996), S. 67 - 84.

Gerhard, D. (PDM-Technologie, 2000): Erweiterung der PDM-Technologie zur Unterstützung verteilter kooperativer Produktentwicklungsprozesse, Aachen, Shaker Verlag 2000.

Gerken, H. / Weyrich, M. (Automatisierter Erfahrungsaustausch, 2000): Automatisierter Erfahrungsaustausch, in: VDI-Z Special C-Techniken, Oktober 2000, S. 27 - 28.

Gerwin, D. / Moffat, L. (Withdrawal of team autonomy, 1997): Withdrawal of team autonomy during concurrent engineering, in: Management Science, Bd. 43 (1997) Heft Nr. 9, S. 1275 - 1287.

Gerybadze, A. (Auswirkungen der Globalisierung, 2000): Die Auswirkungen der Globalisierung auf das Management von Forschung und Entwicklung, in: Bürgel (Hrsg.) (Forschungs- und Entwicklungsmanagement, 2000), S. 51 - 71.

Gerybadze, A. / Meyer-Krahmer, F. / Reger, G. (Hrsg.) (Management von Forschung und Innovation, 1997): Globales Management von Forschung und Innovation, Stuttgart, Schäffer-Poeschel 1997.

Gerybadze, A. / Reger, G. (Globalization of R&D, 1999): Globalization of R&D: Recent changes in the management of innovation in transnational corporations, in: Research Policy, Vol. 28 (1999), S. 251 - 274.

Geschka, H. (Szenariotechnik, 1999): Die Szenariotechnik in der strategischen Unternehmensplanung, in: Hahn / Taylor (Hrsg.) (Strategische Unternehmensplanung, 1999), S. 518 - 545.

Geschka, H. / Winkler, B. (Szenarien, 1989): Szenarien als Grundlage strategischer Unternehmensplanung, in: Technologie & Management, Jg. 39 (1989) Heft Nr. 4, S. 16 - 23.

Gessner, K. / Helling, H. / Brunner, H. (Reifestufenkonzept, 1999): Umgang mit unreifen Daten in der frühen Phase der Automobilentwicklung: Ein Reifestufenkonzept, in: Zeitschrift für wirtschaftlichen Fabrikbetrieb - ZwF, Bd. 94 (1999) Heft Nr. 7-8, S. 445 - 448.

Ghemawat, P. (Commitment, 1991): Commitment: The dynamic of strategy, New York u.a., The Free Press 1991.

Ghemawat, P. (Strategy and the business landscape, 1999): Strategy and the business landscape, Reading u.a., Verlag Addison-Wesley 1999.

Ghemawat, P. / del Sol, P. (Commitment versus Flexibility?, 1998): Commitment versus Flexibility?, in: California Management Review, Vol. 40 (1998), S. 26 - 42.

Gissler, A. (Wissensmanagement, 1999): Wissensmanagement: Steigerung der Entwicklungseffizienz durch eine modellbasierte Vorgehensweise zur Umsetzung von Wissensmanagement in der Produktentwicklung, Kaiserslautern, Lehrstuhl für Betriebsorganisation, Eigendruck 1999.

Gittinger, A. (C-Commerce, 2000): C-Commerce: Innovation schlägt Kosten, in: Automobil-Industrie, Sonderheft Engineering/Prototyping, Jg. 45 (2000) Heft Nr. 6 - November, S. 28 - 30.

Gittinger, A. / Göttsch, N. (CAD: Weit mehr als ein Engineering-Tool, 2001): CAD: Weit mehr als ein Engineering-Tool, in: Konstruktion, Bd. 53 (2001) Heft Nr. 10 - Oktober, S. 54 - 56.

Glück, P. (Durchlaufzeitverkürzung, 1995): Durchlaufzeitverkürzung in der Produktentwicklung: Bewertung von Parallelisierungs- und Überlappungsmassnahmen, Frankfurt a.M., Verlag Lang 1995.

Göbel, D. (Optimierung von Produktentwicklungsprozessen, 1996): Modellbasierte Optimierung von Produktentwicklungsprozessen, Düsseldorf, VDI Verlag 1996.

Goldstein, B. (Modellgestützte Geschäftsprozessgestaltung, 1998): Modellgestützte Geschäftsprozessgestaltung in der Produktentwicklung, Dissertation TU München, München, Utz Verlag 1998.

Golla, K.-M. et al. (CAD-Geometrie alleine reicht auf Dauer nicht, 2000): CAD-Geometrie alleine reicht auf Dauer nicht, in: Konstruktion, Bd. 52 (2000) Heft Nr. 11/12 - November/Dezember, S. 32 - 34.

Golm, F. (Entscheidungsstrukturen, 1996): Gestaltung von Entscheidungsstrukturen zur Optimierung von Produktentwicklungsprozessen. Dissertation TU Berlin, Reihe Berichte aus dem PTZ, Potsdam, Unze Verlag 1996.

Göpfert, J. (Modulare Produktentwicklung, 1998): Modulare Produktentwicklung: Zur gemeinsamen Gestaltung von Technik und Organisation, Wiesbaden, Dt. Univ.-Verlag 1998.

Göres, M. (Digitaler Prozess, 2001): Digitaler Prozess, in: Automobil-Industrie, Jg. 46 (2001) Heft Nr. 4 - April, S. 48 - 50.

Goroncy, J. (Hoffnungsträger Mondeo, 2000): Hoffnungsträger Mondeo, in: Automobil-Industrie, Sonderheft Engineering/Prototyping, Jg. 45 (2000) - November, S. 16 - 21.

Goroncy, J. (Datenbus, 2001): Elektrik/Elektronik: Wohin fährt der Datenbus?, in: Automobil-Industrie, Jg. 46 (2001) Heft Nr. 3, S. 48 - 50.

Goroncy, J. (Datenpakete auf Kollisionskurs, 2001): Engineering: Datenpakete auf Kollisionskurs, in: Automobil-Industrie, Jg. 46 (2001) Heft Nr. 1/2 - Januar/Februar, S. 62 - 63.

Goroncy, J. (Elektrik/Elektronik, 2001): Elektrik/Elektronik: Glatteis im Sommer, in: Automobil-Industrie, Jg. 46 (2001) Heft Nr. 3, S. 52 - 54.

Goroncy, J. (Engineering/Prototyping, 2001): Engineering/Prototyping: Ohne Produktivität ist alles nichts, in: Automobil-Industrie, Jg. 46 (2001) Heft Nr. 5 - Mai, S. 64 - 68.

Goroncy, J. (Produktionskonzept, 2001): Produktionskonzept: Kleiner Bruder mit großer Mission, in: Automobil-Industrie, Jg. 46 (2001) Heft Nr. 4 - April, S. 42 - 46.

Göschel, B. (New Business Development in der Automobilindustrie, 2001): New Business Development in der Automobilindustrie, in: Automotive Engineering Partners, (2001) Heft Nr. 3, S. 4 - 10.

Göttsch, N. (Product Lifecycle Management in der Autoindustrie, 2002): Vernetzte Produktion spart Kosten: Product Lifecycle Management (PLM) stellt effiziente Nutzung des vorhandenen Wissens in den Mittelpunkt, in: Handelsblatt, (2002) Ausgabe Nr. 36, 20.02.2002, S. B2.

Gottschalk, B. (Modulbauweise und Globalisierung, 1997): Modulbauweise und Globalisierung, in: VDI-Gesellschaft (Hrsg.) (Neue Wege in der Fahrzeugentwicklung, 1997), S. 99 - 103.

Gottschalk, B. (Deutsche Automobilzulieferindustrie, 2001): Die deutsche Automobilzulieferindustrie: Durch Innovationen zur Weltspitze, in: Zeitschrift für Automobilwirtschaft, Jg. 4 (2001) Heft Nr. 1, S. 6 - 11.

Götze, U. (Szenario-Technik, 1993): Szenario-Technik in der strategischen Unternehmensplanung, 2. Aufl., Wiesbaden, Dt. Univ.-Verlag 1993.

Grabowski, H. / Adamietz, P. (Customizing von EDM/PDM-Systemen, 1998): Prozessorientiertes Customizing von EDM/PDM-Systemen, in: VDI-Gesellschaft (Hrsg.) (Informationsverarbeitung in der Konstruktion, 1998), S. 87 - 106.

Grabowski, H. / Anderl, R. / Polly, A. (Integriertes Produktmodell, 1993): Integriertes Produktmodell, Berlin, Köln, Beuth Verlag 1993.

Grabowski, H. / Gebauer, M. / Rude, S. (Autonomes Anforderungsentwicklungssystem, 1998): Aufbau eines autonomen Anforderungsentwicklungssystems innerhalb eines Unternehmens, in: VDI-Gesellschaft (Hrsg.) (Informationsverarbeitung in der Konstruktion, 1998), S. 239 - 258.

Grabowski, H. / Geiger, K. (Hrsg.) (Produktentwicklung, 1997): Neue Wege zur Produktentwicklung, Stuttgart, Raabe Fachverlag 1997.

Grabowski, H. / Gittinger, A. / Schmidt, M. (Informationslogistik für die Konstruktion, 1994): Informationslogistik für die Konstruktion, in: VDI-Z Integrierte Produktion, Bd. 136 (1994) Heft Nr. 10, S. 48 - 51.

Grabowski, H. / Kurz, A. (Kreativitätsunterstützende Systeme, 1995): Produktentwicklung mit kreativitätsunterstützenden Systemen, in: Reichwald / Wildemann (Hrsg.) (Kreative Unternehmen, 1995), S. 119 - 163.

Grabowski, H. / Paral, Th. (Methodeneinsatz im Produktinnovationsprozess, 2001): Integrierter Methodeneinsatz im Produktinnovationsprozess, in: VDI-Z Integrierte Produktion, Bd. 143 (2001) Heft Nr. 10 - Oktober, S. 67 - 70.

Grabowski, H. / Rude, S. (Hrsg.) (Informationslogistik, 1999): Informationslogistik: Rechnerunterstützte unternehmensübergreifende Kooperation, Stuttgart, Leipzig, Teubner Verlag 1999.

Grabowski, H. / Rude, S. / Poscai, Zs. (Ingenieursnetzwerke für die Produktentwicklung, 1996): Stand und Entwicklungsperspektiven von Ingenieursnetzwerken für die Produktentwicklung, in: VDI-Gesellschaft (Hrsg.) (Engineering-Netze, 1996), S. 175 - 196.

Grabowski, H. et al. (Automatische Klassifikation von Produkten, 2000): Zugriff auf Erfahrungswissen durch die automatische Klassifikation von Produkten, in: VDI-Gesellschaft (Hrsg.) (Produkte entwickeln im realen Umfeld, 2000), S. 9 - 23.

Gräfe, Ch. (Kostenmanagement in der Produktentwicklung, 1996): Phasenspezifisches Kostenmanagement in der Produktentwicklung, Dissertation Universität Rostock, Rostock, Eigendruck 1996.

Grafmüller, M. H. (Prozeßmanagement in der Automobilindustrie, 2000): Prozeßmanagement in der Automobilindustrie: Betriebliche Umsetzung am Beispiel der Volkswagen AG, Wiesbaden, Gabler Verlag 2000.

Grant, R. M. (Resource-based theory of competitive advantage, 1991): The resource-based theory of competitive advantage: Implications for strategy formulation, in: California Management Review, (1991) Spring, S. 114 - 135.

Gräßler, I. (Mass customization, 2000): Mass customization: Das neue Paradigma der Automobilindustrie zur Jahrtausendwende?, Aachen, Shaker Verlag 2000.

Gräther, W. / Prinz, W. / Voss, A. (The social web cockpit, 1999): The social web cockpit: An approach to support knowledge sharing communities, in: Bullinger (Wissensmanagement, 1999), S. 107 - 125.

Griffin, A. / Hauser, J. R. (Integrating R&D und Marketin, 1996): Integrating R&D und Marketing: A review and analysis of the literature, in: Journal of Product Innovation Management, Vol. 13 (1996) No. 3, S. 191 - 215.

Griffin, A. / Page, A. L. (Product development success and failure, 1996): The PDMA success measurement project: Recommended measures for product development success and failure, in: Journal of Product Innovation Management, Vol. 13 (1996) No. 4, S. 478 - 496.

Großmann, Th. (CAE-Einsatz in der PKW-Entwicklung, 1998): Künftige Ausrichtung des CAE-Einsatzes in der PKW-Entwicklung, in: VDI-Gesellschaft (Hrsg.) (Berechnung und Simulation im Fahrzeugbau, 1998), S. 459 - 480.

Grube, G. / Kuhlenkötter, B. (Kommunikationsmanagement in der Produktentwicklung, 1999): Kommunikationsmanagement: Methode zur Produkt- und Prozessoptimierung innerhalb der Produktentwicklung, in: Industrie Management, Bd. 15 (1999) Heft Nr. 2, S. 68 - 71.

Gruber, K. / Richter, B. (Berechnung und Simulation, 1998): Berechnung und Simulation bei VW und Audi, Tagungsmappe zur Zulieferertagung, 27 - 28. Oktober 1998, Braunschweig, Eigendruck 1998.

Günther, J. (Einflüsse auf den Konstruktionsprozess, 1998): Individuelle Einflüsse auf den Konstruktionsprozess: Eine empirische Untersuchung unter besonderer Berücksichtigung von Konstrukteuren in der Praxis, Aachen, Shaker Verlag 1998.

Gurusami, S. A. (Entscheidungs-Analyse-Methode, 1999): Vorstellung der Entscheidungs-Analyse-Methode in der Produktentwicklung bei Ford, Konferenz-Einzelbericht, Warrendale, SAE technical paper series, 01-1296, Warrendale, Eigendruck 1999.

Gutzmer, P. (Simultaneous Engineering at Porsche, 1997): Simultaneous Engineering during development of new Porsche models: New approaches put into practice, in: VDI-Gesellschaft (Hrsg.) (Neue Wege in der Fahrzeugentwicklung, 1997), S. 51 - 68.

Haak, R. (Kooperationsmanagement der japanischen Industrie, 2000): Kooperationsmanagement der japanischen Industrie in fortschrittlichen Technologiefeldern, in: Industrie Management, Bd. 16 (2000) Heft Nr. 6, S. 64 - 68.

Haase, J. / Hoffmann, J. / Seng, Thomas J. (Project Monitoring, 1999): Project Monitoring, in: VDI-Z Integrierte Produktion, Bd. 141 (1999) Heft Nr. 3/4 - März/April, S. 83 - 85.

Haasis, S. (Integrierte CAD-Anwendungen, 1995): Integrierte CAD-Anwendungen: Rationalisierungspotentiale und zukünftige Einsatzgebiete, Berlin, Heidelberg, Springer Verlag 1995.

Haasis, S. et al. (Feature-basierte Integration, 1999): Feature-basierte Integration von Produktentwicklung, Prozessgestaltung und Ressourcenplanung, in: VDI-Gesellschaft (Hrsg.) (Informationsverarbeitung in der Konstruktion, 1999), S. 333 - 348.

Haasis, S. et al. (Feature-basierte Prüfmodellierung, 2000): Feature-basierte Prüfmodellierung, in: VDI-Gesellschaft (Hrsg.) (Produkte entwickeln im realen Umfeld, 2000), S. 199 - 212.

Haddad, C. J. (Role of labor in product development, 1994): Concurrent engineering and the role of labor in product development, in: Control Engineering Practice, Vol. 2 (1994) No. 4, S. 689 - 696.

Haddad, C. J. (Concept of concurrent engineering, 1996): Operationalizing the concept of concurrent engineering: A case study from the U.S. auto industry, in: IEEE Transactions on Engineering Management, Vol. 43 (1996) No.2, S. 124 - 132.

Hägele, Th. / Schön, W.-U. (Der Markt frisst seine Akteure, 1998): Der Markt frisst seine Akteure, in: Automobil-Industrie, Jg. 43 (1998) Heft Nr. 1, Sonderteil Zulieferer, S. 70 - 73.

Hägele, Th. / Schön, W.-U. (Überleben durch Kooperieren, 1998): Überleben durch Kooperieren, in: Automobil-Industrie, Jg. 43 (1998) Heft Nr. 1, Sonderteil Zulieferer, S. 66 - 68.

Hagen, F. v. d. (Prototypen in der Produktentwicklung, 1998): Physische und virtuelle Prototypen in der Produktentwicklung, in: Rapid Prototyping: Effizienter Einsatz von Modellen in der Produktentwicklung, Augsburg, 14. Okt. 1998, Seminarberichte iwb, Bd. 38, S. 44 - 61.

Hagen, F. v. d. (Virtuelle Produktion, 1999): Virtuelle Produktion: Prozeß- und Produktsimulation, München, Utz Verlag 1999.

Hamburg, I. / Iordache, S. (Unterstützung kooperativer Konstruktionsaufgaben, 1998): Integration multimedialer Technologien zur Unterstützung von kooperativen Konstruktionsaufgaben, in: Anderl / Encarnação / Rix (Hrsg.) (Tele-CAD, 1998), S. 13 - 21.

Hamel, G. / Heene, A. (Hrsg.) (Competence-based competition, 1994): Competence-based competition, Chichester u.a., Verlag Wiley & Sons 1994.

Hamel, G. / Prahalad, C. K. (Core competence of the corporation, 1990): The core competence of the corporation, in: Harvard Business Review, Jg. 68 (1990) Heft Nr. 3, S. 79 - 91.

Hameri, A.-P. / Nihtilae, J. (Distributed product development project, 1997): Distributed new product development project based on Internet and World-Wide Web: A case study, in: Journal of Product Innovation Management, Vol. 14 (1997) No. 2, S. 77 - 87.

Hameri, A.-P. / Nihtilae, J. (Computerized product process, 1998): Computerized product process: Measurement and continuous improvement, in: Research in Engineering Design, Vol. 10 (1998) No. 3, S. 166 - 177.

Hammann, P. / Freiling, J. (Hrsg.) (Ressourcen- und Kompetenzperspektive, 2000): Die Ressourcen- und Kompetenzperspektive des Strategischen Managements, Wiesbaden, Gabler Verlag 2000.

Hannemann, P. (Künftig lässt Volkswagen keine Nische aus, 2001): Künftig lässt Volkswagen keine Nische aus: Neuorientierung des Wolfsburger Konzerns wird die Zahl der Modelle verdoppeln, in: Handelsblatt, Ausgabe Nr. 231, 29.11.2001, S. 23.

Hannemann, P. (Autos der Zukunft sind Zwitterwesen, 2002): Autos der Zukunft sind Zwitterwesen: Noch nie zeigte die erste Automesse des Jahres so viele Neuheiten, in: Handelsblatt, Ausgabe Nr. 7, 10.01.2002, S. 14.

Hannemann, P. (Modellschwemme, 2002): Der neue Luxus im Auto macht vor keiner Nische mehr Halt: Eine wahre Modellschwemme soll in diesem Jahr die tristen Konjunkturaussichten aufhellen, in: Handelsblatt, Ausgabe Nr. 2, 03.01.2002, S. 17.

Hanselmann, J. / Westkämper, E. (Wissensnutzung in der Produktentwicklung, 2000): Effektive Wissensnutzung in der Produktentwicklung, in: Industrie Management, Bd. 16 (2000) Heft Nr. 1, S. 28 - 32.

Hanssen, A. / Kern, W. (Hrsg.) (Integrationsmanagement für neue Produkte, 1992): Integrationsmanagement für neue Produkte, in: Zeitschrift für betriebswirtschaftliche Forschung, Jg. 44 (1992) Sonderheft 30.

Harnischfeger, M. (Rückrufaktionen nehmen dramatisch zu, 2002): Rückrufaktionen nehmen dramatisch zu: Autokäufer finden sich immer häufiger in der Rolle von Testfahrern wieder, in: Automobilwoche, (2002) Heft Nr. 6, 02.04.2002, S. 6.

Hartig, F. (Qualitätsarbeit im Wandel, 2000): Qualitätsarbeit im Wandel, in: Automobil-Produktion, Jg. 14 (2000) Heft Nr. 9 - September, S. 10 - 12.

Hartley, J. R. (Concurrent Engineering, 1992): Concurrent Engineering: Shortening lead times, rising quality, and lowering costs, Cambridge, Norwalk, Productivity Press 1992.

Hartley, J. L. / Zirger, B. J. / Kamath, R. R. (Managing the buyer-supplier interface, 1997): Managing the buyer-supplier interface for one-time performance in product development, in: Journal of Operations Management, Vol. 15 (1997) No. 1, S. 57 - 70.

Hartley, J. L. et al. (Suppliers´ contributions to product development, 1997): Suppliers´ contributions to product development: An exploratory study, in: IEEE Transactions on Engineering Management, Vol. 44 (1997) No. 3, S. 258 - 267.

Hartmann, G. C. / Egner-Walter, A. (Durchgängig verkettete CAE-Technologien, 1999): Optimierte Entwicklung mit durchgängig verketteten CAE-Technologien, in: VDI-Z Special Werkzeug- und Formenbau, November 1999, S. 60 - 64.

Hasenkamp, U. / Kirn, S. / Syring, M. (Hrsg.) (CSCW, 1994): CSCW: Computer Supported Cooperative Work, Bonn, Addison-Wesley Verlag 1994.

Hassel, K. et al. (Verteilt-kooperative Arbeitsweise, 1998): Verteilt-kooperative Arbeitsweise: Ein neuer Weg in der Fahrzeugentwicklung?, in: VDI-Gesellschaft (Hrsg.) (Berechnung und Simulation im Fahrzeugbau, 1998), S. 495 - 511.

Hasselbacher, H. / Schwaighofer, A. (Neue Systeme für mehr Sicherheit und Komfort, 2001): Neue Systeme für mehr Sicherheit und Komfort, in: Automobiltechnische Zeitschrift ATZ, Extrateil "Interiors Partners", Februar 2001, S. 10 - 15.

Hasselbeck, J. (Virtual product development, 1999): Virtual product development in contrast to traditional CAD/CAM approach (Kennziffer 99ME032), in: ISATA (Hrsg.) (Automotive Mechatronics Design and Engineering, 1999), S. 169 - 172.

Hauser, J. et al. (Erfolgsfaktoren, 1998): Kritische Erfolgsfaktoren für das Management räumlich verteilter Produktentwicklungsprojekte, in: VDI-Gesellschaft (Hrsg.) (Informationsverarbeitung in der Konstruktion, 1998), S. 319 - 338.

Häusler, T. (Effiziente Multimediakommunikation, 1996): Nutzungserfahrungen und Strategien für effiziente Multimediakommunikation, in: VDI-Gesellschaft (Hrsg.) (Engineering-Netze, 1996), S. 135 - 154.

Heene, A. / Sanchez, R. (Competence-based strategic management, 1997): Competence-based strategic management: Concepts and Issues for theory, research, and practice, in: Heene / Sanchez (Hrsg.) (Competence-based strategic management, 1997), S. 3 - 42.

Heene, A. / Sanchez, R. (Reinventing strategic management, 1997): Reinventing strategic management: New theory and practice for competence-based competition, in: European Management Journal, Jg. 15 (1997), S. 303 - 317.

Heene, A. / Sanchez, R. (Hrsg.) (Competence-based strategic management, 1997): Competence-based strategic management, Chichester u.a., Verlag Wiley & Sons 1997.

Heene, A. / Sanchez, R. (Hrsg.) (Strategic learning und knowledge management, 1997): Strategic learning und knowledge management, Chichester u.a., Verlag Wiley & Sons 1997.

Heene, A. / Sanchez, R. / Thomas, H. (Hrsg.) (Dynamics of competence-based competition, 1996): Dynamics of competence-based competition: Theory and practice in the new strategic management, Oxford, New York, Pergamon Verlag 1996.

Heimann, A. (Anforderungen an die Produktentwicklung, 1999): Anforderungen an die Produktentwicklung in modernen Fertigungsunternehmen, in: VDI-Gesellschaft (Hrsg.) (Virtuelle Produktentstehung, 1999), S. 17 - 35.

Heinrich, L. J. (Informations- und Kommunikationstechnik, 1993): Informations- und Kommunikationstechnik für Betriebswirte und Wirtschaftsinformatiker, München 1993.

Heinrichs, M. / Kaelber, C. (Zukunftswerkstatt Automobil, 2000): Zukunftswerkstatt Automobil: Technologie- und Strukturwandel in der Automobilzulieferindustrie, München, wortundform Verlag 2000.

Heinze, H. (Virtuell-flexibles Zuliefermodell, 1997): Ein virtuell-flexibles Zuliefermodell: Neue Positionen für Automobilzulieferunternehmen, Europäische Hochschulschriften, Reihe 5, Bd. 2131, Frankfurt a.M. u.a., Verlag Lang 1997.

Helper, S. (U.S. automakers and their suppliers, 1991): How much has really changed between U.S. automakers and their suppliers?, in: Sloan Management Review, Vol. 32 (1991), S. 15 - 27.

Henniges, D. (CAD-Einsatz, 1993): Analyse und Gestaltung des CAD-Einsatzes in CAx-gestützten Prozessketten am Beispiel von Produktentwicklungsprozessketten in einem Automobilunternehmen, Dissertation, Kassel, Eigendruck 1993.

Henninges, H. / Schürmann, H. (Videokonferenz gehört bald zum Alltag, 2002): Videokonferenz gehört bald zum Alltag: Neue Systeme ermöglichen Diskussiionen am Laptop, in: Handelsblatt, Ausgabe Nr. 10, 15.01.2002, S. 16.

Hensel, J. (Zukunft Multimedia im Automobil, 2000): Zukunft Multimedia im Automobil, in: Zeitschrift für Automobilwirtschaft, Jg. 3 (2000) Heft Nr. 1, S. 62 - 67.

Henselek, H. (Konfigurationseigenschaften und -management, 2000): Konfigurationseigenschaften als strategische Ressource - Konfigurationsmanagement als Metakompetenz, in: Hammann / Freiling (Hrsg.) (Ressourcen- und Kompetenzperspektive, 2000), S. 465 - 489.

Henzler, H. (Hrsg.) (Handbuch strategischer Führung, 1988): Handbuch strategischer Führung, Wiesbaden, Gabler Verlag 1988.

Herbst, D. (Einführung von Telekooperation, 2000): Entwicklung eines Modells zur Einführung von Telekooperation in der verteilten Produktentwicklung, Aachen, Shaker Verlag 2000.

Herstatt, C. / Dockenfuss, R. (Einsatz von VR-Technologien, 2000): Einsatz von VR-Technologien in den frühen Phasen des Innovationsprozesses, Arbeitspapier (in Vorbereitung), Hamburg, ??? 2000.

Herstatt, C. / Lettl, Ch. (Management von Entwicklungsprojekten, 2001): Management von technologiegetriebenen Entwicklungsprojekten, in: Gassmann / Kobe / Voit (Hrsg.) (High-Risk-Projekte, 2001), S. 109 - 131.

Herzog, M. (Automobilindustrie auf dem Weg in die Zukunft, 2001): Automobilindustrie auf dem Weg in die Zukunft, Interview mit Prof. M. Herzog, Geschäftsführer des Verbandes der Automobilindustrie e.V. (VDA), Online im Internet unter URL: http://www.vdwf.de/infobase/vdwf_aktuell_11/artikel_automobil.htm (30.11.2001).

Hesselbach, J. / Graf, R. / Mateika, M. (3D-CAx- Prozesskette, 2000): Gestaltungsmöglichkeiten der 3D-Cax - Prozesskette, in: VDI-Z Special C-Techniken, Oktober 2000, S. 23 - 26.

Hettmer, O. (Nachhaltige Automobilforschung, 1998): Nachhaltige Automobilforschung: Konsequenzen für die betriebliche Forschung und Entwicklung aus den Anforderungen an ein "nachhaltiges" Automobil, Aachen, Mainz, Verlag Shaker 1998.

Heyder, B. / Werther, K. (Das PIMS Konzept, 1986): Das MZSG-PIMS Konzept der Strategie-Entwicklung, St. Gallen, Management Zentrum Verlag 1986.

Hinterhuber, H. H. (Wettbewerbsstrategie, 1990): Wettbewerbsstrategie, 2. Aufl., Berlin, New York, Verlag de Gruyter 1990.

Hirschbach, O. / Heidingsfelder, M. (Integration des Kunden in die Fahrzeugentwicklung, 1996): Integration des Kunden in die Fahrzeugentwicklung, in: Peren / Hergeth (Hrsg.) (Customizing in der Weltautomobilindustrie, 1996), S. 123 - 131.

Hirschel, J. (Design muss der Marke dienen, 1999): Design muss der Marke dienen, in: Zeitschrift für Automobilwirtschaft, (1999) Heft Nr. 1, S. 44 - 47.

HLRS (Distributed integrated product development, 1998): COVISE: A new approach to distributed integrated product development, Online im Internet unter URL: http://www.hlrs.de/structure/organisation/vis/covise/executive_summary.html (08.01.2002).

Hoben, R. (Global Quality Tracking System, 2000): QS-Strategie: Global Quality Tracking System, in: Automobil-Produktion, Jg. 14 (2000) Heft Nr. 4 - September, S. 18 - 20.

Höbig, M. (Bewerung Kooperationsfähigkeit und Netzwerkeignung, 2001): Systematische Bewertung der Kooperationsfähigkeit und Netzwerkeignung, in: Industrie Management, Bd. 16 (2000) Heft Nr. 6, S. 41 - 44.

Hoch, D. J. / Schirra, W. (Entwicklung der Informationstechnologie, 1993): Entwicklung der Informationstechnologie: Management des Wandels in einer Zeit des Paradigmenwechsels, in: Scheer (Hrsg.) (Handbuch Informationsmanagement, 1993), S. 3 - 47.

Höfener, Ch. (Produktdaten-Management, 1999): Methode zur Bewertung des strategischen Nutzens von integriertem Produktdaten-Management (PDM), Dissertation TU Darmstadt, Aachen, Shaker Verlag 1999.

Hoffmann, M. (Integratives Konstruktionssystem, 2000): Integratives Konstruktionssystem für die kooperative, verteilte Produktentwicklung in multimedialen Konstruktionskonferenzen, Fortschritts-Berichte VDI, Reihe 20, Bd. 310, Düsseldorf, VDI Verlag 2000.

Höfler, D. (Sprung in die digitale Welt, 1999): Der nächste Sprung in die digitale Welt, in: VDI-Z Special C-Techniken, Oktober 1999, S. 5.

Höhn, B. R. / Steingröver, K. / Dyla, A. (Rechnerbasierte Produktentwicklung, 2000): Rechnerbasierte Produktentwicklung, in: Konstruktion, Bd. 52 (2000) Heft Nr. 1/2 - Januar/Februar, S. 36 - 40.

Höhn, B. R. / Steingröver, K. / Dyla, A. (Systemneutrale CAE-Methoden, 2000): Systemneutrale CAE-Methoden für die innovative Produktentwicklung, in: CAD-CAM Report, Bd. 19 (2000) Heft Nr. 3, S. 34 - 40.

Holzner, M. / Gholami, T. / Mader, H. U. (Virtuelles Crashlabor, 1998): Virtuelles Crashlabor: Zielsetzung, Anforderungen und Entwicklungsstand, in: VDI-Gesellschaft (Hrsg.) (Berechnung und Simulation im Fahrzeugbau, 1998), S. 27 - 52.

Homburg, C. (Single, double, multiple sourcing, 1995): Single Sourcing, Double Sourcing, Multiple Sourcing ...? Ein ökonomischer Erklärungsansatz., in: Zeitschrift für Betriebswirtschaft, Jg. 65 (1995) Heft Nr. 8, S. 813 - 834.

Homp, Ch. (Aufbau von Kernkompetenzen, 2000): Aufbau von Kernkompetenzen: Ablauf und Vorgehen, in: Hammann / Freiling (Hrsg.) (Ressourcen- und Kompetenzperspektive, 2000), S. 167 - 190.

Horváth, P. / Fleig, G. (Hrsg.) (Integrationsmanagement, 1998): Integrationsmanagement für neue Produkte, Stuttgart, Schäffer-Poeschel Verlag 1998.

Hubbert, J. (Die Automobilindustrie im Spannungsfeld, 1998): Die Automobilindustrie im Spannungsfeld zwischen Innovation und Risiko, in: Zeitschrift für Automobilwirtschaft, Jg. 1 (1998) Heft Nr. 3, S. 44 - 48.

Huber, G. / Kuonath, K. (Modulkonzept der Mercedes-Benz A-Klasse, 1997): Das Modulkonzept der Mercedes-Benz A-Klasse, in: VDI-Gesellschaft (Hrsg.) (Neue Wege in der Fahrzeugentwicklung, 1997), S. 21 - 33.

Hümmer, B. (Strategisches Management, 2001): Strategisches Management von Kernkompetenzen im Hyperwettbewerb: Operationalisierung kernkompetenzorientierten Managements für dynamische Umfeldbedingungen, Wiesbaden, Gabler Verlag 2001.

Hünerberg, R. / Heise, G. / Hoffmeister, M. (Hrsg.) (Internationales Automobilmarketing, 1995): Internationales Automobilmarketing: Wettbewerbsvorteile durch marktorientierte Unternehmensführung, Wiesbaden, Gabler Verlag 1995.

Hupfer, P. (Rolle der Ingenieurdienstleister, 1998): Die neue Rolle der Ingenieurdienstleister in der verkürzten Modellentwicklung, in: Verband der Automobilindustrie (Hrsg.) (Produktentstehung, 1998), o.S.

Hyun, J.-H. (Buyer-supplier relations, 1994): Buyer-supplier relations in the european automobile component industry, in: Long Range Planning, Vol. 27 (1994) No. 2, S. 66 - 75.

Iansiti, M. / Clark, K. B. (Development in automobiles and mainframe computers, 1994): Integration and dynamic capability: Evidence from development in automobiles and mainframe computers, in: Industrial and corporate change, (1994) No. 3, S. 557 - 605.

Ibelings, I. (Collaborative CAD-Systeme, 2001): Collaborative CAD-Systeme, in: Industrie Management, Bd. 17 (2001) Heft Nr. 3, S. 53 - 55.

IBM (CATWeb Navigator, Publish and Space, 2001): CATWeb Navigator, Publish and Space: Explore CAD and PDM II data, anytime, from anywhere, Online im Internet unter URL: http://www.catia.ibm.com (23.10.2001).

IBM (ENOVIA Portal, 2001): ENOVIA Portal: Unterstützung für e-business der nächsten Generation, Online im Internet unter URL: http://www.ibm.com/solutions/engineering (22.10.2001).

IBM (Product Development Management II Solutions, 2001): Product Development Management II Solutions: Using innovation as your key to competitiveness, Online im Internet unter URL: http://www.catia.ibm.com (22.10.2001).

IBM Deutschland GmbH (CATIA Anwendungs-Portfolio, 2001): CATIA Version 5 Release 7 Solutions Anwendungs-Portfolio: Erweiterte Architektur und neue Produkte, Online im Internet unter URL: http://www.ibm.com/solutions/plm (22.10.2001).

Institut für Kraftfahrwesen Aachen (IKA) / McKinsey & Company (Hrsg.) (Wachstumsstrategien in der Auto-Zulieferindustrie, 1999): Profitable Wachstumsstrategien in der Automobilzulieferindustrie, Schriftenreihe "Materialien zur Automobilindustrie", Bd. 20, Frankfurt, Eigendruck 1999.

IKB Deutsche Industriebank (Branchenbericht Automobilzulieferer 2000, 2001): Automobilzulieferer 2000: Kräftiges Wachstum, differenzierte Ertragsentwicklung, Branchenbericht Dezember 2001, Online im Internet unter URL: *http://www.ikb.de/objekte/Branchenbericht.pdf* (04.01.2002).

Ilinitch, A. Y. / Lewin, A. Y. / D´Aveni, R. A. (Hrsg.) (Managing in times of disorder, 1998): Managing in times of disorder: Hypercompetitive organizational responses, Thousand Oaks u.a., SAGE Verlag 1998.

Institute for International Research (Hrsg.) (Neue Formen der Zusammenarbeit, 1998): Automobilhersteller und Zulieferer: Neue Formen der Zusammenarbeit, Fachkonferenz 24 - 25. November 1998, Frankfurt, Eigendruck 1998.

Irlinger, R. (Dokumentation in der Produktentwicklung, 1999): Methoden und Werkzeuge zur nachvollziehbaren Dokumentation in der Produktentwicklung, Aachen, Shaker Verlag 1999.

ISATA (Hrsg.) (Automotive Mechatronics Design and Engineering, 1998): 31st ISATA Proceedings, Volume "Automotive Mechatronics Design and Engineering", 2 - 5. June 1998, Düsseldorf, Germany, Düsseldorf, Croydon (England), Eigendruck 1998.

ISATA (Hrsg.) (Automotive applications, 1999): 32nd ISATA Proceedings, Volume "Simulation, Virtual Reality and Supercomputing Automotive Applications", 14 - 18. June 1999, Vienna, Austria, Düsseldorf, Croydon (England), Eigendruck 1999.

ISATA (Hrsg.) (Automotive Mechatronics Design and Engineering, 1999): 32nd ISATA Proceedings, Volume "Automotive Mechatronics Design and Engineering", 14 - 18. June 1999, Vienna, Austria, Düsseldorf, Croydon (England), Eigendruck 1999.

ISATA (Hrsg.) (Rapid Product Development, 2000): 33rd ISATA-Proceedings, Volume "Simultaneous Engineering & Rapid Product Development", 25 - 27. September 2000, Dublin, Ireland, Düsseldorf, Croydon (England), Eigendruck 2000.

ISATA (Hrsg.) (Simulation and virtual reality, 2000): 33rd ISATA-Proceedings, Volume "Simulation and virtual Reality", 25 - 27 September 2000, Dublin. Ireland, Düsseldorf, Croydon (England), Eigendruck 2000.

ISATA (Hrsg.) (Manufacturing, 2001): 34th ISATA-Proceedings, Volume "Manufacturing", 1 - 4. October 2001, Barcelona, Spain, Düsseldorf, Croydon (England), Eigendruck 2001.

Jacobsen, S. (Einsatz von VR, 1999): Einsatz von VR im gesamten Lifecycle eines Produktes, in: VDI-Geselllschaft Fahrzeug- und Verkehrstechnik (Hrsg.) (Virtuelle Produktentstehung, 1999), S. 125 - 132.

Jacobson, R. (Austrian School of Strategy, 1992): The Austrian School of Strategy, in: Academy of Management Review, Vol. 17 (1992), S. 782 - 807.

Janke, W. ("Wir müssen selbständig werden", 1999): "Wir müssen selbständig werden", in: Automobil-Industrie, Jg. 44 (1999) Heft Nr. 5, S. 34 - 37.

Jeltsch, M. (Perspektiven für Telematik-Strategien, 2002): Das Auto ist kein Endgerät: Neue Perspektiven für Telematik-Strategien in der Automobilindustrie, in: Handelsblatt, (2002) Ausgabe Nr. 110, 12.06.2002, S. B12.

Jetses, H. (Entwicklungsstrategie, 2000): Elementarbausteine einer Entwicklungsstrategie, in: Automotive Engineering Partners, (2000) Heft Nr. 3, S. 32 - 36.

Jones, T. (New product development, 1997): New product development, Oxford u.a., Butterworth-Heinemann Verlag 1997.

Jopp, K. (Auf dem Weg zur "atmenden Fabrik", 2002): Auf dem Weg zur "atmenden Fabrik": Optimale Lösungen nach dem Baukastenprinzip, in: Handelsblatt, (2002) Ausgabe Nr. 69, 10.04.2002, S. B9.

Jorden, W. et al. (Werkstück-Grenzgestalt, 2001): Systemgerechte Definition der Werkstück-Grenzgestalt, in: VDI-Z Integrierte Produktion, Bd. 143 (2001) Heft Nr. 3 - März, S. 78 - 80.

Jungmann, Th. (Expansionskurs im Systemgeschäft, 2001): ThyssenKrupp Automotive auf Expansionskurs im Systemgeschäft, Online im Internet unter URL: http://www.all4engineers.de/news (02.12.2001).

Jürgens, U. (Anticipating problems, 1999): Anticipating problems with manufacturing during product development process, in: Comacchio / Volpato / Camuffo (Hrsg.) (Automation in automotive industries, 1999), S. 74 - 91.

Jürgens, U. (Communication and cooperation, 2000): Communication and cooperation in the new product and process development networks: An international comparison of country- and industry-specific patterns, in: Jürgens (Hrsg.) (Product development and production networks, 2000), S. 107 - 147.

Jürgens, U. (Product and process development networks, 2000): Toward new product and process development networks: The case of the german car industry, in: Jürgens (Hrsg.) (Product development and production networks, 2000), S. 259 - 287.

Jürgens, U. (Hrsg.) (Product development and production networks, 2000): New product development and production networks: Global industrial experience, Berlin u.a., Springer Verlag 2000.

Kaiser, J. (Produktentwicklung, 1999): Prozessorientierte Analyse und Optimierung der Produktentwicklung, in: CAD-CAM Report, Bd. 18 (1999) Heft Nr. 7, S. 48 - 57.

Kajüter, P. (Kostenmanagement in der Automobilindustrie, 2001): Kostenmanagement in der Automobilindustrie: Ganzheitliches Konzept und empirische Befunde, in: Zeitschrift für Automobilwirtschaft, Jg. 4 (2001) Heft Nr. 3, S. 36 - 43.

Kaluza, B. (Wettbewerbsstrategien, 2000): Wettbewerbsstrategien: Markt- und ressourcenorientierte Sicht der strategischen Führung, TCW-Report, München, TCW Transfer-Centrum 2000.

Kamphausen, J. E. (Prozessmanagement, 1999): Prozessmanagement in der Produktentwicklung, Aachen, Shaker Verlag 1999.

Kappeller, W. (Datenaustausch: Flexibel unter einem Dach, 2000): Datenaustausch: Flexibel unter einem Dach, in: Automobil-Industrie, Sonderheft Engineering/Prototyping, Jg. 45 (2000) Heft Nr. 6 - November, S. 32 - 35.

Karcher, A. / Fischer, F. / Viertlböck, M. (EDM/PDM-Systeme, 1999): EDM/PDM-Systeme als Rückrat der integrierten Produktentwicklung: Ein modulares Einführungs- und Integrationskonzept, in: VDI-Gesellschaft (Hrsg.) (Informationsverarbeitung in der Konstruktion, 1999), S. 451 - 470.

Kärkkäinen, H. / Piippo, P. / Tuominen, M. (Customer-driven product development, 2001): Ten tools for customer-driven product development in industrial companies, in: International Journal of Production Economics, Vol. 69 (2001) No. 2, S. 161 - 176.

Karlsson, Ch. / Ahlström, P. (Lean product development, 1996): The difficult path to lean product development, in: Journal of Product Innovation Management, Vol. 13 (1996), S. 283 - 295.

Karlsson, Ch. / Ahlström, P. (Product development cycle time, 1999): Technological level and product development cycle time, in: Journal of Product Innovation Management, Vol. 16 (1999), S. 352 - 362.

Karsten, H. / Sommerlatte, T. (Herausforderungen in der Automobilindustrie, 1999): Welchen Herausforderungen muss sich die Automobilindustrie stellen?, in: Wolters et al. (Hrsg.) (Die Zukunft der Automobilindustrie, 1999), S. 9 - 12.

Karsten, H. / Wolters, H. / Thorwirth, A. (Systemintegrator, 1995): Der Systemintegrator wird kommen, in: Automobil-Produktion, Jg. 9 (1995) Heft Nr. 5 - Oktober, S. 54 - 55.

Katzenbach, A. (Engineering Processes of the Future, 1999): International Engineering Processes of the Future, in: Bullinger (Wissensmanagement, 1999), S. 47 - 64.

Katzenbach, A. (Future Engineering Environment, 1999): Future Engineering Environment at DaimlerChrysler, in: Proceedings of DaimlerChrysler Corporate Technology Colloquium "Digital Product Development and Manufacturing", Wiesensteig, 5 - 7. Mai, 1999.

Katzenbach, A. / Haasis, S. (Enabler technologies, 2000): Enabler technologies for future engineering processes, in: Dankwort (Digital products, 2000), S. 65 - 73.

Katzenbach, A. / Kreutz, M. / Mueller, F. (DMU in der PKW-Emtwicklung, 1997): Digital Mock-Up in der PKW-Entwicklung, in: 3rd CAD/CAM-Forum, Competence Center der Daimler-Benz AG, Fellbach, July 1997.

Katzenbach, A. / Lamberti, R. (Prozesssicherheit entwickeln, 1998): Simulation: Prozesssicherheit entwickeln, in: Automobil-Entwicklung, Jg. 1 (1998) Heft Nr. 3 - März, S. 74 - 76.

Kaufmann, L. (Strategisches Sourcing, 1995): Strategisches Sourcing, in: Zeitschrift für betriebswirtschaftliche Forschung, Jg. 47 (1995) Heft Nr. 3, S. 275 - 296.

Kaufmann, K. / Maashoff, A. (Virtual product engineering, 2000): Aspects of virtual product engineering for automotive systems development, in: ATA Ingegneria Automotoristica, Bd. 53 (2000) Heft Nr. 5/6, S. 156 - 160.

Kaulio, M. A. (User involvement in product development, 1998): Customer, consumer and user involvement in product development: A framework and a review of selected methods, in: Total Quality Management, Vol. 9 (1998) No. 1, S. 141 - 149.

Kayser, R. (Fahrerprobung, 2000): Fahrerprobung: Driveteam als Entwicklungshelfer, in: Automobil-Produktion, Jg. 14 (2000) Sonderausgabe Ford Mondeo, Dez. 2000, S. 70 - 72.

Kengpol, A. / O'Brien, Ch. (Decision support tool, 2001): The development of a decision support tool for the selection of advanced technology to achieve rapid product development, in: International Journal of Production Economics, Vol. 69 (2001) No. 2, S. 161 - 176.

Khurana, A. / Rosenthal, S. (Holistic "front ends" in product development, 1998): Towards holistic "front ends" in new product development, in: Journal of Product Innovation Management, Vol. 15 (1998) No. 1, S. 57 - 74.

Kidd, P. (New product development, 1997): Revolutionising new product development: A blueprint for success in the global automotive industry, London, FT Automotive Publishing 1997.

Kiesewetter, Th. (Produktentwicklungsarbeitsplatz, 1997): Integrativer Produktentwicklungsarbeitsplatz mit Multimedia- und Breitbandkommunikationstechnik, Dissertation TU Berlin, Berichte aus dem PTZ, Berlin, Eigendruck 1997.

Kilper, H. / Pries, L. (Globalisierungsspirale in der Automobilindustrie, 1999): Die Globalisierungsspirale in der deutschen Automobilindustrie: Hersteller-Zulieferer-Beziehungen als Herausforderungen für Wirtschaft und Politik, München, Mering, Rainer Hampp Verlag 1999.

Kippels, D. (Geschlossene Prozeßketten, 1997): Konstruktion: Geschlossene Prozeßketten können Durchlaufzeiten um 40% senken, in: VDI-Nachrichten, Ausgabe Nr. 47, 21. November 1997.

Kirsch, W. (Strategisches Management, 1997): Strategisches Management, München, Herrsching, Kirsch Verlag 1997.

Kissling, U. / Ziebeil, P. (Integrierte Gestaltung und Berechnung, 1998): Neue Wege für die integrierte Gestaltung und Berechnung, in: VDI-Gesellschaft (Hrsg.) (Informationsverarbeitung in der Konstruktion, 1998), S. 379 - 394.

Klabunde, S, / Borowsky, R. / Scheer, A.W. (Integration Produktentwicklung und Prozessplanung, 1998): Integration von Produktentwicklung und Prozessplanung via Intranettechnologie, in: Industrie Management, Bd. 14 (1998) Heft Nr. 1, S. 19 - 23.

Kleedörfer, R. (Prozeß- und Änderungsmanagement, 1999): Prozeß- und Änderungsmanagement der integrierten Produktentwicklung, Aachen, Shaker Verlag 1999.

Klein, B. (Montagesimulation, 1999): Montagesimulation in der virtuellen Produktentwicklung, in: Automobiltechnische Zeitschrift ATZ, Bd. 101 (1999) Heft Nr. 7/8, S. 492 - 505.

Klein, B. (Ingenieur im Informationszeitalter, 2000): Die Arbeitswelt des Ingenieurs im Informationszeitalter: Mit den Kommunikationstechnologien zur virtuellen Tätigkeitsstruktur, in: Konstruktion, Bd. 52 (2000) Heft Nr. 6 - Juni, S. 51 - 56.

Klein, B. (Technologien in der Arbeitswelt der Ingenieure, 2000): Neue Informations- und Kommunikationstechnologien in der Arbeitswelt der Ingenieure, Online im Internet unter URL: http://www.uni-kassel.de/fb15/lbk/ADAPT/arbeitswelt.htm (07.06.2001).

Klein, J. A. / Edge, G. M. / Kass, T. (Skill-based competition, 1991): Skill-based competition, in: Journal of General Management, Vol. 16 (1991) No. 4, S. 1 - 15.

Kleinhaus, V. (Informationssystem, 1997): Informationssystem zur Verarbeitung heterogen verteilter Qualitätsinformationen, Dissertation TU Berlin, Reihe Berichte aus dem PTZ, Potsdam, Unze Verlag 1997.

Klocke, F. / Fallböhmer, M. (Innovative Technologieketten, 1998): Innovative Technologieketten in der Produktentwicklung: Berücksichtigung der Potentiale innovativer Fertigungsverfahren in frühen Phasen der Produktentwicklung, in: VDI-Z Integrierte Produktion, Bd. 140 (1998) Heft Nr. 11/12 - November/Dezember, S. 56 - 59.

Klöcker, S. / Müller, D. H. (CAID-Systeme, 2000): Nutzung von CAID-Systemen im industriellen Produktentwicklungsprozess, in: VDI-Gesellschaft (Hrsg.) (Produkte entwickeln im realen Umfeld, 2000), S. 221 - 233.

Klug, F. (Entwicklungs-Controlling, 2000): Entwicklungs-Controlling: Fortschritte müssen messbar sein, in: Automobil-Entwicklung, Jg. 2 (2000) Heft Nr. 3 - Juli, S. 75f..

Kluge, J. (Kommunikationstechnik in Produktionsstrukturen, 2002): Kommunikationstechnik in vernetzten Produktionsstrukturen, Vorlesungsunterlagen TU Darmstadt, SS 2002, Darmstadt, Eigendruck 2002.

Knaden, A. (Benutzerzentriertes Prototyping, 1996): Benutzerzentriertes Prototyping: Ganzheitliche Applikationsentwicklung am Beispiel des computergestützten Ausgaben-Controllings bei der Beschaffung von Produktionsanlagen im Automobilbau, Frankfurt a.M. u.a., Verlag Lang 1996.

Knaese, B. (Kernkompetenzen im strategischen Management, 1996): Kernkompetenzen im strategischen Management von Banken, Wiesbaden, Dt. Univ.-Verlag 1996.

Knickel, V. (Kommunikationsprozesse, 1997): Gestaltung von Kommunikationsprozessen an Schnittstellen in der Produktentwicklung: Methodisches Vorgehen und CSCW-Unterstützung, Kaiserslautern, Eigendruck 1997.

Knoblach, J. et al. (Virtuelle Produkte und virtuelle Produktion, 2000): Von der Idee zur Serie: Virtuelle Produkte und virtuelle Produktion, in: Reinhart (Hrsg.) (Virtuelle Produktion, 2000), S. 2-1 - 2-21.

Knyphausen, D. zu (Ressourcenorientierte Ansatz in der Kontroverse, 1993): "Why firms are different?": Der "Ressourcenorientierte Ansatz" im Mittelpunkt einer aktuellen Kontroverse im strategischen Management, in: Die Betriebswirtschaft, Jg. 53 (1993) Heft Nr. 6, S. 771 - 792.

Koehler, Ch. / Wagner, W. (Systemgeschäft in der Automobilindustrie, 2001): Systemgeschäft in der Automobilindustrie: Systeme oder Rendite?, in: Automobil-Produktion, Jg. 15 (2001) Heft Nr. 4 - August, S. 42 - 44.

Kohli, A. K. / Laworski, B. J. (Market orientation, 1990): Market orientation: The construct, research propositions, and managerial implications, in: Journal of Marketing, Jg. 54 (1990) Heft Nr. 4 - April, S. 1 - 18.

Koppelmann, U. (Hrsg.) (Outsourcing, 1996): Outsourcing, Stuttgart, Schäffer-Poeschel Verlag 1996.

Koppenhöfer, Ch. / Johannsen, A. / Krcmar, H. (Telekooperation in der verteilten Entwicklung, 1998): Bedarf und Szenarien für die Telekooperation in der verteilten Produktentwicklung, in: Industrie Management, Bd. 14 (1998) Heft Nr. 3, S. 16 - 19.

Koppenhöfer, Ch. et al. (Telekooperationsysteme in der Produktentwicklung, 1998): Bedarf und Nutzung von Telekooperationsystemen im verteilten Produktentwicklungsprozess, in: Anderl / Encarnação / Rix (Hrsg.) (Tele-CAD, 1998), S. 121 - 131.

Korn, G. H. (Informationssysteme, 1996): Informationssysteme als Mittel der Entscheidungsfindung während des Produktentstehungsprozesses, Essen, Vulkan Verlag 1996.

Kornmann, J. (Bordnetzdesign, 1999): Bordnetzdesign durch Integration von Logik und 3D-Verlegung, in: VDI-Z Special C-Techniken, Oktober 1999, S. 37 - 38.

Kortüm, F. J. (Vom Systempartner zum Marktpartner, 1996): Vom Systempartner zum Marktpartner, in: Automobil-Produktion, Jg. 10 (1996) Heft Nr. 6 - Dezember, S. 78 - 80.

Kortüm, F. J. (Vom Systemlieferant zum Total Process Partner, 2000): Vom Systemlieferant zum Total Process Partner (ToPP): Erfolgsfaktoren im Wandel des Marktes, in: Zeitschrift für Automobilwirtschaft, (2000) Heft Nr. 3, S. 46 - 51.

Koschnike, M. (Unternehmensübergreifende Netzwerke, 2002): Unternehmensübergreifende Netzwerke: Was OEMs und Zulieferer von virtuellen Netzwerken halten, in: Automobil-Industrie, (2002) Heft Nr. 3 - Mai, S. 16 - 18.

Kota, S. / Flynn, M. / Londal, G. (North American auto industry trends, 1999): Automotive product design and development: forecast and analysis of the North American auto industry trends through 2007, in: SAE-Paper, 1999-01-3219, S. 1 - 10

Köth, C.-P. (Virtuelle Vorläufer, 2001): "Kein Prototyp ohne virtuellen Vorläufer", Interview mit Anton Ruf, Leiter der Produktlinie "Große Modelle" bei der BMW AG, in: Automobil-Industrie, Jg. 46 (2001) Heft Nr. 11, S. 34 - 39.

Koufteros, X. / Vonderembse, M. / Doll, W. (Concurrent engineering, 2001): Concurrent engineering and its consequences, in: Journal of Operations Management, Vol. 19 (2001) No. 1, S. 97 - 115.

Koytek, T. / Gaube, O. (Digital Mock-Up im Entwicklungsverbund, 1999): Digital Mock-Up im weltweiten Entwicklungsverbund zwischen Zulieferer und Hersteller, in: VDI-Geselllschaft (Hrsg.) (Virtuelle Produktentstehung, 1999), S. 149 - 151.

Kramer, F. (Differenzierungsmanagement, 1991): Wettbewerbsvorteile durch Differenzierungsmanagement, in: Zeitschrift für Betriebswirtschaft, Jg. 61 (1991) Heft Nr. 10, S. 1099 - 1118.

Kramer, S. (Virtuelle Räume, 1994): Virtuelle Räume zur Unterstützung der featurebasierten Produktgestaltung, Dissertation TU Berlin, Reihe Produktionstechnik, Bd. 157, München, Wien, Hanser Verlag 1994.

Kramer, M. (Konstruktionsdatenmanagement, 1993): Konstruktionsdatenmanagement: Eine Hilfe zur beschleunigten Produktentwicklung, in: Konstruktion, Bd. 45 (1993) Heft Nr. 6, S. 211 - 216.

Kraus, P. (Beschleunigung Produktentstehungsprozess, 2000): Produktentstehungsprozess: 30 Prozent schneller, in: Automobil-Entwicklung, Jg. 2 (2000) Heft Nr. 4 - September, S. 90 - 92.

Krause, F.-L. / Edler, A. / Woll, R. (Fehlermanagement, 1996): Fehlermanagement informationstechnisch unterstützen, in: Zeitschrift für wirtschaftlichen Fabrikbetrieb - ZwF, Bd. 91 (1996) Heft Nr. 11, S. 530 - 533.

Krause, F.-L. / Golm, F. (Optimierung von Entwicklungsprozessen, 1995): Kennzahlengetriebene Optimierung von Entwicklungsprozessen, in: Zeitschrift für wirtschaftlichen Fabrikbetrieb - ZwF, Bd. 90 (1995) Heft Nr. 7-8, S. 372 - 375.

Krause, F.-L. / Heimann, R. (Produktentwicklungsprozesse, 2000): Sprache zur Beschreibung von Produktentwicklungsprozessen, in: Zeitschrift für wirtschaftlichen Fabrikbetrieb - ZwF, Bd. 95 (2000) Heft Nr. 6, S. 302 - 307.

Krause, F.-L. / Heimann, R. / Raupach, Ch. (Hrsg.) (Tools and workflows for product development, 1998): New tools and workflows for product development, CIRP Seminar, 14 - 15. May 1998, PTZ, Berlin, Fraunhofer IRB Verlag 1998.

Krause, F.-L. / Jansen, H. (Supporting tools, 1999): New supporting tools for designing products, in: 32nd CIRP Seminar on Manufacturing Systems: New supporting tools for designing products and production systems, Leuven, 24 - 26.5.1999, S.1 - 22, Berlin, Fraunhofer IRB Verlag 1999.

Krause, F.-L. / Jansen, H. / Kiesewetter, T. (Verteilte kooperative Produktentwicklung, 1996): Verteilte kooperative Produktentwicklung, in: Zeitschrift für wirtschaftlichen Fabrikbetrieb - ZwF, Bd. 91 (1996) Heft Nr. 4, S. 147 - 151.

Krause, F.-L. / Jansen, H. / Vollbach, A. (EDM-Integration, 1996): EDM-Integration heterogener CAD-Systeme für die verteilte Produktentwicklung, in: Industrie Management, Bd. 12 (1996) Heft Nr. 5, Special EDM, S. E16 - E20.

Krause, F.-L. / Kind, Chr. (Lfe-cycle-oriented product and process development, 1996): Potentials of information technology for life-cycle-oriented product and process development, in: o.V. (Hrsg.) (Life-cycle modelling, 1996), S. 14 - 27.

Krause, F.-L. / Kind, Chr. / Raupach, Ch. (Prozeßoptimierung in der Produktentstehung, 1999): Prozeßoptimierung in der Produktentstehung, in: VDI-Geselllschaft (Hrsg.) (Virtuelle Produktentstehung, 1999), S. 63 - 86.

Krause, F.-L. / Martini, K. (Simulationswerkzeuge, 2000): Simulationswerkzeuge zur demontagegerechten Produktentwicklung, in: Zeitschrift für wirtschaftlichen Fabrikbetrieb - ZwF, Bd. 95 (2000) Heft Nr. 7/8, S. 52 - 54.

Krause, F.-L. / Martini, K. / Baumann, R. (Normung und Datenaustausch bei Features, 1999): Normung, Datenaustausch und ausgewählte Anwendungsbeispiele im Bereich Feature-Technologie, in: VDI-Gesellschaft (Hrsg.) (Informationsverarbeitung in der Konstruktion, 1999), S. 411 - 429.

Krause, F.-L. / Schulz, R. (Telekooperationssysteme, 2000): Integration praxisorientierter Telekooperationssysteme in verteilte Produktentwicklungsprozesse eines Automobilhersteller-/Zulieferer-Netzwerks, in: VDI-Gesellschaft (Hrsg.) (Der Ingenieur im Internet, 2000), S. 145 - 168.

Krause, F.-L. / Spur, G. (Das virtuelle Produkt, 1997): Das virtuelle Podukt: Management der CAD-Technik, München, Wien, Hanser Verlag 1997.

Krause, F.-L. / Tang, T. / Ahle, U. (Virtuelle Produktentstehung, 1998): Virtuelle Produktentstehung, in: VDI-Gesellschaft (Hrsg.) (Informationsverarbeitung in der Konstruktion, 1998), S. 1 - 11.

Krause, F.-L. / Tang, T. / Ahle, U. (Integrierte Virtuelle Produktentstehung, 1999): Systementwicklungen für die integrierte Virtuelle Produktentstehung, in: VDI-Gesellschaft (Hrsg.) (Informationsverarbeitung in der Konstruktion, 1999), S. 77 - 101.

Krause, F.-L. / Tang, T. / Ahle, U. (iViP - Fortschrittsbericht II, 2002): Leitprojekt integrierte Virtuelle Produktentstehung, Fortschrittsbericht II, März 2002, Stuttgart, Fraunhofer IRB Verlag 2002.

Krause, F.-L. / Uhlmann, E. (Innovative Produktionstechnik, 1998): Innovative Produktionstechnik, München, Wien, Hanser Verlag 1998.

Krause, F.-L. et al. (Verteilte Produktentwicklung, 1994): Verteilte Produktentwicklung mittels Breitbandkommunikation, in: Zeitschrift für wirtschaftlichen Fabrikbetrieb - ZwF, Bd. 89 (1994) Heft Nr. 11, S. 544 - 547.

Krause, F.-L. et al. (Simulation, 1995): Simulation von Produktentwicklungsprozessen, in: Zeitschrift für wirtschaftlichen Fabrikbetrieb - ZwF, Bd. 90 (1995) Heft Nr. 3, S. 113 - 115.

Krause, F.-L. et al. (Verteilte Systeme, 1995): Verteilte Systeme zur Unterstützung teamorientierter Produktentwicklungsprozesse, in: Konstruktion, Bd. 47 (1995) Heft Nr. 12, S. 395 - 400.

Krause, F.-L. et al. (Featuretechnologie, 1997): Konfiguration von branchenspezifischen Produktentwicklungswerkzeugen mit Hilfe der Featuretechnologie, in: Zeitschrift für wirtschaftlichen Fabrikbetrieb - ZwF, Bd. 91 (1997) Heft Nr. 3, S. 86 - 90.

Krause, F.-L. et al. (DMU für verteilte kooperative Entwicklungsprozesse, 1998): Modellierungsmethoden und Systemgestaltung: DMU für verteilte kooperative Entwicklungsprozesse, in: Anderl / Encarnação / Rix (Hrsg.) (Tele-CAD, 1998), S. 202 - 211.

Krause, F.-L. et al. (Virtual product realization, 1998): Modules and tools for virtual product realization, in: Uhlmann (Technologiemanagement, 1998), S. 281- 289.

Krause, F.-L. et al. (Innovationspotentiale in der Produktentstehung, 2001): Innovationspotentiale in der Produktentstehung: Durchgängig digitale Prozesse mittels integrierter Virtueller Produktentstehung (iViP), in: Industrie Management, Bd. 17 (2001) Heft Nr. 3, S. 14 - 19.

Krcal, H.-Ch. (Umweltschutzthemen, 2001): Chronologie der Umweltschutzthemen in der deutschen Automobilindustrie: Entwicklungen und Konsequenzen 1990 bis 1999 - Teil 1, in: Zeitschrift für Automobilwirtschaft, Jg. 4 (2001) Heft Nr. 3, S. 68 - 73.

Krcmar, H. (Informationsmanagement, 1997): Informationsmanagement, Berlin u.a., Springer Verlag 1997.

Krcmar, H. / Reb, M. (IT und strategisches Management, 2000): Informationstechnologie und strategisches Management: Überlegungen zu aktuellen Trends und Perspektiven, in: Welge / AL-Laham / Kajüter (Hrsg.) (Strategisches Management, 2000), S. 425 - 446.

Kress, H. (Virtual Engineering Teams, 1998): Virtual Engineering Teams in der Verteilten Produktentwicklung, Dissertation TU Darmstadt, Stuttgart, Fraunhofer IRB Verlag 1998.

Krishnan, V. (Simultaneous execution of coupled phases, 1996): Managing the simultaneous execution of coupled phases in concurrent product development, in: IEEE Transactions on Engineering Management, Vol. 43 (1996), S. 210 - 217.

Krishnan, V .E. / Eppinger, S. D. / Whitney, D. E. (Model-based framework, 1995): A model-based framework to overlap product development activities, in: Management Science, Vol. 43 (1995) No. 4, S. 437 - 453.

Krüger, W. (Virtual Reality, 1993): Virtual Reality: Anwendungen in Wissenschaft, Technik und Medizin, in: Informationstechnik und Technische Informatik, Bd. 35 (1993) Heft Nr. 3, S. 31 - 37.

Krüger, C. (Qualität für Forschung und Entwicklung, 2000): Qualität für Forschung und Entwicklung, in: VDI-Z Integrierte Produktion, Bd. 143 (2001) Heft Nr. 1/2 - Januar/Februar, S. 70 - 71.

Krüger, J. (Virtuelle Produktdefinition, 2000): Erfolg durch virtuelle Produktdefinition, in: Automotive Engineering Partners, (2000) Heft Nr. 4, S. 37 - 39.

Krüger, W. / Homp, C. (Kernkompetenzmanagement, 1997): Kernkompetenzmanagement: Steigerung von Flexibilität und Schlagkraft im Wettbewerb, Wiesbaden, Gabler Verlag 1997.

Krusche, T. (Strukturierung von Anforderungen, 2000): Strukturierung von Anforderungen für eine effiziente und effektive Produktentwicklung, Aachen, Shaker Verlag 2000.

Kruschwitz, R. (Plattformstrategie und Gleichteileverwendung, 1998): Plattformstrategie und Gleichteileverwendung im Volkswagen Konzern, in: Verband der Automobilindustrie (Hrsg.) (Produktentstehung, 1998), o.S.

Kuhlen, R. (Informationsmarkt, 1995): Informationsmarkt: Chancen und Risiken der Kommerzialisierung von Wissen, Schriften zur Informationswissenschaft, Bd. 15., Konstanz, Universitätsverlag Konstanz 1995.

Kuhn, T.S. (The structure of scientific revolutions, 1970): The structure of scientific revolutions: International encyclopedia of unified science (2/2), Chicago 1970.

Kuhn, J. (Global Player-Ansatz im Automobilbau, 1998): Der Global Player-Ansatz im Automobilbau, in: Zeitschrift für Betriebswirtschaft, Jg. 68 (1998), S. 937 - 957.

Kühner, S. (Vernetzung, 2000): Vernetzen von Produktentwicklung und Fertigungsplanung, in: VDI-Z Special C-Techniken, Oktober 2000, S. 36 - 38.

Kühnle, H. / Wagenhaus, G. (Virtuelle Unternehmensverbünde, 2001): Virtuelle Unternehmensverbünde: Kooperationsmanagement und exemplarische Beispiele, in: Industrie Management, Bd. 16 (2000) Heft Nr. 3, S. 56 - 62.

Küppers, T. (Fahrwerk-Simulation, 2000): Fahrwerk-Simulation: Werkzeug für die Wertschöpfung, in: Automobil-Entwicklung, Jg. 2 (2000) Heft Nr. 3 - März, S. 78 - 79.

Lamming, R. (Zukunft der Zulieferindustrie, 1994): Die Zukunft der Zulieferindustrie: Strategien der Zusammenarbeit - Lean supply als Überlebenskonzept, Frankfurt u.a., Campus Verlag 1994.

Lange, H.-P. (Prozessorientierung beim Qualitätsmanagement, 2001): Prozessorientierung beim Qualitätsmanagement in der Automobil- und Zulieferindustrie, in: Zeitschrift für Automobilwirtschaft, Jg. 4 (2001) Heft Nr. 3, S. 24 - 30.

Lange, U. (Treiber im Änderungswesen, 2002): Treiber im Änderungswesen: Webgestütztes Workflow Management ist im Engineering-Prozess unerlässlich geworden, in: Handelsblatt, (2002) Ausgabe Nr. 36, 20.02.2002, S. B2.

Lee, K. (CAD/CAM/CAE-Systems, 1999): Principles of CAD/CAM/CAE-Systems, Reading (Mass.), Addison-Wesley Verlag 1999.

Lee, R. (Vehicle optimization, 2000): A systems approach to vehicle optimization, in: Smith / Hickmann (Hrsg.) (Vehicle Systems Integration, 2000), S. 259 - 270.

Lehmann, C. M. (Konstruktionsprozesse, 1989): Wissensbasierte Unterstützung von Konstruktionsprozessen, Dissertation TU Berlin, Reihe Produktionstechnik, Band 76, München, Wien, Hanser Verlag 1989.

Lehmann, C. M. (Kreativität in der Produktentwicklung, 1998): Digitale Kreativität in der Produktentwicklung durch virtuelle Realität, in: Zeitschrift für wirtschaftlichen Fabrikbetrieb - ZwF, Bd. 93 (1998) Heft Nr. 10, S. 468 - 469.

Leidich, E. / Jurklies, I. / Schumann, F. J. (Kostenprognose in der Konzeptphase, 2001): Fuzzybasierte Kostenprognose in der Konzeptphase, in: Konstruktion, Bd. 53 (2001) Heft Nr. 3 - März, S. 83 - 87.

Leidich, E. / Kertscher, U. (Programmsystem, 1998): Dynamisch erweiterbares Programmsystem zur Einbindung integrierter Berechnungs- und Gestaltungssysteme in globale Netzwerke, in: VDI-Gesellschaft (Hrsg.) (Informationsverarbeitung in der Konstruktion, 1998), S. 411 - 428.

Leinfellner, H. (Neue Formen der Zusammenarbeit, 2001): Neue Formen der Zusammenarbeit zwischen Herstellern und Zulieferern, in: Zeitschrift für Automobilwirtschaft, Jg. 4 (2001) Heft Nr. 3, S. 12 - 18.

Leißing, L. (Entwicklungspartnerschaften, 2001): Entwicklungspartnerschaften in der Automobilindustrie, in: Zeitschrift für Automobilwirtschaft, Jg. 4 (2001) Heft Nr. 3, S. 20 - 23.

Leonard-Barton, D. (Core capabilities and core rigidities, 1992): Core capabilities and core rigidities: A paradox in managing new product development, in: Strategic Management Journal, Vol. 13 (1992), S. 111 - 125.

Lewandowski, St. / Lewandowski, A. / Herzberg, J. (Integriertes Teilemanagement, 2000): Integriertes Teilemanagement in 3D-Konstruktionsumgebungen: Prozessorientierte Kopplung von ERP/PPS-, EDM/PDM-, CAD- und Normteilsystemen am Fallbeispiel des Adtranz-Konzerns, in: VDI-Gesellschaft (Hrsg.) (Produkte entwickeln im realen Umfeld, 2000), S. 167 - 179.

Ley, W. / Hofer, A. P. (Produktplattformen, 1999): Produktplattformen: Ein strategischer Ansatz zur Beherrschung der Variantenvielfalt, in: io Management Zeitschrift, Bd. 68 (1999) Heft Nr. 7-8, S. 56 - 60.

Liker, J. K. / Ettlie, J. E. / Campell, J. C. (Hrsg.) (Engineered in Japan, 1995): Engineered in Japan, New York u.a., Oxford University Press 1995.

Liker, J. K. et al. (Supplier involvement, 1996): Supplier involvement in automotive component design: Are there really large US Japan Differences?, in: Research Policy, Vol. 25 (1996), S. 59 - 89.

Lincke, W. (Simultaneous Engineering, 1995): Simultaneous Engineering: Neue Wege zur überlegenen Produktion, München, Wien, Hanser Verlag 1995.

Lindemann, U. et al. (Integrierte Produktentwicklung, 1999): Integrierte Produktentwicklung in der industriellen Anwendung: Eine Vorgehensweise zur verbesserten Umsetzung der Methodik, in: Konstruktion, Bd. 51 (1999) Heft Nr. 9, S. 30 - 34.

Lindemann, U. / Amft, M. (Gestaltung und Berechnung im Konstruktionsprozess, 2000): Rechnergestützte Integration von Gestaltung und Berechnung im Konstruktionsprozess, in: Konstruktion, Bd. 52 (2000) Heft Nr.10 - Oktober, S. 78 - 82.

Lindemann, U. / Collin, H. / Freyer, B. (Dokumentation von Produkt-Know-how, 1999): Einfache Werkzeuge zur Dokumentation von Produkt-Know-how, in: VDI-Z Special C-Techniken, Oktober 1999, S. 52 - 54.

Lindemann, U. / Reichwald, R. (Hrsg.) (Integriertes Änderungsmanagement, 1998): Integriertes Änderungsmanagement, Berlin, Springer Verlag 1998.

Lindemann, U. / Viertlböck, M. (3D-Modellierung, 1998): 3D-Modellierung im integrierten Produktentwicklungsprozess, in: 3D-CAD: Mehr als nur eine dritte Dimension, Augsburg, 6. Mai 1998, Seminarberichte iwb, Bd. 33 (1998), Seite 1 - 27, München, Utz Verlag 1998.

Linner, S. (Integrierte Produktentwicklung, 1995): Konzept einer integrierten Produktentwicklung, Berlin u.a., Springer Verlag 1995.

Linner, S. / Geyer, M. / Wunsch, A. (Digital Factory Tools, 1999): Optimierte Prozesse durch Digital Factory Tools, in: VDI-Geselllschaft (Hrsg.) (Virtuelle Produktentstehung, 1999), S. 187 - 198.

Linner, S. / Wunsch, A. (Prozesskettenorientierte Simulationswerkzeuge, 1998): Durchgängige Verifikation von Produkt und Produktion mit prozesskettenorientierten Simulationswerkzeugen, in: VDI-Gesellschaft (Hrsg.) (Informationsverarbeitung in der Konstruktion, 1998), S. 395 - 409.

Lippert, I. (Neuordnung von Prozeßketten, 1999): Zwischen Pfadabhängigkeit und radikalem Wandel: Neuordnung von Prozeßketten im internationalen Maschinenbau, Berlin, Sigma Verlag 1999.

Lippert, I. (Prozesskettenwandel, 2000): Prozesskettenwandel im internationalen Werkzeugmaschinenbau: Pfade zur integrierten Produktentwicklung, in: VDI-Z Integrierte Produktion, Bd. 142 (2000) Heft Nr. 1/2 - Januar/Februar, S. 62 - 64.

Lippert, I. / Jürgens, U. / Drüke, H. (Arbeit und Wissen im Produktentstehungsprozeß, 1996): Arbeit und Wissen im Produktentstehungsprozeß, in: Schreyögg / Konrad (Hrsg.) (Managementforschung 6, 1996), S. 235 - 261.

Livotov, P. (Computer-Aided-Innovation, 1998): TRIZ-Methode und Computer-Aided Innovation: Produktentwicklung und systematisches Problemlösen mit PC-gestützten Erfindungstechniken, in: io Management Zeitschrift, Bd. 67 (1998) Heft Nr. 11, S. 68 - 75.

Löffel, Ch. (Integration von Berechnungswerkzeugen, 1997): Integration von Berechnungswerkzeugen in den rechnerunterstützten Konstruktionsprozeß, Dissertation Erlangen, Eigendruck 1997.

Lombaers, J. (Product development: The art of communication, 1993): Product development (PD): The Art of Communication, in: International Conference on Engineering Design ICED 93, Den Haag, 17 - 19. August 1993, S. 672 - 679..

Luczak, H. / Kampker, R. / Wienecke, K. (Flexibilität von ERP-Anwendungssoftware, 2000): Anforderungen an die Flexibilität von ERP-Anwendungssoftware, in: VDI-Z Integrierte Produktion, Bd. 142 (2000) Heft Nr. 1/2 - Januar/Februar, S. 52 - 55.

Luczak, H. et al. (Kooperative Konstruktion und Entwicklung, 1995): Kooperative Konstruktion und Entwicklung, in: Reichwald / Wildemann (Hrsg.) (Kreative Unternehmen, 1995), S. 119 - 163.

Ludvigsen, K. E. (Kundenorientierung in der Automobilindustrie, 1995): Kundenorientierung in der Automobilindustrie, Landsberg, Verlag Moderne Industrie 1995.

Lullies, V. / Bollinger, H. / Weltz, F. (Wissenslogistik, 1993): Wissenslogistik: Über den betrieblichen Umgang mit Wissen bei Entwicklungsvorhaben, Frankfurt a.M., New York, Campus Verlag 1993.

Lung, Y. (Coping with variety, 1999): Coping with variety: Flexible productive systems for product variety in the auto industry, Aldershot u.a., Ashgate Verlag 1999.

Macharzina, K. (Unternehmensführung, 1999): Unternehmensführung, 3. Aufl., Wiesbaden, Gabler Verlag 1999.

Machner, B. / Lotter, N. (Netzwerk von Automobilhersteller und Zulieferer, 1998): Kooperative Produktentwicklung im Netzwerk von Automobilhersteller und Zulieferer, in: Anderl / Encarnação / Rix (Hrsg.) (Tele-CAD, 1998), S. 202 - 211.

Maderner, S. (E-Business Strategie, 2001): E-Business Strategie: BMW's neue "E-Kultur", in: Automobil-Industrie, Jg. 46 (2001) Heft Nr. 3, S. 28 - 30.

Manji, J. F. (Digital Mock-Up, 1998): Digital Mock-Up drives Chrysler to big cost savings, in: Managing Automation, Vol. 13 (1998) No. 10, S. 79 - 80.

Männel, B. (Netzwerke in der Zulieferindustrie, 1996): Netzwerke in der Zulieferindustrie: Konzepte, Gestaltungsmerkmale, Betriebswirtschaftliche Wirkungen, Wiesbaden, Dt. Univ.-Verlag 1996.

Marchart, H. (Automobilentwicklung, 1997): Automobilentwicklung: Potentiale nutzen, Zukunft sichern, in: VDI-Gesellschaft (Hrsg.) (Neue Wege in der Fahrzeugentwicklung, 1997), S. 1 - 19.

Marcial, F. / Müller, P. (Product Lifecycle Management, 2001): Product Lifecycle Management verbessert unternehmensübergreifende Geschäftsprozesse, in: VDI-Z Integrierte Produktion, Bd. 143 (2001) Heft Nr. 3 - März, S. 56 - 58.

Marketing Systems (Hrsg.) (Automotive trends April 2000, 2000): Automotive trends Nr. 1, April 2000: Intensiv-Informationen über die internationale Automobilindustrie, Online im Internet unter URL: http://www.marketingsystems.de/Automotive_trends/1_00.pdf (04.10.2001).

Marketing Systems (Hrsg.) (Automotive trends Juli 2000, 2000): Automotive trends Nr. 2, Juli 2000: Intensiv-Informationen über die internationale Automobilindustrie, Online im Internet unter URL: http://www.marketingsystems.de/Automotive_trends/2_00.pdf (04.10.2001).

Marketing Systems (Hrsg.) (Automotive trends Oktober 2000, 2000): Automotive trends Nr. 4, Oktober 2000: Intensiv-Informationen über die internationale Automobilindustrie, Online im Internet unter URL: *http://www.marketingsystems.de/Automotive_trends/ 4_00.pdf* (04.01.2002).

Marketing Systems (Hrsg.) (Automotive trends April 2001, 2001): Automotive trends Nr. 1, April 2001: Intensiv-Informationen über die internationale Automobilindustrie, Online im Internet unter URL: http://www.marketingsystems.de/Automotive_trends/1_01.pdf (04.01.2002).

Marketing Systems (Hrsg.) (Automotive trends Juli 2001, 2001): Automotive trends Nr. 2, Juli 2001: Intensiv-Informationen über die internationale Automobilindustrie, Online im Internet unter URL: http://www.marketingsystems.de/Automotive_trends/2_01.pdf (04.10.2001).

Mathee, U. (Produktentwicklung im Team, 2001): Produktentwicklung im Team muss optimal vorbereitet werden, in: VDI-Nachrichten, Ausgabe Nr. 27, 6. Juli 2001, S. 14.

Mathis, R. (Management markenorientierter Unternehmen, 2002): Management markenorientierter Unternehmen in der Automobilindustrie unter den Bedingungen moderner Informations- und Kommunikationstechnologien, Dissertation (Entwurf), Darmstadt 2002.

Maxton, G. / Wormald, J. (Business lessons from the world´s car industry, 1995): Driving over a cliff? Business lessons from the world´s car industry, Cambridge, Addison-Wesley Verlag 1995.

Meerkamm, H. (Engineering Workbench, 1995): Engineering Workbench: Ein Schlüssel zur Lösung komplexer Konstruktionsprobleme., in: International Conference on engineering Design ICED 95. Prag, 22.-24 August 1995, S. 121 - 128..

Meerkamm, H. (Konstruktionssystem mfk, 1996): Konstruktionssystem mfk: Ein Ansatz zur Lösung komplexer Engineering-Aufgaben, in: Dangelmaier / Gausemeier (Fortgeschrittene Informationstechnologie, 1996), S. 215 - 226..

Meerkamm, H. / Heynen, Chr. / Schweiger, W. (Integration von Berechnungen, 1999): Integration von Berechnungen in den frühen Entwurfsprozess, in: VDI-Gesellschaft (Hrsg.) (Integration von Gestaltung und Berechnung, 1999), S. 103 - 122.

Meerkamm, H. / Storath, E. (Produktentwicklung mit TeleEngineering, 1996): Produktentwicklung mit TeleEngineering: Potentiale von verteilten und integrierten Netzwerkdiensten, in: VDI-Gesellschaft (Hrsg.) (Engineering-Netze, 1996), S. 155 - 174.

Meerkamm, H. / Wartzack, S. (Verkürzung der Produktentwicklungszeiten, 1998): Verkürzung der Produktentwicklungszeiten durch Integration von Fertigungswissen in den Konstruktionsprozess, in: VDI-Gesellschaft (Hrsg.) (Informationsverarbeitung in der Konstruktion, 1998), S. 199 - 218.

Meffert, H. (Marketing, 1998): Marketing: Grundlagen marktorientierter Unternehmensführung, 8. Aufl., Wiesbaden, Gabler Verlag 1998.

Meier, H. et al. (Produktdatennutzung im Produktlebenszyklus, 1999): Neuartige Tools zur effizienten Nutzung der Produktdaten im gesamten Produktlebenszyklus, in: Konstruktion, Bd. 51 (1999) Heft Nr. 9 - September, S. 11 - 18.

Meinig, W. (Wertschöpfungskette Automobilwirtschaft, 1994): Wertschöpfungskette Automobilwirtschaft: Zulieferer - Hersteller - Handel; Internationaler Wettbewerb und globale Herausforderungen, Wiesbaden, Gabler Verlag 1994.

Meinig, W. (Hrsg.) (Grundbegriffe der Automobilwirtschaft, 1995): Grundbegriffe der Automobilwirtschaft, Bamberg, Eigendruck FAW 1995.

Meinig, W. / Mallad, H. (Hrsg.) (Strukturwandel mitgestalten, 1997): Strukturwandel mitgestalten: Rahmenbedingungen und Zukunftsperspektiven für Automobilhersteller, Importeure, Zulieferer und Handel, Symposium, Forschungsstelle Automobilwirtsschaft (FAW), Bamberg, Eigendruck FAW 1997.

Meißner, M. (CAD-Modellerzeugung, 2000): Methoden zur qualitätsgerechten CAD-Modellerzeugung für die virtuelle Produktentwicklung am Beispiel der Automobilindustrie, Aachen, Shaker Verlag 2000.

Meißner, M. / Müller, A. (Virtuelle Produktentwicklung, 2000): Virtuelle Produktentwicklung mit Produktstrukturen, in: Konstruktion, Bd. 52 (2000) Heft Nr. 9 - September, S. 43 - 45.

Menken, D. / Ott, Th. (Integration von Produkt- und Prozeßmodellen, 1998): Integration von Produkt- und Prozeßmodellen: Methodik und Tool-Konzept zur Unterstützung von Produktentwicklungsprozessen

Menne, R. J. / Rechs, M. (Optimierte Prozesse für die Großserie, 1999): Optimierte Prozesse für die Großserie: Reduzierte Entwicklungszeiten bei Verbrennungsmotoren, Berlin u.a., Springer Verlag 1999.

Menne, M. / Steck, R. (CAD goes Internet?, 2001): CAD goes Internet?, in: Technische Revue, (2001) Heft Nr. 1/2 - Januar/Februar, S. 10 - 12.

Mercedes-Benz Marketing Academy (Moderne Telekooperation, 1998): Akubis: Moderne Telekooperation als Wettbewerbsfaktor in der Automobilindustrie, Broschüre, Stuttgart, Eigendruck 1998.

Merlis, S. F. / Sylvester, M. E. / Newton, A. L. (Breakthroughs in E-Engineering, 2000): New product development drives value creation: The untold breakthroughs in E-Engineering - Industry overview, June 26, 2000, Wasserstein Perella Securities, Inc., New York u.a., Eigendruck 2000.

Mersch, T. (Elektronische Systeme im Auto, 2002): Elektronische Systeme im Auto helfen beim Lenken und Bremsen, in: Handelsblatt, (2002) Ausgabe Nr. 19, 28.01.2002, S. 15.

Mertens, P. (Integrierte Informationsverarbeitung, 1997): Integrierte Informationsverarbeitung 1: Administrations- und Dispositionssysteme in der Industrie, 11. neubearb. Aufl., Wiesbaden, Gabler Verlag 1997.

Mertens, H. (DFG-Schwerpunktprogramm, 1999): DFG-Schwerpunktprogramm "Innovative, rechnerunterstützte Konstruktionsprozesse: Integration von Gestaltung und Berechnung", in: VDI-Gesellschaft (Hrsg.) (Integration von Gestaltung und Berechnung, 1999), S. 13 - 30.

Mertens, P. / Griese, J. / Ehrenberg, D. (Hrsg.) (Virtuelle Unternehmen, 1998): Virtuelle Unternehmen und Informationsverarbeitung, Berlin, Springer Verlag 1998.

Mertins, K. / Rabe, M. / Friedland, R. (Simulationsmodelle, 1996): Simulationsmodelle erschließen neue Potentiale, in: Zeitschrift für wirtschaftlichen Fabrikbetrieb - ZwF, Bd. 91 (1996) Heft Nr. 10, S. 479 - 481.

Merz, E. (Lernen in Organisationen, 2000): Lernen in Organisationen, in: VDI-Z Special C-Techniken, Oktober 2000, S. 60 - 62.

Metzenthin, R. (Kompetenzorientierte Mergers & Acquisitions, 2000): Kompetenzorientierte Mergers & Acquisitions, in: Hammann / Freiling (Hrsg.) (Ressourcen- und Kompetenzperspektive, 2000), S. 277 - 310.

Meyer, M. / Lehnerd, A. (Product platforms, 1997): The power of product platforms, New York, Free Press 1997.

Meyer, M. H. / Utterback, J. M. (Cycle time and commercial success, 1995): Product development cycle time and commercial success, in: IEEE Transactions on Engineering Management, Vol. 42 (1995), S. 297 - 304.

Mierzwa, M. (Methodengestützte Produktentwicklungsprozesse, 1995): Methodengestützte Produktentwicklungsprozesse: Eine theoretische und empirische Analyse unter besonderer Berücksichtigung qualitätsgestaltender Instrumente, Frankfurt a.M., Verlag Lang 1995.

Milberg, J. (Agilität als Wettbewerbsfaktor, 1998): Perspektiven für die Produktion aus Sicht des Fahrzeugbaus: Agilität als Wettbewerbsfaktor, in: Uhlmann (Technologiemanagement, 1998), S. 29 - 38.

Milberg, J. (Virtuelle Produktion, 1999): Virtuelle Produktion: Simulation in Entwicklung und Planung, München, Utz Verlag 1999.

Milberg, J. / Reinhart, G. (Prozeß- und Produktsimulation, 1999): Prozeß- und Produktsimulation: Simulation in Entwicklung und Planung, München, Utz Verlag 1999.

Mildenberger, U. (Kompetenzentwicklung in Produktionsnetzwerken, 2000): Kompetenzentwicklung in Produktionsnetzwerken: Möglichkeiten und Grenzen, in: Hammann / Freiling (Hrsg.) (Ressourcen- und Kompetenzperspektive, 2000), S. 383 - 407.

Miller, R. (Global R&D networks and large-scale innovations, 1994): Global R&D networks and large-scale innovations: The case of the automobile industry, in: Research Policy, Vol. 23 (1994), S. 27 - 46.

Miller, W. L. / Morris, L. (4th generation R&D, 1998): 4th generation R&D: Managing knowledge, technology and innovation, New York u.a., Verlag Wiley & Sons 1998.

Millson, M. R. / Raj, S. P. / Wilemon, D. (Accelerating new product development, 1992): A survey of major approaches for accelerating new product development, in: Journal of Product Innovation Management, Vol. 9 (1992) No. 1, S. 53 - 69.

Molitor, M. / Szyminski, S. (Systemlieferanten und Großunternehmen, 1999): Mehr Verantwortung im System: Zusammenarbeit von Systemlieferanten und Großunternehmen, in: Industrie Management, Bd. 15 (1999) Heft Nr. 3, S. 57 - 61.

Monczka, R. M. (New product development, 2000): New product development: New strategies for supplier integration, Milwauke (Wis.), A.S.Q. Quality Press 2000.

Muffatto, M. (Product development capabilities, 1999): Building new product development capabilities, in: International Journal of Vehicle Design, Vol. 21 (1999) No. 1, S. 1 - 7.

Müller, M. (Modularisierung von Produkten, 2000): Modularisierung von Produkten, München, Hanser Verlag 2000.

Müller, M.. (Risikomanagement, 2001): Risikomanagement durch Modularisierung und Produktplattformen, in: Gassmann / Kobe / Voit (Hrsg.) (High-Risk-Projekte, 2001), S. 45 - 68.

Müller, G. / Reindl, P. (Der BMW DMU-Prozeß, 1999): Der BMW DMU-Prozeß mit Entwicklungspartnern, in: VDI-Geselllschaft (Hrsg.) (Virtuelle Produktentstehung, 1999), S. 135 - 147.

Müller-Stewens, G. / Gocke, A. (Kooperation in der Automobilindustrie, 1995): Kooperation und Konzentration in der Automobilindustrie: Strategien für Zulieferer und Hersteller, Chur, G&B Verlag Fakultas 1995.

Müller-Wondorf, R. (Zulieferer als Branchenmotor, 2001): Automobilbau: Zulieferer entwickeln sich zum Branchenmotor, in: VDI-Nachrichten, Ausgabe Nr. 29, 20 Juli 2001, S. 28.

Muth, M. / Weber, Chr. (Multimedia, 1998): Multimedia zur Unterstützung verteilter Konstruktionsprozesse, in: VDI-Gesellschaft (Hrsg.) (Informationsverarbeitung in der Konstruktion, 1998), S. 361 - 378.

Nagel, K. / Erben, R. F. / Piller, F. T. (Hrsg.) (Produktionswirtschaft 2000, 1999): Produktionswirtschaft 2000: Perspektiven für die Fabrik der Zukunft, Wiesbaden, Gabler Verlag 1999.

Nagel, A. / Laprell, J. (Fachbereichsübergreifender Optimierung, 1998): Möglichkeiten, Erfolge und Grenzen fachbereichsübergreifender Optimierung in der Karosserieentwicklung, in: VDI-Gesellschaft (Hrsg.) (Berechnung und Simulation im Fahrzeugbau, 1998), S. 599 - 627.

Nagl, M. / Westfechtel, B. (Entwicklungssysteme, 1998): Integration von Entwicklungssystemen in Ingenieuranwendungen, Berlin u.a., Springer Verlag 1998.

Nastansky, L. / Huth, C. (Organisation im virtuellen Unternehmen, 2001): Aufbau- und Prozessorganisation im virtuellen Unternehmen, in: Industrie Management, Bd. 16 (2000) Heft Nr. 6, S. 69 - 73.

Neff, Th. et al. (Front Load Costing, 2000): Front Load Costing: Produktkostenmanagement auf Basis unvollkommener Informationen, in: Kostenrechnungs-Praxis (krp), (2000) Heft Nr. 1, S. 15 - 24.

Nelson, D. / Mayo, R. / Moody, P. E. (Excellence in the global enterprise, 1998): Powered by Honda: Developing Excellence in the global enterprise, New York u.a., Verlag Wiley & Sons 1998.

Niederländer, F. (Produktpolitik von Automobilherstellern, 2000): Dynamik in der internationalen Produktpolitik von Automobilherstellern, Wiesbaden, Gabler Verlag 2000.

Nieschlag, R. / Dichtl, E. / Hörschgen, H. (Marketing, 1991): Marketing, 16. Aufl., Berlin, Duncker & Humbolt Verlag 1991.

Niesing, B. (Mehr Rechner für weniger Zeitaufwand, 2000): Mehr Rechner für weniger Zeitaufwand, in: Automobil-Entwicklung, Bd. 2 (2000) Heft Nr. 9 - September, S. 126 - 128.

Nieuwenhuis, P. / Wells, P. (Car making and automobility in the 21st century, 1997): The death of motoring? Car making and automobility in the 21st century, Chichester u.a., Verlag Wiley & Sons 1997.

Nightingale, P. (Product-process-organisation relationship, 2000): The product-process-organisation relationship in complex development projects, in: Research Policy, Vol. 29 (2000) Heft Nr. 7-8, S. 913 - 930.

Nishiguchi, T. (Hrsg.) (Managing product development, 1996): Managing product development, Oxford, New York, Oxford University Press 1996.

Nitschke, F. (Kostenmanagement von Entwicklungsvorhaben, 1999): Markt- und prozeßorientiertes Kostenmanagement von Entwicklungsvorhaben im Automobilbau. Dissertation, Universität Rostock, Hamburg, Verlag Dr. Kovac 1999.

Nobeoka, K. / Cusumano, M. A. (Strategy, structure and performance, 1992): Strategy, structure and performance in product development: Observations from the automobile industry, in: Research Policy, Vol. 21 (1992), S. 265 - 293.

Nobeoka, K. / Cusumano, M. A. (Survey of automobile development projects, 1995): Multiproject strategy, design transfer, and project performance: A survey of automobile development projects in the US and Japan, in: IEEE Transactions on Engineering Management, Vol. 42 (1995) No. 4 - November, S. 397 - 409.

Nolte, H. (Ressourcenorientierte Unternehmensführung, 1998): Aspekte ressourcenorientierter Unternehmensführung, München, Rainer Hampp Verlag 1998.

Nonaka, I. / Nishiguchi, T. (Hrsg.) (Dimensions of knowledge creation, 2001): Knowledge emergence: Social, technical, and evolutionary dimensions of knowledge creation, Oxford, New York, Oxford University Press 2001.

Nonaka, I. / Takeuchi, H. (Knowledge creating company, 1995): The knowledge creating company, New York, Oxford University Press 1995.

Nonaka, I. / Takeuchi, H. (Die Organisation des Wissens, 1997): Die Organisation des Wissens: Wie japanische Unternehmen eine brachliegende Ressource nutzbar machen, Frankfurt, New York, Campus Verlag 1997.

Norrgren, F. / Karlsson, Ch. (Product Development Management, 1997): 4th International Product Development Management Conference, Stockholm, Sweden, 26 - 27. May, 1997, Stockholm, Eigendruck 1997.

North, K. (Wissen in F&E, 2000): Wissen schaffen in Forschung und Entwickung, in: Bürgel (Hrsg.) (Forschungs- und Entwicklungsmanagement, 2000), S. 29 - 49.

Nottrodt, J. (Qualitätssteigerung in der Produktentwicklung, 1999): Qualitätssteigerung in der Produktentwicklung durch frühzeitige Nutzung von Informationen zu vorhandenen Produkten, Fortschrittsberichte VDI, Band Nr. 301, Düsseldorf, VDI Verlag 1999.

o.V. (Life-cycle modelling, 1996): Life-cycle modelling for innovative products and processes, Proceedings, London, Verlag Chapman and Hall 1996.

o.V. (QM in der Automobilindustrie, 1996): Qualitätsmanagement in der Automobilindustrie: Sicherung der Qualität vor Serieneinsatz, VDA Schrift, 3. Auflage, Bd. 4., Frankfurt a.M., Eigendruck 1996.

o.V. (New economics of economy cars, 1997): New economics of economy cars, in: The New York Times, January 15.

o.V. (Aufwand für Entwicklungen, 1998): Audi AG: Aufwand für Entwicklungen, in: Automobil-Entwicklung, Jg. 1 (1998) Heft Nr. 3 - März, S. 12 - 14.

o.V. (C3P: Für Zulieferer zum Discount-Preis, 1998): C3P: Für Zulieferer zum Discount-Preis, in: Automobil-Entwicklung, Jg. 1 (1998) Heft Nr. 5 - Mai, S. 40 - 42.

o.V. (CAD: Machtwechsel bei den Systemen, 1998): CAD: Machtwechsel bei den Systemen, in: Automobil-Entwicklung, Jg. 1 (1998) Heft Nr. 3 - März, S. 68 - 72.

o.V. (CAD-Simulation: Virtuelle Automontage, 1998): CAD-Simulation: Virtuelle Automontage, in: Automobil-Entwicklung, (1998) Heft Nr. 5 - Mai, S. 44.

o.V. (Daten-Management bei VW, 1998): Daten-Management bei VW: Wichtiges erhält Vorfahrt, in: Automobil-Entwicklung, Jg. 1 (1999) Heft Nr. 11 - November, S. 64.

o.V. (Digitale Prozesskette der Automobilentwicklung, 1998): CeBIT '98: Szenario zeigt digitale Prozesskette der Automobilentwicklung, in: VDI-Nachrichten, Ausgabe 20.03.1998, S. 14.

o.V. (Geschlossene Prozessketten:, 1998): Geschlossene Prozessketten: Die Regelkreise enger ziehen, in: Automobil-Entwicklung, Jg. 1 (1998) Heft Nr. 2 - März, S. 58 - 60.

o.V. (Kooperation contra Konzentration, 1998): Kooperation contra Konzentration, in: Automobil-Industrie, Jg. 43 (1998) Heft Nr. 7, S. 22 - 29.

o.V. (Produktentstehungsprozeß des neuen Golf, 1998): Technische Entwicklung: Der Produktentstehungsprozeß am Beispiel des neuen Golf, Wolfsburg, Eigendruck Volkswagen AG 1998.

o.V. (Prozesskette, 1998): Weltweites Schliessen der Prozesskette, in: Automotive Engineering Partners, (1998) 1, S. 46 - 48.

o.V. (Rapid Prototyping: Entwickeln ohne Fehler, 1998): Rapid Prototyping: Entwickeln ohne Fehler, in: Automobil-Entwicklung, Jg. 1 (1998) Heft Nr. 3 - März, S. 46 - 48.

o.V. (Anzahl Direktlieferanten, 1999): Anzahl Direktlieferanten: Zahl der logistischen Kontakte sinkt weiter, in: Automobil-Produktion, Jg. 13 (1999) Heft Nr. 5 - Oktober, S. 8.

o.V. (Bertrandt AG: Entwicklung zum Marktführer, 1999): Bertrandt AG: Entwicklung zum Marktführer, in: Automobil-Entwicklung, Jg. 1 (1999) Heft. Nr. 7 - Juli, S. 24 - 28.

o.V. (Durchgängige Prozeßketten, 1999): Durchgängige Prozeßketten als ständige Herausforderung, in: VDI-Z Special C-Techniken, Oktober 1999, S. 12 - 13.

o.V. (Finite-Elemente-Methode: Crash am Computer, 1999): Finite-Elemente-Methode: Crash am Computer, in: Automobil-Entwicklung, Jg. 1 (1999) Heft. Nr. 9 - September, S. 36.

o.V. (Ford-Entwicklunsgzentrum, 1999): Ford-Entwicklunsgzentrum: Basis für "saubere" Visionen, in: Automobil-Entwicklung, (1999) Heft. Nr. 9 - September, S. 28 - 29.

o.V. (Konstruktionssoftware, 1999): Konstruktionssoftware: Mehr Kundennähe in der FuE, in: Automobil-Entwicklung, Jg. 1 (1999) Heft Nr. 3 - März, S. 94 - 95.

o.V. (Markentrennung geht vor Synergie, 1999): Strategie DaimlerChrysler AG: Markentrennung geht vor Synergie; Interview mit Hans-Joachim Schöpf, Mitglied des Geschäftsfeldvorstandes Pkw Mercedes-Benz, Smart und Leiter der Entwicklung Mercedes Pkw, in: Automobil-Produktion, Jg. 13 (1999) Heft Nr. 10 - Oktober, S. 28 - 29, 36.

o.V. (OEMs vertiefen ihre Produkt-Kompetenz, 1999): OEMs vertiefen ihre Produkt-Kompetenz, in: Automobil-Produktion, Jg. 13 (1999) Heft Nr. 4 - September, S. 96 - 104.

o.V. (Partner frühzeitig einbeziehen, 1999): Audi AG: Partner frühzeitig einbeziehen, Interview mit Dr. Werner Mischke, Vorstand der technischen Entwicklung bei Audi, in: Automobil-Produktion, Jg. 13 (1999) Heft Nr. 6 - Juni, Sonderausg. Audi, S. 16 - 18.

o.V. (Produktdatenmanagement, 1999): Produktdatenmanagement nicht nur für die Fertigungsindustrie interessant, in: VDI-Z Special C-Techniken, Oktober 1999, S. 18.

o.V. (Prototypen aus dem Rechner, 1999): Prototypen aus dem Rechner: Virtuelle Produktentstehung, in: Automobil-Entwicklung, Jg. 1 (1999) Heft Nr. 2, S. 64 - 66.

o.V. (Rapid Prototyping, 1999): Rapid Prototyping beschleunigt Automobilentwicklung, in: VDI-Z Special Werkzeug- und Formenbau, November 1999, S. 32.

o.V. (Systemmanagement als die zentrale Herausforderung, 1999): Systemmanagement als die zentrale Herausforderung; Interview mit Klaus Iffland, Leiter Einkauf bei Audi, in: Automobil-Produktion, Jg. 13 (1999) Heft Nr. 6 - Juni, Sonderausg. Audi, S. 42 - 46.

o.V. (Unigraphics V16, 1999): Unigraphics V16: Meilensteine für die Produktentwicklung, in: CAD-CAM Report, Bd. 18 (1999) Heft Nr. 10, S. 26 - 31.

o.V. (Atmende Entwicklung, 2000): Atmende Entwicklung, Interview mit Dr. Hans-Joachim Schöpf, Geschäftsfeldvorstand Mercedes Benz und Smart, Leiter der Entwicklung, in: Automobil-Produktion, Jg. 14 (2000) Sonderheft C-Klasse, Juli 2000, S. 16 - 18.

o.V. (Augmented Reality, 2000): Augmented Reality: Das dritte Auge, in: Automobil-Entwicklung, Jg. 2 (2000) Heft Nr. 5 - Mai, S. 44.

o.V. (Baustellen, 2000): Hier und da noch Baustellen; Interview mit Johannes Rudnitzki, Leiter Materialeinkauf Pkw und Smart bei der DaimlerChrysler AG, in: Automobil-Produktion, Jg. 14 (2000) Sonderheft C-Klasse, Juli 2000, S. 60 - 64.

o.V. (BMW M GmbH, 2000): BMW M GmbH: Schnelle Autos schnell entwickeln; Interview mit Gerhard Richter, Leiter Entwicklung M Fahrzeuge, in: Automobil-Entwicklung, Jg. 2 (2000) Heft Nr. 11 - November, S. 44 - 48.

o.V. (BMW Technik GmbH, 2000): BMW Technik GmbH: Visionäre mit Bodenhaftung, in: Automobil-Entwicklung, Jg. 2 (2000) Heft Nr. 11 - November, S. 14 - 18.

o.V. (CAD-Datentausch bei BMW, 2000): CAD-Datentausch bei BMW, in: Automobil-Entwicklung, Jg. 2 (2000) Heft Nr. 5 - Mai, S. 7.

o.V. (CAD-Systeme für die Automobilindustrie, 2000): Marktbild: Wichtige Anbieter von CAD-Systemen für die Automobilindustrie, in: Automobil-Entwicklung, Jg. 2 (2000) Heft Nr. 11 - November, S. 114.

o.V. (CAx-Pipeline: Durchgängige Datenwelten, 2000): CAx-Pipeline: Durchgängige Datenwelten, in: Automobil-Entwicklung, Jg. 2 (2000) Heft Nr. 3 - März, S. 74 - 77.

o.V. (C-Klasse: Die Top 100 Lieferanten, 2000): C-Klasse: Die Top 100 Lieferanten, in: Automobil-Produktion, Jg. 14 (2000) Sonderheft C-Klasse, Juli 2000, S. 66 - 74.

o.V. (Design in drei Dimensionen, 2000): Design in drei Dimensionen, in: Automobil-Produktion, Jg. 14 (2000) Sonderheft C-Klasse, Juli 2000, S. 84 - 86.

o.V. (Die aktuelle Lage der Automobilindustrie weltweit, 2000): Die aktuelle Lage der Automobilindustrie weltweit, Frankfurt a.M., Eigendruck VDA 2000.

o.V. (Digital Mock-Up, 2000): Digital Mock-Up: Auf Kollisionskurs, in: Automobil-Industrie, Sonderheft Engineering/Prototyping, Jg. 45 (2000) Heft Nr. 6 - November, S. 62 - 64.

o.V. (Ein Cockpit, viele Köpfe, 2000): Ein Cockpit, viele Köpfe, in: Automobil-Produktion, Jg. 14 (2000) Sonderheft C-Klasse, Juli 2000, S. 50 - 52.

o.V. (Entwickeln im Netz, 2000): Entwickeln im Netz, in: Automobil-Entwicklung, Jg. 2 (2000) Heft Nr. 11 - November, S. 117.

o.V. (Entwicklungskapazitäten in der Automobilindustrie, 2000): Entwicklungskapazitäten in der deutschen Automobilindustrie, in: Automobil-Entwicklung, Jg. 2 (2000) Heft Nr. 3 - Mai, S. 6.

o.V. (Entwicklungszentrum Bertrandt, 2000): Entwicklungszentrum Bertrandt: Hochspannung im "Vernetzungshaus", in: Automobil-Entwicklung, Jg. 2 (2000) Heft Nr. 3 - März, S. 62 - 65.

o.V. (Externe Entwickler für die Automobilindustrie, 2000): Marktbild: Externe Entwickler für die Automobilindustrie - Kommt der Mega-Entwickler?, in: Automobil-Entwicklung, Jg. 2 (2000) Heft Nr. 1 - Januar, S. 78 - 80.

o.V. (Externe Entwickler für die Automobilindustrie, 2000): Marktbild: Externe Entwickler für die Automobilindustrie, in: Automobil-Entwicklung, Jg. 2 (2000) Heft Nr. 7 - Juli, S. 96 - 99.

o.V. (Ford-Entwicklung, 2000): Ford-Entwicklung: "CD 132" trifft "C3P", in: Automobil-Produktion, Jg. 14 (2000) Sonderausgabe Ford Mondeo, Dez. 2000, S. 56 - 58.

o.V. (FuE: Die Japaner in Europa, 2000): FuE: Die Japaner in Europa, in: Automobil-Entwicklung, Jg. 2 (2000) Heft Nr. 9 - September, S. 6.

o.V. (Geringere Prototypen-Kosten, 2000): 20 Prozent weniger Prototypen-Kosten, in: Automobil-Entwicklung, Jg. 2 (2000) Heft Nr. 9 - September, S. 123.

o.V. (Ideen für den Innenraum, 2000): Visteon-Technikzentrum: Ideen für den Innenraum, in: Automobil-Entwicklung, Jg. 2 (2000) Heft Nr. 9 - September, S. 60 - 64.

o.V. (Im Netz der Informationen, 2000): Internet-Protokoll bei DaimerChrysler: Im Netz der Informationen, in: Automobil-Entwicklung, Jg. 2 (2000) Heft Nr. 11 - November, S. 50 - 54.

o.V. (Innovationen für das Online-Auto, 2000): Porträt CAA AG: Innovationen für das Online-Auto, in: Automobil-Entwicklung, Jg. 2 (2000) Heft Nr. 9 - September, S. 76 - 80.

o.V. (Katalysator für den Entwicklungsprozess, 2000): Virtual Reality Center: Katalysator für den Entwicklungsprozess, in: Automobil-Entwicklung, Jg. 2 (2000) Heft Nr. 7 - Juli, S. 72 - 74.

o.V. (Megas bündeln ihr Know-how, 2000): IT-Technologie: Megas bündeln ihr Know-how, in: Automobil-Entwicklung, Jg. 2 (2000) Heft Nr. 3 - März, S. 66.

o.V. (Mercedes-Benz C-Klasse, 2000): Mercedes-Benz C-Klasse: Start mit der Limousine, in: Automobil-Entwicklung, Jg. 2 (2000) Heft Nr. 5 - Mai, S. 16 - 22.

o.V. (Neue Wege bei MCC, 2000): Produktplanung: Neue Wege bei MCC, in: Automobil-Entwicklung, Jg. 2 (2000) Heft Nr. 5 - Mai, S. 68.

o.V. (Online-Kopplung von CAD und ERP, 2000): Konstrukteure "von der Insel holen": Effizienter mit echter Online-Kopplung von CAD und ERP, in: VDI-Z Special C-Techniken, Oktober 2000, S. 39 - 40.

o.V. (Opel-Entwicklung, 2000): Opel-Entwicklung: Virtual Reality - Pionier und Protagonist; Interview mit Hans Demant, Entwicklungsvorstand und Chef des ITEZ in Rüsselsheim, in: Automobil-Produktion, Jg. 14 (2000) Heft Nr. 1 - Januar, S. 32 - 35.

o.V. (Per Allrad aus der virtuellen Welt, 2000): Per Allrad aus der virtuellen Welt, in: Automobil-Entwicklung, Jg. 2 (2000) Heft Nr. 7 - Juli, S. 14 - 18.

o.V. (Prototypenversuche, 2000): Vorpotimierung reduziert Prototypenversuche, in: VDI-Z Special C-Techniken, Oktober 2000, S. 16.

o.V. (Prototypisch Porsche, 2000): Prototypisch Porsche, in: Automobil-Industrie, Sonderheft Engineering/Prototyping, Jg. 45 (2000) Heft Nr. 6 - November, S. 38 - 40.

o.V. (Prozess-Beschleunigung durch CAD, 2000): Prozess-Beschleunigung: CAD-System spielt die Hauptrolle, in: Automobil-Entwicklung, Jg. 2 (2000) Heft Nr. 11 - November, S. 108 - 110.

o.V. (Seat-Entwicklung, 2000): Seat-Entwicklung: Mediterranes Flair auf VW-Plattform, in: Automobil-Entwicklung, Jg. 2 (2000) Heft Nr. 3 - März, S. 56 - 58.

o.V. (Seat-Entwicklung: 24 Monate im Visier, 2000): Seat-Entwicklung: 24 Monate im Visier, in: Automobil-Entwicklung, Jg. 2 (2000) Heft Nr. 3 - März, S. 60 - 61.

o.V. (Simulation: Hardware-in-the-Loop, 2000): Simulation: Hardware-in-the-Loop startet durch, in: Automobil-Entwicklung, Jg. 2 (2000) Heft Nr. 1 - Januar, S. 26 - 27.

o.V. (Spaziergang durch die Ideen, 2000): Virtual Reality: Spaziergang durch die Ideen, in: Automobil-Entwicklung, Jg. 2 (2000) Heft Nr. 9 - September, S. 86 - 88.

o.V. (Steigender FuE-Aufwand, 2000): Steigender FuE-Aufwand, in: Automobil-Entwicklung, Jg. 2 (2000) Heft Nr. 5 - Mai, S. 7.

o.V. (Strategie Opel, 2000): Strategie Opel: Mehr Initiative von den Zulieferern, in: Automobil-Produktion, Jg. 14 (2000) Sonderteil Automobilelektronik Sept., S. 18 - 20.

o.V. (Sturmwarnung im Netzwerk, 2000): Automobil-Forum: Sturmwarnung im Netzwerk, in: Automobil-Produktion, Jg. 14 (2000) Heft Nr. 3 - Juni, S. 36 - 40.

o.V. (Technische Details und Preise aller Automobile, 1985 - 2000): Technische Details und Preise aller Automobile der Weltproduktion; jährliche Beilage zum Katalog der "Automobil Revue" anläßlich des Automobilsalons in Genf.

o.V. (Tools für virtuelle Teams, 2000): Tools für virtuelle Teams, in: Automobil-Entwicklung, Jg. 2 (2000) Heft Nr. 4 - September, S. 118 - 120.

o.V. (Trends in der Automobilindustrie, 2000): Trends in der Automobilindustrie: Umstellung von der Einzel- zur Mehrmarkenstrategie, in: Automobil-Entwicklung, (2000) Heft Nr. 5 - Mai, S. 6.

o.V. (Unigraphics Solutions, 2000): Unigraphics Solutions: Satter Auftrag von GM, in: Automobil-Industrie, Sonderheft Engineering/Prototyping, Jg. 45 (2000) Heft Nr. 6 - November, S. 8.

o.V. (Varianten flexibler und später bilden, 2000): Varianten flexibler und später bilden, in: Automobil-Produktion, Jg. 14 (2000) Heft Nr. 4 - August, S. 104 - 105.

o.V. (Virtual Reality, 2000): VR wird Pflicht für Systemlieferanten, in: VDI-Z Special C-Techniken, Oktober 2000, S. 31 - 32.

o.V. (Virtuelle Entwicklung, 2000): Virtuelle Entwicklung: Jenseits von Zeit und Raum, in: Automobil-Produktion, Jg. 14 (2000) Heft Nr. 1 - Januar, S. 36 - 39.

o.V. (Virtuelle Entwicklung, 2000): Virtuelle Entwicklung: Projekte flexibler handhaben; Ein Interview mit Prof. Dr. Bharat Balasubramanian, Direktor Entwicklung Mercedes-Benz PKW, in: Automobil-Entwicklung, Jg. 2 (2000) Heft Nr. 4 - Juli, S. 71.

o.V. (Virtuelle Service-Funktionen, 2000): Es fehlen virtuellen Service-Funktionen; Interview mit dem Leiter des Technischen Computer Zentrums der DaimlerChrysler AG in Auburn Hills., in: Automobil-Entwicklung, Jg. 2 (2000) Heft Nr. 2 - März, S. 77.

o.V. (Virtueller Crash-Test, 2000): Virtueller Crash-Test: Der Real-Test wird bleiben, in: Automobil-Entwicklung, Jg. 2 (2000) Heft Nr. 5 - September, S. 110.

o.V. (Digitale Hochzeit, 2001): Virtual Reality: Digitale Hochzeit, in: Automobil-Entwicklung, Jg. 3 (2001) Heft Nr. 4 - Juli, S. 86.

o.V. ("Quality Gates" verhindern den Garantiefall, 2001): "Quality Gates" verhindern den Garantiefall, in: VDI-Nachrichten, (2001) Ausgabe Nr. 44, 02.11.2001, S. 13.

o.V. (62 Millionen Euro für die Zukunft, 2001): ZF: 62 Millionen Euro für die Zukunft, in: Automobil-Entwicklung, Jg. 3 (2001) Heft Nr. 5 - September, S. 82.

o.V. (Autobauer erhöhen Druck auf Zulieferer, 2001): Autobauer erhöhen Druck auf Zulieferer: Die Branche greift zu harten Sanierungsmaßnahmen, in: Handelsblatt, Ausgabe Nr. 204, 23.10.2001, S. 16.

o.V. (Automobil-Forum 2001, 2001): Tagungsunterlagen Automobil-Forum 2001: Die neuen Strategien der Automobilhersteller, Jahreskongress der europäischen Automobilhersteller und Zulieferer, Stuttgart, 8.-9. Mai, Stuttgart, Eigendruck 2001.

o.V. (Begriffe und Definitionen, 2001): Begriffe und Definitionen, Online im Internet unter URL: http://www.vppm.com/definitions.html (08.06.2001).

o.V. (BMW Supply Chain, 2001): BMW Supply Chain: Multiplizieren statt addieren, in: Automobil-Produktion, Jg. 15 (2001) Heft Nr. 4 - August, S. 24 - 32.

o.V. (Capacity utilisation North America, part 1, 2001): Capacity utilisation: North American light vehicle production by plant and model with implied capacity utilisation, 1999 & 2000, part 1, in: World Automotive Manufacturing, (2001) April, S. 24 - 26.

o.V. (Capacity utilisation North America, part 2, 2001): Capacity utilisation: North American light vehicle production by plant and model with implied capacity utilisation, 1999 & 2000, part 2, in: World Automotive Manufacturing, (2001) May, S. 24 - 26.

o.V. (Capacity utilisation West Europe, 2001): Capacity utilisation: West European light vehicle production by plant and model with implied capacity utilisation, 1999 & 2000, in: World Automotive Manufacturing, (2001) June, S. 22 - 26.

o.V. (Covisint, 2001): Covisint: Die Erschaffung eines globalen Marktplatzes, Online im Internet unter URL: http://www.covisint.com/german (21.10.2001).

o.V. (Engineering im Zeitalter des eBusiness, 2001): Engineering im Zeitalter des eBusiness, Online im Internet unter URL: http://www.tecoplan.de/docs/whitepapers (06.06.2001).

o.V. (Erfahrungs-Rückfluss zur Entwicklung, 2001): Lektion gelernt: Erfahrungs-Rückfluss zur Entwicklung, in: Automobil-Entwicklung, Jg. 3 (2001) Heft Nr. 2 - März, S. 64.

o.V. (FastCar, 2001): FastCar: DaimlerChrysler will schneller entwickeln, in: Automobil-Entwicklung, Jg. 3 (2001) Heft Nr. 4 - September, S. 18.

o.V. (Flut neuer Automodelle, 2001): Flut neuer Automodelle ist auch künftig nicht zu stoppen, in: Handelsblatt, Ausgabe Nr. 215, 7.11.2001, S. 49.

o.V. (Gemeinsam entwickelter Dieselmotor, 2001): Peugeot setzt mit Ford entwickelten Dieselmotor ein, in: Handelsblatt, Ausgabe Nr. 231, 29.11.2001, S. 23.

o.V. (Inspiration aus der Datenbank, 2001): Inspiration aus der Datenbank, in: Automobil-Entwicklung, Jg. 3 (2001) Heft Nr. 2 - März, S. 44 - 45.

o.V. (Integrierte Virtuelle Produktentstehung, 2001): Leitprojekt integrierte Virtuelle Produktentstehung, Online im Internet unter URL: http://ivip.ipk.fhg.de/ (06.08.2001).

o.V. (Internet verändert die Automobilindustrie, 2001): Internet verändert die Automobilindustrie, in: VDI-Z Integrierte Produktion, Bd. 143 (2001) Heft Nr. 3 - März, S. 12 - 13.

o.V. (Kollisionen ausgetrickst, 2001): Kollisionen ausgetrickst, in: Automobil-Entwicklung, Jg. 3 (2001) Heft Nr. 3 - Mai, S. 54.

o.V. (Marktübersicht Engineering-Dienstleister, 2001): Marktübersicht Engineering-Dienstleister, in: Automobil-Industrie, Jg. 46 (2001) Heft Nr. 5, S. 44 - 49.

o.V. (Mercedes-Strategie, 2001): Mercedes-Strategie: Differenzierung durch Elektronik; Interview mit Dr. Hans-Joachim Schöpf, Entwicklungsvorstand PKW Mercedes-Benz und Smart, in: Automobil-Entwicklung, Jg. 3 (2001) Heft Nr. 1 - Januar, S. 12 - 14.

o.V. (Mit Joint Ventures Unabhängigkeit sichern, 2001): Hella will mit Joint Ventures Unabhängigkeit sichern: Automobilzulieferer steht Zukäufen skeptisch gegenüber, in: Handelsblatt, Ausgabe Nr. 250, 28./29.12.2001, S. 19.

o.V. (Neue Strategien der Automobilhersteller, 2001): Automobil-Forum 2001: Die neuen Strategien der Automobilhersteller, in: Automobil-Produktion, Jg. 15 (2001) Heft Nr. 3 - Juni, S. 26 - 32.

o.V. (Optik in virtuellen Welten, 2001): Virtual Reality: Optik in virtuellen Welten, in: Automobil-Entwicklung, Jg. 3 (2001) Heft Nr. 3 - Juli, S. 80 - 82.

o.V. (Product development locations, 2001): Product development locations in the world automobile industry, Online im Internet unter URL: http://www.autointell.com/management/product.htm (04.01.2002).

o.V. (Produktentwicklung im Wandel, 2001): Produktentwicklung im Wandel, in: VDI-Z Integrierte Produktion, Bd. 143 (2001) Heft Nr. 3 - März, S. 33 - 35.

o.V. (Renault Technocentre, 2001): Renault Technocentre: 300 Millionen Mark gespart, in: Automobil-Entwicklung, Jg. 3 (2001) Heft Nr. 2 - März, S. 48 - 49.

o.V. (Sicherheitsnetz aus Bits und Bytes, 2001): Sicherheitsnetz aus Bits und Bytes, in: Automobil-Entwicklung, Jg. 3 (2001) Heft Nr. 1 - Januar, S. 10 - 11.

o.V. (Software für Automotive Design, 2001): Marktbild: Software für Automotive Design, in: Automobil-Entwicklung, Jg. 3 (2001) Heft Nr. 3 - März, S. 88.

o.V. (SupplyOn, 2001): SupplyOn: Elektronische Basis für Kooperationen, in: Automobil-Produktion, Jg. 15 (2001) Heft Nr. 3 - Juni, S. 70.

o.V. (Top 100 global OEM parts suppliers, 2001): Top 100 global OEM parts suppliers (Ranked on 2000 global OEM automotive parts sales), in: Automotive News, (2001) June, 18th, S. 22 - 30.

o.v. (Vehicle communications strategy, 2001): Chrysler Group relies on expert suppliers in developing vehicle communications strategy, in: PR Newswire, (2001) October, 26th, S. 12.

o.V. (Vernetzung, 2001): Vernetzung: 26 Standorte arbeiten simultan, in: Automobil-Entwicklung, Jg. 3 (2001) Heft Nr. 1 - Januar, S. 28 - 30.

o.V. (Virtual Reality, 2001): Vorstoß nach Japan mit Virtual Reality, in: Automobil-Entwicklung, Jg. 3 (2001) Heft Nr. 1 - Januar, S. 20 - 21.

o.V. (Virtuelle Welten realisieren, 2001): Virtuelle Welten realisieren, in: Automobil-Entwicklung, Jg. 3 (2001) Heft Nr. 3 - Mai, S. 38 - 40.

o.V. (Wie Pioniere neue Positionen sichern, 2001): Entwickler-Tagung: Wie Pioniere neue Positionen sichern, in: Automobil-Entwicklung, Jg. 3 (2001) Heft Nr. 1 - Januar, S. 8 - 9.

o.V. (WWW kontra Variantenkosten, 2001): Internet-Portal: WWW kontra Variantenkosten, in: Automobil-Entwicklung, Jg. 3 (2001) Heft Nr. 1 - Januar, S. 16 - 18.

o.V. (Zukunftsstudie: Abschied vom Autobau, 2001): Zukunftsstudie: Abschied vom Autobau, in: Automobil-Produktion, Jg. 15 (2001) Heft Nr. 6 - Dezember, S. 58.

o.V. (Abgasnormen: Gegenwart und Zukunft, 2002): Abgasnormen: Gegenwart und Zukunft, Online im Internet unter URL: http://ivkwww.tuwien.ac.at/vdiberivht/auto_umwelt/html/frage5.htm (28.04.2002).

o.V. (Abgaswerte für Pkw, 2002): Auto-/Ölprogramm EU: Abgaswerte für Pkw, Online im Internet unter URL: http://www.kfztech.de/kfztechnik/motor/abgas/abgaswerte.htm. (28.04.2002).

o.V. (Automobil-Leichtbau, 2002): Innenhochdruck-Umformen im Automobil-Leichtbau, in: VDI-Nachrichten, (2002) Ausgabe Nr. 18, 03.05.2002, S. 14.

o.V. (Bei Chrysler wächst der Einfluss von Mercedes, 2002): Bei Chrysler wächst der Einfluss von Mercedes, in: Handelsblatt, Ausgabe Nr. 6, 09.01.2002, S. 14.

o.V. (Beteiligungen der Automobilhersteller, 2002): Beteiligungen der Automobilhersteller, Stand 1.10.2001, Online im Internet unter URL: http://www.kfzbetrieb.de/files/organigramm-aktuell.pdf (18.03.2002).

o.V. (Crossover heißt der neue Trend, 2002): Crossover heißt der neue Trend, in: Automobilwoche, (2002) Ausgabe Nr. 5, 18.03.2002, S. 15.

o.V. (GM und Daewoo nähern sich an, 2002): GM und Daewoo nähern sich an, in: Handelsblatt, (2002) Ausgabe Nr. 58, 22./23.03.2002, S. 14.

o.V. (Neue Absatzinstrumente zur Rabattgewährung, 2002): Autohersteller fechten Rabattschlachten aus: Neue Absatzinstrumente auf dem deutschen Markt, in: Handelsblatt, (2002) Ausgabe Nr. 73, 16.04.2002, S. 11.

o.V. (US-Autokonzerne, 2002): Schwere Reparaturen bei US-Autokonzernen, in: Handelsblatt, Ausgabe Nr. 6, 09.01.2002, S. 14.

Oberhausen, A. (Ford Product Development System, 1997): FPDS: Ford Product Development System, in: Bullinger (Produktentwicklung, 1997), S. 117 - 135..

Obermann, K. (Viewing-Software, 1999): Viewing-Software öffnet den CAD-Datenpool, in: VDI-Nachrichten, Bd. 53 (1999) Heft Nr. 32, S. 10.

Oberquelle, H. (Kooperative Arbeit und Computerunterstützung, 1998): Kooperative Arbeit und Computerunterstützung: Stand und Perspektiven, in: Arbeit und Technik, Band 1, Verlag für angewandte Psychologie, 1998, S. 43 - 57.

Ochs, B. (Verkürzung der Produktentstehungszeit, 1992): Methoden zur Verkürzung der Produktentstehungszeit, Dissertation TU Berlin, Reihe Produktionstechnik, Bd. 106, München, Wien, Hanser Verlag 1992.

Oehm, E. (Gesellschaftliche Trends und Kundenwünsche, 2000): Gesellschaftliche Trends und Kundenwünsche: Im Zeitalter der selbstverständlichen Mobilität, in: Zeitschrift für Automobilwirtschaft, Jg. 3 (2000) Heft Nr. 4, S. 76 - 80.

Ohlhausen, P. / Warschat, J. (Kooperation, 1997): Kooperation: Zusammenarbeit zwischen Unternehmen, in: Bullinger / Warschat (Forschungs- und Entwicklungsmanagement, 1997), S. 29 - 46.

Ohlsen, J. / Kleinhaus, U. (EDM: Simulationsinseln vermeiden, 2000): EDM: Simulationsinseln vermeiden, in: Automobil-Entwicklung, Jg. 2 (2000) Heft Nr. 4 - Juli, S. 78 - 80.

Ohms, W. (Management des Produktentstehungsprozesses, 2000): Management des Produktentstehungsprozesses: Handlungsorientierte Erfolgsfaktorenforschung im Rahmen einer empirischen Studie in der Elektroindustrie, München, Vahlen Verlag 2000.

Okamuro, H. (Zuliefer-Abnehmer-Netzwerk, 1992): Entwicklung des Abhängigkeitsverhältnisses im Zuliefer-Abnehmer-Netzwerk mit besonderer Berücksichtigung der Auswirkungen der neuen Kommunikationstechnologie in der deutschen Automobilbranche, o.O., Eigendruck 1992.

Okamuro, H. (CAD/CAM utilization patterns, 2000): CAD/CAM utilization patterns in Japan and Germany, in: Jürgens (Hrsg.) (Product development and production networks, 2000), S. 407 - 424.

Olling, G. J. (Digitale Prozesse, 1999): Digitale Prozesse in der Produktentwicklung und -herstellung, in: VDI-Geselllschaft (Hrsg.) (Virtuelle Produktentstehung, 1999), S. 51 - 61.

Olling, G. J. (Digitale Prozesse, 1999): Digitale Prozesse in der Produktentwicklung und Produktherstellung, in: Automotive Engineering Partners, (1999) Heft Nr. 5, S. 6 - 11.

Ortmann, G. / Sydow, J. (Hrsg.) (Strategie und Strukturation, 2001): Strategie und Strukturation: Strategisches Management von Unternehmen, Netzwerken und Konzernen, Wiesbaden, Gabler Verlag 2001.

Paashuis, V. (Integrated product development, 1998): The organisation of integrated product development, London, Springer Verlag 1998.

Pahl, G. / Beitz, W. (Konstruktionslehre, 1997): Konstruktionslehre: Methoden und Anwendung, 4. Aufl., Berlin u.a., Springer Verlag 1997.

Pampel, J. (Kooperation mit Zulieferern, 1993): Kooperation mit Zulieferern: Theorie und Management, Wiesbaden, Gabler Verlag 1993.

Park, H. / Cutkosky, M. R. (Collaborative engineering processes, 1999): Framework for modeling dependencies in collaborative engineering processes, in: Research in Engineering Design, Vol. 11 (1999) No. 2, S. 84 - 102.

Paul, M. (Szenariobasiertes Konzipieren neuer Produkte, 1996): Szenariobasiertes Konzipieren neuer Produkte des Maschinenbaus auf Grundlage möglicher zukünftiger Technologieentwicklungen, Dissertation Paderborn, HNI-Schriftenreihe, Bd. 5, Paderborn, Eigendruck 1996.

Paul, M. / Buhl, R. (Systemgedanke, 1997): Der Systemgedanke unter globalen Gesichtspunkten am Beispiel einer Fahrwerksentwicklung, in: VDI-Gesellschaft (Hrsg.) (Neue Wege in der Fahrzeugentwicklung, 1997), S. 105 - 122.

Penrose, E. T. (The theory of the growth of the firm, 1959): The theory of the growth of the firm, Oxford, Oxford University Press 1959.

Penschke, S. (Erfahrungswissen in der Produktentwicklung, 1998): Erfahrungswissen in der Produktentwicklung: Erfassung und Aufbereitung prozessorientierter Informationen in Konstruktionsprojekten, Dissertation, Fortschrittsberichte VDI, Reihe 16, Band 98, Düsseldorf, VDI Verlag 1998.

Peren, F. W. (Deutsche Automobilwirtschaft, 1994): Krise als Chance: Wohin steuert die deutsche Automobilwirtschaft?, Frankfurt a.M., Frankfurter Allgemeine Verlag 1994.

Peren, F. W. (Bedeutung des Customizing, 1996): Die Bedeutung des Customizing für die Automobilindustrie, in: Peren / Hergeth (Hrsg.) (Customizing in der Weltautomobilindustrie, 1996), S. 13 - 25.

Peren, F. W. / Hergeth, H. A. (Hrsg.) (Customizing in der Weltautomobilindustrie, 1996): Customizing in der Weltautomobilindustrie: Kundenorientiertes Produkt- und Dienstleistungsmanagement, Frankfurt a.M., New York, Campus Verlag 1996.

Persch, G. (Visual Enterprise Process Management, 1999): Visual Enterprise Process Management: Verbesserte Produktivität, Qualität und Entwicklungszeit im Unternehmen, in: VDI-Gesellschaft (Hrsg.) (Virtuelle Produktentstehung, 1999), S. 113 - 123.

Pesch, A. (Prozessoptimierung der Produktentwicklung, 1996): Prozessoptimierung der Produktentwicklung, Münster, Lit Verlag 1996.

Peteraf, M. A. (Cornerstones of competitive advantage, 1993): The cornerstones of competitive advantage, in: Strategic Management Journal, Jg. 14 (1993), S. 172 - 192.

Pfaffmann, E. (Grenzen des Transaktionskostenansatzes, 1999): Die Grenzen des Transaktionskostenansatzes: Einige kritische Anmerkungen zu Gestaltungsempfehlungen im Kontext von Make-or-Buy-Entscheidungen, in: Wirtschaftswissenschaftliches Studium, Jg. 28 (1999) Heft Nr. 11, S. 616 - 619.

Pfaffmann, E. (Kompetenzbasiertes Management, 2001): Kompetenzbasiertes Management in der Produktentwicklung: Make-or-buy-Entscheidungen und Integration von Zulieferern, Wiesbaden, Dt. Univ.-Verlag 2001.

Pfannschmidt, H. / Beinke, T. (Entwicklungspartnerschaft aus Zulieferersicht, 1997): Neue Wege in der Entwicklungspartnerschaft aus Zulieferersicht, in: VDI-Gesellschaft (Hrsg.) (Neue Wege in der Fahrzeugentwicklung, 1997), S. 81 - 97.

Pfeifer, T. et al. (Hrsg.) (Wettbewerbsfaktor Produktionstechnik, 1993): Tagungsband des Aachener Werkzeugmaschinen-Kolloquiums '93 "Wettbewerbsfaktor Produktionstechnik", Düsseldorf, VDI Verlag 1993.

Pfeiff, N. / Gehrke, U. / Scheibler, M. (Digital Mock-Up, 1998): Digital Mock-Up modelling methodologies, in: Krause / Heimann / Raupach (Hrsg.) (Tools and workflows for product development, 1998), S. 187 - 197.

Pfohl, M. / Schimpf, T. (Steuerung von Produktentwicklungen, 1999): Mehrdimensionale Steuerung von Produktentwicklungen im Rapid Product Development: Steigerung der Effektivität und Effizienz in Entwicklungsprojekten, in: Zeitschrift für wirtschaftlichen Fabrikbetrieb - ZwF, Bd. 94 (1999) Heft Nr. 9, S. 503 - 508.

Picot, A. (Gestaltung der Leistungstiefe, 1991): Ein neuer Ansatz zur Gestaltung der Leistungstiefe, in: Zeitschrift für betriebswirtschaftliche Forschung, Jg. 43 (1991) Heft Nr. 4, S. 336 - 357.

Picot, A. (Organisationsstrukturen der Wirtschaft, 1993): Organisationsstrukturen der Wirtschaft und ihre Anforderungen an die Informations- und Kommunikationstechnik, in: Scheer (Hrsg.) (Handbuch Informationsmanagement, 1993), S. 265 - 297.

Picot, A. (Hrsg.) (Information als Wettbewerbsfaktor, 1997): Information als Wettbewerbsfaktor, Stuttgart, Schäffer-Poeschel Verlag 1997.

Picot, A. / Reichwald, R. (Einfluß der IuK-Techniken, 1994): Auflösung der Unternehmung? Vom Einfluß der IuK-Techniken auf Organisationsstrukturen und Kooperationsformen, in: Zeitschrift für Betriebswirtschaft, Jg. 64 (1994) Heft Nr. 5, S. 547 - 570.

Picot, A. / Reichwald, R. / Wigand, R. T. (Grenzenlose Unternehmung, 2001): Die grenzenlose Unternehmung: Information, Organisation und Management, 4. Aufl., Wiesbaden, Gabler Verlag 2001.

Picot, A. / Scheuble, S. (Hybride Wettbewerbsstrategien, 2000): Hybride Wettbewerbsstrategien in der Informations- und Netzökonomie, in: Welge / AL-Laham / Kajüter (Hrsg.) (Strategisches Management, 2000), S. 239 - 257.

Pieper, J. (Vertrauen in Wertschöpfungspartnerschaften, 2000): Vertrauen in Wertschöpfungspartnerschaften: Eine Analyse aus Sicht der Neuen Institutionenökonomie, Wiesbaden, Dt. Univ.-Verlag 2000.

Piller, F. Th. (Mass Customization, 2001): Mass Customization: Ein wettbewerbsstrategisches Konzept im Informationszeitalter, 2. Aufl., Wiesbaden, Gabler Verlag 2001.

Piller, F. T. / Waringer, D. (Modularisierung in der Automobilindustrie:, 1999): Modularisierung in der Automobilindustrie: Neue Formen und Prinzipien, Aachen, Shaker Verlag 1999.

Pitcher, P. (Virtuelle Produktentwicklung, 1999): Im Vorteil durch virtuelle Produktentwicklung und Digital-Mock-Up, in: CAD-CAM Report, Bd. 18 (1999) Heft Nr. 10, S. 96 - 100.

PLM Solutions (i-Man Produktdaten-Management, 2002): i-Man: Der schnelle Weg zu effizientem Produktdaten-Management, Online im Internet unter URL: http://www.ugsolutions.de/pdf/iman_prospekt.pdf (10.02.2002).

Ploenzke (Hrsg.) (Engineering Data Management Systeme, 1994): Engineering Data Management Systeme: Ein Technologiereport der Ploenzke AG, Competence Center Industrie, 3. Aufl., Kiedrich/Rheingau, Eigendruck 1994.

Plümer, O. (Bereitstellung von Informationen, 2000): Methodik zur Verbesserung der Bereitstellung von gestalt- und funktionsbezogenen Informationen für den Produktentwicklungsprozess, Düsseldorf, VDI Verlag 2000.

Pollmann, W. (Prototyping at Daimler-Benz, 1994): Prototyping at Daimler-Benz: State of the art and future requirements, in: IMS International Conference on Rapid Product Development, S. 1 - 19.

Popper, K. R. (Logik der Forschung, 1989): Logik der Forschung, 9. Aufl., Tübingen, Mohr Verlag 1989.

Porter, M. E. (Wettbewerb und Strategie, 1999): Wettbewerb und Strategie, München, Econ Verlag 1999.

Porter, M. E. (Wettbewerbsstrategie, 1999): Wettbewerbsstrategie: Methoden zur Analyse von Branchen und Konkurrenten, 10. Aufl., Frankfurt a.M., New York, Campus Verlag 1999.

Porter, M. E. (Wettbewerbsvorteile, 2000): Wettbewerbsvorteile: Spitzenleistungen erreichen und behaupten, 6. Aufl., Frankfurt a.M., New York, Campus Verlag 2000.

Preece, D. / McLoughlin, I. / Dawson, P. (Hrsg.) (Technology, organizations and innovation, 2000): Technology, organizations and innovation: Critical perspectives on business and management, London, New York, Routledge Verlag 2000.

PriceWaterhouseCoopers (Hrsg.) (Second automotive century, 2000): The second automotive century, London u.a., Eigendruck 2000.

PriceWaterhouseCoopers (Hrsg.) (Automotive sector insights, 2001): Automotive sector insights: Analysis and opinions on merger and acquisition activity 2000/2001, London, Eigendruck 2001.

PriceWaterhouseCoopers (Hrsg.) (Collaborative value chain participation, 2001): Collaborative value chain participation, Online im Internet unter URL: http://www.pwcglobal.com/gx/eng/aboutus/ind/auto/cvc_auto.pdf (04.10.2001).

PriceWaterhouseCoopers (Hrsg.) (The global supplier report, 2001): The global supplier report, Stamford, Auto Business Limited 2001.

Priestap, J. I. (CAx-Systeme, 2000): CAx-Systeme: Ein Werkzeug für den ganzen Prozess, in: Automobil-Entwicklung, Jg. 2 (2000) Heft Nr. 3 - Mai, S. 70 - 74.

Proff, H. (Ressourcenorientierte Wettbewerbsvorteile, 2000): Ableitung ressourcenorientierter Wettbewerbsvorteile und -strategien aus einem "Modell der Ressourcenveredelung", in: Hammann / Freiling (Hrsg.) (Ressourcen- und Kompetenzperspektive, 2000), S. 137 - 166.

Proff, H. / Proff, H. (Möglichkeiten und Grenzen hybrider Strategien, 1997): Möglichkeiten und Grenzen hybrider Strategien, in: Die Betriebswirtschaft, Jg. 57 (1997) Heft Nr. 6, S. 796 - 808.

Proff, H. / Proff, H. (Hrsg.) (Strategien für die Automobilindustrie, 1998): Strategien für die Automobilindustrie: Ansatzpunkte im strategischen Management und in der Industriepolitik, Wiesbaden, Gabler Verlag 1998.

PTC (ModelCHECK, 2001): ModelCHECK, Online im Internet unter URL: http://www.otc.com/products/proe/modelcheck.htm (22.10.2001).

PTC (Windchill PartsLink, 2001): Windchill PartsLink, Online im Internet unter URL: http:///www.ptc.com/products/windchill/partslink/index.htm (18.10.2001).

PTC (Collaboration Center, 2002): Collaboration Center, Online im Internet unter URL: http://www.ptc.com/community/collaboration_center.htm (10.02.2002).

PTC (Product Development Software, 2002): Product Development Software, Online im Internet unter URL: http://www.ptc.com/solutions/index.htm.en (10.02.2002).

Puffaldt, J. (Partnerschaftliche Produktentwicklung, 2001): Collaborative PEP: IT-gestützte partnerschaftliche Produktentwicklung, in: Industrie Management, Bd. 17 (2001) Heft Nr. 3, S. 25 - 28.

Putzmann, A. (Strukturen und Strukturierungsmethoden, 1997): Strukturen und Strukturierungsmethoden in der Produktentwicklung, Bochum (Inst. für Konstruktionstechnik), Eigendruck 1997.

Rademeier, E. (Monolithische Systeme, 1995): CAD-Objekte leiten das Ende monolithischer Systeme ein, in: Computerwoche, Heft Nr. 22, 02.06.1995, S. 37 - 39.

Rademeier, E. (PDM-System Smaragd bei Mercedes do Brasil, 2001): PDM-System Smaragd/Metaphase bei Mercedes do Brasil: Erfolgreiches Pilotprojekt in der LKW-Entwicklung, in: Industrie Management, Bd. 17 (2001) Heft Nr. 1, S. 99 - 104.

Radwan, Ch. (Technik-Trends, 2001): Technik-Trends heizen den Bedarf an Ingenieuren an, in: VDI-Nachrichten, Ausgabe Nr. 29, 20. Juli 2001, S. 29.

Rasche, Ch. (Wettbewerbsvorteile durch Kernkompetenzen, 1994): Wettbewerbsvorteile durch Kernkompetenzen: Ein ressourcenorientierter Ansatz, Wiesbaden, Gabler Verlag 1994.

Rasche, Ch. (Resource-based View, 2000): Der Resource-based View im Lichte des hybriden Wettbewerbs, in: Hammann / Freiling (Hrsg.) (Ressourcen- und Kompetenzperspektive, 2000), S. 69 - 125.

Rasche, C. / Wolfrum, B. (Ressourcenorientierte Unternehmensführung, 1994): Ressourcenorientierte Unternehmensführung, in: Die Betriebswirtschaft, Jg. 54 (1994) Heft Nr. 4, S. 501 - 517.

Räss, P. / Wetzel, R. / Schweiker, W. (Optimierung der Montageplanung, 1998): Optimierung der Montageplanung: Virtuelle Realität und Montagesimulation, in: VDI-Gesellschaft (Hrsg.) (Informationsverarbeitung in der Konstruktion, 1998), S. 31 - 40.

Raupach, H.-Ch. (Simulation, 2000): Simulation von Produktentwicklungsprozessen, Dissertation TU Berlin, Berlin, Eigendruck 2000.

Rayport, J. F. / Sviokla, J. J. (Die virtuelle Wertschöpfungskette, 1996): Die virtuelle Wertschöpfungskette: Kein fauler Zauber, in: Harvard Business Manager, Jg. 18 (1996) Heft Nr. 2, S. 104 - 113.

Redeker, G. / Sauer, R. (Continuous Engineering, 2001): Continuous Engineering: Kontinuierliche Produktentwicklung nach dem Schichtprinzip, in: Industrie Management, Bd. 16 (2000) Heft Nr. 5, S. 59 - 62.

Reeg, M. (Liefer- und Leistungsbeziehungen, 1998): Liefer- und Leistungsbeziehungen in der deutschen Automobilindustrie: Strukturelle Veränderungen aus unternehmerischer und wirtschaftspolitischer Sicht, Berlin, Duncker und Humbolt Verlag 1998.

Reger, G. et al. (Technology foresight in enterprises, 1998): Technology foresight in enterprises: Main results of an international study by the Fraunhofer Institute for Systems and Innovation Research and the Department of R&D Management, Karlsruhe, Stuttgart, Eigendruck 1998.

Reibnitz, U. v. / Geschka, H. / Seibert, I. (Szenario-Technik, 1982): Die Szenario-Technik als Grundlage von Planungen, Frankfurt a.M., Batelle-Institut, Eigendruck 1982.

Reich, Y. et al. (Agile design information systems, 1999): Building Agility for developing agile design information systems, in: Research in Engineering Design, Vol. 11 (1999) No. 2, S. 67 - 93.

Reichwald, R. (Kommunikation, 1993): Kommunikation, in: Vahlens Kompendium der BWL, Bd. 2, 3. Auflage, S. 447 - 494, Verlag Vahlen, München, 1993..

Reichwald, R. / Möslein, K. (Auf dem Weg zur virtuellen Organisation, 1996): Auf dem Weg zur virtuellen Organisation: Wie Telekooperation Unternehmen verändert, Online im

Internet unter URL: http://www.aib.wiso.tu-muenchen.de/publikationen/papers-online/pap-onl.htm (28.06.2001).

Reichwald, R. / Möslein, K. (Management und Technologie, 1998): Management und Technologie, Online im Internet unter URL: *http://www.aib.wiso.tu-muenchen.de/ publikationen/papers-online/pap-onl.htm* (28.06.2001).

Reichwald, R. / Möslein, K. (Verteilte Organisationsstrukturen, 2000): Nutzenpotentiale und Nutzenrealisierung in verteilten Organisationsstrukturen: Experimente, Erprobungen und Erfahrungen auf dem Weg zur virtuellen Unternehmung, in: Zeitschrift für Betriebswirtschaft, Jg. 70 (2000) Ergänzungsheft 2, S. 117 - 136.

Reichwald, R. / Schmelzer, H. J. (Durchlaufzeiten in der Entwicklung, 1990): Durchlaufzeiten in der Entwicklung: Praxis des industriellen F&E-Managements, München, Wien, Oldenbourg Verlag 1990.

Reichwald, R. / Wildemann, H. (Hrsg.) (Kreative Unternehmen, 1995): Kreative Unternehmen: Spitzenleistungen durch Produkt- und Prozessinnovationen, Stuttgart, Schäffer-Poeschel Verlag 1995.

Reichwald, R. et al. (Telekooperation, 1998): Telekooperation: Verteilte Arbeits- und Organisationsformen, Berlin u.a., Springer Verlag 1998.

Reinertsen, D. G. (Taking the fuzziness out of the fuzzy front end, 1999): Taking the fuzziness out of the fuzzy front end, in: Research Technology Management, Vol. 42 (1999) No. 6, S. 25 - 31.

Reinhart, G. (Kooperation in der Produktentwicklung, 1997): Optimierung der Kooperation in der Produktentwicklung, München, Utz Verlag 1997.

Reinhart, G. (Hrsg.) (Kooperation in der Produktentwicklung, 1995): Optimierung der Kooperation in der Produktentwicklung, Seminarberichte Institut für Werkzeugmaschinen und Betriebswissenschaften iwb, München, 24. Juli 1995, München, Utz Verlag 1995.

Reinhart, G. (Hrsg.) (Virtuelle Produktion, 2000): Virtuelle Produktion, Produkt- und Prozesssimulation, Augsburg, 23. November 2000, München, Utz Verlag 2000.

Reinhart, G. / Baudisch, Th. / Patron, Ch. (Mit Simulation die Komplexität beherrschen, 2001): Mit Simulation die Komplexität beherrschen, in: Industrie Management, Bd. 17 (2001) Heft Nr. 3, S. 34 - 37.

Reinhart, G. / Fusch, Th. / Patron, Ch. (Durchgängige Virtualisierung, 2001): Webbasierte Lösungen für die durchgängige Virtualisierung des Produktionsprozesses, in: VDI-Z Integrierte Produktion, Bd. 143 (2001) Heft Nr. 3 - März, S. 46 - 48.

Reinhart, G. / Grunwald, S. / Rick, F. (Virtuelle Produktion, 1999): Virtuelle Produktion: Technologie für die Zukunft, in: VDI-Z Special C-Techniken, Oktober 1999, S. 26 - 29.

Reinhart, G. / Milberg, J. (Hrsg.) (Simulation, 1997): Simulation: Einsatzmöglichkeiten und Erfahrungsberichte, 2. Aufl., München, Utz Verlag 1997.

Reinhart, G. / Patron, Ch. (Integration von Virtual und Augmented Reality, 2002): Nutzenorientierte Integration von Virtual und Augmented Reality, in: Zeitschrift für wirtschaftlichen Fabrikbetrieb - ZwF, Jg. 97 (2002) Heft Nr. 4, S. 205 - 208.

Reinhart, G. / Weber, V. / Rudorfer, W. (Marktresponsive Supply Chains, 2001): Marktresponsive Supply Chains auf Basis kompetenzzentrierter Unternehmensnetzwerke, in: Industrie Management, Bd. 17 (2001) Heft Nr. 1, S. 35 - 40.

Reinhart, G. et al. (Digital Mock-Up-Entwicklungsprozesse, 1998): Management integrierter Digital Mock-Up-Entwicklungsprozesse, in: Zeitschrift für wirtschaftlichen Fabrikbetrieb - ZwF, Bd. 93 (1998) Heft Nr. 12, S. 632 - 636.

Reinhart, G./ Feldmann, K. (Simulation, 1997): Simulation: Schlüsseltechnologie der Zukunft? Stand und Perspektiven, München, Utz Verlag 1997.

Reissmann, A. (Produkt- und Entwicklungsstrategie, 1999): Vorfahrtsregelung für die VW-Datenautobahn: Weltweite Produkt- und Entwicklungsstrategie auf Netzwerk-Basis, in: Datacom, Bd. 16 (1999) Heft Nr. 11, S. 6 - 12.

Renner, R. / Kissling, W. / Zaunseder, B. (Integriertes Rapid-Prototyping, 2000): Produktentwicklung mit integriertem Rapid-Prototyping, in: CAD-CAM Report, Bd. 19 (2000) Heft Nr. 4, S. 76 - 81.

Rentmeister, B. (Dienstleistungen in der Automobilentwicklung, 1999): Wissensintensive Dienstleistungen in der Automobilentwicklung, Arbeitsbericht SFB 403, AB 99-27, August 1999, Online im Internet unter URL: *http://www.uni-frankfurt.de/fb11/wigeo/berIV.pdf* (06.06.2001).

Rethfeld, U. (Global Engineering Networking GEN, 1996): Global Engineering Networking GEN: Die Vision und der Status der Kommerzialisierung, in: VDI-Gesellschaft (Hrsg.) (Engineering-Netze, 1996), S. 53 - 65.

Rey, M. et al. (Einführung von Wissensmanagement, 1998): Stufenmodell zur Einführung von Wissensmanagement, in: Information Management, (1998) Heft Nr. 1, S. 30 - 36.

Ribbens, J. A. (Simultaneous Engineering, 2000): Simultaneous Engineering for new product development processes, New York u.a., Verlag Wiley & Sons 2000.

Richter, K. / Krause, L. (Produktdatenmanagement, 2001): Erfolgreicher Einsatz von Produktdatenmanagement als Schlüsseltechnologie für E-Business, in: Industrie Management, Bd. 17 (2001) Heft Nr. 3, S. 81 - 85.

Rieckmann, W. / Lange, R. (Concurrent Engineering bei Airbus, 1999): Einführung des Concurrent Engineering bei Airbus, in: VDI-Geselllschaft (Hrsg.) (Virtuelle Produktentstehung, 1999), S. 89 - 98.

Ritter, Th. (Netzwerk-Kompetenz, 1998): Innovationserfolg durch Netzwerk-Kompetenz: Effektives Management von Unternehmensnetzwerken, Dissertation, Wiesbaden, Gabler Verlag 1998.

Ritter, Th. / Gemünden, H.-G. (Wirkung von Technologie- und Netzwerk-Kompetenz, 2000): Technologie, Unternehmen, Netzwerk: Die Wirkung von Technologie- und Netzwerk-Kompetenz auf den Innovationserfolg und seine Voraussetzungen, in: Hammann / Freiling (Hrsg.) (Ressourcen- und Kompetenzperspektive, 2000), S. 337 - 358.

Rix, J. / Kress, H. / Schroeder, K. (Neue Präsentations- und Interaktionstechniken, 1995): Das virtuelle Produkt:- Neue Präsentations- und Interaktionstechniken in der Produktentwicklung., in: Simulation in der Praxis: Neue Produkte effizienter entwickeln, VDI-Berichte, 1215, VDI-Verlag, Düsseldorf, 1995, S. 313 - 324.

Rix, J. / Schroeder, K. (Virtual Reality, 2001): Virtual Reality als integraler Bestandteil des Virtual Engineering Konzeptes, in: Industrie Management, Bd. 16 (2000) Heft Nr. 1, S. 70 - 75.

Robert Bosch GmbH (Leistungsbedarf in der Oberklasse, 2001): Leistungsbedarf in der Oberklasse, in: Automobil-Entwicklung, Jg. 3 (2001) Heft Nr. 3 - Juli, S. 9.

Roland Berger & Partner (Hrsg.) (Future of automotive supplier industry, 2000): Nine mega-trends re-shape the automotive supplier industry: A trend study to 2010, München, Eigendruck 2000.

Roller, D. / Eck, O. (Knowledge-based techniques, 1999): Knowledge-based techniques for product databases, in: International Journal of Vehicle Design, Vol. 21 (1999) No. 2/3, S. 243 - 265.

Rooks, B. (Digital mock-up, 1998): A shorter product development time with digital mock-up, in: Assembly Automation, Vol. 18 (1998) No. 1, S. 34 - 38.

Rose, B. (Simulation von Fahrzeugeigenschaften, 1997): CAD-Welten müssen kompatibel sein, geht es um die perfekte Simulation von Fahrzeugeigenschaften, in: VDI-Nachrichten, Ausgabe Nr. 20, 16. Mai 1997, S. 1 - 2.

Rose, T. (Visual assessment of engineering processes, 1999): Visual assessment of engineering processes in virtual enterprises, in: Communications of the ACM, Vol. 41 (1999) No. 12, S. 45 - 52.

Rose, B. (Flieger reift im PC, 2001): Flieger reift im PC: Flugzeugbauer Fairchild Dornier will Durchlaufzeiten verkürzen, in: Handelsblatt, Ausgabe Nr. 176, 12.9.2001, S. B3.

Rosenau, M. D. (Successful product development, 2000): Successful product development: Speeding from opportunity to profit, New York u.a., Verlag Wiley & Sons 2000.

Rosenau, M. C. et al. (Hrsg.) (Handbook of new product development, 1996): The PDMA handbook of new product development, New York u.a., Verlag Wiley & Sons 1996.

Rosenberger, P. J. / de Chernatony, L. (Virtual reality techniques in NPD research, 1995): Virtual reality techniques in NPD research, in: Journal of the Market Research Society, Vol. 37 (1995) No. 4, S. 345 - 355.

Rosenman, M. / Wang, F. (Model for collaborative design, 1999): CADOM: A component agent-based design-oriented model for collaborative design, in: Research in Engineering Design, Vol. 11 (1999) No. 4, S. 193 - 205.

Rösler, F. (Target Costing für die Automobilindustrie, 1997): Target Costing für die Automobilindustrie, Wiesbaden, Dt. Univ.-Verlag 1997.

Rossiter, R. (Complete interior modules, 1999): Complete interior modules are just one system away, in: Automotive News Europe, Vol. 4 (1999) No. 10, S. 14.

Rotering, J. (Forschungs- und Entwicklungskooperationen, 1990): Forschungs- und Entwicklungskooperationen zwischen Unternehmen, Stuttgart, Schäffer-Poeschel Verlag 1990.

Roth, N. / Prieto, J. (Wissens-Management-Konzept, 2000): Ein integriertes Wissens-Management-Konzept für die Produktentwicklung, in: CAD-CAM Report, Bd. 19 (2000) Heft Nr. 5, S. 100 - 108.

Roth, N. / Prieto, J. / Pilarek, D. (Performance-Measurement-System, 2001): Ein Performance-Measurement-System für wissensintensive Produktentwicklungsprozesse. Effiziente Wiederverwendung und effektive Kosten von Wissen zur Steigerung der Leistungsfähigkeit des Unternehmens, in: io Management Zeitschrift, Bd. 70 (2001) Heft Nr. 1/2, S. 34 - 40.

Royer, S. (Horizontale kooperative Wettbewerbsbeziehungen, 2000): Strategische Erfolgsfaktoren horizontaler kooperativer Wettbewerbsbeziehungen: Eine auf Fallstudien basierende erfolgsorientierte Analyse am Beispiel der Automobilindustrie, Dissertation, Paderborn, München, Mering, Rainer Hampp Verlag 2000.

Rückert, E. / Kemmner, G.-A. / Jürgens, M. (Entwickeln im World Wide Office, 2001): Entwickeln im World Wide Office, in: Automobil-Entwicklung, Jg. 3 (2001) Heft Nr. 3 - Mai, S. 56 - 58.

Rühli, E. (Ressourcenmanagement, 1995): Ressourcenmanagement: Strategischer Erfolg dank Kernkompetenzen, in: Die Unternehmung, Jg. 49 (1995) Heft Nr. 2, S. 92 - 105.

Rumelt, R. P. (Strategy, structure, and economic performance, 1974): Strategy, structure, and economic performance, Boston (Mass.) 1974.

Runzheimer, Ch. (Integrative Produktentwicklungen, 1999): Planung und Kontrolle integrativer Produktentwicklungen: Ein konzeptioneller Ansatz auf entscheidungsorientierter Basis, Wiesbaden, Dt. Univ.-Verlag 1999.

Ryan, R. R. (Functional virtual prototyping, 1999): Digital testing in the context of digital engineering: "Functional virtual prototyping", in: VDI-Geselllschaft (Hrsg.) (Virtuelle Produktentstehung, 1999), S. 163 - 185.

Society of Automotive Engineers (SAE) (Hrsg.) (Automotive lean enterprise conversion, 2000): Automotive lean enterprise conversion: Best practice examples, SAE research report, Warrendale, Eigendruck 2000.

Sage, L. A. (Automotive industry's best companies, 2000): Winning the innovation race: Lessons from the automotive industry's best companies, New York u.a., Verlag Wiley & Sons 2000.

Sanchez, R. (A strategic options perspective, 1993): Strategic flexibility, firm organization, and managerial work in dynamic markets: A strategic options perspective, in: Advances in Strategic Management, Vol. 9 (1993), S. 251 - 292.

Sanchez, R. (Managing articulated knowledge, 1997): Managing articulated knowledge in competence-based competition, in: Heene / Sanchez (Hrsg.) (Strategic learning und knowledge management, 1997), S. 163 - 187.

Sanchez, R. / Mahoney, J. T. (Modularity, flexibility and knowledge management, 1996): Modularity, flexibility and knowledge management in product and organization design, in: Strategic Management Journal, Vol. 17 (1996) Winter special issue, S. 63 - 76.

Sandkuhl, K. / Weber, H. (Hrsg.) (Telekooperations-Systeme, 1996): Telekooperations-Systeme in dezentralen Organisationen, Berichte aus dem Fraunhofer-Institut fuer Software- u. Systemtechnik (ISST), Februar 1996, Berlin u.a., Eigendruck 1996.

SAP AG (Integriertes Produkt- und Prozess-Engineering, 2001): Integriertes Produkt- und Prozess-Engineering mit mySAP.com, Online im Internet unter URL: www.sap.de/ (06.06.2001).

Sauer, O. (Standardisierung und Modularisierung, 2001): Standardisierung und Modularisierung von Produkt und Produktion, in: VDI-Z Integrierte Produktion, Bd. 143 (2001) Heft Nr. 10 - Oktober, S. 71 - 74.

Sauter, J. et al. (Integrierte Topologie- und Gestaltoptimierung, 2001): Integrierte Topologie- und Gestaltoptimierung in der virtuelle Produktentwicklung, in: Konstruktion, Bd. 53 (2001) Heft Nr. 3 - März, S. 56 - 60.

Sawhney, M. / Parikh, D. (Value in a networked world, 2001): Where value lives in a networked world, in: Harvard Business Review, Vol. 79 (2001) No. 1 - January, S. 79 - 86.

Saynisch, M. (Konfigurationsmanagement, 2000): Konfigurationsmanagement (KM): Die Schlüsselrolle bei der Entwicklung von marktgerechten Produkten, in: VDI-Gesellschaft (Hrsg.) (Erfolgreiche Produktentwicklung, 2000), S. 359 - 370.

Schaaf, A. (Marktorientiertes Entwicklungsmanagement, 1999): Marktorientiertes Entwickungsmanagement in der Automobilindustrie: Ein kundennutzungsorientierter Ansatz zur Steuerung des Entwicklungsprozesses, Wiesbaden, Dt. Univ.-Verlag 1999.

Schacher, D. (Prozesskettenorganisation, 1998): Prozesskettenorganisation zur Produktentstehung bei Volkswagen, in: Automotive Engineering Partners, (1998) Heft Nr. 1, S. 34 - 38.

Schacher, D. (Virtuelle Techniken, 1999): Prozesse und virtuelle Techniken im globalen Unternehmen, in: VDI-Geselllschaft (Hrsg.) (Virtuelle Produktentstehung, 1999), S. 3 - 15.

Schanz, G. (Betriebswirtschaftslehre, 1979): Betriebswirtschaftslehre als Sozialwissenschaft : Eine Einführung, Stuttgart u.a., Kohlhammer Verlag 1979.

Scharf, A. (CAD/CAM-Datenaustausch, 1997): CAD/CAM-Datenaustausch wird im Automobilbau Pflicht: Step sicher Kompatibilität, in: Handelsblatt, 22. Januar 1997.

Scharf, A. (Teamarbeit, 1998): Konstruktion in schnellen Netzen: Teamarbeit per Internet stellt CAD-Anbieter vor neue Herausforderungen, in: VDI-Nachrichten, Bd. 52 (1998) Heft Nr. 34, S. 12.

Scharf, A. (Digitale Konstruktion und Simulation, 1999): Durchgängig Prozesskosten senken Kosten im Automobilbau: Digitale Konstruktion und Simulation vom ersten Entwurf bis zum Recycling., in: VDI-Nachrichten, Bd. 53 (1999) Heft Nr. 41, S. S6.

Scharf, A. (CAD/CAM-Software, 2000): Produktentwicklung: Neueste CAD/CAM-Software integriert Konstruktion, Produktionsplanung und Fertigung, in: VDI-Nachrichten, Bd. 54 (2000) Heft Nr. 20, S. 13.

Scharf, A. (Im Auto boomt die Software:, 2001): Im Auto boomt die Software: In Zukunft werden 90% der Innovationen im Fahrzeug von der Elektrik geprägt sein, in: VDI-Nachrichten, Bd. 55 (2001), Ausgabe Nr. 36, 7. September 2001, S. 47.

Schedel, R. (Forschung und Entwicklung, 2000): Täglich 35 Millionen Mark für Forschung und Entwicklung, in: Automotive Engineering Partners, (2000) Heft Nr. 5, S. 18 - 21.

Scheer, A.-W. (Hrsg.) (Handbuch Informationsmanagement, 1993): Handbuch Informationsmanagement: Aufgaben - Konzepte - Praxislösungen, Wiesbaden, Gabler Verlag 1993.

Scheer, A.-W. / Bock, R. (Werkzeuge in der Produktentwicklung, 1996): Integrierte Werkzeuge in der Produktentwicklung: Konzeption eines Rahmensystems zur kosten- und qualitätsgerechten Konstruktion, Köln, Dt. Wirtschaftsdienst Verlag 1996.

Scheer, A.-W. / Wittmann, M. (Vermeidung von Produktions-Kapazitätsengpässen, 2000): Produktions-Kapazitätsengpässe bereits in der Produktentwicklung vermeiden, in: VDI-Z Special C-Techniken, Oktober 2000, S. 44 - 46.

Scheer, A.-W. et al. (Toleranz-Wissenbasis, 1999): Toleranz-Wissensbasis zur Unterstützung der integrierten Produktentwicklung, in: VDI-Z Integrierte Produktion, Band 141 (1999) Nr. 11/12 - November/Dezember, S. 18 - 20.

Scheithauer, I. (Effiziente Handhabung von Produktinformationen, 2001): Effiziente Handhabung von Produktinformationen, in: Zeitschrift für wirtschaftlichen Fabrikbetrieb - ZwF, Jg. 96 (2001) Heft Nr. 7/8, S. 369 - 371.

Scherer, N. (Kooperationsentscheidungen, 1995): Kooperationsentscheidungen in Forschung und Entwicklung, Europäische Hochschulschriften, Reihe 5, Bd. 1798, Frankfurt a.M. u.a., Verlag Lang 1995.

Schernikau, J. (Mechatronikgerechte Organisationen, 2001): Gestaltung von mechatronikgerechten Organisationen in der Produktentwicklung, Aachen, Shaker Verlag 2001.

Schiele, H. (Management in Wertschöpfungssystemen, 2001): Strategisches Management in Wertschöpfungssystemen: Clusterbezogene Umweltanalyse - Gestaltungsempfehlungen - Anwendungsfall, Wiesbaden, Gabler Verlag 2001.

Schiller, E. / Seuffert, W.-P. (Digitale Fabrik bei DaimlerChrysler, 2002): Digitale Fabrik bei DaimlerChrysler: Bis 2005 realisiert, in: Automobil-Produktion, (2002) Heft Nr. 2 - April, S. 20 - 30.

Schindele, S. (Entwicklungs- und Produktionsverbünde, 1996): Entwicklungs- und Produktionsverbünde in der deutschen Automobil- und -zulieferindustrie unter Berücksichtigung des Systemgedankens, Aachen, Shaker Verlag 1996.

Schindewolf, S. (Verwaltung von Produktdaten, 1999): Verwaltung von Produktdaten in globalen Fertigungsunternehmen, in: VDI-Geselllschaft (Hrsg.) (Virtuelle Produktentstehung, 1999), S. 99 - 110.

Schirmaier, R. (Reibungsloser Datenfluß, 1997): Reibungsloser Datenfluß für die gesamte Zulieferkette, in: VDI-Z Special C-Techniken, Oktober 1997, S. 30 - 33.

Schirmer, A. (Einführung eines neuen Produktes, 1990): Planung und Einführung eines neuen Produktes am Beispiel der Automobilindustrie, in: Zeitschrift für betriebswirtschaftliche Forschung, Bd. 42 (1990), S. 892 - 907.

Schirrmeister, E. / Wengel, J. / Demuss, L. (Alternative Antriebe, 2000): Alternative Antriebe: Das Aus für viele Mechanik-Teile, in: Automobil-Produktion, Jg. 14 (2000) Heft Nr. 3 - Juni, S. 48 - 50.

Schlenker, F. (Internationalisierung F&E und Produktentwicklung, 2000): Internationalisierung von F&E und Produktentwicklung: Das Beispiel der Automobilindustrie, Wiesbaden, Dt. Univ.-Verlag 2000.

Schlenker, F. (Produktentwicklung in der Automobilentwicklung, 2001): Internationale Produktentwicklung in der Automobilentwicklung, in: Gassmann / Kobe / Voit (Hrsg.) (High-Risk-Projekte, 2001), S. 69 - 86.

Schmalensee, R. (Do markets differ much?, 1985): Do markets differ much?, in: American Economic Review, Jg. 75 (1985), S. 341 - 351.

Schmelzer, H. J. (FuE-Produktivität, 1998): Steigerung der FuE-Produktivität durch Prozessmanagement, in: Konstruktion, Bd. 50 (1998) Heft Nr. 3, S. 38 - 42.

Schmidt, N. (3D-Scannen und Digitalisieren, 1999): 3D-Scannen und Digitalisieren für CAD, CAE und Qualitätsprüfung, in: VDI-Z Special Werkzeug- und Formenbau, November 1999, S. 58 - 59.

Schmidt, S. / Wierschin, H. (Global Engineering, 1998): Global Engineering auf der Basis weltweit verteilter Daten und Dokumente, in: Industrie Management, Bd. 14 (1998) Heft Nr. 6, S. 70 - 73.

Schmittbetz, M. (Digital Mock-up, 1998): Digital Mock-up kappt Konstruktionszeiten, in: VDI-Nachrichten, Bd. 52 (1998) Heft Nr. 11, S. 24.

Schmoeckel, D. et al. (Kooperationen in der Automobilindustrie, 1995): Kooperation zwischen Unternehmen der Automobilindustrie: Erfahrungen und Entwicklungstendenzen, in: VDI-Z Integrierte Produktion, Bd. 137 (1995) Heft Nr. 5, S. 36 - 38.

Schneider, C. (Produktdatenmanagement, 2000): Produktdatenmanagement: Grundlage effizienter Entwicklungsprozesse, in: Reinhart (Hrsg.) (Virtuelle Produktion, 2000), S. 3-1 - 3-20.

Schöggl, P. et al. (Kkundenspezifischer Fahrzeugcharakter, 2001): Entwicklung eines kundenspezifischen Fahrzeugcharakters, in: Automobiltechnische Zeitschrift ATZ, Bd. 103 (2001) Heft Nr. 3, S. 186 - 197.

Scholz, C. (Strategische Organisation, 1997): Strategische Organisation: Prinzipien zur Vitalisierung und Virtualisierung, München, Verlag Moderne Industrie 1997.

Scholz, Ch. (Virtualisierung als Strategie, 2000): Virtualisierung als Strategie, in: Welge / AL-Laham / Kajüter (Hrsg.) (Strategisches Management, 2000), S. 407 - 424.

Schott, H. et al. (Management of process knowledge, 2000): Management of process knowledge to empower simultaneous engineering teams (Kennziffer 00SE016), in: ISATA (Hrsg.) (Rapid Product Development, 2000), S. 135 - 144.

Schräder, A. (Management virtueller Unternehmen, 1996): Management virtueller Unternehmen: Organisatorische Konzeption und informationstechnische Unterstützung flexibler Allianzen, Franfurt a.M., New York, Campus Verlag 1996.

Schrader, T. / Debus, Ch. (OEM-Zukunft im World Wide Web, 2001): Mobile Internet: OEM-Zukunft im World Wide Web, in: Automobil-Produktion, Jg. 14 (2000) Heft Nr. 5 - Oktober, S. 58 - 60.

Schreyögg, G. (Organisation, 1999): Organisation: Grundlagen moderner Organisationsgestaltung, 3. Aufl., Wiesbaden, Gabler Verlag 1999.

Schreyögg, G. (Hrsg.) (Wissen in Unternehmen, 2001): Wissen in Unternehmen: Konzepte, Maßnahmen, Methoden, Tagung vom 18./19. Juni 1999, Verband der Hochschullehrer für Betriebswirtschaft, Berlin, Erich Schmidt Verlag 2001.

Schreyögg, G. / Konrad, P. (Hrsg.) (Wissensmanagement, 1996): Managementforschung Band 6: Wissensmanagement, Berlin, New York, Verlag Walter de Gruyter 1996.

Schreyögg, G. / Sydow, J. (Hrsg.) (Gestaltung von Organisationsgrenzen, 1997): Managementforschung Band 7: Gestaltung von Organisationsgrenzen, Berlin, New York, Verlag Walter de Gruyter 1997.

Schuh, G. / Friedli, Th. / Kunz, P. (Diskontinuitäten zur Produktion der Zukunft, 2001): Diskontinuitäten auf dem Weg zur Produktion der Zukunft, in: Industrie Management, Bd. 16 (2000) Heft Nr. 6, S. 23 - 28.

Schuh, G. / Friedli, Th. / Kurr, M. (Zukunft von Unternehmensnetzwerken, 2001): C-Commerce: Die Zukunft von Unternehmensnetzwerken, in: Industrie Management, Bd. 17 (2001) Heft Nr. 5, S. 19 - 23.

Schuh, G. / Millarg, K. / Göransson, A. (Virtuelle Fabrik, 1998): Virtuelle Fabrik: Neue Marktchancen durch dynamische Netzwerke, München, Wien, Hanser Verlag 1998.

Schuh, G. / Wiendahl, H. P. (Hrsg.) (Komplexität und Agilität, 1997): Komplexität und Agilität, Heidelberg, Springer Verlag 1997.

Schultz, R. / Jansen, H. / Boettge, U. (Telekooperationssysteme, 2000): Praxisorientierte Telekooperationssysteme für Prozessketten der verteilten Produktentwicklung, in: CAD 2000, Kommunikation, Kooperation, Koordination, Fachtagung Gesells. für Informatik, Tagungsband, Berlin, 2.-3. März 2000, S. 3 - 26.

Schulz, H. (Informations- und Kommunikationstechnik im RPD, 1998): Informations- und Kommunikationstechnik beeinflusst das Rapid Product Development, in: Industrie Management, Bd. 14 (1998) Heft Nr. 5, S. 9 - 11.

Schulz, A. et al. (Management und Integration von Technologien, 2000): Management und Integration zukunftsfähiger Technologien zur Sicherung der Wettbewerbsfähigkeit, in: VDI-Gesellschaft (Hrsg.) (Erfolgreiche Produktentwicklung, 2000), S. 307 - 331.

Schulze, W. (Two schools of thought in resource-based theory, 1994): The two schools of thought in resource-based theory: Definitions and implications for research, in: Advances in Strategic Management, Vol. 10 (1994) No. 4, S. 127 - 158.

Schumann, G. (Adaptive Planung, 1994): Adaptive Planung des Produktionsentwicklungsprozesses, Dissertation TU Berlin, Reihe Produktionstechnik, Bd. 146, München, Wien, Hanser Verlag 1994.

Scott, G. M. (Technology management issues, 2000): Critical technology management issues of new product development in high-tech companies, in: Journal of Product Innovation Management, Vol. 17 (2000), S. 57 - 77.

Seidel, M. (Marktorientierung in der Produktentwicklung, 1996): Zur Steigerung der Marktorientierung der Produktentwicklung, Dissertation Universität St. Gallen, Bamberg, Eigendruck 1996.

Seidel, M. / Stahl, M. (Risikomanagement bei BMW, 2001): Risikomanagement von Innovationen bei BMW, in: Gassmann / Kobe / Voit (Hrsg.) (High-Risk-Projekte, 2001), S. 87 - 108.

Seifert, H. / Steiner, M. (F+E: Schneller, schneller, schneller, 1995): F+E: Schneller, schneller, schneller, in: Harvard Business Manager, (1995) Heft Nr. 2, S. 16 - 22.

Seiffert, U. (Elektrik, Aktuatorik und Sensorik im Automobil, 1998): Veränderung der Elektrik, Aktuatorik und Sensorik im Automobil, in: Zeitschrift für Automobilwirtschaft, Jg. 1 (1998) Heft Nr. 3, S. 54 - 59.

Seiffert, U. / Walzer, P. (Automobiltechnik der Zukunft, 1989): Automobiltechnik der Zukunft, Düsseldorf, VDI Verlag 1989.

Sendler, U. (Nordamerikanische und deutsche Produktentwicklung, 1995): Die Flexiblen und die Perfekten: Nordamerikanische und deutsche Produktentwicklung - Ein praktischer Vergleich, Berlin, Heidelberg, Springer Verlag 1995.

Sendler, U. (Airbus Concurrent Engineering, 1997): Airbus Concurrent Engineering: Ein Stufenplan der DASA, in: CAD-CAM Report, Bd. 16 (1997) Heft Nr.3, S. 96 - 98.

Sendler, U. (C3P-Projekt von Ford, 1997): Das C3P-Projekt von Ford verlangt strategische Partner, in: VDI-Z Special C-Techniken, Oktober 1997, S. 34 - 36.

Sendler, U. (Intelligente Datenkette, 1999): Intelligente Datenkette für den Gesamtprozess, in: VDI-Z Special C-Techniken, Oktober 1999, S. 45 - 47.

Sharda, R. et al. (New product development teams, 1999): Information support for new product development teams, Working Paper Report No. 99-108, Cambridge (Marketing Science Inst.), Eigendruck 1999.

Shaw, A. L. (Virtual product development, 1999): Virtual product development in the aerospace industry, in: VDI-Geselllschaft (Hrsg.) (Virtuelle Produktentstehung, 1999), S. 37 - 47.

Sheriff, A. (Product development in the automobile industry, 1988): Product development in the automobile industry: Corporate strategies and project performance, Master´s thesis, MIT Sloan School of Management, Cambridge, MIT Press 1988.

Shimokawa, K. / Jürgens, U. / Fujimoto, T. (Hrsg.) (Transforming automobile assembly, 1997): Transforming automobile assembly: Experience in automation and work organization, Berlin u.a., Springer Verlag 1997.

Siebert, H. (Analyse von Unternehmensnetzwerken, 1999): Ökonomische Analyse von Unternehmensnetzwerken, in: Sydow (Hrsg.) (Netzwerkorganisationen, 1999), S. 7 - 27.

Simon, H. (Management strategischer Wettbewerbsvorteile, 1988): Management strategischer Wettbewerbsvorteile, in: Zeitschrift für Betriebswirtschaft, Jg. 58 (1988), S. 461 - 480.

Simon, C. (Qualitätsgerechte simultane Produktentwicklung, 1995): Qualitätsgerechte simultane Produktentwicklung: Entwicklung und Umsetzung eines Vorgehensmodells, Wiesbaden, Gabler Verlag 1995.

Sinus Sociovision (Hrsg.) (Sinus-Milieus 2002, 2002): Sinus-Milieus 2002, Online im Internet unter URL: *http://www.sinus-milieus.de/content/grafik/informationen%20012002.pdf* (13.04.2002).

Skyrme, D. J. (Knowledge networking, 1999): Knowledge networking: Creating the collaborative Enterprise, Oxford u.a., Verlag Butterworth Heinemann 1999.

Smith, P. G. (Ongoing improvement, 1996): Your product development process demands ongoing improvement, in: Research Technology Management, Vol. 39 (1996) No. 2 - March/April, S. 37 - 45.

Smith, A. V. / Hickmann, C. (Hrsg.) (Vehicle Systems Integration, 2000): Vehicle Systems Integration: The Way ahead, Bury St. Edmunds, London, Professional Engineering 2000.

Smith, P. G. / Reinertsen, D. G. (Developing products in half the time, 1998): Developing products in half the time, New York, Verlag Van Nostrand Reinhold 1998.

Smith, J. D. / Takahashi, K. / Liang, E. (Internet-based user-centered design, 1998): Living Web: Supporting Internet-based user-centered design, Online im Internet unter URL: http://www.idi.ntnu.no/~ice/igroup/proceedings (26.06.2001).

Smith, J. D. / Takahashi, K. / Liang, E. (Supporting Internet-based user-centered Design, 1999): Living Web: Supporting Internet-based user-centered Design, Online im Internet unter URL: http://www.idi.ntnu.no/~ice/igroup/proceedings (28.06.2001).

Sobek, D. K. II (Product development systems, 1997): Principles that shape product development systems: A Toyota-Chrysler comparison, Michigan 1997.

Sompek, H. (Simulationsgestützte Konstruktion, 1995): Der Weg zur simulationsgestützten Konstruktion, in: CAD-CAM Report, Bd. 14 (1995) Heft Nr. 9, S. 66 -77.

Sorgatz, U. / Jöhnk, B. (Fahrzeugentwurfssystem, 1989): Das CAD-basierende Fahrzeugentwurfssystem VWLAYOUT im CAE-Konzept, in: VDI-Z Integrierte Produktion, Bd. 131 (1989) Heft Nr. 8, S. 50 - 58.

Souder, W. E. / Sherman, D. J. / Davies-Cooper, R. (Environmental uncertainty, 1998): Environmental uncertainty, organizational integration, and new product development effectiveness: A test of contingency theory, in: Journal of Product Innovation Management, Vol. 15 (1998) No. 6, S. 520 - 533.

Spath, D. / Dill, C. / Scharer, M. (Prozessbegleitender Methodenbaukasten, 2000): Unterstützung der Produktentstehung mit einem prozessbegleitenden Methodenbaukasten auf Intra-/Internetbasis, in: VDI-Gesellschaft (Hrsg.) (Erfolgreiche Produktentwicklung, 2000), S. 45 - 67.

Spath, D. / Matt, D. / Riedmiller, S. (Communication circle, 1998): The communication circle: A model for the support of a market-driven development and production of innovative products, in: Krause / Heimann / Raupach (Hrsg.) (Tools and workflows for product development, 1998), S. 27 - 35.

Spath, D. / Scharer, M. / Barrho, Th. (Flexible Methodenunterstützung, 1999): Flexible Methodenunterstützung der Prozesskette "Vom Markt zum Produkt": Konzept zur flexiblen, unternehmensspezifisch angepaßten Methodenbereitstellung, in: Zeitschrift für wirtschaftlichen Fabrikbetrieb - ZwF, Bd. 94 (1999) Heft Nr. 9, S. 517 - 520.

Spath, D. / Vossmann, D. (Entwicklung von Wissensmanagement, 1999): Wissen aufspüren: Die Entwicklung von Wissensmanagement im Produktentwicklungsprozesse, in: Qualität und Zuverlässigkeit, Bd. 44 (1999) Heft Nr. 6, S. 724.

Specht, G. (Technologiemanagement, 1992): Technologiemanagement, in: Die Betriebswirtschaft, Bd. 52 (1992) Heft Nr. 4, S. 547 - 566.

Specht, G. / Abraham, S. (Telekooperationstechnologien, 1997): Telekooperationstechnologien im Bereich Forschung und Entwicklung der Automobil- und Zuliefererindustrie, Arbeitspapier Nr. 9, Fachgebiet Technologiemanagement und Marketing, TU Darmstadt, Darmstadt, Eigendruck 1997.

Specht, G. / Beckmann, Ch. (F&E-Management, 1996): F&E-Management, Stuttgart, Schäffer-Poeschel Verlag 1996.

Specht, G. / Schmelzer, H. J. (Qualitätsmanagement, 1991): Qualitätsmanagement in der Produktentwicklung, Stuttgart, Schäffer-Poeschel Verlag 1991.

Spender, J. C. / Grant, R. M. (Knowledge and the firm, 1996): Knowledge and the firm: Overview, in: Strategic Management Journal, Jg. 17 (1996) Heft Nr. 2 (Winter Special Issue), S. 5 - 10.

Spies, S. (Management von Automobilentwicklungen, 1994): Management von Automobilentwicklungen: Umsetzung bereichsübergreifender Integration, Dissertation Hochschule St. Gallen, Eigendruck 1994.

Spors, K. (Unterstützung Produktentstehungsprozess eines PKW, 1997): Ein systemtechnisches Konzept zur Unterstützung des Produktentstehungsprozesses eines PKW, Dissertation Universität Erlangen-Nürnberg, Nürnberg, Eigendruck 1997.

Spors, K. et al. (Beschleunigung durch Reverse Engineering, 1998): Beschleunigung des Produktentstehungsprozesses durch den Einsatz von Reverse Engineering, in: VDI-Gesellschaft (Hrsg.) (Informationsverarbeitung in der Konstruktion, 1998), S. 107 - 120.

Spur, G. (Fabrikbetrieb, 1994): Fabrikbetrieb, München, Wien, Hanser Verlag 1994.

Spur, G. (Technologie und Management, 1998): Technologie und Management: Zum Selbstverständnis der Technikwissenschaft, München, Hanser Verlag 1998.

Spur, G. (Das digitale Produktmodell, 1999): Das digitale Produktmodell als virtueller Prototyp, in: Zeitschrift für wirtschaftlichen Fabrikbetrieb - ZwF, Bd. 94 (1999) Heft Nr. 7/8, S. 370 -375.

Spur, G. / Krause, F.-L. (Das virtuelle Produkt, 1997): Das virtuelle Produkt: Management der CAD-Technik, München, Wien, Hanser Verlag 1997.

Spur, G. / Krause, F.-L. / Mertins, K. (Simulationstechnik, 1993): Simulationstechnik für Produktentwicklung und Fabrikplanung, in: ZwF CIM, Bd. 88 (1993) Heft Nr. 7-8, S. 295 - 301.

Standard & Poor's (Hrsg.) (World car industry forecast report, 2001): DRI World car industry forecast report, March 2001, Lexington, Verlag McGraw-Hill 2001.

Stanek, J. (Wissenbasen in Ingenieurdatenbanksystemen, 1995): Aufbau von Wissenbasen in Ingenieurdatenbanksystemen zur integralen Produktentwicklung, in: International Conference on Engineering Design ICED 95, Prag, 22.-24 August 1995, S. 1461 - 1466.

Stanke, A. / Berndes, S. (Simultaneous Engineering, 1997): Simultaneous Engineering als Strategie zur Überwindung von Effizienzsenken, in: Bullinger / Warschat (Forschungs- und Entwicklungsmanagement, 1997), S. 15 - 27.

Stark, R. / Lichtenthäler, M. (CAx-Technology to drive digital prototypes, 2000): CAx-Technology to drive digital prototypes in product development and manufacturing, in: VDI-Gesellschaft (Hrsg.) (Produkte entwickeln im realen Umfeld, 2000), S. 267 - 284.

Stark, R. / Wilmers, Ch. / Kochhar, N. (Accelerated product development at Ford, 1999): Product information management (PIM) and "Digital Buck": Key enablers for accelerated product development at Ford, in: VDI-Gesellschaft (Hrsg.) (Informationsverarbeitung in der Konstruktion, 1999), S. 133 - 150.

Staudt, E. / Bock, J. / Mühlemeyer, P. (Information und Kommunikation als Erfolgsfaktoren, 1990): Information und Kommunikation als Erfolgsfaktoren für die betriebliche Forschung und Entwicklung, in: Die Betriebswirtschaft, Jg. 50 (1990) Heft Nr. 6, S. 759 - 773.

Steinborn, T. / Sturm, P. (Modellbau, 1998): Modellbau im digitalen Zeitalter: Optische Digitalisierung und Flächenrückführung in der Produktentwicklung, in: Der Konstrukteur, Bd. 29 (1998) Heft Nr. 6, S. 84 - 86.

Steinbrink, O. et al. (Rechnerunterstützung, 1999): Rechnerunterstützung im Wechselfeld zwischen Konstruktion und Berechnung, in: Konstruktion, Bd. 51 (1999) Heft Nr. 3, S. 13 - 19.

Steinle, C. / Bruch, H. / Nasner, N. (Kernkompetenzen, 1997): Kernkompetenzen: Konzepte, Ermittlung und Einsatz zur Strategieevaluation, in: Zeitschrift für Planung, (1997) Heft Nr. 8, S. 1 - 23.

Steinmann, H. / Scherer, A. G. (Wissenschaftstheorie, 1992): Wissenschaftstheorie, in: Corsten (Hrsg.) (Lexikon der Betriebswirtschaftslehre, 1992), S. 940 - 946.

Steinmetz, O. (Strategie der integrierten Produktentwicklung, 1993): Die Strategie der integrierten Produktentwicklung: Softwaretechnik und Organisationsmethoden zur Optimierung der Produktentwicklung im Unternehmen, Braunschweig, Wiesbaden, Vieweg Verlag 1993.

Stelzer, R. (Produktentwicklungs- und Lifecycle-Management, 2000): Erweiterte PDM-Funktionen zum Produktentwicklungs- und Lifecycle-Management, in: Konstruktion, Bd. 52 (2000) Heft Nr. 9 - September, S. 40 - 42.

Stern Verlag (STERN Markenprofile 9, 2001): STERN Markenprofile 9: Aktuelle Informationen über Markenpräferenzen und Einstellungen der Verbraucher im Automobilmarkt, Oktober 2001, Online im Internet unter URL: http://www.kfzbetrieb.de/files/umfrage/autostudie.pdf (01.05.2002).

Steuer, H. (Saab drängt auf die Überholspur, 2001): Saab drängt auf die Überholspur: Kooperation mit Cadillac denkbar - Autohersteller will Synergieeffekte nutzen, in: Handelsblatt, Ausgabe Nr. 174, 10.9.2001, S. 16.

Steven, M. / Behrens, S. (Kernkompetenzen aus produktionstheoretischer Sicht, 2000): Kernkompetenzen aus produktionstheoretischer Sicht, in: Hammann / Freiling (Hrsg.) (Ressourcen- und Kompetenzperspektive, 2000), S. 439 - 463.

Stockel, M. W. / Stockel, M. T. / Johanson, Ch. (Auto fundamentals, 2000): Auto fundamentals: How and why of the design, construction and operation of automobiles, Goodheart-Willcox Company 2000.

Stockmar, J. (Komplexe Technologien, 2000): Komplexe Technologien: Systemintegration, Lieferanten- und Komplexitätsmanagement, in: Zeitschrift für Automobilwirtschaft, (2000) Heft Nr. 4, S. 38 - 43.

Storath, E. / Schellhammer, A. (Neue Unternehmenskultur und -organisation, 2000): Neue Unternehmenskultur und -organisation als Nährboden für die neuen Werkzeuge der Produktentstehung, in: VDI-Gesellschaft (Hrsg.) (Produkte entwickeln im realen Umfeld, 2000), S. 39 - 53.

Storath, E. et al. (Das virtuelle Produkt im Prozeßnetz, 1998): Das virtuelle Produkt im Prozeßnetz: Mehr als nur die Anwendung von Systemen entlang der Prozeßketten, in: VDI-Gesellschaft (Hrsg.) (Informationsverarbeitung in der Konstruktion, 1998), S. 169 - 181.

Stork, A. / Jasnoch, U. / Rix, J. (Virtual Reality und Kooperation, 1998): Virtual Reality und Kooperation als integraler Bestandteil von CAD: Eine vereinheitlichte Systemarchitektur, in: Anderl / Encarnação / Rix (Hrsg.) (Tele-CAD, 1998), S. 34 - 49.

Stritzke, H. (Informations- und Kommunikationssystem, 1999): Internetgestütztes Informations- und Kommunikationssystem für verteilte Projektteams am Beispiel der Produktentstehung, Fortschrittsberichte VDI, Nr. 569, Düsseldorf, VDI Verlag 1999.

Studinka, C. (Integratives Management der Produktentwicklung, 1998): Integratives Management der Produktentwicklung: Durch Anwendung des Systemansatzes zum integrativen Management der zielorientierten Produktentwicklung, Bamberg, Eigendruck 1998.

Sydow, J. (Strategische Netzwerke, 1992): Strategische Netzwerke: Evolution und Organisation, Wiesbaden, Gabler-Verlag 1992.

Sydow, J. (Management von Netzwerkorganisationen:, 1999): Management von Netzwerkorganisationen: Zum Stand der Forschung, in: Sydow (Hrsg.) (Netzwerkorganisationen, 1999), S. 279 - 314.

Sydow, J. (Hrsg.) (Netzwerkorganisationen, 1999): Management von Netzwerkorganisationen, Wiesbaden, Gabler Verlag 1999.

Sydow, J. / Windeler, A. (Hrsg.) (Management interorganisationaler Beziehungen, 1994): Management interorganisationaler Beziehungen: Vertrauen, Kontrolle und Informationstechnik, Opladen u.a., Westdeutscher Verlag 1994.

Sydow, J ./ Windeler, A.(Hrsg.) (Steuerung von Netzwerken, 2001): Steuerung von Netzwerken: Konzepte und Praktiken, Opladen u.a., Westdeutscher Verlag 2001.

Tang, T. (Role of information technology, 1998): The role of information technology in a global development network, in: Uhlmann (Technologiemanagement, 1998), S. 315 - 321.

Tang, T. / Terlinden, M. (Einführung und Nutzung von virtuellen Techniken, 1999): Kritische Erfolgsfaktoren bei der Einführung und Nutzung von virtuellen Techniken, in: VDI-Geselllschaft (Hrsg.) (Virtuelle Produktentstehung, 1999), S. 201 - 212.

Tanneberger, K. (Virtuelle Produktentwicklung, 2000): Virtuell zu neuen Produkten: Warum die virtuelle Produktentwicklung Vorteile hat und wie man am besten vorgeht, in: it Industrielle Informationstechnik, (2000) Heft Nr. 6/7, S. 48 - 51.

Teece, D. J. (Economic theory of the multiproduct firm, 1982): Towards an economic theory of the multiproduct firm, in: Journal of Economic Behavior and Organization, Vol. 3 (1982), S. 39 - 63.

Teece, D. J. / Pisano, G. / Shuen, A. (Dynamic capabilities and strategic management, 1997): Dynamic capabilities and strategic management, in: Strategic Management Journal, Vol. 18 (1997) No. 7, S. 509 - 533.

Tegel, O. (Aufbau von Produktentwicklungsprozessen, 1996): Methodische Unterstützung beim Aufbau von Produktentwicklungsprozessen Berlin, Institut für Maschinenkonstruktion, Eigendruck 1996.

Tegel, O. (Information and communication technologies, 2000): Information and communication technologies to support cooperation in the product development process, in: Jürgens (Hrsg.) (Product development and production networks, 2000), S. 389 - 406.

Terwiesch, Ch. (Time and information problems, 1997): Time and information problems in overlapping development activities, Dissertation Fontainebleau, Fontainebleau, Eigendruck 1997.

Terwiesch, Ch. / Loch, Ch. (Engineering change orders, 1999): Managing the process of engineering change orders: The case of the climate control system in automobile development, in: Journal of Product Innovation Management, Vol. 16 (1999), S. 160 - 172.

Terwiesch, Ch. / Loch, Ch. / De Meyer A. (Exchanging preliminary information, 1997): A framework for exchanging preliminary information in concurrent development processes, INSEAD Working Paper, November 1997, Fontainebleau, Eigendruck 1997.

Terwiesch, Ch. / Loch, Ch. / Thomke, S. (Testing of design alternatives, 2001): Parallel and sequential testing of design alternatives, in: Management Science, Vol. 47 (2001) No. 5.

Terwiesch, Ch. / Loch, Ch. (Engineering change orders, 1999): Accelerating the process of engineering change orders: Capacity and congestion effects, in: Journal of Product Innovation Management, Vol. 16 (1999), S. 145 - 159.

Teufel, S. et al. (Computerunterstützung für die Gruppenarbeit, 1995): Computerunterstützung für die Gruppenarbeit, Bonn, Verlag Addison-Wesley 1995.

Thiele, M. (Kernkompetenzorientierte Unternehmensstrukturen, 1997): Kernkompetenzorientierte Unternehmensstrukturen, Wiesbaden, Dt. Univ.-Verlag 1997.

Thomke, S. (The economics of experimentation, 1995): The economics of experimentation in the design of new products and processes, unpublished Ph.D. Dissertation, Massachusetts Institute of Technology, Boston 1995.

Thomke, S. (Simulation, learning and R&D performance, 1998): Simulation, learning and R&D performance: Evidence from automotive development, in: Research Policy, Vol. 27 (1998), S. 55 - 74.

Thomke, S. / Nimgade, A. (Digital auto project, 1999): BMW AG: The digital auto project (A), in: Harvard Business School, Case Material 9-699-044, January 14, 1999, S. 1 - 24.

Thompson, J. E. (Simulation in new vehicle development, 1998): New roles for simulation in new vehicle development, in: VDI-Gesellschaft (Hrsg.) (Berechnung und Simulation im Fahrzeugbau, 1998), S. 383 - 401.

Thornton, A. C. / Donnelly, S. / Ertan, B. (Product development organisations, 2000): More than just robust design: Why product development organisations still contend with variation and its impact on quality, in: Research in Engineering Design, Vol. 12 (2000) No. 3, S. 127 - 143.

Tietze, O. (Auswirkungen der Informatisierung, 1997): Auswirkungen der Informatisierung auf die Produktentwicklung, unveröffentl. Studienarbeit TU Darmstadt, 1997

Tietze, O. (Standardized model for the innovation process, 1997): Evaluation of benefits and characteristics of a standardized model for the innovation process at Procter & Gamble, unveröffentl. Studienarbeit TU Darmstadt, 1997

Tintelnot, C. / Meißner, D./ Steinmeier, I. (Hrsg.) (Innovationsmanagement, 1999): Innovationsmanagement, Berlin u.a., Springer Verlag 1999.

Tönshoff, K. / Spauschus, Ph. / Uhlig, V. (Entwicklungskooperationen, 1999): Informatonstechnische und rechtliche Aspekte von Entwicklungskooperationen, in: VDI-Z Integrierte Produktion, Bd. 141 (1999) Heft Nr. 5 - Mai, S. 28 - 31.

Tönshoff, K. / Uhlig, V. (Entwicklungskooperationen, 2000): Informationstechnische Unterstützung von Entwicklungskooperationen, in: VDI-Gesellschaft (Hrsg.) (Erfolgreiche Produktentwicklung, 2000), S. 233 - 251.

Tönshoff, K. / Uhlig, V. (Unternehmensübergreifende Entwicklungskompetenzen, 2001): Management unternehmensübergreifender Entwicklungskompetenzen, in: Industrie Management, Bd. 17 (2001) Heft Nr. 5, S. 71 - 74.

Traudt, H. G. (Lieferantenauswahl bei Modulvergabe, 1997): Lieferantenauswahl bei Modulvergabe, in: VDI-Gesellschaft (Hrsg.) (Neue Wege in der Fahrzeugentwicklung, 1997), S. 69 - 80.

Trebo, D. (Zug um Zug 3D-CAD, 1999): Zug um Zug 3D-CAD: Einführung eines CAD-Systems für die Entwicklung von Schienenfahrzeugen bei der Duewag, in: VDI-Z Integrierte Produktion, Bd. 141 (1999) Heft Nr. 5 - Mai, S. 48 - 51.

Trebo, D. (Prozessweite Datennutzung im Schienenfahrzeugbau:, 2001): Prozessweite Datennutzung im Schienenfahrzeugbau: Potenziale und Strategien bei der EDV-gestützten Prozessoptimierung, in: Konstruktion, Bd. 53 (2001) Heft Nr. 3 - März, S. 46 - 53.

Trebo, D. / Schmelzer, E. (Modulares Fahrzeugkonzept, 2000): Das modulare Fahrzeugkonzept DESIRO: Einbindung der Zulieferer in den Produktentwicklungsprozess, in: VDI-Gesellschaft (Hrsg.) (Berechnung und Simulation im Fahrzeugbau, 2000), S. 617 - 628.

Trilk, J. (DMU: Die nächste Herausforderung, 2001): DMU: Die nächste Herausforderung, in: Automobil-Entwicklung, Jg. 3 (2001) Heft Nr. 2 - Mai, S. 42 - 44.

Trippner, D. (PDM strategy at BMW, 2000): STEP: A key element for the PDM strategy at BMW, in: Dankwort (Digital products, 2000), S. 135 - 142.

Trossin, H.-J. (Einsatzmöglichkeiten der Simulationstechnik, 1997): Einsatzmöglichkeiten der Simulationstechnik, in: Reinhart / Milberg (Hrsg.) (Simulation, 1997), S. 1 - 10.

Trott, P. (New product development, 1998): Innovation management and new product development, London, Financial Times Pitman Publications 1998.

Trum, H.-P. (Visuelle Verlegung des Kabelbaums, 2000): Visuelle Verlegung des Kabelbaums, in: Automobil-Entwicklung, Jg. 2 (2000) Heft Nr. 7 - Juli, S. 94 - 95.

Tsuda, Y. (Produktentwicklung in der Automobilindustrie, 1996): Produktplanung und Produktentwicklung in der Automobilindustrie unter besonderer Berücksichtigung japanischer Vorgehensweisen, Dissertation TU Berlin, Eigendruck 1996.

Tucker, P. (Knowledge Management in the Automotive Industry, 1999): Knowledge management in the automotive industry: Working towards a knowledge development culture, London, Financial Times Automotive Publications 1999.

Tuikka, T. / Salmela, M. (Collaborative Virtual Prototyping in the WWW, 1999): Web-Shaman: Collaborative Virtual Prototyping in the World Wide Web for product designers, Online im Internet unter URL: http://www.idi.ntnu.no/~ice/igroup/proceedings (28.06.2001).

Uhlmann, E. (Technologiemanagement, 1998): Technologiemanagement: Regionale Stärken und globale Chancen, Internationales Produktionstechnisches Kolloquium Berlin, Fraunhofer Institut Produktionsanlagen und Konstruktiontechnik, Berlin, Eigendruck 1998.

Ulrich, H. (Management, 1984): Management, Bern u.a., Haupt Verlag 1984.

Ulrich, K. T. / Eppinger, S. D. (Product design and development, 1995): Product design and development, New York u.a., Verlag McGraw-Hill 1995.

Ulrich, P. / Fluri, E. (Management, 1992): Management, 6. Aufl., Bern u.a, Haupt Verlag 1992.

Unigraphics Solution GmbH (CAD/CAM/CAE, 2001): CAD/CAM/CAE: Unigraphics für den gesamten Konstruktions- und Fertigungsprozess, Online im Internet unter URL http://www.ugsolutions.de/pdf/produktuebersicht_ug.pdf (06.06.2001).

Urban, G. L. / Hippel, E. v. (Lead-User analysis, 1998): Lead-User analysis for the development of new industrial products, in: Management Science, Vol. 34 (1988) No. 5, S 569 - 582.

Uthmann, Ch. v. / Turowski, K. (Workflow-basierte Geschäftsprozeßregelung, 1996): Workflow-basierte Geschäftsprozeßregelung als Konzept für das Management industrieller Produktentwicklungsprozesse, Arbeitsberichte des Instituts für Wirtschaftsinformatik, Münster, Eigendruck 1996.

Vajna, S. (Entwicklungsstand von CAD/CAM-Systemen, 1997): Entwicklungsstand von CAD/CAM-Systemen, in: VDI-Z Special C-Techniken, Oktober 1997, S. 16 - 21.

Vajna, S. (Einführungsstrategien von EDM/PDM-Systemen, 1999): Die neue Richtlinie VDI 2219: Praxiserprobte Hinweise zu Einführungsstrategien und Wirtschaftlichkeit von EDM/PDM-Systemen, in: VDI-Gesellschaft (Hrsg.) (Informationsverarbeitung in der Konstruktion, 1999), S. 25 - 42.

Vajna, S. (Wissensbasierte Produktentwicklung, 1999): Grundlagen und Möglichkeiten der wissensbasierten Produktentwicklung, in: 44. Internationales wissenschaftliches Kolloquium: Maschinenbau im Informationszeitalter, Bd. 3, Illmenau, 20 - 23. September, S. 134 - 140, 1999.

Vajna, S. / Burchardt, C. (Integrierte Produktentwicklung, 1998): Integrierte Produktentwicklung, in: Konstruktion, Bd. 50 (1998) Heft Nr. 4, S. 45 - 50.

Vajna, S. / Weber, Ch. (Informationsverarbeitung, 1999): Informationsverarbeitung in der Konstruktion, in: VDI-Z Special C-Techniken, 1/1999, S. 20 - 23.

Vajna, S. / Weber, Ch. (Informationsverarbeitung in der Konstruktion, 2000): Informationsverarbeitung in der Konstruktion, in: VDI-Z Integrierte Produktion, Bd. 142 (2000) Heft Nr. 1/2 - Januar/Februar, S. 34 - 37.

Verband der Automobilindustrie VDA (Hrsg.) (Produktentstehung, 1998): Produktentstehung: Wohin geht der Weg?, 2. Fachkonferenz Automobilentwicklung und Management 1998, Wiesbaden, 29 - 30.Juni 1998, Wiesbaden, Eigendruck 1998.

Verband der Automobilindustrie VDA (Hrsg.) (Prozessaudit, 1998): Prozessaudit: Produktentstehungsprozeß, Serienproduktion, Dienstleistungsentstehungsprozeß, Norm, 1. Aufl., Frankfurt a.M., Eigendruck VDA 1998.

Verband der Automobilindustrie VDA (Hrsg.) (Kraftverkehrswirtschaft 2000, 2000): Tatsachen und Zahlen aus der Kraftverkehrswirtschaft 2000, Frankfurt a.M., Eigendruck VDA 2000.

Verband der Automobilindustrie VDA (Hrsg.) (Unternehmensgrößenstruktur, 2000): Auswirkungen der globalen Marktveränderungen auf die Unternehmensgrößenstruktur in der Automobilindustrie, Frankfurt a.M., Eigendruck VDA 2000.

Verband der Automobilindustrie VDA (Hrsg.) (Jahresbericht 2001, 2001): Auto 2001: VDA-Jahresbericht, Frankfurt a.M., Eigendruck VDA 2001.

VDI-Gesellschaft (Hrsg.) (Konstruktion als Wettbewerbsfaktor, 1991): VDI-Berichte Nr. 865: Die Konstruktion als entscheidender Wettbewerbsfaktor, Düsseldorf, VDI Verlag 1991.

VDI-Gesellschaft (Hrsg.) (Wissensbasierte Systeme, 1991): VDI-Berichte Nr. 903: Erfolgreiche Anwendung wissensbasierter Systeme in Entwicklung und Konstruktion, Düsseldorf, VDI Verlag 1991.

VDI-Gesellschaft (Hrsg.) (Berechnung im Automobilbau, 1994): VDI-Berichte Nr. 1153: Berechnung im Automobilbau, Düsseldorf, VDI Verlag 1994.

VDI-Gesellschaft (Hrsg.) (Datenverarbeitung in der Konstruktion, 1994): VDI-Berichte Nr. 1148: Datenverarbeitung in der Konstruktion 1994, Düsseldorf, VDI Verlag 1994.

VDI-Gesellschaft (Hrsg.) (QM in der Produktentwicklung, 1994): VDI-Richtlinie 2247: Qualitätsmanagement in der Produktentwicklung. Entwurf März 1994, Düsseldorf, VDI Verlag 1994.

VDI-Gesellschaft (Hrsg.) (Qualitätsmanagement in der Produktentwicklung, 1994): VDI-Berichte Nr. 1106: Wege zum erfolgreichen Qualitätsmanagement in der Produktentwicklung, Tagung, Berlin 24 - 25. Februar 1995, Düsseldorf, VDI Verlag 1994.

VDI-Gesellschaft (Hrsg.) (Wissensverarbeitung, 1995): VDI-Berichte Nr. 1217: Wissensverarbeitung in der Entwicklung und Konstruktion, Düsseldorf, VDI Verlag 1995.

VDI-Gesellschaft (Hrsg.) (CAD/CAM-Technologien, 1996): VDI-Berichte Nr. 1289: Effiziente Anwendung und Weiterentwicklung von CAD/CAM-Technologien, Düsseldorf, VDI Verlag 1996.

VDI-Gesellschaft (Hrsg.) (Engineering-Netze, 1996): VDI-Berichte Nr. 1302: Neue Chancen durch Engineering-Netze, Düsseldorf, VDI Verlag 1996.

VDI-Gesellschaft (Hrsg.) (Ganzheitliche Betrachtungen im Automobilbau, 1996): VDI-Berichte Nr. 1307: Ganzheitliche Betrachtungen im Automobilbau - Rohstoffe - Produktion - Nutzung - Verwertung, Tagung, Wolfsburg, 27- 29. November 1996, Düsseldorf, VDI Verlag 1996.

VDI-Gesellschaft (Hrsg.) (CAD/CAM-Systeme, 1997): VDI-Berichte Nr. 1357: Neue Generationen von CAD/CAM-Systemen - Erfüllte und enttäuschte Erwartungen, Düsseldorf, VDI Verlag 1997.

VDI-Gesellschaft (Hrsg.) (Integration von Prozessketten, 1997): VDI-Berichte Nr. 1322: Features verbessern die Produktentwicklung - Integration von Prozessketten, Tagung, Berlin, 20 - 21. Februar 1997, Düsseldorf, VDI Verlag 1997.

VDI-Gesellschaft (Hrsg.) (Neue Wege in der Fahrzeugentwicklung, 1997): VDI-Berichte Nr. 1343: Neue Wege in der Fahrzeugentwicklung - Neue Herausforderungen an die Automobilindustrie, Tagung, Frankfurt, Düsseldorf, VDI Verlag 1997.

VDI-Gesellschaft (Hrsg.) (Restrukturierung, 1997): VDI-Berichte Nr. 1338: Unternehmenserfolg durch Restrukturierung von Entwicklungs- und Konstruktionsprozessen, Tagung, Fellbach, Düsseldorf, VDI Verlag 1997.

VDI-Gesellschaft (Hrsg.) (Systemengineering in der Kfz-Entwicklung, 1997): VDI-Berichte Nr. 1374: Systemengineering in der Kfz-Entwicklung, Tagung, Wolfsburg, Düsseldorf, VDI Verlag 1997.

VDI-Gesellschaft (Hrsg.) (VDI-Richlinie 2222, 1997): VDI-Richtlinie 2222: Konstruktionsmethodik - Methodisches Entwickeln von Lösungsprinzipien, Berlin, Düsseldorf, Beuth Verlag 1997.

VDI-Gesellschaft (Hrsg.) (Berechnung und Simulation im Fahrzeugbau, 1998): VDI-Berichte Nr. 1411: Berechnung und Simulation im Fahrzeugbau, Tagung, Würzburg, 24 - 25. September 1998, Düsseldorf, VDI Verlag 1998.

VDI-Gesellschaft (Hrsg.) (Informationsverarbeitung in der Konstruktion, 1998): VDI-Berichte Nr. 1435: Informationsverarbeitung in der Konstruktion '98 - Prozessketten für die virtuelle Produktentwicklung in verteilter Umgebung, Tagung, München, 20 - 21. Oktober 1998, Düsseldorf, VDI Verlag 1998.

VDI-Gesellschaft (Hrsg.) (Datenverarbeitung/Berechnungen in der Kosntruktion, 1999): VDI-Richtlinie 2211: Datenverarbeitung/Berechnungen in der Kosntruktion, Berlin, Beuth Verlag 1999.

VDI-Gesellschaft (Hrsg.) (Einführung/Wirtschaftlichkeit von EDM/PDM-Systemen, 1999): VDI-Richtlinie 2219: Einführung und Wirtschaftlichkeit von EDM/PDM-Systemen, Berlin, Beuth Verlag 1999.

VDI-Gesellschaft (Hrsg.) (Informationsverarbeitung in der Konstruktion, 1999): VDI-Berichte Nr. 1497: Informationsverarbeitung in der Konstruktion '99 - Beschleunigung der Produktentwicklung durch EDM/PDM- und Feature-Technologie, Tagung, München, 19 - 20. Oktober, Düsseldorf, VDI Verlag 1999.

VDI-Gesellschaft (Hrsg.) (Integration von Gestaltung und Berechnung, 1999): VDI-Berichte Nr. 1487: Verkürzte Entwicklungsprozesse durch Integration von Gestaltung und Berechnung, Tagung, Stuttgart, 8 - 9. Juni 1999, Düsseldorf, VDI Verlag 1999.

VDI-Gesellschaft (Hrsg.) (VDI-Richtlinie 2218: Feature-Technologie, 1999): VDI-Richtlinie 2218: Feature-Technologie, Berlin, Beuth Verlag 1999.

VDI-Gesellschaft (Hrsg.) (Virtuelle Produktentstehung, 1999): VDI-Berichte Nr. 1489: Virtuelle Produktentstehung in der Fahrzeugtechnik, Tagung, Berlin 9 - 10. September 1999, Düsseldorf, VDI Verlag 1999.

VDI-Gesellschaft (Hrsg.) (Berechnung und Simulation im Fahrzeugbau, 2000): VDI-Berichte Nr. 1559: Berechnung und Simulation im Fahrzeugbau, Tagung, Würzburg, 14.-15.September 2000, Düsseldorf, VDI Verlag 2000.

VDI-Gesellschaft (Hrsg.) (Der Ingenieur im Internet, 2000): VDI-Berichte Nr. 1537: Der Ingenieur im Internet, Tagung, Karlsruhe, Düsseldorf, VDI Verlag 2000.

VDI-Gesellschaft (Hrsg.) (Erfolgreiche Produktentwicklung, 2000): VDI-Berichte Nr. 1558: Erfolgreiche Produktentwicklung: Methoden und Werkzeuge zur Planung und Entwicklung von marktgerechten Produkten, Tagung, Stuttgart, 5 - 6. Oktober 2000, Düsseldorf, VDI Verlag 2000.

VDI-Gesellschaft (Hrsg.) (Produkte entwickeln im realen Umfeld, 2000): Produkte entwickeln im realen Umfeld: Was bringen neue Werkzeuge wie 3D-CAD/CAM, EDM/PDM und Virtualisierung, Tagung, München, 9 - 10. November 2000, Düsseldorf, VDI Verlag 2000.

VDI-Gesellschaft (Hrsg.) (Informationsverarbeitung in der Produktentwicklung, 2001): VDI-Berichte Nr. 1614: Informationsverarbeitung in der Produktentwicklung 2001 - Effiziente 3D-Produktmodellierung, Fortschritte und Fallstricke, Tagung, Stuttgart, 19 - 20. Juni 2001, Düsseldorf, VDI Verlag 2001.

Veryzer, R. W. Jr. (Discontinuous innovation, 1998): Discontinuous innovation and the new product development process, in: Journal of Product Innovation Management, Vol. 15 (1998) No. 2, S. 304 - 321.

Vogel, U. (Informationsmodell, 2000): Informationsmodell für die Organisation des Produktentwicklungsprozesses im virtuellen Unternehmen, Aachen, Shaker Verlag 2000.

Vogt, C. (Zur Bestimmung von Innovationsaktivitäten, 1997): Zur Bestimmung von Innovationsaktivitäten: Eine empirische Analyse des Weltautomobilmarktes, Frankfurt a.M. u.a., Verlag Lang 1997.

Volberda, H. W. (Remain vital in hypercompetitive environments, 1998): Toward the flexible form: How to remain vital in hypercompetitive environments, in: Ilinitch / Lewin / D´Aveni (Hrsg.) (Managing in times of disorder, 1998), S. 267 - 296.

Wach, J. J. (Hilfsmittel für die integrierte Produktentwicklung, 1994): Problemspezifische Hilfsmittel für die integrierte Produktentwicklung, München, Hanser Verlag 1994.

Wagner, K. / Fischer, D. (Engineering knowledge, 1999): The importance of the evaluation and measurement of engineering knowledge in the product development process

(Kennziffer 99ME046), in: ISATA (Hrsg.) (Automotive Mechatronics Design and Engineering, 1999), S. 203 - 208..

Wagner, J. et al. (Hardware-in-the-loop testing, 1999): A vision for automotive electronics hardware-in-the-loop testing, in: International Journal of Vehicle Design, Bd. 22 (1999) Heft Nr. 1/2, S. 14 - 28.

Waidelich, R. (Informationsmanagement in der Automobilindustrie, 1993): Informationsmanagement in der Automobilindustrie, in: Scheer (Hrsg.) (Handbuch Informationsmanagement, 1993), S. 265 - 297.

Walker, U. (Erlebte Leistung, 2000): Erlebte Leistung, in: Automobil-Produktion, Jg. 14 (2000) Heft Nr. 5- September, S. 14 - 16.

Walliser, F.-S. (Veränderte Prozesse in der Produktentstehung, 1999): Entwicklung und Nachweisführung einer Methodik zur Einführung und Stabilisierung von veränderten Prozessen in der Produktentstehung, Chemnitz, IBF Verlag 1999.

Wallmeier, S. / Birkhofer, H. (Neue Chancen in der Produktentwicklung, 1999): Neue Chancen in der Produktentwicklung: Aus Sicht von Konstruktionsmethodik und Psychologie, in: Zeitschrift für wirtschaftlichen Fabrikbetrieb - ZwF, Bd. 94 (1999) Heft Nr. 9, S. 530 - 533.

Wangenheim, S. v. (Serienanlauf komplexer Produkte, 1998): Planung und Steuerung des Serienanlaufs komplexer Produkte: Dargestellt am Beispiel der Automobilindustrie, Frankfurt a.M. u.a., Verlag Lang 1998.

Ward, A. et al. (The second Toyota paradox, 1995): The second Toyota paradox: How delaying decisions can make better cars faster, in: Sloan Management Review, Spring 1995, S. 43 - 61.

Warnecke, G. / Stammwitz, G. (Gestaltung anforderungsspezifischer Produktmodelle, 1996): Methodik zur Gestaltung anforderungsspezifischer Produktmodelle, in: Dangelmaier / Gausemeier (Fortgeschrittene Informationstechnologie, 1996), S. 247 - 258.

Warnecke, H.-J. (Die fraktale Fabrik, 1992): Die fraktale Fabrik: Revolution der Unternehmenskultur, Berlin, Heidelberg, Springer Verlag 1992.

Warschat, J. (Evolutionär-iterative Produktentwicklung, 2000): Ein integriertes Konzept für die evolutionär-iterative Produktentwicklung, in: Bürgel (Hrsg.) (Forschungs- und Entwicklungsmanagement, 2000), S. 115 - 129.

Warschat, J. (Verteilte Produktentwicklungsumgebungen, 2000): Verteilte Produktentwicklungsumgebungen, Konferenz-Einzelbericht: FTK 2000, Stuttgarter Impulse, Technologien für die Zukunft, Tagungsband, Fertigungstechnisches Kolloqiuim, Stuttgart, 26 - 27 September 2000, S. 397 - 408.

Wartzack, S. / Meerkamm, H. (Durchgängige Rechnerunterstützung, 2000): Durchgängige Rechnerunterstützung in der Produktentwicklung aufgrund des Einsatzes semantisch hochwertiger Features, in: Konstruktion, Bd. 52 (2000) Heft Nr. 3, S. 24 - 26.

Watanabe, K. (Customizing der Toyota Motor Corporation, 1996): Customizing der Toyota Motor Corporation, in: Peren / Hergeth (Hrsg.) (Customizing in der Weltautomobilindustrie, 1996), S. 73 - 82.

Weber, J. (BMW-Strategie, 1999): BMW-Strategie: Schon früh an die Produktion denlen, in: Automobil-Entwicklung, Jg. 1 (1999) Heft Nr. 6 - November, S. 60 - 62.

Weber, J. (Optimierung des Serienanlaufs, 1999): Optimierung des Serienanlaufs in der Automobilproduktion, in: VDI-Z Integrierte Produktion, Bd. 141 (1999) Heft Nr. 11/12 - November/Dezember, S. 23 - 25.

Weber, J. (Serienanlauf, 2001): Den Serienanlauf sicher im Griff: Ein erfahrungsbasiertes Kennzahlensystem, in: VDI-Z Integrierte Produktion, Bd. 143 (2001) Heft Nr. 1/2 - Januar/Februar, S. 76 - 78.

Weber, C. / Krause, F.-L. (Features mit System, 1999): Features mit System: Die neue Richtlinie VDI 2218, in: VDI-Gesellschaft (Hrsg.) (Informationsverarbeitung in der Konstruktion, 1999), S. 43 - 73.

Weber, C. et al. (Kopplung von Gestaltung und Berechnung, 1999): Intelligente Kopplung von Gestaltung und Berechnung, in: VDI-Gesellschaft (Hrsg.) (Integration von Gestaltung und Berechnung, 1999), S. 47 - 70.

Weck, L. (Königsweg für Ideen, 2000): Königsweg für Ideen, in: Automobil-Entwicklung, Jg. 2 (2000) Heft Nr. 2 - März, S. 70 - 71.

Weck, M. / Dammer, M. (Engineering workbench, 1998): The virtual machine tool: An engineering workbench for Design and calculation, in: Krause / Heimann / Raupach (Hrsg.) (Tools and workflows for product development, 1998), S. 199 - 197.

Weck, M. / Dammer, M. (Konstruktions-Arbeitsplatz, 1998): Konstruktions-Arbeitsplatz integriert Berechnungs-Tools, in: Industrieanzeiger, Bd. 120 (1998) Heft Nr. 20, S. 62 - 63.

WEFA (World Market Monitor, 2002): World Market Monitor, Online im Internet unter URL: http://www.dri-wefa.com/products_services/content.cfm (10.04.2002).

Wehner, T. (Wissensmanagement als sozialer Prozess, 1999): Wissensmanagement als sozialer Prozess: Die arbeits- und organisationspsychologische Position, in: Bullinger (Wissensmanagement, 1999), S. 79 - 106.

Weiden, S. v. d. (Multifunktionalität für den Telematikmarkt, 2002): Mit moderner Technik am Stau vorbei: Multifunktionalität bringt Mehrwert für den Telematikmarkt, in: Handelsblatt, (2002) Ausgabe Nr. 110, 12.06.2002, S. B12.

Weiss, S. (Management von Zuliefernetzwerken, 1999): Management von Zuliefernetzwerken: Ein multilaterales Kooperationskonzept am Beispiel der Automobilindustrie, Dissertation Universität Zürich, Zürich, Eigendruck 1999.

Weiß, E. (Digitale Revolution, 2001): "Digitale Revolution" im Automobil, in: Zeitschrift für Automobilwirtschaft, Jg. 4 (2001) Heft Nr. 3, S. 58 - 66.

Weißberger, G. (Virtuelles Frontloading, 2001): Audi: Virtuelles Frontloading, in: Automobil-Entwicklung, Jg. 3 (2001) Heft Nr. 3 - Juli, S. 12 - 16.

Welge, M. K. / Al-Laham, A. (Strategisches Management, 2001): Strategisches Management: Gundlagen - Prozess - Implementierung, 3. Aufl., Wiesbaden, Gabler Verlag 2001.

Welge, M. K. / AL-Laham, A. / Kajüter, P. (Hrsg.) (Strategisches Management, 2000): Praxis des strategischen Managements: Konzepte - Erfahrungen - Perspektiven, Wiesbaden, Gabler Verlag 2000.

Welp, E. G. (Verteilte Entwicklungsprozesse, 1996): Planung und Steuerung verteilter Entwicklungsprozesse, in: Konstruktion, Bd. 48 (1996), S. 319 - 328.

Wendt, R. (Entwicklungszentrum für Mercedes-Benz Pkw, 1998): Die Denkfabrik: Neues Entwicklungszentrum für Mercedes-Benz Pkw, in: Verband der Automobilindustrie (Hrsg.) (Produktentstehung, 1998), o.S.

Wenz, K. (Branchennetzwerk, 2001): Branchennetzwerk: Die Netze sind ausgeworfen, in: Automobil-Industrie, Jg. 46 (2001) Heft Nr. 3, S. 32 - 34.

Wenz, K. (Datenaustausch in der Automobilindustrie, 2001): Trendstudie elektronischer Datenaustausch in der Automobilindustrie: Der Datenfluss wird begradigt, in: Automobil-Industrie, Jg. 46 (2001) Heft Nr. 3, S. 40 - 42.

Wenz, K. (Zulieferinitiative, 2001): Zulieferinitiative: Kooperieren ja - Aber mit wem?, in: Automobil-Industrie, Jg. 46 (2001) Heft Nr. 3, S. 26 - 27.

Wenzel, S. et al. (Holistic framework for change, 2000): Coupling changes to product-, process-, and agent-system architectures: A holistic framework for change in product development organizations, in: EuSEC 2000, 2nd European Systems Engineering Conf., Munich, 13-15. September, S. 129 - 137.

Wernerfelt, B. (Resource-based view of the firm, 1984): The resource-based view of the firm, in: Strategic Management Journal, Jg. 5 (1984) Heft Nr. 2, S. 171 - 180.

Wernerfelt, B. (Resource-based view of the firm, 1995): The resource-based view of the firm: Ten years after, in: Strategic Management Journal, Jg. 16 (1995) Heft Nr. 2, S. 171 - 174.

Wertz, B. (Lieferanten-Produzenten-Beziehungen, 2000): Management von Lieferanten-Produzenten-Beziehungen: Eine Analyse von Unternehmensnetzwerken in der deutschen Automobilindustrie, Wiesbaden, Dt. Univ.-Verlag 2000.

Wesselmann, J. / Gehart, T. (Expertenwissen, 1999): Konstruktion durch Expertenwissen der AV unterstützen, in: VDI-Z Special C-Techniken, Oktober 1999, S. 48 - 51.

Westkämper, E. (Wandlungsfähige Unternehmensstrukturen, 2002): Wandlungsfähige Unternehmensstrukturen für die variantenreiche Serienproduktion: Forschungsstrategien, Ergebnisse, Anwendungen; Forschungskolloquium SFB 467, Stuttgart, Fraunhofer IRB Verlag 2002.

Westkämper, E. (Wandlungsfähigkeit und Fabrikstrukturen, 2002): Wandlungsfähigkeit und Fabrikstrukturen, in: Westkämper (Wandlungsfähige Unternehmensstrukturen, 2002), S. 75 - 97.

Westkämper, E. / Roth-Koch, S. / Koch, K. U. (Integration klassischer Entwurfstechniken, 2001): Gelingt die Integration klassischer Entwurfstechniken in moderne Produktentwicklungsstrategien, in: Industrie Management, Bd. 17 (2001) Heft Nr. 3, S. 9 - 13.

Weule, H. (Integriertes F&E-Management, 2002): Integriertes Forschungs- und Entwicklungsmanagement: Grundlagen, Strategien, Umsetzung, München, Wien, Hanser Verlag 2002.

Weule, H. / Trender, L. (Entwicklungsbegleitende Kostenkalkulation, 1999): Entwicklungsbegleitende Kostenkalkulation: Prozeßorientierte Bestimmung der Produktlebenszykluskosten unter Beachtung von Zielkosten, in: Konstruktion, Bd. 51 (1999) Heft Nr. 9, S. 35 - 39.

Weule, H. et al. (Nutzeffekte rechnerunterstützter Werkzeuge, 1997): Nutzeffekte rechnerunterstützter Werkzeuge in der Produktentwicklung, in: Zeitschrift für wirtschaftlichen Fabrikbetrieb - ZwF, Bd. 92 (1997) Heft Nr. 3, S. 81 - 85.

Wheelwright, S. C. / Hayes, R. H. (Fertigung als Wettbewerbsfaktor, 1985): Fertigung als Wettbewerbsfaktor, in: Harvard manager, Jg. 42 (1985) Heft Nr. 4, S. 87 - 93.

Whitfield, R. I. et al. (Coordination approaches and systems, 2000): Coordination approaches and systems: Part I - A strategic perspective, in: Research in Engineering Design, Vol. 12 (2000) No. 1, S. 48 - 60.

Widmer, H.-J. (Optimierung der Produktentwicklung, 1997): Optimierung der Produktentwicklung mit Hilfe interdisziplinärer Organisationsformen und rechnerunterstützter kooperativer Telearbeit, in: Brödner / Hamburg / Schmidtke (Informationstechnik, 1997), S. 69 - 84.

Wiedenmaier, S. et al. (Nutzenbewertung von Telekooperation, 1999): Nutzenbewertung von Telekooperation: Eine Ex-post-Analyse des Produktentwicklungsprozesses, in: io Management Zeitschrift, Bd. 68 (1999) Heft Nr. 12, S. 46 - 50.

Wilde, K. D. (Bewertung von Produkt-Markt-Strategien, 1989): Bewertung von Produkt-Markt-Strategien: Theorie und Methoden, Berlin, Duncker & Humblot Verlag 1989.

Wildemann, H. (Integrierte Produktionssysteme, 1989): Wettbewerbswirkungen integrierter Produktionssysteme, in: Wildemann (Fabrikplanung, 1989), S. 198 - 218.

Wildemann, H. (Optimierung von Entwicklungszeiten, 1993): Optimierung von Entwicklungszeiten: Just-In-Time in Forschung&Entwicklung und Konstruktion, München, TCW Transfer-Centrum Verlag 1993.

Wildemann, H. (Entwicklungsstrategien für Zulieferunternehmen, 1996): Entwicklungsstrategien für Zulieferunternehmen, 3. Aufl., München, TCW Transfer-Centrum Verlag 1996.

Wildemann, H. (Koordination von Unternehmensnetzwerken, 1997): Koordination von Unternehmensnetzwerken, in: Zeitschrift für Betriebswirtschaft, Bd. 67 (1997) Heft Nr. 4, S. 417 - 439.

Wildemann, H. (Produktklinik, 1998): Produktklinik: Wertgestaltung von Produkten und Prozessen, München, TCW Transfer-Centrum Verlag 1998.

Wildemann, H. (Unternehmungsnetzwerke in der Zulieferindustrie, 1998): Unternehmungsnetzwerke: Entwicklungs-, Produktions- und Vertriebsnetzwerke in der Zulieferindustrie, Ergebnisse einer Delphi-Studie, München, TCW Transfer Centrum Verlag 1998.

Wildemann, H. (Supply-Chain-Management, 2000): Supply-Chain-Management, München, TCW-Transfer-Centrum Verlag 2000.

Wildemann, H. (Entwicklungspartnerschaften, 2001): Entwicklungspartnerschaften mit Kunden und Lieferanten zur Wettbewerbssteigerung in der Automobil- und Zulieferindustrie, Online im Internet unter URL: http://www.bwl.wiso.tu-muenchen.de/fpdir/entwicklung/entwicklung_inhalt.htm (28.11.2001).

Wildemann, H. (Quality Gates für Entwicklungsprozesse, 2001): Quality Gates für Entwicklungsprozesse, in: VDI-Z Integrierte Produktion, Bd. 143 (2001) Heft Nr. 5 - Mai, S. 31 - 34.

Wildemann, H. (Reisende in Sachen Innovation, 2001): Reisende in Sachen Innovation: Autohersteller und Zulieferer gehen immer intensivere Symbiosen ein, in: Financial Times Deutschland, Ausgabe 11. September 2001, S. 6.

Wildemann, H. (Wandlungsfähige Netzwerkstrukturen, 2001): Wandlungsfähige Netzwerkstrukturen als moderne Organisationsform, in: Industrie Management, Bd. 17 (2001) Heft Nr. 5, S. 53 - 57.

Wilkens, U. (Human-resource-Management, 1998): Human-resource-Management in der europäischen Automobilindustrie: Ein cross-nationaler Vergleich, Frankfurt u.a., Verlag Lang 1998.

Williams, M. / Kochhar A. (Front end of the product introduction process, 1998): Re-Engineering the front end of the product introduction process using an object-oriented reference model: a case study, in: Krause / Heimann / Raupach (Hrsg.) (Tools and workflows for product development, 1998), S. 13 - 25.

Winand, U. / Nathusius, K. (Hrsg.) (Unternehmensnetzwerke und virtuelle Organisationen, 1998): Unternehmensnetzwerke und virtuelle Organisationen, Stuttgart, Schäffer-Poeschel Verlag 1998.

Windeler, I. (Restrukturierungsprojekte in F&E-Organisationen, 2001): Auswahl von Restrukturierungsprojekten in Forschungs- und Entwicklungsorganisationen der Automobilindustrie, HNI-Verlagsschriftenreihe, Bd. 94, Paderborn, Eigendruck 2001.

Wingert, G. M. (Wettbewerbsvorteile durch Lieferantenintegration, 1997): Wettbewerbsvorteile durch Lieferantenintegration: Strategische und operative Gestaltung des Wertschöpfungssystems in der Elektronikindustrie, Wiesbaden, Dt. Univ.-Verlag 1997.

Winter, S. (Künftiger VW-Chef stimmt neue Töne an, 2001): Künftiger VW-Chef stimmt neue Töne an: Bernd Pischetsrieder geht zu Vorgänger Piech auf Distanz, in: Handelsblatt, Ausgabe Nr. 176, 12.9.2001, S. 13.

Winter, S. / Schäfer, W. (Volkswagen will seine Markenprofile schärfen, 2002): Volkswagen will seine Markenprofile schärfen, in: Handelsblatt, Ausgabe Nr. 10, 15.01.2002, S. 12.

Winterkorn, M. (Automobilentwicklung, 1998): Perspektiven und Aufgaben zukünftiger Automobilentwicklungen, in: Automobiltechnische Zeitschrift ATZ, Sonderheft 1998, S. 138 - 142.

Wiskow, B. (Verkürzung der Produktentwicklungszeit, 1999): Die Verkürzung der Produktentwicklungszeit aus anreiztheoretischer Sicht, München u.a, Rainer Hampp Verlag 1999.

Wissenschaftszentrum Berlin für Sozialforschung (Hrsg.) (Institutionelle Innovation, 1997): Ökonomische Leistungsfähigkeit und institutionelle Innovation: Das deutsche Produktions- und Politregime im globalen Wettbewerb, Berlin, Sigma Verlag 1997.

Wißler, F. E. (Qualitätslenkung in Entwicklungsprojekten, 2000): Reife Produkte durch effiziente Qualitätslenkung in Entwicklungsprojekten, in: VDI-Gesellschaft (Hrsg.) (Erfolgreiche Produktentwicklung, 2000), S. 69 - 83.

Wittstock, M. (Auswirkungen neuer IuK, 1987): Die Auswirkungen neuer Informations- und Kommunikationstechniken auf mittelständische Unternehmen, Schriften zur Mittelstandsforschung, Nr. 21, Stuttgart, Schäffer-Poeschel Verlag 1987.

Wlasak, A. (Die Zukunft automobiler Innenräume, 2001): Kion: Ein Blick in die Zukunft automobiler Innenräume, in: Automobiltechnische Zeitschrift ATZ, Extrateil "Interiors Partners", Februar 2001, S. 18 - 20.

Wobser, G. (Internetbasierte Kooperation, 2000): Internetbasierte Kooperation bei der Produktentwicklung; Technische Universität Bergakademie Freiberg, Freiberger Arbeitspapiere Nr. 35, Freiberg, Eigendruck 2000.

Wöhe, G. (Einführung in die BWL, 1996): Einführung in die allgemeine Betriebswirtschaftslehre, 19. Aufl., München, Vahlen Verlag 1996.

Wohlenberg, H. (Gruppenunterstützende Systeme in F&E, 1993): Gruppenunterstützende Systeme in Forschung und Entwicklung: Anwendungspotentiale aus industrieller Sicht, Wiesbaden, Dt. Univ.-Verlag 1993.

Wojcik, L. (Qualitätssicherung von Geometriedaten, 1999): Qualitätssicherung von Geometriedaten für die digitale Produktentwicklung, Teil II, in: CAD-CAM Report, Bd. 18 (1999) Heft Nr. 5, S. 104 - 109.

Wolff, S. (E-Visionen in der Automobilindustrie, 2001): E-Visionen in der Automobilindustrie, in: Automobil-Industrie, Jg. 46 (2001) Heft Nr. 1/2 - Januar/Februar, S. 40 - 42.

Wolfsteiner, W. D. (Management der Kernfähigkeiten, 1995): Das Management der Kernfähigkeiten: Ein ressourcenorientierter Strategie- und Strukturansatz, Hallstadt, Eigendruck 1995.

Woll, R. (Informationsrückführung, 1994): Informationsrückführung zur Optimierung der Produktentwicklung, Dissertation TU Berlin, Reihe Produktionstechnik, Bd. 134, München, Wien, Hanser Verlag 1994.

Wollstadt, H. (Rapid Prototyping für die Automobilindustrie, 1998): Rapid Prototyping als Dienstleistung für die Automobilindustrie, in: Industrie Management, Bd. 14 (1998) Heft Nr. 5, S. 76 - 77.

Wollstadt, H. (Digital Mock-Up, 1999): Digital Mock-Up: Grundlage für die Produkt- und Prozeßentwicklung, in: VDI-Z Integrierte Produktion, Special C-Techniken, S. 50 - 52.

Wolters, H. (Modul- und Systembeschaffung, 1995): Modul- und Systembeschaffung in der Automobilindustrie: Gestaltung der Kooperation zwischen europäischen Hersteller- und Zulieferunternehmen, Wiesbaden, Gabler Verlag 1995.

Wolters, H. (Konzentration in der globalen Automobilindustrie, 1999): Geht die Konzentration in der globalen Automobilindustrie weiter?: Konsequenzen für Zulieferunternehmen, in: Technischer Vertrieb, Jg. 1 (1999) Heft Nr. 2 - April, S. 17 - 20.

Wolters, H. (Systeme, 1999): Systeme: Eine Revolution in der Beschaffung, in: Wolters et al. (Hrsg.) (Die Zukunft der Automobilindustrie, 1999), S. 61 - 74.

Wolters, H. et al. (Hrsg.) (Die Zukunft der Automobilindustrie, 1999): Die Zukunft der Automobilindustrie: Herausforderungen und Lösungsansätze für das 21. Jahrhundert, Wiesbaden, Gabler Verlag 1999.

Womack, J. P. / Jones, D. / Ross, D. T. (The machine that changed the world, 1990): The machine that changed the world, New York, Verlag Rawson Associates 1990.

Womack, J. P. / Jones, D. / Ross, D. T. (Die zweite Revolution in der Autoindustrie, 1994): Die zweite Revolution in der Autoindustrie: Konsequenzen aus der weltweiten Studie aus dem Massachusetts Institute of Technology, Frankfurt a.M., Campus Verlag 1994.

Wörner, K. (Dezentrale Planung von Entwicklungsprojekten, 1999): System zur dezentralen Planung von Entwicklungsprojekten im Rapid Product Development, Berlin, Heidelberg, Springer Verlag 1999.

Wüthrich, H. / Phillipp, A. (Temporäre Netzwerkverbünde, 1998): Virtuell ins 21. Jahrhundert? Wertschöpfung in temporären Netzwerkverbünden, in: HMD, Bd. 200 (1998), S. 9 - 23.

Wynstra, F. / Van Weele, A. / Weggemann, M. (Supplier involvement in product development, 2001): Managing supplier involvement in product development: Three critical issues, in: European Management Journal, Vol. 19 (2001) No. 2, S. 157 - 167.

Wyrwoll, A. (Customer Integration Deployment, 2001): Customer Integration Deployment (CID): Entwicklung einer Methode zur Integration der Kunden in die frühen Phasen des Produktentstehungsprozesses am Beispiel der Automobilindustrie, Clausthal, Eigendruck 2001.

Lehrstuhl für Produktionssystematik der RWTH Aachen (WZL) (Mechatronik in der Automobilzulieferindustrie, 2000): Unternehmerische Chancen und Herausforderungen durch die Mechatronik in der Automobilzulieferindustrie, Schriftenreihe "Materialien zur Automobilindustrie" des VDA, Bd. 23, Frankfurt, Eigendruck 2000.

Yaginuma, H. et al. (Car design process, 1991): A new CAD/CAM system for the car design process. SAE-Papers 910817, Warrendale 1991.

Zahn, E. (Neue Produktionstechnologien, 1989): Neue Produktionstechnologien: Potentiale für Wettbewerbsvorteile, in: Riekhof (Strategieentwicklung, 1989), S. 153 - 166.

Zahn, E. (Technologiemanagement, 1994): Technologiemanagement und Technologien für das Management, Stuttgart, Schäffer-Poeschel Verlag 1994.

Zahn, E. (Hrsg.) (Technologiemanagement, 1995): Handbuch Technologiemanagement, Stuttgart, Schäffer-Poeschel Verlag 1995.

Zahn, E. / Foschiani, S. / Tilebein, M. (Wissen und Strategiekompetenz, 2000): Wissen und Strategiekompetenz als Basis für die Wettbewerbsfähigkeit von Unternehmen, in: Hammann / Freiling (Hrsg.) (Ressourcen- und Kompetenzperspektive, 2000), S. 47 - 65.

Zahn, E. / Herbst, C. / Hertweck, A. (Vertikale Wertschöpfungspartnerschaften, 2001): Management vertikaler Wertschöpfungspartnerschaften: Konzepte für die Umsetzung und Integration, in: Industrie Management, Bd. 15 (1999) Heft Nr. 5, S. 9 - 13.

Zechmann, B. (Digital Mock-up, 1999): Adventures in Space: Digital Mock-up, in: Automobil-Industrie, Bd. 44 (1999) Heft Nr. 5, S. 80 - 83.

Zechmann, B. (CAx-Techniken: Salto Mentale, 2000): CAx-Techniken: Salto Mentale, in: Automobil-Industrie, Sonderheft Engineering/Prototyping, Jg. 45 (2000) Heft Nr. 6 - November, S. 66 - 68.

Zeeb, H. / Bulling, D. / Oswald, A. (Virtuelle Elchtests, 1998): Die Grenzen des virtuellen Elchtests, in: Automobil-Industrie, Jg. 43 (1998) Heft Nr. 7, Sonderteil Engineering, S. 66 - 78.

Zeihsel, F. / Wittern, S. (Wissensmanagement in Entwicklungsprozessen, 1999): Dokumentation als Form des Wissensmanagements in Entwicklungsprozessen, in: Industrie Management, Vol. 15 (1999), S. 26 - 30.

Ziebart, W. (Fortschritte im Produktentstehungsprozess, 1998): Fortschritte im Produktentstehungsprozess am Beispiel der neuen BMW 3er Reihe, in: Verband der Automobilindustrie (Hrsg.) (Produktentstehung, 1998), o.S.

Ziebeil, F / Ziebeil, P. (Durchgängigkeit der CAx-Nutzung, 1998): Durchgängigkeit der CAx-Nutzung während der Produktentstehung: Theorie. Praxis und Visionen, in: VDI-Gesellschaft (Hrsg.) (Informationsverarbeitung in der Konstruktion, 1998), S. 303 - 318.

Ziegler, H. (Virtuelle Realität, 1999): Virtuelle Realität: Neue Werkzeuge im Umgang mit digitalen Prototypen, in: VDI-Geselllschaft (Hrsg.) (Virtuelle Produktentstehung, 1999), S. 153 - 160.

Ziegler, Ch. (Verkürzte Konstruktionszeiten, 2000): Verkürzte Konstruktionszeiten im Lokomotivbau, in: VDI-Z Integrierte Produktion, Bd. 142 (2000) Heft Nr. 1/2 - Januar/Februar, S. 42 - 43.

Zimmermann, P. et al. (Virtual Reality, 1998): Virtual Reality (VR): Forschung und Anwendung bei der Volkswagen AG, in: VDI-Reihe Kunststofftechnik, Kunststoffe im Automobilbau: Zukunft durch neue Anwendungen, S. 39 - 64

Zirger, B. J. / Hartley, J. L. (Model of product development cycle time, 1994): A conceptual model of product development cycle time, in: Journal of Engineering and Technology Management, Vol. 11 (1994), S. 229 - 251.

Zirger, B. J. / Hartley, J. L. (Acceleration techniques, 1996): The effect of acceleration techniques on product development time, in: IEEE Transactions on Engineering Management, Vol. 43 (1996) No. 2, S. 143 - 152.

Zuber, E. / Kress, M. / Wagner, W. (Virtuelle Produktion, 2000): Virtuelle Produktion: Partner der digitalen Produktentwicklung, in: VDI-Gesellschaft (Hrsg.) (Produkte entwickeln im realen Umfeld, 2000), S. 249 - 266.

Zuber, E. / Kress, M. / Wagner, W. (Produktentwicklung im Wandel, 2001): Produktentwicklung im Wandel: Virtuelle Produktentwicklung verknüpft mit Product Data Management (PDM) und Internet, in: VDI-Z Integrierte Produktion, Bd. 143 (2001) Heft Nr. 3, S. 33 - 35.

Zühlke, D. et al. (Produktbegleitende Anwenderdokumentation, 1999): Produktbegleitende Anwenderdokumentation aus einer Datenquelle, in: VDI-Z Integrierte Produktion, Bd. 141 (1999) Heft Nr. 7/8 - Juli/August, S. 52 - 55.

Zwicker, E. (Unternehmensübergreifende Produktentwicklung, 1999): Unterstützung der unternehmensübergreifenden Produktentwicklung durch den Einsatz moderner Informationstechnologien, Fortschritts-Berichte VDI, Reihe 20, Bd. 288, Düsseldorf, VDI Verlag 1999.

AUS DER REIHE Gabler Edition Wissenschaft

„Strategisches Kompetenz-Management"
Hrsg.: Prof. Dr. K. Bellmann, Prof. Dr. J. Freiling, Prof. Dr. H. G. Gemünden,
Prof. Dr. P. Hammann, Prof. Dipl.-Ing. Dr. H. H. Hinterhuber,
Prof. Dr. Dr. h.c. G. Specht, Prof. Dr. E. Zahn

zuletzt erschienen:

Jenny Amelingmeyer
Wissensmanagement
Analyse und Gestaltung der Wissensbasis von Unternehmen
2. Aufl. 2002. XIX, 222 S., Br. € 49,00
ISBN 3-8244-7554-5

Klaus Bellmann, Jörg Freiling und Peter Hammann (Hrsg.)
Aktionsfelder des Kompetenz-Managements
Ergebnisse des II. Symposiums Strategisches Kompetenz-Management
2002. IX, 458 S., 78 Abb., 9 Tab., Br. € 59,90
ISBN 3-8244-7580-4

Stephan A. Friedrich von den Eichen
Kräftekonzentration in der diversifizierten Unternehmung
Eine ressourcenorientierte Betrachtung der Desinvestition
2002. XVII, 227 S., 53 Abb., Br. € 49,00
ISBN 3-8244-7622-3

Ralf Metzenthin
Kompetenzorientierte Unternehmungsakquisitionen
Eine Analyse aus der Sicht des Kompetenzlückenansatzes
2002. XXVI, 365 S., 36 Abb., 6 Tab., Br. € 54,90
ISBN 3-8244-7699-1

Birgit Renzl
Wissensbasierte Interaktion
Selbst-evolvierende Wissensströme in Unternehmen
2003. XVII, 263 S., 79 Abb., 15 Tab., Br. € 49,90
ISBN 3-8244-7830-7

Oliver Tietze
Strategische Positionierung in der Automobilbranche
Der Einsatz von virtueller Produktentwicklung und Wertschöpfungsnetzwerken
2003. XXVII, 325 S., 73 Abb., 5 Tab., Br. € 54,90
ISBN 3-8244-7972-9

www.duv.de
Änderung vorbehalten.
Stand: August 2003.

Deutscher Universitäts-Verlag
Abraham-Lincoln-Str. 46
65189 Wiesbaden